Polish Independent Publications 1976-1990

Guide to the Collection in the
Hoover Institution Archives

Compiled by

Maciej Siekierski
with
Christopher Lazarski

Stanford, California
Hoover Institution Press
1999

This work was made possible in part through a grant from the
United States Institute of Peace

The Hoover Institution on War, Revolution and Peace, founded at Stanford University in 1919 by President Herbert Hoover, is a interdisciplinary research center for advanced study on domestic and international affairs in the twentieth century. The views expressed in its publications are entirely those of the authors and do not necessarily reflect the views of the staff, officers, or Board of Overseers of the Hoover Institution.

URL: http://www-hoover.stanford.edu

Hoover Institution Press Bibliography No. 77

Copyright ©1999 by the Board of Trustees of the
Leland Stanford Junior University

All rights reserved. No part of this publication may be reproduced, stored in a retrieval system, or transmitted in any form or by any means, electronic, mechanical, photocopying, recording or otherwise, without written permission of the publisher.

First printing, 1999

05 04 03 02 01 00 99   5 4 3 2 1

Manufactured in the United States of America

The paper used in this publication meets the minimum requirements of American National Standard for Information Sciences—Permanence of Paper for Printed Library Materials, ANSI Z39.48–1984.

Library of Congress Cataloging-in-Publication Data
Hoover Institution Archives.
    Polish independent publications, 1976–1990 : guide to the collection in the Hoover Institution Archives / compiled by Maciej Siekierski with Christopher Lazarski.
        p.   cm. — (Hoover Institution Press bibliography ; 77)
    Updated and expanded ed. of: Guide to the Polish independent publications, 1976–1990, in the Hoover Institution Archives. 1995.
    ISBN 0-8179-2772-7
    1. Underground literature—Poland—Bibliography—Catalogs.
2. Hoover Institution Archives—Catalogs.   I. Siekierski, Maciej.
II. Lazarski, Christopher.   III. Hoover Institution Archives. Guide to the Polish independent publications, 1976–1990.   IV. Title.   V. Series.
Z2528.U5H66 1999
[DK4442]
016.9438—dc21   98-44721
                                                               CIP

CONTENTS

Introduction..ii

Acknowledgment..v

Part I   Serials..1

Part II   Monographs and Pamphlets.............................. 369

INTRODUCTION

The scale of independent and underground political publishing in communist Poland during the final years of Soviet domination over Easter Europe has no parallel in the region. Whereas illegal anticommunist literature in all the other countries of East Central Europe was a phenomenon that produced several hundred imprints, in Poland during 1976-1990 the output of monographs and periodicals by independent and underground presses amounted to several thousand titles. Because of the vast scale and the great variety of Polish opposition publishing of that period, it is encouraging to note that projects have been undertaken, both in Poland and elsewhere, to compile full bibliographic documentation of underground publications, as well as to preserve and to make available for scholarly study as many of those materials as possible. The present register is a contribution to that effort.

The Hoover Institution's collection of Polish independent materials was initiated late in 1976, when photocopies of the first publications became available in the West. The results of the efforts of the first collectors, Rimma Bogert and Joseph Dwyer, were recorded in a list of titles issued as The Polish Uncensored Press: Holdings of the Hoover Institution, 1977-1982 (Hoover Institution, 1982). By 1985, the collection had more than doubled in size. A new list, Polish Uncensored Serials, 1976-1985 (Hoover Institution, 1985), compiled by Maciej Siekierski, included some 340 serial titles. Its successive updates, each prefaced by the compiler's summary and analysis of developments in underground publishing, recorded a steady growth of holdings. By mid-1989 there were some 1,500 serial titles in the collection. In 1990, the task of recording new titles and organizing the holdings was taken over by Christopher Lazarski, who, with the assistance of Jolanta Lazarska, completed the project in 1994. The present guide, an updated and expanded version of the earlier list, consists of 2,428 serial titles from 1976 to 1990. More than 90 percent of the collection consists of original issues, rather than later photocopies.

Both the chronological bounds and the composition of the collection require some explanation. The year 1976 marked the beginning of a series of crises culminated in the collapse of the communist system in Poland during 1989-1990. The year 1976 also marked the beginning of a new wave in independent political publishing, which soon became a fundamental feature of the struggle against the Communist regime and toward a democratic society. The year 1990 provides a somewhat less definite caesura. An argument could be made that the victory of Solidarity in the June 1989 elections marked the end of the communist era and the beginning of a new period in Polish history. June 1989, however, is not a convenient terminal date for independent publishing in Poland. Indeed, an upsurge of independent publishing began in the spring of 1989 and continued through 1990. Furthermore, it should also be noted that censorship was not formally eliminated in Poland until June 1990. The Hoover collection includes more than four hundred titles from the 1989-1990 period. a few titles even go beyond this general boundary to include issues from 1991. These periodicals, most of which belong to a new category, that of "citizen's press" (prasa obywatelska), document the beginning of the transition from an authoritarian regime to a democratic one, from an underground society to an open society. Obviously, the conditions for independent publishing during the 1976-1990 period varied considerably -- from the difficult beginnings in the 1976-1980 period to the relative toleration during the sixteen months of "legal" Solidarity in 1980-1981 to the severe repression of the martial law period and the subsequent weakening of the regime in the late 1980s through the collapse of the communist system in 1989-1990. Nevertheless, just as it was not practical to subdivide it chronologically into pre-Solidarity, Solidarity, martial law, post-martial law, "neo-Solidarity," or citizens' press categories. Only a few titles were published for more than several years; however hundreds of titles spanned two or more periods in this last chapter in the struggle against the communist regime in Poland. All these titles belong to the same genre of "independent press"-- a broad movement striving peacefully to undermine the communist monopoly of power and to provide a forum for discussing of ways to achieve a democratic society.

Besides the qualifications regarding the chronological limits of the collection and the issue of its internal periodization, a note on some technical aspects of the project is in order. What has been completed is not a bibliography of Polish independent publicans of the 1976-1990 period but rather an alphabetic guide to the periodical titles in the collection. Because of the proportions of the project and technical limitations, a decision was made to provide only a title entry, without Polish diacritical marks, and, as much as possible from a general examination, the basic bibliographic information, with the aim of informing researchers as to what titles and which issues are available in the collection. Bibliographers will argue over what constitutes the most complete and accurate entry for many of the publications involved; historians will decide which organizations and printing presses were responsible for some of the titles. Neither will be able to identify all the numerous titles and counterfeit issues produced by police agents and disinformation specialists in the Ministry of the Interior. Nevertheless, the compilers hope that improved access to this large collection will contribute to scholarly research on many aspects of the political, intellectual, and social history of Poland during the last two decades.

It should also be noted that independent serials is only one of several Solidarity-era collections held by the Hoover Institution Archives. There are 1,376 underground monographic titles (a list of monographs and pamphlets follows that of serials), as well as thousands of leaflets, underground postage stamps, photographs, and so on, available in the archives. Additionally, the Joanna Szczesna and Tadeusz Stachnik Collections, which consist almost entirely of Committees for the Defense of Workers (KOR) and underground Solidarity materials, deserve attention. The Hoover Archives also holds more than five hundred casette recordings, most from 1980-1981, documenting the activities of the leadership and the central bodies of the Solidarity movement. Finally,

The Hoover Archives has acquired a substantial collection of reports, analyses, and miscellaneous materials produced and collected by Department III of the Polish security police, SB, providing important complementary documentation of the anticommunist movement in Poland during the 1980s.

Of the many people who have contributed to the building of the Hoover Institution's Polish Independent Publications Collection, three individuals deserve special recognition. Wladyslaw Chojnacki and Wojciech Chojnacki, who under the collective pseudonym of Jozefa Kaminska published the first comprehensive scholarly bibliography of the Polish underground press, Bibliografia publikacji podziemnych w Polsce, Paris: Editions Spotkania, 1988), were the principal suppliers of independent publications to the Hoover Institution beginning in 1985. It was largely due to their contacts, ingenuity, and courage that hundreds of underground titles found their way to Stanford. The other person who made a special contribution to the Hoover collection was Joanna Szczesna. From 1976 to 1989, she was successively the coeditor of the Committee for the Defense of Workers' Information Bulletin (Biuletyn Informacyjny), of the Solidarity Press Agency AS, and of underground Solidarity's central organ Mazovia Weekly (Tygodnik Mazowsze). She was also an avid collector of underground literature. Her collection of underground publications was donated to the Hoover Institution in 1992. Periodicals from that collection were combined with the previously processed holdings of Polish independent periodicals, resulting in the addition of about 250 new titles and several thousand individual issues to the present guide. It is thanks to these dedicated individuals, and others too numerous to mention in this brief introduction, that the Hoover Institution's holdings of Polish independent publications are among the largest and most comprehensive in the world.

Maciej Siekierski
Curator, European Collection
Hoover Institution

ACKNOWLEDGMENT

This guide was made possible by a grant from the United States Institute of Peace. During 1994-1995 the Hoover Institution undertook to catalog and preserve its collection of Polish independent press literature. Funded by the grant from the United States Institute of Peace, the project has three objectives: (1) to complete the bibliographic description of the collection; (2) to microfilm the collection for the purpose of preservation and for accessibility to other research repositories; and (3) to publish a guide to the collection. With the publication of this guide, those objectives have now been met. My colleagues and I gratefully acknowledge the contribution of the United States Institute of Peace in supporting the project and in advancing the cause of scholarship on the recent history of Poland.

Charles G. Palm
Deputy Director
Hoover Institution

PART I: SERIALS

Box No.   **Contents**
---

1. <u>2</u> LINIA.
    1983-   Bydgoszcz.   (frequency?)
    Holdings: 1983 - no. June 15, Nov. 7, Dec. 10
              1984 - no. Jan 15, (Apr.), (July-Aug.), (Sept.-Oct.),
                    and "wydanie specjalne" (May-June, (July 25)

    <u>3</u>--GLOS <u>TRZECIEJ</u> <u>BRAMY</u>: niezalezne pismo stoczniowcow wydz. K-3
          Stoczni Gdanskiej.
          1988-   Gdansk.   (frequency?)
          Holdings: 1988 - no. 5(July 25), 16, 20(Dec. 16)

    <u>6</u> <u>LAT</u> <u>W</u> <u>OBRONIE</u> <u>SPOLECZENSTWA</u>. Solidarnosc.
          1986.   Bydgoszcz.   (monthly)
          Holdings: 1986 - no. 1(Sept.), 2(Oct.)

    <u>6</u> <u>SIERPNIA</u>.
          1985-   Krakow.   (frequency?)
          Holdings: 1985 - no. 1-2(Feb. 2), 4(May 12)
                    1986 - no. 2("wydanie marszowe")

    <u>13</u>: pismo chrzescijansko-liberalne.
          1982-   Krakow.   (monthly)
          Holdings: 1982 - no. 1(Jan.)--4, 7--15(Dec.6)
                    1983 - no. 1/16(Jan. 14)--12/27(Dec. 12)
                    1984 - no. 1/28(Jan. 1)--12/39(Dec. 17)
                    1985 - no. 1/40(Jan.14)--12/51(Dec. 9)
                    1986 - no. 1/52(Jan. 31)--12/63(Dec. 30)
                    1987 - no. 1/64(Jan. 30)--5/68(May)
          *Note: previous title (1982-1983): <u>13. Grudnia</u>; mutilated
                    issues: no. 4(Mar., 1982), 1/40(Jan., 1985).

    <u>13. GRUDNIA</u>, see <u>13</u>: pismo chrzescijansko-liberalne.

    <u>21</u>, see <u>Dwadziescia Jeden</u>: pismo spoleczno-polityczne.

    <u>41</u>: pismo studentow U.W.
          1989-   Warszawa.   (frequency?)
          Holdings: 1989 - no. 1(Jan.), 2(Apr.)

    <u>101</u>, see <u>Sto Jeden</u>.

Box No.
1. **A CAPPELLA**: nieregularnik Ruchu WiP.
      1986-   Gdansk.   (irregular)
   Holdings: 1986 - no. 2[Dec. 16]
             1987 - no. 3(Feb.), 4, [6: c.Oct.], 7, 8
             1988 - no. 13(Aug. 22), 14, and "Anty-militarysta:
                  dodatek informacyjny **A Capelli**" (Feb.)
             1989 - no. 16, 18, 19
   *Note: some issues include: **A Cappellka**: dodatek ulotny;
            see also **Dezerter**: ulotka informacyjna Ruchu Wolnosc i
            Pokoj.

   "A": niezalezny serwis informacyjny, see **Niezalezny Serwis Informacyjny**. Gdansk.

   AB OVO: biuletyn informacyjny Komitetu Porozumienia Miedzyzakladowego "Solidarnosc."
      1983-   Warszawa.   (frequency?)
   Holdings: 1983 - no. (July 18)
   *Note: previous title: **Biuletyn Porozumienia**.

   ABC. Wydawane przez Ruch Mlodej Polski, Region "Podlasie."
      1981.   [Siedlce]   (frequency?)
   Holdings: 1981 - no. 1(Aug.)

   ABC: pismo Miedzyszkolnej Rady Wykonawczej F[ederacji] M[lodziezy] W[alczacej]--Nowa Huta.
      1985-   Krakow.   (irregular)
   Holdings: 1987 - no. 14(Feb.)
             1988 - no. 21-22(Jan.-Feb.)--24, 26(May)
             1989 - no. 35(June)
   *Note: originally subtitled: "pismo informacyjne mlodziezy szkolnej."

2. **ABC**: pismo slasko-dabrowskiej Solidarnosci.
      1989?-   Jastrzebie Zdroj.   (biweekly?)
   Holdings: 1989 - no. 1(Dec. 29)
             1990 - no. 1/2(Feb. 8)--9(June 13)

   ABC: pismo studentow Uniwersytetu Gdanskiego.
      1986?-   Gdansk.   (frequency?)
   Holdings: 1987 - no. 3(Feb.), 4(Mar.)

Box No.
2. ABC--ADRIATYK, BALTYK, M. CZARNE.
    1984-   [Warszawa]   (irregular)
    Holdings: 1984 - no. 1
              1985 - no. 2
              1988 - no. 6, 7

ABC MLODYCH: pismo informacyjne mlodziezy szkolnej.
    1985-   Krakow.   (monthly)
    Holdings: 1985 - no. 1(Sept.), 2(Oct.), 4(Dec.)
              1986 - no. 5(Jan.), 6(Feb.)

AKADEMICKIE PISMO INFORMACYJNE, see Podaj Dalej: biuletyn informacyjny
    Studenckiego Komitetu Solidarnosci.

AD VOCEM: pismo Ruchu "Wolnosc i Pokoj."
    1988-   Szczecin.   (frequency?)
    Holdings: 1989 - no. 3/10

AFISZ. Region Mazowsze; Agencja Prasowa "AS."
    1981-   Warszawa.   (frequency?)
    Holdings: 1981 - no. 1(Nov. 26)--5(Dec. 10)

AGENCJA INFORMACYJNA. Unia Nowoczesnego Humanizmu.
    1982?-   Wroclaw-Warszawa.   (frequency?)
    Holdings: 1982 - no. 2: "Polska Racja Stanu"

AGENCJA INFORMACYJNA "S" (AIS), see AI"S." Agencja Informacyjna "S."

AGENCJA INFORMACYJNA TKOS, see AIT.

AGENCJA WSCHODNIA.
    1989?-   Warszawa.   (biweekly?)
    Holdings: 1990 - no. 11-ULB, 12-P, 12ULB, 13-ULB, 14 ULP
    *Note: no. 12ULB mutilated.

AGENTURA.
    198?-   Lodz.   (frequency?)
    Holdings: [1986] - no. 1, 3

AGNUS II: nieregularnik Ruchu "Wolnosc i Pokoj."
    1988?-   Bydgoszcz.   (irregular)
    Holdings: 1988 - no. (Spring)

Box No.
2. <u>AGO</u>: biuletyn Akademickiej Grupy Oporu Politechniki Slaskiej przy Gliwickiej Delegaturze NSZZ "Solidarnosci, Region Slasko-Dabrowski.
1983-   [Gliwice]   (monthly?)
Holdings: 1984 - no. 9(Jan. 24), 10(Feb. 27)

<u>AGORA</u>: przeglad-antologia prasy krajowej.
1990-   Lodz.   (weekly)
Holdings: 1990 - no. 14(Sept. 9), 16, 17(Sept. 30)
*Note: originally subtitled: "przeglad prasy krajowej."

<u>AGORA</u>: przeglad prasy, audycji i publikacji niezaleznych. Wyd. Komitet Wyzwolenia Spolecznego.
1980-   Wroclaw-Warszawa-Lublin.   (frequency?)
Holdings: 1981 - no. 1/2

<u>AGORA</u>: przeglad zagraniczny. [Wydawnictwo Baza].
1988?-   Warszawa.   (frequency?)
Holdings: 1989 - no. 1/3, 2/4

<u>AIDS--AKADEMICKI INFORMACYJNY DODATEK SPECJALNY</u>. NZS SGPIS. Redaguje zespol "Nawisu."
1988-   Warszawa.   (occasional?)
Holdings: 1988 - no. (Mar. 8-9, noc)

<u>AI"S."</u> Agencja Informacyjna "S."
1982-   [Warszawa]   (irregular/c.monthly)
Holdings: 1982 - no. [c.Sept.), [c.Dec.]
         1983 - no. (Apr. 10-May 3), (May 20-21), [c.May],
                (June 3-4), 4(June 25), 5(July 8)--12, 12a, 14,
                16, 17(Dec. 29-31)
3.   1984 - no. 20(Mar. 3)--27(June 10)

<u>AIT</u>.
1982-   [s.l.]   (frequency?)
Holdings: 1982 - no. 2(Nov. 17)--5, 7--9(Dec. 5)
         1983 - no. 10(Jan. 5), 12--14, 17--50, 52(Dec. 17)
         1984 - no. 52[!](Jan. 25), 54, 56--72, 76, 78,
                (Sept. 14), 81--83, 85(Nov. 11)
         1985 - no. 2, 3(Jan. 22)--5(Feb. 14)
*Note: prior to no. 4 titled: <u>Agencja Informacyjna Tkos</u>; with
         1985 subtitled: "serwis informacyjny."

-4-

Box No.
3. AKADEMIA NZS: miesiecznik AR, AWF, Wroclaw.
    1989-   Wroclaw.   (frequency?)
    Holdings: 1989 - no. 1(Feb.)

AKADEMIK. Wydaje Niezalezne Zrzeszenie Studentow.
    1982?-   [s.l.]   (biweekly)
    Holdings: 1982 - no. 7(Feb. 28)--9(Mar. 14)
    *Note: no. 8 mutilated.

AKAPIT.
    1989?   Poznan.   (frequency?)
    Holdings: 1989 - no. 7(Apr.)

AKCES: pismo NZS UWr.
    1987-   Wroclaw.   (c.annual)
    Holdings: 1988 - no. 2 (spring)

AKCES: pismo Oddzialowej Komisji Wykonawczej NSZZ "Solidarnosc."
    1988-   Wolomin.   (c.bimonthly)
    Holidngs: 1988 - no. 2(Dec. 30)
              1989 - no. 5(Mar. 8)

AKCES: swiat--polityka--prasa. Pismo Wydawnictwa Mysl.
    1988-   [s.l.]   (frequency?)
    Holidngs: 1988 - no. 1
              1989 - no. 2

AKCJA: pismo Akademickich Grup Dzialania i Organizacji Mlodziezowej.
    Konfederacja Polski Niepodleglej.
    1988-   Katowice.   (frequency?)
    Holdings: 1988 - no. 2(May)

AKCJA KONSPIRACYJNA.
    1981?-   Lodz.   (c.biweekly)
    Holdings: 1982 - no. 1/10(Mar. 30), 4/13, 9/18, 11/20, 15/24-
              -21/30, 23/32, 24/32, 27/36--30/39, 33/42
              (Dec. 18)
            1983 - no. 34/43(Jan. 8), 36/45--40/49, 50--60(July 3)
    *Note: no. 34/43, 1984 wrongly dated as 1983; some issues
           nearly illegible.

AKTUALNOSCI. Wydaje Sekcja Informacji ZR Malopolska, see
    Aktualnosci: dziennik Sekcji Informacji Z.R. Malopolska.

Box No.

AKTUALNOSCI: biuletyn informacyjny Regionalnej Komisji Wykonawczej
   Solidarnosc Malopolska, see <u>Aktualnosci Serwisu Informacyjnego</u>....

3. AKTUALNOSCI: dziennik Sekcji Informacji Z.R. Malopolska.
   1981.   Krakow.   (c.daily)
   Holdings: 1981 - no. 8(Sept. 10)--51(Nov. 10), 53--59, 61--63,
                72(Dec. 9)
   *Note: originally: "Wydaje Sekcja Informacji ZR Malopolska."

AKTUALNOSCI KOLEJARSKIE: pismo zarzadu okregowego NS ZZK w Katowicach.
   1981   Katowice   (biweekly?)
   Holdings: 1981 - no. 16(Nov. 1-16)

AKTUALNOSCI SERWISU INFORMACYJNEGO REGIONALNEGO KOMITETU SOLIDARNOSCI
[RKS] MALOPOLSKA.
   198?-   Krakow.   (irregular)
   Holdings: 1982 - no. 5(Feb. 22), 9, 31, 37, 39(Oct. 13)
             1983 - 50(Jan. 3), 6/56, 8/58, 10/60, 14/64, 18/66,
                    19/67, 21/69--29/77(Dec. 17)
             1984 - no. 1/78(Jan. 7)--16/93(Oct. 29)
             1985 - no. 1/94(Feb. 4)--7/100(Oct. 20)
             1986 - no. [7/100?](May 16), 2/101--4/103(Oct. 22)
             1987 - no. 3/106(May 20)
             1988 - no. 4/110(May 26), and "wydanie specjalne, nr.
                    strajkowy 1-szy" (Apr. 28)
   *Note: in 1982 titled: <u>Aktualnosci</u>: biuletyn informacyjny
             Regionalnej Komisji Wykonawczej Solidarnosc Malopolska.

AKTUALNOSCI STRAJKOWE: pismo Komitetu Strajkowego NSZZ "Solidarnosc"
   Stoczni Polnocnej.
   1988   [Gdansk]   (frequency?)
   Holdings: 1988 - no. 2(Aug. 28)

AKWILON: kwartalnik literacki.
   1981-   Gdansk.   (quarterly)
   Holdings: 1981 - no. 1(Spring)

ALBO: nieregularne pismo ludzi NZS-u (i nietylko).
   1988-   [Gdansk]   (frequency?)
   Holdings: [1988] - no. 1[c.Dec.]

ALMANACH BYDGOSKI.
   1982-   Bydgoszcz.   (irregular)
   Holdings: 1982 - no. 1(Nov.)

-6-

Box No.
4. ALMANACH HUMANISTYCZNY...BEZ ZGODY I WIEDZY....
    198?-   Warszawa.   (c.semiannual)
    Holdings: 1986 - no. 5
              1987 - no. 6, 7
              1988 - no. 9
              1989 - no. 10, 11

ALMANACH STANU WOJENNEGO.
    1982-   Warszawa.   (irregular)
    Holdings: 1982 - no. 1, 2

ALTERNATYWA: miesiecznik mlodziezowy. Wyd. nakladem Organizacji
    Mlodziezy Niezaleznej.
    1987-   Opole.   (monthly)
    Holdings: 1988 - no. 3(Jan.-Feb.)

ALTERNATYWA: pismo Solidarnosci Walczacej. Huta im ks. Jerzego
    Popieluszko.
    1988-   Warszawa.   (frequency?)
    Holdings: 1988 - no. (Mar. 21), 2(Aug.)--6[c.Dec.]
              1989 - no. 8(Feb.)--14(Sept.)
              1990 - no. 15(Jan.)

ALTERNATYWY: pismo polityczne.
    1986-   Krakow.   (frequency?)
    Holdings: 1986 - no. 1

AMICUS: pismo Zarzadu Uczelnianego NSZZ Akademi Medycznej w
    Lodzi.
    1980-81.   Lodz.   (frequency?)
    Holdings: 1981 - no. 2/6(Jan. 22)

AMNESTY INTERNATIONAL NEWSLETTER. Wyd. polskie--ruch "Wolnosc i
    Pokoj."
    1986?-   [s.l.]   (frequency?)
    Holdings: 1986 - no. (Feb.), (Mar.)

ANARCHITEKTURA.
    1989-   Gdansk.   (frequency?)
    Holdings: 1989 - no. 1(Sept.)
    *Note: "...jest jednoosobowym pismem wydawanym w jednym
              egzemplarzu przez Miroslawa Hrynkiewicza... kopiowanie i
              powielanie jest zalecane."

Box No.
4. ANARCHOLL: pismo autonomicznej grupy anarchistycznej.
    1989?-   Warszawa.   (frequency?)
    Holdings: 1990 - no. 5(May-July)

ANCORA: pismo katolikow poswiecone zagadnieniom odnowy soborowej kosciola.
    197?-   Warszawa.   (monthly?)
    Holdings: 1977 - no. 5/38(May), 6/39(June)

ANTY-K: biuletyn informacyjny Delegatury RKW Regionu Slasko-Dabrowskiego, NSZZ Solidarnosc, Tarnowskie Gory.
    1985-   Tarnowskie Gory.   (c.monthly/bimonthly)
    Holdings: 1985 - no. 1(Mar.)--8(Dec.)
                1986 - no. 9(Jan.)
                1988 - no. 23(Jan.), 24, 26-27(Aug.-Sept.)

ANTYK: pismo konserwatystow.
    1986-   Lublin-Warszawa.   (irr. quarterly)
    Holdings: 1986 - no.1-2
                1988 - no. 3-4, 5, 6
                1991 - no. 1
    *Note: continues: Gazeta Polityczna; published by: Lubelski Oddzial Liberalno-Demokratycznej Partii "Niepodleglosc"; originally subtitled: "kwartalnik polityczny neoprawicy."

5. ANTYKOLABORANT.
    1984-   Walbrzych-Swidnica-Klodzko. (monthly?)
    Holdings: 1984 - no. 2, [c.Nov.]
                1985 - no. 5(Jan.), 5-6(Feb.-Mar.), 7, 8, 10, 11, 13, 15(Nov.)

ANTYMANTYKA: magazyn Federacji Mlodziezy Walczacej.
    1988?-   Gdynia.   (frequency?)
    Holdings: 1988 - no. 6(June 20), 8, 9(Nov. 30)
                1989 - no. 12(Jan. 22), 20(June 20)

ANTYMILITARYSTA, see A Capella.

APATOR: pismo Tymczasowej Komisji Zakladowej NSZZ "Solidarnosc." (Pomorskie Zaklady Aparatury Elektrycznej Ema-Apator).
    1982-   Torun.   (frequency?)
    Holdings: 1982 - no. 8(June 30)
                1984 - no. 24
    *Note: originally without subtitle.

Box No.
5. **API**: biuletyn Agencji Przekazu Informacji NZS.
    1981?-   [Warszawa]   (frequency?)
    Holdings: 1981 - no. 4-5(Apr. 1-30), 7(May 10-20)

APPENDIX, see **Replika**.

AR: czasopismo spoleczno-polityczne dla rolnikow.
    1985-   [Szczecin]   (frequency?)
    Holdings: 1985 - no. 2--5

ARCHIWUM KOMITETU HELSINSKIEGO W POLSCE.
    1984-   [Warszawa]   (irregular)
    Holdings: 1984 - no. 1, 2

ARKA.
    1983-1989   Krakow.   (quarterly)
    Holdings: 1983 - no. 1--5
                1984 - no. 6--9
                1985 - no. 10--12
6.   1986 - no. 14--19
                1987 - no. 20
                1988 - no. 21--24
7.   1989 - no. 25--28
    *Note: no. 13 never published; no. 28 last underground issue; missing pp. 93-96 in no. 1; no. 2--9, 15--17, 20--25, 27, 28 photocopies; subsequent issues in the Hoover Library Periodical Collection.

ARKA: pismo Niezaleznego Zrzeszenia Studentow Uczelni Warszawskich (NZS).
    1982-   Warszawa.   (frequency?)
    Holdings: 1982 - no. 1(Apr. 27), 4, 5, and "numer specjalny" (May 7)

ARKA: pismo Regionu Lodzkiego NSZZ Solidarnosc.
    1985-   Lodz.   (monthly)
    Holdings: 1985 - no. 1(Jan)--6(June), 8--10(Dec.), and "dodatek nadzwyczajny" (Sept.)
                1986 - no. 11(Jan.), 12(Feb.)
                1987 - no. "Komunikat" (Mar.)
                1988 - no. (Dec.-Jan.), (Jan.), (Feb.), (Mar.), (June), (Oct.), (Nov.), and "wydanie specjalne" (Nov.)
                1989 - no. (Jan.)

Box No.
7. ARKONSKIE OKO: biuletyn wyborczy Obywatelskiego Komitetu Osiedlowego.
    1990-   Szczecin.   (frequency?)
    Holdings: 1990 - no. "numer specjalny" [Apr. 7]

ARO: biuletyn wroclawski, see Biuletyn Wroclawski.

AS: biuletyn pism zwiazkowych i zakladowych. Agencja Prasowa "Solidarnosc" z siedziba w MKZ Mazowsze.
    1981.   Warszawa.   (weekly)
    Holdings: 1981 - no. 1[Jan.]--22(June 22-28)
8.   no. 23(June 29-July 6)--51, 53--59(Dec. 9)
    *Note: no. 1, 2, 8, 17, 54--59 photocopies; see also Afisz.

AS: magazyn pism zwiazkowych i zakladowych. Agencja Prasowa.
    1981   Poznan.   (weekly)
    Holdings: 1981 - no. 1(Oct. 28)--7(Dec. 9)

ASPEKT. NSZZ "Solidarnosc" Biur Projektowych Wroclawia.
    198?-   Wroclaw.   (irregular)
    Holdings: 1984 - no. 51(Feb. 22), 53, 58, 60(Dec.)
             1986 - no. 63, 68

ASPEKT: kwartalnik spoleczno-polityczny. Pismo ROPCiO.
    1979-   Lodz.   (quarterly)
    Holdings: 1979 - no. 1-3
9.   1980 - no. 4-5
    *Note: no. 1, 1979 photocopy.

ASR, see Biuletyn Informacyjny ASR.

AUT: biuletyn informacyjny Solidarnosci zakladow CNPAE, IASE, ZDAE, ZPUA, CENTRUM.
    1983-   Wroclaw.   (frequency?)
    Holdings: 1983 - no. 3(Apr. 15), (May 9), 8, 10, 11(Nov. 1-15)
             1984 - no. 19-20(Mar.)--23-24, 26-27(Sept.), 28-29(Nov.)
    *Note: CNPAE--Centrum Naukowo-Produkcyjne Automatyki Energetycznej; IASE--Instytut Automatyki Systemow Energetycznych; ZDAE--Zaklad Doswiadczalny Automatyki Energetycznej]; ZPUA--Zaklad Produkcji Urzadzen Automatyki; CENTRUM--Administracja and Biuro Projektow; in 1984 subtitled: "biuletyn Solidarnosci Wroclawskich Zakladow Automatyki Energetycznej (CNPAE)."

Box No.

9. <u>AW--ARCHIWUM WSPOLCZESNE</u>.
    1984-   Krakow.   (frequency?)
    Holdings: 1984 - no. 1(June)--5(Oct.)
              1985 - no. 1/6, 2/7, 3/8

    <u>AWERS</u>: niezalezny serwis informacyjny miedzyuczelnianego Biura
        Prasowego NZS.
    1980-   Poznan.   (weekly)
    Holdings: 1980 - no. 1(Nov. 3)

    <u>AWF</u>: niezalezne, nieregularne pismo studentow AWF-u.
    1985?-   Wroclaw.   (irregular)
    Holdings: 1986 - no. 4(Jan.)

    <u>AWF FIZOL</u>, see <u>Fizol</u>. NZS AWF.

    <u>A-Z</u>: dziennik obywatelski. Krosno, Przemysl, Rzeszow, Stalowa Wola,
        Tarnobrzeg.
    1990-   Krosno-Przemysc, etc. (daily)
    Holdings: 1990 - no. 1(Apr. 4), 2, 7(Apr. 12)
              1991 - no. 65/249(Apr. 3)--72/256(Apr. 12-14)

    <u>AZET</u>. Niezalezny Samorzadny Zwiazek Zawodowy Solidarnosc Pracownikow
        Oswiaty i Wychowania.
    1989-   Bydgoszcz.   (monthly)
    Holdings: 1990 - no. 4/9(Feb.)--6/11(Apr.)

    <u>AZET</u>: biuletyn NSZZ Solidarnosc Lodzkich Ksiegarzy.
    1981?-   Lodz.   (monthly?)
    Holdings: 1981 - no. 5-6[Aug. 8]--8[Oct. 12]

    <u>AZYL</u>: pismo NSZZ "Solidarnosc" Regionu Koninskiego.
    1981-   Konin.   (frequency?)
    Holdings: 1981 - no. 1(July 11)

Box No.
9. BAJTEL: pismo mlodziezy. "Solidarnosc," region Slasko-Dabrowski.
    1987-89.   [s.l.]   (c.monthly)
    Holdings: 1987 - no. 1, 2(Nov.-Dec.), and "dodatek specjalny:
                        Barborka' 1987" (Dec. 16)
              1988 - no. 1/3(Jan.), 2/5, 3/6, 7--15(Dec.), and
                        "wydanie specjalne" (Aug.)
              1989 - no. 16(Jan.)--18(Mar.)

BARAK SOCJALISTYCZNEGO OBOZU KONCENTRACYJNEGO.
    1983-   Lubin.   (monthly)
    Holdings: 1984 - no. 12(Dec.)
              1985 - no. 13(Jan.)--15(Mar.)
    *Note: no. 12, 1984 photocopy.

BARBORKA: dwutygodnik gorniczy; pismo zwiazkowe.
    1989-   Brzeszcze.   (biweekly)
    Holdings: 1989 - no. 1(Oct. 15-31), 2, 4, 5(Dec. 16-31)
              1990 - no. 1(Jan. 1-15), 3/8, 4/9, 6/11, 10/15--14/19
                        (Sept. 1-15)

BARDZO MARTWA NATURA, see Martwa Natura.

BARYKADA: pismo Federacji Mlodziezy Walczacej, Oddzial Wroclaw.
    1989?-   Wroclaw.   (frequency?)
    Holdings: 1989 - no. 2[May 7]

BARYKADA: pismo ruchu oporu Niezaleznego Zrzeszenia Studentow.
    1983?-   Krakow   (frequency?)
    Holdings: 1982 - no. 1(Nov. 25), 2(Dec. 3)
              1983 - no. 5(Jan. 7), 7, 9, 10, 12, 14--16, 18(Nov. 5))
              1984 - no. 21(Feb. 12)
              1987 - no. 30(Feb. 15)

BARYKADA: pismo ruchu oporu NSZZ Solidarnosc w Pionkach.
    1983?-   Pionki.   (frequency?)
    Holdings: 1988 - no. 50(May)

BASZTA: biuletyn Obywatelskiego Komitetu Porozumiewawczego
    "Solidarnosc" Ziemi Gryfinskiej.
    1990-   Gryfin.   (frequency?)
    Holdings: 1990 - no. 2(Mar.)

Box No.
10. BAZA: niezalezny miesiecznik spoleczno-polityczny Klubu Mysli
Robotniczej. TKO "S."
1983-1990.   Warszawa.   (c.monthly)
Holdings: 1983 - no. 1(May)--7(Dec.)
          1984 - no. 1/8(Jan.)--11/18(Dec.)
          1985 - no. 1-2/19(Jan.-Feb.)--11-12/27(Nov.-Dec.)
          1986 - no. 1/28(Jan.)--9/35, 12/38(Dec.), and "numer
                 specjalny" on Afganistan (n. d.), and on
                 November 11 anniversary
          1987 - no. 1/39(Jan.)--6/43, 9/45, 11/47, 12/48(Dec.)
          1988 - no. 1/49(Jan.)--53, 56, 58(Dec.)
          1989 - no. 59-60(Jan.-Feb.)--66, 68(Nov.)
          1990 - no. 69(Jan.), 70(May)
*Note: after no. 2/40, 1987, subtitled: "miesiecznik Klubow
          Mysli Robotniczej"; no. 69(Jan., 1990) announced as the
          closing issue; in 1990 titled: Baza. Unia Demokratow.

11. BEZ CENZURY.
    1981?-   [s.l.]   (frequency?)
    Holdings: [1981] - no. 2

    BEZ CENZURY. Drukarnia Spoleczna.
    1982-   Plock.   (frequency?)
    Holdings: 1982 - no. 1(Jan. 27)

    BEZ CENZURY: gazeta szeregowych czlonkow NSZZ "Solidarnosc" Wroclaw.
    198?-   Wroclaw.   (irregular)
    Holdings: 1987 - no. 20(Aug. 15), 22, 26, 27(Nov. 22)
              1988 - no. 31(Jan. 12)--36, 38--41, 43, 46, 48--50
                     (Oct.1), and "dodatek specjalny" (July 7)
              1989 - no. 57(Jan. 14), 59, 67(June 2)

    BEZ DEBITU: kwartalnik nieregularny.
    1987-   Bialystok.   (quarterly)
    Holdings: 1987 - no. 1-4
              1988 - no. 5, 7/3
              1989 - no. "stanowiska" (June 3)

    BEZ DEBITU: nieregularne pismo literackie i spoleczno-filozoficzne.
    1984?-   Poznan.   (irregular)
    Holdings: 1985 - no. 1/2

    BEZ DEBITU: nieregularne pismo mlodziezy warszawskiej.
    1982?-   Warszawa.   (irregular)
    Holdings: 1982 - no. 4(May 26)

Box No.
11.   BEZ DEKRETU: pismo czlonkow i sympatykow "Solidarnosci."
        1984-   Krakow.   (monthly)
        Holdings: 1984 - no. 1(Nov.), 2,
                  1985 - no. 4(Feb.)--12
                  1986 - no. 13--15
12.   1987 - no. 16
                  1988 - no. 18--20
                  1989 - no. 21

BEZ DYKTATU: pismo Miedzyregionalnej Komisji Obrony NSZZ
    "Solidarnosc."
    1982-83.   [s.l.]   (frequency?)
    Holdings: 1982 - no. 1(Nov. 15)
              1983 - no. 4(Jan.)
    *Note: no. 10 was the final issue; probably a police forgery
              (falszywka).

BEZ KNEBLA: miesiecznik spoleczno-polityczny NSZZ "Solidarnosc"
    Regionu Podbeskidzia.
    1983?-   [s.l.]   (frequency?)
    Holdings: 1983 - no.[1: Feb.]--3(Apr.)

BEZ OCENY: biuletyn Regionalnej Sekcji OiW NSZZ Solidarnosc.
    1990?-   Rzeszow.   (frequency?)
    Holdings: 1990 - no. 2(Mar.), 3(Apr.), and "Informator Regionalnej
              Sekcji Oswiaty i Wychowania NSZZ "Solidarnosc"
              (Mar. 28)
    *Note: OiW: Oswiata i Wychowanie.

BEZ PRZEMOCY: miesiecznik niezalezny. [Wydaje Niezalezna Grupka "Non
    violance" we Wroclawiu].
    1982-   [Wroclaw]   (monthly)
    Holdings: 1982 - no. 3(Dec.)

BEZ RETUSZU: pismo Niezaleznego Zrzesznia Studentow Uniwersytetu
    Slaskiego.
    1988?-   Katowice.   (c.monthly)
    Holdings: 1988 - no. 9(Apr. 12), 14, 15, 17, 19(Dec. 21)
              1989 - no. 22(Mar. 16)

BEZ TYTULU: biuletyn informacyjny NSZZ "Solidarnosc," MKZ Tarn. Gory.
    1981-   Tarnowskie Gory   (frequency?)
    Holdings: 1981 - no. 1(June 4)

Box No.
12. BEZ TYTULU: dwutygodnik Komitetu Obywatelskiego w Suchej Besk.
1989?-   Sucha Beskidzka.   (biweekly)
Holdings: 1990 - no. 8/28(Apr. 22)

BEZ TYTULU: pismo spoleczno-kulturalne NZS.
1981-   Krakow   (frequency?)
Holdings: 1981 no. 2

BI--BIULETYN INFORMACYJNY ZARZADU FABRYCZNEGO NSZZ "SOLIDARNOSC" W ZAKLADACH MECHANICZNYCH-URSUS.
1981-   Warszawa.   (frequency?)
Holdings: 1981 - no. 2(Mar. 28)--6, 12, 13, 15(Aug. 18), and
          "wydanie specjalne" (Apr. 2), (June 13)

BI NZS--INFORMACJE, DOKUMENTY, KOMENTARZE: biuletyn informacyjny NZS Gdansk.
1988-   Gdansk.   (frequency?)
Holdings: 1988 - no. 2, 5, 9, 10

BIALOSTOCCZYZNA: kwartalnik. Bialystok. Bialostockie Towarzystwo naukowe.
1988?-   Bialystok.   (quarterly)
Holdings: 1989 - no. 3/15

BIBLIOTECZKA UCZNIA. Rada Oswiaty Niezaleznej Region Dolny Slask.
1985-   Wroclaw.   (series)
Holdings: 1985 - no. 1--7
*Note: zeszyt 1: Do uczniow szkol srednich Dolnego Slaska
          zeszyt 2: Krystyna Kersten, Historia Polityczna Polski,
              1944-56
          zeszyt 3: Aleksander Bregman, Najlepszy sojusznik
              Hitlera
          zeszyt 4: Stefan Kurowski, Dokrynalne uwarunkowania
              kryzysu gospodarczego w PRL
          zeszyt 5: Melchior Wankowicz, Dzieje rodziny
              Korzeniewskich
          zeszyt 6: Michil Woslenski, Nomenklatura
          zeszyt 7: Adam Grzymala-Siedlecki, Cud Wisly
              Stefan Zeromski, Na probostwie w Wyszkowie

BIBLIOTEKA ARO: pismo Akademickiego Ruchu Oporu we Wroclawiu.
1982?-   Wroclaw.   (frequency?)
Holdings: [1982?] - no. 1[c.Aug.]. 5[c.Nov.)

Box No.
12.   BIBULA. Tymczasowa Komisja Wykonawcza, NZS Warszawa.
      1982-   Warszawa.   (frequency?)
      Holdings: 1982 - no. 1(Sept. 28), 2[c.Nov.]

BIBULA: biuletyn miejskiego Komitetu Oporu NZSS "Solidarnosc" w
    Zabrzu.
    1982?-   Zabrze.   (c.biweekly)
    Holdings: 1982 - no. 2(Feb. 14)--6, 10, 20, 33, 40, 48, 49
              (Oct. 24)

BIBULA: niezalezne pismo studentow.
    1984-   Warszawa.   (frequency?)
    Holdings: 1984 - no. 2(Dec.)

BIBULA: przeglad prasy podziemnej NSZZ Solidarnosc. Bielsko-Biala.
    1983?-   Bielsko-Biala.   (monthly?)
    Holdings: 1983 - no. 9(Feb.), 11--13(June)

BIBULA JEDNODNIOWA. [NZS PW], see Bratnia Pomoc.

BIELARUSKIJA DAKUMENTY.
    1981-   [s.l.]   (series?)
    Holdings: 1981 - no. 1, 2
           1983 - no. 3(table of contents only), 4
    *Note: in Belorussian and Polish.

BIESZCZADNIK: pismo NSZZ RI i NSZZ Regionu Bieszczadow.
    198?-   [s.l.]   (frequency?)
    Holdings: 1981 - no. 1(Feb. 17)--7, 9(Aug.-Sept.)
    *Note: no. 1 subtitled: "gazeta Federacji Robotnikow, Rolnikow
             i innych grup zawodowych Bieszczadow NSZZ "Solidarnosc."

BIL: biuletyn informacyjny-Legnica. Wydaje: Regionalna Komisja
    Wyborcza i Kom. Organ.
    1981?-   Legnica.   (frequency?)
    Holdings: 1981 - no. 3(May 20)

BIMPOL: biuletyn informacyjny Mlodziezy Polskiej.
    1987-   Warszawa.   (monthly)
    Holdings: 1987 - no. 1(Oct. 20), 2, 3(Dec. 31)
            1988 - no. 5(Feb. 29)--7(Apr. 30)

BIO--BIULETYN INFORMACYJNY "OBOZU," see Biuletyn Informacyjny Obozu.

Box No.

13. <u>BIPS</u>: serwis informacyjny Biura Informacji Prasowej KKP NSZZ
Solidarnosc.
1981.   Gdansk.   (daily/irregular)
Holdings: 1981 - no. 79(May 14), 81, 85, 87--90, 95, 97, 99, 100,
102, 104--110, 112--115, 118, 124, 128, 129, 132,
133, 136, 138, 140--147, 151, 152, 154--159, 164-
-166, 168, 171--173(Sept. 24)
wyd. zjazdowe: no. 1/175(Sept. 26), 2/176, 4/178--
8/182, 10/184--13/187, 15/189, 21/195,
23/197, 25/189--46/220, 51/225(Oct. 6)
no. 231(Oct. 12)--237, 239, 240, 246--249, 250-
-253, 255, 256, 260--262, 266, 270--275, 277,
279--284(Dec. 7)

<u>BIPS</u>: serwis informacyjny. Biuro Informacji Prasowej KKP NSZZ
Solidarnosc.
1981.   Gdansk.   (occasional)
Holdings: 1981 - no. "I Krajowy Zjazd Delegatow NSZZ
'Solidarnosc,' I tura" (Sept. 5-10)

<u>BIPS</u>: tygodnik Biura Informacji Prasowej KKP NSZZ Solidarnosc.
1981-   Gdansk.   (weekly)
Holdings: 1981 - no. 2(Apr. 16)--5), 7--13(Aug. 3)

<u>BIS</u>. Wydaje Grupa Solidarnosciowa, see <u>BiS</u>: biuletyn informacyjny
NSZZ "Solidarnosc" Regionu Pomorza Zachodniego.

<u>BIS</u>: biuletyn informacyjny NSZZ "Solidarnosc" Regionu Pomorza
Zachodniego.
1982-   Szczecin.   (monthly)
Holdings: 1982 - no. 1(Jan. 28)--8(Feb. 25), 16(July 1), 18, 21,
23(Dec. 24), and "Komentarze: dodatek do
Biuletynu Informacyjnego" (Oct. 11), (Oct. 18)
1983 - no. 24(Jan. 17)--26, 28, 29(June 3)
1985 - no. 1/43(Jan.), 2/44, 4/46 5/47, 9-10/52-53,
11-12/54-55(Dec. 12)
1986 - no. 2/57(Feb.), 3/58, 4/59(Apr.)
1987 - no. 5-6/72-73(May-June)--10/77(Oct.)
1988 - no. 1/80(Jan.), 4-5-6/83-84-85, 10-11/89-90
(Oct.-Nov.)
1989 - no. 1-2/92-93(Jan./Feb.)
*Note: in 1982 titled: <u>Biuletyn Informacyjny</u>. NSZZ
"Solidarnosc" Regionu Pomorza Zachodniego; in 1985 [?]:
"Wydaje Grupa Solidarnosciowa"; later subtitled: "pismo
Spolecznego Komitetu Nauki"; no. 6, 1982, mutilated;
some issues nearly illegible.

Box No.
13.   BIS: biuletyn informacyjny "Solidarnosci"; pismo Miedzyzakladowej
      Tymczasowej Komisji Koordynacyjnej NSZZ "Solidarnosc" w
      Czechowicach-Dziedzicach.
      1989?-   [Bielsk Podlaski?]   (frequency?)
      Holdings: 1989 - no. 3(June 12)

      BIS: biuletyn informacyjny "Solidarnosci Walczacej," Dolny Slask.
      1983?-   Wroclaw.   (weekly/biweekly)
      Holdings: 1983 - no. 1(Apr. 30), 4, 7, 9 23(Nov. 28)
                1984 - no. 2/30(Jan. 16), 37, 41, 47, 50, 58, 61--68
                       (Dec. 17)
                1985 - no. 69(Jan. 7)--89, 91--95, 97--100(Dec. 16-31)
                1986 - no. 101(Jan. 1-15)--108, 110--112(June 16-30)
                1987 - no. 119(Feb. 1-15)

14.   BIS: biuletyn informacyjny Studenckiego Komitetu Solidarnosci.
      1984-   Gdansk.   (frequency?)
      Holdings: 1984 - no. (Apr. 13)

      BIS: biuletyn informacyjny studentow KUL.
      1988-   Lublin.   (weekly)
      Holdings: 1988 - no. 8(Apr. 16), 9, 26, 34, 35-36(Dec. 11-18), and
                       "wydanie specjalne" (Dec. 16)
                1989 - no. 38-39/1-2(Jan. 16-29), 40-41/3-4, 43/6--46/9,
                       49/12, 50/13, 52/15--56/19(Dec. 17), and "dodatek
                       informacyjny do nr. 51"
                1990 - no. 1/57(Jan. 7)--4-5/60-61(Mar. 25)

      BIS: gazeta wyborowa, see BiS: biuletyn informacyjny studentow KUL.

      BIS: pismo Spolecznego Komitetu Nauki, see BIS: biuletyn informacyjny
         NSZZ "Solidarnosc" Regionu Pomorza Zachodniego.

      BISS-PEC: biuletyn informacyjny "Solidarnosci" Spec (Stoleczne
         Przedsiebiorstwo Energetyki Cieplnej). MKR "S."
         1983-   Warszawa   (frequency?)
         Holdings: 1983 - no. 1(Oct. 31), 3(Dec. 15)
                   1984 - no. 4(Jan. 25), 6(Feb. 28)

      BISZ: biuletyn informacyjny szkol zawodowych; pismo Federacji
         Mlodziezy Walczacej Regionu Gdanskiego.
         1984-   Gdansk.   (c.monthly)
         Holdings: 1985 - no. 9(Sept. 8)--11(Nov. 28)

Box No.
14.
                      1986 - no. 12(Jan. 21), 13(Apr. 6)
   *Note: continued by: <u>Wiatr</u> <u>od</u> <u>Morza</u>: pismo Federacji Mlodziezy Walczacej.

<u>BIT</u>: biuletyn informacyjny Topolowka; pismo mlodziezy III LO.
   198?-   Gdansk.   (frequency?)
   Holdings: 1984 - no. 15/7(Mar. 24), 19/1(Sept.), 21/3(Nov.)
              1985 - no. 26/8[Mar. ?], 27/9(Apr. 2)
              1988 - no. 50(Nov.)

<u>BIULETYN</u>. II Walny Zjazd Delegatow NSZZ Solidarnosc Regionu
   Rzeszowskiego.
   1990.   [Rzeszow]   (occasional)
   Holdings: 1990 - no. 1--3(Jan. 6-7) and "dodatek nadzwyczajny do
                        nr. 1"

<u>BIULETYN</u>. Akademickie Centrum Kultury Uniwersytetu Marii Curie-
   Sklodowskiej, "Chatka Zaka," see <u>Biuletyn--Konfrontacje</u> <u>Mlodego</u>
   <u>Teatru</u>.

<u>BIULETYN</u>. [Kolejarze Warszawscy], see <u>Biuletyn</u> <u>Kolejarzy</u>.
   "Solidarnosc" Region Mazowsze.

<u>BIULETYN</u>. NSZZ "Solidarnosc" przy PGMiL GN w Toruniu.
   1981-   Torun.   (occasional)
   Holdings: 1981 - no. 6(May 12), 7(June 30) and "wydanie
                        okolicznosciowe" (June 26)

<u>BIULETYN</u>. NSZZ "Solidarnosc" przy Zakladach Wkleslodrukowych RSW
   "Prasa," see <u>Biuletyn</u> <u>Komisji</u> <u>Zakladowej</u> <u>NSZZ</u> <u>"Solidarnosc"</u> <u>przy</u>
   <u>Zakladach</u> <u>Wkleslodrukowych</u>....

<u>BIULETYN</u>. NSZZ "Solidarnosc" w ZWCH "Chemitex-Elana," Torun.
   1981.   Torun.   (frequency?)
   Holdings: 1981 - no. 2(Jan. 30)--8, 10(Apr. 10), 12(Apr. 30), and
                        "dodatek nadzwyczajny" [Mar. 19-20]
              1989 - no. 20(Feb.)
   *Note: 19 issues published before Dec. 13, 1981; revived in
                1989; see also <u>Serwis</u> <u>Informacyjny</u> <u>Biuletynu</u> <u>NSZZ</u>
                <u>"Solidarnosc,"</u> and <u>Elana</u>: pismo NSZZ "Solidarnosc" przy
                ZWCh "Elana" Torun.

Box No.
14. BIULETYN. Ogolnozakladowy Komitet Pracowniczy NSZZ "Solidarnosc" przy
Polskich Liniach Oceanicznych.
1980-   Gdynia, Gdansk, etc.   (frequency?)
Holdings: 1980 - no. 4(Nov. 14)
          1981 - no. 10(Feb. 28)--12(May 7)

BIULETYN. Ostrolecki Komitet Obywatelski, Komisja Prawa i
Praworzadnosci.
1990-   Ostroleka.   (frequency?)
Holdings: 1990 - no. 1(Mar. 15)

BIULETYN. Spoleczny Komitet Obywatelski [RI NSZZ "Solidarnosc"].
1990-   Izbica Kujawska.   (frequency?)
Holdings: 1990 - no. 1[c.Feb.]

BIULETYN. Stronnictwo Narodowe. Warszawa.
1990-   Warszawa.   (frequency?)
Holdings: 1990 - no. 1, 2
*Note: see also Biuletyn Stronnictwa Narodowego.

BIULETYN. Wydanie dla Sluzby Zdrowia, see Biuletyn Niezaleznej Sluzby
Zdrowia.

BIULETYN: pismo Regionalnego Komitetu Obywatelskiego w Poddebicach.
Poddebice-Peczniew-Dalikow-Wartkowice-Zadzim.
1989-   Poddebice.   (frequency?)
Holdings: 1989 - no. 2(Dec.)

BIULETYN II ZJAZDU DELEGATOW NSZZ "SOLIDARNOSC" REGIONU POMORZA
ZACHODNIEGO.
1989.   [s.l.]   (occasional)
Holdings: 1989 - no. 2(Nov. 24)

BIULETYN AKADEMICKI. [Studencki Komitet Solidarnosci NZS "Polnoc"].
1983-   Gdansk.   (frequency?)
Holdings: 1983 - no. 1

BIULETYN AKADEMICKI: pismo Akademickiej Komisji Porozumiewawczej NSZZ
"Solidarnosc," see Dzien: biuletyn akademicki; pismo Akademickiej
Komisji Porozumiewawczej NSZZ "Solidarnosc."

Box No.
14. BIULETYN ARCHIKONFRATERNI LITERACKIEJ.
    1979-   Warszawa.   (frequency?)
    Holdings: 1980 - no. 6(May)

BIULETYN BRATKOWSKIEGO.
    1981-   Warszawa.   (frequency?)
    Holdings: 1981 - no. 1(Dec. 21)
    *Note: one page only; second missing?

BIULETYN CZLONKOW I SYMPATYKOW NSZZ "SOLIDARNOSC" PRZY TZUO "TOWIMOR."
    1989-   Torun.   (frequency?)
    Holdings: 1989 - no. 1(Jan.), 2(Mar.)
    *Note: no. 2 entitled: Biuletyn Komitetu Organizacyjnego NSZZ
               'Solidarnosc' przy TZUO 'Towimor.'

BIULETYN DOLNOSLASKI: pismo Klubu Samoobrony Spolecznej we Wroclawiu.
    1979-   Wroclaw.   (monthly)
    Holdings: 1979 - no. 1, 2, 5--7[Dec.]
              1980 - no. 8[Jan.], 2/9, 4/11--7/14, 10/17, 11/18(Nov.),
                    and "dodatek specjalny: Katyn" (Mar.-Apr.)
              1981 - no. 1/20(Jan.), 3/22--5/24, 9/28(Sept.)
              1982 - no. 12/31-1/32(Dec.-Jan.), 6-7, 8/39(Aug.-Nov.)
15.   1983 - no. 1/41(Jan)--10/50(Nov.-Dec.)
              1984 - no. 1/51(Jan.)--8/58(Dec.)
              1985 - no. 1/59(Jan.)--10/68(Nov.-Dec.)
              1986 - no. 1/69(Jan.)--3/71, 5/73, 6/74(Oct.-Dec)
              1987 - no. 1/75(Jan.)--3/77, 4/78(May-June)
              1988 - no. 1/81(Jan.-Feb.), and "wydanie nadzwyczajne"
                    (Jan. 9), and "wydanie specjalne" (Feb.),
                    (Feb. 14), (Mar. 21), (Sept.)
              1989 - no. 1/85(Jan.-Mar.)--9/92(Nov.), and "wydanie
                    specjalne" (Jan. 27), (May), (Sept.)
    *Note: various subtitles; no. 4/54, 6/64, 7/65, 1/69 and 2/70
              photocopies.

BIULETYN DYSKUSYJNO-INFORMACYJNY, See Biuletyn Niezaleznej Sluzby
    Zdrowia.

16. BIULETYN ELBLASKI.
    1988-   Elblag.   (biweekly/monthly)
    Holdings: 1988 - no. 1(Mar. 7), 4, 11, 12/13(Oct. 26)
              1989 - no. 19(Feb. 12)

BIULETYN FSC, see Biuletyn Informacyjny Tymczasowej Komisji Zakladowej
    NSZZ "Solidarnosc" FSC Lublin.

Box No.
16. BIULETYN GDYNSKIEGO KOMITETU OBYWATELSKIEGO SOLIDARNOSC.
1989-   Gdynia.   (c.weekly)
Holdings: 1989 - no. 1(Sept. 18)--5(Nov. 27)

BIULETYN GORNOSLASKI SOLIDARNOSC: pismo Regionu Slasko-Dabrowskiego
  NSZZ "Solidarnosc."
1982-   [s.l.]   (frequency?)
Holdings: 1982 - no. 1, 2(May)

BIULETYN IG, see Informator "S" IG.

BIULETYN INFORMACYJNY. Biuro Poselskie OKP, Komitet Obywatelski,
  Podregion NSZZ "Solidarnosc" Ziemi Zywieckiej.
1990?-   Zywiec.   (frequency?)
Holdings: 1990 - no. 2(Jan.), 4(wyborczy)

BIULETYN INFORMACYJNY. Komitet Obywatelski "Solidarnosc."
  Krakow-Krowodrza, osiedle Czarna Wies.
1990?-   Krakow-Krowodrza.   (monthly?)
Holdings: 1990 - no. 2(Mar.), 3, 5(May)

BIULETYN INFORMACYJNY. Komitet Samoobrony Chlopskiej Ziemi
  Grojeckiej.
1978?-   Zbrosza Duza.   (irregular)
Holdings: 1979 - no. 8/11(Aug.-Sept.), 10/13, 11/14(Dec.)
          1980 - no. 1/15(Jan.), 2/16(Feb.)

BIULETYN INFORMACYJNY. Komitet Strajkowy pracownikow kultury
  solidarnosciowego strajku okupacyjnego w dn. 12-17. XI. 80.
1980.   Gdansk.   (occasional)
Holdings: 1980 - no. (Dec. 12-17)

BIULETYN INFORMACYJNY. Komitet Zalozycielski Niezaleznych
  Samorzadnych Zwiazkow Zawodowych, see Biuletyn Informacyjny. KZ
  NSZZ.

BIULETYN INFORMACYJNY. Krajowa Rada NSZZRI "Solidarnosc," see
  Biuletyn Informacyjny. Rada Krajowa NSZZRI "Solidarnosc."

BIULETYN INFORMACYJNY. [KSS "KOR"].
1976-   Warszawa.   (irregular)
Holdings: 1976 - no. 1(Sept.)--5(Dec.)
          1977 - no. 6(Jan.)--11, 15--18(Dec.-Jan.)

Box No.
16.   1978 - no. 19(Apr.)
        KOMUNIKAT KSS "KOR."
        Holdings: 1976 - no. 3(Oct.30)--4(Dec. 22)
                  1977 - no. 5(Jan.), 6, 8--10, 13, 15, 16(Nov.)
                  1978 - no. 19(Apr.)
17.   Biuletyn Informacyjny, cont.
        1978 - no. 20(May)--26(Dec.)
        1979 - no. 1/27(Jan.)--4/30(May-June)
        Komunikat KSS "KOR," cont.
        1978 - no. 20(May 3)--25(Dec.)
        1979 - no. 26-27(Jan.)--30(June)
18.   Biuletyn Informacyjny, cont.
        1979 - no. 5-6/1-32(July-Aug.)--8/34(Nov.-Dec.)
        1980 - no. 1/35(Jan.-Feb.)--6/49(Aug.-Sept.)
        Komunikat KSS "KOR," cont.
        1979 - no. 31-32(Sept.)--35(Dec. 31)
        1980 - no. 36(Jan. 31)--41, 43(Sept. 1)
19.   Biuletyn Informacyjny, cont.
        1980 - no. 7/41(Oct.-Nov.)
        Komunikat KSS "KOR," cont.
        1980 - no. 44(Sept. 30)--46(Nov.)

*Note: Holdings include Komunikat KSS "KOR" (also titled:
        Komunikat. Komitet Obrony Robotnikow, or Komunikat.
        Komitet Obrony Spolecznej "KOR") filed with the Biuletyn
        Informacyjny.

BIULETYN INFORMACYJNY. KZ NSZZ Rolnikow Indywidualnych, Solidarnosc
    Region Srodkowo-Wschodni, see Biuletyn Zwiazkowy. NSZZ RI
    Solidarnosc Rolnikow. Lublin, Biala Podlaska, Zamosc, Chelm.

BIULETYN INFORMACYJNY. KZ NSZZ Solidarnosc, HCP.
    1981?-   Poznan.   (frequency?)
    Holdings: 1981 - no. 16(July 20), 26(Oct. 6)

BIULETYN INFORMACYJNY. KZ NSZZ Solidarnosc "Miastoprojekt-Gdansk,"
    see Biuletyn Informacyjny Solidarnosc. KZ NSZZ Solidarnosc
    "Miastoprojekt-Gdansk."

BIULETYN INFORMACYJNY. KZ NSZZ "Solidarnosc" przy Stoczni im. Komuny
    Paryskiej Gdyni, see Biuletyn Informacyjny. NSZZ Solidarnosc,
    Stocznia...

BIULETYN INFORMACYJNY. KZ NSZZ "Solidarnosc" Zarzadu Portu Gdynia.
    1980.   Gdynia.   (daily)
    Holdings: 1980 - no. 3(Sept. 15)--6, 76, 78(Dec. 20)

Box No.
19.	1981 - no. 100(Jan. 27)
*Note:	no. 3--6 photocopies; continued [?] by: <u>Solidarnosc Portowcow</u>.

<u>BIULETYN INFORMACYJNY</u>. KZ NSZZ Stoczni Gdanskiej im. Lenina.
   1980-81.	Gdansk.	(weekly)
   Holdings: 1980 - no. 1(Sept. 16)--15, 18--21(Dec. 16)
          1981 - no. 25(Jan. 28), 4[c.Feb.]

<u>BIULETYN INFORMACYJNY</u>. Miedzyzakladowy Komitet Zalozycielski..., see <u>Biuletyn Informacyjny</u>. MKZ...

<u>BIULETYN INFORMACYJNY</u>. Miejsko-Gminny Komitet Obywatelski. Klodawa.
   1990?-	Klodawa.	(frequency?)
   Holdings: 1990 - no. 4(May), 5(May)

<u>BIULETYN INFORMACYJNY</u>. MKZ NSZZ Solidarnosc, Bialystok, see <u>Biuletyn Informacyjny</u>. NSZZ Solidarnosc, Region Bialystok.

<u>BIULETYN INFORMACYJNY</u>. MKZ NSZZ Solidarnosc, Olsztyn, see <u>Biuletyn Informacyjny</u>. NSZZ Solidarnosc, MKZ Olsztyn.

<u>BIULETYN INFORMACYJNY</u>. MKZ NSZZ Solidarnosc, Ostrowiec Sw., see <u>Biuletyn Informacyjny</u>. NSZZ Solidarnosc, Terenowa Komisja Koordynacyjna w Ostrowcu Sw., Region Swietokrzyski.

<u>BIULETYN INFORMACYJNY</u>. MKZ NSZZ "Solidarnosc," Region Srodkowo-Wschodni, see <u>Biuletyn Informacyjny</u>. NSZZ Solidarnosc, Region Srodkowo-Wschodni.

<u>BIULETYN INFORMACYJNY</u>. MKZ NSZZ "Solidarnosc" w Nysie.
   1981?-	Nysa.	(frequency?)
   Holdings: 1981 - no. 8(Feb. 9), 9(Mar. 21)

<u>BIULETYN INFORMACYJNY</u>. MKZ [NSZZ "Solidarnosc"] Wielkopolska, see <u>MKZ Wielkopolska</u>: biuletyn informacyjny.

<u>BIULETYN INFORMACYJNY</u>. MKZ NSZZ "Solidarnosc" woj. walbrzyskiego.
   1980-81.	Walbrzych.	(weekly?)
   Holdings: 1980 - no. 1(Oct. 22), 3--8(Dec. 17)
          1981 - no. 9/1(Jan. 7)

Box No.
19.   BIULETYN INFORMACYJNY. MKZ NSZZ "Solidarnosc" Ziemi Pulawskiej, see
       Solidarnosc Ziemi Pulawskiej: biuletyn informacyjny Niezaleznego
       Samorzadnego Zwiazku Zawodowego. Region Srodkowo-Wschodni.

BIULETYN INFORMACYJNY. MKZ "Siemianowice" NSZZ Solidarnosc przy KBW
   "FABUD," see Solidarnosc: biuletyn informacyjny MKZ "Siemianowice"
   NSZZ Solidarnosc przy KBW "Fabud."

BIULETYN INFORMACYJNY. MKZ Wielkopolska, see MKZ Wielkpolska:
   biuletyn informacyjny.

BIULETYN INFORMACYJNY. Niezalezny Samorzadny Zwiazek Zawodowy..., see
   Biuletyn Informacyjny. NSZZ...

BIULETYN INFORMACYJNY. NSZZ Solidarnosc Akademii Rolniczej w
   Lublinie.
   1981?-   Lublin.   (irregular)
   Holdings: 1981 - no. 5(Apr. 30)--7, 10, 14, 15(Oct. 23)

BIULETYN INFORMACYJNY. NSZZ Solidarnosc [El. Polaniec]. Nic o nas
   bez nas.
   1981?-   Polaniec.   (frequency?)
   Holdings: 1981 - no. 13(Mar. 20), 27, 27a, 28(July 3)
   *Note: originally titled: Biuletyn Informacyjny NSZZ
             "Solidarnosc" Elektrownia "Polaniec."

BIULETYN INFORMACYJNY. NSZZ Solidarnosc Elblag.
   1980-81.   Elblag.   (irregular)
   Holdings: 1981 - no. 8(Jan. 5)--12(Feb. 14)

BIULETYN INFORMACYJNY. NSZZ Solidarnosc, Instytut Elektrotechniki,
   Warszawa-Miedzylesie.
   1981?-   Warszawa.   (frequency?)
   Holdings: 1981 - no. 5(Mar. 15), 6, 8, 10--15(Sept. 20), and
             "wydanie specjalne" (Mar. 30)

BIULETYN INFORMACYJNY. NSZZ "Solidarnosc," Komitet Strajkowy
   Pracownikow Kultury Solidarnosciowego Strajku Okupacyjnego w dn.
   12-17*XI*80 w Sali Kominkowej Urzedu Wojewodzkiego w Gdansku.
   1980.   Gdansk.   (occasional)
   Holdings: 1980 - no. (Nov. 12-17)

Box No.
19. BIULETYN INFORMACYJNY. NSZZ "Solidarnosc," Komitet Zalozycielski,
Gdansk, see Solidarnosc: pismo Regionu Gdanskiego.

BIULETYN INFORMACYJNY. NSZZ "Solidarnosc" Kujaw i Ziemi Dobrzynskiej.
    1981.   Wloclawek.   (frequency?)
    Holdings: 1981 - no. 5(June 30)--7, 9--12, 15, 21(Sept. 10), and
         "wydanie specjalne" (Aug. 7)

BIULETYN INFORMACYJNY. NSZZ "Solidarnosc" K.Z. Z.A. "Pulawy."
    1980?-   Pulawy.   (frequency?)
    Holdings: 1980 - no. 1(Dec. 12), 2(Dec. 16), 3[c.Dec. 24]
         1981 - no. 8(Jan. 30), 10--12, 17, 19, 21, 22, 24, 26,
         27(June 12)
    *Note: Z.A.: Zaklady Azotowe; originally titled: Biuletyn
         Informacyjny. Solidarnosc w Zakladach Azotowych
         "Pulawy"; no 2, 8--12[?] titled: Solidarnosc w Z.A.
         Pulawy: informacja do uzytku wewnatrzzwiazkowego; no. 3,
         1980 titled: Informacja Zwiazkowa; in 1982 probably
         continued by: Biuletyn Informacyjny Niezaleznego Zwiazku
         Zawodowego Solidarnosci. TKZ NSZZ w Z.A. Pulawy.

BIULETYN INFORMACYJNY. NSZZ "Solidarnosc" LOT.
    1981-   Warszawa.   (frequency?)
    Holdings: 1981 - no. 3, 10(July, 21), 13(Aug. 11)

BIULETYN INFORMACYJNY. NSZZ Solidarnosc, MKZ Olsztyn.
    1980-   Olsztyn.   (frequency?)
    Holdings: 1980 - no. 2(Nov. 20)

BIULETYN INFORMACYJNY. NSZZ Solidarnosc MZK.
    1988-   Warszawa   (frequency?)
    Holdings: 1988 - no. 1(Sept. 25)
    *Note: MZK: Miejskie Zaklady Komunikacyjne.

BIULETYN INFORMACYJNY. NSZZ "Solidarnosc" Pracownikow Kultury
    Fizycznej. Gdansk 80.
    1980?-   Gdansk.   (frequency?)
    Holdings: 1981 - no. 3(Jan. 6)

BIULETYN INFORMACYJNY. NSZZ "Solidarnosc"; PZM. Komisja Robotnicza
    Niezaleznego Samorzadnego Zwiazku "Solidarnosc" przy Polskiej
    Zegludze Morskiej, Szczecin, ul. Malczewskiego 10.
    1980-81.   Szczecin.   (irregular)
    Holdings: 1980 - no. 2(Nov. 6), 3(Dec. 1)
         1981 - no. 4(Jan. 7), 5(Jan. 27)

Box No.

19. BIULETYN INFORMACYJNY. NSZZ Solidarnosc, Region Bialystok.
    1980-   Bialystok.   (c.biweekly)
    Holdings: 1980 - no. 2(Nov. 24)--4, 6-7(Dec. 24)
20.   1981 - no. 8(Jan. 5), 9, 11, 13--20, 22, 23, 26, 30--42,
                    45, 47, 48, 50(Nov. 13)
              1982 - no. 53(Jan. 1), 3/55, 5, 7, 8/60--28/80, 30/82-
                    -35/87, 37/89--40/92, 46/98--48/100(Dec. 21)
              1983 - no. 49/101(Jan. 4)--58/110, 61/113--65/117(June),
                    67/117(Aug. 15)
              1984 - no. 70(May 12), 71, 78, 79(Dec. 13)
              1985 - no. 80(Jan. 14), 86, 90, 92-93(Oct. 10)
              1986 - no. 94(Nov. 1), 95(Dec. 1)
              1987 - no. 96(Jan. 10), 99, 100, 102(Dec. 3)
              1988 - no. 103(Jan. 15)--105, 107, 110--113(Dec. 17)
              1989 - no. 114(Jan. 20)--117, 119--121(June),
                    174(June 28)--176, 178, 179(Sept. 14)
              1990 - no. 7(Dec. 7)
              1991 - no. 8(Feb. 11)
    *Note: prior to Dec. 13, 1981 published by MKZ Bialystok; in
              1983 subtitled: "TKR NSZZ Solidarnosc--Nieocenzurowano,"
              Region Bialystok; with no 174, 1989 published legally.

BIULETYN INFORMACYJNY. NSZZ "Solidarnosc," Region Mazowsze, Biuro
    Prasowo-Informacyjne.
    1989?   Warszawa.   (weekly)
    Holdings: 1990 - no. 51(July 19), 52--56, 58--66(Nov. 16)
              1991 - no. 72(Jan. 14)--74, 76--81(Mar. 25)

BIULETYN INFORMACYJNY. NSZZ "Solidarnosc"--Region Mazowsze--Oddzial w
    Lomzy.
    1981?-   Lomza.   (frequency?)
    Holdings: 1981 - no. (Jan. 9)
    *Note: no. (Jan. 9) wrongly dated as 1980.

BIULETYN INFORMACYJNY. NSZZ "Solidarnosc," Region Mazowsze, Oddzial w
    Skierniewicach, see Biuletyn Informacyjny Solidarnosc. Region
    Mazowsze Oddzial w Skierniewicach.

BIULETYN INFORMACYJNY. NSZZ "Solidarnosc," Region Slasko-Dabrowski,
    Tymczasowa Komisja Koordynacyjna.
    1982?-   [s.l.]   (monthly?)
    Holdings: 1982 - no. 1a[Jan.?], 2a(Feb.), 3a(Mar.), 4a(Apr.),
                    5a(Apr.), and two undated issues

Box No.
20. <u>BIULETYN INFORMACYJNY</u>. NSZZ Solidarnosc, Region Srodkowo-Wschodni.
    1980-81.   Lublin.   (weekly)
    Holdings: 1980 - no. 1(Oct. 16)--9(Dec. 20)
21.   1981 - no. 10(Jan. 6)--25, 27--36, 39--41, 43,
                         56--58(Nov. 29-30), and "dodatek nadzwyczajny"
                         (Mar. 21)
                  1982 - no. 1/57(Jan. 22), 3/59(Feb. 7), 4/58(Feb. 21) 5,
                         6/62(Mar. 21), 6[Mar. 31], 7-8/63-64, 10/66-
                         -14/70[July 1]
    *Note: in 1981 various subtitles; in 1982 entitled: <u>Solidarnosc
              Wyd[anie] Wojenne</u>: biuletyn Informacyjny Tymczasowego
              Zarzadu Regiony Srodkowo-Wschodniego NSZZ "Solidarnosc";
              see also <u>Informator Biuletynu Solidarnosc</u>, <u>Informator
              Wyborczy Biuletynu Solidarnosc</u>, and <u>Solidarnosc w
              Rejonie</u> Srodkowo-Wschodnim; no. 3/59(Feb. 7, 1982) has
              two different editions.

<u>BIULETYN INFORMACYJNY</u>. NSZZ "Solidarnosc" Regionu Pomorza
    Zachodniego, see <u>BIS</u>: biuletyn informacyjny NSZZ "Solidarnosc"
    Regionu Pomorza Zachodniego.

<u>BIULETYN INFORMACYJNY</u>. NSZZ "Solidarnosc." Stocznia im. Komuny
    Paryskiej.
    1987-   Gdynia.   (monthly)
    Holdings: 1990 - no. 2/64(Feb.)--4/66(Apr.)

<u>BIULETYN INFORMACYJNY</u>. NSZZ Solidarnosc, Stocznia im. Komuny
    Paryskiej w Gdyni.
    1980-   Gdynia.   (daily/irregular)
    Holdings: 1980 - no. 2(Sept. 6), 5, 8,13, 20, 21(Dec. 29)
              1981 - no. 22(Jan. 9), 22--29, 31--37, 39(Apr. 25), 50
              (Aug. 15)
    *Note: previous title: <u>Biuletyn Informacyjny</u>. Komitet
              Zalozycielski NSZZ "Solidarnosci" przy Stoczni im Komuny
              Paryskiej.

<u>BIULETYN INFORMACYJNY</u>. NSZZ Solidarnosc, Terenowa Komisja
    Koordynacyjna w Ostrowcu Sw., Region Swietokrzyski.
    1981-   Ostrowiec Sw.   (frequency?)
    Holdings: 1981 - no. 1(Feb. 24)--4(Apr. 7), (May 3), (May 12),
              [June ?]
    *Note: originally entitled: <u>Biuletyn Informacyjny</u>. MKZ NSZZ
              Solidarnosc Ostrowiec Sw.

Box No.

21. BIULETYN INFORMACYJNY. NSZZ "Solidarnosc" w Instytucie Badan
    Jadrowych.
    1980-81.   Swierk.   (weekly)
    Holdings: 1980 - no. 2(Nov. 11), 5(Dec. 16)
              1981 - no. 6(Jan. 5), 8, 9, 11, 13--24(Nov 10), and
                     issues numbered S(Sept. 3), Z-6(Oct. 1), Z-7
                     (Oct.2)
    *Note: see also: Biuletyn Informacyjny Solidarnosci IBJ, and
              IBJ.

22. BIULETYN INFORMACYJNY. NSZZ Solidarnosc Zakladu Elektroniki im.
    Kazimierza Michalczyka (przy Zakladach Elektronicznych ELWRO).
    198?-   Wroclaw.   (frequency?)
    Holdings: 1983 - no. 11/4(Apr. 18)
              1985 - no. 1/29((Feb.), 2/32(Apr.)
    *Note: see also: Solidarnosc ELWRO.

BIULETYN INFORMACYJNY. NSZZ "Solidarnosc" Ziemi Pulawskiej, see
    Solidarnosc Ziemi Pulawskiej: biuletyn informacyjny Niezaleznego
    Samorzadnego Zwiazku Zawodowego. Region Srodkowo-Wschodni.

BIULETYN INFORMACYJNY. NSZZ "Solidarnosc" ZWAR Z-2, see Biuletyn
    Informacyjny KZ NSZZ SOLIDARNOSCI ZWAR-Z-2.

BIULETYN INFORMACYJNY. NZS Lublin. Wydanie wojenne, see Biuletyn
    Informacyjny NZS. Wydanie Wojenne.

BIULETYN INFORMACYJNY. Polska Liga Praw Czlowieka: ruch spoleczny
    nierzadowy z siedziba w Szczecinie.
    1987-   Szczecin.   (frequency?)
    Holdings: 1987 - no. 1(Sept. 15)
              1988 - no. 2-3(Jan. 29), 4-5(July 8)

BIULETYN INFORMACYJNY. Rada Krajowa NSZZRI "Solidarnosc."
    1989-   Warszawa.   (c.monthly)
    Holdings: 1989 - no. 1
              1990 - no. 2(Sept.), 4, 8(Dec.)
              1991 - no. 3(Mar.)--6(May)

BIULETYN INFORMACYJNY. Region Ziemi Lodzkiej Solidarnosc; Komunikat
    Wojenny, see Solidarnosc: biuletyn informacyjny, Region Ziemi
    Lodzkiej; komunikat wojenny.

Box No.
22. BIULETYN INFORMACYJNY. Regionalny Komitet Obrony Wiezionych za
        Przekonania. NSZZ "Solidarnosc," Zarzad Regionu Chelmskiego, see
        Solidarnosc: biuletyn informacyjny Regionu Chelmskiego.

     BIULETYN INFORMACYJNY. Sacrosong, Mistrzejowice, Nowa Huta.
        1982?   Nowa Huta.   (frequency?)
        Holdings: 1982 - no. 2(Nov. 28)

     BIULETYN INFORMACYJNY. Solidarnosc Bydgoszcz.
        1982?-   Bydgoszcz.   (frequency?)
        Holdings: 1982 - no. (Feb. 2)

     BIULETYN INFORMACYJNY. Solidarnosc--Podregion Sucha Beskidzka.
        1987-   Sucha Beskidzka.   (monthly)
        Holdings: 1987 - no. 1(Dec.)
                  1988 - no. 4(Mar.), 5(Apr.)
                  1989 - no. [15?](Apr.)

     BIULETYN INFORMACYJNY. Solidarnosc Polsko-Czechoslowacka, see
        Biuletyn Informacyjny: pismo Solidarnosci Polsko-Czechoslowackiej.

     BIULETYN INFORMACYJNY. Solidarnosc Region Czestochowa, see
        Solidarnosc: biuletyn regionu Czestochowa.

     BIULETYN INFORMACYJNY. Solidarnosc Region Slask Opolski, see I:
        biuletyn informacyjny. Solidarnosc Region Slask Opolski.

     BIULETYN INFORMACYJNY. TKR NSZZ Solidarnosc Region Bialostocki, see
        Biuletyn Informacyjny. NSZZ Solidarnosc, Region Bialystok.

     BIULETYN INFORMACYJNY. TKZ NSZZ "Solidarnosc" Zaklad Robot Gorniczych
        w Lubinie.
        198?-   Lubin.   (frequency?)
        Holdings: 1985 - no. 4(Sept.-Oct.), 6(Nov.)
                  1986 - no. (Jan.)

     BIULETYN INFORMACYJNY. TPKZ NSZZ "Solidarnosc" ZG "Polkowice."
        1987-   (Lubin?)   (bimonthly?)
        Holdings: 1987 - no. 2(June), 3(Aug.)
                  1988 - no. 10-11(Feb.-Mar.), 19(Oct.)

Box No.

22. BIULETYN INFORMACYJNY. TZR NSZZ Solidarnosc Bydgoszcz.
    1989-   Bydgoszcz.   (weekly?)
    Holdings: 1989 - no. 3(July 14), 4(July 21)

BIULETYN INFORMACYJNY. Wydanie Wojenne. NZS Lublin, see Biuletyn
    Informacyjny NZS. Wydanie Wojenne.

BIULETYN INFORMACYJNY. Zarzad Regionalny NSZZ "Solidarnosc"
    Wojewodztwa Piotrkowskiego.
    1981.   Piotrkow.   (frequency?)
    Holdings: 1981 - no. 11(July 1)

BIULETYN INFORMACYJNY. Zespol radiowo-telewizyjny, redakcja recenzji
    i analiz.
    1989-   [Warszawa?]   (frequency?)
    Holdings: 1989 - no. 26(June 13)

BIULETYN INFORMACYJNY: pismo (czlonkow) organizacji zakladowej NSZZ
    "Solidarnosc" Politechniki Wroclawskiej, see Biuletyn Informacyjny
    NSZZ "Solidarnosc" Politechniki Wroclawskiej.

BIULETYN INFORMACYJNY: pismo Solidarnosci Polsko-Czechoslowackiej.
    1987-   Wroclaw.   (frequency?)
    Holdings: 1987 - no. 1(Dec.)
              1988 - no. 2(Jan.), 4, 5-6, 8-9, 10-11-12(Dec. 15), and
                     "numer specjalny" (Apr.)
              1989 - no. 13(Feb. 7)--15 (Oct.)
              1990 - no. 16(Jan.)
    *Note: originally entitled: Biuletyn Informacyjny Solidarnosci
              Polsko-Czechoslowackiej, or Biuletyn Informacyjny.
              Solidarnosc Polsko-Czechoslowacka.

BIULETYN INFORMACYJNY: przeglad prasy zagranicznej.
    197?-   [s.l.]   (monthly/bimonthly)
    Holdings: 1978 - no. 15(Oct.-Nov.)
              1979 - no. 17(Feb.-Mar.)
              1980 - no. 23(Jan.), 27(June-July)
              1981 - no. 29(Mar.), 30(May)
    *Note: unnumbered special issues treated as monographs.

BIULETYN INFORMACYJNY AKADEMII ROLNICZEJ W LUBLINIE, see Biuletyn
    Informacyjny. NSZZ Solidarnosc Akademii Rolniczej w Lublinie.

Box No.
22. BIULETYN INFORMACYJNY ASR. Agencja Solidarnosci Rolnikow.
    1986?-   [s.l.]   (frequency?)
    Holdings: 1986 - no. 3(May)--5(Oct.-Nov.)
              1987 - no. 1/6(Dec.-Jan.), 4/9

BIULETYN INFORMACYJNY BANKOWCOW, see Solidarnosc: biuletyn informacyjny Bankowcow.

BIULETYN INFORMACYJNY BIURA INFORMACJI I PROPAGANDY NZS.
    1987-   [Warszawa?]   (frequency?)
    Holdings: 1987 - no. 3(Oct. 24)

BIULETYN INFORMACYJNY ENERGETYKOW SOLIDARNOSC. Tymczasowa Komisja Energetykow-Region Mazowsze.
    1981?-   [Warszawa]   (frequency?)
    Holdings: 1981 - no. 2

BIULETYN INFORMACYJNY FSC, see Biuletyn Informacyjny Tymczasowej Komisji Zakladowej NSZZ "Solidarnosc" FSC Lublin.

BIULETYN INFORMACYJNY FSO-SPOJNIA.
    1982-   [Warszawa]   (c.biweekly)
    Holdings: 1982 - no. 1(Apr. 1)--6, 9, 10(July 21), and "dodatek specjalny" (Apr. 20)

BIULETYN INFORMACYJNY GDANSKIEGO KOMITETU OBRONY WIEZIONYCH ZA PRZEKONANIA.
    1981-   Gdansk.   (frequency?)
    Holdings: 1981 - no. 2(May 2), 5(May 28), and special edition (May 27)

BIULETYN INFORMACYJNY GMINNEGO KOMITETU OBYWATELSKIEGO "SOLIDARNOSC" W JONKOWIE.
    1990.   Jonkowo.   (occasional?)
    Holdings: 1990 - no. (May)

BIULETYN INFORMACYJNY HUTNIKOW. NSZZ "Solidarnosc," Huta im. Lenina, Krakow.
    1980-   Krakow.   (frequency?)
    Holdings: 1980 - no. 3(Dec. 2), 5, 6(Dec. 12)
              1981 - no. 13(Jan. 13), 23, 25--30(June 19), and unnumbered issue of its Informator Zwiazkowy

Box No.
22.
    *Note: see also its <u>Biuletyn Informacyjny Komitetu Obrony Wiedzionych za Przekonania przy Hucie im Lenina w Krakowie</u>.

<u>BIULETYN INFORMACYJNY--INFORMACYJNEJ SLUZBY WYBORCZEJ KOMITETU OBYWATELSKIEGO--GDANSK</u>.
    1989-   Gdansk.   (daily?)
    Holdings: 1989 - no. 3(May 2), 7(May 10)

<u>BIULETYN INFORMACYJNY KOLEJARZY</u>: pismo kolejarzy wezla Lublin, czlonkow NSZZ Solidarnosc.
    198?-   Lublin.   (c.bimonthly)
    Holdings: 1983 - no. 3(July 11), 6, 8(Dec.)
              1984 - no. 9(Feb.)--14(Nov.-Dec.)
              1985 - no. 15(Jan.-Feb.), 16, (June), 19(Nov.)
              1986 - no. 20(Apr.), 21(Sept.)
              1987 - no. 22(Jan.), 23 Oct.)
              1988 - no. 24(Mar.), 25(July)
    *Note: continues [?]: <u>Solidarnosc Kolejowa</u>: biuletyn informacyjny WOKP Lublin

<u>BIULETYN INFORMACYJNY KOMISJI UCZELNIANEJ NSZZ "SOLIDARNOSC" AKADEMII ROLNICZEJ W POZNANIU</u>.
    1981.   Poznan.   (frequency?)
    Holdings: 1981 - no. 1(Feb. 6)--3, 6(Mar. 16), 6(Mar. 26), 8, 9, 16(July 8), and "dodatek specjalny" 1(Feb. 3), (Feb. 11), 6(Mar. 26)

<u>BIULETYN INFORMACYJNY KOMISJI ZAKLADOWEJ [KOMITETU ZALOZYCIELSKIEGO] NSZZ SOLIDARNOSC</u>, see <u>Biuletyn Informcyjny KZ NSZZ Solidarnosc</u>.

<u>BIULETYN INFORMACYJNY KOMITETU OBRONY WIEZIONYCH ZA PRZEKONANIA PRZY HUCIE IM. LENINA W KRAKOWIE</u>.
    1981-   Krakow.   (frequency?)
    Holdings: 1981 - no. 1[May 19]
    *Note: "Biuletyn niniejszy stanowi integralna calosc Biuletynu Informacyjnego 'Hutnikow' NSZZ 'Solidarnosc.'"

<u>BIULETYN INFORMACYJNY KOMITETU OBYWATELSKIEGO MIASTA I GMINY NIEPOLOMICE</u>.
    1989-   Niepolomice.   (monthly?)
    Holdings: 1989 - no. 3(Nov.), 4(Dec.)

Box No.
22. BIULETYN INFORMACYJNY KOMITETU OBYWATELSKIEGO W SANOKU.
    1989-90?   Sanok.   (monthly)
    Holdings: 1989 - no. 1(Dec.)
              1990 - no. 2(Jan.)--5(Apr.)
    *Note: Biuletyn has two different editions.

BIULETYN INFORMACYJNY KOMITETU ZALOZYCIELSKIEGO NIEZALEZNYCH, SAMORZADNYCH ZWIAZKOW ZAWODOWYCH STOCZNY GDANSKIEJ IM. LENINA, see Biuletyn informacyjny. KZ NSZZ Stoczni Gdanskiej im. Lenina.

BIULETYN INFORMACYJNY KZ NSZZ SOLIDARNOSC. Przedsiebiorstwo Panstwowe "Polmozbyt" w Lublinie.
    1981-   Lublin.   (frequency?)
    Holdings: 1981 - no. 1(Feb.)

BIULETYN INFORMACYJNY KZ NSZZ "SOLIDARNOSC" KOMBINATU BUDOWLANEGO W OLSZTYNIE.
    1989?-   Olsztyn.   (frequency?)
    Holdings: 1990 - no. 4(Jan.)

BIULETYN INFORMACYJNY KZ NSZZ "SOLIDARNOSC" PRZY WYZSZEJ SZKOLE MORSKIEJ W GDYNI.
    1981.   Gdynia.   (frequency?)
    Holdings: 1981 - no. (May 3), (July 27)

BIULETYN INFORMACYJNY KZ NSZZ SOLIDARNOSCI ZWAR-Z-2.
    198?-   Warszawa.   (frequency?)
    Holdings: 1984 - no. 25(June 12)
              1985 - no. (Oct.)

BIULETYN INFORMACYJNY KZ NSZZ STOCZNI GDANSKIEJ IM. LENINA, see Biuletyn Informacyjny. KZ NSZZ Stoczni Gdanskiej im. Lenina.

BIULETYN INFORMACYJNY LKDS. Wydanie strajkowe.
    1981?-   Lublin.   (frequency?)
    Holdings: 1981 - no. 6(Nov. 28)
    *Note: LKDS: Lubelski Klub Dziennikarzy Studenckich.

BIULETYN INFORMACYJNY MIASTA I GMINY SWIEBODZIN.
    1990?-   Swiebodzin.   (frequency?)
    Holdings: 1990 - no. 2(May 3)

Box No.
22. BIULETYN INFORMACYJNY MIEDZYZAKLADOWEGO KOMITETU STRAJKOWEGO NIEZALEZNEGO SAMORZADNEGO ZWIAZKU ZAWODOWEGO SOLIDARNOSC, REGION SRODKOWO-WSCHODNI, see Biuletyn Informacyjny. NSZZ "Solidarnosc," Region Srodkowo-Wschodni.

BIULETYN INFORMACYJNY MIEDZYZAKLADOWEGO KOMITETU STRAJKOWEGO NIEZALEZNEGO SAMORZADNEGO ZWIAZKU ZAWODOWEGO SOLIDARNOSC ZIEMI PULAWSKIEJ, see Solidarnosc Ziemi Pulawskiej: biuletyn informacyjny Niezaleznego Samorzadnego Zwiazku Zawodowego. Region Srodkowo-Wschodni.

BIULETYN INFORMACYJNY MIEDZYZAKLADOWEGO KOMITETU ZALOZYCIELSKIEGO W KRAKOWIE.
    1980-   Krakow.   (frequency?)
    Holdings: 1980 - no. 1(Sept. 26)

BIULETYN INFORMACYJNY MIESZKANCOW OSIEDLA KLINY. Komitet Obywatelski "Solidarnosc," Komitet Osiedlowy.
    1990-   Krakow.   (frequency?)
    Holdings: 1990 - no. 1(Mar.)

BIULETYN INFORMACYJNY MKR RZESZOW.
    1982-   Rzeszow.   (weekly)
    Holdings: 1982 - no. 1(May), 3(May), 1(June, 2(June)

BIULETYN INFORMACYJNY NIEZALEZNEGO RUCHU OBYWATELSKIEGO.
    1989?-   Tomaszow Mazowiecki. (monthly?)
    Holdings: 1990 - no. 4(Jan.), 5(Feb.)

BIULETYN INFORMACYJNY NIEZALEZNEGO SAMORZADNEGO ZWIAZKU ZAWODOWEGO SOLIDARNOSC, see Biuletyn Informacyjny NSZZ Solidarnosc.

BIULETYN INFORMACYJNY NIEZALEZNEGO ZWIAZKU ZAWODOWEGO SOLIDARNOSC. TKZ NSZZ w Z.A. Pulawy.
    1982?-   Pulawy.   (frequency?)
    Holdings: 1982 - no. 2(Nov. 18)
    *Note: continues [?]: Biuletyn Informacyjny. NSZZ "Solidarnosc" K.Z. Z.A. "Pulawy."

BIULETYN INFORMACYJNY NSZZ "SOLIDARNOSC," see Biuletyn Informacyjny. NSZZ Solidarnosc [El. Polaniec].

Box No.

22. BIULETYN INFORMACYJNY NSZZ SOLIDARNOSC. [Tymczasowy Zarzad Regionu Warminsko-Mazurskiego].
    1982?-   [Olsztyn]   (frequency?)
    Holdings: 1982 - no.5, 6(Mar. 15), 8(Mar. 29)
    *Note: see also Solidarnosc: pismo Regionu Warm.-Mazur.

23. BIULETYN INFORMACYJNY NSZZ "SOLIDARNOSC" AKADEMII MEDYCZNEJ I PANSTWOWEGO SZPITALA KLINICZNEGO W KRAKOWIE.
    1982?-   Krakow.   (c.bimonthly)
    Holdings: 1983 - no. 51-52(July 1), 54, 58(Dec. 28)
              1984 - no. 59(Jan.1), 66, 67, 70, 71(Dec. 22)
              1985 - no. 72(Feb. 24)
              1986 - no. 75(Jan. 20), and "wydanie nadzwyczajne"
                     (May 9), and "wydanie nadzwyczajne II" (May 16)

BIULETYN INFORMACYJNY NSZZ "SOLIDARNOSC" BIELSKIEGO PRZEDSIEBIORSTWA BUDOWNICTWA PRZEMYSLOWEGO, see Samodzielnosc: biuletyn informacyjny NSZZ "Solidarnosc" Bielskiego Przedsiebiorstwa Bud. Przemyslowego. NSZZ Solidarnosc BPBP.

BIULETYN INFORMACYJNY NSZZ SOLIDARNOSC FABRYKI SAMOCHODOW MALOLITRAZOWYCH, see FSM Solidarnosc: informator NSZZ Solidarnosc przy Fabryce Samochodow Malolitrazowych.

BIULETYN INFORMACYJNY NSZZ SOLIDARNOSC FSC LUBLIN, see Biuletyn Informacyjny Tymczasowej Komisji Zakladowej NSZZ "Solidarnosc" FSC Lublin.

BIULETYN INFORMACYJNY NSZZ SOLIDARNOSC"-MALOPOLSKA, see CD. KOS Malych Zakladow Pracy/Solidarnosc Malopolska.

BIULETYN INFORMACYJNY NSZZ SOLIDARNOSC MZK, see Biuletyn Informacyjny. NSZZ Solidarnosc MZK.

BIULETYN INFORMACYJNY NSZZ "SOLIDARNOSC" POLITECHNIKI LUBELSKIEJ, see Solidarnosc: biuletyn informacyjny NSZZ "Solidarnosc" Politechniki Lubelskiej.

BIULETYN INFORMACYJNY NSZZ SOLIDARNOSC POLITECHNIKI SZCZECINSKIEJ.
1981-   Szczecin.   (frequency?)
Holdings: 1981 - no. 16(July 16)

Box No.
23. BIULETYN INFORMACYJNY NSZZ "SOLIDARNOSC" POLITECHNIKI WROCLAWSKIEJ.
    1982-   Wroclaw.   (monthly)
    Holdings: 1982 - no. 3(May)--6, 8-9--11(Dec.)
              1983 - no. 1/12(Jan.)--22-23(July)
              1984 - no. 29-30(Jan), 31-32, 34-35, 38-39, 41, 42
                  (Dec.), and "numer specjalny" (June 2), (Oct.)
              1985 - no. [Feb.], 45(Mar.)--50, 52(Dec.), and "numer
                  specjalny" (June 2), (Dec.)
              1986 - no. 53--57, 62-64(Dec.), and "numer specjalny"
                  (Jan.)
              1987 - no. 69(May)--75(Nov.)
              1988 - no. 77(Jan.), 78, 80--87(Nov.) and "numer
                  specjalny" (May 23), (June 2)
    *Note: in 1982-84 titled: Biuletyn Informacyjny: pismo
             [czlonkow] organizacji zakladowej NSZZ "Solidarnosc"
             Politechniki Wroclawskiej; no. 38-39, 1984 mutilated.

BIULETYN INFORMACYJNY NSZZ SOLIDARNOSC REG. MAZOWSZE.
    1981-82.   [Warszawa]   (frequency?)
    Holdings: 1981 - no. [5?](Dec. 28)
    *Note: mitilated issue; see Kaminska, Bibliografia, item
             no. 115.

BIULETYN INFORMACYJNY NSZZ SOLIDARNOSC REGIONU GDANSKIEGO II.
    1982-   Gdansk.   (frequency?)
    Holdings: 1982 - no. (Feb. 27), (Mar. 6)

BIULETYN INFORMACYJNY NSZZ SOLIDARNOSC UNIWERSYTETU WARSZAWSKIEGO, see
    Biuletyn Informacyjny Uniwersytetu Warszawskiego.

BIULETYN INFORMACYJNY NSZZ "SOLIDARNOSC" W OZOS "STOMIL" W OLSZTYNIE,
    see Solidarnosc: biuletyn informacyjny. NSZZ "Solidarnosc" w
    OZOS...

BIULETYN INFORMACYJNY NSZZ "SOLIDARNOSC" ZIEMI KRASNOSTAWSKIEJ, see
    Solidarnosc Ziemi Krasnostawskiej.

BIULETYN INFORMACYJNY NZS. Wydanie Wojenne.
    1982?-   Lublin.   (frequency?)
    Holdings: 1982 - no. 3(Mar.)--5, 7(Nov.)

BIULETYN INFORMACYJNY NZS FUW.
    198?-   Bialystok.   (frequency?)
    Holdings: 1989 - no. 4(Mar.. 16)
    *Note: FUW: Filia Uniwersytetu Warszawskiego.

Box No.
23.   BIULETYN INFORMACYJNY NZS-UMCS W LUBLINIE KALENDARIUM, see
        Kalendarium: biuletyn informacyjny.

      BIULETYN INFORMACYJNY O SRODOWISKU.
        1984-   [s.l.]   (frequency?)
        Holdings: 1984 - no. 1(Sept.)--3(Nov.-Dec.)

      BIULETYN INFORMACYJNY OBOZU.
        1984-   [Warszawa]   (c.bimonthly)
        Holdings: 1984 - no. [1], 2(June-July), 3--7(Nov-Dec.-Jan.)
                  1985 - no. 8(Jan.-Feb.)--12(Oct.-Dec.)
                  1986 - no. 14(Jan.-Feb.), 15-16, 22(Nov.-Dec)
                  1987 - no. 34(Dec.-Jan.)
                  1988 - no. 36(Feb.-Mar.)--41(Dec. 4)
                  1989 - no. 42(Jan. 8)--44, 47--48(Oct.)
        *Note: also titled: BIO--Biuletyn Informacyjny "Obozu."

      BIULETYN INFORMACYJNY OBWODOWEGO KOMITETU OBYWATELSKIEGO "SOLIDARNOSC"
        DLA DZIELNIC: RAKOW, BLESZNO, OSTATNI GROSZ.
        1990?-   [Czestochowa]   (frequency?)
        Holdings: 1990 - no. 2(Mar. 15)

      BIULETYN INFORMACYJNY OKREGU WARSZAWA POLSKIEJ ARMII PODZIEMNEJ:
        dodatek jawny.
        1982-   [s.l.]   (frequency?)
        Holdings: 1982 - no. 4(May 10)

      BIULETYN INFORMACYJNY POLSKIEJ PARTII SOCJALISTYCZNEJ.
        1987-   Warszawa.   (frequency?)
        Holdings: 1988 - no. 7(May 5)--9, 11, 12, 14, 16--19(July 24)
                  1989 - no. 24(Jan. 18), 25(May 31), and "wydanie
                         specjalne" [Oct. 10]
        *Note: since 1989 entitled: Biuletyn Informacyjny Polskiej
                  Partii Socjalistycznej--PPS-Rewolucja Demokratyczna.

      BIULETYN INFORMACYJNY POLSKIEJ SOCJALISTYCZNEJ PARTII PRACY.
        1984?-   [s.l.]   (frequency?)
        Holdings: [1984?] - no. 14(Jan. 25)

      BIULETYN INFORMACYJNY POMORSKIEGO KLUBU SPOLECZNEGO. Zrzeszenie
        Kaszubsko-Pomorskie w Toruniu.
        1988-   Torun.   (frequency?)
        Holdings: 1988 - no. 2(Nov.)

Box No.
23. BIULETYN INFORMACYJNY PORTOWCOW, see Solidarnosc Portowcow: biuletyn informacyjny.

BIULETYN INFORMACYJNY PRACOWNIKOW OSWIATY I WYCHOWANIA. NSZZ Solidarnosc Ziemia Radomska.
1980?-   Radom.   (frequency?)
Holdings: 1981 - no. 21(May 22)

BIULETYN INFORMACYJNY REGIONU CHELMSKIEGO, see Solidarnosc: biuletyn informacyjny Regionu Chelmskiego.

BIULETYN INFORMACYJNY SACROSONG, see Biuletyn Informacyjny. Sacrosong.

BIULETYN INFORMACYJNY SAMORZADU STUDENTOW KUL, see BiS: biuletyn informacyjny studentow KUL.

BIULETYN INFORMACYJNY SOLIDARNOSC. [Instytut Chemii Przemyslowej], see Solidarnosc Instytutow Zoliborskich.

BIULETYN INFORMACYJNY SOLIDARNOSC. Komitet Zalozycielski Niezaleznych Samorzadnych Zwiazkow Zawodowych, Gdansk, see Solidarnosc: pismo Regionu Gdanskiego.

BIULETYN INFORMACYJNY SOLIDARNOSC. Komitet Zalozycielski NSZZ Rolnikow Indywidualnych Region Srodkowo-Wschodni, see Biuletyn Zwiazkowy. NSZZ RI Solidarnosc Rolnikow.

BIULETYN INFORMACYJNY SOLIDARNOSC. KZ NSZZ Solidarnosc "Miastoprojekt-Gdansk."
1981?-   Gdansk.   (frequency?)
Holdings: 1981 - no. 4(Apr. 8)

BIULETYN INFORMACYJNY SOLIDARNOSC. MKZ-Stalowa Wola. Stalowa Wola, Tarnobrzeg, Nisko, Sandomierz, Opatow, Staszow, Janow Lubelski, Nowa Deba, Ozarow, Polaniec, Rudnik, Annopol, see Ziemia Sandomierska: biuletyn NSZZ "Solidarnosc," Stalowa Wola.

BIULETYN INFORMACYJNY SOLIDARNOSC. NSZZ "Solidarnosc," Zarzad Regionu Chelmskiego, see Solidarnosc: biuletyn informacyjny Regionu Chelmskiego.

Box No.
23. BIULETYN INFORMACYJNY SOLIDARNOSC. Region Czestochowa, see
    Solidarnosc: biuletyn regionu Czestochowa.

BIULETYN INFORMACYJNY SOLIDARNOSC. Region Mazowsze Oddzial w
    Skierniewicach. Niezalezne Samorzadne Zwiazki Zawodowe.
    198?-   Skierniewice.   (frequency?)
    Holdings: 1981 - no. 13(Mar. 12), 14, 19--25(Sept. 22)
    *Note: see also: Biuletyn Informacyjny Solidarnosc Region
              Mazowsze. Zaklady Transformatorow Radiowych T-19,
              Skierniewice.

BIULETYN INFORMACYJNY SOLIDARNOSC. Region Slasko-Dabrowski, Katowice.
    1989?-   Katowice.   (weekly)
    Holdings: 1990 - no. 1/24(Jan. 5), 2/25, 4/27--6/29, 8/31, 13/36-
              -16/39, 18/41, 19/42, 21/44--32/55(Sept. 7), and
              "dodatek" to no. 3/26, 5/28
    *Note: originally published in Katowice and Jastrzebie;
              no. 19/42 mutilated.

BIULETYN INFORMACYJNY SOLIDARNOSC. Regionalny Komitet Obywatelski,
    Gdansk see Solidarnosc: biuletyn informacyjny. Regionalny Komitet
    Obywatelski.

BIULETYN INFORMACYJNY SOLIDARNOSC. Tymczasowa Komisja Zakladowa NSZZ
    Kombinat Hutniczy Stalowa Wola, see Biuletyn Informacyjny
    Tymczasowej Komisji Zakladowej NSZZ "Solidarnosc" Hutu "Stalowa
    Wola."

BIULETYN INFORMACYJNY SOLIDARNOSC CHLOPSKA. Bydgoszcz, see
    Solidarnosc Chlopska: biuletyn informacyjny.

BIULETYN INFORMACYJNY SOLIDARNOSC IBJ: pismo Miedzyzakladowej
    OrganizacjiNSZZ "Solidarnosc" Instytutow Atomistyki w Swierku.
    1990-   Swierk.   (c.monthly)
    Holdings: 1990 - no. 1/26(Apr. 2)--4/29, 6/31, 7/32(Dec. 14)
    *Note: claims to continue: Biuletyn Informacyjny. NSZZ
              "Solidarnosc" w Instytucie Badan Jadrowych; see also:
              IBJ; originally subtitled: "pismo Komisji Zakladowej
              NSZZ..."

BIULETYN INFORMACYJNY SOLIDARNOSC POLITECHNIKI SLASKIEJ, see
    Solidarnosc Politechniki Slaskiej.

Box No.

23. BIULETYN INFORMACYJNY SOLIDARNOSC REGION MAZOWSZE. Zaklady
    Transformatorow Radiowych T-19, Skierniewice. Niezalezny
    Samorzadny Zwiazek Zawodowy.
    1981?-   Skierniewice.   (weekly)
    Holdings: 1981 - no. 17((June 10)--23, 26, 27(Sept. 17)
    *Note: see also: Biuletyn Informacyjny Solidarnosci. Region
              Mazowsze Oddzial w Skierniewicach.

BIULETYN INFORMACYJNY SOLIDARNOSC REGIONU SRODKOWO-WSCHODNIEGO, see
    see Biuletyn Informacyjny. NSZZ Solidarnosc, Region Srodkowo-
    Wschodni.

24. BIULETYN INFORMACYJNY SOLIDARNOSC WIEJSKA--POMORZE ZACHODNIE: pismo
    Niezaleznych Samorzadnych Zwiazkow Zawodowych Rolnikow
    Indywidualnych Solidarnosc.
    1981?-   Szczecin.   (frequency?)
    Holdings: 1981 - no. 3(Mar. 30)

BIULETYN INFORMACYJNY SOLIDARNOSC ZIEMI KRASNICKIEJ.
    1983?-   Krasnik.   (frequency?)
    Holdings: 1983 - no. 2(Feb.)

BIULETYN INFORMACYJNY SOLIDARNOSC ZIEMI PULAWSKIEJ, see Solidarnosc
    Ziemi Pulawskiej: biuletyn informacyjny Niezaleznego Samorzadnego
    Zwiazku Zawodowego. Region Srodkowo-Wschodni.

BIULETYN INFORMACYJNY SOLIDARNOSCI.
    1982?-   [Gliwice]   (frequency?)
    Holdings: 1982 - no. 2

BIULETYN INFORMACYJNY SOLIDARNOSCI: nieregularny tygodnik, redagowany
    i wydawany w Warszawie.
    1982-   Warszawa.   (weekly)
    Holdings: 1982 - no. 1(Jan. 27)

BIULETYN INFORMACYJNY SOLIDARNOSCI WIEJSKIEJ WOJ. CHELMSKIEGO, see
    Biuletyn Zwiazkowy. NSZZ RI Solidarnosc Rolnikow.

BIULETYN INFORMACYJNY STOCZNI GDANSKIEJ, see Biuletyn Informacyjny.
    KZ NSZZ Stoczni Gdanskiej im. Lenina.

BIULETYN INFORMACYJNY SZKOL ZAWODOWYCH--BISZ, see BISZ: biuletyn
    informacyjny szkol zawodowych.

Box No.
24.   BIULETYN INFORMACYJNY TAJNEJ KOMISJI ROBOTNICZEJ HUTNIKOW, see
      Solidarnosc Hutnikow.

BIULETYN INFORMACYJNY TYMCZASOWEJ KOMISJI ZAKLADOWEJ NSZZ
   "SOLIDARNOSC" FSC LUBLIN
   1982-   Lublin.   (irregular)
   Holdings: 1982 - no. 11(July 8), 12, 15--20(Nov. 24)
             1983 - no. 22(Jan. 12), 24--28, 30--36, 40(Aug. 27),
                    (Oct. 16), 41, 44[Nov.? 27]
             1984 - no. 46(Feb. 2), 47(Feb. 24)
             1985 - no. 51(May 13), 54(Mar. 5)
             1986 - no. 55(Jan.), 57, 59(May)
   *Note: no. 41(Nov. 19) has illegible title and date;
             no. (Oct. 16, 1983) mutilated.

BIULETYN INFORMACYJNY TYMCZASOWEJ KOMISJI ZAKLADOWEJ NSZZ
   "SOLIDARNOSC" HUTY "STALOWA WOLA."
   1983-   Stalowa Wola.   (frequency?)
   Holdings: 1983 - no. (June 1), (June 26), (Aug. 19), (Sept. 3),
                    (Nov. 14), (Nov. 23), and one unnumbered and
                    undated issue
             1984 - no. 14(Jan. 11), 16, 17, 19--21(May 30)
   *Note: with no. 16, 1984 titled: Biuletyn Informacyjny
             Solidarnosc. Tymczasowa Komisja Zakladowa NSZZ Kombinat
             Stalowa Wola.

BIULETYN INFORMACYJNY TYMCZASOWEJ KOMISJI ZAKLADOWEJ NSZZ
   "SOLIDARNOSC" ZAKLADOW MECHANICZNYCH "GORZOW" W GORZOWIE WLKP.
   1983?-   Gorzow Wlkp.   (frequency?)
   Holdings: 1985 - no. 28(Jan.)
             1986 - no. 30(May), 35-36(Oct.-Nov.)

BIULETYN INFORMACYJNY UNIWERSYTETU WARSZAWSKIEGO.
   1983-87.   Warszawa.   (monthly)
   Holdings: 1983 - no. (Dec.)
             1984 - no. (Feb.), 4(Mar.), 5(Apr.) 6(Apr.), 7(May),
                    8(Oct.), 6[!](Nov.), 10(Dec.)
             1985 - no. 11(Jan.)--18(Dec.)
             1986 - no. 19(Jan)--21-22(Mar.-Apr.)
             1987 - no. 29(Apr.)--32(July)
   *Note: since 1988 probably continued by Biuletyn NSZZ
             Solidarnosc Uniwersytetu Warszawskiego.

BIULETYN INFORMACYJNY WIEJSKIEGO KOMITETU OBYWATELSKIEGO "SOLIDARNOSC"
   W BYSTREJ.
   1990?-   Bystra.   (frequency?)
   Holdings: 1990 - no. 2(May)

Box No.
24. BIULETYN INFORMACYJNY WOJEWODZKIEGO KOMITETU OBYWATELSKIEGO
     SOLIDARNOSC.
     1990?-   Lodz.   (frequency?)
     Holdings: 1990 - no. 3

BIULETYN INFORMACYJNY WEWNATRZZAKLADOWY KOMISJI ZAKLADOWEJ NSZZ
     "SOLIDARNOSC" W CHELMSKICH ZAKLADACH OBUWIA IM PKWN, see CHZO
     NSZZ Solidarnosc.

BIULETYN INFORMACYJNY ZAKLADOWEJ KOMISJI WYKONAWCZEJ NSZZ
     "SOLIDARNOSC"M.P.K.
     1982?-   Krakow.   (frequency?)
     Holdings: 1982 - no. 1(Aug. 15), 3(Sept. 15)

BIULETYN INFORMACYJNY ZARZADU FABRYCZNEGO NSZZ "SOLIDARNOSC" W
     ZAKLADACH MECHANICZNYCH-URSUS, see BI--Biuletyn Informacyjny
     Zarzadu Fabrycznego....

BIULETYN INFORMACYJNY ZENCY, see Zency: biuletyn informacyjny.

BIULETYN INICJATYW SPOLECZNYCH.
     1989-   Warszawa.   (frequency?)
     Holdings: [1989] - no. 1
               1990 - no. 3(Mar.-Apr.)

BIULETYN KATYNSKI. Instytut Katynski w Polsce.
     1979-   Warszawa.   (frequency?)
     Holdings: 1979 - no. 1(Apr.)--8(Nov.)
               1981 - no. 25(Mar.)--29(July)

BIULETYN KKO UNIWERSYTETU SLASKIEGO, see Biuletyn Uniwersytetu
     Slaskiego.

BIULETYN KOLEJARSKI: jednodniowka wydana staraniem NSZZ "Solidarnosc"
     na "Dzien Kolejarza" 25 listopada 1985.
     1985.   Poznan.   (occasional)
     Holdings: 1985 - no. (Nov. 10)

BIULETYN KOLEJARZY. "Solidarnosc" Region Mazowsze.
     1982?-   [Warszawa]   (frequency?)
     Holdings: 1982 - no. 1(Dec.)
               1983 - no. 6-7(June-July)
               1984 - no. 11/23(Nov.)

Box No.
24.   *Note: motto: "Lekliwy jest niewolnikiem" (Seneka); in 1984
                  titled: <u>IKS</u>: informator kolejarzy "Solidarnosc." Region
                  Mazowsze.

BIULETYN KOMISJI SAMORZADU TERYTORIALNEGO KOMITETU OBYWATELSKIEGO PRZY
    PRZEWODNICZACYM NSZZ SOLIDARNOSC.
    1989.   Warszawa.   (biweekly)
    Holdings: 1989 - no. 1(Aug.)--5(Nov.)

BIULETYN KOMISJI ZAKLADOWEJ I SEKCJI MLODZIEZOWEJ NSZZ SOLIDARNOSC.
    Fadroma, Wroclaw.
    1981.   Wroclaw.   (weekly?)
    Holdings: 1981 - no. 3(Feb. 11), 9--11(Apr. 9)

BIULETYN KOMISJI ZAKLADOWEJ NSZZ SOLIDARNOSC. Biuro Planowania i
    Rozwoju Warszawy.
    1980?-   Warszawa.   (weekly?)
    Holdings: 1981 - no. 27(Mar. 30)--30, 32, 34--36, 38-39, 40, 43,
              44, 46--50(Sept. 24), and "wydanie specjalne"
              (Mar. 24), (Sept. 27), (Sept. 28), (Sept. 30),
              (Oct. 1), (Oct. 5), (Oct. 7)

BIULETYN KOMISJI ZAKLADOWEJ NSZZ SOLIDARNOSC FABRYKI LOZYSK TOCZNYCH
    IM. MARIANA BUCZKA.
    1980-81.   Krasnik.   (frequency?)
    Holdings: 1981 - no. 22/29(June 5)--26/33, 29/36, 31/38, 33/40,
              34/41(Nov. 5)
    *Note: probably continues: <u>Solidarnosc Dzis--Sukces Jutro</u>.

BIULETYN KOMISJI ZAKLADOWEJ NSZZ "SOLIDARNOSC" PRZY WiMBP W
    SZCZECINIE.
    1981?-   Szczecin.   (frequency?)
    Holdings: 1981 - no. 11(June 3)

BIULETYN KOMISJI ZAKLADOWEJ NSZZ "SOLIDARNOSC" PRZY ZAKLADACH
    WKLESLODRUKOWYCH RSW "PRASA."
    1981.   Warszawa.   (biweekly)
    Holdings: 1981 - no. 9(Mar. 20)--13, 15, 16, 20--22, 25, 30--41,
              44, 45(Oct. 23)

BIULETYN KOMITETU OBYWATELSKIEGO. Glogow.
    1989-   Glogow.   (biweekly?)
    Holdings: 1989 - no. 0[Dec. 1-15], 1[Dec. 15-31]

Box No.
24.
                    1990 - no. 4(Feb. 15-38)
    *Note: originally titled: <u>Biuletyn Komitetu Obywatelskiego w Glogowie.</u>

<u>BIULETYN KOMITETU OBYWATELSKIEGO</u>. Miastko.
   1990-   Miastko.   (frequency?)
   Holdings: 1990 - no. 1(Jan.)

<u>BIULETYN KOMITETU OBYWATELSKIEGO</u>. Wilda.
   1990-   Wilda.   (frequency?)
   Holdings: 1990 - no. 4(May 6), 5(May 20)

<u>BIULETYN KOMITETU OCALENIA "SOLIDARNOSCI" UNITRA TELPOD</u>.
   1982   [Krakow]   (frequency
   Holdings: 1982 - no. 2, 3(Nov, 6), 4
   *Note: originally [?] titled: <u>Informacja Komitetu Ocalenia Solidarnosc przy "Unitra" Telpod Krakow.</u>

<u>BIULETYN KOMITETU ORGANIZACYJNEGO NSZZ "SOLIDARNOSC" PRZY TZUO "TOWIMOR,"</u> see <u>Biuletyn Czlonkow i Sympatykow NSZZ "Solidarnosc" przy TZUO "Towimor."</u>

<u>BIULETYN KOMITETU STRAJKOWEGO DRUKARNI PRASOWEJ</u>, see <u>Dni bez prasy: biuletyn Komitetu Strajkowego...</u>

<u>BIULETYN KOMITETU STRAJKOWEGO ZALOGI OLSZTYNSKICH ZAKLADOW GRAFICZNYCH</u>.
   1981-   Olsztyn.   (occasional)
   Holdings: 1981 - no. (Aug.)

<u>BIULETYN--KONFRONTACJE MLODEGO TEATRU</u>. Akademickie Centrum Kultury Uniwersytetu Marii Curie-Sklodowskiej "Chatka Zaka."
   1981-   Lublin   (frequency?)
   Holdings: 1981 - no. 1(May)

<u>BIULETYN KOSO</u>.
   1982?-   [s.l.]   (frequency?)
   Holdings: 1982 - no. 2(Feb. 4), 3(Mar. 19)

<u>BIULETYN LODZKI</u>. Redaguje Robotniczy Komitet Oporu NSZZ Solidarnosc.
   1982-   Lodz.   (biweekly/monthly)
   Holdings: 1982 - no. 1(Nov. 12)--5(Dec. 17)
              1983 - no. 6(Jan. 8)--12, 14--16, 18, 19, 21--23, 26,

Box No.
24.   27, 29--32(Dec. 28)
                  1984 - no. 33(Jan. 10)--36, 38--44, 46--65(Dec. 24)
25.   1985 - no. 66(Jan. 12)--77, 79-83(Dec. 18)
                  1986 - no. 84(Jan. 9)--95, 101(Dec. 22)
                  1987 - no. 102(Jan. 13)--105, 107, 108, 110--117
                         (Dec. 4)
                  1988 - no. 118(Jan. 15)--122, 124--128(Dec. 30)
     *Note: no. 66, 1985 wrongly dated as 1984.

BIULETYN MALOPOLSKI. Regionalny Komitet Solidarnosc Malopolska.
     1982-   Krakow.   (irregular)
     Holdings: 1982 - no. 19(Oct. 5)
               1983 - no. 1/30(Jan. 10)--7, 9--14/43(Dec. 6)
               1984 - no. 1/45(Jan.)--5/49(May), 6/50[Dec.]
               1985 - no. 1/51(Jan.)--6/56(June)
               1987 - no. 2/60(Apr.)--4/62, 6/65, 7/66(Dec.)
               1988 - no. 1/68(Jan.)--3/70(Sept.)
     *Note: no. 7, 1983 mutilated.

BIULETYN MIEDZYWYDAWNICZY BMW, see BMW--Biuletyn Miedzywydawniczy.

BIULETYN MKO "SOLIDARNOSCI."
     1988-   Szczecin.   (irregular)
     Holdings: 1988 - no. 3(Aug. 19)--28(Dec. 21)
               1989 - no. 32(Jan. 13), 34, 39, 44(Apr. 6)
     *Note: various titles: Biuletyn Strajkowy until no. 14;
               Biuletyn "Solidarnosci" no. 15--17; either Biuletyn
               "Solidarnosci" or Biuletyn MKO "Solidarnosci" no.
               18--20; since no. 21 continuously Biuletyn MKO
               "Solidarnosci"; no. 28, mutilated.

BIULETYN MLODZIEZY WALCZACE BMW. see BMW--Biuletyn Mlodziezy
     Walczacej.

BIULETYN MONARCHISTYCZNY.
     1989-   Warszawa.   (monthly)
     Holdings: 1989 - no. 3(Apr.), 6(Sept.), no. 7(Oct.)
               1990 - no. 10(Jan.), 11(Feb.)

BIULETYN N: organ UKS UMCS [Uniwersytet Marii Curii-Sklodowskiej].
     198?-   Lublin.   (c.daily)
     Holdings: 1981 - no. [4?](Nov. 28), 16, 18(Dec. 11)

-46-

Box No.

25. BIULETYN NAI.   Niezalezna Agencja Informacyjna.
    198?-   Warszawa.   (irregular)
    Holdings: 1982 - no. 1(Aug. 15)--4, 6--8, 11(Dec. 15), and a
                     special edition [c.Jan.]
              1983 - no. 13(Jan. 15)--17-18, 25, 27(Sept. 1)
              1984 - no. 35(Jan. 15)--37, 41--50, 52(Dec. 15)
              1985 - no. [53?](Jan. 15), 54 (Jan. 15)--62(June 1)
              1986 - no. 81(May 15), 82, 88(Oct. 15)
              1988 - no. 109(Jan. 1)--113, 115--116(Apr. 15)
    *Note: originally titled: NAI; see also: Serwis Niezaleznej
              Agencji Informacyjnej; no. 44, 1984 mitilated.

BIULETYN NARODOWEGO ODRODZENIA POLSKI.   Wydawnictwo "Jestem Polakiem."
    1988-   [s.l.]   (frequency?)
    Holdings: 1989 - no. 4(Jan. 8), 6(Sept.)

BIULETYN NIEZALEZNEGO ZRZESZENIA STUDENTOW.   UMCS [Uniwersytet im.
    Marii Curie-Sklodowskiej].
    1980?-   Lublin.   (frequency?)
    Holdings: 1981 - no. "wydanie specjalne: Marzec '68" 7[Mar. ?]

BIULETYN NIEZALEZNEGO ZRZESZENIA STUDENTOW UJ.
    1979?-   Krakow.   (irregular)
    Holdings: 1980 - no. 2, 3, and "wydanie specjalne: Grudzien
                     1970" 7(Jan.)

26. BIULETYN NIEZALEZNEJ SLUZBY ZDROWIA.   Pismo wspolpracuje z RKS
    Malopolska.
    1982-   Krakow.   (monthly/bimonthly)
    Holdings: 1982 - no. 3(May), 3[!](Nov.)
              1983 - no. 6(Jan)--8, [July], 13(Aug.)--15(Oct.)
              1984 - no. 18(Mar. 11)--22(Aug.-Sept.)
              1985 - no. 25(Feb.-Mar.)
    *Note: previous title: Biuletyn Dyskusyjno-Informacyjny.
              Wydanie dla sluzby zdrowia.

BIULETYN NIEZALEZNYCH SAMORZADNYCH ZWIAZKOW ZAWODOWYCH "SOLIDARNOSC"
    PRZY POLSKICH LINIACH OCEANICZNYCH, see BIULETYN.   Ogolnozakladowy
    Komitet Pracowniczy NSZZ "Solidarnosc" przy Polskich Liniach
    Oceanicznych.

BIULETYN NOCNY: pismo MKS NSZZ "Solidarnosc" w Kaliszu.
    1980?-   Kalisz.   (frequency?)
    Holdings: 1981 - no. 1(Mar. 21-22), [4?](Mar. 24-25)

Box No.
26. BIULETYN NOWOHUCKI: organ grupy "Solidarnosc i Niepodleglosc"--KPN.
    1985-   Krakow.   (frequency?)
    Holdings: 1985 - no. 2(Apr. 25)

BIULETYN NOWOHUCKI: [pismo MKS Nowa Huta].
    1984-   Krakow.   (frequency?)
    Holdings: 1984 - no. 1(Aug. 1)

BIULETYN NSZZ "SOLIDARNOSC" CHEMAR--KIELCE, see Solidarnosc. Chemar
    Kielce.

BIULETYN NSZZ "SOLIDARNOSC"--KOLOBRZEG.
    1980-   Kolobrzeg.   (frequency?)
    Holdings: 1981 - no. 9/16(July 13)

BIULETYN NSZZ SOLIDARNOSC UNIWERSYTETU WARSZAWSKIEGO.
    1988-   Warszawa.   (monthly)
    Holdings: 1988 - no. 7(Apr.), 10--12(Dec.)
              1989 - no. 13(Jan.), 15, 16(May)
    *Note: see also Biuletyn Informacyjny Uniwersytetu
              Warszawskiego.

BIULETYN NSZZ SOLIDARNOSC UNIWERSYTETU WROCLAWSKIEGO.
    1983-   Wroclaw.   (frequency?)
    Holdings: 1983 - no. 1

BIULETYN OPOLSKI: czasopismo niezalezne.
    1985-   Opole.   (frequency?)
    Holdings: 1985 - no. 1(Nov.)

BIULETYN OPORU: organ Uczniowskiego Frontu Odmowy; pismo
    nieperiodyczne.
    1982-   [s.l.]   (irregular)
    Holdings: 1982 - no. 1(Apr. 7)

BIULETYN OPORU: pismo spoleczne.
    1982-   [Warszawa]   (biweekly)
    Holdings: 1982 - no. 1(Jan. 16-31), 4, 5(Mar. 16-31)

BIULETYN OPSZ. Osrodek Prac Spoleczno-Zawodowych.
    1981.   Krakow.   (frequency?)
    Holdings: 1981 - no. 2(Oct. 15)

Box No.

BIULETYN PISM ZWIAZKOWYCH I ZAKLADOWYCH, see As: biuletyn pism
    zwiazkowych i zakladowych.

26. BIULETYN PODHALANSKI SOLIDARNOSC.
        1986?-   [s.l.]   (monthly?)
        Holdings: 1986 - no. 2(Feb.), 3(Mar.)
                  1988 - no. (Jan. 14)

    BIULETYN POLITYCZNY. Liberalno-Demokratyczna Partia "Niepodleglosc."
        1985-   Gdansk.   (frequency?)
        Holdings: 1985 - no. 1(July), 2(Aug.-Sept.)
                  1986 - no. 4(Feb. 18)--6(Mar. 26)
        *Note: originally published by Gdanski oddzial Liberalno-
                  Demokratycznej Partii "Niepodleglosc."

    BIULETYN POLSKIEGO TOWARZYSTWA HERALDYCZNEGO.
        1989-   Warszawa.   (frequency?)
        Holdings: 1989 - no. 1(Sept.-Dec.)

    BIULETYN POROZUMIENIA. Komitet Porozumienia Miedzyzakladowego
        "Solidarnosc."
        1983-   Warszawa.   (frequency?)
        Holdings: 1983 - no. 1(Apr. 22)

    BIULETYN POROZUMIENIA CENTRUM.
        1990?-   Warszawa.   (frequency?)
        Holdings: 1991 - no. 5(Mar. 1)

    BIULETYN PROGRAMOWY TKK REGIONU SLASKO-DABROWSKIEGO, see Biuletyn Rady
        Programowej NSZZ Solidarnosc.

    BIULETYN PROWINCJUSZ, see Prowincjusz: biuletyn oswiatowo-informacyjny
        Gminy Lomza.

    BIULETYN RADY PROGRAMOWEJ NSZZ SOLIDARNOSC. Region Slasko-Dabrowski.
        1982-   [s.l.]   (frequency?)
        Holdings: 1982 - no. 5(May), 7(July)
        *Note: no. 5 titled: Biuletyn Programowy TKK Regionu Slasko-
                  Dabrowskiego.

    BIULETYN REGIONU CZESTOCHOWA, see Solidarnosc: biuletyn regionu
        Czestochowa.

-49-

Box No.

BIULETYN REGIONU ELBLASKIEGO, see Solidarnosc: pismo spoleczno polityczne.

26. BIULETYN REGIONU SWIETOKRZYSKIEGO NSZZ "SOLIDARNOSC."
    1980?-   Kielce.   (frequency?)
    Holdings: 1980 - no. 3(Dec. 4), 4(Dec. 16)
              1981 - no. [Jan. 6], [Jan. 15], [Feb. 2], [Feb. 21],
                     16(July 15), 18[Oct. 14], and "wydanie specjalne"
                     [Jan. 26], and "dodatek specjalny"
    *Note: "wydanie specjalne" no. [Jan. 26], 1981 issued jointly
              with Solidarnosc FSC Starochowice.

BIULETYN SLAWIENSKI: pismo Komitetu Obywatelskiego "Solidarnosc" w Slawnie.
    1989-   Slawno.   (frequency?)
    Holdings: 1989 - no. 1(Dec.)

BIULETYN SOLIDARNOSC SWIETOKRZYSKA see Solidarnosc Swietokrzyska: biuletyn.

BIULETYN SOLIDARNOSC WIEJSKA: see Biuletyn Zwiazkowy. NSZZ RI Solidarnosc Rolnikow.

BIULETYN SOLIDARNOSC ZIEMI NOWOGARDZKIEJ.
    1990?-   [Nowogard]   (frequency?)
    Holdings: 1990 - no. 3

BIULETYN SOLIDARNOSCI. Region Srodkowo-Wschodni.
    1989-   Lublin-Zamosc.   (weekly)
    Holdings: 1989 - no. 1(May 6)--23, 25(Oct. 31), and "numer
                     specjalny" (June 6)
              1990 - no. 34(Jan. 17), 37--39, 50, 56(Dec. 10)
              1991 - no. 63(Feb. 13)

BIULETYN SOLIDARNOSCI. Szczecin, see Biuletyn MKO "Solidarnosci."

BIULETYN SPECJALNY KOMISJI ZAKLADOWEJ NSZZ "SOLIDARNOSC" STOCZNI GDANSKIEJ IM. LENINA W GDANSKU.
    1982-   Gdansk.   (frequency?)
    Holdings: 1982 - no. 1(Aug.), 2(Sept. 2)

Box No.

BIULETYN SPECJALNY MARCOWY. Niezalezne Zrzeszenie Studentow
Katolickiego Uniwersytetu Lubelskiego.
1981?   Lublin.   (occasional?)
Holdings: [1981?] - no. "wydanie marcowe"

26.   BIULETYN SPOLECZNY. Wydawnictwo Spoleczne--KOS. Wolnosc
Sprawiedliwosc Niepodleglosc.
1982-   [s.l.]   (frequency?)
Holdings: 1982 - no. 1(Nov. 12)

BIULETYN STRAJKOWY. Gdansk. [Solidarnosc Mlodych, Polska Partia
Socjalistyczna, FMW, Polonia Restituta].
1988.   [Gdansk]   (daily)
Holdings: 1988 - no. 1(May 3), 3, 7--11[May], 4/16[mid-Aug.], 5/17

BIULETYN STRAJKOWY. Regionalny Komitet Strajkowy NSZZ Solidarnosc
"Ziemia Sandomierska."
1981.   [Stalowa Wola]   (daily)
Holdings: 1981 - no. 1(Oct. 19), 22(Nov. 9), 25(Nov. 12)
*Note: originally titled: Gazeta Strajkowa.

BIULETYN STRAJKOWY. Romincki Kombinat Rolny w Goldapi.
1989-   Goldap.   (occasional)
Holdings: 1989 - no. 4(Sept. 6), 6(Sept. 8)

BIULETYN STRAJKOWY. Solidarnosc Region Mazowsze.
1988.   [Warszawa]   (daily)
Holdings: 1988 - no. 2(Aug. 23), 4--6-7, 9--11(Sept. 1)

BIULETYN STRAJKOWY. Szczecin, see Biuletyn MKO "Solidarnosci."

BIULETYN STRAJKOWY. Torun. [Sekcja Informacyjna Komitetu Strajkowego
UMK].
1981.   Torun.   (occasional)
Holdings: 1981 - no. 6(Nov. 22), 15(Nov. 28)

BIULETYN STRAJKOWY AMG.
1980.   [Gdansk]   (occasional)
Holdings: 1980 - no. 3(Nov. 12)

Box No.
    BIULETYN STRAJKOWY REGIONALNEGO KOMITETU STRAJKOWEGO. Region
       Srodkowo-Wschodni. WSK "PZL-Swidnik."
       1981-   Swidnik.   (daily)
       Holdings: 1981 - no. (Dec. 13), 2(Dec. 14), 3(Dec. 15)
                 [1982] - no. 5[c.May]
       *Note: no. 5 titled: Solidarnosc: biuletyn Zastepczej Komisji
                 Zakladowej WSK PZL-Swidnik.

26.   BIULETYN STRAJKOWY REGIONU SLASKA I ZAGLEBIA.
       1981-   Katowice.   (frequency?)
       Holdings: 1981 - no. 2(Mar. 26?)

    BIULETYN STRAJKOWY SOLIDARNE CZUWANIE, see Solidarne Czuwanie:
       biuletyn strajkowy.

    BIULETYN STRONNICTWA NARODOWEGO.
       1990?-   Warszawa.   (frequency?)
       Holdings: 1990 - no. 1(July)

    BIULETYN STUDENCKIEGO KOMITETU SOLIDARNOSCI.
       1977-   Warszawa   (frequency?)
       Holdings: 1977 - no. 1(Nov. 12)
                1979 - no. 1(Apr. 22)

    BIULETYN TEATRALNY.
       1982-   [Warszawa]   (c.monthly)
       Holdings: 1983 - no. 3(Mar.)--5(June)

    BIULETYN TKZ SOLIDARNOSC.
       1982-   [s.l.]   (frequency?)
       Holdings: 1983 - no. 1, 3, 4

    BIULETYN TRYBUNALSKI: niezalezne pismo Regionu Piotrkowskiego.
       1989?-   Piotrkow Trybunalski. (frequency?)
       Holdings: 1990 - no. 1/4(Aug. 17), 2/5(Sept. 21)

    BIULETYN UNIWERSYTETU LODZKIEGO.
       1982-   Lodz.   (c.quarterly)
       Holdings: 1982 - no. 3(Nov.)
                1983 - no. 5(Jan.)--7, 9--11(Dec.)
                1984 - no. 12(Feb.)--16(Dec.)
                1985 - no. 17(Jan.), 20(Oct.)
                1985 - no. 21(Jan.), 22(Apr.)

Box No.

      1988 - no. 25(June)
   *Note: also titled: <u>Biuletyn UL</u>; no. 6, 7, 9--11, 13, 17
      photocopies.

  <u>BIULETYN UNIWERSYTETU SLASKIEGO</u>. KKO.
   1983-   [s.l.]   (monthly?)
   Holdings: 1983 - no. 5(Mar.), [7?](May)

26. <u>BIULETYN UNIWERSYTETU WARSZAWSKIEGO</u>, see <u>Biuletyn Informacyjny</u>
   <u>Uniwersytetu Warszawskiego</u>, and <u>Biuletyn NSZZ Solidarnosc</u>
   <u>Uniwersytetu Warszawskiego</u>.

  <u>BIULETYN WETERYNARII</u>: pismo NSZZ "Solidarnosc."
   1989-   Szczecin   (frequency?)
   Holdings: 1989 - no. 1(Apr. 18)

  <u>BIULETYN WEWNETRZNY</u>. Malopolski Komitet Obywatelski
   Solidarnosc.
   1989-   Krakow.   (c.daily)
   Holdings: 1989 - no. 23(May 22)--25, 29--33(June 3)

  <u>BIULETYN WEWNETRZNY</u>. Zwiazek Sybirakow, Zarzad Glowny.
   1989-   Warszawa.   (frequency?)
   Holdings: 1989 - no. 2
   *Note: see also: Janusz Przewlocki, (ed.), <u>Wspomnienia</u>
      <u>Sybirakow</u> (Warszawa: Pomost, 1989-92).

  <u>BIULETYN WIELKOPOLSKI</u>. NSZZ Solidarnosc.
   1982-   Poznan.   (frequency?)
   Holdings: 1982 - no. 4[(Mar.?], 5(Mar. 9)--7, 10, 11, 14, 19--22,
      24(Dec. 13)
      1983 - no. 26(Jan. 16)
   *Note: see also: <u>Serwis Informacyjny "Biuletynu</u>
      <u>Wielkopolskiego</u>."

  <u>BIULETYN WIELKOPOLSKI SOLIDARNOSC</u>: serwis informacyjny, see <u>Serwis</u>
   <u>Informacyjny "Biuletynu Wielkopolskiego</u>."

  <u>BIULETYN WiP</u>. Ruch "Wolnosc i Pokoj."
   1986-   Warszawa.   (montly)
   Holdings: 1986 - no. 1(Oct. 20), 2(Nov. 21)
      1987 - no. 5(Feb. 12)--8(Apr. 26)

Box No.

BIULETYN WOJENNY. Wydany nakladem KOS "Komitetu Obrony Solidarnosci."
    1982-   [s.l.]   (frequency?)
    Holdings: [1982] - no. 1, 2
    *Note: motto: "Polski narod przebaczyc potrafi wiele ale krwi przelanej niegdy nie wybaczy."

27.   BIULETYN WOJENNY: miesiecznik Solidarnosci wyzszych uczelni Poznania.
    198?-   Poznan.   (monthly)
    Holdings: 1982 - no. (Mar. 28), 3(Apr. 18-25), 7, 12-13, 14, 16,
              18(Dec. 5-12)
           1983 - no. 22(Apr.), 23, 29(Nov.)
           1984 - no. 31(Jan), 34, 36, 38(Dec.)
           1985 - no. 39(Jan.), 43--45, 50, 52(Dec.)
           1986 - no. 53(Jan.)--55-56(Mar.-Apr.)
           1987 - nr. 68(June), 69, 71(Dec.)
    *Note: in 1982 titled: Biuletyn Wojenny. NSZZ Solidarnosc Wyzszych Uczelni Poznania; no. 14 and 16, 1982 have, two different editions.

BIULETYN WROCLAWSKI. ARO [Akademicki Ruch Oporu]. Wersja A.
    1982?-   Wroclaw.   (frequency?)
    Holdings: 1982 - no. 13(Mar. 2), 15, 17(May 1), (May 21)
    *Note: originally without publisher or with Niezalezne Zrzeszenie Studentow as the publisher.

BIULETYN WYBORCZY. Sztab Wyborczy Lecha Walesy w Regionie Srodkow-Wschodnim, Lublin.
    1990-91.   Lublin.   (frequency?)
    Holdings: 1990 - no. (Nov. 14), 2(Dec. 4)

BIULETYN WYBORCZY. Wydaje TZR NSZZ "Solidarnosc" Region Srodkowo-Wschodni.
    1985.   [s.l.]   (irregular)
    Holdings: 1985 - no. 1--3(Aug.--Sept.)

BIULETYN WYBORCZY: pismo Komitetu Obywatelskiego "Solidarnosc" w Przemyslu.
    1989-   Przemysl.   (occasional)
    Holdings: 1989 - no. 1[c.Apr. 20], 2, 4, 6[May 14]
    *Note: no. 4 has two different editions.

BIULETYN WYBORCZY LECHA WALESY.
    1990-   Krakow.   (frequency?)
    Holdings: 1990 - no. (Nov.)

Box No.

BIULETYN ZARZADU REGIONU. Poznan.
    1981-   Poznan.   (frequency?)
    Holdings: 1981 - no. 3(Aug. 31)

27.   BIULETYN ZJAZDOWY. Biuro Informacyjne NSZZ Solidarnosc Regionu Mazowsze.
    1981.   (Warszawa)   (occasional)
    Holdings: 1981 - no. (Sept. 7), (Sept. 10)

BIULETYN ZWIAZKOWY. Niezalezny Samorzadny Zwiazek Zawodowy, see Biuletyn Zwiazkowy. NSZZ.

BIULETYN ZWIAZKOWY. NSZZ RI Solidarnosc Rolnikow. Lublin, Biala Podlaska, Zamosc, Chelm.
    1980-81.   Lublin, Chelm, etc.   (frequency?)
    Holdings: 1980 - no. 1(Dec. 29)
              1981 - no. 2(Jan. 18), 3(Feb. 18), 5(Mar. 21), 6 (Apr. 15), 7(Apr. 30), 8(May 20), 9(June), 10(July), 16(Oct.), 17(Oct.), and "dodatek specjalny" no. 17(Aug. 20), 18(Sept. 6), and "wydanie specjalne" (May), [June 10],
    *Note: originally titled: Biuletyn Informacyjny Solidarnosc Wiejska Niezaleznego Samorzadnego Zwiazku Zawodowego Rolnikow woj. chelmskiego (Dec., 1980); no. 5 titled: Biuletyn Informacyjny Solidarnosc. Komitet Zalozycielski NSZZ Rolnikow Indywidualnych Region Srodkowo-Wschodni; various subtitles; it seems Biuletyn Zwiazkowy combined several newspapers that had originated in local towns of the Lublin region (Biala Podlaska, Chelm, Tarnobrzeg, Zamosc).

BIULETYN ZWIAZKOWY. NSZZ "Solidarnosc," Kombinat Przemyslowy, Huta Stalowa Wola.
    1981-   Stalowa Wola.   (frequency?)
    Holdings: 1981 - no. 1(Feb. 19), 3, 10, 13, 19, 20(July 6)

BIULETYN ZWIAZKOWY. NSZZ Solidarnosc Region Srodkowo-Wschodni, see see Biuletyn Informacyjny. NSZZ Solidarnosc, Region Srodkowo-Wschodni.

BIULETYN ZWIAZKOWY. NSZZ Solidarnosc, WSK PZL Swidnik.
    1980?-   Swidnik.   (biweekly?)
    Holdings: 1981 - no. 35(Aug. 14), 36(Sept. 3)

Box No.
   BIULETYNEK.
      [1981]-   [s.l.]   (frequency?)
      Holdings: [1981] - no. 10

27. BMW--BIULETYN MIEDZYWYDAWNICZY.
      1983-   Warszawa.   (frequency?)
      Holdings: 1983 - no.3
                1984 - no. 4, 5-6, 7-8
                1985 - no. 9-10, and "dodatek nr. 1"

   BMW--BIULETYN MLODZIEZY WALCZACEJ.
      1987-   Krakow.   (irregular)
      Holdings: 1988 - no. 2(Jan. 2), 4--8, 11, 12, 14, 16, 17, 18
                (Nov. 28), and Mini, and "numer specjalny,"
                no. 1(Aug. 24)
                1989 - no. 21(Jan. 12), 24, 25(Apr. 1)

   BO--BIULETYN OPOLSKI, see Biuletyn Opolski.

   BOG I OJCZYZNA. Gdanski Komitet Obrony Wiezionych za Przekonania,
      Oddzial Regionalny przy Zarzadzie Regionu Srodkowo-Wschodniego
      NSZZ Solidarnosc w Lublinie.
      1981.   Lublin.   (frequency?)
      Holdings: 1981 - no. 3[Oct.], 4(Nov.)

   BOGU I OJCZYZNIE: biuletyn informacyjny Klubu Inteligencji Katolickiej
      w Czestochowie.
      1981?-   Czestochowa.   (monthly?)
      Holdings: 1981 - no. 3(Mar.), 4(Apr.)

   BOJKOT. Klub Konserwatywnych Liberalow Liberalno Demokratycznej
      Partii "Niepodleglosc."
      1989-   Krakow.   (frequency?)
      Holdings: 1989 - no. 1(May 3)--3(May 26), [3?]May 31)

   BORYNIAK: biuletyn informacyjny NSZZ "Solidarnosc" KWK "Borynia."
      1988?-   [Jastrzebie?]   (frequency?)
      Holdings: 1988 - no. 4(Nov.)

   BOSS: biuletyn olesnickich sympatykow "Solidarnosci."
      1989-   Olesnica   (frequency?)
      Holdings: 1989 - no. 11(Oct.)

Box No.

BRATERSTWO. NSZZ Solidarnosc.
    1982.   [s.l.]   (frequency?)
    Holdings: 1982 - no. 1(June 13)

27.   BRATNIA POMOC: pismo akademickie. [Politechnika Warszawska].
    1989?-   Warszawa.   (frequency?)
    Holdings: 1988 - no. 3 , 4, and leaflet "Studenci Politechniki
        Warszawskiej o sytuacji w kraju," and "Bibula
        Jednodniowa: Nieznany marzec 68"
        1989 - no. 7(Apr. 10), and untitled leaflet
    *Note: in 1988 subtitled: "pismo NZS PW."

BRATNIAK: pismo Ruchu Mlodej Polski.
    1977-   Gdansk.   (c.bimonthly)
    Holdings: 1977 - no. 1(Oct.), 2(Nov.)
        1978 - no. 4-5(Jan.-Feb.)--14(Nov.-Dec.)

28.   1979 - no. 1/15(Jan.-Feb.), 16/2, 17/3, 19/5, 20/6
        (Nov.-Dec.)
        1980 - no. 21(Jan.-Feb.)--26(Nov.-Dec.)
        1981 - no. 27(Feb. 1)
    *Note: originally subtitled: "pismo mlodych"; no. 1, 3, 6--11,
        1/15, 20/6, 24 photocopies.

BRATNIE SLOWO: pismo Kregu Instruktorow Harcerskich im. Andrzeja
    Malkowskiego.
    1980-81.   Warszawa.   (irregular)
    Holdings: 1980 - no. 1(Nov. 21), 2(Dec. 17)
        1981 - no. 4(Feb.-Mar.)--6-7(June-July)

BRATNIE SLOWO: pismo tych, ktorym nie jest wszystko jedno.
    1983-   Gdansk, Krakow, Warszawa, etc. (frequency?)
    Holdings: 1985 - no. 10(Apr.)

BRULION.
    1987-   Krakow.   (quarterly?)
    Holdings: 1987 - no. (Spring)
        1988 - no. 5-6, 7-8
        1989 - no. 10(Spring), 11-12(Summer-Autumn)

BRZASK: informator Kola Zakladowego NSZZ "Solidarnosc" w Instytucie
    Lacznosci.
    1981?-   Warszawa.   (frequency?)
    Holdings: 1981 - no. 8(Mar. 12)

Box No.

BRZEZINA: magazyn wiejski; niezalezne czasopismo kieleckiej wsi.
    1990-   Brzeziny.   (monthly)
    Holdings: 1990 - no. 3(May)--5(July)

28. BUDOSTALOWIEC: pismo Tajnych Komisji Zakladowych NSZZ "S" P-TW Budostal i MKS-Nowa Huta.
    1985-   Krakow.   (irregular)
    Holdings: 1985 - no. 1(May)--3, 5, 7(Nov.)
              1986 - no. 1/9(Jan.)--6/14(Oct.)

BUDOWLANIEC: pismo NSZZ "Solidarnosc" KBM Poludnie.
    1984-   Warszawa.   (frequency?)
    Holdings: 1984 - no. 1(Oct. 20)
              1985 - no. 3(Jan.), 4, 6, 7(Nov.), (Dec.)
    *Note: motto: "Solidarnosc byla, jest i bedzie."

BUDZIK: dwutygodnik mlodziezy gliwickiej.
    1984-   Gliwice.   (frequency?)
    Holdings: 1984 - no. 3(Nov.)
              1985 - no. 10(Mar.)
    *Note: originally subtitled: pismo mlodziezy gliwickiej; "Pismo korzysta ze wsparcia Gliwickiej Delegatury RKW NSZZ 'S.'"

BUSOLA: niezalezne pismo spoleczne.
    1983-   Przemysl.   (monthly)
    Holdings: 1983 - no. 1(Mar.), 2, 5--7-8(Oct.-Nov.)
              1984 - no. 10(Jan.), 11, 15--18(Dec.)
              1985 - no. 19(Jan.)
              1986 - no. 35-36(Aug.-Sept.)
              1987 - no. 46-47(Sept.-Oct.)

29. BYC SOBA: pismo "TKZ NSZZ S" Famar, Eltra, Spomasz, Zachem, FOD.
    1983-   Bydgoszcz.   (monthly)
    Holdings: 1986 - no. 20(Apr.), 24(Aug.)
              1987 - no. 31(Mar.), 36-38(Nov.)
              1988 - no. 40(Jan.)

BYDGOSKI PODZIEMNY SERWIS INFORMACYJNY "SOLIDARNOSC."
    1982-   Bydgoszcz.   (frequency?)
    Holdings: 1983 - no. 6, 8, 11, 20, 21, 23, 24, 38, 39, and one unnumbered issue
              1984 - no. 1--3, 10, 21, 22, 38--44
              1985 - no. 1, 9, 10, 14, 15, 18, 20--22, 24, 25, and "dodatek Bydgoski" no. 5(Mar. 5), 6(Mar. 21), 8(Apr. 17), 9(May 2)

Box No.

```
              1986 - no. 3, 7
              1987 - no. 2/153[June], and "dodatek" (Mar. 23),
                     (Nov. 16), and "wydanie specjalne" (Nov. 9)
              1988 - no. "dodatek" (July 27), (Aug. 30)
```

Box No.
29. CALYM ZDANIEM: pismo studentow AR wydawne staraniem NZS AR w
        Lublinie.
        1980?-   Lublin.   (frequency?)
        Holdings: 1981 - no. 3(Mar.), 4(Mar. 23)

   CD. KOS Malych Zakladow Pracy/Solidarnosc Malopolska.
        1982-   [Krakow]   (monthly)
        Holdings: 1982 - no. 3(Jan. 25-Feb. 1), 10(Mar. 29), and one
                         unnumbered and undated issue
                  1983 - no. [Mar. 3], 10-11(Dec. 6), 12-13(Dec.)
                  1984 - no. 1/14(Jan.)
        *Note: original title: Biuletyn Informacyjny NSZZ
                  "Solidarnosc"-Malopolska.

   CD--GAZETA WOLNYCH: biuletyn Regionu Swietokrzyskiego. Wydaje
        Regionalna Komisja Informacji.
        198?-   Kielce.   (frequency?)
        Holdings: 1987 - no. 33(Feb.)
                  1988 - no. 37(Sept. 15)
                  1989 - no. 43(June 9), 44(June 16)
        *Note: originally titled: CDN: gazeta wolnych ludzi; continued
                  [?] by: Solidarnosc Swietokrzyska: biuletyn.

   CDN. Komitet Oporu NSZZ "Solidarnosc," Czestochowa, see CDN:
        regionalne pismo NSZZ "Solidarnosc" Czestochowa.

   CDN: biuletyn informacyjny. Miedzyzakladowy Komitet Koordynacyjny
        NSZZ Solidarnosc, see CDN: regionalne pismo NSZZ "Solidarnosc"
        Czestochowa.

   CDN: gazeta wolnych ludzi. Solidarnosc, region Swietokrzyski, see CD-
        -Gazeta Wolnych.

   CDN: glos Wolnego Robotnika. Miedzyzakladowy Robotniczy Komitet
        Solidarnosci.
        1982-   Warszawa.   (weekly)
        Holdings: 1982 - no. 1(Mar. 31), 1/5/17(May 24), 2(June 10)--5,
                         11(Aug. 18)--15-16, 20(Nov. 20)
                  1983 - no. 22(Jan. 11)--51, 53--55(Dec. 13)
                  1984 - no. 57(Jan. 9)--96(Dec. 13)
                  1985 - no. 97(Jan. 3)--137(Dec. 13)
                  1986 - no. 138(Jan. 4)--179(Dec. 17)
                  1987 - no. 180(Jan. 17)--218/219(Dec. 17)
                  1988 - no. 220/221(Jan. 12)--253(Dec. 20)
                  1989 - no. 254(Jan. 16)--265, 267--274, 276--280
                         (Dec. 13), and "wydanie specjalne" (Oct.)

Box No.
29.   1990 - no. 281(Jan. 17)--284, 286, 287, 289--293(July 3)
    *Note: originally titled: CDN: pismo NSZZ Solidarnosc-organ
                siatki 40 warszawskich zakladow pracy; with no. 1/5/17
                (May 24, 1982) merged with Glos Wolnego Robotnika; with
                no. 62, 1984 titled: Tygodnik CDN: glos wolnego
                Robotnika; no. 35, 1983 mutilated.

CDN: miesiecznik studencki.
    1982?-   Wroclaw.   (biweekly/monthly)
    Holdings: 1982 - no. 1(June 21), 4(Nov. 15)
              1983 - no. 7-8(Jan. 1-15), 10(Feb. 15), (Mar. 1),
                     13(Apr. 1), 14, 18(June), 1/19(Oct), 2-3/20-21-
                     -6-7/24-25(Dec.)
              1984 - no. 8-9/26-27(Jan.)--11/29, 1/30(Oct.), (Nov.)
    *Note: originally subtitled: "tygodnik studencki," or
              "dwutygodnik studencki"; no. 3 never appeared; in 1985
              continued by: CDN--Koliber.

30. CDN: pismo czlonkow i sympatykow NZS.
    1986-   Wroclaw.   (frequency?)
    Holdings: 1986 - no. 1[Jan.]
              1987 - no. 2/2
    *Note: continues: CDN--Koliber.

CDN: pismo NSZZ "Solidarnosc" Zarzadu Portu Szczecin-Swinoujscie.
    1988-   Szczecin.   (frequency?)
    Holdings: 1988 - no. 2(Nov. 20)

CDN: regionalne pismo NSZZ "Solidarnosc" Czestochowa.
    1982-   Czestochowa.   (frequency?)
    Holdings: 1982 - no. 2(Easter), 3(May 1)--5, 7--18(Dec. 6)
              1983 - no. 21/2(Jan. 25)--25/6, 28, 32/12(Oct. 12
              1984 - no. 35[c.Feb.]
              1987 - no. 53[c.Nov.]
    *Note: originally without subtitle; published by Komitet Oporu
              NSZZ Solidarnosc; 1983--1987 subtitled: "biuletyn
              informacyjny [Tymczasowej Komisji Regionalnej NSZZ
              'Solidarnosc' Czestochowa]."

CDN: tygodnik, see CDN: glos Wolnego Robotnika.

CDN--CZWARTY KRZYZ: biuletyn informacyjny.
    1982?   [s.l.]   (frequency?)
    Holdings: [1982] - no. 12

Box No.
30.   CDN--KOLIBER: miesiecznik wroclawski.
           198?-   Wroclaw.   (monthly)
           Holdings: 1985 - no. (Feb.), (Mar.)
           *Note: continues: CDN: miesiecznik studencki; continued by:
                     CDN: pismo czlonkow i sympatykow NZS.

       CDN MKW "S," see Glos MKWS: biuletyn Miedzyzakladowego Komitetu
           Wspolpracy Solidarnosc."

       CDN SOLIDARNOSC: pismo NSZZ "Solidarnosc" Regionu Gdanskiego.
           1982?-   Gdansk.   (frequency?)
           Holdings: 1982 - no. 3(Aug. 1)

       CDN WROCLAW, see CDN: miesiecznik studencki.

       CEGLORZ. Kolo Oporu Spolecznego "Cegielski."
           1984-   Poznan   (frequency?)
           Holdings: 1984 - no. 1(Feb. 20)--3(June)
                     1985 - no. (Jan.)

       CEL: niezalezne pismo spoleczno-polityczne.
           1982-   Warszawa.   (weekly?)
           Holdings: 1982 - no. 1(Mar. 4)--3, 6(Apr.)

       CHCEMY BYC WOLNI. Regionalny Komitet Obrony Wiezionych za
           Przekonania.
           1981-   Bydgoszcz.   (frequency?)
           Holdings: 1981 - no. 1(May 25)

       CHELMSKI BIULTYN INFORMACYJNY ZARZADU REGIONU CHELMSKIEGO, see
           Solidarnosc: biuletyn informacyjny Regionu Chelmskiego.

       CHLEBA I WOLNOSCI: pismo robotnikow, czlonkow NSZZ "Solidarnosc."
           Drukarnia im. Romka Strzalkowskiego.
           1983?-   [Poznan?]   (monthly)
           Holdings: 1984 - no. 8(Jan. 7)--10(Feb. 20), 11, 14, 15(June)

       CHLOPSKA SPRAWA: pismo Niezaleznego Samorzadnego Zwiazku Zawodowego
           Rolnikow Indywidualnych.
           1981-   Bydgoszcz, Torun, Wloclawek. (frequency?)
           Holdings: 1981 - no. 1(Apr. 1), 2(Apr. 20)

Box No.
30. CHRZESCIJANSKA DEMOKRACJA: biuletyn zjazdowy.
    1990.   [Lodz]   (occasional)
    Holdings: 1990 - no. (Feb. 24)

CHRZESCIJANSKI INFORMATOR KULTURALNY.
    1986-   Bydgoszcz.   (frequency?)
    Holdings: 1988 - no. 6/17(June 19), 9/20(Sept. 18)

CHRZESCIJANSKI RUCH SPOLECZNY.
    1987-   [s.l.]   (frequency?)
    Holdings: 1987 - no. 1[June-July]

CHWAST: pismo Wojewodzkiego Komitetu Zalozycielskiego NSZZR
    "Solidarnosc Wiejska" w Jeleniej Gorze.
    1981-   Jelenia Gora.   (frequency?)
    Holdings: 1981 - no. 1(Jan. 29), 2(Mar.3)

CHZO NSZZ SOLIDARNOSC: biuletyn informacyjny wewnatrzzakladowy Komisji
    Zakladowej NSZZ "Solidarnosc" w Chelmskich Zakladach Obuwia im
    PKWN.
    1981?-   Chelm.   (frequency?)
    Holdings: 1981 - no. 3(Mar. 20)

CIA--CENTRUM INFORMACJI AKADEMICKIEJ. NZS.
    1981?-   Rzeszow.   (frequency?)
    Holdings: 1981 - no. 20(Nov. 24)

CIA--CENTRUM INFORMACJI AKADEMICKIEJ: biuletyn NZS.
    1987.   Warszawa.   (monthly)
    Holdings: 1987 - no. 5(June 20)--7, 9, 10(Nov. 12)
    *Note: continued by: CIA--Centrum Informacji Akademickiej
              Niezaleznego Zrzeszenia Studentow: serwis informacyjny.

CIA--CENTRUM INFORMACJI AKADEMICKIEJ NIEZALEZNEGO ZRZESZENIA
    STUDENTOW: serwis informacyjny.
    198?-   Warszawa.   (c.biweekly)
    Holdings: 1987 - no. 1(Dec. 8), 2(Dec. 17)
              1988 - no. 3(Jan. 3)--5, 9/10, 15--19, 22-23, 27--30,
                     33, 34, 36--41(Dec. 22)
              1989 - no. 42(Jan. 8), 43/44--56(May 7), and "biuletyn
                     strajkowy" (May 26), (May 27), and "wydanie
                     specjalne" (Apr. 17)
    *Note: continues: CIA--Centrum Informacji Akademickiej:
              biuletyn NZS; no. 22-23, 1988 mutilated.

Box No.
30. <u>CIA--CENTRUM INFORMACJI AKADEMICKIEJ PRZY NIEZALEZNYM ZRZESZENIU STUDENTOW</u>. Uniwersytet Warszawski.
1981?-   Warszawa.   (frequency?)
Holdings: 1981 - no. 21(Oct. 30)

<u>CIEN</u>: biuletyn informacyjny TKK NSZZ "Solidarnosc" w Czarnej Bialostockiej.
1982-   Czarna Bialostocka.   (frequency?)
Holdings: 1982 - no. 2(May 5), 3

<u>CIERNIE</u>: pismo NSZZ Solidarnosc w Tychach.
1980?-   Tychy.   (biweekly?)
Holdings: 1981 - no. [1], 3(Apr. 28), 4, 7--9, 17, 18 (Sep. 18)
*Note: originally subtitled: "pismo MKZ NSZZ 'Solidarnosc' w Tychach."

<u>CIOS</u>: biuletyn informacyjny TKZ NSZZ Solidarnosc Kopalni "Czerwone Zaglebie."
1984-   Sosnowiec.   (monthly)
Holdings: 1984 - no. [Sept.], (Oct.), (Nov.)
          1985 - no. (Jan.), (Feb.), (May), (July), (Aug.),
                 (Sept.), (Nov.), (Dec.)
          1986 - no. (Jan.), (Feb.), (Mar.), (Apr.), (July), and
                 "wydanie specjalne" (Jan. 21), (Nov.)
          1987 - no. (Mar.), (June), (Oct.)
          1989 - no. 1/58(Jan.)
*Note: in 1984 published by: Tajna Komisja Zakladowa "Solidarnosc" przy KWK "Czerwone Zaglebie."

<u>CO BYLO?</u>
1987?-   [s.l.]   (weekly?)
Holdings: 1988 - no. 5(Dec. 18-Jan. 4), 10, 11(Feb. 12-22)

<u>CO SLYCHAC</u>: komunikat NZS, Akademia Medyczna, Wroclaw, see <u>Komunikat NSZ Akademia Medyczna</u>.

<u>CO SLYCHAC</u>: zwiazkowy tygodnik NSZZ "Solidarnosc" Ziemi Zabkowickiej.
1980-81.   Zabkowice Slaskie.   (weekly)
Holdings: 1981 - no. 16/19(Apr. 14), 19/22, 20/23, 23/26, 38/41-
                 -40/43, 43/46(Dec. 6)
*Note: originally subtitled: "biuletyn informacyjne Komisji Porozumiewawczej NSZZ 'Solidarnosc' Zakladow Ziemi Zabkowickiej."

Box No.
30. CO U NAS: pismo mlodziezy szkolnej.
       1984-   Wroclaw.   (biweekly)
       Holdings: 1984 - no. 10[Sept. 1], 12, 13(Oct. 15)

     CO WIEMY O ... PRZESLADOWANYCH. "Solidarnosc" Poznan.
       1982-   Poznan.   (frequency?)
       Holdings: 1982 - no. (Nov.)

     CODZIENNA GAZETA STRAJKOWA.
       1988-   Jastrzebie.   (daily)
       Holdings: 1988 - no. (Aug. 23), (Sept. 1)
       *Note: see also Gazeta Codzienna Solidarnosci Jastrzebie.

     COMA: niezalezne pismo studentow Akademii Medycznej w Poznaniu.
       1988?-   Poznan.   (c.monthly)
       Holdings: 1988 - no. 6(Nov.), 8(Dec.)

     CONGRESS POST. BIPS, Foreign Department.
       1981.   Gdansk.   (daily?)
       Holdings: 1981 - no. 2(Sept. 7), 4, 6-7, 8, 10(Sept. 29)
       *Note: in English.

     CONTRA: antykomunistyczne pismo polityczne.
       1989-   Warszawa.   (quarterly?)
       Holdings: 1990 - no. 3[c.Jan.]

31. CONTRA: biuletyn informacyjny; pismo redaguja czlonkowie oddzialu
           warszawskiego Liberalno-Demokratycznej Partii "Niepodleglosc."
       1989-   Warszawa.   (frequency?)
       Holdings: 1989 - no. 1(Jan.), 2(Mar.)

     CURIER: pismo Niezaleznego Zrzeszenia Studentow Uniwersytetu Marii
           Curie-Sklodowskiej.
       1988?-   Lublin.   (biweekly?)
       Holdings: 1988 - no. 2(Nov.) 3(Nov. 14), 6-7(Dec. 16)
                 1989 - no. 9(Jan. 30), 12, 13(Apr. 25)

     CZADZIK: NZS Biologia--informator o stanie srodowiska.
       1988-   Warszawa.   (frequency?)
       Holdings: 1988 - no. 2(Nov. 9)
       *Note: no. 1 entitled: Zsyp.

     CZADU, see Gazeta Pionkowska.

Box No.

31. CZARNA SKRZYNKA: biuletyn informacyjny Niezaleznego Zrzeszenia
     Studentow uczelni szczecinskich.
     1988?-   Szczecin.   (frequency?)
     Holdings: 1988 - no. 5(June)

     CZARNO NA BIALYM: pismo Ruchu Mlodziezy Niezaleznej.
     1986-   (Lublin)   (monthly)
     Holdings: 1986 - no. 5(Apr.)--7(June)
               1987 - no. 8, 12

     CZAS: dwumiesiecznik spoleczno-polityczny. Wydaje Solidarnosc
        Walczaca.
     1984-   Poznan.   (bimonthly)
     Holdings: 1984 - no. 1
               1985 - no. 1/2, 2/3
               1986 - no. 6/7
               1988 - no. 2-3/11-12
     *Note: no. 6/7(1986) and later issues subtitled: "pismo
               spoleczno-polityczne"; in 1988 publisher ("Wydaje
               Solidarnosc Walczaca") dropped; instead: "Druk Mysl,
               Wydanie Prasowe"; no. 1, 1/2, 2/3 photocopies.

     CZAS KRAKOWSKI.
     1990-   Krakow.   (daily)
     Holdings: the Hoover Library Newspaper Collection.

     CZAS KULTURY: kultura-literatura-filozofia. Wydaje Solidarnosc
        Walczaca.
     1985-   Poznan.   (frequency?)
     Holdings: 1985 - no. 1[May]
               1986 - no. 1/2
               1987 - no. 3
               1988 - no. 6
               1989 - no. 8--11-12
     *Note: no. 9-10 subtitled dropped.

     CZAS PRZYSZLY. Ruch "Wolnosc i Pokoj."
     1987-   Warszawa.   (frequency?)
     Holdings: 1987 - no. 1(Sept. 1-Dec. 15)

     CZAS PRZYSZLY: pismo studentow i mlodej inteligencji.
     1983-   Warszawa?   (frequency?)
     Holdings: 1983 - no. 1[Dec.]
               1984 - no. 2-3[Apr.]
               1985 - no. 4-5(Jan.)

Box No.

31. CZAS SIEWU: pismo rolnikow.
    1984.   [s.l.]   (frequency?)
    Holdings: 1984 - no. 1(June)

CZAS SOLIDARNOSCI: jednodniowka Zarzadu Regionu Slasko-Dabrowskiego NSZZ "Solidarnosc."
    1990.   [Katowice]   (occasional)
    Holdings: 1990 - no. (Sept. 3)

CZAS SOLIDARNOSCI: tygodnik malopolski.
    1989-   [Krakow]   (weekly?)
    Holdings: 1989 - no. 1(Feb. 19)--21-22(June 26)

CZELADZ POLSKA. NSZZ "Solidarnosc" Pracownikow Rzemiosla i Drobnej Wytworczosci Region Mazowsze.
    1981.   Warszawa.   (frequency?)
    Holdings: 1981 - no. 1(Sept.), 3(Nov.)
    *Note: original title: Czeladz.

CZERWONY KAPTUREK: spoleczno-myslnik metafizyczny.
    1980-   Warszawa.   (frequency?)
    Holdings: 1980 - no. 2(Autumn)
              1981 - no. 7/3(Feb.), 4(Mar.)
              1988 - no. "Uwaga wszystkie Czewone Kapturki" (Apr. 7)
              1990 - 12(Spring)
    *Note: subtitle added in 1990.

CZLOWIEK Z ZELAZA.
    1981.   Warszawa.   (occasional)
    Holdings: 1981 - no. 1(July)

32. CZTERY.
    1983?-   Krakow.   (frequency?)
    Holdings: 1982 - no. 1(May 27)
              1983 - no. 31(June 13)

CZUB: pismo mlodziezy przy Solidarnosci Walczacej.
    1989   Poznan.   (frequency?)
    Holdings: 1989 - no. 1(Mar.)

CZUJ DUCH. Srodowiskowy Krag Instruktorski im. Andrzeja Malkowskiego, Hufiec Tatrzanski.
    1981-   Zakopane.   (frequency?)
    Holdings: 1981 - no. 3(May 12)

Box No.
32. CZUWAJ: pismo Kregu Instruktorow im. Andrzeja Malkowskiego.
    1981-   Krakow.   (frequency?)
    Holdings: 1981 - no. 1(Jan. 1), 2(Feb. 22), and "numer specjalny"

CZUWAJMY. Krajowe Duszpasterstwo Harcerzy.
    1985_   Krakow.   (monthly)
    Holdings: 1987 - no. 11/30(Nov.)
              1988 - no. 11/43(Nov.), 12/44(Dec.)

CZWARTY KRZYZ CDN, see CDN--Czwarty Krzyz.

CZYN: pismo Niezaleznego Ruchu Spolecznego "Solidarnosc" im Ks.
    Jerzego Popieluszki.
    1989-   Bialystok.   (frequency?)
    Holdings: 1989 - no. 2(May 13)

Box No.
32. DAZENIA. NSZZ Solidarnosc pracownikow oswiaty i wychowania Ziemi Bytomskiej.
    1980-81.   Bytom.   (monthly)
    Holdings: 1981 - no.4/9(Apr. 27), 2/10(May 29), 3/11, 4-5/12-13, 6/14(Sept.), 7/14(Oct.)

DE FACTO: pismo czlonkow NSZZ "Solidarnosc."
    1982-   Wroclaw.   (frequency?)
    Holdings: 1982 - no. 1(Oct. 27)

DE LIRNIK: dwumiesiecznik literacki redagowany przez studentow i absolwentow KUL i UW.
    1990-   Warszawa.   (bimonthly)
    Holdings: 1990 - no. 1(Jan.-Feb.)

DEKADA POLSKA: pismo ruchu politycznego Wyzwolenie.
    1985-   [s.l.]   (frequency?)
    Holdings: 1985 - no. 3(Nov. 11), and "wydanie wyborcze"
                  1989 - no. 10(Jan. 20), 13(Apr. 17)
    *Note: issue no. 10 identified as "pismo Federacji WSN-Wyzwolenie."

DELTA: pismo polityczne.
    1980.   Gdansk.   (monthly?)
    Holdings: 1980 - no. 1(Oct.), 2(Nov.)

DEMOKRACJA: niezalezne pismo spoleczno-polityczne.
    1987-   Krakow.   (frequency?)
    Holdings: 1987 - no. 1, 2
                  1988 - no. 1/3, 6
                  1989 - no. 7, 8

DEMOKRACJA ZWIAZKOWA: pismo dzialaczy wolnego i demokratycznego ruchu zwiazkowego.
    1980-   Wroclaw.   (frequency?)
    Holdings: 1980 - no. 2(Oct. 14)

DEPESZA: pierwszy niezalezny dziennik Malopolski.
    1990-   Krakow.   (daily)
    Holdings: 1990 - no. 2(Mar. 19), 4, 7--9, 13, 15, 17, 19, 20, 22, 23, 26--28, 31, 32, 34(May 7)

Box No.
32. DEZERTER: dwutygodnik informacyjny Ruchu "Wolnosc i Pokoj."
1987-   Warszawa.   (biweekly)
Holdings: 1987 - no. 1/47(Sept. 27)--3/49, 5/51, 7/53(Dec. 20),
          and "ulotka informacyjna"
          1988 - no. 9/55(Jan. 17)--19-20/(65-66(June 20)
*Note: see also A Capella: nieregularnik Ruchu WiP.

DG: informator Dabrowskiego Komitetu Obywatelskiego Solidarnosc;
    tygodnik, Dabrowa Gornicza.
1989?-   Dabrowa Gornicza.   (weekly)
Holdings: 1990 - no. 25/33(July 23), 26/34(July 31)

DIA--DOKUMENTY I ANALIZY: niezalezne pismo spoleczno-polityczne.
1982-   Krakow.   (monthly?)
Holdings: 1982 - no. 7(Oct.-Nov.), 8(Dec.)

DIALOG. [WIS].
1986-   Warszawa.   (frequency?)
Holdings: 1986 - no. 1
*Note: serial devoted to Polish-Ukrainian relations.

DIALOGI: biuletyn polsko-ukrainski.
1987-   [s.l.]   (frequency?)
Holdings: 1987 - no. 9
          1988 - no. 1/10, 2-3/11-12

DLACZEGO: pismo czlonkow i sympatykow "Solidarnosci" Ziemi
    Chelminskiej.
1987-   (Torun)   (c.monthly)
Holdings: 1988 - no. (Feb.), 3/2(Mar.)

DLACZEGO NIE?: biuletyn uniwersytecki.
1989?-   Warszawa.   (frequency?)
Holdings: [1989] - no. 3

DLON: dwutygodnik wroclawskiego Komitetu Pomocy Spolecznej.
1982?-   Wroclaw.   (biweekly)
Holdings: 1982 - no. (Apr.), 7(May), 9

DNI: tygodnik Kornela Morawieckiego.
1990-   Wroclaw.   (weekly)
Holdings: 1991 - no. 35(July 14)

-70-

Box No.
32. DNI BEZ PRASY: biuletyn Komitetu Strajkowego Drukarnii Prasowej.
    1981.   Krakow.   (occasional)
    Holdings: 1981 - no. (Aug. 19-20)

DO RZECZY: biuletyn informacyjne Solidarnosc.
    1981-   Jaroslaw.   (frequency?)
    Holdings: 1981 - no. 2(May)

DOBRO WSPOLNE: gazeta wyborcza Komitetu Obywatelskiego "Solidarnosc" Ziemi Bialostockiej.
    1989-   Bialystok-Lomza-Suwalki. (frequency?)
    Holdings: 1989 - no. 1--5, 6(July)

DOBROBYT: jednodniowka Polskiej Partii Dobrobytu.
    1990.   Warszawa.   (occasional)
    Holdings: 1990 - no. (May 1)

DOBRY JASKO: kwartalnik literacki. Kolo Nowa Kultura, Wolnosc i Pokoj.
    1989-   Opole.   (quarterly)
    Holdings: 1989 - no. 1(spring)

33. DODATEK BYDGOSKI, see Bydgoski Podziemny Serwis Informacyjny.

DODATEK DO PODZIEMNEGO BYDGOSKIEGO SERWISU INFORMACYJNEGO, see Bydgoski Podziemny Serwis Informacyjny.

DODATEK POLITYCZNY--DP. Wydaje Porozumienie Prasowe "Solidarnosc Zwyciezy" przy MKS Nowa Huta. Montinowiec--Solidarnosc Zwyciezy--Kurierek B--Feniks.
    1984-   Krakow.   (frequency?)
    Holdings: 1983 - no. 1(Nov.)
             1984 - no. 5(Mar.), 7, 8(Oct.)
             1985 - no. 9(Jan.), 10, 13, 14(Dec.)
             1986 - no. 15(Jan.)

DODATEK SPECJALNY DO SERWISU INFORMACYJNEGO "SOLIDARNOSC." UAM Poznan.
    1981.   Poznan.   (c.biweekly)
    Holdings: 1981 - no. 1(Jan. 19)--15, 17, 18, 20--25(Nov 11)
    *Note: see also Serwis Informacyjny Komisji Zakladowej NSZZ Solidarnosc.

Box No.

33. DODRUK. Oficyna Wydawnicza Pokolenie.
    1987-   [s.l.]   (frequency?)
    Holdings: 1987 - no. 1

DOK: komunikat Ruchu Mlodziezy Katolickiej/NZS Politechniki
    Wroclawskiej.
    198?-   Wroclaw.   (frequency?)
    Holdings: 1981 - no. (Apr. 20)

DOKAD. Grupy wspolpracy Solidarnosci.
    1982-   [s.l.]   (frequency?)
    Holdings: 1982 - no. [1](Apr. 4)

DOKAD IDZIESZ. Spoleczny Komitet Przeciwdzialania Narkomanii.
    1981-   Wroclaw.   (bimonthly)
    Holdings: 1981 - no. 1(Sept.-Oct.)

DOKUMENTY I INFORMACJE.
    1987-   Warszawa.   (frequency?)
    Holdings: 1988 - no. 15(Jan. 3)

DONOSICIEL, see SPIS: systematyczny przeglad informacji studenckich.

DONOSICIEL: tygodnik informacyjny NZS PP.
    1981?   Poznan.   (weekly)
    Holdings: 1981 - no. 8(Oct. 18)

DP, see Dodatek Polityczny--DP.

DROGA.
    1978-   Warszawa.   (c.quarterly)
    Holdings: 1978 - no. 1(June-July)--3
              1979 - no. 4, 7(June)
              1980 - no. 10
              1985 - no. 16(Apr.)--18(Sept.), and supplement
              1986 - no. 19(Dec. '85-Jan. '86)
              1987 - no. 23, 25
              1988 - no. 26
    *Note: published by ROPCiO and later by KPN; some issues
              subtitled "pismo Konfederacji Polski Niepodleglej."

DROGA--WOLNOSC I NIEPODLEGLOSC, see Droga.

Box No.
33. DROGI: niezalezne pismo spoleczno-gospodarcze.
　　　1986-　　　[s.l.]　　　(frequency?)
　　　Holdings: 1986 - no. 1

DRUGA LINIA, see 2 Linia.

DRUK: tygodnik zwiazkowy.
　　　1982-　　　Warszawa.　　　(weekly)
　　　Holdings: 1982 - no. 1(Feb. 1)--9, 12--15, 18--20(Oct. 18)
　　　*Note:　originally subtitled: "wydanie wojenne."

34. DRUK SOLIDARNOSC, see Druk: wydanie wojenne.

DUBLIN: nieregularnik WIP.
　　　1988-　　　Elblag.　　　(irregular)
　　　Holdings: 1988 - no. 1(Sept.), no. 3(Nov.)

DWADZIESCIA JEDEN: pismo spoleczno-polityczne. Poglady, Gospodarka,
　　Idee, Sprawy spoleczne, Rozmowy, Polemiki, Dokumenty.
　　　1986-　　　Warszawa.　　　(c.quarterly)
　　　Holdings: 1986 - no. 1(May), 2(Aug.), 3(Spring)
　　　　　　　　 1987 - no. 4(Summer), 5(Autumn)
　　　　　　　　 1988 - no. 6(Winter), 7(Spring), 8(Summer)
　　　　　　　　 1989 - no. 9-10[Jan.]

DWIE STRONY MEDALU: jednodniowka bezokolicznosciowa.
　　　1982.　　　Szczecin.　　　(occasional)
　　　Holdings: 1982 - no. 1(Nov. 23)

DWUTYGODNIK BIALSKI. Komitet Obywatelski i NSZZ "Solidarnosc" w
　　BialejPodlaskiej.
　　　1990-　　　Biala Podlaska.　　　(biweekly)
　　　Holdings: 1990 - no. 1(Feb. 23), 6(Apr. 4)

DWUTYGODNIK SLOMNICKI. Wydawany przez Komitet Obywatelski.
　　　1990?-　　　Slomniki.　　　(biweekly)
　　　Holdings: 1990 - no. 2(Jan. 15)

DWUTYGODNIK ZWIAZKOWY. NSZZ "Solidarnosc," Region Bialystok.
　　　1990-　　　Bialystok.　　　(frequency?)
　　　Holdings: 1990 - no. 1(Aug. 2), 2(Aug. 16)

Box No.

34. <u>DYSKURS</u>.
    1988-   Czestochowa.   (monthly)
    Holdings: 1988 - no. 1(May)--3-4, 6-7, 8(Dec.)
              1989 - no. 9(Jan.), 10, 12(Apr.)

<u>DYSKUSJA</u>: kwartalnik wojewodzkiego domu kultury w Bialymstoku.
    19??-   Bialystok.   (quarterly)
    Holdings: 1990 - no. 1/22(Jan.-Mar.), 2-3/23(Apr.-Sept.)

35. <u>DYSKUSYJNO-INFORMACYJNY BIULETYN NSZZ SOLIDARNOSC MALOPOLSKA</u>, see
    <u>Biuletyn Niezaleznej Sluzby Zdrowia</u>.

<u>DZDZOWNICA</u>: organ pelzajacej kontrrewolucji.
    1982-   [s.l.]   (monthly?)
    Holdings: 1982 - no. 1(Jan.), 2(Feb.)

<u>DZIECIOL</u>.
    1982-   Falenty.   (frequency?)
    Holdings: 1982 - no. 1(May 19), 6(July 15)

<u>DZIEN</u>: pismo Akademickiej Komisji Porozumiewawczej NSZZ "Solidarnosc," Krakow.
    1982-   Krakow.   (c.monthly)
    Holdings: 1982 - no. 2(Dzien 344), 3, 4, 7(Dec. 29)
              1983 - no. 8(Jan. 3)--22, 24--26(Dec. 19)
              1984 - no. 27(Jan. 7), 28(Jan. 29); 3(Feb. 19), 5,
                    7--11, 13, 15/65, 17/67--19(Dec. 9)
              1985 - no. 1/70(Jan. 6), 3/72--15/84, 17/86, 18/87
                    (Dec. 8),
              1986 - no. 1/88(Jan. 12)--4/91, 6/93, 8/95--11/98
                    (Dec. 14)
              1987 - no. 1/99(Jan. 18), 4/102, 6/104--9/107(Dec. 5)
              1988 - no. 10/108(Jan. 29), 2/109--5/112(Sept. 30)
    *Note: "Pismo, ktore macie Panstwo przed soba powstalo z
              polaczenia dwoch niezaleznie dotad istniejacych
              czasopism: biuletynu wewnetrznego "Dzien...," ktory
              ukazywal sie od maja br, oraz Biuletynu Akademickiego,
              ktorego pierwszy number ukazal sie w poczatkach
              listopada br.; originally subtitled: "biuletyn
              akademicki"; with no. 12, 1983 "biuletyn akademicki"
              dropped from the subtitle; no. 9, 10, 13, 17, 1983
              include "dodatek niezalezny" <u>Mala Polska</u>; see also: <u>Mala
              Polska</u>.

<u>DZIEN DOBRY</u>: miesiecznik ilustrowany.
    1990-   Warszawa.   (monthly?)
    Holdings: 1990 - no. 1(Feb.), 2-3(Mar.-Apr.)

Box No.
35. DZIENNIK OBYWATELSKI. Rzeszow.
    1990-   Rzeszow.   (daily)
    Holdings: 1990 - no. 1(Jan. 5)--3(Jan. 8)

DZIENNIK ZWIAZKOWY: pismo codzienne Zarzadu Regionu Slasko-
    Dabrowskiego NSZZ "Solidarnosc."
    1981.   Katowice.   (daily)
    Holdings: 1981 - no. 24(Sept. 24), 28, 31, 35, 37, 48(Oct. 30)

[DZIESIATKA], see X.

DZIS: pismo robotnikow wroclawskich zakladow pracy.
    1985-   Wroclaw.   (frequenccy?)
    Holdings: 1985 - no. 2, 3

DZIS DLA JUTRA: informacje NSZZ "Solidarnosc" Politechniki
    Krakowskiej.
    1981?-   Krakow.   (frequency?)
    Holdings: 1981 - no. 15(June 29), 16, 22(June 18)

DZIS I POJUTRZE: pismo NSZZ "Solidarnosc" Regionu Dolnoslaskiego.
    1982-   Wroclaw.   (monthly?)
    Holdings: 1982 - no. 1(Apr.)--7(July)

DZISIAJ: dziennik wielkopolan; gazeta tych, ktory glosowali na
    "Solidarnosc."
    1989?-   Poznan.   (daily)
    Holdings: 1990 - no. 98/112(May. 22), 100/114, 101/115(May 25-27)

DZWONEK: pismo mlodziezy szkolnej.
    1988-   Bielsko-Biala.   (irregular)
    Holdings: 1988 - no. 1(Apr. 24)--5(Dec. 15)
              1989 - no. 6(Jan. 18)--8(Mar. 31)
              1990 - no. 13(May 7), 14(June 18)

DZWONEK NIEDZIELNY, see Gazeta Podlaska.

Box No.
35. ECHA LESNE: miesiecznik Stowarzyszenie przyjaciol Zalesia Gornego.
        1989-   Zalesie Gorne.   (monthly)
        Holdings: 1990 - no. 13(Jan.)

    ECHO: biuletyn informacyjny TKZ ZUO "Hydroster."
        1983-   Gdansk.   (frequency?)
        Holdings: 1983 - no. 8(July 3)

    ECHO: sady, opinie, komentarze.
        1985-   Warszawa.   (frequency?)
        Holdings: 1985 - no. 1

    ECHO CHOJEN.
        1990?-   [Lodz]   (frequency?)
        Holdings: 1990 - no. (May 3)

    ECHO DWOJKI: pismo uczniow II LO im. Heleny Modrzejewskiej. Wydaje
        SKOS II LO.
        1987?-   Poznan.   (frequency?)
        Holdings: 1985 - no. 2(Apr.), 9(Dec.)
                  1987 - no. [c.May], [c.June]

    ECHO KATOWICKIE, see Solidarnosc Rzemieslnicza.

    ECHO MRAGOWA.
        1989-   Mragowo.   (frequency?)
        Holdings: 1989 - no. 5(Sept.)

    ECHO NADWISLANSKIE: pismo obywatelskie. Deblin, Kazimierz D.,
        Naleczow, Pulawy, Ryki.
        1990?-   Deblin, etc.   (frequency?)
        Holdings: 1990 - no. 3(Jan. 30), 4(Mar. 1)

    ECHO PODLASIA: tygodnik. Garwolin, Lukow, Minsk Mazowiecki, Siedlce,
        Sokolow Podlaski, Wegrow.
        1991-   Garwolin-Lukow, etc.   (weekly)
        Holdings: 1991 - no. 1(Feb. 24), 2, 9, 24(Aug. 4)

    ECHO RZECZENICY: gazeta lokalna czlonkow i sympatykow Ruchu
        Solidarnosc.
        1989?-   Rzeczenica.   (frequency?)
        Holdings: 1990 - no. 3(Feb. 28)

Box No.

35. ECHO--SOLIDARNOSC--ECHO: informator Zarzadu Regionalnego NSZZ
"Solidarnosc" w Gorzowie Wielkopolskim.
1981.   Gorzow Wielkopolski.   (frequency?)
Holdings: 1981 - no. 1(Aug. 18), 7, 20A(Oct. 1)

ECHO STRZELINA. "Solidarnosc" Ziemi Strzelinskiej.
1989?-   Strzelin.   (frequency?)
Holdings: 1990 - no. 7(Apr.)

ECHO TERENU: pismo terenowych struktur NSZZ Solidarnosc
podwroclawskich miast i miasteczek.
1988-   Brzeg Dolny, etc.   (c.bimonthly)
Holdings: 1988 - no. 1(Apr.), 3--5(Oct.)
          1989 - no. 2-3(Feb.)

EDUKACJA: pismo nauczycieli i pracownikow oswiaty regionu
wroclawskiego--NSZZ Solidarnosc.
1981-   Wroclaw.   (frequency?)
Holdings: 1981 - no. 1(Mar. 4)

EDUKACJA I DIALOG: wielomiesiecznik poswiecony glownie tematyce
oswiaty i wychowania. (Rada Edukacji Narodowej. Zespol Oswiaty
Niezaleznej).
1985-   Warszawa.   (frequency?)
Holdings: 1985 - no. 1(Sept.)
          1986 - no. 2(Feb.)
          1988 - no. 6(Sept.)
          1989 - no. 7(Jan.)

36. EDYCJA--B. Solidarnosc Walczaca, Krakow.
1989?-   Krakow.   (frequency?)
Holdings: 1989 - no. [?: Apr. 1?]
*Note: "Edycja--B jest periodykiem wewnatrzorganizacyjnym i
          tylko w bardzo malym procencie kolportowana jest na
          zewnatrz."

EFEMERYDA. Politechnika Warszawska.
1982-   Warszawa.   (frequency?)
Holdings: 1982 - no. 1(June 13), 2(June 27)

EKO--KONIN: biuletyn Kola Terenowego Polskiego Klubu Ekologicznego.
1989-   Konin.   (frequency?)
Holdings: 1989 - no. 1

Box No.
36. EKOLOG NIEZALEZNY.
    1989?-   Krakow.   (frequency?)
    Holdings: 1989 - no. 2-3(Feb.-Mar.)

ELANA: pismo NSZZ "Solidarnosc" przy ZWCh "Elana" Torun.
    1982-   Torun.   (frequency?)
    Holdings: 1982 - no. 7(July 9), [9?](Sept. 20), 11(Dec. 21)
              1983 - no. 14(Mar. 30)--16, 19, 21, 21-22(Nov. 24)
              1984 - no. (Jan. 27), 27(Feb. 25), 28, 30, 32--35
                     (Dec. 19)
              1985 - no. 36(Jan. 30)
    *Note: see also Biuletyn. NSZZ "Solidarnosc" w ZWCH "Chemitex-
              Elana," Torun; no. 11, 1982 wrongly dated as 1981.

ELBUDOWIEC: serwis informacyjny Tajnej Komisji Zakladowej NSZZ
    "Solidarnosc" przy Zakladzie Konstrukcji Stalowych.
    1984-   Krakow.   (frequency?)
    Holdings: 1984 - no. 1(Mar. 25)

ELEKTROMONTER: biuletyn informacyjny TKZ NSZZ Solidarnosc PPiMUEB
    "Elektromontaz."
    1989?-   Poznan.   (frequency?)
    Holdings: 1989 - no. 3(Mar.)

ELEMENTY: biuletyn do uzytku wewnetrznego czlonkow NSZZ "Solidarnosc"
    w KBM Warszawa-Polnoc.
    1981?-   Warszawa.   (frequency?)
    Holdings: 1981 - no. 7(Nov. 3)

EMAUS: pismo diakonii narodu. Warszawa.
    1988?-   Warszawa.   (bimonthly)
    Holdings: 1990 - no. 1/9(Jan.-Feb.)

EMISARIUSZ: niezalezne pismo spoleczno-polityczne. NZS.
    1982-   Lublin.   (frequency?)
    Holdings: 1982 - no. 1(Apr.)

EMISARIUSZ: pismo niezalezne.
    1982-   Wroclaw.   (monthly?)
    Holdings: 1982 - no. 1(July), 2(Aug.)

ENIGMA. Zrzeszenie Studentow Polskich Uniwersytetu Warszawskiego.
    1987-   Warszawa.   (frequency?)
    Holdings: 1988 - no. 5/8

-78-

Box No.
36. ENZETESIK: serwis informacyjny NZS Krakow.
   1989?-   Krakow.   (frequency?)
   Holdings: 1989 - no. 1(Apr. 1)--3, 5, 6(Nov. 7)

EPIS, see Serwis Informacyjny Epis.

ERA WOJENNA: pismo NSZZ Solidarnosc ZWPPIS.
   1982-   Warszawa-Wlochy.   (frequency?)
   Holdings: 1982 - no. 2(June 30), 3, 5, 6(Sept. 13)
             1983 - no. 9-10[Feb. 9], 11(Apr.)
   *Note: prior to no. 6, 1982 without subtitle.

ERRATA: nieregularny biuletyn "Solidarnosc" ukazujacy sie poza wszelka cenzura.
   1981.   [s.l.]   (occasional)
   Holdings: 1981 - no. 1[c.May]
   *Note: probably a police forgery (falszywka).

ERRATA: niezalezne pismo srodowisk inteligenckich Bialegostoku.
   1983-   Bialystok.   (c.monthly)
   Holdings: 1983 - no. 1(Dec.)
             1984 - no. 2(Feb.)

ESCULAP: pismo srodowiskowe NZS AMG.
   1988-   [Gdansk]   (frequency?)
   Holdings: 1988 - no. 2(Nov.)

ESIK: nieodpowiedzialny dodatek Serwisu Informacyjnego, see Serwis Informacyjny Regionalnego Komitetu "Solidarnosc" Malopolska.

ETYKIETA ZASTEPCZA: pismo Komisji Zakladowej NSZZ "Solidarnosc przy EP-6.
   1981.   Warszawa.   (frequency?)
   Holdings: 1981 - no. 1(Apr. 30)
   *Note: EP: Energopol.

EUROPA: pismo Instytutu Europy Wschodniej.
   1987-   Katowice-Warszawa-Wroclaw. (frequency?)
   Holdings: 1987 - no. 1
             1988 - no. 1/3
             1989 - no. 1/5

Box No.

36. EXODUS: pismo studentow katolickich.
    1980-   Lodz.   (frequency?)
    Holdings: 1980 - no. 2(Dec.)

EXPRESS INFORMATOR NSZZ SOLIDARNOSC. FLT-1 Krasnik.
    1981?-   Krasnik.   (frequency?)
    Holdings: 1981 - no. 7(May 21), 11, 13--15, 17--20, 28--42, 46,
                    48, 49(Dec. 4)

Box No.
36. <u>FAJSLAWICE</u>: informator rolnikow gminy Fajslawice. Drukarnia polowa "W Szczerym Polu."
    1987-   [s.l.]   (frequency?)
    Holdings: [1987] - no. 2 and "wydanie dozynkowe" [Sept.]
              1988 - no. 3(Apr. 15), 4/2
              [1989] - no. 1/6

<u>FAKTY</u>. Katowice. Krajowa Agencja Wydawnicza.
    1980?-   Katowice.   (daily?)
    Holdings: 1981 - no. 16/24(Jan. 27), 18/51(Jan. 29)

<u>FAKTY</u>: miesiecznik informacyjny NSZZ "Solidarnosc" Regionu Mazowsze.
    1982.   Warszawa.   (monthly)
    Holdings: 1982 - no. 1(Jan.)--4-5[May]

<u>FALA</u>: pismo srodowiska akademickiego Polskiej Partii Socjalistycznej.
    1989?-   Lublin.   (frequency?)
    Holdings: 1989 - no. 2(May)

<u>FAMA</u>: pismo wydawane dla zalogi przez TKZ NSZZ "Solidarnosc" FADROMA.
    1981-   Wroclaw.   (weekly)
    Holdings: 1982 - no. 12, 13, 20--23, 27-28(Aug. 30-Sept. 12)
              1983 - no. 40(Jan. 31)--45(Apr. 11), and "dodatek
                     nadzwyczajny" (Mar. 4), and "wydanie specjalne"
                     (Mar. 16)
              [1984?] - no. 73
              1985 - no. 90-91(Jan. 13)--94, 97-98(Nov.)
              1986 - no. 99(Feb.), 101-102(Apr.-May), 102(June), 103,
                     104(Dec.)
              1987 - no. 105(Jan.)
    *Note: in 1982 subtitled: "biuletyn Zakladowego Komitetu
              Strajkowego NSZZ Solidarnosc; tygodnik wojenny"; in
              1983: "pismo zalogi wydawane przez Tajna Komisje
              Zakladowa NSZZ 'Solidarnosc'"; no. 42-43, 1983, and 73,
              1984 mutilated; some issues nearly illegible.

<u>FAT</u>: pismo pracownikow Fabryki Automatow Tokarskich, see <u>Solidarnosc Fat</u>.

37. <u>FATAMORGANA</u>: pismo pracownikow Fabryki Automatow Tokarskich ul. Grabiszynska 281, Wroclaw.
    1982-   Wroclaw.   (c.weekly)
    Holdings: 1982 - no. 16/48(Oct. 10)
              1983 - no. 13/67(Sept. 24), 16/70(Oct. 25)
              1986 - no. 12/102(Oct. 2), 13/103, 17/107(Dec. 23)
              1987 - no. 1/108(Jan. 7), 10/116, 13/119(Nov. 20)

Box No.
37. **FBI**: federacyjny biuletyn informacyjny. Federacja Mlodziezy
Walczacej.
1989-   Krakow-Lodz.   (biweekly?)
Holdings: 1989 - no. 7(May 9), 10-11, 12(June 23)
          1990 - no. (Feb. 9)

FENIKS: biuletyn informacyjny RKW NSZZ "Solidarnosc" Region Gorzow
Wlkp.
1982-   Gorzow Wlkp.   (biweekly?)
Holdings: 1982 - no. 9(Aug. 23-29)--16, 19, 21, 23--27(Dec. 27-
                 Jan. 1)
          1983 - no. 6/33(Feb. 6), 13/40, 14/41, 23/50, 24/51,
                 30/58--32/59, 34/61--37/64(Oct. 30)
          1984 - no. 1(Jan. 13), 3/70, 4/71, 6/73, 14/81, 17/84-
                 -20/87(Dec. 1)
          1985 - no. 100(June 13), 19/107--22-23/110-111, 24/112,
                 25/113(Dec. 15)
          1986 - no. 114(Jan. 15), 2(Jan. 19)--4(Feb. 17), 118
                 (Feb. 28)--135(Dec. 16), and "wydanie specjalne"
          1987 - no. 136(Jan. 13), 137, 140, 141, 143, 144(May 17)
          1988 - no. 158(Jan. 6), 175--178(Nov. 17)
          1989 - no. 181(Jan. 4), 200--202, 204, 205(Nov. 2)
          1990 - no. 218(Mar. 15)
*Note: in 1989 subtitled: "biuletyn Informacyjny Gorzowskiej
          'Solidarnosci'"; no. 27, 1982, and 21/109, 1985
          mutilated.

FENIKS: nieregularny tygodnik Miedzyzakladowego Komitetu
Koordynacyjnego Regionu Pomorza Zachodniego, see <u>Solidarnosc
Feniks</u>.

FIGA: gliwicki serwis informacyjny, see <u>Gliwicki Serwis Informacyjny</u>.

FIN DE SIECLE: nieregularne pismo liberalow.
1989-   Gdansk.   (frequency?)
Holdings: 1989 - no. 1(Mar.)

FIZOL. NZS AWF.
1989-   Poznan.   (frequency?)
Holdings: 1989 - no. 1(Dec. 13)

FLEGMA: niezalezne pismo mlodziezy. Zgierz.
1990-   Zgierz.   (frequency?)
Holdings: 1990 - no. 1(Feb.)

Box No.
37. FORMACJA PRZYSZLOSCI--ZS. KMS.
1988-   [Gdansk]   (frequency?)
Holdings: 1989 - no. 2(Jan.)

FORUM KONINSKIE: dwutygodnik; pismo Ruchu Komitetow Obywatelskich
   "Solidarnosc."
1990-   Konin.   (frequency?)
Holdings: [1990] - no. 2

FORUM SOLIDARNOSC.
1982?-   Warszawa.   (frequency?)
Holdings: 1982 - no. 20(Dec. 16-31)

FOTOANEKS: przeglad Akademicki. NZS Uniwersytet Jagiellonski.
1989-   Krakow.   (frequency?)
Holdings: 1989 - no. 2(May 16-18)
*Note: Fotoaneks is a supplement to Przeglad Akademicki: pismo
         Niezaleznego Zrzeszenia Studentow.

FOTOANEKS FOTOGRAFICZNEJ AGENCJI SOLIDARNOSC. Solidarnosc--Tygodnik
   Mazowsze.
1987-   Warszawa.   (occasional)
Holdings: 1987 - no. 4

FOTOGAZETA. Politechnika Wroclawska. NSZZ "Solidarnosc."
1982-   Wroclaw.   (frequency?)
Holdings: 1982 - no. 1(May), 15(Dec.)
*Note: no. 15 subtitled: "dwutygodnik NSZZ Solidarnosc PWr."

FREDRUS W REKTORACIE: jednodniowka rewolucyjna.
1987.   Wroclaw.   (occasional)
Holdings: 1987 - no. 1(Apr. 1)

FRONT ROBOTNICZY: pismo Grup Politycznych Porozumienia Opozycji
   Robotniczej Regionu Mazowsze; pismo na rzecz samorzadnosci
   robotniczej.
1984?-   [Katowice?]   (frequency?)
Holdings: [1984] - no. 1, 2
          [1985] - no. 12

FSM SOLIDARNOSC: informator NSZZ Solidarnosc przy Fabryce Samochodow
   Malolitrazowych.
1980-   Bielsko-Biala, etc.   (biweekly?)
Holdings: 1980 - no. 1(Oct. 20), 3--10(Dec. 18)

-83-

Box No.
37.   1981 - no. 1/12(Feb. 23), 4/15, 13/24, 14/25, 24/35
                            (Nov. 20)
   *Note: in 1980 subtitled: "biuletyn informacyjny [informacje]
              Niezaleznego Samorzadnego Zwiazku Zawodowego
              "Solidarnosc" Fabryki Samochodow Malolitrazowych"; in
              1982 continued [?] by: <u>Informator</u> <u>NSZZ</u> <u>"Solidarnosc."</u>
              Wydaje Tymczasowa Komisja Zakladowa NSZZ "Solidarnosc"
              Fabryki Samochodow Malolitrazowych w Bielsku-Bialej.

Box No.
37. GABKA. [Wydawnictwo Polnocno-Wschodnie--WPW].
    1987?-   Bielsko B.-Katowice-Krakow. (frequency?)
    Holdings: 1988 - no. 2

GALICJA: pismo organizacji "Solidarnosc Walczaca"--Oddzial Rzeszow.
    1986-   Rzeszow. (frequency?)
    Holdings: 1986 - no. 1-2(Jan.-Feb.)

GAZETA. Szczecinek.
    1990-   Szczecinek. (frequency?)
    Holdings: 1990 - no. 1[Feb.)
    *Note: "Gazeta jest pismem Komitetu Obywatelskiego 'S.'"

GAZETA: pismo czlonkow "Solidarnosci": Swidnik-Chelm-Lublin-Tomaszow.
    1986-   Lublin. (frequency?)
    Holdings: 1986 - no. 1(Mar. 31)--13(Dec. 13)
             1987 - no. 14(Jan. 15), 18--20(Nov. 15)
             1988 - no. [1/21](Jan. 20)--9/29(Dec. 25)
             1989 - no. 1/30(Jan. 20)--7/36(Nov.)
             1990 - no. 3/40(Feb. 15)
    *Note: no. 1/30, 1989 wrongly dated as 1988.

GAZETA: poza wszelka cenzura; pismo czlonkow "Solidarnosci."
    1986?-   Lublin. (frequency?)
    Holdings: 1990 - no. 3/40(Feb. 15), 4/41(Mar. 5)

GAZETA AKADEMICKA: pismo srodowiskowe.
    1986-   Wroclaw. (irregular)
    Holdings: 1986 - no. 1(Jan.)--5-6(Nov.)
             1987 - no. 3/7(Jan.-Feb.), 4-5/8-9(June)

GAZETA CHOCZEWSKA: lokalne pismo ziemi choczewskiej.
    1990?-   Choczewo. (frequency?)
    Holdings: [1990] - no. 7

GAZETA CHOJENSKA: dwutygodnik. Wydaje Chojenski Komitet Obywatelski.
    1990-   Chojna. (biweekly)
    Holdings: 1990 - no. 2(Apr. 5)--5, 7, 9--11(Oct. 7-14)
    *Note: originally titled: Gazeta Chojenska Solidarnosc.

GAZETA CODZIENNA SOLIDARNOSCI JASTRZEBIE.
    198?-   Jastrzebie. (daily)
    Holdings: 1988 - no. (Aug. 23), (Aug. 29)
    *Note: see also Codzienna Gazeta Strajkowa.

Box No.

37. GAZETA DZWIEKOWA. Stefan Bratkowski.
    1983?-   Wroclaw.   (frequency?)
    Holdings: 1983 - no. 2(Nov.)
              1984 - no. 3(Jan.)--5(June)
    *Note: "Druk bez wiedzy i zgody autora. Tekst zostal spisany z tasmy magnetofonowej"; original recordings of Gazeta Dzwiekowa, no. 6--10, 12, 17, 18, and "wydanie specjalne" are held in a separate collection, Hoover Archives.

38. GAZETA GDANSKA.
    1990-   Gdansk.   (daily)
    Holdings: 1990 - no. 1(Feb. 22)--7, 48, 50, 51, 89, 90(June 11), and "numer specjalny--Katyn" (Apr.)

    GAZETA GOLENIOWSKA: dwutygodnik.
    1990-   Goleniow.   (biweekly)
    Holdigns: 1990 - no. 10-11(July 7-Aug. 3)

    GAZETA GOSPODARCZA.
    1988-   Torun-Gdansk.   (frequency?)
    Holdings: 1988 - no. 1(Oct.)
              1989 - no. 3(Jan.-Feb.)

    GAZETA GRODZISKA: jednodniowka Komitetu Obywatelskiego Solidarnosc Nie Do Zdarcia.
    1990-   Grodzisk Maz.   (occasional)
    Holdings: 1990 - no. 2(Feb.)

    GAZETA JASTRZEBSKA: pismo Polskiej Partii Socjalistycznej.
    1988?-   Jastrzebie Zdroj.   (frequency?)
    Holdings: 1989 - no. 6/10(Apr. 12), 11/15(Sept. 10)

    GAZETA KOMITETU OBYWATELSKIEGO, see Nasza Gazeta Komitetu Obywatelskiego.

    GAZETA KONGRESOWA. Chrzescijansko-Demokratyczne Stronnictwo Pracy.
    1989-90.   Warszawa.   (c.biweekly)
    Holdings: 1989 - no. 1(Dec. 9)
              1990 - no. 2/4(Feb. 3)--4/6, 8/10(Apr. 28-29)

    GAZETA KONGRESU PRAWICY POLSKIEJ.
    1990.   Warszawa.   (occasional)
    Holdings: 1990 - no. (May 1)

Box No.
38. GAZETA KOSTRZYNSKA: pismo Komitetu Obywatelskiego MKZ NSZZ
"Solidarnosc."
1989-   Kostrzyn.   (frequency?)
Holdings: 1989 - no. 1(Oct. 11)

GAZETA KRASNOSTAWSKA.
1990-   Krasnystaw.   (biweekly)
Holdings: 1990 - no. 2(Mar. 11)--5(Apr. 22)

GAZETA LEGNICKA.
1991?-   Legnica.   (daily)
Holdings: 1991 - no. 105(Sept. 11)

GAZETA LOKALNA: dwutygodnik. Bemowo, Boernerowo, Groty.
1990-   Warszawa.   (biweekly)
Holdings: 1990 - no. 1(Oct. 20)--3(Nov. 22)

GAZETA LOKALNA: pismo powolane z inicjatywy Komitetu Obywatelskiego
Ziemi Myslenickiej oraz Miedzyzakladowej Komisji Koordynacyjnej w
Myslenicach NSZZ "Solidarnosc," see Myslenicka Gazeta Lokalna.

GAZETA LUBINSKA. RKS NSZZ "Solidarnosc" Region Dolny Slask, Oddzial
Lubin.
1987?-   Lubin.   (frequency?)
Holdings: 1987 - no. 5(Sept. 14)
          1988 - no. 14-15(Jan. 11), 17--20(Apr. 23)
          1989 - no. 23(Feb. 8)

GAZETA LUDOWA: dwutygodnik Polskiego Stronnictwa Ludowego.
1989-   [Warsaw area]   (biweekly)
Holdings: 1989 - no. 1(Mar.)--6-7(June)
*Note: originally subtitled: "miesiecznik Polskiego Stronnictwa
          Ludowego."

GAZETA MAZOWIECKA: biuletyn informacyjny NSZZ Solidarnosc i RI Wysokie
Mazowieckie.
1990-   Wysokie Mazowieckie.   (frequency?)
Holdings: 1990 - no. 1

GAZETA MAZOWSZA. 2 WZD.
1981.   Warszawa.   (frequency?)
Holdings: 1981 - no. 1(Dec. 5), 2(Dec. 6)

Box No.
38. GAZETA MLODEGO KONFEDERATA: pismo grup mlodziezowych KPN.
　　　　1981-　　　　　Warszawa.　　　　　　　(frequency?)
　　　　Holdings: 1981 - no. 1(Nov. 10)

GAZETA NIECODZIENNA. Zespol do Spraw Kultury NSZZ "Solidarnosc."
　　　　1983-　　　　　Warszawa.　　　　　　　(irregular)
　　　　Holdings: 1983 - no. 1, 3--5
　　　　　　　　　　1984 - no. 3/8--7/12
　　　　　　　　　　1985 - no. 1/14--11-12/23-24(Dec.)
　　　　　　　　　　1986 - no. 12A/25(Jan.), 14/26(Feb.) 3/27(Feb.), 15/27
　　　　　　　　　　　　　(Mar.), 5/28(Apr.), and unnumbered and undated
　　　　　　　　　　　　　issue [c.Apr.]

GAZETA NOWA: kurier zielonogorski. Zielona Gora, tygodnik.
　　　　1990-　　　　　Zielona Gora.　　　　　(weekly)
　　　　Holdings: 1990 - no. 2(Jan. 18), 36, 38(Sept. 27)

GAZETA NOWORUDZKA. Wydawca: Komitet Obywatelski w Nowej Rudzie.
　　　　1990-　　　　　Nowa Ruda.　　　　　　(frequency?)
　　　　Holdings: 1990 - no. 1(July-Aug.)

GAZETA OBYWATELSKA. Solidarnosc Regionu Srodkowowschodniego.
　　　　1990-　　　　　Lublin.　　　　　　　　(weekly)
　　　　Holdings: 1990 - no. 1(Feb. 28)--8, 10(May 13)

GAZETA OBYWATELSKA: dwutygodnik komitetu obywatelskiego, Pruszkow.
　　　　1990?-　　　　Pruszkow.　　　　　　　(biweekly)
　　　　Holdings: 1990 - no. 2(Jan. 15), 7(Mar. 25)

GAZETA OBYWATELSKA WROCLAWSKIEGO KOMITETU OBYWATELSKIEGO
　　　　"SOLIDARNOSC."
　　　　1990-　　　　　Wroclaw.　　　　　　　(c.weekly)
　　　　Holdings: 1990 - no. 1(Jan. 17), 2, 5--7, 11(Apr. 31)

GAZETA OLECKA: pismo samorzadu i miejskie.
　　　　1990?-　　　　Olecko.　　　　　　　　(frquency?)
　　　　Holdings: 1991 - no. 4/11(Apr. 12)

GAZETA ORGANIZACJI ZAKLADOWEJ NIEZALEZNYCH SAMORZADNYCH ZWIAZKOW
　　　　ZAWODOWYCH SOLIDARNOSC W MERA-PIAP.
　　　　1980-　　　　　Warszawa.　　　　　　　(frequency?)
　　　　Holdings: 1980 - no. 4(Nov. 10)

Box No.
38. GAZETA PIONKOWSKA. Komitet Obywatelski "S" i Miejski Osrodek Kultury.
    1990-   Pionki.   (frequency?)
    Holdings: [1990] - no. 1[Mar.], and "dodatek kulturalny Gazety Pionkowskiej: 'Rzadka Wkladka'" (Mar. 1)

39. GAZETA PODLASKA: informator NSZZ "Solidarnosc" Region Mazowsze, Oddzial Siedlce.
    1987-   Siedlce.   (biweekly)
    Holdings: 1987 - no. 1(May 3)--9, 11--15-16(Dec. 24/31)
              1988 - no. 1/17(Jan. 10)--24/40(Dec. 13)
              1989 - no. 1/43(Jan. 15)--6-7/48-49(Mar. 19-26)
    *Note: includes supplement Dzwonek Niedzielny.

GAZETA PODZIEMNA. "Solidarnosc" Ziemi Kutnowskiej [i Gostyninskiej].
    198?-   [Kutno?]   (frequency?)
    Holdings: 1987 - no. 13(Dec.)
              1988 - no. 19(Nov.)

GAZETA POLITYCZNA. L-DP Niepodleglosc.
    1985-   Lublin.   (monthly)
    Holdings: 1985 - no. 1(Oct.), 2-3(Nov.-Dec.)
              1986 - no. 5-6(Jan.-Feb.)
    *Note: see also: Antyk. [Lublin].

GAZETA POLSKA: pismo Konfederacji Polski Niepodleglej.
    197?-   Warszawa.   (irregular)
    Holdings: 1979 - no. 1(Feb. 25), 3--5(Nov. 1-15)
              1980 - no. 1/7(Jan. 1)--3/9(Mar.)
              1981 - no. 16(July), 20(Nov. 11)
              1986 - no. 24(Dec. 3)
              1987 - no. 25(Jan.)
              1988 - no. 2/33(Jan. 30)--17/48(Dec. 19)
              1989 - no. 1/49(Jan. 14)--54/6, 56/8--61/13, 65/17--67/19(Nov. 5)
    *Note: previous subtitle: "biuletyn Biura Informacji i Propagandy Konfederacji Polski Niepodleglej"; subsequent issues in the Hoover Library Periodical Collection.

GAZETA POWIATOWA: dwutygodnik.
    1990?-   Sokolow Podlaski. (biweekly)
    Holdings: the Hoover Library Newspaper Collection.

GAZETA PROWINCJONALNA: dwutygodnik. Goleniow, Stepnica, Przybiernow, Maszewo.
    1990-   Goleniow, etc.q   (frquency?)
    Holdings: 1990 - no. 1(May 27-June 9), 3(July 1), 3[!](July 22)

Box No.
39. GAZETA PROWINCJONALNA: tygodnik spoleczno-polityczny, Bielsko-Biala.
    1989-   Bielsko-Biala.   (weekly)
    Holdings: 1989 - no. 3(Dec. 7), 4(Dec. 13)
              1990 - no. 2/7(Jan. 10), 5/10, 8/13--16/21, 18/23
                     (July 13)
    *Note: originally published for the region of Andrychow,
              Bielsko-Biala, Cieszyn, Czechowice-Dziedzice, Kety,
              Oswiecim, Skoczow, Sucha Beskidzka, Wadowice, Zywiec.

GAZETA REAKCYJNA: pismo konserwatywnych liberalow.
    1990-   Katowice.   (frequency?)
    Holdings: [1990] - no. 0

GAZETA ROLNIKOW: pismo "Solidarnosci" RI.
    1988-   Lublin.   (monthly)
    Holdings: 1988 - no. 1(Nov.), 2(Dec.)
              1989 - no. 3/5(Feb.)

GAZETA SAMORZADOWA: tygodnik poswiecony rozwojowi lokalnemu.
    1990-   Warszawa.   (weekly)
    Holdings: 1990 - no. 8(May 27), 14, 23, 24, 26(Sept. 30)

GAZETA SLUPECKA. Wydaje Komitet Obywatelski w Slupcy.
    1990?-   Slupca.   (frequency?)
    Holdings: 1990 - no. 13(Apr. 1)

GAZETA SOKOLSKA: pismo lokalne.
    1990-   Sokolka.   (frequency?)
    Holdings: 1990 - no. [1](Apr. 2)

GAZETA SOLIDARNOSCI. Stalowa Wola.
    1989-   Stalowa Wola.   (weekly/biweekly)
    Holdings: 1989 - no. 17(Mar. 3)--19, 21(Apr. 17)

GAZETA SOLIDARNOSCI. [Znin]
    1990-   Znin.   (occasional)
    Holdings: 1990 - no. "numer specjalny" (Jan. 27)

GAZETA STRAJKOWA. NZS.
    1989.   Lublin.   (occasional)
    Holdings: 1989 - no. 1(May 29, 12 noon)

Box No.
39. GAZETA STRAJKOWA. Regionalny Komitet Strajkowy NSZZ Solidarnosc "Ziemia Sandomierska," see Biuletyn Strajkowy. Regionalny Komitet Strajkowy NSZZ Solidarnosc "Ziemia Sandomierska."

GAZETA STRAJKOWA. Wydaje Biuro Prasowe UKS AWF W-wa.
    1981.   Warszawa.   (occasional)
    Holdings: 1981 - no. 6(Nov. 23)

GAZETA STRAJKOWA NZS PW, see Strajkowa Gazeta NZS PW.

GAZETA STRAJKOWA WARSZAWSKICH UCZELNI.
    1981.   Warszawa.   (irregular)
    Holdings: 1981 - no. 2(Nov. 14), 3, 5, 6, 15--17, 20, 21, 23, 25, 26(Dec. 10)
    *Note: no. 3 mutilated.

GAZETA TCZEWSKA.
    1982-   Tczew.   (frequency?)
    Holdings: 1983 - no. 1/2(Jan. 10), 14/15(Nov. 7)
              1984 - no. 4/22(Feb. 28, 23, 6/24, 8/26, 13/32(Dec. 9)
              1987 - no. 40(Feb. 15)

GAZETA TOWARZYSKA: bezpartyjny organ popularny.
    1990-   Krakow.   (c.weekly)
    Holdings: 1990 - no. 3(Mar. 29)--5, 11--13, 22(Aug. 9)

40. GAZETA ULICZNA. Oddzial Slasko-Dabrowski [Solidarnosc Walczaca].
    1989-   [s.l.]   (occasional?)
    Holdings: 1982 - no. [c.Autumn]

GAZETA ULICZNA. Wydaje RKS NSZZ "Solidarnosc" Region Dolny Slask i Niezalezne Zrzeszenie Studentow.
    1988-   Wroclaw.   (frequency?)
    Holdings: 1989 - no. 3(May 6), 4(May 31), 6(June 24)

GAZETA WARSZAWSKA.
    1988.   Warszawa.   (occasional)
    Holdings: 1988 - no. "numer okolicznosciowy" (Nov. 11)

GAZETA WEGORZYNSKA. Komitet Obywatelski Ziemi Wegorzynskiej.
    1990-   Wegorzyno.   (frequency?)
    Holdings: 1990 - no. 1(Feb. 9), and "wydanie nadzwyczajne" (May 22)

Box No.
40. GAZETA WIEJSKA: miesiecznik KPN poswiecony sprawom wsi i rolnictwa.
        1989?-   [Lublin?]   (monthly)
        Holdings: 1989 - no. 2(Nov.)
                  1990 - no. 5(Feb.)

   GAZETA WITKOWSKA. Wydawca: Witkowski Komitet Obywatelski
        "Solidarnosc."
        1989?-   Witkowo.   (monthly?)
        Holdings: 1989 - no. 1/8(Dec.)
                  1990 - no. 2/9(Jan.), 3/10, 7/14(May 24)

   GAZETA WOLNYCH--CD SOLIDARNOSC: biuletyn Regionu Swietokrzyskiego, see
        CD--Gazeta Wolnych.

   GAZETA WSPOLNA: dwutygodnik.
        1990?-   [s.l.]   (frequency?)
        Holdings: 1990 - no. 14(Oct. 18)

   GAZETA WYBIORCZA: pismo Mlodziezowego Ruchu Oporu "Solidarnosci
        Walczace"-Opole.
        1989?-   Opole.   (frequency?)
        Holdings: [1989] - no. 1[c.Dec.]

   GAZETA WYBORCZA.
        1989-   Warszawa.   (daily)
        Holdings: the Hoover Library Newspaper Collection.

   GAZETA WYBORCZA KOMITETU OBYWATELSKIEGO SOLIDARNOSC WE WROCLAWIU.
        1989-   Wroclaw.   (frequency?)
        Holdings: 1989 - no. 17 (May 17), 19(June 7)

   GAZETA WYBORCZA--SOLIDARNOSC. Wydaje Obywatelski Komitet
        Porozumiewawczy "Solidarnosc" Regionu Pomorza Zachodniego.
        1989.   Szczecin.   (frequency?)
        Holdings: 1989 - no. 1(May 11)--3(May 30)

   GAZETA WYBOROWA.
        1985.   Krakow.   (occasional)
        Holdings: 1985 - no. 1--3
        *Note: probably a special pre-election publication of Hutnik
                 (Krakow/Nowa Huta).

Box No.
40.
GAZETA ZACHODNIA/WESTZEITUNG.
    1990-   Wroclaw-Wiesbaden.   (frequency?)
    Holdings: 1990 - no. 4(May 10)
    *Note: Polish and German editions.

GAZETA ZIELONKI.
    1989-   Zielonka.   (frequency?)
    Holdings: 1989 - no. 1(Nov.)

GAZETA ZJAZDOWA. Biuro Informacji NSZZ Solidarnosc ZR Wielkopolska
    Poludniowa w Kaliszu.
    1981.   Kalisz.   (daily)
    Holdings: 1981 - no. 1(Sept. 5)--10, 12--14, 23--26(Oct. 8)

GAZETA ZJAZDOWA DLA DELEGATOW NA X ZJAZD PZPR.
    1986.   [Warszawa]   (occasional)
    Holdings: 1986 - no. [1](July)

GAZETA ZWIAZKOWA: dwutygodnik czlonkow i sympatykow NSZZ
    "Solidarnosc."
    1989-   Wroclaw.   (biweekly)
    Holdings: 1989 - no. 1(Jan. 31)- 6(May 12)

GAZETKA. "Solidarnosc," Komitet Obywatelski Nadarzyn.
    1990-   Nadarzyn.   (frequency?)
    Holdings: 1990 - no. 1(Jan.)

GAZETKA KRAKOWSKA, see Serwis Informacyjny. Akademicki Ruch
    Samoobrony.

GAZETKA LUDOWA. Wydaje: Komitet Oporu Spolecznego w Siedlcach.
    1985-   Siedlce.   (monthly?)
    Holdings: 1985 - no. 1(Jan.), 2(Feb.)

GAZETKA SCIENNA.
    198?-   Szczecin.   (frequency?)
    Holdings: 1988 - no. 19(Oct. 8)

GAZETKA SKO. Swinoujski komitet obywatelski.
    1990-   Swinoujscie.   (frequency?)
    Holdings: 1990 - no. 1[Apr.]

Box No.
40. GAZETKA WYBORCZA SOLIDARNOSC. Komitet Obywatelski "Solidarnosc" w
     Drawsku Pom.
     1990.   Drawsko Pomorskie.   (occasional)
     Holdings: [1990] - no. [c.May]

GDANSK: pismo informacyjne NSZZ "Solidarnosc."
     1982-   [Gdansk]   (frequency?)
     Holdings: 1982 - no. 1(Mar. 29)--5, 7--9, 12, 14(Dec. 6)
               1983 - no. 15(Mar. 10)--17(July 7)

GENCJANA: pismo organizacji "Solidarnosc Walczaca," Oddzial Jelenia
     Gora.
     1985-   Jelenia Gora.   (frequency?)
     Holdings: 1985 - no. 5/85(Apr. 28)

GEOFON: biuletyn informacyjny TKZ NSZZ "Solidarnosc," Geofizyka Torun.
     1984-   Torun.   (weekly?)
     Holdings: 1984 - no. 1(Dec. 4)
               1985 - no. 2(Jan. 15), 3, 6--9, 11, 12, 15--22, 24, 25
                      (Dec. 24)
               1986 - no. 1/26(Jan. 13), 6/31(Mar. 20)
               1987 - no. 8/58(Apr. 27), 17/66, 19/68(Nov. 9)
               1988 - no. 1/72(Jan. 11), 5/76, 8/79--10/81, 12/83-
                      -19/90(Nov. 30)
               1989 - no. 1/92(Jan. 31)--4/95(Mar. 31), 6/97, 7/98
               1990 - no. 99-100(Aug. 31)

GLIWICKI SERWIS INFORMACYJNY.
     1982?-   Gliwice.   (frequency?)
     Holdings: 1982 - no. 4--6, 10[c.Mar.]
     *Note: no. 10 titled: Figa: gliwicki serwis informacyjny.

GLOS: biuletyn informacyjny TKZ NSZZ Solidarnosc Kopalni "Czerwone
     Zaglebie," see Cios: biuletyn informacyjny TKZ NSZZ Solidarnosc
     Kopalni "Czerwone Zaglebie."

GLOS: niezalezny miesiecznik spoleczno-polityczny.
     1977-   Warszawa.   (monthly/irregular)
     Holdings: 1977 - no. 1(Oct.)--3(Dec.)
               1978 - no. 4(Jan.)--6(Apr.)
41.   1978 - no. 7(Mary)--11-12(Nov.-Dec.), and "dodatek
                      nadzwyczajny" (Oct. 17)
               1979 - no. 1/13(Jan.)--3/15, 5/17)--8-9(Nov.-Dec.), and
                      "wydanie specjalne" (May), and "special edition"
                      (May)
               1980 - no. 1--10/33(Nov.-Dec.), and "wydanie specjalne"

-94-

Box No.
41.   no. 28, 30, 31, and one unnumbered issue
                                 (Aug. 20)
42.   1981 - no. 1/34(Jan.), 2/35(Feb.), and supplement
                  1982 - no. 6/40(Nov.-Dec.)
                  1983 - no. 2/43(May-June)
                  1985 - no. 1/44(Apr.), 2/45, 3/46(Dec.)
                  1986 - no. 2/48(Sept.)
                  1987 - no. 3/52(Mar.), 4/53(June)
                  1989 - no. 54(June), 55(Nov.)
                  1990 - no. 56-57(Jan.-Feb.), 64-66, 67-69(Dec.-
                         Feb., 1991)
                  1991 - no. 70-71(Mar.-Apr.)
     *Note: 3/46 issue subtitled: "niezalezne pismo spoleczno-
                  polityczne."

GLOS CHLOPOW: pismo Polskiej Partii Chlopskiej.
     1988-   [Torun?]   (frequency?)
     Holdings: 1988 - no. 1(Nov. 11)

GLOS HUTMENU. TKZ NSZZ "Solidarnosc" Hutmen.
     1982-   Wroclaw.   (biweekly?)
     Holdings: 1982 - no. 2(Aug. 18)
               1983 - no. 7(Feb.), 12, 15, 16(Aug. 15)
               1985 - no. (Apr. 26), [c.Oct.]
               1986 - no. 1(Jan. 15), 2, (Apr. 15), 5(June 15),
                      (Aug. 20), (Dec.)
               1988 - no. (May), (June), (Sept.)
     *Note: in 1983 subtitled: "pismo KZ NSZZ 'Solidarnosc'
               'Hutmen,'" and "pismo TKZ NSZZ 'S' Hutman."

GLOS HUTNIKA: biuletyn informacyjny NSZZ "Solidarnosc" Huty Szczecin.
     1988?-   Szczecin.   (frequency?)
     Holdings: 1990 - no. 6/43(June 22)

GLOS JUNIKOWSKI: miesiecznik Komitetu Obywatelskiego, Poznan-Junikowo.
     1990?-   Poznan.   (monthly?)
     Holdings: 1990 - no. 4(Mar.), 5(Apr.), 5(May)

GLOS KLODZKA: [pismo] Komitetu Obywatelskiego "Solidarnosc" miasta i
     gminy Klodzko.
     1990-   Klodzko.   (frequency?)
     Holdings: 1990 - no. 2(May 27), 4(July 9)

GLOS LESZCZYNSKI. Leszno.
     1990-   Leszno.   (frequency?)
     Holdings: 1990 - no. 0(May 20)

Box No.
42. GLOS LODZI: pismo Regionalnej Komisji Wykonawczej NSZZ "Solidarnosc."
    1984-   Lodz.   (biweekly/monthly)
    Holdings: 1984 - no. 1(May 27)--11(Dec. 16), and "dodatek
                       nadzwyczajny" (July 30, (Oct. 26)
              1985 - no. 12(Jan. 13)--17, 20--24(Sept.), and
                       unnumbered issue (Dec. 27), and "dodatek Glosu
                       Lodzi" (Jan.), and "dodatek nadzwyczajny" (Aug.)
              1986 - no. 33(Jan. 3), 34, 36, 43, 44(Dec.)
              1987 - no. 46(Feb.)--48, 50--52(Nov.), and "wydanie
                       specjalne" (June), (Aug.)
              1988 - no. 56(Mar.), 59, 61--64(Dec.)

43. GLOS LUKOWA: obywatelski dwutygodnik ziemi lukowskiej.
    1990?-   Lukow.   (biweekly)
    Holdings: 1990 - no. 15(Sept. 1)

GLOS MAZOWSZA. Tygodnik. Wydaje: Spoleczne Biuro Informacyjne
    Regionu Mazowsze Niezaleznego Samorzadnego Zwiazku Zawodowego
    "Solidarnosc," Warszawa.
    1981?-   Warszawa.   (weekly)
    Holdings: 1982 - no. 6(Jan. 31)

GLOS MEDYKA: pismo pracownikow warszawskiej sluzby zdrowia.
    1983-   Warszawa.   (monthly/bimonthly)
    Holdings: 1983 - no. 1(Apr.), 2(July), (Oct.)
              1984 - no. 5(Jan.), 8(May), (July) 10, 11(Dec.)
              1985 - no. 12(Jan.)--22(Dec.)
              1986 - no. 23(Jan), 24, 27(July-Nov.)

GLOS MIROWA: pismo mieszkancow osiedla "Mirow." Komitet Obywatelski
    "Solidarnosc"--Wola.
    1990.   Warszawa.   (weekly)
    Holdings: 1990 - no. 2(Mar. 11)--6, 8--11, 13(Sept. 16), and
                       "dodatek nadzwyczajny" (Apr. 10)

GLOS MKWS: biuletyn Miedzyzakladowego Komitetu Wspolpracy
    Solidarnosc."
    1982-   Warszawa.   (frequency?)
    Holdings: 1982 - no. 1(Aug. 23)
              1983 - no. 4(Jan. 31), 6--9, 11--14, 16(Nov. 15),
                       (Nov. 29), (Dec. 13), 20(Dec. 20) and two
                       unnumbered and undated issues and "wydanie
                       specjalne" (Sept. 18), (Nov. 22), (Dec. 6)
              1984 - no. 21(Jan. 16), 22, 24--29, 32, 33(Dec. 11), and
                       "numer okolicznosciowy" (June 20)
              1985 - no. 34(Jan. 18), 43, 44, 46, 49(Nov. 26)

Box No.
43. GLOS MLODYCH.
    1982-   Lublin.   (irregular)
    Holdings: 1982 - no. 1(June 12), 3(Dec. 31)
              1983 - no. 4(Mar. 19), 5(Apr. 14)

GLOS NARODOWY.
    1990-   Lodz.   (frequency?)
    Holdings: 1990 - no. 1(Nov. 18)
              1991 - no. 1/3(Feb. 16)

GLOS NARODU: pismo Stronnictwa Narodowego.
    1989-   Warszawa.   (frequency?)
    Holdings: 1989 - no. 1(Aug. 26), 2(Oct. 1)
              1990 - no. 3((Jan. 1), and "wydanie specjalne: Apel do
                        Narodu Polskiego" (Jan. 1)
              1991 - no. 1/5(Jan.)--6/10(Oct.)
    *Note: with no. 1/5, 1991 subtitled: "pismo Stronnictwa
              Narodowego 'Szczerbiec.'"

GLOS NIEZALEZNYCH: pismo NSZZ "Solidarnosc" przy Wyzszej Szkole
    Rolniczo-Pedagogicznej.
    1980-81.   Siedlce.   (c.monthly)
    Holdings: 1980 - no. 1(Dec. 17)
              1981 - no. 3(Mar. 25)--10(Sept. 15)
    *Note: no. 1 appeared without title.

GLOS NOWY WYBRZEZA: pismo nezalezne.
    198?-   [s.l.]   (frequency?)
    Holdings: 1981 - no. (June)

GLOS OLSZTYNKA: biuletyn informacyjny Komitetu Obywatelskiego
    "Solidarnosc."
    1990?-   Olsztynek.   (frequency?)
    Holdings: 1990 - no. 2(Mar.)

GLOS PANU: pismo NSZZ Solidarnosc w Polskiej Akademii Nauk.
    1981.   Warszawa.   (frequency?)
    Holdings: 1981 - no. (May 21), 9(May 28)--12(Sept. 26)

GLOS PINCZOWSKI: miesiecznik Komitetu Obywatelskiego "Ponidzie."
    1990?-   Pinczow.   (frequency?)
    Holdings: 1990 - no. (Feb.)

Box No.
43. GLOS POJEZIERZA: biuletyn informacyjny NSZZ "Solidarnosc."
    1989-   Suwalki.   (frequency?)
    Holdings: 1990 - no. 7/26(Mar. 11)

GLOS POZNANSKICH LIBERALOW: pismo wielkopolskiego oddzialu LDP"N."
    1988-   Poznan.   (c.monthly)
    Holdings: 1989 - no. 5(Jan.)--7, 10-11, 15-16, 19, 20(Oct.)

GLOS PSZCZYNSKI: pismo poswiecony sprawom publicznym ziemii
    pszczynskiej. Wydawca: Pszczynski Komitet Obywatelski
    "Solidarnosc."
    1990?-   Pszczyna.   (monthly?)
    Holdings: 1990 - no. 3(Feb.), 4, 9(July)

GLOS SIEMIATYCZ: informator wyborczy Komitetu Obywatelskiego
    "Solidarnosc" w Siemiatyczach.
    1990.   Siemiatyczne.   (occasional)
    Holdings: 1990 - no. (May)

GLOS SKOSOW: pismo Komisji Koordynujacej Szkolnych Kol Oporu
    Spolecznego.
    198?-   Poznan.   (monthly/bimonthly)
    Holdings: 1982 - no. 7((Nov.), 8(Dec.)
              1983 - no. 9(Jan.), 11, 12, 14, 16, 19, 20(Dec.)
              1985 - no. 36(Jan.-Feb.), 39, 43(Sept.)
              1986 - no. 46(June), 47, 50(Nov.)
              1987 - no. 52(Jan.-Feb.), 53(June)

GLOS SLASKO-DABROWSKI. Solidarnosc.
    1982-   [s.l.]   (monthly)
    Holdings: 1982 - no. 2(Oct. 1-15)
              1983 - no. 1/7(Jan. 1-15), 7/13, 9/15--11/17, 13/19
                     (Dec.)
              1984 - no. 2/21(Feb.)--10/29(Dec.)
              1985 - no. 1/30(Jan.), 4/33--7/36, 9/38(Nov.)
              1986 - no. 1/39(Jan.)--3/41(Apr.)
              1987 - no. 1/46(Jan.), 6/51(Aug.)
              1988 - no. 2/57(Jan.)--4-5/59-60, 7/62--14/69(Dec.)
              1989 - no. 1/70(Jan.)--6/75, 9/78(June)
    *Note: no. 10/65, 1988 mutilated.

GLOS SOLIDARNOSCI. Region Mazowsze. Wydaja: Radio Solidarnosc i
    Solidarnosc Walczaca.
    1988-   Warszawa.   (frequency?)
    Holdings: 1988 - no. 1(Jan. 21)--8, 10, 11[Dec. 9]

Box No.

43. GLOS SOLIDARNOSCI: biuletyn NSZZ "Solidarnosc" WSK "PZL-Mielec."
    1980-   Mielec.   (irregular)
    Holdings: 1981 - no. 20/26(July 24)--23/29, 59/65(Oct. 24)
              1989 - no. 13(Nov. 7), 14/15(Nov. 18)
              1990 - no. 1/93(Jan. 3), 6/98, 18-19/110-111(Nov. 4)
    *Note: in 1989 subtitled: "organ NSZZ "S" WSK "PZL-Mielec"; in
              1990 subtitle dropped; includes a supplement titled Nasz
              Glos.

    GLOS SOLIDARNOSCI: biuletyn Regionalnej Komisji NSZZ "Solidarnosc"
        Ziemi Lodzkiej.
    1989-   Lodz.   (irregular)
    Holdings: 1989 - no. 6(Jan. 20), [7](Jan. 25), 11, 12(Apr. 22),
                     (May 22), (Sept. 20), and "wydanie specjalne
                     wyborcze" (May 19)

    GLOS SOLIDARNOSCI: jednodniowka NSZZ "Solidarnosc."
    1982.   Warszawa.   (occasional)
    Holdings: 1982 - no. (Feb. 13)

    GLOS SOLIDARNOSCI: organ NSZZ "S" WSK "PZL-Mielec," see Glos
        Solidarnosci: biuletyn NSZZ "Solidarnosc" WSK "PZL-Mielec."

    GLOS SOLIDARNOSCI: pismo Tarchominskich Zakladow Farmaceutycznych.
    1983?-   Tarchomin.   (frequency?)
    Holdings: 1983 - no. 3(Apr.), 4(May)

44. GLOS SPOD PRYCZY: nasze nie niezalezne (od nas) pismo jednego dnia
        obozu.
    1981.   Jezioro Borowe.   (occasional)
    Holdings: 1981 - no. 1(July 18-19)

    GLOS SUWALSZCZYZNY: pismo MKR Solidarnosc i Grupy Niezaleznej Suwalki.
    1988-   Suwalki.   (frequency?)
    Holdings: 1988 - no. 1(June)

    GLOS SZAREGO CZLONKA--D. "JARUZELA": Centralny Organ BZPR
        (Bezpartyjnego Zwiazku Popierania Rzadu).
    1989-   [s.l.]   (frequency?)
    Holdings: 1989 - no. 1/11(Feb.)
    *Note: see also: Jaruzela: pismo obyczajowe.

Box No.
44. GLOS SZKOLY. Wydaje: grupa mlodziezy niezaleznej-Kierunki.
    1983-   Gdansk.   (frequency?)
    Holdings: 1984 - no. 4/6(Apr. 20)

GLOS TRZCIANKI: dwutygodnik wydawany przez Komitet Obywatelski Ziemi
    Trzcianeckiej.
    1989?-   Trzcianka.   (weekly/biweekly)
    Holdings: 1990 - no.17(Mar. 12), 26(July 10)
    *Note: originally titled: Glos z Trzcianki: pismo Komitetu
              Obywatelskiego...

GLOS TRZECIEJ BRAMY, see 3--Glos Trzeciej Bramy.

GLOS TYCZYNA: gazetka scienna Zarzadu Gminnego NSZZRI "Solidarnosc" w
    Tyczynie.
    1989-90.   Tyczyn.   (c.biweekly)
    Holdings: 1989 - no. 1(Oct. 15)--6(Dec. 24)
              1990 - no. 7(Jan. 7)--15(Apr. 29)

GLOS WISLY--SOLIDARNOSC.
    1988-   Gdansk.   (frequency?)
    Holdings: 1988 - no. 1(Oct. 17), 2

GLOS WOLNEGO HUTNIKA. Robotniczy Komitet "Solidarnosci" Huty im. ks.
    Jerzego Popieluszko w Warszawie.
    1982-   Warszawa.   (irregular)
    Holdings: 1982 - no. 1(Jan. 13), 3(Feb. 2)
              1985 - no. 3(Apr. 20), 4, 7(Dec. 2)
              1987 - no. 8(Nov. 14)
              1988 - no. 9[July], 10, 12, 15(Dec.)
              1989 - no. 16(Jan.), 19(May)
    *Note: no. 1 and 3, 1982 subtitled: "podziemny biuletyn
              informacyjny."

GLOS WOLNEGO ROBOTNIKA. Miedzyzakladowy Robotniczy Komitet
    Samoobrony Spolecznej NSZZ "Solidarnosc."
    1982.   Warszawa.   (frequency?)
    Holdings: 1982 - no. 7(Mar. 2), [Mar. 4], 8-11,
              13-14, 15-16, 18(May 18)
    *Note: no. 7(Mar. 2) subtitled: "podziemny biuletyn
              informacyjny"; continued by: CDN: glos Wolnego
              Robotnika.

Box No.
44.   GLOS WOLNEGO TAKSOWKARZA. Solidarnosc.
         198?-   Warszawa.   (frequency?)
         Holdings: 1983 - no. 26-27(Nov.)
                   1984 - no. 40(Sept.)--42(Nov.)
                   1985 - no. 49(Sept.)
                   1986 - no. 50[Jan.], 52(Apr.)
                   1987 - no. 57(Nov.)
                   1988 - no. 62(Nov.)

      GLOS WOLNEGO ZWIAZKOWCA: biuletyn NSZZ Solidarnosc Huty Warszawa-
         -Region Mazowsze.
         1980-81.   Warszawa.   (weekly)
         Holdings: 1980 - no. 6(Oct. 8), 11, 26(Dec. 24)
                   1981 - no. 2/28(Jan. 15), 4, 6/32--15/41, 18--22-23/
                          48-49, 23/50, 25-26/51-52, 29, 31/57--34/60
                          (Aug. 19)

      GLOS WOLNOSCI: pismo Niepodleglosciowej Partii "Solidarnosc."
         1989-   Warszawa.   (frequency?)
         Holdings: 1989 - no. 2(Dec.)
                   1990 - no. 3(Feb.)

      GLOS WOLNOSCI: pismo Solidarnosci Walczacej.
         1988-   Szczecin.   (frequency?)
         Holdings: 1988 - no. 1(Mar.)

      GLOS WOLNY: biuletyn wyborczy. Komitety Obywatelskie "Solidarnosc"
         Krosno-Przemysl-Rzeszow.
         1989.   Rzeszow.   (irregular)
         Holdings: 1989 - no. 1--4(June 2)

      GLOS WOLNY: gazeta I Krajowego Zjazdu Delegatow NSZZ "Solidarnosc."
         1981.   Gdansk.   (ca. daily)
         Holdings: 1981 - no. 1(Sept. 4)--24(Oct. 8)

      GLOS WOLNY: informator wyborczy Komitetu Obywatelskiego Solidarnosc w
         Poznaniu.
         1989.   Poznan.   (weekly)
         Holdings: 1989 - no. (May 6), (May 13), (May 19), (May 28),
                          (June 4), (June 18), (June 30)

Box No.

44. GLOS WOLNY WOLNOSC UBEZPIECZAJACY. [Krakow].
       198?-   [Krakow]   (frequency?)
       Holdings: 1983 - no. 41(Oct.)
                 1984 - no. 43(Jan. 1)
    *Note: no. 43 mutilated.

    GLOS WOLNY WOLNOSC UBEZPIECZAJACY. [Warszawa].
       1980-81.   Warszawa.   (c.monthly)
       Holdings: 1980 - no. 1(Oct. 6)-- 4-5(Dec. 19)
                 1981 - no. 6(Jan. 17), 7(Mar. 31)

    GLOS WYBORCZY: pismo Biura Wyborczego Solidarnosc w Kaliszu.
       1990-   Kalisz.   (frequency?)
       Holdings: 1990 - no. 1(Apr. 2)

    GLOS WYBORCZY SOLIDARNOSCI: gazeta wyborcza Malopolskiego Komitetu
       Obywatelskiego "Solidarnosc" w Krakowie.
       1989.   Krakow-Tarnow-N.Sacz.   (frequency?)
       Holdings: 1989 - no. 1(May 7)--4(June 14)

    GLOS Z TRZCIANKI, see Glos Trzcianki.

45. GLOSNO: pismo Tymczasowej Komisji Koordynacyjnej Gornictwa Weglowego
       NSZZ "Solidarnosc."
       198?-   Rybnik-Katowice-Zabrze, etc. (frequency?)
       Holdings: 1984 - no. 22(May)

    GLOSY.
       1982-   Warszawa.   (monthly?)
       Holdings: 1982 - no. 1(Apr.)--3(Sept.)

    GNOM: gazeta Niezaleznej Organizacji Mlodziezowej.
       1982-   Warszawa.   (frequency?)
       Holdings: 1982 - no. 1(Nov. 7)
                 1983 - no. 4(Jan. 10)--7(Nar. 16)

    GOCLAW: pismo mieszkancow osiedla. Samorzad mieszkancow.
       1989-   Warszawa.   (frequency?)
       Holdings: 1990 - no. 3/5(Mar.-Apr.)

Box No.

45. GODNOSC: pismo funkcjonariuszy milicji.
    1982-   Krakow?   (frequency?)
    Holdings: 1982 - no. 3(Dec.)
              1983 - no. 6(May)--9(Nov.-Dec.)

GOLDAPSKA INICJATYWA SPOLECZNA.
    1990-   Goldap.   (frequency?)
    Holdings: 1990 - no. 1(May)

GOLEBNIK: pismo studentow Instytutu Filologii Polskiej Uniwersytetu
    Jagiellonskiego.
    1981?-   Krakow.   (frequency?)
    Holdings: 1981 - June 6

GONIEC: pismo Konfederacji Polski Niepodleglej, Obszar IV-Lublin.
    1988?-   Lublin, Rzeszow, etc.   (frequency?)
    Holdings: 1988 - no. 2, 3-4-5, 8
              1989 - no. 11, 12, 14
              1990 - no. 15(Jan.), 16(Feb.)
    *Note: in 1990 subtitled: "miesiecznik obszaru IV Lublin."

GONIEC GMINNY. Krakow.
    1990-   Krakow.   (frequency?)
    Holdings: 1990 - no. (Aug.)

GONIEC KOLOBRZESKI: biuletyn NSZZ "Solidarnosc."
    1980-81.   Kolobrzeg.   (frequency?)
    Holdings: 1981 - no. 16/23(Nov. 25)

GONIEC KOLOBRZESKI: dwutygodnik. Solidarnosc.
    1989?-   Kolobrzeg.   (frequency?)
    Holdings: 1989 - no. 3
              1990 - no. 2/9(Jan. 29)

GONIEC KRAKOWSKI. Sekcja Informacji MKZ Krakow, see Goniec
    Malopolski: tygodnik sekcji informacji Z. R. "Malopolska."

GONIEC KRESOWY. Bialystok.
    1989-   Bialystok.   (frequency?)
    Holdings: 1989 - no. [1: Apr.], [2: c.Nov.]
              1990 - no. 3[May 15], 4[June 24]

Box No.
45. <u>GONIEC MALOPOLSKI</u>: biuletyn informacyjny "Solidarnosc" Regionu
Poludniowo-Wschodniego.
198?-   Rzeszow.   (frequency?)
Holdings: 1985 - no. [3?](May 10)

<u>GONIEC MALOPOLSKI</u>: tygodnik sekcji informacji Z. R. "Malopolska."
1980-81.   Krakow.   (c.weekly)
Holdings: 1980 - no. 7(Dec. 16), 8(Dec. 19)
          1981 - no. 12(Jan. 14), 14--56(Dec. 12), and "wydanie
                 specjalne" (May 3), (July 3)
*Note: until no. 7, 1980 titled: <u>Goniec Krakowski</u>; originally:
          "Wydaje sekcja informacji przy MKZ Malopolska NSZZ
          "Solidarnosc"; "wydanie specjalne," July 3, 1981 wrongly
          dated as 1980.

<u>GONIEC OBYWATELSKI</u>.
1990-   Plock, etc.   (weekly)
Holdings: the Hoover Library Periodical Collection.

<u>GONIEC PODKARPACKI</u>: pismo mlodziezy Podkarpacia.
1987?-   [s.l.]   (frequency?)
Holdings: 1987 - no. (June), (July)

<u>GONIEC WOJENNY</u>. NSZZ Solidarnosc. Elblag.
1982-   Elblag.   (frequency?)
Holdings: 1982 - no. 1(June 27), 2(July 7)

<u>GONIEC WOJENNY</u>. Solidarnosc RI. Bialystok.
198?-   Bialystok.   (frequency?)
Holdings: [1983?] - no. 10

<u>GONIEC ZABRZANSKI</u>. Miedzyzakladowy Ruch Obrony Solidarnosci w Zabrzu.
1983?-   Zabrze.   (frequency?)
Holdings: 1983 - no. 6, and "numer specjalny"

<u>GONIEC ZOLIBORSKI</u>: tygodnik Komitetu Obywatelskiego i niezaleznych
inicjatyw spolecznych.
1989-   Warszawa.   (weekly)
Holdings: 1989 - no. 3(Dec. 24)
          1990 - no. 12(May. 3)
*Note: originally subtitled: "pismo Zoliborskiego Komitetu
          Obywatelskiego i niezaleznych inicjatyw zoliborzan."

Box No.
46. GORNIK POLSKI: pismo Krajowej Komisji Koordynacyjnej Gornictwa NSZZ
"Solidarnosc."
    1984-   [s.l.]   (monthly)
    Holdings: 1984 - no. 1(May)--7(Dec.)
              1985 - no. 8(Jan.)--17(Dec.), and "numer barborkowy"
              1986 - no. 18(Jan.), 19(Feb.)
              1987 - no. 31, 34, 36, 39, and "wydanie specjalne"
                    "Zbrodnia czy wypadek 4-02-87r. Kop. 'Myslowice'"
              1988 - no. 40, and "wydanie specjalne [strajkowe]"
                    (Aug. 18), 2(Aug. 21), and 3

GOSPODARZ: pismo w obronie praw chlopskiej gospodarki rodzinnej.
ROPCiO.
    1977-   [s.l.]   (c.monthly)
    Holdings: 1977 - no. 1(Dec. 25)
              1978 - no. 4--10, 12(Nov. 25)
              1979 - no. 13(Jan. 29), 2/15--9-10/22-23(Sept.-Oct.)
              1980 - no. 1-2/26-27(Feb.), 3-4/28-29, 9-10/34-35
                    (Sept.-Oct.)
              1981 - no. 3-4/40-41(Mar.-Apr.)

GOTOWOSC "S." MKK Lodz. (Drukarnia im. Hieronima Dobrowolskiego).
    1985-   Lodz.   (frequency?)
    Holdings: 1985 - no. 1(Oct.)--3(Nov.)
              1986 - no. 4(Jan.)--7(Feb.)
              1987 - no. 13(Feb. 15), 20(Sept.), and "numer specjalny"
                    (Apr. 1)

GOTOWOSC STRAJKOWA: komunikat, see Komunikat. NSZZ Solidarnosc,
    Zarzad Regionalny Ziemi Lodzkiej.

GRIZZLY: pismo studentow i absolwentow. Wydaje Spolka Prasowa "Mis."
    1988-   [Warszawa]   (irregular)
    Holdings: 1988 - no. 3(Jan.-Feb.)--6-7(Nov.-Dec.)
              1989 - no. 8-9(Jan.-Feb.), 10(June)

GRODZISKO: Brodnowski Komitet Obywatelski "Solidarnosc."
    1990?-   Warszawa.   (frequency?)
    Holdings: 1990 - no. 3(Mar.)

GROT: biuletyn informacyjny KZ NSZZ Solidarnosc WSK-PZL Swidnik.
    1982-   Swidnik.   (frequency?)
    Holdings: [1982] - no. 2, 49, 52, 54--57(Sept. 5)
              1983 - no. 74(May 16, 77, 78(July 19)
              1984 - no. 82(Jan. 28), 83, 88, 90--94(Dec. 21)
              1985 - no. 95(Jan. 26)--102, 104, 106, and "wydanie

Box No.
                                  specjalne" (Nov. 13)
46.   1986 - no. 107(Jan. 29)--111, (Mar.), 116--118(Dec. 6)
                        1988 - no. 134(Feb. 19), 145(Nov. 20)
        *Note: originally subtitled: "biulety zwiazkowy..."

    GROT: pismo NSZZ Solidarnosc Stoczniowcow.
        1983-   Szczecin.   (irregular)
        Holdings: 1983 - no. (Sept. 10), (Oct. 18), 9(Dec. 12)
                  1984 - no. 2/12(Feb. 14), 4/14, 8/18--19/29(Dec. 24),
                        and "wydanie specjalne" (Feb. 6)
                  1985 - no. 1/30(Jan. 22)--3/32, 5-6/34-35), 7-8/36-37-
                        -14/44, 47, 49, 50(Dec. 13)
                  1986 - no. 51(Jan. 18)--54(Mar. 26), 54(Apr. 17), 56
                        (Apr. 20)
                  1987 - no. 68(Mar. 26)--74, 76--83-84(Nov. 23)
                  1988 - no. 87(Jan. 20)--91, 93--95, 97--101(Dec. 22)
                  1989 - no. 102(Feb. 3), 104, 105(May 2)
        *Note: no. 76 subtitled: "pismo stoczniowcow i Rady
                  Koordynacyjnej NSZZ Solidarnosc Regionu Pomorza
                  Zachodniego"; no. 102 subtitled: "pismo stoczniowcow."

    GRUNWALD: biuletyn informacyjny Zjednoczenia Patriotycznego
        "Grunwald."
        1981-   Krakow-Warszawa.   (frequency?)
        Holdings: 1981 - no. "Poslanie Grupy Inicjatywnej" [Oct.]

    GRUPY WSPOLPRACY SOLIDARNOSCI.
        198?   [s.l.]   (frequency?)
        Holdings: 198? - no. 4, 5-6
        *Note: photocopies.

    GRYF: pismo organizacji Solidarnosc Walczaca oddzial Pomorze
        Zachodnie.
        1986-   Szczecin.   (monthly)
        Holdings: 1986 - no. 1[Jan. ?], (Apr.), (May)
                  1990 - no. 38(Jan.)

    GRYPS: gazeta resocjalizatorow i profilaktykow spolecznych; redaguja
        studenci IPSIR UW.
        1989-   Warszawa.   (frequency?)
        Holdings: 1989 - no. 1(Mar.)

    GRYPS GDANSK: biuletyn Terytorialno-Zwiazkowego Komitetu Samoobrony
        Spolecznej.
        1982-   Gdansk.   (monthly)
        Holdings: 1982 - no. 1(Apr. 23), 3--7, 11, 12, 14--17(Dec. 13)

Box No.

46.
```
              1983 - no. 18/28(Jan.)--20, 22--25(Oct.)
              1984 - no. 32(June)--37(Nov.)
              1985 - no. 41(Jan.)--52, 54(Dec.)
              1986 - no. 56(Feb.), 57, 59, 62(Oct.)
              1987 - no. 66(Feb.), 71(Sept.)
              1988 - no. 74(Jan.), 75, 78--81(Nov.)
      *Note:   no. 35, 36 mutilated.
```

47. GWAR: gazeta Wroclawskiej Akademii Rolniczej.
    198?-   Wroclaw.   (frequency?)
    Holdings: 1981 - no. 8(May 21)

   GWAREK: pismo Niezaleznego Zrzeszenia Studentow Akademii Gorniczo-
       Hutniczej im. ks. St. Staszica.
       1987-   Krakow.   (irregular)
       Holdings: 1987 - no. 1(Oct. 17), 4--6(Dec. 2)
                 1988 - no. 6/14(Mar. 24), and "wydanie specjalne," 14/24
                        (Aug. 27)
       *Note: no. "wydanie specjalne" 14/24, 1988 issued jointly with
                 Przeglad Akademicki.

   GWIAZDA MORZA: gdanski dwutygodnik katolicki.
       1983-   Gdansk.   (biweekly)
       Holdings: 1991 - no. 21/207(Oct. 27-Nov. 3), 22/208(Nov. 10-17)

Box No.
47. HALNY: pismo czlonkow i sympatykow NSZZ "Solidarnosc" Zywiec.
   1984-   Zywiec.   (frequency?)
   Holdings: 1984 - no. 0(Dec. 13)
             1985 - no. 2(Jan. 26)--6, 8-9, 10(Oct. 18)

   HARCERSKA KUZNIA: pismo Srodowiskowego Kregu Instruktorskiego
      im. Andrzeja Malkowskiego w Poznaniu.
   1977-   Poznan.   (frequency?)
   Holdings: 1981 - no. 2/25(Sept.)

   HARTOWNIA: miedzyzakladowe pismo robotnikow Warszawy.
   1983-   Warszawa.   (frequency?)
   Holdings: 1983 - no. 1(Mar. 10), 3(Apr. 20)

   HEJ. Miedzyszkolny Komitet Oporu.
   1988?-   Wroclaw.   (frequency?)
   Holdings: 1988 - no. 4(Oct. 30)

   HEJNAL KROSNIENSKI: pismo nieregularne Komitetu Obywatelskiego.
   1989-   Krosno.   (frequency?)
   Holdings: 1(Oct. 28), 2(Nov. 30)

   HiP--HISTORIA I POLITYKA: pismo studentow Wydzialu Historii
      Uniwersytetu Warszawskiego.
   1989-   Warszawa.   (frequency?)
   Holdings: 1989 - no. 1(Jan.)--4(May)

   HIPOLIT: biuletyn NSZZ "Solidarnosc" H. Cegielski, Poznan.
   198?-   Poznan.   (monthly?)
   Holdings: 1984 - no. 9(Oct.)
             1985 - no. 1/13(Jan.), 3/15--8/20, 13/25--15/27(Oct. 7)
             1986 - no. 10/38(Nov. 28), 11/39(Dec. 15)
             1987 - no. 1/40(Jan. 25), 3/42--5/44, 7/46--10/49
                    (Nov. 15)
             1989 - no. 7/72(Apr. 2)--9/74(Apr. 17)

   HOMEK: pismo Ruchu Alternatywnego.
   1983-   Gdansk.   (monthly?)
   Holdings: 1983 - no. 1(Sept. 10)--7(Dec. 4)
             1984 - no. 10(Jan.)--14, 17(Sept.)
             1985 - no. 19(Mar.), 21, 23(Nov.)
             1986 - no. 24(Jan.), 25, 27(Oct.)
             1987 - no. 32(Dec.)

Box No.
47.
```
                    1988 - no. 34(Autumn)
                    1989 - no. 37(May), 39, 41, 43(Oct. 2-7)
                    1990 - no. [44]
```

HOMO HOMINI: pismo Komitetu Pomocy Wiezionym za Przekonania.
    1984-   Krakow.   (monthly?)
    Holdings: 1984 - no. 1/5(May), 2/6, 4--12(Dec.), and "Oswiadczenie
                  Komitetu Pomocy Wiezionym za Przekonania"
           1985 - no. 1/13(Mar.), 3/15, 4/16, 7/19, 8/20(Oct.)
           1986 - no. 3/25(Mar.), 6/28, 8/30(Sept.)

HONOR I OJCZYZNA: pismo dla oficerow, chorazych i podchorazych
    sil zbrojnych PRL.
    1988-   [s.l.]   (frequency?)
    Holdings: 1988 - no. 1
           1989 - no. 2
           1990 - no. 3

HORYZONT: pismo organizacji Solidarnosc Walczaca.
    1987-   Warszawa.   (irregular)
    Holdings: 1987 - no. 1(Oct. 12)--6(Dec. 20)
           1988 - no. 7(Jan. 17)--22(Nov. 28)
           1989 - no. 23(Feb. 20)--27(Apr. 10)

HOTEL LAMBERT: pismo mlodziezy Polskiej Partii Niepodleglosciowej.
    1988-   [s.l.]   (monthly?)
    Holdings: 1988 - no. 2(Sept.), 5(Dec.)
           1989 - no. 16(Nov.), 17(Dec.)
           1990 - no. 19(Feb.-Mar.)--22(May)

HUMANISTA. F[ilia] KUL.
    1981-   Stalowa Wola.   (frequency?)
    Holdings: 1981 - no. 1(Nov. 29)

HUTNICY 82: biuletyn informacyjny NSZZ Solidarnosc Huty Warszawa.
    1982-   Warszawa.   (biweekly?)
    Holdings: 1982 - no. 1(May 28)--12, 15--19, 22, 24--26-27
                (Dec. 13-20)
           1983 - no. 1/28(Feb. 7), 2/29, 4/31, 5/32, 7/34, 9-10/
                36-37, 11/38, 13/40, 15/42, 16/43, 19/46, 22/49
                (Dec. 22)
           1984 - no. 1/50(Jan. 10)--8/57, 10/59--22/71(Dec. 19),
                and "wydanie specjalne" (Oct. 27)
           1985 - no. 7/78(Apr. 16), 20/91 23/72(Jan. 16), 2/73
                (Feb. 4)--6/77, 8-9/79-80, 11/82--19/90, 21/92
                (Dec. 20), and "dodatek nadzwyczajny"

Box No.
47.
                        [c.Feb. 22], (Feb. 28)
                1986 - no. 1/94(Jan. 25), 5/98(May 19)
                1987 - no. 1(Feb. 26)
                1989 - no. 1/115(Jan.)

      HUTNICZA SOLIDARNOSC: komunikaty i informacje Niezaleznego
        Samorzadnego Zwiazku Zawodowego "Solidarnosc" huty im. M. Nowotki.
        Region Swietokrzyski. Ostrowiec sw.
        1980-   Ostrowiec Swietokrzyski   (weekly?)
        Holdings: 1980 - no. 8(Dec. 23)
                   1981 - no. 22(Apr. 3), 23, 25, 26(May 8)

48.   HUTNIK: pismo czlonkow NSZZ "Solidarnosc" HiL.
       1982-   Krakow.   (weekly)
       Holdings: 1982 - no. 3(Apr. 24)--13, 15, 16, 20--28, 30--40
                    (Dec. 20)
              1983 - no.[1-2]/41-42(Jan. 9)--9/49, 11/51--16/56,
                    18/58--31-32/71-72(Dec. 17)
              1984 - no. 1/73(Jan. 11)--23/95(Dec. 19), and "numer
                    specjalny" (Oct. 10), (Oct. 21),(Dec. 16)
              1985 - no. 1/96(Jan. 22)--20/115(Dec. 17), and
                    "wydanie specjalne," 3(Feb.)
              1986 - no. 1(Jan. 1)--17/131(Dec. 13)
              1987 - no. 1/132(Jan. 18), 2/132(Jan. 28), 3/133, 4/135,
                    6/137--8/139, 12/143--17/148(Dec. 9)
              1988 - no. 1/149(Jan. 15)--5/153, 10/158, 15/163,
                    16/164, 18/166--29/177, 31/179, 32/180(Dec. 17)
              1989 - no. 1/181(Jan. 13)--6/186 , 9/189--14/194, 17/197
     *Note: photocopies: all issues until no. 19/59, 1983 and early
                  numbers in 1984; some issues nearly illegible; no. 8/80
                  mutilated.

      HYDRALEK: serwis informacyjny NSZZ "Solidarnosc" [PZL-Hydral].
        1982-   Wroclaw.   (weekly/biweekly)
        Holdings: 1982 - no. 1
                1983 - no. 8(Mar. 13), 11, 12(Apr. 26), 12(May 9), 14,
                    15, 19(Aug. 5)
                1984 - no. 6/33(Feb. 28), 8/33, 9/33, 20/33, 22/33
                    (Nov. 25)
                1985 - no. 1/55(Jan. 26)--3/56, 4/56, 5/56, 7/56, 8/56
                    (Sept. 25)
                1986 - no. 1(Jan. 26)

Box No.
48. <u>I</u>: biuletyn informacyjny. Solidarnosc Region Slask Opolski.
    1989-   Opole.   (monthly?)
    Holdings: 1989 - no. 1(July), 2(Aug.)

<u>IBJ</u>. Solidarnosc.
    1987-   [Swierk]   (c.monthly)
    Holdings: 1987 - no. (Oct.), (Nov.)
              1988 - no. (Feb.-Mar.)--(Sept.), 11(Oct.)--15-16
                  (Dec. 13-25)
            1989 - no. 17(Jan. 15)--32(Nov. 10)
            1990 - no. 33(Jan. 15)
    *Note: IBJ: Instytut Badan Jadrowych; see also: <u>Biuletyn</u>
                <u>Informacyjny</u>. NSZZ "Solidarnosc" w Instytucie Badan
                Jadrowych, and <u>Biuletyn Informacyjny Solidarnosci IBJ</u>.

<u>IDEE</u>: Wolnosc--Sprawiedliwosc--Niepodleglosc, see <u>WSN--Idee, Program,</u>
    <u>Dokumenty</u>.

<u>IDEE--WOLA</u>.
    1982?-   Warszawa   (frequency?)
    Holdings: [1982] - no. [1]
            1983 - no. 1/2(Jan.), 2-3(Feb.)
    *Note: no. [1], 1982 titled: <u>Idee Wola Solidarnosc</u>; see
                Kaminska, <u>Bibliografia</u>, item no. 393.

<u>IGIELKA</u>: biuletyn informacyjny NSZZ ZPO "Pilica."
    1981-   [s.l.]   (frequency?)
    Holdings: 1981 - no. 1(Apr. 1-15)

<u>IKS</u>: informator kolejarzy "Solidarnosc," see <u>Biuletyn Kolejarzy</u>.
    "Solidarnosc" Region Mazowsze.

<u>IKS</u>: informator kulturalny Solidarnosci, Region Mazowsze, Sekcja
    Kultury.
    1981.   Warszawa.   (biweekly)
    Holdings: 1981 - no. 1(Mar. 12), 1[June]--10(Nov. 16)

<u>IMMUNITET</u>: niezalezny biuletyn studencki, UMK Torun.
    1980-   Torun.   (frequency?)
    Holdings: 1980 - no. (Nov. 8), (Nov. 11), 4(Nov. 22)
            1981 - no. 8(Feb. 23), 10(Apr. 2)

Box No.
48. **IMMUNITET**: pismo NZS Uniwersytetu Mikolaja Kopernika w Toruniu.
    1987-   Torun.   (frequency?)
    Holdings: 1987 - no. 1(Oct.)
              1988 - no. 2--4(Dec.)
              1989 - no. 1/5)--5/9, 7/11, 8/12(Dec.)

IMPULS. Solidarnosc.
    198?-   Czestochowa.   (frequency?)
    Holdings: 1987 - no. 10(Nov. 23)

IMPULS: niezalezny miesiecznik mlodziezy.
    1983-   Wroclaw.   (monthly)
    Holdings: 1983 - no. 1(Oct.)
              1984 - no. 12(Oct.)
              1985 - no. 13(Nov.)
    *Note: subtitled also: "niezalezny biuletyn mlodziezy."

IMPULS NZS: pismo publicystyczno-informacyjne NZS Gdansk.
    1987?-   Gdansk.   (irregular)
    Holdings: 1987 - no. 4-5(May-June), 7(Nov.)
              1988 - no. 9(Jan.), 10-11, 15, 16(Nov.)

IMPULSY: dwutygodnk Komisji Zakladowych Solidarnosc.
    1981.   Bydgoszcz.   (frequency?)
    Holdings: 1981 - no. 1(Nov. 1)

INACZEJ: pismo spoleczne.
    1990-   Warszawa.   (frequency?)
    Holdings: 1990 - no. 0(Mar.)

INDEKS: niezalezne pismo studenckie.
    1977-   Krakow-Lodz-Warszawa.   (irregular)
    Holdings: 1977 - no. 2(Nov.)
              1979 - no. 6(Mar.-Apr.), 7-8(July-Aug.)

INDEKS: pismo Niezaleznego Zrzeszenia Studentow AR, PK, WSP.
    198?-   Krakow.   (frequency?)
    Holdings: 1986 - no. 9(Jan.), 10(Jan.)
              1987 - no. 1/17(Jan. 19), 7/23, 8/24(Nov. 8)

Box No.
49. INFORMACJA. Komitet Organizacyjny przy Lechu Walesie ds. Okraglego
        Stolu.
     1988?-   Warszawa.   (daily)
     Holdings: 1989 - no. 1(Feb. 6), 3, 5--8, 10--37(Mar. 22)
     *Note: no. 1 without a title; misprinted date in no. 37 as Feb.

     INFORMACJA BIEZACA: komunikat. NSZZ Solidarnosc, Region Mazowsze,
        Uniwersytet Warszawski.
     1980?-   Warszawa.   (frequency?)
     Holdings: 1980 - no. 4/1(Oct.)
               1981 - no. (Feb. 27), 3(Mar. 27), 5(Apr. 30)

     INFORMACJA KOMISJI INTERWENCJI I PRAWORZADNOSCI.
        1987-   [Warszawa]   (weeekly)
        Holdings: 1988 - no. 16(Feb. 9), 25(Apr. 13)--54(Dec.21) and
                         "Lista wiezniow politycznych" (Jan. 30)
                  1989 - no. 55(Jan. 4)--78(June 29)
        *Note: Informacja has leaflet and book editions.

     INFORMACJA KOMITETU OCALENIA SOLIDARNOSC PRZY "UNITRA" TELPOD KRAKOW,
        see Biuletyn Komitetu Ocalenia "Solidarnosci" Unitra Telpod.

     INFORMACJA O ROZWOJU NIEZALEZNEGO RUCHU ZWIAZKOWEGO. [KSS "KOR"].
        1980-   [Warszawa?]   (frequency?)
        Holdings: 1980 - no. 1, 2(Sept. 18)--5(Oct. 5)

     INFORMACJA OBYWATELSKIEGO KOMITETU POSZUKIWAN MIESZKANCOW
        SUWALSZCZYZNY ZAGINIONYCH W LIPCU 1945 R.
        1987-   Suwalki.   (frequency?)
        Holdings: 1987 - no. 1(Aug. 2)--3
                  1988 - no. 4(Jan. 15)

     INFORMACJA SOLIDARNOSCI. [Radom], see Informacje Solidarnosci.

     INFORMACJA SOLIDARNOSCI. Region Mazowsze.
        1981-1985   Warszawa.   (irregular)
        Holdings: 1981 - no. 9(Dec. 30)
                  1982 - no. 10(Jan. 2), 12, 14--23, 25--56, 58--63, 67,
                         76, 77, 85, 87, 89--92(abb.), 95, 96-97(abb.),
                         97, 99--116-117(abb.), 103-104(abb.),
                         103-105(Dec. 2-Jan. 4)
                  1983 - no. 106(Jan. 7), 106-107(abb.), 108-109, 112-
                         -124, 124-125(abb.), 126, 127, 131, 142--148,
                         154, 155, 158-159, 164, 176--180(Dec. 20)
49.   1984 - no. 184(Jan. 13), 188, 189, 191--194, 196, 200,

Box No.
                                    205, 206, 208, 209, 211--240, 242--250(Dec. 18)
                    1985 - no. 262(Mar. 19)
     *Note: includes also a series of appendices to the INFORMACJA,
               entitled: "Dotarly do nas."

     INFORMACJA SOLIDARNOSCI POLITECHNIKI WARSZAWSKIEJ.
        198?-   Warszawa.   (frequency?)
        Holdings: 1982 - no. 1(June 21)--5, 7--9, 11(Dec. 13)
                  1983 - no. 1/12(Jan. 12), 14--21(Dec. 8)
                  1984 - no. 22(Jan. 30), 22(Feb. 28, wydanie B), 23
                         (May 29)
                  1985 - no. 28(Oct. 21), 29(Dec. 5)
                  1986 - no. (Dec. 23)
                  1987 - no. 36(Dec. 15)
        *Note: originally titled: Solidarnosc: informacja [informacje]
                  NSZZ "Solidarnosc" Politechniki Warszawskiej.

50. INFORMACJA SOLIDARNOSCI REGIONU SLASKO-DABROWSKIEGO. Katowice.
        1982-   Katowice.   (weekly?)
        Holdings: 1982 - no. 1(June 20), 2(June 27)

     INFORMACJA WOJENNA: tygodnik MKR NSZZ "Solidarnosc."
        1982-   Rzeszow.   (weekly)
        Holdings: 1982 - no. 1(Mar. 1)

     INFORMACJA ZWIAZKOWA. Zakladowa Komisja Zwiazkowa NSZZ "Solidarnosc"
        w Zakladach Azotowych "Pulawy," see Biuletyn Informacyjny. NSZZ
        "Solidarnosc" K.Z. Z.A. "Pulawy."

     INFORMACJE. MKZ NSZZ Solidarnosc Podbeskidzia, Bielsko-Biala.
        198?-   Bielsko-Biala.   (frequency?)
        Holdings: 1981 - no. 2(Jan. 15)

     INFORMACJE. NSZZ "Solidarnosc" przy Politechnice Wroclawskiej.
        1981?-   Wroclaw.   (frequency?)
        Holdings: 1981 - no. (May 29)

     INFORMACJE BIEZACE: biuletyn informacyjny Miedzyzakladowej Komisji
        Koordynacyjnej NSZZ "Solidarnosc" Region Pomorza Zachodniego.
        198?-   Szczecin.   (frequency?)
        Holdings: 1983 - no. (June), (Sept. 25), (Sept. 30), (Nov. 7)
                  1984 - no. (Jan. 27), (Feb.), (July 5), (July 12),
                         (Sept. 28), (Oct. 15), (Nov. 18), (Dec. 13)

-114-

Box No.
50.
                      1985 - no. (Feb. 22), 2(May 13), 3(May 20)
                      1986 - no. (Feb. 7)
    *Note: originally without subtitle.

INFORMACJE KOMITETU OBYWATELSKIEGO WARSZAWA-WILANOW.
    1989-   Warszawa.   (frequency?)
    Holdings: 1989 - no. 2(Nov. 30)

INFORMACJE NIEZALEZNEGO SAMORZADNEGO ZWIAZKU ZAWODOWEGO SOLIDARNOSC
    FABRYKI SAMOCHODOW MALOLITRAZOWYCH, see FSM Solidarnosc:
    informator NSZZ Solidarnosc przy Fabryce Samochodow
    Malolitrazowych.

INFORMACJE NSZZ "SOLIDARNOSC" POLITECHNIKI WARSZAWSKIEJ, see
    Informacja Solidarnosci Politechniki Warszawskiej.

INFORMACJE POGOTOWIA STRAJKOWEGO. Solidarnosc, Zarzad Regionu Slasko-
    Dabrowskiego.
    198?-   [s.l.]   (irregular)
    Holdings: 1981 - no. 18-19(Aug. 29-31)

INFORMACJE RUCHU KOORDYNACJI LAIKATU.
    1980-   Lodz.   (frequency?)
    Holdings: 1981 - no. 11/3(July)

INFORMACJE SOLIDARNOSCI.
    1982?-   [Radom]   (frequency?)
    Holdings: 1982 - no. 4(Mar. 19), 9(Apr. 15)
    *Note: no. 9(Apr. 15, 1982) titled: Informacja Solidarnosci.

INFORMACJE SPOLECZNEGO KOMITETU NAUKI.
    1986-   Wroclaw.   (frequency?)
    Holdings: 1986 - no. 1[Jan.], 3(July)
              1987 - no. 4
              1988 - no. 7

INFORMACJE TYMCZASOWEGO ZARZADU REGIONU WIEKLOPOLSKA NSZZ
    "SOLIDARNOSC," see Komunikat: informacje Tymczasowego Zarzadu...

INFORMACJE WOJENNE.
    1982?-   [s.l.]   (frequency?)
    Holdings: 1982 - no. 2(Mar. 7)

Box No.
50.   INFORMACYJNY BIULETYN ZWIAZKOWY, Lublin, see Wojenniak: informacyjny biuletyn zwiazkowy, Solidarnosc, Lublin.

   INFORMATOR. Biuro Informacyjne Zarzadu Regionu Srodkowo-Wschodniego NSZZ "Solidarnosc," see Informator. Solidarnosc, Region Srodkowo-Wschodni.

   INFORMATOR. Graf. Prac. Dosw. NSZZ Solidarnosc.
      1981?   [Szczecin?]   (frequency?)
      Holdings: 1981 - no. (May 30)

   INFORMATOR. Komitet Zalozycielski Niezaleznych Samorzadnych Zwiazkow Zawodowych "Solidarnosc" przy Gdanskiej Stoczni Remontowej, see Informator Komisji Zakladowej Niezaleznego Samorzadnego Zwiazku Zawodowego "Solidarnosc" przy Gdanskiej Stoczni Remontowej.

   INFORMATOR. NSZZ "Solidarnosc," Delegatura Regionu Pomorza Zachodniego w Swinoujsciu.
      1981?-   Swinoujscie.   (frequency?)
      Holdings: 1981 - no. 16(July 23)

   INFORMATOR. NSZZ "Solidarnosc" oraz NSZZ Solidarnosc R. I. Ziemi Zamojskiej-Roztocza.
      198?-   Zamosc.   (irregular)
      Holdings: 1985 - no. (Oct. 23), 8(Dec. 22)
                1986 - no. 9(Feb. 1)--14, 17, 19--21, 23(Dec. 13)
                1987 - no. 24(Jan. 6)--26(Feb. 13)
                1988 - no. 42(Jan. 22)--46, 49--51, 55--59(Nov. 4)

   INFORMATOR. NSZZ "Solidarnosc," Region Mazowsze.
      1980-   Warszawa.   (irregular)
      Holdings: 1980 - no. 1[Nov. 1]--7(Dec. 5))

   INFORMATOR. NSZZ "Solidarnosc," ZWUT.
      1984?-   Warszawa.   (frequency?)
      Holdings: 1984 - no. 14(Jan. 18), 17, 19(De. 19)
                1985 - no. 20(Feb. 24)

   INFORMATOR. Politechnika Warszawska, NZS.
      1989?-   Warszawa.   (monthly?)
      Holdings: 1989 - no. 43(Apr. 15), 44, 46, 47(Nov. 7)

Box No.

50. INFORMATOR. Solidarnosc, Region Srodkowo-Wschodni.
    1981-   Lublin.   (weekly/biweekly)
    Holdings: 1981 - no. 1(June), 5, 6, 10, 13, 14, 16--19, 22, 24,
        26, 34, 38, 42, 48, 49B, 63, 64, 68, 69, 73A, 75,
        76A, 76B, 77, 79, 80, 89, 94, 143, 146(Dec. 10),
        and unnumbered issue (Dec. 16)
        1982 - no. [?](Jan. 13), 4(Jan. 19)--25, 27, 28, 33, 35-
        -38, 40--47(Dec. 16)
        1983 - no. 48(Jan. 7)--79(Dec. 16)
        1984 - no. 80(Jan. 6)--102(Dec. 14)
        1985 - no. 103(Jan. 4)--119(Dec. 12)
        1986 - no. 120(Jan. 10)--132(Dec. 11)
        1987 - no. 133(Jan. 8)--147(Dec. 10)
        1988 - no. 148(Jan. 14)--170(Dec. 15)
        1989 - no. 171(Jan. 6)--180(Apr. 24)
    *Note: in 1981 published by: Biuro Informacyjne Zarzadu Regionu
    Srodkowo-Wschodniego NSZZ "Solidarnosc; see also
    <u>Biuletyn Informacyjny</u>. NSZZ Solidarnosc, Region
    Srodkowo-Wschodni, and <u>Solidarnosc w Rejonie
    Srodkowo-Wschodnim</u>.

INFORMATOR. "Solidarnosc" Siedlce.
    198?-   Siedlce.   (frequency?)
    Holdings: 1986 - no. 17(May), 20-21(Aug.-Sept.)

INFORMATOR. Spec, see <u>Solidarnosc</u>: informator Spec.

[INFORMATOR]. Spoleczny Komitet Budowy Pomnikow Ofiar Grudnia
    1970 r. w Gdyni.
    1981.   Gdynia.   (irregular)
    Holdings: 1981 - no. 2(Mar. 30), 3, 4(May 25), 8(July 14)

INFORMATOR. TKZ NSZZ "Solidarnosc" Gdanskiej Stoczni Remontowej
    im. Jozefa Pilsudskiego.
    198?-   Gdansk.   (monthly)
    Holdings: 1982 - no. 38/9(Nov. 3)
        1983 - no. 13(Apr. 15), 16/38[Nov.]
        1984 - no. 22(June 6), 24, 25(Oct. 15), (Nov. 8), 28
        (Dec. 17)
        1985 - no. 29(Jan.)--32(Mar.), 34--41(Dec.), and special
        issue "gdanski proces" [June]
        1986 - no. 42(Jan.)--45, 47--51(Oct.)
        1987 - no. 55(Feb.), 56, 60, 61(Sept.)
        1988 - no. 65(Jan.), 66, 68(Apr.)
    *Note: in 1982 titled: <u>Informator Solidarnosc</u>; no. 16/38, 1983
    titled: <u>Informator Komisji Zakladowej NSZZ Solidarnosc
    Gdanskiej Stoczni Remontowej im. Jozefa Pilsudskiego</u>;

Box No.
50.   no. 39, 1985 mutilated; continues: <u>Informator Komisjii Zakladowej Niezaleznego Samorzadnego Zwiazku Zawodowego "Solidarnosc" przy Gdanskiej Stoczni Remontowej.</u>

<u>INFORMATOR</u>. Ziemia Radomska. MKZ NSZZ "Solidarnosc." [Radomski Informator Solidarnosci--RIS].
 1981.   Radom.   (frequency?)
 Holdings: 1981 - no. 1[Apr. 24]

<u>INFORMATOR</u>: pismo Komitetu Obywatelskiego Ziemii Przeworskiej.
 1989?-   Przeworsk.   (frequency?)
 Holdings: 1989 - no. 9, 10
     1990 - no. 3/12(Apr. 5)
 *Note: originally titled: <u>Informator Komitetu Obywatelskiego Ziemi Przeworskiej.</u>

<u>INFORMATOR</u>: pismo T[owarzystwa] K[ursow] S[polecznych].
 1988?-   Wroclaw.   (frequency?)
 Holdings: 1988 - no. 5(Nov.)

51. <u>INFORMATOR</u>: przeglad prasy zwiazkowej i niezaleznej. [Wydawnictwo <u>Serwisu Informacyjnego</u> RKS Malopolska].
 198?-   Krakow.   (frequency?)
 Holdings: 1983 - no. (Apr. 10), (Oct. 15), (Nov. 25)
 *Note: see also: <u>SI--Serwis Informacyjny Regionalnego Komitetu "Solidarnosci" Malopolska</u>, and <u>Przeglad Prazy Zwiazkowej i Niezaleznej RKW Malopolska</u>.

<u>INFORMATOR</u>: serwis informacyjny Niezaleznego Zrzeszenia Studentow i Organizacji Mlodziezowej KPN.
 1987-   [s.l.]   (biweekly?)
 Holdings: 1987 - no. 6(Dec. 1)
     1988 - no. 14(Mar. 14)--18-19(June 21)

<u>INFORMATOR AKADEMICKI</u>. Biuro Informacji Studenckiej NZS PL.
 1981-   Lublin.   (frequency?)
 Holdings: 1981 - no. 1(Nov. 19)

<u>INFORMATOR BIELSKI</u>: biuletyn informacyjny "Solidarnosci Walczacej," Oddzial Bielsko-Biala.
 1989-   Bielsko-Biala   (frequency?)
 Holdings: 1989 - no. 1

Box No.
51. INFORMATOR BIEZACY. ZACHEM Solidarnosc.
    1980?-   Bydgoszcz.   (frequency?)
    Holdings: 1981 - no. 38(Apr. 8)

INFORMATOR BIEZACY DLA ORGANIZACJI ZAKLADOWYCH NSZZ "SOLIDARNOSC"
    REGION MAZOWSZE.
    1981?.   Warszawa.   (irregular)
    Holdings: 1981 - no. 1(Feb. 6)--30(Mar. 28), and leaflet: "Pytanie
                do zjazdu PZPR"
    *Note: also titled: Informator dla kol zwiazkowych NSZZ
              "Solidarnosc" region Mazowsze; no. 28 titled: Kurier
              Mazowsza: informator biezacy...

INFORMATOR BIULETYNU SOLIDARNOSC. MKZ NSZZ Solidarnosc, Region
    Srodkowo-Wschodni w Lublinie.
    1981.   Lublin   (biweakly)
    Holdings: 1981 - no. 17(Feb. 2)--29, 31--41Apr. 28)
    *Note: see also Informator Wyborczy Biuletynu Solidarnosc.

INFORMATOR BIURA INFORMACJI PRASOWEJ SOLIDARNOSC, STOCZNIA GDANSKA
    IM. LENINA.
    1988?-   Gdansk.   (frequency?)
    Holdings: 1988 - no. "wydanie specjalne" 14(May 9)

INFORMATOR BYDGOSKI: pismo TKK "S" Regionu Bydgoskiego.
    1982-   Bydgoszcz.   (biweekly?)
    Holdings: 1982 - no. (June 14), 22(Dec.)
              1983 - no. 25/2(Jan. 24)--31/8, 33, 36, 38, 41, 44--48
                  (Dec. 1)
              1984 - no. 51(Jan. 10), 61, 64--67, 69--71(Dec. 17)
              1985 - no. 75(Mar. 1), 77, 80, 81, 83--86(Nov. 15)
              1986 - no. 89(Jan 16)--95, 97, 98, 100(Dec. 16)
              1987 - no. 102(Feb. 15), 103, 105, 106, 111, 113(Oct. 8)
              1988 - no. 121(Feb. 26)
              1989 - no. 139(Feb. 18)

INFORMATOR DLA KOL ZWIAZKOWYCH NSZZ "SOLIDARNOSC" REGION MAZOWSZE, see
    Informator Biezacy dla organizacji zakladowych....

INFORMATOR DABROWSKIEGO KOMITETU OBYWATELSKIEGO SOLIDARNOSC, see DG:
    informator Dabrowskiego Komitetu Obywatelskiego Solidarnosc.

INFORMATOR DOLNOSLASKIEJ POLIGRAFII.
    1989-   Wroclaw.   (occasional?)
    Holidngs: 1989 - no. "Do zalog zakladow poligraficznych" (Aug.)

Box No.
51. INFORMATOR GORNICZY NSZZ SOLIDARNOSC, see Informator Walbrzyski:
biuletyn informacyjny Solidarnosci Walbrzyskiej.

INFORMATOR KOMISJI ZAKLADOWEJ NIEZALEZNEGO SAMORZADNEGO ZWIAZKU
ZAWODOWEGO "SOLIDARNOSC" PRZY GDANSKIEJ STOCZNI REMONTOWEJ.
    1980-81.   Gdansk.   (frequency?)
    Holdings: 1980 - no. 9(Oct. 29), 10(Nov. 11)
              1981 - no. 14(Jan. 7), 22, 24, 27(June 9)
    *Note: in 1982 continued by: Informator. TKZ NSZZ
             "Solidarnosc" Gdanskiej Stoczni Remontowej im. Jozefa
             Pilsudskiego.

INFORMATOR KOMISJI ZAKLADOWEJ NSZZ "SOLIDARNOSC." Zaklady
Mechaniczno-Precyzyjne "Mera-Blonie."
    1981?-   Blonie.   (frequency?)
    Holdings: 1981 - no. 26(June 27), 27(July 16)

INFORMATOR KOMISJI ZAKLADOWEJ NSZZ "SOLIDARNOSC" GDANSKIEJ STOCZNI
REMONTOWEJ IM. JOZEFA PILSUDSKIEGO, see Informator. TKZ NSZZ
"Solidarnosc" Gdanskiej Stoczni Remontowej im. Jozefa
Pilsudskiego.

INFORMATOR KOMISJI ZAKLADOWEJ NSZZ "SOLIDARNOSC" PRZY UAM.
    1981?-   Poznan.   (frequency?)
    Holdings: 1981 - no. 2(Mar. 9), 4, 6[mid-June]

INFORMATOR KOMITETU OBYWATELSKIEGO ZIEMI PRZEWORSKIEJ, see Informator:
pismo Komitetu Obywatelskiego Ziemii Przeworskiej.

INFORMATOR MALOPOLSKI. Wydaje Kolo Oporu Spolecznego nr. 29.
(Redakcja wspopracuje z RKW NSZZ "Solidarnosc.")
    1982-   [s.l.]   (frequency?)
    Holdings: 1982 - no. 3(May), 5, 6, 8-9(Sept.-Oct.)

INFORMATOR MIEDZYWYDAWNICZY: pismo Konsorcjum Niezaleznych Wydawcow.
    1988-   Warszawa.   (frequency?)
    Holdings: 1988 - no. 3(Nov.)

INFORMATOR MIEDZYZAKLADOWEGO KOMITETU STRAJKOWEGO.
    198?-   Szczecin.   (c.daily)
    Holdings: 1981 - no. 3(Mar. 18), 4, 7, 9--13, 15(Apr. 9)
    *Note: with no 12 titled: Informator Miedzyzakladowej Komisji
             Robotniczej; see also: Komunikat Stoczniowej Komisji
             Robotniczej.

Box No.
51. INFORMATOR MIEDZYZAKLADOWEJ KOMISJI ROBOTNICZEJ, see Informator Miedzyzakladowego Komitetu Strajkowego.

INFORMATOR NIEZALEZNEGO SAMORZADNEGO ZWIAZKU ZAWODOWEGO, see Informator NSZZ.

INFORMATOR NSZZ "SOLIDARNOSC." Wydaje Tymczasowa Komisja Zakladowa NSZZ "Solidarnosc" Fabryki Samochodow Malolitrazowych w Bielsku-Bialej.
   1982-   Bielsko-Biala.   (frequency?)
   Holdings: 1982 - no. 1(Aug. 23), 4, 8(Dec. 23)
            1983 - no. 11(Mar. 6), 13, 17, 18, 20, 21(Aug. 23)
            1984 - no. 26(Apr. 20), 28
            1987 - no. 36(Sept. 18)
            1988 - no. 38(May 28)--41(Dec. 15)
            1989 - no. 42(Jan. 30), 44--46(May 31)
   *Note: continues [?]: FSM Solidarnosc: informator NSZZ Solidarnosc przy Fabryce Samochodow Malolitrazowych.

INFORMATOR NSZZ SOLIDARNOSC W STOCZNI REMONTOWEJ "NAUTA" W GDYNI.
   1980-81.   Gdynia.   (frequency?)
   Holdings: 1981 - no. 21/56(May 21)--30/65, 35/70--53/88, 55/90, 56/91 and unnumbered issues (Aug. 13), (Oct. 27), (Nov. 10)

INFORMATOR NSZZ SOLIDARNOSC POLITECHNIKI SLASKIEJ, see Solidarnosc Politechniki Slaskiej.

INFORMATOR NSZZ SOLIDARNOSC PRZY AKADEMII MEDYCZNEJ W WARSZAWIE.
   1981?-   Warszawa.   (frequency?)
   Holdings: 1981 - no. 8(Mar. 19), 10(Apr. 24)
   *Note: continued [?] by: Informator Wojenny NSZZ Solidarnosc Akademii Medycznej w Warszawie.

INFORMATOR NZS PRZY SGGW.
   1980?-   Warszawa.   (frequency?)
   Holdings: 1981 - no.13(May 11), 52(Dec. 10)

INFORMATOR OPOLSKI: biuletyn informacyjny Komitetu Oporu Spolecznego (KOS).
   1983?-   Opole.   (frequency?)
   Holdings: 1983 - no. 3(Mar. 28)

Box No.
51. <u>INFORMATOR PARLAMENTARNY OBYWATELSKIEGO KLUBU PARLAMENTARNEGO I KOMITETOW OBYWATELSKICH SOLIDARNOSC</u>.
    1989-91   Warszawa.   (semimonthly)
    Holdings: 1989 - no. 7(Dec. 15
              1990 - no. 10(Feb. 1), 11, 14, 17--20, 27, 28(Nov. 30),
                     and "numer specjalny" (Oct.)
              1991 - no. 31(Jan. 31)
    *Note: see also holdings in the Hoover Library Periodical
              Collection (a complete set).

52. <u>INFORMATOR POLITYCZNY WYDAWNICTWA WYZWOLENIE</u>.
    1986-   Warszawa.   (frequency?)
    Holdings: 1986 - no. 1(Oct. 14)

    <u>INFORMATOR POMORSKI</u>: dwutygodnik Starogardu i okolic.
    1989-   Starogard Gd.   (biweekly)
    Holdings: 1990 - no. 4/8(Feb. 17)

    <u>INFORMATOR REGIONALNEJ KOMISJI KOORDYNACYJNEJ NSZZ "SOLIDARNOSC" REGION CHELM</u>.
    198?-   Chelm.   (frequency?)
    Holdings: 1986 - no. 36,(Mar. 22), 40
              1987 - no. 1/41, 2/42(Mar.)

    <u>INFORMATOR "S" IG</u>.
    198?-   [s.l.]   (frequency?)
    Holdings: [1983] - no. 5, 6, 10
              1984 - no. 13(Jan. 31)--15(May 16)
    *Note: in 1984 titled: <u>Biuletyn IG</u>.

    <u>INFORMATOR SI</u>: przeglad prasy zwiazkowej i niezaleznej, see
        <u>Informator</u>: przeglad prasy zwiazkowej i niezaleznej.

    <u>INFORMATOR SOLIDARNOSC</u>. Biuro informacyjne Zarzadu Regionu Srodkowo-
        Wschodniego, see <u>Informator</u>. Solidarnosc, Region Srodkowo-
        Wschodni.

    <u>INFORMATOR SOLIDARNOSC</u>. Komisja NSZZ "Solidarnosc" Gdanskiej Stoczni
        Remontowej im. Pilsudskiego, see <u>Informator</u>. TKZ NSZZ
        "Solidarnosc" Gdanskiej Stoczni Remontowej im. Jozefa
        Pilsudskiego.

Box No.
52.   INFORMATOR SOLIDARNOSC.   Komitet Obrony Wiedzionych za Przekonania.
        1981?-   [s.l.]   (frequency?)
        Holdings: 1981 - no. (Mar. 11)

       INFORMATOR SOLIDARNOSCI NAUCZYCIELSKIEJ: pismo Regionalnej
           Sekcji Oswiaty w Lublinie.
        1989-   Lublin.   (frquency?)
        Holdings: 1989 - no. 1(Oct. 1)

       INFORMATOR STRAJKOWY.   Komitet Strajkowy KUL.
        1981-   Lublin.   (daily)
        Holdings: 1981 - no. 2(Nov. 25), 4, 7, 8, 10, 11(Dec. 3)

       INFORMATOR STRAJKOWY.   Regionalny Komitet Strajkowy NSZZ
           "Solidarnosc." Region Srodkowo-Wschodni z siedziba w FSC.
        1981.   Lublin.   (c.daily)
        Holdings: 1981 - no. 1(Mar. 25)--4, 6(Mar. 31), and one unnumbered
                    and undated issue

       INFORMATOR UCZNIOWSKIEGO RUCHU ODNOWY.
        1981-   Warszawa.   (frequency?)
        Holdings: 1981 - no. 1(Jan.)

       INFORMATOR WALBRZYSKI: biuletyn informacyjny Solidarnosci
           Walbrzyskiej.
        198?-   Walbrzych.   (frequency?)
        Holdings: [1982] - no. 3(Sept.)
                  1983 - no. 12/16(Nov. 1-15)
                  1985 - no. (May)
        *Note: originally titled: Informator Gorniczy.

       INFORMATOR WEWNETRZNY DLA KOL NAUKI, OSWIATY, TECHNIKI NSZZ
           "SOLIDARNOSC" REGION MAZOWSZE, see NTO: informator wewnetrzny dla
           kol nauki-techniki-oswiaty NSZZ "Solidarnosc," Region Mazowsze.

       INFORMATOR WFD.   TKZ NSZZ Solidarnosc" WFD.
        198?-   [s.l.]   (frequency?)
        Holdings: 1983 - no. 6-7((May 28)--13(Nov. 7)
                  1984 - no. 2/15, [3], 4(May 1-3), 6/19, 9/21
                  1986 - no. 1/28, 2/29

       INFORMATOR WOJENNY NARODOWEGO BANKU POLSKIEGO.
        1982-   Warszawa.   (frequency?)
        Holdings: 1982 - no. 1(Nov. 10)

Box No.
52. <u>INFORMATOR WOJENNY SOLIDARNOSC AKADEMII MEDYCZNEJ W WARSZAWIE</u>.
    1982-   Warszawa.   (frequency?)
    Holdings: 1982 - no. (June 5)--4(Dec. 8)
              1983 - no. 5(Feb. 21)
    *Note: originally titled: <u>Informator Wojenny NSZZ Solidarnosc Akademii Medycznej w Warszawie</u>; continues [?]: <u>Informator NSZZ Solidarnosc przy Akademii Medycznej w Warszawie</u>.

<u>INFORMATOR WOLNYCH ZWIAZKOW</u>: pismo Rady Organizacyjnej Regionu Bydgoskiego NSZZ "Solidarnosc."
    1988-   Bydgoszcz.   (frequency?)
    Holdings: 1988 - no. 1(Sept. 16)

<u>INFORMATOR WYBORCZY</u>. Wydaje RKW NSZZ "Solidarnosc," Region Mazowsze.
    1981.   Warszawa.   (occasional)
    Holdings: 1981 - no. 1(May 1)--3, 5--7(May 26)

<u>INFORMATOR WYBORCZY BIULETYNU SOLIDARNOSC</u>. MKZ NSZZ Solidarnosc. Region Srodkowo-Wschodni w Lublinie.
    1981-   Lublin.   (frequency?)
    Holdings: 1981 - no. 1(Mar.)--5, 17--20(Nov. 10)
    *Note: see also <u>Informator Biuletynu Solidarnosc</u>.

<u>INFORMATOR ZJAZDOWY BIULETYNU SOLIDARNOSC</u>. MKZ NSZZ "Solidarnosc," Region Srodkowo-Wschodni w Lublinie.
    1981.   Lublin.   (frequency?)
    Holdings: 1981 - no. 2(Apr. 26), 4(Apr. 29)

<u>INFORMATOR ZWIAZKOWY</u>. Niezalezny Samorzadny Zwiazek Zawodowy Solidarnosc. Komisja w Tarnowie.
    1981-   Tarnow.   (frequency?)
    Holdings: 1981 - no. 4(Apr. 27)

<u>INFORMATOR ZWIAZKOWY NSZZ "SOLIDARNOSC" CBPBBK "KOLPROJETK" WARSZAWA</u>.
    1982?-   Warszawa.   (frequency?)
    Holdings: 1983 - no. 19(Feb. 4)

<u>INFORMATOR ZWIAZKOWY</u>. NSZZ "Solidarnosc," Huta im. Lenina, Krakow.
    198?-   Krakow.   (frequency?)
    Holdings: 1981 - no. unnumbered issue

<u>INICJATYWA</u>, see <u>Goldapska Inicjatywa Spoleczna</u>.

Box No.
52. INICJATYWY: pismo czlonkow i sympatykow NSZZ "Solidarnosc."
       1987-   Torun.   (c.monthly)
       Holdings: 1987 - no. 2(May), 3--6(Sept.)

   INICJATYWY WARMINSKIE.
       1987-   Olsztyn.   (frequency?)
       Holdings: 1987 - no. (Autumn)
                 1988 - no. 2(Apr.)
                 1989 - no. 3(Winter)--5(Dec.)

   INSTALATOR KIS: pismo TKZ NSZZ "Solidarnosc" w Kombinacie Instalacji
       Sanitarnych--BW.
       1982-   [Warszawa?]   (monthly)
       Holdings: 1984 - no. 12-13(July-Aug), 15(Oct.)
                 1985 - no. 21(Apr.)

   INTERPELACJE: pismo Ruchu Obrony Praw Czlowieka i Obywatela.
       1980-   Warszawa.   (irregular)
       Holdings: 1980 - no. 1, 2, 3
       *Note: photocopies.

   INTERWENCJE--PRAWORZADNOSC: informator Komisji Interwencyjnych NSZZ
       "Solidarnosc."
       1981?-   Warszawa.   (frequency?)
       Holdings: 1981 - no. (Apr. 1), 3(June)

   IS: informator strajkowy. Wydaje RKW NSZZ Solidarnosc.
       1988?-   Wroclaw.   (irregular)
       Holdings: 1988 - no. 1(May 3), 3, 4, 6(May 10), 4/11(Aug. 26)

   ISKIERKA: informator KOS "Solidarnosc" przy ZEM "Zelmot."
       1982-   Warszawa.   (weekly)
       Holdings: 1982 - no. 39(Dec. 13), 40(Dec. 24)
                 1983 - no. 1/41(Jan. 5)--10/50, 12/52, 13/53, 15/55,
                        16/56(July 28)
       *Note: see also its supplement titled: Iskierka: wypisy
                 "Iskierki."

   ISKIERKA: serwis informacyjny NSZZ "Solidarnosc"; Red. TKZ w ZNTK
       Wroclaw.
       1983-   Wroclaw.   (frequency?)
       Holdings: 1982 - no. 21(July 21)--24, 26--28, 31, 33, 34(Nov. 10)
                 1983 - no. 45(Jan. 24-29)--47, 50--54, 56--58-59, 60-61-
                        -66-67, 79-80(Nov.16)
                 1984 - no. [Jan. 16?], 82(June 12), 90, 92, 95, 96, 99-

Box No.
52.
```
                              -102, 104, 105(Dec.)
                    1985 - no. 106(Jan.)--113, 116, 117(Dec.)
                    1986 - no. [?](Jan.-Feb.), 120--123(Oct.)
                    1987 - no. 128(Apr.)
                    1988 - no. 133(Jan.), 138, 140-141-142(July-Sept.)
```
    *Note: in 1984 some yearly dates wrongly printed as 1982 or 1983.

ISKIERKA: wypisy "Iskierki."
    1982-   Warszawa.   (frequency?)
    Holdings: 1982 - no. 1
              1983 - no. 20(Jan.)--28-29, 31, 34(July)
    *Note: see also: Iskierka: informator KOS "Solidarnosc" przy ZEM "Zelmot."

ISKRA: biuletyn informacyjny NSZZ "Solidarnosc" Grudziac.
    1982-   Grudziac.   (c.monthly)
    Holdings: 1982 - no. 1(June 1), 3, 5(July 11)
              1983 - no. 17[Feb.], 23(June 10
              1984 - no. 30(Apr. 28)--32, 38--40, 42(Dec. 13)
    *Note: no. 30, 1984 wrongly dated as 1983.

ISKRA: pismo Polskiej Partii Socjalistycznej.
    1988-   Pionki.   (frequency?)
    Holdings: 1988 - no. 1(May 1)

ISKRA: pismo uczestnikow Ruchu "Wolnosc i Pokoj."
    1989-   Krakow.   (frequency?)
    Holdings: 1989 - no. 6-7(Mar. 9)

ISKRA WOLNOSCI: serwis informacyjny NSZZ "Solidarnosc" przy "Agromet-Pilmet" Wroclaw.
    1982-   Wroclaw.   (biweekly)
    Holdings: 1982 - no. 14(Sept.)
              1983 - no. 8/30(Apr.), 11/33, [?](Oct.), 22/44(Nov.)
              1985 - no. 3/70(Feb.)--6/73, 8/75, 15/82(Oct. 1-15)
              1986 - no. 3/89(Feb.), 4/90, 7/93(Apr. 16-30)
              1988 - no. 15/113(Sept.)
              1989 - no. 3-4/121-122(Mar.)
    *Note: originally subtitled: "dwutygodnik stanu wojennego"; in 1986 subtitled: "pisemko czlonkow NSZZ Solidarnosc przy EMR "Agromet-Pilmet."

...IZM: pismo mlodziezowe.
    1981-   Warszawa.   (monthly)
    Holdings: 1981 - no. 1(Apr.)--3(June)

Box No.
52. <u>IZOLATOR</u>: biuletyn NSZZ "Solidarnosc" przy "Agromet-Pilmet," Wroclaw.
    1981-   Wroclaw.   (frequency?)
    Holdings: 1981 - no. 1(Apr.)

Box No.
53. <u>JAJECZNICA</u>: samorzadny i niezalezny dodatek wielkanocno-jajeczny pisma
Rezonans, see <u>Rezonans</u>: pismo Regionu Warminsko-Mazurskiego.

<u>JAJOGLOWIEC</u>: pismo czlonkow Solidarnosci Uniwersytetu Jagiellonskiego.
   198?-   Krakow.   (frequency?)
   Holdings: 1985 - no. 4(Sept. 18), 6--8, 10(Dec. 14)

<u>JANOSIK</u>. "Solidarnosc" Nowy Targ; pismo wspolpracuje z RKS
   Malopolska.
   1983-   Nowy Targ.   (irregular)
   Holdings: 1983 - no. 50(Nov.)--53(Dec.), and "numer specjalny"
                   (Nov. 22), (Dec. 6)
             1984 - no. 60(Mar.)--62, 64, 65, 67--74(Dec.), and
                   "numer specjalny" (May 1), (Oct. 21), and "numer
                   specjalny dot. 'wyborow,'" and "numer specjalny
                   Wigilia '84"
             1985 - no. 75(Jan.), 76(Jan.), 75[!](Feb.), 76, 78--88,
                   90--93, 94(Dec.), and "numer specjalny"
                   (Feb. 28), (Mar. 18), (Sept. 15), (Dec. 2)
             1986 - no. 95(Jan.)--104(Sept.) and "numer specjalny"
                   (May 2), (May 5)
             1987 - no. 115(Aug-Sept.), and "numer specjalny" (June),
                   (Oct. 28)
             1988 - no. 118(Jan.)--122, 125, 127(Dec.), and "numer
                   specjalny" (Jan. 23), (May 2), (May 6), (May 10),
                   (May 20)

<u>JARUZELA</u>: pismo obyczajowe.
   1982-   Warszawa?   (frequency?)
   Holdings: [1982] - no. 2, 3
             1984 - no. 5(Jan.), 6(May)
             1986 - no. 7(Apr.)
   *Note: continued by <u>Glos Szarego Czlonka</u>.

<u>JASIEN</u>.
   1990?-   [Sucha Beskidzka]   (frequency?)
   Holdings: 199990 - no. 3(Apr.)

<u>JAWNIAK</u>: pismo Niezaleznego Ruchu Spolecznego "Solidarnosc" im. Ks.
   Jerzego Popieluszki.
   1988?-   [Warszawa]   (frequency?)
   Holdings: 1988 - no. 11/1(July), 12/1, 14/1, 16/1(Sept.)
             1989 - no. 27/2(Feb.), 28/2, 31/2(Apr.)
   *Note: continues [?]: <u>Solidarnosc</u>. Pismo wydaje: N. R. Grupa
             Oporu Spolecznego im. ks. Jerzego

Box No.
53. JEDNODNIOWKA BEZOKOLICZNOSCIOWA. [Drukarnia im. J. Palacha].
    1982-   Szczecin.   (frequency?)
    Holdings: 1982 - no. 3(Dec. 9)
              1983 - no. 4(Jan. 27)--6(Sept. 27)

JEDNODNIOWKA LODZKIEGO SRODOWISKA RUCHU MLODEJ POLSKI.
    1989.   Lodz.   (occasional)
    Holdings: 1989 - no. 2(Mar.)

JEDNODNIOWKA NAUCZYCIELSKA. Solidarnosc Nauczycielska, Torun.
    1984?-   Torun.   (frequency?)
    Holdings: 1984 - no. (June, 22)

JEDNODNIOWKA NZS-AM.
    1980?   Krakow.   (occasional)
    Holdings: [1980?] - no. "kalendarium grudzien 70"

JEDNODNIOWKA NZS, ATK, AWF.
    1988.   Warszawa.   (occasional)
    Holdings: 1988 - no. (May 10)

JEDNODNIOWKA PARTII WOLNOSCI. Solidarnosc Walczaca, Warszawa.
    1990.   Warszawa.   (occasional)
    Holdings: 1990 - no. (Aug. 15)

    JEDNOSC: tygodnik NSZZ "Solidarnosc" Pomorza Zachodniego.
        1980-   Szczecin.   (weekly/irregular)
54.   Holdings: 1980 - no. [1?](Aug. 24)--18(Dec. 30)
54.   1981 - no. 1/19(Jan. 10)--49/67(Dec. 11)
53.   1982 - no. 21/81, 23/83(July 30)
              1983 - no. 4/99(Mar.), 5/100, 8/102(Oct. 14)
              1984 - no. 5/109(May 30), 7/111--9/113(Nov. 12)
              1985 - no. 1/115(Jan. 14), 3/117, 9, 11-12/125-126
                    (Oct. 31)
              1986 - no. 1/130(Jan. 29), 3/132
              1987 - no. 1/135(Jan.), 3/137(Mar.)
              1989 - no. 11/80(Nov. 1)
    *Note: issues for 1980-81 bound in one volume, box 54;
              no. 49(Dec. 11, 1981) last "legal" issue; subtitles
              vary; in 1982-85 titled: Jednosc Solidarnosc; no. 9,
              1985 and later issues retain "Solidarnosc" only in
              subtitle; legalized in 1989; subsequent issues in the
              Hoover Library Periodical Collection.

Box No.
53. JEDNOSC--KOMUNIKAT: pismo Tymczasowego Zarzadu Regionu Pomorza
Zachodniego NSZZ "Solidarnosc."
1989-   Szczecin.   (irregular)
Holdings: 1989 - no. 7(June 14), 10--13, 18, 19(Aug. 14)

JEDNOSC ROBOTNICZA. Jednosc, Rownosc, Sprawiedliwosc, Wolnosc.
1982?   [s.l.]   (frequency?)
Holdings: [1982] - no. [3?: July 14?]
*Note: see Kaminska, Bibliografia, item no. 469.

JEDNOSC SOLIDARNOSC, see Jednosc: tygodnik NSZZ "Solidarnosc" Pomorza
Zachodniego.

JEDNOSC STOCZNIOWA: tygodnik NSZZ Solidarnosc stoczni im. Warskiego.
1981?-   Szczecin.   (frequency?)
Holdings: 1981 - no. 80(Nov. 11)

JEDNOSCIA SILNI: miedzyzakladowy biuletyn informacyjny NSZZ
"Solidarnosc" PTHW--WROZAMET--ZPUT/Inco.--ZREMB.
1983-   Wroclaw.   (monthly?)
Holdings: 1984 - no. 1/23(Jan.), 3/25--5/26, 7/29--12/34(Dec.)
          1985 - no. 1/35(Jan.), 2/34(Feb.)--4/37, 5/39--12/46
                 (Nov.), and "wydanie nadzwyczajne" (Nov. 22), and
                 "wydanie specjalne" (Mar. 20), (May 12),
                 (Aug. 31)
          1986 - no. 1/47(Jan.)--6/52, 7-8/53-54, 10/56, 11-12/
                 57-58(Nov.-Dec.), and "wydanie nadzwyczajne"
                 (June 3), and "wydanie specjalne" (Apr. 20),
                 [June], (Dec.)
          1987 - no. 1/59(Jan. 1987), 3/61, 6/64, 7-8/65-66,
                 10-11/68-69(Oct.-Nov.)
          1988 - no. 1/71(Jan.)--7/77, 10/88(Oct.)

JESTEM POLAKIEM.
1983-   [s.l.]   (frequency?)
Holdings: 1986 - no. 8-9
          1987 - no. 10
          1988 - no. 11
*Note: with no. 10 subtitled: "pismo Narodowego Odrodzenia
          Polski"; no. 8-9 photocopy.

JESTESMY.
1987?-   Warszawa.   (occasional)
Holdings: 1987 - no. (June 14), (Aug. 31), [Nov.]
          1988 - no. (Mar.)

Box No.
55. JESTESMY: biuletyn wojenny NSZZ i NSZZ RI "Solidarnosc" Regionu
     Lodzkiego oraz NZS uczelni lodzkich; wydaje Tymczasowy Zarzad
     Regionu Lodzkiego.
     1982?-   Lodz.   (frequency?)
     Holdings: 1982 - no. "dodatek nadzwyczajny" (Apr. 27)

JESTESMY: dwumiesiecznik spoleczno-kulturalny Slaska i Zaglebia
     redagowany w prozumieniu i lacznosci z RKW NSZZ "Solidarnosc"
     Regionu Slasko-Dabrowskiego.
     1985-   Katowice.   (bimonthly)
     Holdings: 1985 - no. 1(May-June), 2, 3(Nov.-Dec.)
               1986 - no. 1/4(Jan.-Feb.), 2/5, 3/6, 6/9(Nov.-Dec.)
               1987 - no. 1/10(Jan.-Feb.), 3/12, 4/13, 6/15(Nov-Dec.)
               1988 - no. 2/17(Mar.-Apr.), 5/20(Sept.-Oct.)

JESTESMY: gazetka uliczna Ruchu Mlodziezy Niezaleznej.
     1988-   [Walbrzych?]   (frequency?)
     Holdings: [1988] - no. 1[c.June]

JESTESMY BEDZIEMY. Robotniczy Komitet Obrony. WSK-Krakow.
     1982?-   Krakow.   (frequency?)
     Holdings: 1983 - no. 20(Jan.), 24, 34(Apr.)

JEZ: pismo szeregowych czlonkow NSZZ "Solidarnosc."
     1983-   Wroclaw.   (frequency?)
     Holdings: no. 4-5/13-14(Apr.-May 1985)

JUTRO...
     198?   Lodz.   (frequency?)
     Holdings: 1985 - no. 3-4(Nov.-Dec.)

JUTRO POLSKI: organ Polskiego Stronnictwa Ludowego (PSL).
     Wydanie krajowe.
     1988?-   Warszawa.   (frequency?)
     Holdings: 1989 - no. 7(Feb.), 8-9(Mar.-May)

JUTRZENKA: pismo NSZZ "Solidarnosc," informacyjno-szkoleniowe.
     1985?-   Bialystok.   (monthly?)
     Holdings: 1985 - no. 2(July), 3(Aug.)

JUTRZENKA: pismo NSZZ "Solidarnosc" Pafawag Wroclaw.
     1982-   Wroclaw.   (frequency?)
     Holdings: 1982 - no. 5(Apr. 21), 30(Dec. 15)
               1983 - no. 1(June 25), 2(July 25)

-131-

Box No.
55.   1985 - no. 19/59(Jan.)--21/61, 23/63--25/65, 67, 73
                                     (Oct.)
                              1986 - no. 76(Jan.), 77, 79--81(Apr.)
                              1987 - no. 89, 92
       *Note: in 1982 subtitled: "pismo NSZZ 'Solidarnosc'
                              Pafawag--badzmy solidarni"; in 1982-85 titled: <u>Jutrzenka
                              Solidarnosc Pafawag.</u>

<u>JUTRZENKA SOLIDARNOSC PAFAWAG</u>, see <u>Jutrzenka</u>: pismo NSZZ "Solidarnosc"
       Pafawag Wroclaw.

<u>JUZ JEST JUTRO</u>: niezalezny glos artystyczny.
       1987?-   Poznan.   (bimonthly?)
       Holdings: 1987 - no. 2(Mar.-Apr.), 3(May-June)

Box No.
55. KABLOWIEC: pismo czlonkow NSZZ "Solidarnosc" przy KFK i MK.
    1982-   Krakow.   (biweekly)
    Holdings: 1983 - no. 10(Jan. 31), 16, 17, 25(Nov. 20)
              1984 - no. 28(Jan. 14)
              1985 - no. 32(Mar 21), 33, 35--37, 38, 41--45(Dec. 16)
              1986 - no. 46(Jan. 2)--51, 54(Nov. 11)
              1987 - no. 57(Mar. 20), 58(Apr. 8)
              1988 - no. 61(Mar. 28), 64, 65, 69, 70(Nov. 25)
    *Note: no. 10, 1983 wrongly dated as 1982; some issues nearly
              illegible.

KADLUB. TKZ Stoczni im. Komuny Paryskiej w Gdyni.
    198?-   Gdynia.   (frequency?)
    Holdings: 1985 - no. 4(Feb. 12), 5, 10--12(Nov.)
              1986 - no. 14(Jan.)--17, 19, 20(July)

KALENDARIUM: biuletyn informacyjny NZS-UMCS w Lublinie.
    1989-   Lublin.   (frequency?)
    Holdings: 1989 - no. 1(May 19)

KALENICA: pismo samorzadow ziemi dzierzoniowskiej. Komitet
    Obywatelskie.
    1990-   Dzierzoniow.   (frequency?)
    Holdings: 1990 - no. 2(Apr. 16-30)

KAMENA: kwartalnik Kresowy.
    1989-   Chelm.   (quarterly)
    Holdings: 1989 - no. 1/925
    *Note: claims to continue Kamena published in Chelm between
              1933-88.

KANTAKT. Vydavetstva Kantakt.
    1989-   [Bialystok?]   (frequency?)
    Holdings: 1989 - no. 1
    *Note: in Byelorussian.

KAPOWNIK. [Uniwersytet Warszawski?]
    1989?   [s.l.]   (frequency?)
    Holdings: 1989? - no. unnumbered issue

KARA: biuletyn KZ NSZZ "Solidarnosc" Huty Baildon pod patronatem
    Komisji Organizacji Wyrobow. Katowicka Agencja Robotniczych
    Aktualnosci.
    1981-   Katowice.   (c.daily)
    Holdings: 1981 - no. 4(July 29--8[c.Aug. 7]

Box No.
55.   KARLIK: pismo grupy samoobrony NSZZ Solidarnosc, KWK-Sosnica przy
      Gliwickiej Delegaturze RKW Solidarnosci Gornikow--Szczesc Boze.
         1985-   Sosnica.   (frequency?)
         Holdings: 1985 - no. 2(Feb.)

      KARTA. Warszawa.
         1982-   Warszawa.   (weekly)
         Holdings: 1982 - no. 1[Jan. 4]--19(Aug. 18)

      KARTA. Wydawnictwo Przedswit.
         1983-   Warszawa.   (irregular)
         Holdings: 1983 - no. 1
                   1984 - no. 2
56.   1985 - no. 3
                   1987 - no. 4(Jan.), 5(Dec.)
                   1989 - no. 7(Nov.)
         *Note: subsequent issues in the Hoover Library Periodical
                   Collection.

      KARTA '89: biuletyn wyborczy Solidarnosci. Komitet Obywatelski przy
         Lechu Walesie.
         1989.   Krakow.   (occasional)
         Holdings: 1989 - no. 1(Apr. 25)--15(June 8), and unnumbered issue
                          [late April]
         *Note: no. 15 the last issue.

      KARZEL: pismo Komitetu Organizacyjnego Ruchu Mlodziezy Prawicowej
         "Wolna Polska."
         1990-   Warszawa.   (frequency?)
         Holdings: 1990 - no. 1(Apr.)

      KAT: informacje, dokumenty, reportaze, wywiady, publicystyka.
         1984?-   [s.l.]   (monthly?)
         Holdings: 1984 - no. (Jan. 27), (Nov.), (Nov. 25)
                   1985 - no. 5(Feb. 24), 6--9(Dec. 28)
                   1986 - no. 10(Jan. 27)--12(Mar. 22)

      KATOTYMIA: kwartalnik nieregularny.
         1987-   Warszawa.   (frequency?)
         Holdings: 1987 - no. 1(June)

      KF-PRESS.
         198?-   Warsaw.   (frequency?)
         Holdings: 1989 - no. 2-3/19-20(Mar. 31)

Box No.
56.   *Note: published in French "Le service d'information 'KF-Press'
                    est edite par le Club Francais-mouvement "Syndrome" de
                    Varsovie."

KGB: kolezenska gazetka bezpartyjnych.
    1986-   Dzierzoniow-Bielawa.   (frequency?)
    Holdings: 1986 - no. 1, 2(Apr. 16)

KIERUNEK.
    1986-   [s.l.]   (bimonthly)
    Holdings: 1986 - no. 1(Jan.), 2(Mar.)

KIERUNEK SOLIDARNOSC: pismo Komitetu Porozumienia Miedzyzakladowego
    Solidarnosc.
    1982-   [Szczecin]   (biweekly?)
    Holdings: 1982 - no. 1(Feb. 7)--4, 6--8, 11--15, 17--20, 23-
              -27(Dec. 31)
              1983 - no. 28(Mar. 25), 29(May 17)
    *Note: no. 1-13 titled: Kierunki: pismo Niezaleznego
              Samorzadnego Zwiazku Zawodowego "Solidarnosc"; no. 17-19
              titled: Kierunki Solidarnosc.

KIERUNKI, see Kierunek Solidarnosc.

KIPISZ CODZIENNY. Oboz Internowanych w Bialolece, Barak 2-gi.
    1982.   Bialoleka (prison)   (tree times a week)
    Holdings: 1982 - no. 10(Mar. 24), 11, 14, 15, 17(Apr. 2)
    *Note: photocopies.

KLAKSON: biuletyn informacyjny KZ NSZZ "Solidarnosc" PP Polmozbyt.
    1981-   Gdansk.   (frequency?)
    Holdings: 1981 - no. 5 (Oct.)

KLIMATY, see ROTA 80.

KLIN: pismo NZS Elektroniki Politechniki Wroclawskiej.
    1981-   Wroclaw.   (frequency?)
    Holdings: 1981 - no. 1(May 25)

Box No.

KLOS--SOLIDARNOSC: biuletyn informacyjny. Niezalezny Samorzadny
    Zwiazek Zawodowy Rolnikow Indywidualnych.
    1981-   Gdansk.   (frequency?)
    Holdings: 1981 - no. 8(June 8), 10, 11, 13(July 27)
              1988 - no. 18(Jan. 16)

56. KOLEC: magazyn satyryczny. Komisja d/s Kultury; Komisja d/s
    Informacji NSZZ"Solidarnosc" w ZM Ursus.
    1981?-   Ursus.   (frequency?)
    Holdings: 1981 - no. 1

57. KOLEJARZ MALOPOLSKI: pismo kolejarzy wezla krakowskiego czlonkow NSZZ
    "Solidarnosc."
    198?-   [Krakow]   (frequency?)
    Holdings: 1984 - no. 22(Dec. 8)
              1985 - no. 23(Jan. 24), 24(Mar. 30), (May 17)

KOMBATANT-SZANIEC: biuletyn informacyjny Krajowej Rady Kola
    Kombatantow NSZZ "Solidarnosc".
    1981.   Gdansk.   (frequency?)
    Holdings: 1981 - no. 7 (Oct. 25)

KOMENTARZ. Wydaje Solidarnosc Walczaca, Poznan.
    1988?-   Poznan.   (frequency?)
    Holdings: 1988 - no. 2, 3

KOMENTARZ: pismo konserwatywno-liberalne. Liberalno Demokratyczna
    Partia Niepodleglosc.
    1989-   Lodz.   (frequency?)
    Holdings: 1989 - no. 2(Aug.-Sept.)
              1990 - no. 3(Mar.)
    *Note: no. 2 issued as "pismo Federacji Mlodziezy Walczacej,
              Oddzial--Lodz."

KOMENTARZ: pismo sympatykow NSZZ "Solidarnosc."
    198?-   Wroclaw.   (biweekly?)
    Holdings: 1984 - no. 4/6(Feb. 13), 15/19(Oct. 23)
              1985 - no. 2/25(Mar. 11)--6/30, 8/32(Aug. 12), and
                     "numer specjalny" (Mar.)

KOMENTARZ BIEZACY.
    1981?-   Warszawa.   (frequency?)
    Holdings: 1982 - no. 3-4(Jan.)

Box No.

    KOMENTARZE: dodatek do Biuletynu Informacyjnego Regionu Pomorza Zachodniego, see <u>Biuletyn Informacyjny</u>. NSZZ Solidarnosc Regionu Pomorza Zachodniego.

    <u>KOMIKS WYBORCZY</u>. Wydawnictwo ZeZ.
        1984-   [s.l.]   (occasional)
        Holdings: 1984 - no. 1(Apr. 1)

    <u>KOMITET OBRONY PRAW CZLOWIEKA</u>, see its <u>Serwis Informacyjny</u>.

57.   <u>KOMITET OBRONY ROBOTNIKOW</u>, see <u>Biuletyn Informacyjny</u>. KSS "KOR."

    <u>KOMUNIKAT</u>.
        1981-   [Warszawa]   (occasional)
        Holdings: 1981 - no. 1(Dec. 13, 2:30 PM), 2(Dec. 13, 3 PM)
        *Note: Kaminska identifies it as a publication of the Komisja Krajowa NSZZ Solidarnosc, Gdansk (<u>Bibliografia</u>, item no. 505); more likely a Region Mazowsze publication.

    <u>KOMUNIKAT</u>. Biuro Prasowe Komitetu Strajkowego Akademii Medycznej w Warszawie.
        1981.   Warszawa.   (occasional)
        Holdings: 1981 - no. 3(Feb. 10, 6, 8(Feb. 13)
        *Note: see also <u>SB--Strajkowy Biuletyn</u>.

    <u>KOMUNIKAT</u>. Centralne Studenckie Biuro Prasowe "Myslnik."
        1981-   [Wroclaw]   (weekly?)
        Holdings: 1981 - no. (Mar. 23), (Mar. 24), (Mar. 28)

    <u>KOMUNIKAT</u>. Cisowski Komitet Samoobrony Ludzi Wierzacych.
        1979-   Cisow, woj. Tarnobrzeg (frequency?)
        Holdings: 1979 - no. 1(Dec. 9)

    <u>KOMUNIKAT</u>. Komitet Bojkotowy [Szkolenia Wojskowego WSP i WSI].
        1989-   Opole.   (occasional)
        Holdings: 1989 - no. 1[Oct.]

    <u>KOMUNIKAT</u>. Komitet Funduszu Ochrony Praworzadnosci.
        198?-   Warszawa.   (frequency?)
        Holdings: 1984 - no. 3-4[Feb.-Mar.], 6[Mar. 20] 13(Oct. 31)
        *Note: see also <u>Praworzadnosc: dokumenty</u> and <u>Praworzadnosc: pismo Komitetu Ochrony Praworzadnosci</u>.

Box No.

    KOMUNIKAT. Komitet Obrony Robotnikow, see <u>Biuletyn Informacyjny</u>. KSS "KOR."

    KOMUNIKAT. Komitet Samoobrony Chlopskiej Ziemi Grojeckiej.
        1978-   Zbrosza Duza.   (irregular)
        Holdings: 1978 - no. 5-6, and unnumbered issues (Nov. 19),
                      (Dec. 4)
                 1979 - no. 12

57.   KOMUNIKAT. Komitet Samoobrony Chlopskiej Ziemi Rzeszowskiej.
        1978-   Lowisko.   (irregular)
        Holdings: 1978- no. 1(Nov. 20)

    KOMUNIKAT. Komitet Strajkowy NSZZ Solidarnosc i NSZZ Solidarnosc Wiejska w Ustrzykach Dolnych
        1981.   Ustrzyki Dolne.   (occasional)
        Holdings: 1981 - no. 7(Jan. 5), 26(Nov. 14)

    KOMUNIKAT. Komitet Strajkowy w Rzeszowie.
        1980?-   Rzeszow.   (frequency?)
        Holdings: 1981 - no. 2(Jan. 2), 4(Jan. 5), 5(Jan. 5), 12(Jan. 8),
                    13[Jan. 13), 17(Jan. 24), (Feb. 3), (Feb. 4),
                    (Feb. 18), and "Uchwala nr. 3" (Jan. 12)
        *Note: <u>Serwis informacyjny</u> of Komitet Strajkowy on reverse side.

    KOMUNIKAT. Krajowy Komitet Strajkowy NSZZ "Solidarnosc."
        1981.   Gdansk.   (occasional)
        Holdings: 1981 - no. 5(Mar. 26)

    KOMUNIKAT. KSS "KOR," see <u>Biuletyn Informacyjny</u>. KSS "KOR."

    KOMUNIKAT. Miedzyzakladowa Rada Solidarnosc w Poznaniu, see <u>Komunikat MR"S."</u>

    KOMUNIKAT. Miedzyzakladowy Komitet Strajkowy NSZZ "Solidarnosc" Woj. Jeleniogorskiego, see <u>Komunikat Miedzyzakladowego Komitetu Strajkowego woj. Jeleniogorskiego</u>

    KOMUNIKAT. Miedzyzakladowy Komitet Strajkowy Regionu Wielkopolska.
        1981.   Poznan.   (irregular)
        Holdings: 1981 - no. 1(Mar. 24)--5[Mar. 31]

Box No.

    KOMUNIKAT. Mikroregion "S" Mokotow.
        1983?-   Warszawa-Mokotow.   (frequency?)
        Holdings: 1983 - no. 3(May)
                  1984 - no. 2/8(Mar. 18), 3/8(July 4)
                  1985 - no. 1(Jan.), 2(May 29)
       *Note: no. 2, 1985 titled: <u>Komunikat MR 'S' Mokotow</u>.

    KOMUNIKAT. MKR NSZZ "Solidarnosc" w Szczecinie, see <u>Komunikat
        Stoczniowej Komisji Robotniczej NSZZ "Solidarnosc."</u>

57.   KOMUNIKAT. [MKS NSZZ "Solidarnosc" w Bydgoszczy].
        1981.   Bydgoszcz.   (occasional)
        Holdings: 1981 - no. [Mar. 20], [Mar. 22]
       *Note: see also: <u>Komunikat</u>. [MKZ Bydgoszcz].

    KOMUNIKAT. MKZ Bialystok.
        1981?-   Bialystok.   (frequency?)
        Holdings: 1981 - no. 7(Mar. 25)

    KOMUNIKAT. [MKZ Bydgoszcz].
        1981.   Bydgoszcz.   (occasional)
        Holdings: 1981 - no. [Mar. 19], [Mar. 20], 8(Mar. 22), [Mar. 22]
       *Note: see also: <u>Komunikat</u>. [MKS NSZZ "Solidarnosc" w
                 Bydgoszczy].

    KOMUNIKAT. MKZ NSZZ "Solidarnosc" Ziemi Lodzkiej, see <u>Komunikat</u>.
       NSZZ Solidarnosc, Zarzad Regionalny Ziemi Lodzkiej.

    KOMUNIKAT. Niezalezny Samorzadny Zwiazek Zawodowy Solidarnosc.
       Miedzyzakladowy Komitet Zalozycielski w Poznaniu.
       1980-   Poznan.   (irregular)
       Holdings: 1980 - no. 7(Sept. 30)--12(Oct. 22)

    KOMUNIKAT. Niezalezny Samorzadny Zwiazek Zawodowy "Solidarnosc."
       Miedzyzakladowy Komitet Zalozycielski w Zielonej Gorze.
       1980-   Zielona Gora.   (frequency?)
       Holdings: 1980 - no. 10(Oct. 3), 11(Oct. 6)

    KOMUNIKAT. NSZZ Solidarnosc, Zarzad Regionalny Ziemi Lodzkiej.
        1981.   Lodz.   (frequency?)
        Holdings: 1981 - no. 4(Jan. 25)--12, 14, 15, 18, 20, 21, 29, 31,
                       32, 36-39, 42--47, 49, 53--55, 57--65, 67--69,
                       71--83, 85--92, 94--98, 101--103, 105, 106, 108-
                       -114, 116--118, 123--128, 130--142, 144--156,

Box No.
                              158, 160--176, 178--182, 184, 186--189, 191--193,
                              195, 199, 200, 202--205, 220--222, 226--228, 230,
                              231, 234--239, 241, 243, 246--249, 252--254, 260-
                              -273, 275, 277, 278, 280--286, 290--297, 299
                              (Dec. 11)
        *Note: original title: <u>Gotowosc Strajkowa</u>: komunikat; prior to
                  no. 136 published by MKZ Ziemi Lodzkiej; see also
                  <u>Komunikat Zjazdowy</u> and <u>Komunikat</u>: pismo prezydium
                  Zarzadu Regionu Ziemi Lodzkiej NSZZ "Solidarnosc"
                  published in 1990.

57.   <u>KOMUNIKAT</u>. Obywatelska Inicjatywa w Obronie Praw Czlowieka "Przeciw
            Przemocy."
            198?-   [Krakow?]   (frequency?)
            Holdings: 1985 - no. 13(Mar. 16)

        <u>KOMUNIKAT</u>. Obywatelski Komitet Porozumiewawczy "Solidarnosc" Regionu
            Pomorza Zachodniego, see <u>Komunikat Solidarnosci</u>.

        <u>KOMUNIKAT</u>. Osrodek Mysli Ludowej.
            1979-   [s.l.]   (frequency?)
            Holdings: 1979 - no. 1(July)

        <u>KOMUNIKAT</u>. Prezydium KKP w Bydgoszczy.
            1981.   Bydgoszcz.   (occasional)
            Holdings: 1981 - no. 5(Mar. 20), 6(Mar. 21)

        <u>KOMUNIKAT</u>. Prezydium Zarzadu Regionu Pomorza Zachodniego..., see
            <u>Komunikat Prezydium Zarzadu Regionu Pomorza Zachodniego</u>...

        <u>KOMUNIKAT</u>. [Przedstawicieli NSZZ "Solidarnosc" dzialajacych w
            wyzszych uczelniach i PAN].
            1988-   Gdansk.   (frequency?)
            Holdings: 1988 - no. 2(Nov. 19)

        <u>KOMUNIKAT</u>. Przemyski Komitet Samoobrony Ludzi Wierzacych.
            1979-   Przemysl.   (frequency?)
            Holdings: 1979 - no. 2(Oct. 7), 4(Dec. 16)

        <u>KOMUNIKAT</u>. [RKK NSZZ "Solidarnosc" Gdansk].
            1988-   Gdansk.   (daily/hourly)
            Holdings: 1988 - no. 4(Aug. 24, 5 PM), 10(Aug. 30, 3 PM)

Box No.

KOMUNIKAT. [Ruch Wolnosc i Pokoj].
   198?-   [s.l.]   (frequency?)
   Holdings: 1985 - no. (Dec. 4)

KOMUNIKAT. Rybnicki Klub Polityczny "Wolni i Solidarni."
   1990.   Rybnik.   (occasional)
   Holdings: 1990 - no. [Mar. 12]
   *Note: see also: Komunikaty: wiadomosci dnia.

57.   KOMUNIKAT. Solidarnosc.
      1980?-   Starachowice.   (frequency?)
      Holdings: 1981 - no. 125[May 14]

KOMUNIKAT. Solidarnosc 80. [Zarzad Regionu Pomorza Zachodniego NSZZ
   "Solidarnosc"-80].
   1990?-   [Szczecin]   (frequency?)
   Holdings: [1990] - no. 3, 7, 8

KOMUNIKAT. Solidarnosc. Szczecin.
   1982?-   Szczecin.   (frequency?)
   Holdings: 1982 - no. 3(Oct. 8), 4(Oct. 23)
             1983 - no. 6(Feb. 7), 7(Feb. 14)
   *Note: published by [?]: "Krzysztof Dlugi - Doker."

KOMUNIKAT. TKZ UG NSZZ Solidarnosc.
   1988-   Gdansk.   (frequency?)
   Holdings: 1988 - no. 3(Oct. 13)
   *Note: TKZ UG: Tymczasowa Komisja Zakladowa Uniwersytetu
            Gdanskiego.

KOMUNIKAT. Uczelniany Komitet Gotowosci Strajkowej NSZZ
   "Solidarnosci" i NZS Politechniki Slaskiej.
   1981.   Gliwice.   (occasional)
   Holdings: 1981 - no. 4, 6(Mar. 25)

KOMUNIKAT. Uniwersytet Ludowy.
   197?-   Zbrosza Duza.   (irregular)
   Holdings: 1979 - no. (Feb. 7), (Apr. 9)

KOMUNIKAT. WSK Okecie. TKZ NSZZ "Solidarnosc."
   1982?-   Warszawa-Okecie.   (frequency?)
   Holdings: 1982 - no. (Oct. 1)
             1983 - no. 11, 13, 14(May 8), 15, 20, 28(Aug. 20)

Box No.

KOMUNIKAT. Zarzad Regionalny Ziemi Lodzkiej, NSZZ Solidarnosc, see
Komunikat. NSZZ Solidarnosc, Zarzad Regionalny Ziemi Lodzkiej.

KOMUNIKAT: informacje Tymczasowego Zarzadu Regionu Wielkopolska NSZZ
"Solidarnosc."
1989-   Poznan.   (frequency?)
Holdings: 1989 - no. 4(July 3)
*Note: mutilated issue.

57. KOMUNIKAT: pismo prezydium Zarzadu Regionu Ziemi Lodzkiej NSZZ
"Solidarnosc."
1990?-   Lodz.   (frequency?)
Holdings: 1990 - no. 4(Feb. 23, 5, 9--12, 14--16(July 27)
*Note: see also: Komunikat. NSZZ Solidarnosc, Zarzad
          Regionalny Ziemi Lodzkiej published in 1981.

KOMUNIKAT: pismo Zarzadu Uniwersyteckiego Niezaleznego Zrzeszenia
Studentow Uniwersytetu Wroclawskiego, see Komunikat NSZ UWr.

KOMUNIKAT: pismo Zarzadu Uniwersyteckiego NZS i Zarzadu Akademickiego
Ruchu Oporu NZS PWr.
1983-   Wroclaw.   (irregular)
Holdings: 1984 - no. 13(May 22), 15(July-Sept.)

KOMUNIKAT BIURA INFORMACJI KRAJOWEJ SEKCJI OSWIATY I WYCHOWANIA NSZZ
SOLIDARNOSC.
1989?-   Gdansk.   (frequency?)
Holdings: 1990 - no. 31(Jan. 17), 32(Jan. 19)

KOMUNIKAT BIURA PRASOWEGO KOMITETU STRAJKOWEGO STUDENTOW AKADEMII
MEDYCZNEJ W WARSZAWIE, see Komunikat. Biuro Prasowe Komitetu
Strajkowego Akademii Medycznej w Warszawie.

KOMUNIKAT CENTRALNEGO STUDENCKIEGO BIURA PRASOWEGO, see Komunikat.
Centralne Studenckie Biuro Prasowe "Myslnik."

KOMUNIKAT INFORMACYJNY. MKS NSZZ Solidarnosc Regionu Podbeskidzia.
1980?-   Bielsko-Biala.   (c.daily)
Holdings: 1981 - no. 9(Jan. 30), 11--13(Feb. 1)

-142-

Box No.

KOMUNIKAT KOMITETU OBRONY PRZESLADOWANYCH ZA PRZEKONANIA.
    1981?   [s.l.]   (frequency?)
    Holdings: [1981?] - no. 2
    *Note: motto: "Bo lepiej bysmy stojac umierali niz mamy kleczac na kolanach zyc" (L. Narbutt).

KOMUNIKAT KOMITETU OBRONY WIEZIONYCH ZA PRZEKONANIA, REGION POMORZA ZACH.
    1981-   (Szczecin)   (frequency?)
    Holdings: 1981 - no. 1

57.   KOMUNIKAT KOMITETU ZALOZYCIELSKIEGO NIEZALEZNYCH SAMORZADNYCH ZWIAZKOW ZAWODOWYCH Z SIEDZIBA WE WROCLAWIU.
    1980.   Wroclaw.   (weekly?)
    Holdings: 1980 - no. (Sept. 12), (Sept. 17), 4(Sept. 23)

KOMUNIKAT KOMITETU ZALOZYCIELSKIEGO NSZZ SOLIDARNOSC PRACOWNIKOW K.W.K. ANDALUZJA W PIEKARACH SLASKICH.
    1988-   Piekary Slaskie.   (frequency?)
    Holdings: 1989 - no. 3[June]

KOMUNIKAT KSS "KOR," see Biuletyn Informacyjny. KSS "KOR."

KOMUNIKAT MIEDZYZAKLADOWEGO KOMITETU STRAJKOWEGO PRZY KBM--W-WA POLNOC.
    1981.   Warszawa.   (occasional)
    Holdings: 1981 - no. [1](Mar. 26), 2(Mar. 28), and "instrukcja strajkowa" no. 1--3
    *Note: KBM: Kombinat Budownictwa Miejskiego; see also Komunikat Specjalny.

KOMUNIKAT MIEDZYZAKLADOWEGO KOMITETU STRAJKOWGO WOJ. JELENIOGORSKIEGO.
    1981.   Jelenia Gora.   (daily/hourly)
    Holdings: 1981 - no. 11(Jan. 26), 17(Jan. 28, 11:30 PM)
              no. 4(Mar. 27)

KOMUNIKAT MIEDZYZAKLADOWEJ KOMISJI ROBOTNICZEJ [NSZZ "SOLIDARNOSC"] W SZCZECINIE, see Komunikat Stoczniowej Komisji Robotniczej NSZZ "Solidarnosc."

KOMUNIKAT MKR NSZZ "SOLIDARNOSC" W SZCZECINIE, see Komunikat Stoczniowej Komisji Robotniczej NSZZ "Solidarnosc."

Box No.

KOMUNIKAT MKS NSZZ "SOLIDARNOSC" W BYDGOSZCZY, see Komunikat. [MKS
    NSZZ "Solidarnosc" Bydgoszcz].

58.   KOMUNIKAT MR"S." Miedzyzakladowa Rada Solidarnosci w Poznaniu.
        198?-   Poznan.   (frequency?)
        Holdings: 1984 - no. 3(Mar. 30), 5(Dec.)
                  1985 - no. 8(Nov.)
                  1987 - no. 15-16(Aug.)
        *Note: no. 3, 1984 titled: Komunikat. Miedzyzakladowa Rada
                  Solidarnosc w Poznaniu.

58.   KOMUNIKAT MR 'S' MOKOTOW, see Komunikat. Mikroregion "S" Mokotow.

      KOMUNIKAT NZS AKADEMIA MEDYCZNA: co slychac...
        1981.   Wroclaw.   (frequency?)
        Holdings: 1981 - no. (Mar. 22)

      KOMUNIKAT NZS UWr: pismo Zarzadu Uniwersyteckiego Niezaleznego
         Zrzeszenie Studentow Uniwersytetu Wroclawskiego.
        198?-   Wroclaw.   (irregular)
        Holdings: 1981 - no. 15(May 12), 17(June 15)
                  1983 - no. 4(Apr. 20: "wydanie specjalne")
                  1985 - no. 30(Sept. 30)--37, 9/38(Dec. 15)
                  1986 - no. 10/39(Jan.)--4/52(Dec. 7-28)
                  1987 - no. 5/53(Jan. 4-25), 6/54, 8/56, 1/59--4/62
                         (Dec. 6-27)
                  1988 - no. 63(Jan. 3-24)
        *Note: originally subtitled: "pismo Zarzadu Uczelnianego,
                  Uniwersytet Wroclawski."

      KOMUNIKAT PREZYDIUM ZARZADU REGIONU POMORZA ZACHODNIEGO NSZZ
         "SOLIDARNOSC."
        1981?-   Szczecin.   (daily)
        Holdings: 1981 - no. 21(Sept. 1), 33, 35, 37, 38, 41, 43, 45, 54,
                         56, 69, 75, 76, 85, 86(Nov. 24)

      KOMUNIKAT RKS W ZM URSUS.
        1980?-   Warszawa.   (frequency?)
        Holdings: [1980] - no. [1?], 3

      KOMUNIKAT SEKCJI INFORMACJI ZR MALOPOLSKA.
        1981.   Krakow.   (c.daily)
        Holdings: 1981 - no. 27(Feb. 3), 28, 35, 37--45, 48--51, 131, 132,
                         151, 155--157, 187, 188, 190, [193?](Aug. 6),
                         197, 199, 202, 206--211, 213--216, 218, 221-223

Box No.

                    (Aug. 31)
        *Note: before July titled: <u>Komunikat Sekcji Informacji MKZ Malopolska</u>.

<u>KOMUNIKAT SIECI ORGANIZACJI ZAKLADOWYCH NSZZ "SOLIDARNOSC" WIODACYCH ZAKLADOW PRACY</u>.
    1981-   Bydgoszcz.   (frequency?)
    Holdings: 1981 - no. 13 (Nov. 22)

<u>KOMUNIKAT SOLIDARNOSCI</u>. Obywatelski Komitet Porozumiewawczy Pomorza Zachodniego.
    1989-   Szczecin.   (weekly?)
    Holdings: 1989 - no. [early May]--6A(May 19)

58.   <u>KOMUNIKAT SPECJALNY</u>. Wdg. Serwisow Informacyjnych Biura Krajowego i innych. Miejski Komitet Strajkowy Zakopane.
    1981.   Zakopane.   (occasional)
    Holdings; 1981 - no. 6(Mar. 24), 7(Mar. 25), 8(Mar. 26), 9
         [Mar. 26], 10(Mar. 28), 11(Mar. 3), 12(Apr. 2)

<u>KOMUNIKAT SPECJALNY</u>: informacja o przebiegu realizacji postulatow zgloszonych przez zalogi Zakladow Kombinatu Budownictwa Miejskiego Warszawa Polnoc.
    1980-   Warszawa.   (occasional)
    Holdings: 1980 - no. 1(Sept. 30)
    *Note: see also Komunikat Miedzyzakladowego Komitetu Strajkowego przy KBM--W-wa Polnoc.

<u>KOMUNIKAT SPECJALNY</u>: interwencja funkcjonariuszy MO i SB na sesji WRN w Bydgoszczy w dniu 19 marca 1981 roku.
    1981.   Bydgoszcz.   (occasional)
    Holdings: 1981 - no. [Mar. 20]

<u>KOMUNIKAT STOCZNIOWEJ KOMISJI ROBOTNICZEJ NSZZ "SOLIDARNOSC."</u>
    1980-81.   Szczecin.   (c.twice a week)
    Holdings: 1980 - no. 14(Nov. 5), 17, 20--32, 34, 38, 39, 41, 42,
         44(Dec. 31)
         1981 - no. 45(Jan. 6)--48, 51, 55, 56, 59, 60, 65, 66
         (Apr. 24)
    *Note: in 1980 titled: <u>Komunikat Miedzyzakladowej Komisji Robotniczej w Szczecinie</u>, and <u>Komunikat MKR NSZZ "Solidarnosc" w Szczecinie</u>.

Box No.

    <u>KOMUNIKAT</u> <u>WOJSKOWY</u>. [Pomaranczowa Alternatywa].
        1988-   Wroclaw.   (frequency?)
        Holdings: 1988 - no. 5[late Apr.]

    <u>KOMUNIKAT</u> <u>ZARZADU</u> <u>REGIONU</u> <u>ZIEMI</u> <u>LODZKIEJ</u> see <u>Komunikat</u>: pismo
    prezydium Zarzadu Regionu Ziemi Lodzkiej NSZZ "Solidarnosc."

    <u>KOMUNIKAT</u> <u>ZESPOLU</u> <u>INFORMACJI</u> <u>OGOLNEJ</u> <u>MKZ</u> <u>BYDGOSZCZ</u>.
        1981.   Bydgoszcz.   (occasional)
        Holdings: 1981 - no. 2[Mar. 22]

    <u>KOMUNIKAT</u> <u>ZJAZDOWY</u>. NSZZ Solidarnosc, Zarzad Regionalny Ziemi
        Lodzkiej.
        1981.   Lodz.   (frequency?)
        Holdings: 1981 - no. 2(Sept. 5)--4, 7, 9--11, 13--17, 20--23, 25,
58.   28--34, 37, 39, 42, 45(Oct. 7)
        *Note: see also <u>Komunikat</u>. NSZZ Solidarnosc, Zarzad Regionalny
        Ziemi Lodzkiej.

    <u>KOMUNIKATY</u>. MKZ NSZZ Solidarnosc woj. walbrzyskiego.
        1981-   Walbrzych.   (frequency?)
        Holdings: 1981 - no. 1(Feb. 4)

    <u>KOMUNIKATY</u>. NSZZ Solidarnosc--Gubin.
        1981?-   Gubin.   (frequency?)
        Holdings: 1981 - no. (Mar. 10)

    <u>KOMUNIKATY</u>. NSZZ "Solidarnosc" Uniwersytetu Wroclawskiego.
        198?-   Wroclaw.   (weekly?)
        Holdings: 1980 - no. (Dec. 24-31)
                  1981 - no. (Jan. 8), (May 13), (May 20), (Sept. 30),
                         (Oct. 17), (Oct. 31), (Nov. 14), (Nov. 28)

    <u>KOMUNIKATY</u>. Podlaski Komitet Samoobrony Ludzi Wierzacych.
        1978-   Stare Opole.   (irregular)
        Holdings: 1978 - no. 1(Dec. 5)
                  1979 - no. 5(Nov.)

    <u>KOMUNIKATY</u>: informator ZR Wlkp NSZZ "S."
        1990?-   Poznan.   (c.biweekly)
        Holdings: 1990 - no. 65(May 10, 68, 72--77(Aug. 30)

Box No.

KOMUNIKATY: pismo Zarzadu Uniwersyteckiego NZS i Zarzadu Akademickiego Ruchu Oporu NZS PWr, see <u>Komunikat</u>: pismo Zarzadu Uniwersyteckiego NZS i Zarzadu Akademickiego Ruchu Oporu NZS PWr.

KOMUNIKATY: przeglad wiadomosci. NSZZ "Solidarnosc" w Politechnice Warszawskiej, see <u>KPW--Komunikaty, przeglad wiadomosci</u>. NSZZ "Solidarnosc" w Politechnice Warszawskiej.

KOMUNIKATY: serwis informacyjny NSZZ Solidarnosc Akademii Rolniczej w Wroclawiu.
   1989?-   Wroclaw.   (frequency?)
   Holdings: 1989 - no. 13-14(Oct. 1-14), 15

58.   KOMUNIKATY: wiadomosci dnia.
   1981-   Starachowice.   (frequency?)
   Holdings: 1981 - no. 1(May 27)
   *Note: see also <u>Komunikat</u>. Solidarnosc.

KOMUNIKATY MKZ NSZZ SOLIDARNOSC KOLOBRZEG.
   1980-   Kolobrzeg.   (frequency?)
   Holdings: 1980 - no. 7(Dec. 30)
              1981 - no. 1/8(Jan. 11)--3/10(Feb. 9)

KOMUNIKATY NIEZALEZNEGO SAMORZADNEGO ZWIAZKU ZAWODOWEGO SOLIDARNOSC PRZY BIBLIOTECE NARODOWEJ.
   1980-81.   Warszawa.   (frequency?)
   Holdings: 1980 - no. 3(Nov. 28)
              1981 - no. 3/7(Mar. 26), 4/8, 7/11(Oct. 21), and "wydanie strajkowe" (Mar. 27)

KOCEPCJE I REALIA. Wolnosc-Sprawiedliwosc-Niepodleglosc.
   1984-   [s.l.]   (frequency?)
   Holdings: 1984 - no. 1(May)

KONCEPT: radomski kwartalnik niezalezny.
   1986-   Radom.   (quarterly)
   Holdings: 1987 - no. 2-3

KONFEDERACJA DOLNOSLASKA: pismo Konfederacji Polski Niepodleglej.
   1987-   Wroclaw   (frequency?)
   Holdings: 1987 - no. "numer specjalny" [Nov.]
              1989 - no. 4, 5
   *Note: originally subtitled: "pismo Obszaru 7 Konfederacji Polski Niepodleglej.

Box No.

59. KONFEDERAT OKOLSKI: pismo KPN Okregu Slaska Opolskiego.
    1989?-   Opole.   (frequency?)
    Holdings: 1989 - no. 3, 4

KONFEDERATA GDANSKI: pismo Konfederacji Polski Niepodleglej okregu
    gdanskiego.
    1988-   Gdansk.   (frequency?)
    Holdings: 1988 - no. 1(Oct. 1)

KONFLIKTY. Skarzysko.
    1982-   Skarzysko.   (weekly)
    Holdings: 1982 - no. 1(May 17)--4, 7(June 26)

59. KONGRES LIBERALNO-DEMOKRATYCZNY: [jednodniowka].
    1990.   [Bydgoszcz]   (occasional)
    Holdings: 1990 - no. (May 18)

KONGRESMAN: informator przedsiebiorcow i liberalow.
    1989-   Gdansk.   (frequency?)
    Holdings: 1989 - no. 1[Apr. 30]

KONIEM PRZEZ SWIAT. Bialoleka.
    1982.   Bialoleka (prison) (daily)
    Holdings: 1982 - no. 10(62nd day), 12(64th day), 14(66th day),
                     45(103rd day), 53(112th day)
    *Note: photocopies of handwritten originals.

KONKRET. [Warszawa].
    1984.   Warszawa.   (frequency?)
    Holdings: 1984 - no. 1(Jan.)

KONKRET. Wydaje Ruch Spoleczny Solidarnosc--Sekcja Organizacyjna.
    1983-   Wroclaw, Lubin, Legnica, Glogow. (monthly?)
    Holdings: 1983 - no. 1(Mar.)--6(Summer)
              1984 - no. 8(Jan-Feb.), 9(Spring)

KONKRET: pismo spoleczno polityczne.
    1985-   Wroclaw.   (quarterly?)
    Holdings: 1985 - no. 1(Autumn)
              1986 - no. 2(Winter), 3(Autumn)
              1987 - no. 4-5[July]

Box No.

    KONKRETNIE. NSZZ Solidarnosc, RMKZ Bytom.
       1981?-   Bytom.   (frequency?)
       Holdings: 1981 - no. 2(Apr. 15)--5(June 15)

    KONSERWATYSTA: jednodniowka Klubu Konserwatywnego w Lodzi.
       1989.   Lodz.   (occasional)
       Holdings: 1989 - no. (Nov.)

    KONTAKTY. Siec Komitetow Oporu Spolecznego Regionu Slasko-
       Dabrowskiego.
       1982-   Katowice.   (monthly?)
       Holdings: 1982 - no. 1(May 21)--3, 6--8(Dec. 27)
                   1983 - no. 1/10(Mar. 27), 11(May 12)
       *Note: originally published by: Komitet Oporu Spolecznego
                Regionu Slasko-Dabrowskiego.

59.   KONTAKTY: pismo Solidarnosci Oswiaty Niezaleznej.
       1983?-   Gdansk.   (monthly)
       Holdings: 1983 - no. 3(Apr.), 4(May)
                   1984 - no. 10(Jan.), 15--17(Dec.)
                   1985 - no. 18(Jan.), 20--28(Dec.)
                   1986 - no. 28(Jan.)--32(May)
                   1987 - no. 38(Jan.), 39, 40, 46, 47(Dec.)
                   1988 - no. 48(Jan.), 51, 54, 56, 57(Dec.)
                   1989 - no. 58(Apr.)
       *Note: various subtitles; no. 28 has two different editions.

    KONTRA. Konfederacja Polski Niepodleglej.
       1989-   Radom.   (frequency?)
       Holdings: 1990 - no.2/11(Feb. 1-15)

    KONTRA: pismo Niezaleznego Zrzeszenia Studentow regionu Slasko-
       Dabrowskiego.
       1986-   [s.l.]   (frequency?)
       Holdings: 1986 - no. (Dec.)

    KONTRA: pismo Niezaleznej Rady Oporu.
       1984-   [s.l.]   (frequency?)
       Holdings: [1984] - no. 1

    KONTRA: pismo NSZZ "Solidarnosc" Regionu Torunskiego.
       1982-   Torun.   (weekly?)
       Holdings: 1982 - no. 2(Jan. 29), 4, 5, 9, 13(June 4), (June 8),
                       15(June 21)--19, 21--29(Dec. 7)

Box No.
                              1983 - no. 30(Jan. 13)--48, 53--56, 58--61(Nov. 30?)
                              1984 - no. 64(Jan. 10)--73, 76--83(Dec. 20)
                              1985 - no. 84(Jan. 17), 86--88, 90, 91(May 5)

        KONTRABAS: niezalezne, samorzadne i calkowicie nieregularne pismo
            czlonkow i sympatykow Redakcji, ich rodzin i przyjaciol,
            krytycznie nastawionych do obecnej rzeczywistosci.
            1988-   Torun.   (irregular)
            Holdings: 1988 - no. 1(June)

        KONTRAPUNKT: pismo NSZZ Solidarnosc Szkol Wyzszych w Lublinie.
            1982-   Lublin.   (biweekly)
            Holdings: 1982 - no. 1(Sept. 1)--5(Oct. 31)

59.   KONTUR: kwartalnik literacki, pismo niezalezne. Spoldzielnia
            Wydawnicza Profil.
            1988-   Wroclaw.   (quarterly)
            Holdings: 1988 - no. 1(Spring)

        KOREKTA: analizy, historia, literatura, propozycje. Ruch Solidarnosci
            Mlodych.
            1987-   Bialystok.   (frequency?)
            Holdings: 1987 - no. 1(Apr.)

        KORESPONDENT: biuletyn ZR NSZZ Solidarnosc, Szczecin.
            198?-   Szczecin.   (irregular)
            Holdings: 1989 - no. 1/30(Jan. 6)--14/48, 16/50---22/56, 24/58,
                            25/59, 28/61--32/65(Dec. 13), and "numer
                            specjalny," 38(Feb. 28)
                      1990 - no. 5/70(Mar. 3)--14/79(July 30)
            *Note: originally subtitled: "biuletyn MKO NSZZ Solidarnosc."

        KORESPONDENT: informator mlodziezy szkolnej.
            1988-   Warszawa.   (monthly?)
            Holdings: 1988 - no. 1(Oct. 5)--3(Dec. 15)
                      1989 - no. 4(Jan. 15)--11(Oct. 10)

60.   KOS. Wydaje Komitet Oporu Spolecznego.
            1982-   Warszawa.   (weekly/biweekly)
            Holdings: 1982 - no. 2(Jan. 20)--20(Nov. 29), and "dodatek do
                            KOS-a," and "dodatek nadzwyczajny" (May), and
                            "numer specjalny" (Apr. 5), and "Odezwa," and
                            "Teksty" no. 1
                      1983 - no. 21-22--44-45(Dec. 4)
                      1984 - no. 46(Jan. 2)--65(Dec. 9)

Box No.

	1985 - no. 66(Jan. 6)--86(Dec. 29)
	1986 - no. 87(Jan. 12)--108(Dec. 29), and "dodatek nadzwyczajny" (June 2), no. 87A(Jan. 12), and "Special edition" in English
61.	1987 - no. 109(Jan. 12)--22/130(Dec. 27)
	1988 - no. 1/131(Jan. 10)--20/150(Dec. 11)
	1989 - no. 1/151(Jan. 2)--15/165(Dec. 10)

    *Note: "Odezwa," 1982 published in Region Pomorza Zachodniego; no. 4, has Warsaw and Gliwice editions; KOS has several supplements entitled: Kultura Niezalezna.

    KOS-2: pismo Komitetu Oporu Spolecznego.
        1982?-   Wroclaw.   (frequency?)
        Holdings: 1982 - no. (June 21)

61.   KOS 213: pismo Kol Oporu Spolecznego. NSZZ Solidarnosc, Malopolska.
        1982-   Krakow.   (frequency?)
        Holdings: 1983 - no. 2/25(Mar. 13)

KOS MALYCH ZAKLADOW PRACY CD, see CD, KOS Malych Zakladow Pracy
    /Solidarnosc Malopolska.

KOSCIERZAK: biuletyn informacyjny Komitetu Obywatelskiego.
    Koscierzyna-Solidarnosc.
    1990-   Koscierzyna.   (frequency?)
    Holdings: 1990 - no. 2[Feb.]

KOSO, see Biuletyn Koso.

KOTWICA.
    1982?-   [Poznan]   (frequency?)
    Holdings: [1982] - no. 1

KOTWICA: pismo NSZZ Solidarnosc zeglugi srodladowej.
    198?-   [s.l.]   (frequency?)
    Holdings: 1987 - no. 7/10, 8(Dec. 1)
               1988 - no. 5/13(June)

KOZIOLEK: lubelski serwis informacyjny.
    1988?-   Lublin.   (frequency?)
    Holdings: [1988] - no. 3--5

Box No.

KPW--KOMUNIKATY, PRZEGLAD WIADOMOSCI. NSZZ "Solidarnosc" w
    Politechnice Warszawskiej.
    198?-   Warszawa.   (frequency?)
    Holdings: 1990 - no. 10/126(Mar. 20)

KRAJ: analiza prasy podziemnej w Polsce.
    1983-   [s.l.]   [frequency?]
    Holdings: 1983 - no. 1(Nov.: "Stan Wojenny: 13 grudnia 1981-31
                grudnia 1982")

KRAJ: pismo polityczne.
    1981-   Lublin.   (frequency?)
    Holdings: 1981 - no. 1(Aug.)
            1984 - no. 2(Feb.)

61. KRAKOWSKI CZAS. Wydawnictwo Mysli Nieinternowanej.
    1986-   Krakow.   (frequency?)
    Holdings: 1986 - no. 1, 2-3(Oct.-Nov.), and "dodatek" no. 1 and 2

KRAKUS. [Redakcja i druk Wydawnictwo "Orzel Bialy"].
    1982-   Krakow.   (monthly?)
    Holdings: 1982 - no. 12(Dec. 6)
            1983 - no. 14(Jan. 5)--18(Mar. 29)
    *Note: motto: "Kazdy ma prawo do wolnosci przekonan i
                wypowiedzi..."

KRAKUS: pismo Malopolskiego oddzialu liberalno-demokratycznej partii
    "Niepodleglosc."
    1985-   Krakow.   (frequency?)
    Holdings: 1985 - no. 1(Mar.), 2(Apr.-May)

KRECIK: pisemko dla dziatwy.
    1985?-   Krakow.   (monthly/bimonthly)
    Holdings: 1985 - no. 1(Jan.)--7(Dec.), and one mutilated issue

KRES. Solidarnosc, Region Pojezierze.
    1986-   Suwalki.   (frequency?)
    Holdings: 1986 - no. 3-4 (June 26)

KRES: dwutygodnik ilustrowany, pismo Regionu Pojezierza NSZZ
    "Solidarnosc."
    1981-   Suwalki.   (frequency?)

Box No.

        Holdings: 1981 - no. 1(May 13), 12(Nov. 12)
        *Note: originally subtitled: "pismo Biura Informacyjnego
            'Pojezierza,' NSZZ Solidarnosc Suwalki."

KRESOWIAK: pismo suwalskiego Komitetu Obywatelskiego "Solidarnoc."
   Suwalki.
   1990-   Suwalki.   (frequency?)
   Holdings: 1990 - no. 1(Feb. 23)

KRET: glos NZS AR Szczecin.
   1980-   Szczecin.   (frequency?)
   Holdings: 1980 - no. 3(Nov. 24)
          1981 - no. [1?]/5
   *Note: nearly illegible issues.

61.   KRET: pismo nurtu lewicy rewolucyjnej PPS-RD.
      1989-   Warszawa.   (frequency?)
      Holdings: 1989 - no. 1-2, 3-4, 5(June 4)

KRET: polityczno-satyryczny nieregularnik studencki.
   1982?-   Gdansk.   (frequency?)
   Holdings: 1982 - no. (May 25), (Oct. 29?)

KRONIKA DNIA.
   1981.   [Olsztyn]   (occasional)
   Holdings: 1981 - no. (Aug. 27), (Aug. 29)

KRONIKA LODZKA.
   1977-   Lodz.   (frequency?)
   Holdings: 1977 - no. 3
          1978 - no. 4(Mar.)

KRONIKA LUBELSKA: pismo uczestnikow Ruchu Obrony Praw Czlowieka i
   Obywatela w Polsce.
   1979-   Lublin.   (frequency?)
   Holdings: 1980 - no. 4(Jan.-Apr.)

KRONIKA MALOPOLSKA: pismo Solidarnosci, Malopolska.
   1982-   Krakow.   (c.monthly)
   Holdings: 1982 - no. (Mar. 8), 5, 9(May 17), 10, 12, 16, 20--22
                 (Dec. 19)
          1983 - no. 24(Jan. 13), 25--29, 34--45(Dec. 21)
62.   1984 - no. 46(Jan. 16)--62(Dec. 3), and "wydanie
               specjalne" (Apr.)

Box No.
                    1985 - no. 63 (Jan. 14)--78(Dec. 23)
                    1986 - no. 79(Jan. 13)--96(Dec. 12)
                    1987 - no. 97(Jan. 15), 98--100, 102--106, 108, 109
                        (Dec. 21)
                    1988 - no. 110(Jan. 30)--112, 114, 116, 120, 121
                        (Oct. 24)
                    1989 - no. 125(Jan. 28), 126(Feb. 25)
       *Note: originally subtitled: "tygodnik Solidarnosci
                  Malopolskiej"; no. 24 incorrectly dated 1982; no. 27,
                  1983 mutilated.

       KRONIKA TOWARZYSTWA KURSOW NAUKOWYCH.
          1980-   Warszawa.   (frequency?)
          Holdings: 1980 - no. 1
                    [1981] - no. two unnumbered, undated issues

62.   KRONIKA WYDARZEN. Komisja Informacji NZS KUL.
          1980?-   Lublin.   (c.weekly)
          Holdings: 1981 - no. 4(Apr. 29)--6, 11(June 27)

       KROWODRZA: biuletyn informacyjny, see Biuletyn Informacyjny. Komitet
          Obywatelski "Solidarnosc." Krakow-Krowodrza, osiedle Czarna Wies.

       KRYTYKA: kwartalnik polityczny.
          1978-   Warszawa.   (quarterly)
          Holdings: 1978 - no. 1--3
63.   1979 - no. 5
                    1980 - no. 7
                    1981 - no. 8, 9
                    1982 - no. 10-11
                    1983 - no. 13-14, 15, 16
64.   1984 - no. 17, 18
                    1985 - no. 19-20
                    1986 - no. 21
                    1987 - no. 23-24, 25
                    1988 - no. 30
65.   1989 - no. 31
       *Note: photocopies: no. 1, 2, 5 and 16.

       KRZYK. RO NZS.
          1982?-   Krakow.   (frequency?)
          Holdings: 1982 - no. 5[May ?], 6(May 28), 8, 14(Dec. 1)
       *Note: originally published by: Studencka Grupa Oporu.

Box No.

KRZYZ NOWOHUCKI: pismo chrzescijanskiej wspolnoty ludzi pracy.
    1979-   Krakow.   (monthly?)
    Holdings: 1980 - 1/5, 3/7, 5-6/9-10(Nov-Dec.)
              1981 - no. 1/11(Jan.), 2/12, 3-4/13-14, 5-6/15-16,
                    7-8/17-18(July-Aug.)
              1985 - no. 1/21(Dec.)
              1986 - no. 2/23, 3/24
    *Note: since its reappearance in 1985 subtitled: "katolickie
              pismo ludzi pracy."

"KTO ZA TYM STOI...": serwis informacyjny MKR Rzeszow.
    1981?-   Rzeszow.   (frequency?)
    Holdings: 1981 - no. 26(Dec. 7), no. 28(Dec. 10)

KU PRZYSZLOSCI: pismo ugrupowania politycznego Sluzba Wolnej Polsce.
    1987-   [s.l.]   (frequency?
    Holdings: 1987 - no. 1(Feb.), 2[Nov.]
              1988 - no. 4(Nov. 11)

65. KU WOLNEJ POLSCE. Wydaje Miedzyzakladowa Komisja Koordynacyjna NSZZ
    "Solidarnosc," Region Slasko-Dabrowski.
    1982-83.   Katowice.   (frequency?)
    Holdings: 1982 - no. 2(Sept. 14)
              1983 - no. 1(Jan.), 2, 3/8--7/12(Sept. 20)

KU WOLNOSCI AR. Poznan.
    1986?-   Poznan.   (frequency?)
    Holdings: 1986 - no. 3
              1987 - no. 2(Mar.), 3, 6(Nov.-Dec.)
    *Note: no. 3, 1987 photocopy; AR: Akademia Rolnicza.

KU ZDROWIU: niezalezny biuletyn informacyjny; tygodnik Niezaleznego
    Samorzadnego Zwiazku Zawodowego "Solidarnosc" pracownikow
    Stolecznego Zespolu Neuropsychiatrycznej Opieki Zdrowotnej dla
    Dzieci i Mlodziezy.
    1980-   Garwolin-Gloskow, etc. (frequency?)
    Holdings: 1980 - no. 6(Oct. 29)

KUL-IER: zeszyt Niezaleznego Zrzeszenia Studentow.
    1981?-   Lublin.   (frequency?)
    Holdings: 1981 - no. 3(Mar. 11), 7(Sept.)

Box No.

KULTURA NIEZALEZNA: miesiecznik Komitetu Kultury Niezaleznej.
    1984-   Warszawa.   (monthly)
    Holdings: 1984 - no. 1(Aug.), 3(Nov.), 4(Dec.)
              1985 - no. 5(Jan.)--15(Dec.)
              1986 - no. 16(Jan.)--26(Dec.)

66.
              1987 - no. 27(Jan.)--33, 36(Dec.)
              1988 - no. 39(Mar.), 40, 44, 46(Dec.)
              1989 - no. 47(Jan.)--56(Dec.)
              1990 - no. 57(Jan.)--59, 61, 62(June)
    *Note: no. 30-31 photocopy.

67.   KURIER AKADEMICKI. [Akademia Teologii Katolickiej].
        1981?-   Warszawa.   (frequency?)
        Holdings: 1981 - no. 3

KURIER AKADEMICKI: pismo Niezaleznego Zrzeszenia Studentow.
    1987?-   Warszawa.   (irregular)
    Holdings: 1987 - no. 2 (Mar.)--5[c.Oct.]
              1988 - no. 10 (Feb.)--13, 15, 16, 18-19(Dec.)
              1989 - no. 20(Jan. 15), 21, 23(Oct.-Nov.)

KURIER GRODZISKI, see Kurier Mazowiecki.

67.   KURIER KATOWICKI: biuletyn informacyjny Regionu Slasko-Dabrowskiego.
        1988-   Katowice.   (frequency?)
        Holdings: 1988 - no. 2(Nov. 6)--5(Dec. 18)
                1989 - no. 1/6(Feb. 6)

KURIER KOZIENICKI: pismo obywatelskie.
    1990-   Kozienice.   (frequency?)
    Holdings: 1990 - no. 1(Mar.)

KURIER LIDZBARSKI.
    1990-   Lidzbark Warminski.   (c.monthly)
    Holdings: 1990 - no. 1(Mar.)--5, 7, 8(Oct.)
              1991 - no. 14(Apr.)

KURIER LOKALNY.
    1982?-   [s.l.]   (frequency?)
    Holdings: [1982?] - no. 25/37, and "Jeszcze jeden numer"

KURIER MAZOWIECKI.
    1991   Grodzisk Mazowiecki. (frequency?)
    Holdings: 1991 - no. 1(Oct. 25)
    *Note: "Pismo stanowi kontynuacje 'Kuriera Grodziskiego.'"

Box No.

<u>KURIER MAZOWSZA</u>: gazeta scienna NSZZ Solidarnosc, Region Mazowsze.
    1985-   Warszawa.   (weekly)
    Holdings: 1985 - no. 1(Apr. 15), 2, 6(Sept. 23)
                1986 - no. 8(Feb. 10)
                1988 - no. 17[c.Oct.]--22(Nov. 23)
                1989 - no. 27(Jan. 14)--33, 35, 38, 40's, 41, 44's,
                          45(May 20), 53(July 17), 56, 58, 59, 62, 63, 66,
                          71(Nov. 18)
                1990 - no. 80's(Feb. 5), 85, 86, 88(Apr. 3), and
                          "wydanie specjalne" (Aug. 13)
    *Note: in 1985-86 published by: "Grupy [Ulotkowe] RKW NSZZ 'S'
                Reg. Mazowsze"; since 1988 by: "Grupy Oporu
                'Solidarni'"; also subtitled: "pismo [ulotkowe] Grup
                Oporu "Solidarni"; issues earlier than no. 40s in
                leaflet format.

<u>KURIER MAZOWSZA</u>: informator biezacy dla organizacji zakladowych NSZZ
    "Solidarnosc" Region Mazowsze, see <u>Informator Biezacy dla
    organizacji</u>....

<u>KURIER MAZOWSZA</u>: pismo NSZZ "Solidarnosc" Region Mazowsze.
    1988?-92.   Warszawa.   (weekly)
    Holdings: the Hoover Library Periodical Collection.

67.   <u>KURIER MAZOWSZA</u>: pismo [ulotkowe] Grup Oporu "Solidarni," see <u>Kurier
       Mazowsza</u>: gazeta scienna NSZZ Solidarnosc, Region Mazowsze.

<u>KURIER MIEDZYSTRAJKOWY</u>: pismo NSZZ Solidarnosc.
    198?-   Szczecin.   (frequency?)
    Holdings: 1988 - no. 19(Nov. 30)--21(Dec. 27)
                1989 - no. 22(Jan. 16)--29(Apr. 19), and "dodatek...
                         'Obowiazki i powinnosci'"
    *Note: see also <u>Kurier Strajkowy</u>: pismo MKS NSZZ Solidarnosc.

<u>KURIER OBYWATELSKI</u>. Warszawa-Zeran.
    1990-   Warszawa.   (frequency?)
    Holdings: 1990 - no. 1(Mar.)

<u>KURIER OKRAGLEGO STOLU</u>.
    1989-   Warszawa.   (frequency?)
    Holdings: 1989 - no. 4(Feb. 28), and "dodatek specjalny" no. 13

Box No.

KURIER PODWAWELSKI: pismo Komitetu Obywatelskiego, Debniki, Zakrzowek, Ludwinow.
1990?-   Debniki.   (frequency?)
Holdings: 1990 - no. 3(Apr.)

KURIER SOPOT: biuletyn informacyjny Komitetu Obywatelskiego "Solidarnosc."
1990-   Sopot.   (biweekly)
Holdings: 1990 - no. 2(Jan. 29), 4--6(May 16)

KURIER STRAJKOWY: pismo MKS NSZZ Solidarnosc.
1988-   Szczecin.   (daily)
Holdings: 1988 - no. 2(Aug. 22), 3, 5, 8, 9, 11--14(Sept. 3)
*Note: see also Kurier Miedzystrajkowy: pismo NSZZ Solidarnosc.

KURIER STUDENCKI RO NZS: pismo RO NZS.
198?-   Krakow.   (frequency?)
Holdings: 1983 - no. 7(May 18),13, 14, 19(Nov. 19)
*Note: originally titled: Kurier Studencki: pismo RO NZS Krakow.

KURIER WOLOMINSKI. Solidarnosc Oddzial Wolomin.
1986-   Wolomin.   (frequency?)
Holdings: 1986 - no. 2(June 6)
          1988 - no. 10(Jan. 29)--12(July 16)

67. KURIER WYBORCZY.
1983-   Wroclaw.   (frequency?)
Holdings: [1983] - no. 2(May 7), 3(May 11)

KURIEREK "B": serwis informacyjny Terenowej Komisji Wykonawczej NSZZ "Solidarnosc" Bochnia-Brzesko (Porozumienie Prasowe "Solidarnosc Zwyciezy").
1982-   Bochnia-Brzesko-Dabrowa Tarn.   (irregular)
Holdings: 1983 - no. 15(June 7), 19, 26--30(Dec. 10-20)
          1984 - no. 35(Mar. 3)--37, 39--41, 43, 45, 46, 48--53 (Dec. 16)
          1985 - no. 54(Jan. 5), 55, 58, 59-60, 64, 70, 71, 73 (Dec. 17)
          1986 - no. 74(Jan. 15)--78, 80, 84, 85(Oct. 27)
          1987 - no. 90(Feb. 27), 92, 95, 97, 98, 102(Dec. 20)
          1988 - no. 103(Jan. 15). 113(Sept. 23)
          1989 - no. 121(Apr. 10), 123(May 21)

Box No.

KURIEREK BIELSKI: gazetka uliczna Bielskiego Komitetu Oporu
    Spolecznego.
    1989-   Bielsko-Biala.   (frequency?)
    Holdings: 1989 - no. 1(Jan. 14), 4, 5(May 24)

KURIEREK CEBE: pismo czlonkow NSZZ "Solidarnosc" przy OBR CeBeA
    i Chemadex.
    1982-   Krakow.   (frequency?)
    Holdings: 1983 - no.[1](Jan. 12), 2(Oct. 6), 22(Dec. 7), 22
                  (Dec. 9), 23(Dec. 21)
           1984 - no. 26(Mar. 28)--28,31, 33-34, 35(Nov. 27)
           1985 - no. 36(Jan. 13), 38(Apr. 2)
    *Note: OBR CeBeA: Osrodek Badawczo-Rozwojowy Przemyslu Budowy
            Urzadzen Chemicznych.

KURS.
    1983-   [Warszawa]   (c.monthly)
    Holdings: 1983 - no. 1(Aug.-Sept.), 2, 4(Dec.)
           1984 - no. 5--10
68.   1985 - no. 11--17
           1986 - no. 18--23, 25,
           1987 - no. 26--31
           1988 - no. 33--36, 38
           1989 - no. 39, 40
    *Note: no. 21 photocopy.

69. KWADRANS AKADEMICKI.
    1982-   Warszawa.   (irregular)
    Holdings: 1982 - no. 2(June 20), 3, 5(Nov. 28)
           1983 - no. 6(Jan. 14), 7, 9, 10, 13, 14(May 22)

KWADRAT: dwutygodnik spoleczno-zawodowy Krajowej Komisji
    Koordynacyjnej Pracownikow Poligrafii NSZZ "Solidarnosc."
    1981-   Szczecin.   (biweekly)
    Holdings: 1981 - no. 1(Apr. 9)--14(Oct. 14)

Box No.
69.
LABIRYNT: pismo Tarnobrzeskiego Komitetu Obywatelskiego.
    1989?-   Tarnobrzeg.   (frequency?)
    Holdings: 1990 - no. 3(Jan.)

LACZNIK: jednokartkowka Tajnych Komisji Zakladowych NSZZ "Solidarnosc."
    198?-   Gdansk.   (frequency?)
    Holdings: 1982 - no. 42(Dec. 6)

LAJKONIK: pismo Zwierzynieckiego Komitetu Obywatelskiego.
    1990.   Krakow.   (frequency?)
    Holdings: 1990 - no. 6(May)

LARWA. Federacja Mlodziezy Walczacej Warmii i Mazur.
    1987?-   [s.l.]   (irregular)
    Holdings: 1987 - no. 5-6(Aug.-Sept.)
              1988 - no. 11(Feb.), 13, 14, 18, 20(Nov.)
              1989 - no. 26(Nov.)
    *Note: no. 26 subtitled: "pismo Mlodziezy Polskiej Partii Niepodleglosciowej"

LATARNIA: codzienne pismo studentow Trojmiasta.
    198?-   Gdynia.   (weekly)
    Holdings: 1981 - no. 9[Apr.], and one unnumbered issue
              1983 - no. [1/16?](May), 3/18(June 30)
              1984 - no. 2/23
              1985 - no. 26
    *Note: other subtitles: "tygodnik Niezaleznego Zrzeszenia Studentow WSM w Gdyni"; "pismo studentow Wyzszej Szkoly Morskiej w Gdyni"; "podziemne Pismo Studentow Trojmiasta."

LAWA: niezalezne pismo mlodziezy suwalskiej.
    198?-   Suwalki.   (frequency?)
    Holdings: 1981 - no. 3(Feb.), 4(Mar.)

LECH: gazeta wojenna Regionalnego Komitetu Strajkowego NSZZ "Solidarnosc" w Pile.
    1982-   Pila.   (frequency?)
    Holdings: 1982 - no. 1(Mar. 28)

LEGION: pismo NZS WSP.
    1988-   Krakow.   (fequency?)
    Holdings: 1988 - no. 5(Dec. 8)
              1989 - no. 89(Mar. 22)

Box No.
69. LEGIONISTA: biuletyn Miezyzakladowego Komitetu "S" Pabianice.
    1987?-   Pabianice.   (frequency?)
    Holdings: 1987 - no. 2(Apr. 30)
              1988 - no. 11(Oct. 6)

LEKTURY STUDENCKIE. Spoleczny Komitet Nauki [Wydawn. In Plus].
    1986-   Warszawa.   (frequency?)
    Holdings: 1986 - no. 1

LEWA!: biuletyn dyskusyjny Uniwersyteckiej Organizacji Partyjnej.
    1980?-   Poznan.   (frequency?)
    Holdings: 1981 - no. 3 (Feb. 27), 6(May)
    *Note: originally titled: Serwis Informacyjny Biuletynu Lewa.

LEWITACJA: pismo spoleczno-kulturalne.
    1988-   Bielsko-Biala.   (frequency?)
    Holdings: 1988 - no. 1, 2(Nov.)
              1989 - no. 3

LICZA SIE CZYNY: pismo mlodziezy walczacej.
    198?-   [s.l.]   (frequency?)
    Holdings: 1989 - no. 12-13(Mar.-Apr.)
    *Note: see also Prostownik: pismo Solidarnosci Walczacej.

LIST INFORMACYJNY RUCHU APOSTOLATU EMIGRACYJNEGO ODDZIAL WARSZAWA.
    1988-   Warszawa.   (frequency?)
    Holdings: 1988 - no. 1(May)

LISTY POLSKIE. Polski Ruch Narodowy, Gorny Slask.
    1982?-   [Katowice]   (frequency?)
    Holdings: 1982 - no. 3(May 28)

LITHUANIA.
    1981.   Krakow.   (frequency?)
    Holdings: 1981 - no. 1
              1984 - no. 2

LODZKI RUCH OPORU.
    1982?-   Lodz.   (frequency?)
    Holdings: 1982 - no. [11?](Aug. 1)

Box No.
69. LOKOMOTYWA: niezalezne pismo kolejarzy.
1988?- Gdynia-Gdansk-Tczew. (monthly)
Holdings: 1988 - no. 1(Sept.), 2, 4(Dec.)

LOS: biuletyn informacyjny Tajnej Komisji Zakladowej "LOS" Z. E. Lamina.
198?- Piaseczno. (c.bimonthly)
Holdings: 1982 - no. 10(May), 23, 29, 31(Nov.)
1983 - no. 36(Jan.)--42, 46--48, 50, 51(July), and "numer specjalny" (May 13)
1984 - no. 61(Feb.), 62, 68, 70--79(Dec.), and "wydanie specjalne" (Mar.)
1985 - no. 80(Jan.)--83, 86, 97, 90--92, 98(Oct.)
1988 - no. 128(Mar.), 129(Apr.)

LUBELSKI INFORMATOR STRAJKOWY. NSZZ Solidarnosc.
1981. Lublin. (occasional)
Holdings: 1981 - no. 1(Dec. 15)

LUDOWIEC: gazeta kongresowa PSL.
1991. Warszawa. (occasional)
Holdings: 1991 - no. (June 29)

Box No.
69. MAGAZYN AKTUALNOSCI KRAJOWYCH: przeglad prasy niezaleznej.
    1985-   Warszawa.   (frequency?)
    Holdings: 1985 - no. 1(Nov.), 2(Dec.)
              1986 - no. 3(Jan.)

MAGAZYN INFORMACYJNY. NZS Politechnika Warszawska.
    198?-   Warszawa.   (frequency?)
    Holdings: 1981 - no. (May 18)

MAGAZYN INFORMACYJNY "SOLIDARNOSC" P.G..
    1981.   [Gdansk?]   (frequency?)
    Holdings: 1981 - no. 15-16(July 24)
    *Note: see also: Wojenny Serwis Informacyjny P.G.

MAGAZYN ROBOTNIKA.
    1986-   [s.l.]   (frequency?)
    Holdings: 1986 - no. 1(Sept.)

70. MALA POLSKA: pismo niezalezne (Wyd. PAP--Polowe Archiwum Prasowe).
    1983-   Krakow.   (weekly)
    Holdings: 1983 - no. 1(Feb. 2), 2, 4, 5, 7, 8, 10--26, 28--38
                    (Dec. 19)
              1984 - no. 39(Jan. 2)--30/66, 32/68--51/87(Dec. 31)
              1985 - no. 1/88(Jan. 7), 3/89--5/92, 6/93--51/138
                    (Dec. 30)
              1986 - no. 1/139(Jan. 6)--24/163), 26/164, 28/166-
                    -52/190(Dec. 29)
              1987 - no. 1/191(Jan. 5)--29/219, 36/226--44/234,
                    46/236, 47/237, 49/239--56/246(Dec. 21)
              1988 - no. 1/248(Jan. 4)--4/251--35/281(Oct. 17)
    *Note: originally published together with Dzien: biuletyn
              akademicki and subtitled: "dodatek niezalezny"; pismo
              Akademickiej Komisji Porozumiewawczej; no. 5(Apr. 11,
              1983) a photocopy.

MALA SOLIDARNOSC.
    1984-   [s.l.]   (frequency?)
    Holdings: 1984 - no. [1](Dec. 13)

MAMUT: pismo czlonkow NSZZ "Solidarnosc 80" Ziemi Lodzkiej.
    1989?-   Lodz.   (frequency?)
    Holdings: 1989 - no. 5(May 28-29)

Box No.
70. MANIFESCIAK. Pismo nasze wydaje Tymczasowa Komisja Zakladowa NSZZ
"Solidarnosc" Kopalni Wegla Kamiennego "Manifest Lipcowy."
1987?- [s.l.] (frequency?)
Holdings: 1987 - no. 6(Dec.)
1988 - no. 9-10(Apr.-May), 16(Nov.)

MANIFESTACJA GLIWICKA--MG: biuletyn Gliwickiej Delegatury RKW NSZZ
"Solidarnosc," Reg. Sl-Dabr.
1982- Gliwice. (c.monthly)
Holdings: 1982 - no. 11(May 13), 13, 17, 18, 21, 22(Dec. 7)
1983 - no. 24(Jan. 29), 25, 27, 31, 36--38(Nov. 4)
1984 - no. 44(Feb), 45, 47--52(Dec.)
1985 - no. 53(Feb.)--56, 58, 59, 62(Nov.), [63]
(Nov.-Dec.)
1986 - no. 64(Feb.), 71(Dec.)
1987 - no. 72(Jan.-Feb.), 73, 76(June-July)
1988 - no. 1/79(Feb.-Mar.), 2/80(Apr.-May)

MARABUT: pismo studentow Wydzialu Filozoficzno-Historycznego
Uniwersytetu Wroclawskiego.
1981- Wroclaw. (frequency?)
Hodlings: 1981 - no.4/4

MARGINALIA: pismo Kola Bibliotekarzy NSZZ "Solidarnosc" KUL.
1981. Lublin. (frequency?)
Holdings: 1981 - no. 1(Jan.), 2(Apr.)

MARGINES.
1981- Warszawa. (frequency?)
Holdings: 1981 - no. 1[Mar. 30]

MARTWA NATURA: gornoslaski miesiecznik ekologiczny.
1988- [Sosnowiec] (frequency?)
Holdings: 1988 - no. 1(June)

MAZOWIECKI PRZEGLAD OKUPACYJNY: dwutygodnik NSZZ "Solidarnosc" region
mazowsze.
1982. [Warszawa?] (frequency?)
Holdings: 1983 - no. 3-4WS(Mar.)

MAZUR: warminsko-mazurski informator Niepodleglej Partii
"Solidarnosc."
1989?- [Ketrzyn] (frequency?)
Holdings: 1990 - no. 4(Jan.)

Box No.

MECENAT: pismo Niezaleznego Zrzeszenia Studentow Akademii Wychowania
Fizycznego w Warszawie.
1987?-   Warszawa.   (monthly?)
Holdings: 1988 - no. 3(Jan.), 4(Feb.)

70. MEGAZET: miedzyzakladowa gazeta NSZZ "Solidarnosc."
1983?-   [s.l.]   (frequency?)
Holdings: 1983 - no. 3(Nov. 17)

MERKURIUSZ KRAKOWSKI I SWIATOWY.   Prywatna Inicjatywa Krakowska.
1979-   Krakow.   (frequency?)
Holdings: 1979 - no. 1--3
          1980 - no. 7
*Note: no. 1, 1979 photocopy.

71. MERKURIUSZ KRESOWY: pismo Towarzystwa Przyjaciol Wilna i Grodna.
1990.   Lublin.   (frequency?)
Holdings: 1990 - no. 1(Jan.)

MERKURYUSZ WARSZAWSKI: pismo regionu warszawskiego Zjednoczenie
Chrzescijansko-Narodowego.
1989-   Warszawa.   (frequency?)
Holdings: 1990 - no. 2/8--4/10, 6/12(July 2)

METRO: biuletyn opozycji lewicowej.
1982.   [s.l.]   (monthly?)
Holdings: 1982 - no. 1(Apr.), 2-3(May-June)

METRUM.
1987-   Siedlce.   (quarterly)
Holdings: 1987 - no. 1(Spring), 2-3(Summer-Autumn)
          1989 - no. 7-8
*Note: no. 1(Spring, 1987) has the following note: "pismo jest
          kontynuacja gazetki o tej samej nazwie, ktora w latach
          1983-1986 ukazywala sie jako dwutygodnik. Wydano 63
          numery"; cf. Metrum. NSZZ "Solidarnosc" reg. Mazowsze
          o/Siedlce.

METRUM. NSZZ "Solidarnosc" reg. Mazowsze o/Siedlce.
1983-1987.   Siedlce.   (biweekly)
Holdings: 1983 - no. 1(Nov. 20)--3-4(Dec. 18)
          1984 - no. 5(Jan. 22)--25-26(Dec. 12)
          1985 - no. 27(Jan. 9)--48(Dec. 14)
          1986 - no. 50(Jan. 21)--55, 59--61(Sept. 24)
          1987 - no. 62(Jan. 14), 1/63(Feb. 18)

Box No.
    *Note: until 1985: "Wydaje Komitet Oporu Spolecznego, Siedlce"; no. 7-8, 1984, wrongly dated as 1983; no. 1/63 has the following note: "Od obecnego numeru dotychczasowy dwutygodnik Metrum bedzie ukazywal sie jako Serwis Informacyjny "Metrum" takze co dwa tygodnie...,
71.   natomiast publicystyce.. poswiecony bedzie Kwartalnik Metrum...; in fact no. 63 the last issue; continued only by Metro quarterly.

MG--MANIFESTACJA GLIWICKA, see MANIFESTACJA GLIWICKA--MG.

MIASTECZKO ZACISZE: pismo Komitetu Obywatelskiego.
    1990?-   Warszawa.   (frequency?)
    Holdings: 1990 - no. 5(Apr. 22), 7(May 20)

[MIEDZY INNYMI] MiN, see MiN.

MIEDZY PRZYSTANKAMI.
    1986-   Lodz.   (frequency?)
    Holdings: 1986 - no. 2(Dec. 12)
              1987 - no. 8(Sept. 15), 9(Nov. 23)

MIEDZYMORZE: pismo sekcji wschodniej PPS.
    1987-   Warszawa.   (quarterly?)
    Holdings: 1987 - no. 1
              1988 - no. 2-3/3-4[Sept.]
    *Note: in 1987 published by Wydawnictwo im. Olofa Palme.

MIEDZYZAKLADOWY RUCH OPORU NSZZ SOLIDARNOSC.
    198?-   Ozarow Mazowiecki.   (frequency?)
    Holdings: 1983 - no. [Aug. 18]

MIESIACE: przeglad zwiazkowy. Region Srodkowo-Wschodni NSZZ
    "Solidarnosc."
    1980-   Lublin.   (frequency?)
    Holdings: 1981 - no. 1

MIESIECZNIK MALOPOLSKI.
    198?-   Krakow?   (monthly)
    Holdings: 1983 - no. 5-6
              1984 - no. 4, 9-10
              1985 - no. 7-8, 11

Box No.
```
                    1986 - no. 12, 14, 16
                    1988 - no. 19--21
       *Note:       no. 5-6, 1983 numbered as 3-4; no. 12, 1986 as 9-10.
```

71. MIESIECZNIK--OPINIE, KOMENTARZE, ANALIZY: niezalezne pismo NSZZ
    "Solidarnosc" Region Srodkowo-Wschodni.
    1982-   Lublin.   (frequency?)
    Holdings: 1982 - no. (June-July), (Aug.-Sept.), [Oct.], (Nov.),
                    (Dec.)
72.   1983 - no. 9-14(Jan.-June), 15[Sept.]
                   1984 - no. 16[Apr. 15], 17, 18[Nov.], 19[Dec.]
                   1985 - no. 20[Mar.]

MIMO WSZYSTKO. Krakowska Komisja Wykonawcza NZS.
    1981?-   Krakow.   (frequency?)
    Holdings: 1982 - no. 2/1[c.May]

MiN: pismo kulturoznawcow.
    1981-   [Lodz]   (frequency?)
    Holdings: 1981 - no. 1(Nov. 23?), 2(Dec. 2)
    *Note: MiN: Miedzy inni.

MINI--BIULETYN MLODZIEZY WALCZACEJ, see BMW--Biuletyn Mlodziezy
    Walczacej.

MIS: miedzyuczelniany informator srodowiskowy. Redaguja studenci
    uczelni warszawskich przy wspolpracy NZS UW im. Jozefa
    Pilsudskiego.
    1985-   Warszawa.   (irregular)
    Holdings: 1985 - no. 1(July 1), 3(Nov. 29)
              1986 - no. 9(May 15), 10, 12, 15(Nov. 25), and one
                     unnumbered and undated issue
              1987 - no. 18(Jan. 17)--30(Nov. 15)
              1988 - no. 33(Jan. 5)--44(July 6)
              1989 - no. 49(Jan. 8), 50

MIS: tygodnik stanu wojenngo; pismo na rzecz samorzadnosci spolecznej.
    1982?-   [s.l.]   (weekly)
    Holdings: 1982 - no. 4(Mar. 27)--8, 12, 14, 15, 17, 19, 21(Aug. 7)

MKZ WIELKOPOLSKA: biuletyn informacyjny.
    1980-81   Poznan.   (frequency?)
    Holdings: 1980 - no. 1/81(Dec. 15-31)

Box No.

MLODA KOALICJA: gazeta grupy samorzadowej XLII LO.
    1989-   Warszawa.   (frequency?)
    Holdings: 1989 - no. 2(May 16)

72.   MLODA POLSKA: organ Pierwszej Mlodziezowej Brygady Niepodleglosciowej.
    1983?-   Warszawa.   (frequency?)
    Holdings: 1983 - no. 2(Feb. 15)

MLODA POLSKA: tygodnik katolicki. Gdansk.
    1989-91?   Gdansk.   (weekly)
    Holdings: the Hoover Library Periodical Collection.

MLODY TECHNIK: niezalezne pismo uczniow Zesp. Szkol Mech.--Elektr.
    Wroclaw ul. Mlodych Technikow 58.
    1987?-   Wroclaw.   (frequency?)
    Holdings: 1987 - no. 3(Apr.)

MLODY URSUS: pismo Mlodziezy Solidarnej i Ruchu "Wolnosc i Pokoj."
    1989-   Warszawa.   (frequency?)
    Holdings: 1989 - no. 1(Jan.)

MLODZIEZ: pismo Polskiej Niezaleznej Organizacji Mlodziezowej.
    1983-   [Wroclaw]   (frequency?)
    Holdings: 1984 - no. 2/8

MLODZIEZ NARODOWA: pismo Narodowego Odrodzenia Polski.
    1988-   [s.l.]   (frequency?)
    Holdings: 1989 - no. 2(Apr.)

MLODZIEZOWA AGENCJA TELEGRAFICZNA.
    198?-   [s.l.]   (frequency?)
    Hodligns: 1987 - no. 3(Feb. 14)
    *Note: mutilated issue.

MOKOTOW: tygodnik Komitetu Obywatelskiego Solidarnosc.
    1990.   Warszawa.   (frequency?)
    Holdings: 1990 - no. 0(Apr. 6), 1(Apr. 13)

MON STOP--MINISTERSTWO OBRONY NARODOWEJ STOP. Federacja Mlodziezy
    Walczacej i Ruch Wolnosc i Pokoj.
    1988?-   Gdansk.   (frequency?)
    Holdings: [1988] - no. 1, and unnumbered issue [c.Autumn]

Box No.

MONIT: pismo Federacji Mlodziezy Walczacej.
    1984-   Gdansk.   (c.biweekly)
    Holdings: 1985 - no. 16(Jan. 5), 4/85(Apr. 27), [?](Oct.29),
                12(Nov. 7)

72.
            1986 - no. 17/II(Jan. 19), 20(Apr. 21)
            1987 - no. 32(Sept. 1), 34(Sept. 30)
            1988 - no. 43(Feb. 15-29)--45, 47, 50, 51, 53, 59, 63-
                -66, 68, 69(Dec. 15)
            1989 - no. 73(Jan. 15-30), 79, 81, 85--87(Aug. 17)
    *Note: in 1986 "pismo" in subtitle changed to "dwutygodnik";
            no. 32(Sept. 1, 1987) issued jointly with no. 4 of <u>Wiatr</u>
            <u>of</u> <u>Morza</u>.

MONITOR. Biuro Informacyjne NSZZ Solidarnosc Region Mazowsze.
    1981-   Warszawa.   (frequency?)
    Holdings: 1981 - no. 2(Nov. 16)

<u>MONITOR</u> <u>KOMISJI</u> <u>ZAKLADOWEJ</u> <u>NSZZ</u> <u>SOLIDARNOSC</u> <u>PRZY</u> <u>G.B.S.</u> <u>I</u> <u>P.E.</u>,
    <u>ENERGOPROJEKT</u> <u>W</u> <u>WARSZAWIE</u>.
    1981-   Warszawa.   (weekly?)
    Holdings: 1981 - no. 1(Mar. 9)--3(Apr. 13)

MONITOR KRAKOWSKI: pismo Okregu Krakowskiego KPN.
    1989-   Krakow.   (frequency?)
    Holdings: 1989 - no. 1(Sept. 5), 2((Nov. 16)1990

MONTER: biuletyn informacyjny Solidarnosc F.S.O.
    1982-   Warszawa.   (frequency?)
    Holdings: 1983 - no. 1(Jan. 6)--4, 6, 8--26(Dec. 11), 26(Dec. 16)
            1984 - no. 24(Feb. 13), 25, 28, 31--34(Nov. 29)
            1985 - no. 42(Mar. 6), [?](Aug. 15)
            1987 - no. 53(Nov. 10)
    *Note: no. 22--24 titled: <u>Monter</u> <u>FSO</u>.

MONTINOWIEC. Porozumienie Prasowe "Solidarnosc Zwyciezy" przy MKS
    Nowa Huta.
    1982?-   Krakow.   (c.weekly)
    Holdings: 1982 - no. 12, 13(June 18)--15[June 1?]
            1983 - no. 40(Jan. 26), 41, 45--49, 52, 54, 55, 61
                July 11)
            1984 - no. 73(Feb. 22), 75--78, 84--91(Dec. 12)
            1985 - no. 93(Jan. 22)

Box No.

MORS: przeglad prasy podziemnej. Pismo wydaje Miedzyuczelniany
Opozycyjny Ruch Studencki.
1983-   Warszawa.   (c.monthly)
Holdings: 1983 - no. 8(Oct. 31), 9[Dec. ?]
          1984 - no. 28(Sept.)--30(Dec.)

72.   MOST: wolne pismo.
      1985-   Warszawa.   (c.quarterly)
      Holdings: 1985 - no. 1, 2, 4
73.   1986 - no. 5-6, 12-13
                1987 - no. 14-15, 16-17
                1988 - no. 18, 19-20
                1989 - no. 21, 22

MOSZCZENICKI   INFORMATOR STRAJKOWY: informator "Solidarnosci" KWK
"Moszczenica" w Jastrzebiu Zdroju.
1988-   Jastrzebie Zdroj.   (frequency?)
Holdings: 1988 - no. 1(Aug. 24), 8[Oct.]
*Note: no. 8 subtitled: "biuletyn Niezaleznego Samorzadnego
          Zwiazku Zawodowego "Solidarnosc."

MOTOR ODMOWY: niezalezne pismo NSZZ "Solidarnosc" przy PP "Polmozbyt"
w Toruniu.
1983-   Torun.   (frequency?)
Holdings: 1983 - no. 1(Aug.), 3(Dec. 21)

MOTOR ODNOWY: serwis informacyjny NSZZ Solidarnosc, PP Polmozbyt.
1981?-   Torun.   (weekly)
Holdings: 1981 - no. 6(Mar. 13)--25, 28(Sept. 30)
*Note: originally titled: Serwis Informacyjny "Motor Odnowy."

MUCHA: nieregularnik szkol podstawowych.
1988?-   [s.l.]   (irregular)
Holdings: [1988?] - no. 2

MULTUM IN PARVO: biuletyn informacyjny. NSZZ "Solidarnosc"
Pracownikow Oswiaty i Wychowania.
1989-   Szczecin.   (irregular)
Holdings: 1989 - no. 6(Apr. 15), 9, 10, 12, 13, 15, 20--22
          1990 - no. 23 (Jan. 15)

MURATOR--SOLIDARNOSC.
1983?-   Warszawa.   (monthly?)
Holdings: 1983 - no. 2(Oct.)

Box No.

```
                  1984 - no. 6(Feb.)--11(Nov.)
                  1985 - no. 12(May)
       *Note:     no 2, 1983 titled: Murator.
```

73. MURY: pismo grupy "Mury" malopolskiego oddzialu Liberalno-
    -Demokratycznej Partii "Niepodleglosc."
    1984-   [Krakow]   (frequency?)
    Holdings: 1985 - no. 4-5(Apr.-May)

MY, see My Solidarnosc.

MY: gazeta gazowni warszawskiej.
    1982-   Warszawa.   (frequency?)
    Holdings: 1982 - no. 1(June), 2(Nov.)

MY O SOBIE: pismo Instytutu Lotnictwa.
    198?-   Warszawa.   (weekly?)
    Holdings: 1983 - no. 3(Jan. 31)--13(Dec. 13)
              1984 - no. 14(Jan. 13)--20, 22, 23(Oct. 31)
              1985 - no. 19(July 8), 28(Sept. 30)
    *Note: originally subtitled: "Pismo NSZZ Solidarnosc LOT."

74. MY SOLIDARNOSC. Plock.
    1982-   Plock.   (frequency?)
    Holdings: 1982 - no. 2(June 15)

MYSL.
    1982-   [s.l.]   (frequency?)
    Holdings: 1982 - no. (June-July)

MYSL.
    1987-   [s.l.]   (frequency?)
    Holdings: 1988 - no. 4

MYSL: biuletyn informacyjny.
    1989-   [s.l.]   (frequency?)
    Holdings: 1989 - no. 1, 2

MYSL NARODOWA POLSKA
    1990.   Warszawa.   (monthly))
    Holdings: 1990 - no. [0](Jan.-Feb.), 1-2(Apr.-May), 3-4(Nov.)
              1991 - no. 1/5(Jan.), 2/6(Feb.)

Box No.

    MYSL NIEPODLEGLA: forum mysli politycznej.
        1985-   [s.l.]   (frequency?)
        Holdings: 1985 - no. 1

74. MYSL NIEPODLEGLA: pismo polityczne Konfederacji Polski Niepodleglej
        Ob. V.
        198?-   Katowice?   (frequency?)
        Holdings: 1984 - no. [2: Spring?], and unnumbered issue

    MYSL NIEPODLEGLA: pismo Polskiej Partii Niepodleglosciowej.
        1988?-   Warszawa-Wieden.   (frequency?)
        Holdings: 1988 - no. 5(edycja krajowa)

    MYSL NIEZALEZNA.
        1983?-   [Bydgoszcz?]   (frequency?)
        Holdings: 1983 - no. (July 3)

    MYSL NIEZALEZNA: pismo spoleczno-polityczne.
        1982-   Warszawa.   (frequency?)
        Holdings: 1982 - no. 2(Jan.)--7, 9, 11--14(Dec.), and "numer
                        specjalny" (July)
                1983 - no. 1-2/15-16--5/19
                1984 - no. 1/20--3/22, and "dodatek do nr." 2/21, 3/22
                1985 - no. 1/23
                1986 - no. 1/24
                1987 - no. 26-27
        *Note: no. 2 and 3, 1982 subtitled: "ruch oporu narodowego
                        'Solidarnosc'"; later, until 1986 without subtitle; no.
                        July 3, 1983 mutilated; no. 1/20 photocopy.

    MYSL PANSTWOWA.
        1987?-   Krakow.   (c.quarterly)
        Holdings: 1987 - no. 2
                1989 - no. 1/11(Feb.)--3/13(June: "wydanie ulotne")
                1990 - no. 5/22(July)
        *Note: in 1989 subtitled: "pismo Klubu Sluzby Niepodleglosci
                        Uniwersytetu Jagiellonskiego."

    MYSLENICKA GAZETA LOKALNA.
        1989-   Myslenice.   (frequency?)
        Holdings: 1989 - no. 3(Dec. 11)
                1990 - no. 5/9(Mar. 18), 7/11, 8/12, 15/19, 18/22-
                -12/25(Nov. 30
        *Note: originally titled: Gazeta Lokalna.

Box No.

MYSLI: pismo czlonkow organizacji Solidarnosc Walczaca.
    1984-   Wroclaw.   (monthly)
    Holdings: 1984 - no. 1(Aug.)--4(Nov.)
              1985 - no. 6(Jan.)-- 8(Mar.)
              1986 - no. 12

74. MYSLI GLODUJACYCH.
    1985-   Krakow.   (monthly?)
    Holdings: 1985 - no. (Feb.), 2(Apr.), 3(May)
    *Note: photocopies.

MYSLI NIEINTERNOWANE.
    1982-   Krakow.   (bimonthly/quarterly)
    Holdings: 1983 - no. 6(Mar.-Apr.)--10(Nov.-Dec.)
75.   1984 - no. 11(Feb.)--15(Sept.-Dec.)
              1985 - no. 16(Jan.-Mar.)--20(Nov.-Dec.), and a special
                    edition (Feb.)
              1986 - no. 21(Jan.-Feb.)--23(Nov.-Dec.)

MYSLIBORSKIE WIESCI: dwutygodnik Komitetu Obywatelskiego Solidarnosc
    Ziemi Mysliborskiej.
    1990-   Mysliborz.   (biweekly)
    Holdings: 1990 - no. "wydanie specjalne," 8(May 22)

MYSLNIK: biuletyn informacyjno-kulturalny studentow Politechniki
    Wroclawskiej.
    1980-   Wroclaw.   (frequency?)
    Holdings: 1980 - no. 5(11)
              1981 - no. [1](Sept. 12-22)

Box No.
75.   N--Niezaleznosc, see Niezaleznosc: niezalezny biuletyn
         niekonstruktywnych.

       N: organ UKS UMCS, see Biuletyn N.

       NA BIEZACO: serwis informacyjny Tymczasowej Reprezentacji Politycznej
         Slaska Opolskiego.
         1989-   Opole.   (frequency?)
         Holdings: 1989 - no. 3(May), 6(Oct.)

       NA DRODZE: pismo niezaleznego Zrzeszenia Studentow Uniwersytetu
         Slaskiego.
         1988-   Sosnowiec.   (frequency?)
         Holdings: 1987 - no. 1/2(Apr. 12)

       NA INDEKSIE: pismo Niezaleznego Zrzeszenia Studentow Politechniki
         Wroclawskiej.
         1985-   Wroclaw.   (irregular)
         Holdings: 1985 - no. 4(Feb. 24), 6--11(Dec. 12)
                   1986 - no. 12(Jan. 27)--15(May 24-June 7); 4/15
                          (Oct. 13-26), 7/18--9/19(Dec. 15-Jan. 4)
                   1987 - no. 1/20(Jan. 5-18)--8/27(May 25-June 7),
                          11/30(Nov. 15-28)
                   1988 - no. 3/35(Jan. 22-Feb. 20)
                   1989 - no. 1/48(Jan. 3), 7/54(Apr. 27)
         *Note: until no. 15(May 24-June 7, 1986) subtitled: "pismo
                   czlonkow i sympatykow NZS Politechniki Wroclawskiej; in
                   1986-88 subtitled: "pismo Niezaleznego Zrzeszenia
                   Studentow Politechniki Wroclawskiej, Akademii Rolniczej
                   i Akademii Wychowania Fizycznego."

       NA LACZACH: biuletyn informacyjny Komisji Koordynacyjnej NSZZ
         "Solidarnosc" pracownikow lacznosc. Region Mazowsze.
         1981.   [Warszawa]   (monthly?0
         Holdings: 1981 - no. 1, 6--9

       NA OCHOCIE: pismo Komitetu Obywatelskiego Ochota Poludnie.
         1990?-   Warszawa.   (frequency?)
         Holdings: 1990 - no. 6(July 1)
         *Note: includes supplement: Kacik WSM Ochota.

       NA ROZDROZU: pismo spoleczno-polityczne.
         1990-   [s.l.]   (frequency?)
         Holdings: 1990 - no. 1(Apr.)

Box No.
75. NA STRONIE. Wydawca PAP--Polowe Archiwum Prasowe Krakow, Malopolska.
        1982?-   Krakow.   (frequency?)
        Holdings: 1983 - no. 2/6(Feb.)--4/8(Apr.)

NA WLASNY RACHUNEK: pismo Komitetu Obywatelskiego i MKP "Solidarnosc"
    RI miasta i gminy Gubin.
        1990-   Gubin.   (frequency?)
        Holdings: 1990 - no. 1

NAD STOBRAWA: kluczborskie pismo informacyjne "Solidarnosci."
        1983?-   Kluczbork.   (irregular)
        Holdings: 1988 - no. (Mar.)

NADODRZE: wiadomosci, biuletyn informacyjny, serwis.
        1983?-   Police.   (frequency?)
        Holdings: 1990 - no. 3/49(Apr.)
        *Note: see Kaminska, Bibliografia, item no. 669.

NADRZECZYWISTOSC--RZECZYWISTOSC WOJENNA: nieregularnik czasu wojny.
        1982-   [s.l]   (frequency?)
        Holdings: 1982 - no. 2(Nowy Rok)--6

NADWISLANIN: pismo spoleczno-kulturalne.
        1987-   [Torun?]   (frequency?)
        Holdings: 1987 - no. 1(Aug. 4)

NADZIEJA: pismo czlonkow NSZZ "Solidarnosc," Region Czestochowa.
        1982-   Czestochowa.   (frequency?)
        Holdings: 1982 - no. 2(Nov.)
                  1983 - no. 4(Jan.), 5, 7(Nov.)
                  1984 - no. 15(Nov.)
                  1985 - no. 20(Mar. 20), 27(Nov.)
                  1987 - no. 37(Nov.)

NADZIEJA: pismo czlonkow NSZZ "Solidarnosc," Tarnow.
        1986-   Tarnow.   (frequency?)
        Holdings: 1986 - no. [1](Feb.)

NAJJASNIEJSZEJ RZECZPOSPOLITEJ. Minsk Litewski, Kamieniec Podolski.
        1990-   Krakow.   (frequency?)
        Holdings: 1990 - no. 1(Oct. 15)

Box No.
75.   NAPRZECIW: literacko-spoleczny biuletyn postrajkowy.
        1980-   Gdansk.   (frequency?)
        Holdings: 1980 - no. 1(Aug.)

        NAPRZOD. Polska Partia Socialistyczna.
        1988?-   Krakow/Nowa Huta/Bielsko B.   (frequency?)
        Holdings: 1988 - no. 1(Sept. 20)--4-5(Nov. 27-Dec. 20)
                  1989 - no. 13(Sept. 25)

        NAPRZOD: pismo grup politycznych Wola [i] Robotnik.
        1985-   Warszawa.   (frequency?)
        Holdings: 1985 - no. 1--4[Sept.]
                  1986 - no. 5, 2/6, 7--10

        NAPRZOD: pismo siedleckiego Komitetu Robotniczego Polskiej Partii
           Socjalistycznej.
        1989-   Siedlce.   (frequency?)
        Holdings: 1989 - no. 2[Oct. 16]
                  1990 - no. 3[Jan. 12]

        NAROD: kwartalnik spoleczno-polityczny.
        1980-81.   [s.l.]   (quarterly)
        Holdings: 1980 - no. 1, 2(Oct.-Dec.)
                  1981 - no. 1/3(Jan.-Mar.)--3/5(July-Sept.)
        *Note: no. 3/5 the last issue.

76.   NAROD I NIEPODLEGLOSC: pismo srodowiska narodowego KPN, obszar V.
        1988?-   [s.l.]   (frequency?)
        Holdings: 1988? - no. 1(reproduction)

        NASZ CZAS. Wydaje Komitet Obywatelski w Przytocznej.
        1989-   Przytoczna.   (frequency?)
        Holdings: 1989 - no. 1
                  1990 - no. 2

        NASZ CZAS: dwutygodnik, Siedlce.
        1989-90.   Siedlce.   (biweekly)
        Holdings: 1989 - no. 1(Oct. 29)--5(Dec. 23)
                  1990 - no. 6-7(Jan. 21), 8-9, 14--21-22(Aug. 26)
        *Note: in 1989 subtitled: "biuletyn informacyjny czlonkow i
                  sympatykow 'Solidarnosci,'" or "pismo Ruchu Spolecznego
                  'Solidarnosc.'"

Box No.
76. NASZ CZAS: gazeta obywatelska; wiadomosci z Widuchowej i Gryfina.
    1990-   Widuchowa, Gryfin.   (frequency?)
    Holdings: 1990 - no. 3(July 15)

NASZ CZAS: niezalezne pismo czlonkow i sympatykow NSZZ Solidarnosc.
    1982-   Gdansk.   (c.biweekly/monthly)
    Holdings: 1982 - no. 3(Oct. 4), 4(Oct. 19)
              1983 - no. [?](Jan. 21), [?](Feb. 21), 11(May 1)--13,
                    16, 17(Oct. 10)
              1984 - no. 20(Jan. 10), 22--35(Dec. 30)
              1985 - no. 36(Jan. 22)--50(Dec. 14)
              1986 - no. 51(Jan. 8)--64(Dec. 30)
              1987 - no. 65(Jan. 30)--68, 70, 72--76(Dec. 18)
              1988 - no. 77(Jan. 18)--85(Nov. 30)
              1989 - no. 86(Jan. 14), 88(Mar. 31)

NASZ GLOS.
    198?-   Lodz.   (frequency?)
    Holdings: 1983 - no. 9(Jan.)--11(Mar. 30)
    *Note: photocopies.

NASZ GLOS. Komitet Obywatelski Solidarnosc w Oswiecimiu. Tymczasowa
    Miedzyzakladowa Komisja Koordynacyjna.
    1989-   Oswiecim.   (frequency?)
    Holdings: 1989 - no. 1(May 28), 2, 4(Sept. 4)

NASZ GLOS. [Zaklady Ceramiki Radiowej i Zaklad Doswiadczalno-Badawczy
    Ceramiki Elektronicznej].
    1982.   [s.l.]   (frequency?)
    Holdings: 1982 - no. [1], 2(Mar. 1)--4(Mar. 17)

NASZ GLOS: biuletyn informacyjno-kulturalny Mlodziezy Walczacej NSZZ
    "Solidarnosc" szkol srednich woj. krakowskiego.
    1986?-   Krakow.   (frequen
    Holdings: 1987 - no. 4(Jan.)

NASZ GLOS: biuletyn informacyjny NSZZ "Solidarnosc" Ziemi
    Zabkowickiej.
    1982-   Zabkowice.   (monthly?)
    Holdings: 1985 - no. 1/36(Jan.)

NASZ GLOS: ruch Solidarnosci Mlodych.
    1982-   Bialystok.   (monthly?)
    Holdings: 1982 - no. 3(May 3)--6(June 9)
              1983 - no. 19[Dec. 10?]

Box No.
76.   1984 - no. 20(Jan. 21), 21(Feb. 27)
                           1985 - no. 35((July 1)--38(Oct. 1)
                           1986 - no. 41-42(Jan.-Feb.), 4/44, 6/47--8/48
                           1987 - no. 1/49--3-4/52-53, 8/56(Dec.)
                           1988 - no. 1/57(Jan.), 3/59(Mar.), (Apr.), 5/59(May)
                           1989 - no. 2/66, 3/67(Mar.)
     *Note: previous subtitles: "pismo mlodziezy szkolnej
                           Bialegostoku; organ mlodziezowego Komitetu Obrony
                           Spolecznej," and "pismo mlodziezy Ziem Wschodnich.

NASZ KOMENTARZ, see WSN--Nasz Komentarz.

NASZ PRADNIK: biuletyn informacyjny Komitetu Obywatelskiego "Pradnik
     Czerwony."
     1990-   Pradnik.   (frequency?)
     Holdings: 1990 - no. 1(Jan.)

NASZ PRZEGLAD: biuletyn informacyjny PPS-RD.
     1988?-   Wroclaw.   (frequency?)
     Holdings: 1989 - no. 8(Sept. 25)
               1990 - no. 11(Mar.)

NASZ SAMORZAD.
     1982-   Bialystok.   (frequency?)
     Holdings: 1982 - no. 1(Aug. 4), 5, 6(Dec.)
               1983 - no. 8(Feb.)
     *Note: no. 8, 1983 wrongly dated as 1982.

NASZ ZWIAZEK. Wydaje Mazowiecka Konfederacja "Solidarnosc."
     1982-   Skierniewice.   (weekly?)
     Holdings: 1983 - no. 2(Jan. 23), [3?](Jan. 28)--12(Aug. 15)
               1984 - no. [?](Feb. 7)

NASZA GAZETA KOMITETU OBYWATELSKIEGO SOLIDARNOSC.
     1989-   Milanowek.   (weekly?)
     Holdings: 1989 - no. 1(Oct. 1), 3(Oct. 29)

NASZA GAZETA NSZZ SOLIDARNOSC: biuletyn NSZZ "Solidarnosc" Zaklady
     Koneskopowe "Unitra-Polkolor."
     1981.   [Piaseczno]   (frequency?)
     Holdings: 1981 - no.2(July 29), and "dodatek nadzwyczajny"

Box No.
76. NASZA KRATA. Inter, Lupkow.
    1982.   Lupkow (prison)   (frequency?)
    Holdings: 1982 - no. 19(Sept. 17)

NASZA OCHOTA: pismo Komitetu Obywatelskiego "Solidarnosc" Dzielnicy
    Ochota.
    1990-   Warszawa.   (frequency?)
    Holdings: 1990 - no. 4(Apr. 1), 5(Apr. 14)

NASZA POLSKA: pismo anty-socjalistyczne.
    1989?-   [s.l.]   (frequency?)
    Holdings: 1989 - no. 3(May 3), 4, 6--8(Aug. 1)

NASZA SOLIDARNOSC. Ciechanowiec.
    1989-90.   Ciechanowiec.   (c.monthly)
    Holdings: 1989 - no. 1(Nov. 6-12), 2(Dedc. 10-17)
              1990 - no. 3(Jan. 1-14), 5, 6((Apr. 8-12)
    *Note: originally titled: "Wiadomosci Solidarnosci: tygodnik
            NSZZ Rolnikow Indywidualnych 'Solidarnosc' gminy
            Ciechanowiec."

NASZA SOLIDARNOSC. Kalisz, Konin, Sieradz.
    1983-   Kalisz, etc.   (frequency?)
    Holdings: 1983 - no. 1(Aug. 31)--3(Oct. 30)
              1984 - no. 6(Jan. 23), 8--10, 12--18(Oct. 1)

NASZA SOLIDARNOSC: biuletyn informacyjny. Miedzyzakladowa Komisja
    Robotnicza, Komitet Zalozycielski Niezaleznego Samorzadnego
    Zwiazku Zawodowego.
    1980-   Jastrzebie.   (frequency?)
    Holdings: 1980 - no. 2(Oct. 17), 7, 8, 11--13, 17--19(Dec. 22)
              1981 - no. 3/23(Jan. 21), 6/26--10/30(Mar. 14)

NASZA SPRAWA: biuletyn ZR NSZZ "Solidarnosc" Elblag.
    1982-   Elblag.   (weekly?)
    Holdings: 1982 - no. 3(May 3-7)--5(Mar. 11-16)
    *Note: probably a police forgery (falszywka).

NASZA WALKA: pismo Organizacji "Solidarnosc Mlodych."
    1989-   [s.l.]   (frequency?)
    Holdings: 1989 - no. 1-2(June 5)

Box No.
76. NASZA WOLA: biuletyn informacyjny Osiedlowego Komitetu Obywatelskiego
Chelmu, Mydlnik, Olszanicy i Woli Justowskiej.
1990-   Chelm, Mydlnik, etc,   (frequency?)
Holdings: 1990 - no. 2(Feb.)

77. NASZA ZIEMIA: pismo Niezaleznego Samorzadnego Zwiazku Zawodowego
Rolnikow Indywidualnych "Solidarnosc."
1981.   Wroclaw.   (frequency?)
Holdings: 1981 - no. 1(May 5)

NASZE INFORMACJE. Komitet Obywatelskie "Solidarnosc" Kujaw i Ziemi
Dobrzynskiej.
1990-   Wloclawek.   (frequency?)
Holdings: 1990 - no. (Mar. 15)

NASZE OKO: informator wyborczy. Obywatelski Komitet Osiedlowy,
Kaliny-Przyjazn. Szczecin.
Holdings: 1990 - no. 3(May 5)

NASZE SLOWA--WOLNI I SOLIDARNI: gazeta plakatowa Solidarnosci
Walczacej.
1990.   [s.l.]   (frequency?)
Holdings: 1990 - no. 2(Mar.)

NASZE SLOWO: gazeta plakatowa NSZZ "Solidarnosc" Region Dolny Slask.
1981.   Wroclaw.   (frequency?)
Holdings: 1981 - no. 2(Nov. 17), 8(Dec. 31)

NASZE SPRAWY. NSZZ Solidarnosc Region Mazowsze, Oddzial Piaseczno-
Konstancin-Jeziorna-Lesznowola.
1981-   Piaseczno, etc.   (frequency?)
Holdings: 1981 - no. 2(May 22), 4, 9(Dec. 1)

NASZE SPRAWY: biuletyn informacyjny Komitetu Obywatelskiego
"Solidarnosc" Miasta i Gminy Laskarzew.
1990-   Laskarzew.   (frequency?)
Holdings: 1990 - no. 1(Feb. 20)

NASZE SPRAWY: informator. Katowicki Komitet Obywatelski. Panewniki-
Ligota.
1990?-   Katowice.   (frequency?)
Holdings: 1990 - no. 4

Box No.
77. NASZE SPRAWY: pismo NSZZ "Solidarnosc" Piekary Slaskie. Region
    Slasko-Dabrawski.
    198?-   Piekary Slaskie...   (frequency?)
    Holdings: 1986 - no. 1/12, 9/20
              1987 - no. 10/21
              1988 - no. 2(July)
    *Note: before 1988 subtitled: "biuletyn zwiazkowy."

NASZE WIADOMOSCI: pismo Federacji Mlodziezy Walczacej.
    1985-   Warszawa.   (monthly?)
    Holdings: 1985 - no. 1(Feb. 23)--9(Dec. 8)
              1986 - no. 10(Jan. 19), 12, 15, 19, 20(Dec. 24)
              1987 - no. 21-22(Feb.-Mar.), 23(Apr. 1: "numer specjalny
                     dedykowany min. Michalowskiej-Gumowskiej"), 27,
                     28, 32-33(Dec. 15), and two unnumbered and
                     undated issues
              1988 - no. 39(May 30)
              1989 - no. 43(Apr. 1)

NAUKA: biuletyn Komisji Porozumiewawczej nauki przy MKZ Krakow
    Solidarnosc.
    1981-   Krakow.   (frequency?)
    Holdings: 1981 - no. 19(Feb. 18), and "wydanie nadzwyczajne"
                     (Jan. 10)

NAWA: pismo mlodych katolikow.
    1988-   Torun.   (monthly)
    Holdings: 1988 - no. 1(Nov), 2(Dec.)
              1989 - no. 3(Jan.)--5-6(June)

NAWIS. NZS SGPiS.
    1988-   Warszawa.   (frequency?)
    Holdings: 1988 - no. 2(Feb. 19)--4(Apr. 8)
    *Note: NAWIS: Niezalezny Agencyjno-Wydawniczy Informator
              Studencki.

NBI: niezalezny biuletyn informacyjny. NSZZ "Solidarnosc"-
    -Starachowice.
    1981-   Starachowice.   (frequency?)
    Holdings: 1981 - no. 1

NIDZICA: pismo Ruchu Obywatelskiego "Solidarnosc." Kazimierza Wielka.
    1990-   Kazimierza Wielka, etc.   (frequency?)
    Holdings: 1990 - no. 1(Mar.), 7, 8(Oct.)

Box No.
77. NIE: biuletyn informacyjny NSZZ "Solidarnosc" Regionu
     Pld.-Wschodniego.
     1982-   Przemysl.   (frequency?)
     Holdings: 1982 - no. 1(May) , 8(Sept. 8)

NIE: pismo mlodziezy VIII LO w Poznaniu.
     198?-   Poznan.   (frequency?)
     Holdings: 1987 - no. 4(Apr. 25), 6(May 18-June 8)

NIE: serwis informacyjny KOS.
     1982.   Gdansk.   (frequency?)
     Holdings: 1982 - no. 10(Oct. 5)

NIE: wojenny dodatek literacki.
     1982.   [s.l.]   (frequency?)
     Holdings: [1982] - no. 1
     *Note: see Kaminska, <u>Bibliografia</u>, item no. 704.

NIE CHCEMY KOMUNY.
     1987?-   Warszawa.   (frequency?)
     Holdings: 1987 - no. 11(May)
               1988 - no. 14[Apr.]
               1989 - no. 20, 21
               1990 - no. 27
     *Note: various subtitles; no. 14 published by KPN; no. 20-21 by
                Ruch Katolickiej Mlodziezy Niepodleglosciowej; no 27
                issued as "prywatne pismo niepodleglosciowe."

NIEOBOJETNI: pismo Komitetu Obywatelskiego w Janowie Lub.
     1989-   Janow Lubelski.   (frequency?)
     Holdings: 1990 - no. 3/12(Feb. 15)

NIEPODLEGLOSC. Oficyna Wydawnicza "Syzyf."
     198?-   Poznan.   (frequency?)
     Holdings: 1982 - no. 5(Feb. 16), 9, (Oct. 270
               1983 - no. 20(Jan. 17), 21(Apr. 6), 21[!](May 10),
                      22(May 20), (Oct. 20), (Nov. 28) and "wydanie
                      specjalne" (June 28)
               1984 - no. 2, 3, and one unnumbered and undated issue

NIEPODLEGLOSC: miesiecznik polityczny.
     1982-   Warszawa-Katowice-Krakow.   (c.monthly)
     Holdings: 1982 - no. 7[July]--11-12(Nov./Dec.)
               1983 - no. 13-14(Jan.-Feb.)--24(Dec.)
               1984 - no. 25(Jan.)--36(Dec.), and "Zalozenia

-182-

Box No.
77.   Programowe" (Mar.), and "Aneks" (May)
78.   1985 - no. 37-38(Jan.-Feb.)--47-48(Nov.-Dec.)
                          1986 - no. 49(Jan.)--59(Oct.)
                          1988 - no. 73-74(Jan.-Feb.), 75, 77, 83-84(Nov.-Dec.)
                          1989 - no. 84-85(Jan.-Feb.), 87, 88, 90-91--93-94
                               (Sept.-Oct.)
    *Note: various subtitles.

<u>NIEPODLEGLOSC</u>: organ Polskiej Narodowej Partii Niepodleglosci.
    198?-   Warszawa.   (frequency?)
    Holdings: 1982 - no. 4 (Nov. 11)

<u>NIEPODLEGLOSC</u>: pismo Kierownictwa Akcji Biezacej Konfederacji Polski
    Niepodleglej, Obszar II.
    1982-   Krakow.   (irregular)
    Holdings: 1982 - no. 6(Apr. 26), 7(May 3)
                 1983 - no. 2/20(Feb. 2), 5/23, 6/24(Apr. 25), (Oct.),
                          (Nov.)
                 1984 - no. 2/32(Feb. 27)--4/34, 10/40(Oct. 1), 42
                          (Nov. 11)
                 1985 - no. 47(Apr.), 48, 50(Dec.)
                 1986 - no. 52(Apr.)--55(July-Aug.)
    *Note: various sutbtitles.

<u>NIEPODLEGLOSC</u>: pismo Kierownictwa Akcji Biezacej Konfederacji Polski
    Niepodleglej, Obszar V.
    1986-   Katowice.   (irregular)
    Holdings: 1986 - no. 1(Jan.)--6(Nov.)
                 1987 - no. (Feb.)--10(July)

<u>NIEPODLEGLOSC</u>: pismo Liberalno-Demokratycznej Partii "Niepodleglosc."
    1985-   Bydgoszcz-Gdansk-Krakow-Lublin, etc. (monthly)
    Holdings: 1985 - no. 1(Nov.), 2(Dec.)
                 1986 - no. 3(Feb.)--7-8(Nov.-Dec.)
                 1987 - no. 9-10(Jan.-Feb.)--13

<u>NIEPODLEGLOSC</u>: pismo Obszaru Centralnego Konfederacji Polski
    Niepodleglej.
    1981-   Warszawa-Lodz.   (frequency?)
    Holdings: 1981 - no. 1(Dec.)

<u>NIEPODLEGLOSC</u>: pismo Polskiej Partii Niepodleglosciowej, Okreg
    Wielkopolski, Rejon Kaliski.
    1982?-   [Kalisz]   (frequency?)
    Holdings: 1990 - no. 36(Feb.)

Box No.

NIEREGULARNIK INFORMACJI NIEZALEZNEJ.
 1988-   Olsztyn.   (irregular)
 Holdings: 1988 - no. 0(Dec.)

78. NIERZECZYWISTOSC: dwutygodnik. Wydaje Studencki Ruch Oporu.
 198?   Siedlce.   (frequency?)
 Holdings: 1983 - no. 8(Dec. 30)

NIESPODZIANKA.
 1989-   Warszawa.   (frequency?)
 Holdings: 1989 - no. 1(May 14)

NIEZALEZNA AGENCJA INFORMACYJNA, see Biuletyn NAI.

79. NIEZALEZNE SLOWO--SOLIDARNOSC: tygodnik MKZ NSZZ "Solidarnosc" woj. walbrzyskiego.
 1981-   Walbrzych. (weekly)
 Holdings: 1981 - no. 1(Feb. 17)--23, 23a, 24, 25, 27a, 28,
     33--37(Oct5. 1)
   1982 - no. 5(May 3)
   1985 - no. (Jan. 13), [Feb.]
   1989 - no. 4/80(Nov. 8-14)
   1990 - no. 20/106(May 16-20)
 *Note: in 1985 subtitle changed to: pismo NSZZ 'Solidarnosc' woj. walbrzyskiego"; in 1990 titled: Niezalezne Slowo: tygodnik regionu Walnbrzyskiego.

NIEZALEZNE SYGNALY: informator Kolejarzy CDOKP, NSZZ "Solidarnosc."
 1981?-   Warszawa. (frequency?)
 Holdings: 1981 - no. 3(Mar. 2)

NIEZALEZNI: pismo przy odlewni staliwa "Stalchemak" w Siedlcach.
 1981.   Siedlce.   (frequency?)
 Holdings: 1981 - no. 1(Jan. 30)

NIEZALEZNOSC: biuletyn MKK NSZZ Solidarnosc w Stargardzie Szczecinskim.
 1981-   Stargard Szczecinski. (weekly)
 Holdings: 1981 - no. 10(July 3)--12(July 17)

NIEZALEZNOSC: dziennik NSZZ "Solidarnosc" Region Mazowsze.
 1980-81. Warszawa.   (irregular)
 Holdings: 1980 - no. 1(Oct. 9)--11-12Dec. 31)
   1981 - no. 13(Jan. 17)--168(Nov. 11, 1981), and

Box No.

79.
"dodatek nadzwyczajny pism Regionu Mazowsze/NTO"
(Mar. 22), (Mar. 24, 11 p.m.), 3(Mar. 25,
midnight), 26(Mar. 26, midnight), 5(Mar. 27,
10 a.m.), 6(Mar. 27, 11 p.m.), 7(Mar. 30,
8 a.m.), 8(Mar. 31, 4 a. m.), 9(Arp. 1, midnight)
*Note: no. 82 mutilated.

NIEZALEZNOSC: niezalezny biuletyn niekonstruktywnych. Grudziadz.
    1989?-   Grudziadz.   (frequency?)
    Holdings: 1990 - no. 6/12(June)

NIEZALEZNY AGENCYJNO-WYDAWNICZY INFORMATOR STUDENCKI, see NAWIS.

NIEZALEZNY BIULETYN INFORMACYJNY. KZ NSZZ Solidarnosc przy cementowni
    Ozarow.
    1981-   Ozarow.   (monthly?)
    Holdings: 1981 - no. 2(May), 3(June)

NIEZALEZNY BIULETYN INFORMACYJNY. NSZZ "Solidarnosc"--Gdynia.
    1982?-   Gdynia.   (frequency?)
    Holdings: 1982 - no. (July 12)

NIEZALEZNY BIULETYN INFORMACYJNY. NSZZ "Solidarnosc"--Starachowice,
    see NBI.

NIEZALEZNY RUCH CHLOPSKI, see Placowka. Niezalezny Ruch Chlopski.

NIEZALEZNY SERWIS INFORMACYJNY. Gdansk.
    1981-82.   Gdansk.   (c.daily/weekly)
    Holdings: 1981 - no. 1, 2(Dec.15)--5(Dec. 18)
              1982 - no. 7(Jan. 3)--9, 11--17(Feb. 26), 18[Feb.]
    *Note: since no. 7 titled: Niezalezny Serwis Informacyjny
        Solidarnosc; no. 18[Feb.] was the last known issue, see
        Kaminska, Bibliografia, item no. 726.

NIEZALEZNY SERWIS INFORMACYJNY STUDENCKIEGO KOMITETU SOLIDARNOSCI NZS
    TROJMIASTO.
    1982.   Gdansk.   (frequency?)
    Holdings: 1982 - no. (Mar. 27), (May 10), (May 31), (June 10),
            (June 21), (July 10)

Box No.

NIEZALEZNY SAMORZADNY INFORMATOR.
  1982-   Szczecin.   (frequency?)
  Holdings: 1982 - no. (Aug. 18), 7(Sept. 12), (Sept. 13), 9
       (Sept. 19)--11(Oct. 14)
  *Note: originally titled: Szczecin.

79. **NIEZALEZNY TRAMWAJARZ.**
  1980-   [Szczecin]   (occasional?)
  Holdings: [1980] - no. [c.Aug. 29]

NIEZAWISLOSC: pismo grupy politycznej "Niezawislosc."
  1988?-   [s.l.]   (frequency?)
  Holdings: 1988 - no. 1(Jan.), 2, 4--6(June 10)

NIEZDECYDOWANY KONFERDERAT: pismo studenckiej grupy poetyckiej
  Konfederacji Poetow Niezdecydowanych.
  1990-   [s.l.]   (frequency?)
  Holdings: 1990 - no. 1, 2

NIK--SOLIDARNOSC: niezalezny informator kopalniany KWK im. "Z.M.P."
  1988-   Zory.   (frequency?)
  Holdings: 1988 - no. 1(Oct.-Nov.), 3(Dec.)

NIWA: pismo Komitetu Obywatelskiego "S" Ziemi Kolbuszowskiej.
  1989-   Kolbuszowa.   (frequency?)
  Holdings: 1989 - no. 2(Oct.)
      1990 - no. 4(Jan.)

NO WIEC.
  1980-   Wroclaw.   (irregular)
  Holdings: 1980 - no. (Oct. 4), 3(Oct. 17), 9(Dec. 13)
     1981 - no. 11(Jan. 20), 15--19(May 15), and one
      unnumbered and undated issue, and "zeszyt" no. 1,
      2 of "Biblioteka No wiec."

80. **NON BENON**: pismo dedykowane ministrowi Benonowi Miskiewiczowi,
  autorowi czystki przeprowadzonej na wyzszych uczelniach w
  listopadzie 1985 r.
  1985-   [s.l.]   (occasional)
  Holdings: 1985 - no. 1(Dec. 22)

Box No.

NOS: niezalezna opinia studentow. WSRP Siedlce.
    1989.   Siedlce.   (monthly)
    Holdings: 1989 - no. 9-10(Nov.), 12-13(Dec.)
              1990 - no. 14(Jan.), 16(Apr.)

NOSTALGIA: niezalezne pismo Ziemi Lodzkiej.
    1986-   Lodz.   (frequency?)
    Holdings: 1986 - no. 1(Dec. 13)

80.   NOTA: pismo Niezaleznej Oswiaty Polskiej. Solidarnosc Malopolska.
    198?-   Krakow.   (frequency?)
    Holdings: 1986 - no. 1/7(Jan. 15)--4/10, 7/12(May 21)

NOTATNIK HISTORYCZNY.
    1989-   Warszawa/Katowice.   (frequency?)
    Holdings: 1989 - no. 1

NOTATNIK POLITYCZNY: pismo Liberalno-Demokratycznej Partii
    "Niepodleglosc."
    1988-   Lublin.   (frequency?)
    Holdings: 1988 - no. 2(Nov.)

NOTATNIK RADOMSKI.
    1981?   Radom.   (frequency?)
    Holdings: 1981 - no. "specjalne wydanie swiateczne--Boze
                    Narodzenie"

NOTES. [Komisja Zakladowa NSZZ "Solidarnosc" w Wyzszej Szkole
    Pedagogicznej im. J. Kochanowskiego w Kielcach].
    1981?-   Kielce.   (frequency?)
    Holdings: 1981 - no. [Mar.]

NOTES GDANSKI: biuletyn Klubu Inteligencji Katolickiej w
    Gdansku.
    1989-   Gdansk.   (frequency?)
    Holdings: 1989 - no. 1(Feb.), 2

NOWA GAZETA: dwutygodnik.
    1989-   [s.l.]   (biweekly)
    Holdings: 1989 - no. 2(Feb. 26), 4 6--8, 12(Dec. 24)

Box No.

    <u>NOWA KOALICJA</u>--NEW COALITION.
        1985-   Warszawa.   (annual)
        Holdings: 1985 - no. 1
                  1986 - no. 2
                  1988 - no. 5, 6
                  1989 - no. 7, 8
        *Note: excerpts and summary in English.

    <u>NOWA LEWICA</u>: pismo PPS-Rewolucja Demokratyczna.
        1989?-   Wroclaw.   (frequency?)
        Holdings: 1989 - no. (Mar.)

80. <u>NOWA REPUBLIKA</u>: miesiecznik polityczny. Wydaje Ruch Spoleczny
     Solidarnosc.
     1984-   Wroclaw.   (monthly?)
     Holdings: 1984 - no. 1, 2, 3(Dec.)
               1985 - no. 4(Jan.)--7(Apr.), 10-11
               1986 - no. 12, 14[Mar.]
               1987 - no. 18[Feb.], 20, 21[Sept.]
               1988 - no. 23(Feb. 16)--25, 28[c.Dec.]
               1989 - no. 29(Feb. 17), 31
     *Note: since 1988 subtitled dropped.

81. <u>NOWE HORYZONTY</u>: pismo mlodziezowe.
     1986?-   [s.l.]   (c.monthly)
     Holdings: 1987 - no. 9(Mar. 25)--16(Nov. 30)
               1987 - no. 18(Feb. 22)--23(Dec. 14)
               1989 - no. 24(Feb. 21)
               1990 - no. 25[Dec.]
               1991 - no. 1/27(Feb.)
     *Note: in 1991 subtitled: "miesiecznik polityczny";
              includes also supplements (Dodatki) and brochures:
              <u>Polski</u> <u>Oboz</u> <u>Narodowy</u>, (supp. to no. 5)
              Jedrzej Giertych, <u>Prawica</u>, (supp. to no. 8)
              <u>Upadek</u> <u>Teorii</u> <u>Ewolucji</u>, (supp. to no. 8)
              Jedrzej Giertych, <u>Bog</u> <u>i</u> <u>Ojczyzna</u>, (supp. to no. 10)
              _____, <u>Europa</u> <u>juz</u> <u>nie</u> <u>pojaltanska</u>
              <u>Vaticanum II--zalamanie czy kontynuacja?</u>
              <u>Warstwy</u> <u>geologiczne</u> <u>a</u> <u>potop</u>.

    <u>NOWE PISMO STARACHOWIC</u>.
        1990-   Starachowice.   (frequency?)
        Holdings: 1990 - no. 5(May), and "dodatek wyborczy" [May]

    <u>NOWE SPOJRZENIE</u>. Region Mazowsze.
        198?-   Warszawa.   (frequency?)
        Holdings: 1983 - no. 20(Aug.), 21-23(Autumn)

Box No.

NOWINKI. Strawczyn.
    1989?-   Strawczyn.   (frequency?)
    Holdings: 1990 - no. 2/6(Mar.-Apr.)

NOWINY GARWOLINSKIE. Garwolin
    1990-   Garwolin.   (monthly?)
    Holdings: 1990 - no. 2(Apr.), 4, 5(Aug.)

81.   NOWINY MALBORKA: pismo Komitetu Obywatelskiego "Solidarnosc" w
       Malborku.
    1990-   Malbork.   (frequency?)
    Holdings: 1990 - no. 4(June 8)

NOWINY OPOLSKIE.
    1990-   Opole.   (biweekly?)
    Holdings: 1990 - no. 1(Jan. 17), 3(16-28)

NOWOHUCKI BIULETYN SOLIDARNOSCI.   Komitet Organizacyjny Kombinatu
    Met. HiL "Solidarnosc."
    1988-   Krakow.   (frequency?)
    Holdings: 1988 - no. 7(June 23), 8, 10, 12, 13, 16--21(Dec. 13?),
                     and "special edition" in English (Aug. 25)
          1989 - no. 22(Jan. 3), 24, 26--30, 32--34, 37, 38,
               40--43, 47, 53, 56(Sept. 16)
          1990 - no. 3/72, 6/75, 7/76--10/79, 16/85--20/89, 22/91,
               24/93, 25/94(July 4)

NOWSZE DROGI.   Rada Uczelniana SZSP Uniwersytetu Warszawskiego.
    198?-   Warszawa.   (frequency?)
    Holdings: [1981] - no. unnumbered and undated issue

NOWSZE DROGI: pismo studentow Lodzkich.
    1980?-   Lodz.   (frequency?)
    Holdings: 1981 - no. 10(Feb. 17), 12, 14, 18(May 15)
    *Note: originally published without subtitle.

NOWY GLOS PANu. Solidarnosc PAN, Krakow.
    198?-   Krakow.   (frequency?)
    Holdings: 1985 - no. 2(May)
          [1987] - no. [c.Sept.]

Box No.

NOWY INDEKS: ogolnopolski studencki tygodnik Niezaleznego Zrzeszenia Studentow.
    1981-   Warszawa.   (frequency?)
    Holdings: 1981 - no. 1(May 27)

NOWY LOWICZANIN: pismo Ziemi Lowickiej.
    1990-   Lowicz.   (biweekly)
    Holdings: 1990 - no. 1(May 11)--9(Sept. 21)

81.   NOWY METALOWIEC: biuletyn informacyjny Niezaleznego Zwiazku Zawodowego "Solidarnosc" KUM "Bumar-Labedy."
    198?-   Gliwice.   (biweekly?)
    Holdings: 1981 - no. 21(Apr. 24), 24--27(June 26)

NOWY TON. ZNP.
    198?-   [s.l.]   (c.monthly)
    Holdings: 1986 - no. 1(Jan. 1986)--5, 7--9(Dec.)
              1987 - no. 13(June)--16(Dec.)
              1988 - no. 17(Jan.-Feb.), 19(Sept.)
    *Note: no. 1, 1986 wrongly dated as 1985.

NOWY WOLOMIN. Chrzescijanski Komitet Wyborczy.
    1990.   Wolomin.   (frequency?)
    Holdings: 1990 - no. 1(Mar. 18), 3(Apr. 14-16)
    *Note: no. 10 subtitled: "pismo Chrzescijanskiego Komitetu Wyborczego.

82.   NOWY ZAPIS. [Wydawn. Krag, Warszawa]
    1982-   Warszawa.   (c.monthly)
    Holdings: 1982 - no. 1(Dec.)
              1983 - no. 2-3(Feb.-Apr.)--6(Sept.)

NSZZ SOLIDARNOSC, see Solidarnosc.

NTO: informator wewnetrzny dla kol nauki-techniki-oswiaty NSZZ "Solidarnosc," Region Mazowsze.
    1980-   Warszawa.   (frequency?)
    Holdings: 1980 - no. 1(Oct.)--11-12
              1981 - no. 1/13(Jan. 10)--8/20, 9, 10(Sept.-Oct.), and unnumbered issue (Jan. 6), and "wydanie specjalne" (Jan. 10)
    *Note: with no. 8(July, 1981) subtitled: "miesiecznik NSZZ 'Solidarnosc' Region Mazowsze"; see also Niezaleznosc: dziennik NSZZ "Solidarnosc" Region Mazowsze.

Box No.

    NUMBER NINE: niezalezne pismo IX LO.
        1987-   [Wroclaw?]   (irregular?)
        Holdings: 1987 - no. 1(Apr.)

    NUMER: pismo wydawane przez Komisje Zakladowa NSZZ "Solidarnosc"
        Pracownikow Akademii Sztuk Pieknych w Warszawie.
        1981-   Warszawa.   (monthly)
        Holdings: 1981 - no. 1(Jan. 1-Feb. 28)--3(Apr. 1-30)

82. NURT: gazeta ruchu Solidarnosc Regionu Swietokrzyskiego.
        198?-   Kielce, etc.   (irregular)
        Holdings: 1986 - no. 5-6(Oct.-Nov.)
                    1987 - no. 7(Feb. 12-Mar. 5)
                    1988 - no. 15(Jan.), 17(May-June)

    NURT: ogolnopolskie pismo Niezaleznego Zrzeszenia Studentow.
        1986-   Warszawa.   (frequency?)
        Holdings: 1986 - no. 1(Dec.)
                    1987 - no. 2, 5, 6[Dec.]
                    1988 - no. 7[Feb.], 8, 10[c.Dec.], and "wydanie
                            specjalne--Polska Wiosna '88"
                    1989 - no. 12, 13
        *Note: in 1986-87 subtitled: "pismo studenckie"; "wydanie
                    specjalne--Polska Wiosna '88" has the following note
                    attached to the title page: "Publikacja ta, wbrew
                    zawartym w niej informacjom nie zostala wydana przez
                    redakcje pisma Nurt, Kolportaz."

83. NURTY.
        1985?-   [s.l.]   (frequency?)
        Holdings: [1983?] - no. unnumbered and undated issue
                    [1985?] - no. 2, 3
                    1986   - no. (Jan.)

    NZS. [Czlonkowie Niezaleznego Zrzeszenia Studentow]
        1982.   [Lublin?]   (occasional)
        Holdings: 1982 - no. [Oct.]

    NZS. KZ NZS UW.
        1980-   Warszawa.   (frequency?)
        Holdings: 1980 - no. (Oct. 3)

    NZS: biuletyn informacyjny, see Biuletyn Niezaleznego Zrzeszenia
        Studentow UJ.

Box No.

NZS: informator. Politechnika Warszawska, see Informator.
Politechnika Warszawska, NZS.

NZS: jednodniowka Krakowskiej Rady Koordynacyjnej Niezaleznego
Zrzeszenia Studentow.
 1987.   Krakow.   (occasional)
 Holdings: 1987 - no. (Feb. 20)

83. NZS: serwis informacyjny. SGGW-AR.
  1980-   Warszawa.   (monthly?)
  Holdings: 1980 - no. B(Dec.)
     1981 - no. A(Jan.), B(Feb.: "wydanie strajkowe nr. 1"),
      E(Mar.), F(Apr.)

NZS EMISARIUSZ, see Emisariusz: niezalezne pismo spoleczno-polityczne.

NZS IMPULS, see Impuls NZS: pismo publicystyczno-informacyjne NZS
Gdansk.

NZS INFORMACJE. Niezalezne Zrzeszenie Studentow, Politechnika Slaska.
 1980-   Gliwice.   (weekly?)
 Holdings: 1980 - no. 3(Nov. 3)--6, 8(Dec. 8)
    1981 - no. 21(Apr. 26-May 10), and "wydanie specjalne"
     (Apr.)

NZS POLITECHNIKA SLASKA.
 1988-   Gliwice.   (frequency?)
 Holdings: 1989 - no. 3(Jan.)

NZS PW: informator wewnetrzny. Niezalezne Zrzeszenie Studentow w
Politechnice Warszawskiej.
 1981-   Warszawa.   (frequency?)
 Holdings: 1980 - no. 2(Oct. 14)
    1981 - no. 5(Mar. 18), 8--15, 18, 20-21, 22-23(June 6)
 *Note: originally titled: NZS--PW: biuletyn informacyjny
   Komitetu Zalozycielskiego Niezaleznego Zwiazku Studentow
   w P.W.

Box No.
83.   O CO CHODZI? [NZS Politechnika Wroclawska].
           1980-   Wroclaw.   (frequency?)
         Holdings: 1980 - no. (Oct. 16), (Dec. 12)
                   1981 - no. "wydanie nadzwyczajne" 5[May], (June 23)

       OBECNOSC. NSZZ Solidarnosc Pomorza Zachodniego, Szczecin.
           198?-   Szczecin.   (frequency?)
         Holdings: 1984 - no. 1(Jan.), 3--8-9(Aug.-Sept.)

       OBECNOSC: niezalezne pismo literackie.
           1983-   Wroclaw.   (frequency?)
         Holdings: 1983 - no. 1
                   1984 - no. 5, 7, 8
                   1985 - no. 9--12
                   1986 - no. 13, 15, 16
84.   1987 - no. 17--19
                   1988 - no. 23
         *Note: no. 19 photocopy.

       OBI--OSIEDLOWY BIULETYN INFORMACYJNY.
           198?-   Warszawa.   (c.monthly)
         Holdings: 1986 - no. 4(Nov.)
                   1987 - no. 5(Jan.)--8(Apr.)

       OBIEG BEZ CENZURY.
           1989-   Warszawa.   (monthly)
         Holdings: 1989 - no. 1(Oct.)--3(Dec.)
                   1990 - no. 1-2/4-5(Jan.-Feb.), 3/6(Mar.)

       OBIEKTYW: pismo Komitetu Obywatelskiego "Solidarnosc" w Jasle.
           1990-   Jaslo.   (frequency?)
         Holdings: 1990 - no. 1(Mar. 26)--3(May 6)

       OBOK: pismo mlodziezy demokratycznej.
           1989-   Krakow.   (frequency?)
         Holdings: 1990 - no. 1(Mar.)

       OBOZ.
           1981-   Warszawa.   (bimonthly)
         Holdings: 1981 - no. 1(Sept.)--3(Nov.-Dec.)
                   1982 - no. 4(Jan.-Feb.)--6
                   1983 - no. 7(Dec.)
                   1984 - no. 9
85.   1987 - no. 11, 12

Box No.
85.   1988 - no. 14, 15
                        1989 - no. 16
       *Note: no. 7 photocopy.

       OBRAZ: miesiecznik spoleczny.
           1983-   Szczecin.   (monthly)
           Holdings: 1983 - no. (May 1), 3(July)--7(Nov.-Dec.)
                     1984 - no. 1/8(Jan)--12/19(Dec.)
                     1985 - no. 1/20(Jan.)--12/31(Dec.)
86.   1986 - no. 1-2/32-33(Jan.-Feb.)--10/41(Oct.)
                     1987 - no. 1-2/42-43(Jan.-Feb.)--11-12/52-53(Nov.-Dec.),
                            and "dodatek specjalny"
                     1988 - no. 1/54(Jan.)--5-6/8-59(May-June)
           *Note: no. 3/22, 1985 photocopy.

       OBRONA: biuletyn informacyjny Lodzkiego Komitetu Obrony Wiezionych za
           Przekonania.
           1981-   Lodz.   (frequency?)
           Holdings: 1981 - no. 1(May 12), 4--8(Sept. 23)

       OBRONA: biuletyn oporu spoleczenstwa rzeszowskiego.
           1982-   [Rzeszow]   (frequency?)
           Holdings: 1982 - no. 5(Apr. 12-18), 6, 8--10(June 20)

       OBSERWATOR NAMYSLOWSKI: pismo aktywnych czlonkow i sympatykow NSZZ
           "Solidarnsc."
           1989-   Namyslow.   (frequency?)
           Holdings: 1989 - no. 6[Oct. 25], 7

       OBSERWATOR WIELKOPOLSKI: pismo czlonkow i sympatykow NSZZ
           "Solidarnosc."
           1981-   Poznan.   (frequency?)
           Holdings: 1981 - no. 1(Sept. 6)--4, 6--12, 14--21, 24(Nov. 11)
                     1982 - no. 1--34
87.   1982 - no. 35--54, 57(Dec.)
                     1983 - no. 58(Jan.)--74[Dec.], and "Aneks" no. 1
                     1984 - no. 76(Jan.), 77, 80--87(Dec.)
                     1985 - no. 88-89(Jan./Feb.)--95 (Dec.)
                     1986 - no. 96(Jan.)--98, 100--106(Dec.)
                     1987 - no. 107(Jan.)--111, 113--115(Nov.)
                     1988 - no. 117(Jan.)--119, 120, 123, 124, 129-130,
                            133--135(Oct.)
                     1990 - no. 1/140(Apr. 1)
           *Note: in 1981 without subtitle; later, various subtitles.

Box No.
87. OBSERWATOR WOJENNY: pismo MKS Nowa Huta.
    1982-   Krakow.   (c.weekly)
    Holdings: 1982 - no. 1(Oct. 22)--6, 8, 9-10(Dec. 17)
              1983 - no. 11(Jan. 7)--14, [?](Feb. 4), 17--19, 24
                     (July 5)

OBYWATELSKA INICJATYWA W OBRONIE PRAW CZLOWIEKA "PRZECIW PRZEMOCY":
    komunikat, see Komunikat. Obywatelska Inicjatywa w Obronie Praw
    Czlowieka "Przeciw Przemocy."

OBYWATELSKA SOLIDARNOSC. Wydaje: Komitet Obywatelski "Solidarnosc" w
    Radomsku.
    1989-   Radomsko.   (frequency?)
    Holdings: 1989 - no. 1(Nov. 10), 4/8
              1990 - no. 4/8(Apr. 25)

OBYWATELSKI GLOS KLODZKA. Komitet Obywatelski "Solidarnosc" Miasta i
    Gminy Klodzko.
    1990-   Klodzko.   (frequency?)
    Holdings: 1990 - no. 1(May 6)

OD DOLU. Wydawane przez jeden z KOS-ow Regionu Pomorza Zachodniego
    NSZZ "S."
    1982-   Szczecin.   (frequency?)
    Holdings: 1982 - no. 14/17(July 8), 17/23, 18/23, 20/23, 21/23
                     (Oct. 23)
              1983 - no. 30/32(May 12), 31/33, 34/36, 41/47(June 4)
              1984 - no. 46/48(July 12), 51--53(Dec. 14)
              1985 - no. 55(Feb. 18), 58(June 19)
              1986 - no. 63(Feb. 21)

OD NOWA: niezalezne pismo studenckie. Wolnosc, Solidarnosc,
    Demokracja. Krakow. [Wydaje NZS AGH].
    1980?-   Krakow.   (frequency?)
    Holdings: 1980 - no. 3/1(Nov. 14)

ODKLAMANIE WIADOMOSCI HISTORYCZNYCH: pismo wydawane przez NSZZ
    "Solidarnosc" Region Dolny Slask.
    1984-   [s.l.]   (monthly?)
    Holdings: 1984 - no. 1(Sept. 17-Oct. 17)

Box No.
87. ODNOWA: biuletyn informacyjny przy NSZZ Solidarnosc Regionu
Poludniowo-Wschodniego w Przemyslu.
1980-   Przemysl.   (biweekly?)
Holdings: 1980 - no. 1(Dec. 7), 2(Dec. 17)
          1981 - no. 1(Feb. 6), 3-4--9, 12, 13(Oct.)

ODNOWA: niezalezne pismo mlodziezy akademickiej.
1980-   Gdansk.   (frequency?)
Holdings: 1980 - no. 1(Sept.)--3(Oct. 15)

ODNOWA: pismo NSZZ "Solidarnosc" woj. siedleckiego.
1981.   Siedlce.   (c.weekly)
Holdings: 1981 - no. 2(Feb. 1)--14(June 10)
*Note: no. 2--4 subtitled: "pismo NSZZ "Solidarnosc," MKZ
          Ziemia Podlaska

ODNOWA: tygodnik Chrzescijansko-Demokratycznego Stronnictwa Pracy.
1983?-   Warszawa.   (frequency?)
Holdings: 1990 - no. 3(Sept. 9-16)

ODPOWIEDZ.
1982-   Warszaw.   (frequency?)
Holdings: 1982 - no. 1[Feb. 1]

ODRODZENIE: niezalezne pismo Tajnej Komisji Zakladowej NSZZ
Solidarnosc, Dolmel.
1982-   Wroclaw.   (frequency?)
Holdings: 1982 - no. 6(Apr. 9)--9, 11(May 17-23)
          1984 - no. 7-8[July 26], 9
          1988 - no. 3/130(Mar.)
          1989 - no. 1-2/136-137[Jan. 31]
*Note: originally subtitled: "serwis informacyjny TKZ NSZZ
          Solidarnosc, Dolmel."

88. ODRODZENIE: tygodnik publicystyczny NSZZ Solidarnosc.
1981-   Jelenia Gora.   (weekly)
Holdings: 1981 - no. 0(July 10), (July 17), 3(July 24),
          7(Aug. 21), 13--15(oct. 18)

OGNIK: ogolnospoleczny glos nauki i kultury NSZZ Solidarnosc.
1983-   [s.l.]   (frequency?)
Holdings: 1983 - no. 1
          1984 - no. 2--4

Box No.
88. OGNIWO: niezalezny miesiecznik spoleczno-kulturalny.
    198?-   Wroclaw.   (c.monthly)
    Holdings: 1984 - no. 6, 8, 9
              1985 - no. 12--16, 17-18, 19, 21
              1986 - no. 22(Jan.)--26, 28/9, 31(Nov.)
              1987 - no. 33(Jan.),34, 43-44(Nov.-Dec.)
              1988 - no. 46(Feb.), 47-48(Mar./Apr.)
              1989 - no. 52
    *Note: in 1989 subtitled: "niezalezne pismo."

OGNIWO: pismo NSZZ "Solidarnosc" Budowlanych Region Pomorza
    Zachodniego.
    198?-   Szczecin.   (frequency?)
    Holdings: 1987 - no. 5[c.May], 9-10[c.Sept.]
              1989 - no. 25(Feb. 2), 28(May 12)

OJCOWIZNA. Par. Najsw. Serca Pana Jezusa, Nowy Targ.
    198?-   Nowy Targ.   (monthly?)
    Holdings: 1986 - no. 22(June)
              1987 - no. 46 (Sept.), 47 "numer specjalny"

OJCZYZNA: katolickie pismo robotnicze.
    198?- Gdansk-Katowice-Warszawa-Wroclaw (weekly/monthly)
    Holdings: 1982 - no. 16(Apr. 25), 17-18, 21-22, 25, 32, 33, 36--40
                    (Nov. 10)
              1983 - no. 50-51(Jan. 30-Feb. 6), 9/59, 24/74, 11/61,
                    14/64, 17/67, 32/73, 25/75--27/77(Nov. 13)
              1984 - no. 1/79(Jan. 29)--3/81(Mar. 25)
              1985 - no. 1/82(Jan. 6)--3/84(Feb. 3)

OJCZYZNA: tygodnik narodowy.
    1989?-   Warszawa.   (biweekly)
    Holdings: 1990 - no. 0/1(Mar. 31), 1--16(Dec. 23)
              1991 - no. 17(Jan. 27)--4/20(Mar. 31)

OKIENKO: niezalezne pismo dzieci.
    1986-   [s.l.]   (monthly)
    Holdings: 1986 - no. 1(Sept. 1), 2, 4(Dec.)
              1987 - no. 5(Jan.), 6, 9--12(Oct.)
              1988 - no. 14-15(Jan.-Feb.)--22(Dec.)
              1989 - no. 23(Jan.), 24, 27(June)

89. OKNO. Oswiata, Kultura, Nauka, Opor. NSZZ Solidarnosc.
    198?-   Gdansk-Katowice-Krakow, etc. (frequency?)
    Holdings: 1982 - no. 2(May 15)--4, 6, 7(Oct.)
              1983 - no. 13(May)

-197-

Box No.
89. OKNO: jednodniowka Komitetu Obywatelskiego w Jedrzejowie.
　　　　　1989.　　　　　　　Jedrzejow.　　　　　　　(occasional)
　　　　　Holdings: 1989 - no. 1(Nov.)

　　　OKO: miesiecznik NSZZ "Solidarnosc" Pomorza Srodkowego,
　　　　　Koszalin-Slupsk.
　　　　　1987-　　　　　　　 Koszalin-Slupsk.　　　 (monthly)
　　　　　Holdings: 1988 - no. 16(Apr.), 19(July 15)

　　　OKOLICZNIK: pismo NSZZ Solidarnosc Unitra-Unima.
　　　　　1983?-　　　　　　　Warszawa.　　　　　　　(frequency?)
　　　　　Holdings: 1983 - no. (Aug. 29)

　　　OKOLICZNIK-2.
　　　　　1982?-　　　　　　　[s.l.]　　　　　　　　 (frequency?)
　　　　　Holdings: 1982 - no. [early Sept.]

　　　OPCJA: miesiecznik konserwatywno-liberalny; prywatne pismo.
　　　　　1989-　　　　　　　　Wroclaw.　　　　　　　(monthly?)
　　　　　Holdings: 1989 - no. 0(Nov.)
　　　　　　　　　　1990 - no. 3/4(Mar.)

　　　OPINIA: pismo Ruchu Obrony Praw Czlowieka i Obywatela w Polsce.
　　　　　1977-82.　　　　　　Warszawa.　　　　　　　(monthly)
　　　　　Holdings: 1977 - no. 1(Apr. 30), 3, 5--8(Dec. 1)
　　　　　　　　　　1978 - no. 1/9(Jan. 1)--12/20(Dec.), and "dodatek
　　　　　　　　　　　　　　nadzwyczajny" (Oct. 18)
　　　　　　　　　　1979 - no. 1/21(Jan.)--9-10-11(Sept.-Oct.-Nov.), and
　　　　　　　　　　　　　　"dodatek nadzwyczajny" (Jan. 3)
　　　　　　　　　　1980 - no. 1-2/33-34(Jan.-Feb), 3-4/35-36, 7-8/39-40-
　　　　　　　　　　　　　　-11-12/43-44(Nov.-Dec.)
　　　　　　　　　　1981 - 1-2/45-46(Jan.-Feb.), 5-6/49-50(May-June)
　　　　　*Note:　　revived in 1989 as Opinia: tygodnik KPN; holdings in the
　　　　　　　　　　Hoover Library Periodical Collection.

90. OPINIA BIALOSTOCKA: pismo Konfederacji Polski Niepodleglej. Okreg X
　　　　　Bialystok.
　　　　　1988?-　　　　　　　Bialystok.　　　　　　 (frequency?)
　　　　　Holdings: 1990 - no. (Jan.-Feb.), (Mar.)

　　　OPINIA KRAKOWSKA: pismo II Obszaru Konfederacji Polski Niepodleglej.
　　　　　197?-　　　　　　　 Krakow.　　　　　　　　(frequency?)
　　　　　Holdings: 1979 - no. 18(Nov.-Dec.)

Box No.
90.
```
                    1987 - no. 31--35
                    1988 - no. 36--41
                    1989 - no. 42--44, 46, 47
```

OPINIA MALOPOLSKA: pismo Konfederacji Polski Niepodleglej. Obszar II.
   1985-   Krakow-Przemysl.   (frequency?)
   Holdings: 1985 - no. 1(July-Aug.)

OPOKA: pismo poswiecone sprawom spoleczno-politycznym.
   1983?-   Lodz.   (frequency?)
   Holdings: 1983 - no. 1/10(Nov.)

OPOLITECHNIK: informator MZS WSI w Opolu.
   1981?-   Opole.   (frequency?)
   Holdings: 1981 - no. (Mar. 23)

OPORNIK: tygodnik spoleczny.
   1982?-   [s.l.]   (weekly)
   Holdings: 1982 - no. 7 (March 22), 10, 18, 19, 25, 30(Oct. 4)
   *Note: published in Warsaw, see Kaminska, Bibliografia, item
             no. 782.

OPORNIK ELBLASKI.
   1982-   Elblag.   (frequency?)
   Holdings: 1982 - no. 1(Juny 28), 2(July 10)

OREDOWNIK OSTROWSKI: pismo niezaleznych srodowisk spolecznych.
   1989-   Ostrow Wielkopolski. (frequency?)
   Holdings: 1989 - no. 3(Dec.)

ORGAN: nieregularne pismo satyryczne.
   1978-   (irregular)
   Holdings: 1978 - no. 1(Jan. 22)

ORIENTACJA NA PRAWO: pismo warszawskiego oddzialu Liberalno-
   Demokratycznej Partii "Niepodleglosc."
   1986-   Warszawa.   (biweekly?)
   Holdings: 1986 - no. 1(June)--4, 5(Nov.)
             1987 - no. 6(Jan.)--11, 14(Nov.)
             1988 - no. 18(Jan.)--22, 24--27, 29--34(Dec.)
             1989 - no. 35(Jan.)--41, 44--52(Oct.)
   *Note: subsequent issues in the Hoover Library Periodical
             Collection.

Box No.
90. ORLIK. KPN Region Pulawy.
       198?-   [Pulawy?]   (frequency?)
       Holdings: 1989 - no. 2(Apr.)

   ORLIK. Polska Partia Niepodleglosciowa.
       1988-   Gdansk-Szczecin.   (frequency?)
       Holdings: 1988 - no. 2(Sept. 17)
                 1989 - no. 5(May 13)
                 1990 - no. 9(Feb. 170--12(June 18)

   ORZEL.
       1983?   [s.l.]   (frequency?)
       Holdings: [1983?] - no. [Mar.?]
       *Note: published in Poznan, see Kaminska, Bibliografia, item
                 no. 798.

   ORZEL. NSZZ Solidarnosc Szczecin-Police.
       1988?-   Szczecin.   (frequency?)
       Holdings: 1988 - no. 2(Apr.)

   ORZEL: niezalezny biuletyn wojenny.
       1982-   Lodz.   (frequency?)
       Holdings: 1982 - no. 3(Feb. 4), 4, 12--14, 21, 23, 24(Dec. 17)

   ORZEL: niezalezny tygodnik mlodziezowy.
       1982-   Warszawa.
       Holdings: 1982 - no. 1(Jan. 24)--40(Dec. 27)
                 1983 - no. 1/41(Jan. 1)--41/80(Dec. 22)
                 1984 - no. 1/81(Jan. 1)--9/89, 18/98(May 8)
       *Note: various subtitles.

91. ORZEL BIALY. Krajowe Porozumienie Zakladow Pracy.
       1986-   [s.l.]   (frequency?)
       Holdings: 1986 - no. [1](June)
                 1987 - no. 2--4

   ORZEL BIALY: pismo akademickie Konfederacji Polski Niepodleglej.
       19887-   Warszawa.   (frquency?)
       Holdings: 1987 - no. 2
                 1988 - no. 3, 6(Mar. 15-31), 9 (Dec. 10)
                 1989 - no. 15(Oct. 1-15)
       *Note: in 1987 subtitled: "pismo Konfederacji Polski
                 Niepodleglej w Obszarze Centralnym."

Box No.
91. ORZEL BIALY: pismo Niepodleglosciowego Ruchu Robotniczego.
    198?-   [s.l.]   (frequency?)
    Holdings: 1986 - no. 2/3(Feb.), 3/4--6/7, 7/8, 12/13, 13/14, 14/15
                (Sept.), and "wydanie specjalne" (Sept.)

ORZEL POLSKI: pismo niezaleznej organizacji mlodziezowej.
    1979-   [Warszawa?]   (frequency?)
    Holdings: 1983 - no. 5/38(Nov.)
    *Note: in 1982 entitled: Szkola Polska.

ORZEL W KORONIE--SOLIDARNOSC . [Wydano w drukarni Dowodztwa Obszaru
    Poludniowego Polskiego Panstwa Podziemnego "Polska Walczaca,"
    Katowice].
    1982-   Katowice.   (frequency?)
    Holdings: 1982 - no. [Feb. 4]

OSA: pismo niecodzienne.
    1982-   [s.l.]   (frequency?)
    Holdings: 1982 - no. 1(Jan.)

OSA--SOLIDARNOSC: pismo oporu spolecznego.
    198?-   [s.l.]   (weekly?)
    Holdings: 1982 - no. 1(June 13))--3(June 27)

OSC: biuletyn informacyjny Jastrzebskiej Delegatury NSZZ
    "Solidarnosc," see S...osc: miesiecznik czlonkow i sympatykow NSZZ
    "Solidarnosc."

OSWIATA NIEZALEZNA: miesiecznik Lodzkiego Zespolu Oswiaty Niezaleznej.
    Solidarnosc Walczaca.
    1986?-   Lodz.   (monthly)
    Holdings: 1986 - no. 6(Oct.)--8(Dec.)
              1987 - no. 11-12(Mar./Apr.)--14(June)
              1988 - no. 19-20(Jan.-Feb.)
              1989 - no. 30(Jan.)
    *Note: in 1986 titled: Oswiata: biuletyn Lodzkiego Zespolu
              Oswiaty Niezaleznej.

OSWIATA WALCZACA, see Oswiata Niezalezna.

Box No.
91. **PANKORDET.**
198?-   Wolomin.   (frequency?)
Holdings: 1989 - no. 3/5(Sept.)

PANORAMA OBYWATELSKA. Wydaje: Rada Komitetow Obywatelskich
"Solidarnosc" Wojewodztwa Piotrkowskiego.
1990.   [Piotrkow]   (occasional?)
Holdings: [1990] - no. [May?]

PANTA RHEI: pismo mlodziezy narodowej.
19??-   [s.l.]   (frequency?)
Holdings: 1990 - no. 2(Mar.)

PARADYGMAT WYOBRAZNI.
198?-   [Lublin]   (frequency?)
Holdings: [1988] - no. one unnumbered and undated issue

PARAGRAF: pismo Malopolskiego Komitetu Walki o Praworzadnosc.
1986-   Krakow.   (biweekly/monthly)
Holdings: 1986 - no. 1(Jan. 5)--15-16(Dec. 15)
          1987 - no. 17(Jan. 16)--20, 22, 23--30(Dec. 20)
          1988 - no. 31(Jan. 15)--44(Dec. 12)
          1989 - no. 45(Jan. 10)--53(June 30)

PARANOJA: nieregularnik Frontu Artystycznego "Sabinka."
1986-   [s.l.]   (irregular)
Holdings: 1986 - no. one unnumbered issue

PEGAZ: gdanskie pismo przeciwgazowe.
1984-   Gdansk.   (frequency?)
Holdings: 1984 - no. 1(Mar.)
          1985 - no. 3(Mar.)

PEGAZ OLSZTYNSKI.
1990-   Olsztyn.   (frequency?)
Holdings: 1990 - no. 0(Mar.)

PELNYM GLOSEM: tygodnik Zarzadu Regionalnego NSZZ "Solidarnosc";
komentarze, fakty, opinie.
1981-   Katowice.   (weekly)
Holdings: 1981 - no. 2(Jan. 22)--6(Mar. 2)

Box No.
91. PELZAJACY MANIPULO. Nakladem i papierem biuletynu informacyjnego
Solidarnosc Ziemi Pulawskiej.
[1981]   Pulawy.   (occasional)
Holdings: 1981 - no. 2(Sept. 2), 3(Sept. 6), 3-4(Sept. 9), 7
(Sept. 8), and "numer kolejny," and "numer
nastepny," and "numer wyborczy: Habemus Walesam,"
and no. WAC 0247

PERYSKOP: pismo studentow i absolwentow szczecinskich uczelni.
1985-   Szczecin.   (frequency?)
Holdings: 1985 - no. 1

PIERWIOSNEK: tygodnik NSZZ "Solidarnosc."
1982?-   Lublin.   (weekly)
Holdings: 1982 - no. 2(Feb. 23), 3, [4?](Apr. 4-11)

PIK, see PODZIEMNY INFORMATOR KATOWICKI--PIK.

PIKNIK: biuletyn informacyjny Niezaleznej Grupy Samorzadowej AISA. LX
L.O. Warszawa.
1989-   Warszawa.   (irregular)
Holdings: 1989 - no. [1](Spring)

PILNIK.
1982-83.   Potulice (prison)   (irregular)
Holdings: 1982 - no. 2(June 28), 5--8(Oct.)
          1983 - no. 1/12(Jan. 9), 2/13, 4/15(Apr. 8)

PILSUDCZYK: pismo Federacji Mlodziezy Walczacej Reg. Pomorze
Wschodnie. Gdansk.
1990?-   Gdansk.   (frequency?)
Holdings: 1990 - no. 2(Feb.)

PILSUDCZYK WIELKOPOLSKI: pismo mlodziezowe.
198?-   Leszno.   (frequency?)
Holdings: 1988 - no. 20(Feb.), 21(May)

PISEMKO RUCHU OBYWATELSKIEGO SOLIDARNOSC. Raciborz.
1990-   Raciborz.   (frequency?)
Holdings: 1990 - no. 1(Jan.)

PISMO MIESZKANCOW OSIEDLA GOCLAW, see Goclaw: pismo mieszkancow
osiedla.

Box No.
91.   PISMO NSZZ "SOLIDARNOSC" PRZY WSR-P W SIEDLCACH, see Odnowa: pismo
      NSZZ "Solidarnosc" woj. Siedleckiego.

      PISMO POLKOLOR. Terenowy Komitet Oporu "Solidarnosc."
          1983-   Warszawa.   (biweekly?)
          Holdings: 1983 - no. 1(Aug. 1), 2(Aug. 15)

      PISMO TYMCZASOWEJ KOMISJI KOORDYNACYJNEJ NSZZ SOLIDARNOSC KOPALN
          JASTRZEBIA.
          1982?-   Jastrzebie.   (occasional)
          Holdings: 1983 - no. 11(June: "wydanie specjalne")

      PISMO WOLOMINA: biuletyn informacyjny.
          1989-   Wolomin.   (frequency?)
          Holdings: 1989 - no. 5(Dec.)

      PISMO ZWIAZKOWE. NSZZ Rolnikow Indiwidualnych, see Biuletyn
          Zwiazkowy. NSZZ RI Solidarnosc Rolnikow.

      PLACOWKA. Niezalezny Ruch Chlopski.
          1978-   [s.l.]   (monthly)
          Holdings: 1978 - no. [July-Sept.]
                    1979 - no. 5/1(Apr.)--12-13(Nov.-Dec.)
                    1980 - no. 1(Jan.-Feb.), 2(Mar.-Apr.)
          *Note: continues: Niezalezny Ruch Chlopski.

      PLOMIENIE.
          1980-   Warszawa.   (weekly)
          Holdings: 1981 - no. 10(Mar. 8), 12(Mar. 22)
          *Note: photocopies.

92.   PO PROSTU: tygodnik niezalezny.
          1990-   Warszawa.   (weekly)
          Holdings: 1990 - no. (Jan.), 2(Feb. 22), 4--6, 10, 12, 28, 29,
                    34(Oct. 3)

      PO PROSTU BIS: niezalezne pismo studenckie.
          1980-   Krakow.   (monthly?)
          Holdings: 1981 - no. 4(Jan.), 6(Apr.)

      POBRZEZE: informator wewnetrzny NSZZ Solidarnosc, Region [Pobrzeze].
          1981?-   Koszalin.   (frequency?)
          Holdings: 1981 - no. 4(Apr. 27)

Box No.
92. POBUDKA.
    1982?-   Krakow.   (frequency?)
    Holdings: 1982 - no. 3(Mar. 22), 4(Apr. 15)

POBUDKA: pismo Konfederacji Swietokrzyskiej KPN.
    1986-   Kielce-Radom-etc.   (frequency?)
    Holdings: 1986 - no. 2(June), [3](July)
              1987 - no. [10?], 11(June)--13

POBUDKA: pismo KPN Obszaru XI Rzeszowsko-Przemyskiego.
    1988-   Rzeszow-Przemysl, etc.   (frequency?)
    Holdings: 1989 - no. 3-4, 11-12-13
              1990 - no. 14

POBUDKA: pismo "Solidarnosci" polskich kombatantow.
    198?-   Gdansk-Koszalin-Slupsk.   (frequency?)
    Holdings: 1989 - no. 8-9(Apr.)

POCHODNIA: biuletyn czlonkow i sympatykow NSZZ "Solidarnosc" w
    Gdanskich Zakladach Rafineryjnych.
    1984-   Gdansk.   (monthly)
    Holdings: 1984 - no. 1--3(Nov.), 4(Dec.)
              1985 - no. 1/5(Jan.), 3/7--9/13, 11/14(Nov)
              1986 - no. 1/17(Jan.)

POCHOP: pismo mlodziezy Torunia.
    1989-   Torun.   (biweekly)
    Holdings: 1989 - no. 1(Oct. 2), 2, 4, 6(Dec. 18)

POD PRAD: miesiecznik mlodziezy szkol srednich.
    1988-89.   Warszawa.   (monthly)
    Holdings: 1988 - no. 2-3(July-Aug.), 4(Sept.)
              1989 - no. 5-6/12-13, 9/16(Dec.)
              1990 - no. 1/17(Jan.)

POD SZTANDAREM RYCERSTWA NIEPOKALANEJ. Z inicjatywy NSZZ
    "Solidarnosc" Fadom-ZD. Wola.
    1981-   Zdunska Wola.   (frequency?)
    Holdings: 1981 - no. 1(June 30), 4(Oct.)

PODAJ DALEJ: biuletyn informacyjny Studenckiego Komitetu Solidarnosci.
    1978-   Wroclaw.   (frequency?)
    Holdings: 1978 - no [1: c.Jan.]--5[c.Dec.]
              1979 - no. 6(Jan. 14)--9[May], and "Supplement" no. 1

Box No.
92.
                             1980 - no. 11(Jan.), 13[Mar.]
     *Note: no. 11 and 13, 1980 issued jointly with <u>Akademickie Pismo Informacyjne</u> no. 3 and 4.

PODAJ DALEJ: pismo studentow uczelni poznanskich.
    1986-   Poznan.   (frequency?)
    Holdings: 1986 - no. [2?](May), 3(Oct.)
              1987 - no. 5(May)--7(Nov. 1)
              1988 - no. 10(Jan. 15), 13(Mar. 28)
    *Note: beginning with no. 6 subtitled: "pismo NZS Poznan."

PODLASIE. NSZZ Solidarnosc, Biala Podlaska.
    1982-   Biala Podlaska.   (frequency?)
    Holdings: 1983 - no. 9(May 13)--11(Aug. 25), and "wydanie specjalne" (Apr. 13)

PODLASIE: materialy krajoznawcze.
    1989?-   Bialystok.   (frequency?)
    Holdings: 1990 - no. 4

PODPUNKT: gdanskie zeszyty literackie.
    1984-   Gdansk.   (frequency?)
    Holdings: 1984 - no. 2(Autumn)
              1985 - no. 3(Autumn)
              1988 - no. 5(Summer)

PODZIEMIE: pismo Mazowieckiej Konfederacji "Solidarnosc."
    1984-   [Warszawa?]   (monthly?)
    Holdings: 1984 - no. 1(Jan. 27), 2(Feb. 15)

PODZIEMNA GAZETA PG, see <u>Podziemna Gazeta Politechniki Gdanskiej</u>.

PODZIEMNA GAZETA POLITECHNIKI GDANSKIEJ.
    1982-   Gdansk.   (frequency?)
    Holdings: 1982 - no. 1(Oct. 14)--4(Nov. 12)
              1983 - no. 7(Jan. 26)--12, 14, 15, 18(Dec. 24-25)
              1985 - no. 19(Jan. 31), 20, 22, 24--26-27, 30-31 (Dec. 16)
              1986 - no. 32(Apr.)--35(Dec.)
              1987 - no. 36(Jan.)
    *Note: originally entitled: <u>Podziemna Gazeta PG</u>

Box No.

92. PODZIEMNY INFORMATOR KATOWICKI--PIK: biuletyn informacyjny
    Solidarnosci Walczacej, Oddzial Katowice. Wspolpracuje z Reg.
    Komisja Koord. NSZZ "Solidarnosc" Reg. Sl.-D.
    1983-   Katowice.   (monthly?)
    Holdings: 1983 - no. 7(Nov. 12), [8?](Nov. 26)
              1984 - no. 11(Jan. 27), 14, 17, 18-19(Nov.), and
                     "wydanie specjalne" [Jan.?]
              1985 - no. 20(Jan.)--24(Nov.)
              1988 - no. 2/88(Apr.), 28(Apr. 25), 29, 31, 33, 34-35
                     (Dec. 29)
              1989 - no. 39/5(Aug. 28)
    *Note: since 1988 subtitled: "pismo organizacji 'Solidarnosc
              Walczaca'-OK. Pismo redagowane przez czlonkow
              organizacji 'Solidarnosc Walczaca-OK i przez Niezalezne
              Zrzeszenie Studentow-Katowice."

    PODZIEMNY RUCH OPORU, see "PRO"--Podziemny Ruch Oporu "Solidarnosc."

93. POGLADY.
    1983-   [s.l.]   (frequency?)
    Holdigns: 1983 - no. 1(May)

    POGLADY: biuletyn informacyjny szkol wyzszych i instytucji naukowych
        Lodzi. Solidarnosc Ziemi Lodzkiej.
    1980-81.   Lodz.   (irregular)
    Holdings: 1980 - no. 2(Dec. 22)
              1981 - no. 3(Jan. 12)--16(Nov. 23)

    POGLADY: niezalezny miesiecznik spoleczno-polityczny.
    1983-   [s.l.]   (frequency?)
    Holdings: 1983 - no. 1(Nov.)
    *Note: published by Agencja Informacyjna Solidarnosci
              Walczacej.

    POGLADY: pismo spoleczno-polityczne wydawnictwa Mysl.
    1984-   [s.l.]   (frequency?)
    Holdings: 1984 - no. 1
              1985 - no. 2, 3-4--6
              1986 - no. 7--10
              1987 - no. 11
              1988 - no. 13

    POGLOS: pismo NSZZ "Solidarnosc" przy TPCz Merinotex.
    1982?-   [s.l.]   (monthly?)
    Holdings: 1982 - no. 5(July 12), 6(July 27), and one unnumbered
                     and undated issue

-207-

Box No.
93.
        1983 - no. 15(Feb. 28)--18, 20(July 1)
        [1984] - no. 26
        1985 - no. 36(Nov.), and one unnumbered and undated issue

POHYBEL: strajkowy biuletyn informacyjny NZS UAM.
    1981.   [Poznan]   (occasional)
    Holdings: 1981 - no. 1(Feb. 10)

POKI MY ZYJEMY: pismo Akademickiego Ruchu Samoobrony.
    1982?-   Krakow.   (bimonthly?)
    Holdings: 1982 - no. 6(Apr.), 8(May), 10(July)

POKOLENIE: pisemko mlodziezowe.
    1983?-   Warszawa.   (frequency?)
    Holdings: 1983 - no. (Feb. 9), (Apr. 23)

POKOLENIE: pismo oswiaty niezaleznej. Region Gorzow Wlkp.
    1984-   Gorzow Wlkp.   (monthly?)
    Holdings: 1985 - no. (Dec.)
              1986 - no. (Jan.-Feb.), 2(Mar.)--6-7/20-21(July-Aug.)
              1987 - no. 1-2/26-27
              1990 - no. 2/43(Feb.)
    *Note: in 1990 subtitled: "pismo Regionalnej Sekcji Oswiaty i Wychowania NSZZ "Solidarnosc."

POKOLENIE '80-88: niepodleglosciowe pismo mlodych.
    1989?-   Opole.   (frequency?)
    Holdings: 1988 - no. 1(Nov.)
              1989 - no. 2(Feb.-Mar.)

POKOLENIE WALCZACE: antysocjalistyczne pismo mlodych.
    1983-   Poznan.   (frequency?)
    Holdings: 1983 - no. 1(Jan.), 4, 7(Nov.)

POLIBUDA: gazeta srodowiskowa--NZS PG.
    198?-   Warszawa.   (frequency?)
    Holdings: 1988 - no. 4-5(Feb. 1), 8(June)

POLITYKA.
    1984-   Warszawa.   (frequency?)
    Holdings: 1984 - no. 1

Box No.
93. <u>POLITYKA POLSKA</u>.
    1982-   [s.l.]   (frequency?)
    Holdings: 1982 - no. 1(Autumn)
              1983 - no. 2-3
94.   1984 - no. 4--6
              1985 - no. 7
              1987 - no. 9
              1989 - no. 12--14
    *Note: no. 1--4, 5, 6, photocopies.

<u>POLONIA RESTITUTA</u>: pismo Polskiej Partii Niepodleglosciowej.
    1988-1990.   Gdansk.   (frequency?)
    Holdings: 1988 - no. 1(May)--3(Aug.)
              1989 - no. 7(Dec-Jan. 1990)
              1990 - no. 8(Mar.)--10(May)
    *Note: subtitle appears in 1989; continued in 1990.

<u>POLSKA I SWIAT</u>.
    1987-   Warszawa/Nowy Jork.   (frequency?)
    Holdings: 1987 - no. 1
              1988 - no. 3-4

<u>POLSKA JUTRA</u>: czasopismo KSN [Kongres Solidarnosci Narodu].
    1984-   Warszawa.   (frequency?)
    Holdings: 1984 - no. [1]
              1985 - no. 4-5(Winter-Spring)
95.   1986 - no. 4-5

<u>POLSKA NARODOWA</u>.
    1988-   Warszawa.   (frequency?)
    Holdings: 1988 - no. 1[May], 2[Aug.]
              1990 - no. 5(Feb.)
    *Note: in 1990 subtitled: "pismo prawicy narodowej."

<u>POLSKA NIEPODLEGLA</u>: pismo Polskiej Partii Niepodleglosciowej.
    1985-   [Warszawa]   (frequency?)
    Holdings: 1985 - no. 1, 2
              1987 - no. 3
              1989 - no. 6

<u>POLSKA RZECZYPOSPOLITA SOLIDARNA</u>.
    198?-   [s.l.]   (frequency?)
    Holdings: 1983 - no. (Apr. 16)

Box No.
95. POLSKA ZWYCIEZY: dokumenty. [Redaguje WPZ-84].
    1984-   [s.l.]   (frequency?)
    Holdings: 1984 - no. 1(Mar.)

POMORZE: pismo niezalezne. Solidarnosc Szczecin.
    198?-   Szczecin.   (frequency?)
    Holdings: 1987 - no. (Apr. 26), and "dodatek nadzwyczajny"
              [1988?] - no. 5(May)

POMOST: biuletyn informacyjny. Komitet Zalozycielski NSZZ
    "Solidarnosc" przy AM w Gdansku.
    1980-81.   Gdansk.   (frequency?)
    Holdings: 1980 - no. 6(Nov. 12-13)
              1981 - no. 1/10
    *Note: no. 6, 1980 marked also as "dodatek strajkowy" no. 3

POMRUK: pismo satyryczne do uzytku wewnetrznego.
    1981-   Lodz?   (frequency?)
    Holdings: 1981 - no. 1(Apr. 1), 2(May 1), 2A(May 10)
    *Note: no. 1(Apr. 1), dated as "1 kwiecien 1984" is issued
              jointly with Robotnik, and Solidarnosc z Gdanskiem.

PORTOWIEC. Niezalezny Samorzadny Zwiazek Zawodowy Solidarnosc.
    1980-   Gdansk.   (c.monthly)
    Holdings: 1980 - no. 3(Oct. 27), 6, 11(Dec. 16)
              1981 - no. 20(Feb. 18), 24, 25 (March 26)
              1984 - no. 67(Mar. 28)--72, 74(Dec. 10)
              1985 - no. 75(Jan. 1), 77--87(Dec. 7), and [June 16]
              1986 - no. 88(Jan. 13), 90, 91, 95, 96, 98(Dec. 22)
              1987 - no. 99(Jan. 12)--102, 104--108, 110, 112, 113
                     (Dec. 18)
              1988 - no. 115(Feb. 14)--117, 119, 123, 124, 126--130
                     (Dec. 16)
    *Note: 1980-81 issued as weekly.

POSLANIEC. Obszar VIII KPN Chelmno-Bydgoszcz-Grudziac-Torun.
    198?-   Chelmno, etc.   (frequency?)
    Holdings: 1988 - no. 4(Dec.)
              1989 - no. 6(Jan.)

POST FACTUM. NZS Uniwersytet Warszawski.
    198?-   Warszawa.   (frequency?)
    Holdings: 1981 - no. [c.Jan.], 5-6(Mar.: "biuletyn specjalny:
                     Marzec '68"), 9(May)

Box No.
95. POSTEP: kwartalnik niezalezny.
   1977?-   [s.l.]   (quarterly)
   Holdings: 1978 - no. 4(Apr.)
             1979 - no. 7(Jan.)
             1984 - no. 14(Sept.)
             1986 - no. 21(Sept.)
   *Note: in 1986 subtitled: "kwartalnik niezalezny Ruchu
             Niepodleglosci i Samorzadu"; some issues nearly
             illegible.

POWIAZANIA: pismo Komitetu Obywatelskiego w Wiazownie.
   1990?-   Wiazowna.   (weekly)
   Holdings: 1990 - no. 8(June 26)

POWIEDZMY. Zespol Szkol Ekonomicznych im. A. J. Vetterow.
   1980?-   [s.l.]   (frequency?)
   Holdings: 1981 - no. 2(Jan. 15)

POWROT DO ZYCIA. Wydaje: Miedzyzakladowa Komisja "Solidarnosci"
   Slaska i Zaglebia.
   1983-   [Katowice]   (frequency?)
   Holdings: 1983 - no. 1(Aug.)

POWSTAN POLSKO, SKRUSZ KAJDANY: nieregularny biuletyn wojenny.
   1982-   [s.l.]   (irregular)
   Holdings: [1982] - no. 7
   *Note: see Kaminska, Bibliografia, item no. 850.

POWSTANIEC WIELKOPOLSKI: organ prasowy Polskiej Partii
   Niepodleglosciowej, Okreg Poznan.
   1989?-   Poznan.   (frequency?)
   Holdings: 1990 - no. 2-3(Jan.-Feb.), 4(June)

POZA UKLADEM: miesiecznik spoleczno-polityczny.
   1989-   Gdansk.   (monthly)
   Holdings: 1989 - no. 1(Jan.)--4, 8, 10(Dec.)
             1990 - no. 1(Jan.), 2, 4/14--7/17, 11/20, 21(Dec.)
             1991 - no. 1/22(Jan.), 5/26, 7-8/28, 9-10/29(Sept.-Oct.)

POZA UKLADEM: pismo dziennikarzy prasy podziemnej Trojmiasta.
   1984?-   Gdansk.   (frequency?)
   Holdings: 1984 - no. 2(Apr.), 5(Dec.)
             1985 - no. 6(May), and "numer specjalny" 8(Dec.)
             1986 - no. 9(Feb.), 10

Box No.
95. POZNAN: serwis informacyjny Tymczasowego Zarzadu Regionu NSZZ Region
Wielkopolska.
198?-   Poznan.   (frequency?)
Holdings: 1982 - no. 3[July]--5, 7
          1983 - no. 8(Jan. 7), 9--11, 13--15[Oct.], and
                 [c.Sept. 18], [c.Sept. 30], [c.Nov. 4],
                 [c.Nov. 11], [c.Nov. 18], [c.Dec.]
          1984 - no. 3
*Note: originally titled: Serwis Informacyjny Zakonspirowanego
          (Tymczasowego) Zarzadu Regionu Wielkopolska NSZZ
          "Solidarnosc"; see Kaminska, Bibliografia, item no. 965.

96. PPN. Polskie Porozumienie Niepodleglosciowe.
1976-80.   [s.l.]   (irregular)
Holdings: 1978 - no. 21(Aug.)--23, 25--27(Dec.)
          1979 - no. 29(Feb.)--34, 36(Nov.)
          1980 - no. 38(Feb.)--48(Nov.)
          1981 - no. 49(Feb.)
*Note: Most of no. 1--20(May 1976--June 1978) reprinted in PPN:
          Polskie Porozumienie Niepodleglosciowe (Paryz: Instytut
          Literacki, 1978).

PRACA: biuletyn Duszpasterstwa Ludzi Pracy Archidecezji Warszawskiej.
1986-   Warszawa.   (frequency?)
Holdings: 1987 - no. 4[c.Jan.]
          1988 - no. [1/11], 2/12
*Note: "Do uzytku wewnetrznego"; subtitle dropped in 1998.

PRACA--PLACA--BHP.
1987-   Warszawa.   (irregular)
Holdings: 1987 - no. 1--4(Nov.)
          1988 - no. 5(May), 6(Aug.)
          1989 - no. 1/7(Jan.)
          1990 - no. 8(Mar.)
*Note: originally issued as supplement to Robotnik; various
          subtitles; since 1989 subtitled: "pismo Centralnego
          Wydzialu Zawodowego PPS-RD."

PRACE KOMITETU OBYWATELSKIEGO PRZY PRZEWODNICZACYM NSZZ SOLIDARNOSC.
1989-   [s.l.]   (frequency?)
Holdings: 1989 - no. 1(Feb.), 2(June)

PRAVDA: pisemko Ruchu Mlodziezy Niezaleznej.
1988-   Swiebodzice-Swidnica.   (frequency?)
Holdings: 1988 - no. 1[c.Sept.]
*Note: title in Russian.

Box No.

96. PRAVY ZJAZDNIK: organ patriotyczno-terrorystycznego skrzydla Jastrzebia "Glodna Hiena" im J. Lipavskiego.
    1981.   [Jastrzebie]   (daily?)
    Holdings: 1981 - no. 1(Sept. 6)--3(Sept. 9)

PRAWA CZLOWIEKA: biuletyn. Komitet Helsinski w Polsce.
    1988?-   Warszawa.   (frequency?)
    Holdings: 1988 - no. 2(Dec.)
              1989 - no. 1/3(Feb.)

PRAWA WOLNA. Liberalno-Konserwatywny Klub Polityczny w Lodzi.
    1990.   Lodz.   (frequency?)
    Holdings: 1990 - no. 1[Mar.]

PRAWDA. MKZ NZS PS.
    1980-   Szczecin.   (irregular)
    Holdings: 1980- no. 3(Nov. 21), 4(Dec. 1)

PRAWDA: miesiecznik mysli niezaleznej. Wydaje RKS NSZZ "S" Dolny Slask.
    1983-   Wroclaw.   (monthly?)
    Holdings: 1983 - no. [1], (Dec.)
              1984 - no. (Feb), (Mar.) (Apr.), (May), (July), (Aug.),
                     (Sept.), (Oct.), (Nov.), (Dec.)
              1985 - no. (Jan.), 2/18--11-12/27-28
    *Note: no. (Mar.), 1984 wrongly dated as 1983; no. [1], 1983
              without subtitle and signed: "Za redakcje: Emmanuel
              Goldstein."

PRAWDA: pismo Zakladowego Komitetu Wykonawczego "Solidarnosci."
    1982-   Warszawa.   (frequency?)
    Holdings: 1982 - no. 21(Oct. 25)
    *Note: Kaminska identifies it as Prawda "Plasomet"
              (Bibliografia, item no. 856); Plasomet: Osrodek Badawczo
              Rozwojowy Obrobki Plastycznej Metali, Warszawa.

97. PRAWDA I WOLNOSC: pismo radykalow ND. Mlodziezowy Front Prawdy.
    1989-   Opole.   (frequency?)
    Holdings: 1989 - no. 15

PRAWDA--SOLIDARNOSC--SPRAWIEDLIWOSC: gazeta wyborcza.
    1989.   Bydgoszcz.   (biweekly?)
    Holdings: 1989 - no. 1(May 12)--3(June 12)

Box No.
97. PRAWDA (WOLNYCH POLAKOW): tygodnik wydawnictwa im. Konstytucji 3 Maja.
    1981-   Warszawa.   (weekly)
    Holdings: 1981 - no. 2(Dec. 31)--5(Jan. 14-21)
              1982 - no. 6(Jan. 22-29)

    PRAWDA + WYZWOLENIE: pismo Niezaleznej Chrzescijanskiej Sluzby
        Spolecznej.
    1981-   Lublin.   (frequency?)
    Holdings: 1981 - no. 0(Nov.)

    PRAWICA NARODOWA.   Wydawnictwo "Slowo Narodowe."
    1990-   Warszawa.   (bimonthly)
    Holdings: 1990 - no. 1(May-June)--4(Nov.-Dec.)

    PRAWO GLOSU: pismo NZS WPiA UW.
    1981-   Warszawa.   (frequency?)
    Holdings: 1988 - no. 1(Dec.)
              1989 - no. 3

    PRAWO I BEZPRAWIE. Wydawnictwo Prawno-Polityczne.
    1986-   Warszawa.   (monthly/bimonthly)
    Holdings: 1986 - no. 1[c.Mar.]
              1987 - no. 3(Jan.)--6, 8-10--12-13(Nov.-Dec.)
              1988 - no. 2-3/15-16(Mar.-Apr.), 18/5, 19/6, 20-21/7
                     (Nov.-Dec.)
              1989 - no. 22/1(Jan.), 23-24/2(Feb.-Mar.)

    PRAWO I MEL. Niezalezne Zrzeszenie Studentow, Wydzial Prawa UW i
        Wydzial M[echaniczny] E[nergetyki] i L[otnictwa] PW.
    1980-   Warszawa.   (frequency?)
    Holdings: 1980 - no. 1(Nov. 11)
              1981 - no. 3-4(Feb.)

    PRAWORZADNOSC: biuletyn.
    1981-   Opole.   (frequency?)
    Holdings: 1981 - no. 1(Jan.)

    PRAWORZADNOSC: dokumenty.
    1986-   [Warszawa]   (frequency?)
    Holdings: 1985 - no. 2(Apr.)
              1986 - no. 4(May)
    *Note: "Komitet Obrony Praworzadnosci (KOP) informuje, ze od
              dnia 1 marca 1986 roku pismem Komitetu jest

-214-

Box No.
97.
    Praworzadnosc, z podtytulem: 'Dokumenty'"; see also
    Komunikat. Komitet Ochrony Praworzadnosci, and
    Praworzadnosc: pismo Komitetu Ochrony Praworzadnosci.

PRAWORZADNOSC: pismo Komitetu Ochrony Praworzadnosci.
    1984-   Warszawa.   (frequency?)
    Holdings: 1984 - no. 2(July)--5(Dec. 7)
              1985 - no. 6-7(Feb. 10), 8-9, 10-11, 12

98.
              1986 - no. 12-13(Jan.-Feb.)--15
              1987 - no. 16, 17
              1989 - no. 2/21
    *Note: with no. 12-13 subtitled: "pismo o prawie i bezprawiu";
              in 1989 subtitled dropped, published by Komitet
              Helsinski w Polsce; see also Praworzadnosc: dokumenty.

PRAWORZADNOSC: wiadomosci pracownikow terenowej administracji
    panstwowej. Komisja Zakladowa NSZZ "Solidarnosc" przy U.D.
    Srodmiescie.
    198?-   Warszawa.   (monthly?)
    Holdings: 1981 - no. 4(Apr.)--8, 10(Oct. 15)

PRO FIDE REGE ET LEGE: pismo Klubu Zachowawczo-Monarchistycznego.
    1988-   Warszawa.   (frequency?)
    Holdings: 1988 - no. 1
              1989 - no. 3, 5, 6, 7
              1991 - no. 10

PRO KONTRA: pismo czlonkow i sympatykow Solidarnosci z Regionu
    Swietokrzyskiego.
    1985-   [s.l.]   (frequency?)
    Holdings: 1986 - no. [12?](Jan.)

"PRO"--PODZIEMNY RUCH OPORU "SOLIDARNOSC."
    1982?-   [s.l.]   (frequency?)
    Holdings: 1982 - no. 30(May), 31(June)

PROBY: pismo NZS PK.
    1980?-   Krakow.   (frequency?)
    Holdings: 1981 - no. 1(Apr. 15), 2-3(June-July)

PROLET: tygodnik NSZZ "Solidarnosc."
    1982?-   Szczecin.   (weekly)
    Holdings: 1982 - no. 5(Apr. 26), 6, 12, 18(Oct. 4)
    *Note: originally without subtitle.

Box No.
98. PROLETARIUSZ: organ Komitetu Centralnego Polskiej Partii Robotniczej.
    1990?   Wroclaw.   (frequency?)
    Holdings: [1990] - no. one unnumbered and undated issue

PROLETARYAT: organ socjalno-rewolucyjnej wspolnoty.
    1982-   [s.l.]   (frequency?)
    Holdings: 1982 - no. 1((May)

PROLETARYAT: pismo Polskiej Partii Socjalistycznej.
    1988?-   Lublin.   (frequency?)
    Holdings: 1989 - no. 4[Feb.]

PROMETEUSZ. Samorzadne organizacje uczniowskie-SOU.
    1981-   Jelenia Gora.   (frequency?)
    Holdings: 1981 - no. 2(Mar. 14)

PROMIENISCI.
    1982-1989.   Krakow.   (biweekly)
    Holdings: 1982 - no. [2?](Nov. 15), 5(Nov. 28)
                1983 - no. 12(Feb. 21)--16, 22--24-25(Oct. 24)
                1984 - no. 28(Jan. 9)--39, 1/40(Oct. 17)--7-8/47-48
                       (Dec. 17), and "wydanie specjalne" (June 25)
                1985 - no. 9-10/48-49(Feb. 11)--7-8/65-66(Dec. 16)
                1986 - no. 9-10/67-68(Jan. 20)--6-7/82-83(Dec. 15)
                1987 - no. 8-9/84-85(Jan. 19)--18/94(June 8); 1/95
                       (Oct. 12)--3/97, 5-6/99-100(Dec. 21)
99.   1988 - no. 9/103(Feb. 15)--16/110(June 6); 1/112
                       (Oct. 3)--6-7/117-118(Dec. 12)
                1989 - no. 8-9/119-120(Jan. 16)--18-19/129-130(Apr. 19)
    *Note: originally subtitled: "pismo ojcow i dziadkow dla synow
                i wnukow."

PROMYK: biuletyn informacyjny NSZZ "Solidarnosci" Kujaw i Ziemi
    Dobrzynskiej.
    1981-   Wloclawek.   (frequency?)
    Holdings: 1981 - no. 3(June 15)

PROPOZYCJE I DYSKUSJE: niezalezne pismo zwiazkowcow "Solidarnosci."
    1980-   Lodz.   (frequency?)
    Holdings: 1980 - no. 1(Dec. 15)
                1981 - no. 2(Jan. 15), 3, 8(July 22)

PROSTOWNIK. NSZZ Solidarnosc Region Dolny Slask.
    198?-   Wroclaw.   (frequency?)
    Holdings: 1986 - no. 91(Jan. 14), 92(Feb. 20)

Box No.
99. PROSTOWNIK: pismo Solidarnosci Walczacej. [Wydaje: Solidarnosc
Walczaca, Oddzial Dolny Slask].
1990?-   Brzesc?   (frequency?)
Holdings: 1990 - no. [Mar. 29]
*Note: "Prostownik jest brzeska edycja pisma Licza sie Czyny."

PROTEST: pismo TKZ NSZZ "Sclidarnosc" ZSO POLAM Pila.
198?-   Pila.   (frequency?)
Holdings: 1987 - no. 2(Sept.)

PROTEST: pismo Tymczasowej Komisji Koordynacyjnej Regionu Bydgoskiego.
1981-   Bydgoszcz.   (c.daily)
Holdings: 1981 - no. 1(Nov. 3)--4, 6--30(Dec. 11), and "wydanie
                specjalne" (Dec. 10)
          1983 - no. 13/1(Jan. 16)--15/3,, 17(Apr. 12)
*Note: in 1981 subtitled: pismo NSZZ "Solidarnosc."

PROWINCJUSZ: biuletyn oswiatowo-informacyjny Gminy Lomza.
1990-   Lomza.   (frequency?)
Holdings: 1990 - no. 1(Apr.)

PROWINCJUSZ: pismo K.O. "Solidarnosc" i wolna trybuna mieszkancow
Gory Kalwarii.
1989-   Gora Kalwaria.   (frequency?)
Holdings: 1989 - no. 1(Nov. 11)--4(Dec. 21)
          1990 - no. 6(Jan. 25)--18(Nov. 22)

PRYZMAT: niezalezne pismo mlodziezy akademickiej AR-T Olsztyn.
1980-   Olsztyn.   (frequency?)
Holdings: 1980 - no. 1(Nov. 24), 2(Dec.)

PRZASNYSKA NIEZALEZNA. Redakcja i Biuro Ogloszen.
1990-   Przasnysz.   (weekly?)
Holdings: 1990 - no. 2(Apr. 6), 3(Apr. 13)

PRZEBICIA: pismo wydawane przez Kolo Wydzialowe Niezaleznego
Zrzeszenia Studentow Wydzialu Elektrycznego Politechniki
Warszawskiej.
1980?-   Warszawa.   (frequency?)
Holdings: 1981 - no. 10(June 2)

PRZEBOJEM: pismo mlodziezowego ruchu oporu "Niepodlegli."
1988.   [Katowice]   (frequency?)
Holdings: 1988 - no. 1(May)

Box No.
99. PRZEBUDOWA: pismo Osrodka Mysli Ludowej.
    1980-   [Warszawa]   (frequency?)
    Holdings: 1980 - no. 1

PRZEDSWIT. Solidarnosc.
    1982-   Lodz.   (frequency?)
    Holdings: 1984 - no. 33(Dec.)

PRZEDSWIT--SOLIDARNOSC ROBOTNICZA: pismo polskiej socjaldemokracji.
    198?-   [s.l.]   (frequency?)
    Holdings: 1987 - no. 1/13
             1988 - no. 16--19(Dec.)
             1989 - no. 20(Feb.-Mar.)
    *Note: photocopies.

PRZEDWIOSNIE.
    1982-   Lodz.   (weekly/biweekly)
    Holdings: 1982 - no. 3-4(Mar. 8)--7(Apr. 11)
    *Note: photocopies.

PRZEGIECIE PALY. Pomaranczowa Alternatywa.
    1988?-   Lodz.   (frequency?)
    Holdings: 1988 - no. 3(Autumn), 4
             1989 - no. 5--7

PRZEGLAD. [NOWA]
    1983-   Warszawa.   (series)
    Holdings: 1983 - no. 1("Aktorzy")

PRZEGLAD: fakty i opinie. NSZZ Solidarnosc MKZ ZR Katowice, Biuro
    Informacji.
    1980-   Katowice.   (frequency?)
    Holdings: 1981 - no. 9(Jan. 15)

PRZEGLAD: pismo KPN Mielec.
    1989-   Mielec.   (c.monthly)
    Holdings: 1989 - no. 1-2(Oct.-Nov.), 3(Dec.), and "wydanie
                  specjalne" (Nov. 8)
             1990 - no. 4(Jan.)--9(May)
    *Note: in 1989 subtitled: "pismo KPN Region Mielec."

Box No.

100. PRZEGLAD: pismo Wydawnictwa im. Konstytucji 3 Maja.
    1979-   [s.l.]   (frequency?)
    Holdings: 1979 - no. 1(Jan.), 2
              1980 - no. 5
              1981 - no. 6, and "dodatek okolicznosciowy" 6a
              1982 - no. 1(Jan.)--3, 5, 6(June)

    PRZEGLAD AKADEMICKI: pismo Niezaleznego Zrzeszenia Studentow
        Uniwersytetu Jagiellonskiego.
    1985-   Krakow.   (c.monthly)
    Holdings: 1986 - no. 8/14(Nov. 15), 10/16(Dec. 9)
              1987 - no. 4/21(Feb. 21), 9/26, 12/29, 13/30(Nov. 18)
              1988 - no. 3/35(Feb. 17), 10/42, 11/43, 23/55, 24/56,
                     25/57, 27/59, 30/62, 31/63(Dec. 5)
              1990 - no. 3/67(Feb. 28)
    *Note: no. 23/55, 1988 issued jointly with Gwarek; see also its
              Fotoaneks.

    PRZEGLAD BIEZACYCH WYDARZEN.
    1981-82.   Warszawa.   (frequency?)
    Holdings: 1981 - no. 5(Dec. 30)
              1982 - no. 2/7(Jan. 7)

    PRZEGLAD JASTRZEBSKO-RYBNICKI: pismo Solidarnosci Walczacej.
    1990?-   Jastrzebie-Rybnik.   (frequency?)
    Holdings: 1990 - no. 2, 4

    PRZEGLAD KATOWICKI: pismo zwiazane z RKK "S" Region Slasko-Dabrowski.
    1983-   Katowice.   (frequency?)
    Holdings: 1983 - no. 1(Dec.)
              1984 - no. 5(Apr.)

    PRZEGLAD KPN.
    1984-   [s.l.]   (frequency?)
    Holdings: 1984 - no. 4(Aug.)

    PRZEGLAD KPN. Wydanie terenowe, Obszar centralny, Warszawa.
    198?-   Warszawa.   (frequency?)
    Holdings: 1984 - no. (Mar. 25)

    PRZEGLAD KPN. Wydanie terenowe, Obszar V--Gorny Slask, Katowice."
    198?   Katowice.   (frequency?)
    Holdings: 1984 - no. (May 15)

Box No.
100. PRZEGLAD KRAKOWSKI.   NSZZ Solidarnosc.
    198?-   Krakow.   (frequency?)
    Holdings: 1982 - no. 3(Feb. 10)

PRZEGLAD KRAKOWSKI: pismo NGPS KPN.
    1984-   Krakow.   (frequency?)
    Holdings: 1985 - no. 2(Apr.)

PRZEGLAD KRESOWY: pismo tygodniowe. Zamosc-Chelm.
    1990-   Zamosc-Chelm.   (weekly)
    Holdings: 1990 - no. 6(Apr.)

PRZEGLAD KUPIECKI: czasopismo konserwatywno-liberalne.
    1990-   Olawa.   (frequency?)
    Holdings: 1990 - no. 1(Apr.)

PRZEGLAD LIBERALNY: pismo Opolskiego Oddzialu Liberalno-Demokratycznej
    Partii "Niepodleglosc."
    1989-   Opole.   (frequency?)
    Holdings: 1989 - no. 1(Oct.)
            1990 - no. 2-3(Feb.)

PRZEGLAD MINSKI: pismo opozycji politycznej, Minsk Mazowiecki.
    198?-   Minsk Mazowiecki.   (frequency?)
    Holdings: 1985 - no. 9-10(Mar. 21)--14, 16(Aug.-Sept.)

PRZEGLAD MYSLI NIEZALEZNEJ. Wydaje Ruch Spoleczny Solidarnosc.
    1983?-   Wroclaw.   (monthly)
    Holdings: 1983 - no. 1(June)--6(Dec.)
            1984 - no. 9(Mar.)--11(May)
            1985 - no. 13[Nov.]

PRZEGLAD NARODOWY.
    1990-   Warszawa.   (biweekly?)
    Holdings: 1990 - no. (Sept.), 1(Sept. 15)--3, 5, 7(Dec. 15)
            1991 - no. 2/9(Jan. 15)--6/13(Mar. 15)

PRZEGLAD NAUCZYCIELSKI: pismo pracownikow oswiaty i wychowania.
    Region Srodkowo-Wschodni NSZZ "Solidarnosc."
    198?-   Lublin.   (monthly)
    Holdings: 1989 - no. 1/82(May)

Box No.

100. PRZEGLAD OSWIATOWY: dwutygodnik "Solidarnosci" pracownikow oswiaty i
    wychowania.
    1990-   Gdansk.   (biweekly)
    Holdings: 1990 - no. 1((Mar.)--6, 9, 10, 12(Dec. 15)
               1991 - no. 1/13(Jan. 1)--4/16(Feb. 15)

PRZEGLAD POLITYCZNY. Wydawn. "Litery."
    1983-   Gdansk.   (frequency?)
    Holdings: 1983 - no. 2[Apr.]
               1984 - no. 3
               1985 - no. 5, 6

101.   1986 - no. 7, 8
               1987 - no. 9
               1988 - no. 10, 11
               1991 - no. 1/13(June), 1/14(July)
    *Note: in 1991 monthly.

PRZEGLAD POMORSKI: miesiecznik czlonkow i sympatykow NSZZ
    "Solidarnosc."
    1987?-   Torun.   (monthly)
    Holdings: 1987 - no. 7(Oct.), 9 (Dec.)
               1988 - no. 10(Jan.)--15, 17, 18, 20, 21(Dec.)
               1989 - no. 1/21, 24(Mar.), 4/25, 5/26, 9/30--11/32,
                     13/34--21/41(Aug.)

PRZEGLAD POZNANSKI.
    1986?-   Poznan.   (monthly?)
    Holdings: 1986 - no. 2, 5(May), 6(June), and "dodatek specjalny:
                     1956 Czerwiec 1986"
               1987 - no. 7(Feb.), 8(Mar.)
               1988 - no. 15(Dec. 19)
               1989 - no. 22[Mar.], 28[May]
    *Note: various subtitles; no. 2 mutilated.

PRZEGLAD PRASY: dwutygodnik NSZZ Solidarnosc.
    1982-   Wroclaw.   (frequency?)
    Holdings: 1982 - no. 1(Apr. 19), 2(May 3)

PRZEGLAD PRASY PODZIEMNEJ. Wydaje Miedzyuczelniany Opozycyjny Ruch
    Studencki.
    198?-   Warszawa.   (frequency?)
    Holdings: 1983 - no. 7(Jan. 21), 8, 12, 16(Sept. 3)

PRZEGLAD PRASY ZACHODNIEJ: pismo Wydawnictwa im. Konstytucji 3 Maja,
    see Przeglad: pismo Wydawnictwa im. Konstytucji 3 Maja.

-221-

Box No.
101.   PRZEGLAD PRASY ZAGRANICZNEJ: biuletyn informacyjny, see <u>Biuletyn Informacyjny</u>: przeglad prasy zagranicznej.

PRZEGLAD PRASY ZWIAZKOWEJ I NIEZALEZNEJ SERWISU INFORMACYJNEGO RKS MALOPOLSKA.
   1982-   Krakow.   (frequency?)
   Holdings: 1983 - no. (Aug. 29)
             1986 - no. 1--4
             1987 - no. 1
   *Note: "Przeglad Prasy Zwiazkowej i Niezaleznej ukazuje sie jako wydawnictwo Serwisu Informacyjnego RKW NSZZ 'Solidarnosc' Malopolska od listopada 1982 w cyklu dwutygodniowym. Dotychczas wydawany byl jako maszynopis... i przeznaczony do uzytku redakcji pism zwiazkowych."

PRZEGLAD TYGODNIA: biuletyn informacyjny NSZZ "Solidarnosc" Region Mazowsze.
   198?-   Warszawa.   (weekly)
   Holdings: 1982 - no. 5(Jan. 31), 8, 11, 13, 15, 17--19, 21, 23, 25, 26, 40(Oct. 10)
             1983 - no. 49(Mar. 20), 50, 54, 59(May 29)

PRZEGLAD UNIWERSYTECKI. Katolicki Universytet Lubelski.
   1989-   Lublin.   (frequency?)
   Holdings in the Green Library Periodical Collection.

PRZEGLAD WIADOMOSCI AGENCYJNYCH--PWA. Solidarnosc, Region Mazowsze.
   1984-   Warszawa.   (weekly?)
   Holdings: 1984 - no. 1(Nov. 8), 2, 4--6(Dec.16)
             1985 - no. 3(Jan. 20)--13, 15--21, 23--33(Dec. 15)
102.   1986 - no. 1(Jan. 5)--42/81(Dec. 21)
             1987 - no. 1/82(Jan. 4)--46/127(Dec. 30)
             1988 - 1/128(Jan. 6)--43/170(Dec. 23)
             1989 - no. 1/171(Jan. 6)--203, 205--45/215, 45/216--49/219(Dec. 22)
   *Note: subsequent issues in the Hoover Library Periodical Collection.

PRZEGLAD WIADOMOSCI POLITYCZNYCH.
   1986-   [s.l.]   (frequency?)
   Holdings: 1987 - no. 11--14
             1989 - no. 24

Box No.

102. PRZEGLAD WIADOMOSCI STRAJKOWYCH.
    1988.   Nowa Huta.   (occasional)
    Holdings: 1988 - no. 1(May 6)--4(May 12)

PRZEGLAD ZACHODNI: niezalezne pismo spoleczno-polityczne.
    197?-   [s.l.]   (frequency?)
    Holdings: 1978 - no. 2(Apr.)

PRZEKAZ.
    1987-   Gdansk.   (frequency?)
    Holdings: 1987 - no. 1(Apr.), 2(Sept.)

PRZELOM: pismo opozycji robotniczej.
    1985-   [s.l.]   (frequency?)
    Holdings: 1985 - no. 1, 2

PRZESWIT. Solidarnosc.
    1982-   Lodz.   (monthly)
    Holdings: 1982 - no. 2-3(July), [3?: Aug.], 4-5, [6](Oct.), 7-
          -10[Dec.?]

103.   1983 - no. 1/11(Jan.)--4/14, 6/16--9/19, 11/21
          (Nov.-Dec.)
        1984 - no. 22(Jan.), 25--28, 30--33(Dec.)
        1985 - no. 34(Jan.-Feb.)--40, 42, 43 (Dec.)
        1986 - no. "wydanie specjalne--szopka noworoczna"
        1987 - no. 44(Spring), 45(Summer)
    *Note: originally subtitled: "dwutygodnik NSZZ Solidarnosc."

PRZESZLOSC WAM RECZY IMIONAMI SWEMI: jednodniowka. Wydania w 150
    rocznice wybuchu Powstania Listopadowego 29 XI 1830 29 IX 1930.
    1980.   Krakow.   (occasional)
    Holdings: 1980 - no. (Nov.)

PRZETRWANIE: pismo czlonkow NSZZ "Solidarnosc."
    1982-   [Warszawa]   (weekly)
    Holdings: 1982 - no. 1(Jan. 11), 3, 5, 7--10, 12--24(July 5), and
          "wydanie specjalne" no. 1a

PRZEZ PRYZMAT. NSZZ "Solidarnosc" P[anstwowe] Z[aklady]
    O[ptyczne]-PCO.
    1985?-   [s.l.]   (frequency?)
    Holdings: [1985?] - no. [c.Jan.], 6

Box No.
103. PRZYJACIEL NAUK: studia z teorii i krytyki spolecznej. [Inicjatywa
        Wydawnicza Aspekt].
        1986?-   Poznan/Wroclaw.   (frequency?)
        Holdings: 1987 - no. 3-4[July]

      PRZYSZLOSC POLSKI: pismo spoleczno polityczn K.P.N.
        1984?-   Warszawa.   (frequency?)
        Holdings: 1985 - no. 1/7(Jan.-Feb.), [10?](May)

      PULENTA. Zespol Szkol Hotelarsko-Garstronomicznych. Federacja
        Mlodziezy Walczace Gdynia.
        198?-   Gdynia.   (frequency?)
        Holdings: [198?] - no. 3

      PULS: biuletyn informacyjny NSZZ Solidarnosc. FLT "PREMA-MILMET"
        Sosnowiec.
        1981?-   Sosnowiec.   (frequency?)
        Holdings: 1981 - no. 4(Mar. 25), 6, 7(Apr. 15-May 4)

      PULS: dwutygodnik sluzby zdrowia NSZZ Solidarnosc.
        1980-   Zielona Gora.   (bimonthly)
        Holdings: 1981 - no. 2/4(Feb. 28)

      PULS: nieregularny kwartalnik literacki.
        1977-   Warszawa.   (irregular)
        Holdings: 1977 - no. 1
                  1978 - no. 2(Mar.), 3(Aug.)
                  1979 - no. 4-5(Autumn-Winter), 6(Spring)
                  1980 - no. 7(Winter), 9-10(Autumn-Winter)
104.   1981 - no. 11-12(Spring-Summer)
        *Note: publication continued in the West.

      PULS: pismo Miedzyzakladowego Komitetu Solidarnosci Nowa Huta, see
        Puls--S.

      PULS--S: pismo Miedzyzakladowego Komitetu Solidarnosci Nowa Huta.
        Region Malopolska.
        1982-   Krakow.   (frequency?)
        Holdings: 1986 - no. 1(Jan.)--3(May)
        *Note: in 1982-1986 entitled: Puls.

-224-

Box No.
104. PUNKT: almanach gdanskich srodowisk tworczych.
    198?-   Gdansk.   (frequency?)
    Holdings: 1980 - no. "Solidarnosc, Gdansk Sierpien '80"
                    12(Oct.-Dec.)

PUNKT: gornoslaski miesiecznik organizacji "Solidarnosc Walczaca."
    1989?   [Jastrzebie]   monthly.
    Holdings: 1989 - no. 1/5

PWA, see Przeglad Wiadomosci Agencyjnyhch.

PYRZYCKA GAZETA WYBORCZA.
    1990?   Pyrzyce.   (frequency?)
    Holdings: [1990] - no. [c.May]

PYTANIA: dwutygodnik.
    1982-   Wroclaw.   (frequency?)
    Holdings: 1982 - no. 1(Apr. 15)

PZM: biuletyn informacyjny NSZZ "Solidarnosc," see Biuletyn
    Informacyjny. NSZZ "Solidarnosc"; PZM...Szczecin.

Box No.
104.   QUO VADIS. Torun.
        1983.   Torun.   (occasional?)
        Holdings: 1983 - no. [Jan. 27]
        *Note: motto: "Dac swiadectwo Prawdzie."

       QUO VADIS? Uczniowski Komitet Odnowy Spolecznej (UKOS).
        1980-   Wroclaw.   (frequency?)
        Holdings: 1980 - no. 1(Nov. 29)

       QUO VADIS: organ FMW Mielec. Federacja Mlodziezy Walczacej.
        1990?-   Mielec.   (frequency?)
        Holdings: 1990 - no. 3(Apr. 12)

       QUO VADIS: pismo niezaleznego ruchu studenckiego uczelni bydgoskich.
        1984?-   Bydgoszcz.   (frequency?)
        Holdings: 1985 - no. 2(Feb.), 3(Mar.)

Box No.
104. RADOMSKA KOMORKA "ROBOTNIKA."
    1977.   Radom.   (frequency?)
    Holdings: 1977 - no. 1(Nov. 4)

RADOMSKI INFORMATOR SOLIDARNOSCI--RIS, see Informator. Ziemia
    Radomska. MKZ NSZZ "Solidarnosc."

RAJ.
    1986-   [Suwalki?]   (occasional?)
    Holdings: 1986 - no. 1[Dec.?]

REDUTA.
    1979.   [s.l.]   (occasional)
    Holdings: 1979 - no. (May)

REDUTA: biuletyn spoleczno-kulturalny NSZZ "Solidarnosc" WSP Rzeszow.
    1981?-   Rzeszow.   (frequency?)
    Holdings: 1981 - no. 3-4(Apr.-May)

REDUTA: niezalezne pismo wojskowe.
    1982-85.   Warszawa-Gdansk.   (irregular)
    Holdings: 1983 - no. 6(Feb.). 8, 10, 11-12, 15(Dec.)
            1984 - no. 16, 17
    *Note: subtitled since no. 15, 1983.

REDUTA: niezalezny biuletyn studencki.
    1980-   Gdansk.   (frequency?)
    Holdings: 1980 - no. 1(Sept. 10)

REDUTA: pismo Polskiego Stronnictwa Pracy.
    1983-   Lodz.   (frequency?)
    Holdings: 1983 - no. 1[Apr.?]
    *Note: nearly illegible copy.

REDUTA: zwiazkowy biuletyn informacyjny. Wydaje TKZ NSZZ
    "Solidarnosci" ZM "PZL-Wola" im. Nowotki.
    1982-   Warszawa.   (monthly)
    Holdings: 1983 - no. 11[Jan.], 14, 28--30[c.Nov.]
            1984 - no. 32[c.Jan.], 33, [c.Apr.], 35, 36, 38--41-42
                  (Dec.), and "dodatek historyczny" (Sept.)
            1985 - no. 43(Jan.), 44, 47-48--52-53, 54(Dec.)
            1987 - no. 64
            1988 - no. 69(Aug.)--71(Oct.)

Box No.
104.   *Note: originally subtitled: "pismo wydawane przez czlonkow
                       'Solidarnosci' (NSZZ 'Solidarnosc') Z. M. 'Wola' d.
                       Nowotko."

REDUTA ORDONA. "Solidarnosc" ZM "Ursus."
    1982?-   Ursus.   (frequency?)
    Holdings: 1982 - no. 8, 13(May 10)--17, 19, 20A, 21, 24, and
                     "dodatek nadzwyczajny" to no. 22, 26
              1983 - no. 32(Mar. 15)

REFLEKS. NZS Filologii Polskiej.
    1981-   Wroclaw.   (frequency?)
    Holdings: 1981 - no. 1(May)

REFLEKS: dwutygodnik mlodych KPpRM.
    1981?-   Warszawa.   (biweekly)
    Holdings: 1981 - no. 3(Mar. 30)

REFLEKSJE: biuletyn Ruchu Wolnych Demokratow.
    1989-   Wroclaw.   (frequency?)
    Holdings: 1989 - no. 1(Jan. 1)

REFLEKSY: gazetka czlonkow NSZZ "Solidarnosc" Torun.
    1987?-   Torun.   (frequency?)
    Holdings: 1988 - no. 1(Jan. 18)--3(Feb. 27)

REFLEKSY: pismo studentow UW.
    198?-   Warszawa.   (monthly)
    Holdings: 1987 - no. 6(Mar.)--8(May)
              1988 - no. 9(Jan.), 10, 12(Oct.)

REFORMATOR: pismo mlodej kolektywizacji. [Wydawnictwo im. Olofa
    Palme].
    1987-   [s.l.]   (frequency?)
    Holdings: 1987 - no. 1

REGION: dwutygodnik RKW NSZZ "Solidarnosc" Dolny Slask.
    1987-   Wroclaw.   (biweekly)
    Holdings: 1987 - no. 1(Nov. 15), 2(Dec. 6)
              1988 - no. 4(Jan. 10)--14, 16- 23, 25(Dec. 17), and
                     "numer strajkowy (4)(August 26)
              1989 - no. 26(Jan. 15)--39, 42--44-45, 47, 48, 57, 60--
                     63-64(Dec. 23)
              1990 - no. 66(Jan. 19)--69, 71, 74--78(April 13)

-228-

Box No.
104. *Note: no. 1 subtitled: pismo NSZZ Solidarnosc..."; no. 20 subtitled: "organ RKW NSZZ 'Solidarnosc'..."; weekly since May 1989.

REGIONALNY INFORMATOR SOLIDARNOSCI SLASKO-DABROWSKIEJ RIS, see Ris-
-regionalny informator Solidarnosci Slasko-Dabrowskiej.

REGIONALNY SERWIS INFORMACYJNY. MKO NSZZ Solidarnosc Szczecin.
   1989-   Szczecin.   (frequency?)
   Holdings: 1989 - no. 1(Apr. 3)

REMANENT: informator WSS "Spolem" O/Praga Pol. NSZZ Solidarnosc-
Region Mazowsze.
   1981?-   Warszawa.   (frequency?)
   Holdings: 1981 - no. 2(Feb.), 4, 6(May)

REMONT: biuletyn informacyjny KZ NSZZ "Solidarnosc" PM i RPCH w
Warszawie.
   1981?-   Warszawa.   (frequency?)
   Holdings: 1981 - no. 1(Apr. 15), 2(Apr. 30), and "dodatek: Jan
                  Gross, 'W zaborze Sowieckim'"
   *Note: PM i RPCH: Przedsiebiorstwo Modernizacji i Remontow
         Przemyslu Chemicznego "BUDOCHEM."

RENESANS: pismo ludzi nieobojetnych. Zamosc.
   1989-   Zamosc.   (frequency?)
   Holdings: 1989 - no. 3(Dec.)
              1990 - no. 4, 8 "wyborczy"
   *Note: no. 8 had two different editions.

REPERKUSJE: pismo Niezaleznego Zrzeszenia Studentow WSP Olsztyn.
   1980?-   Olsztyn.   (frequency?)
   Holdings: 1981 - no. 5(Mar.)

105. REPLIKA: miesiecznik niezalezny, Dolny Slask.
   1982-   [Wroclaw]   (monthly)
   Holdings: 1982 - no. 2(June 21)--9(Dec.)
              1983 - no. 10(Jan.)--19, 21(Dec.)
              1984 - no. 22(Jan.), 23--25, 26, 30, 31-32(Dec.)
              1985 - no. 33(Jan.)--43-44(Nov.-Dec.)
              1986 - no. 45[Jan.]--49, 51, 52[Dec.]
              1987 - no. 53
   *Note: "Wydaje Agencja Wydawnicza Solidarnosci Walczacej";
         originally bimonthly; includes supplement Appendix; with
         no. 45 subtitled: "pismo niezalezne."

Box No.
105. REPLIKA: nieregularny tygodnik redagowany i wydawany w Warszawie;
kontynuacja Buletynu Informacyjnego "Solidarnosci," ktorego
pierwszy numer ukazal sie z data 27 stycznia 1982r.
1982-   Warszawa.   (c.weekly)
Holdings: 1982 - no. 2

REPORTER.
1985-   Warszawa.   (quarterly)
Holdings: 1985 - no. 1(Summer)
          1986 - no. 2-3(Autumn-Winter)

REPUBLIKA: miesiecznik spoleczno-polityczny.
1982-   Wroclaw.   (frequency?)
Holdings: 1982 - no. 1(Oct.), [?](Nov.)
          1983 - no. [?](Mar.)

RES: pismo NSZZ Solidarnosc przy Bibliotece Jagiellonskiej.
1981.   Krakow.   (frequency?)
Holdings: 1981 - no. 1(Sept.), and "wydanie specjalne" (Oct.)

RES PUBLICA.
1979-   [Warszawa]   (quarterly)
Holdings: 1979 - no. 1
106.   1979 - no. 2--4
                1980 - no. 5--7
                1981 - mo. 8
*Note: no. 8 photocopy.

107. REWERS: pismo Ruchu "Wolnosc i Pokoj."
1987?-   Kolobrzeg-Koszalin.   (frequency?)
Holdings: [1987] - no. 1
          [1988] - no. 3, 4[Apr. 29]

REWERS: pismo TKZ NSZZ "Solidarnosc" przy Przedsiebiorstwie Gospodarki
Maszynami BW.
198?-   [s.l.]   (frequency?)
Holdings: 1983 - no. 3
          1984 - no. 6(Oct.)

REZONANS. Telkom Teletra NSZZ Solidarnosc.
1983?-   Poznan.   (frequency?)
Holdings: 1983 - no. 2, 3-4

Box No.
107. REZONANS: pismo NSZZ "Solidarnosc" Regionu Warminsko-Mazurskiego.
    1980-   Olsztyn.   (weekly/monthly)
    Holdings: 1981 - no. 8/14(Mar. 27)--10/16(Apr. 8), 12/18, 14/20,
            15/21, 19/25--22/28(Aug. 15), and "Jajecznica:
            samorzadny i niezalezny dodatek wielkanocno-
            jajeczny pisma Rezonans," (Apr.)
        1982 - no. 3(Mar. 1)--9, 11, 12, 14--17(July 19),
            19(Sept.)
        1983 - no. 7/28(Dec. 13-17)
        1984 - no. 31(Feb.), 41, 42--44(Aug. 19)
        1985 - no. 54(Jan.)--64, 66--69(Dec. 16-31), and
            "wydanie specjalne" [Oct.?]
        1986 - no. 70[June?], 72, 73, 75(Dec. 15)
        1987 - no. 76(Jan. 15-30)--78, 81--84(Nov. 1-Dec. 31)
        1988 - no. 85(Jan. 1-31)--95(Dec. 1-30)
        1989 - no. 96(Jan. 1), 97(Feb. 1)--100(Mar. 1-15), and
            "wydanie specjalne (Apr. 2), and 1/[194](May 8)-
            -5/198, 8/201--19/212, 22/215, 23/216, 26/219-
            -29/222(Dec. 13)
        1990 - no. 1/224(Jan. 5), 2, 4--10, 12--18, 20(Nov. 30-
            Dec. 21)
    *Note: in 1980-82 subtitled: "pismo NSZZ 'Solidarnosc'"; other
            subtitles: "Solidarnosc Olsztynska," and "pismo
            T[ymczasowego] Z[arzadu] R[egionu] Warminsko-Mazurskiego
            NSZZ 'Solidarnosc' w Olsztynie"; no. 100, 1989, the last
            underground issue; subsequent issues--starting with no.
            1/[194]--have new numeration that includes 92 issues of
            Rezonans--Serwis published in 1981, and some unnumbered
            special editions, see no. 100 and no. 2/195 for editors
            explanation; mutilated issues: no. 19(Sept.), 1982, 42
            (Aug.), 1984, and 73[Oct.?], 1986.

REZONANS--SERWIS: pismo NSZZ "Solidarnosc" Regionu Warminsko-
    Mazurskiego.
    1981.   Olsztyn.   (daily)
    Holdings: 1981 - no. 39(Aug. 20)--60, 61--64, 76, 78(Nov. 11)
    *Note: no. 92(Dec. 12) the last issue; in 1989, see Rezonans:
            pismo NSZZ "Solidarnosc" Regionu Warminsko-Mazurskiego.

REZYDUUM. Solidarnosc, see Wolna Solidarnosc: nieregularny biuletyn
    zwiazkowy.

RIPOSTA. NSZZ "Solidarnosc," RKS Dolny Slask.
    1984-   Wroclaw.   (monthly)
    Holdings: 1984 - no. 2(Oct.)--4(Dec.)
        1985 - no. 5(Jan.)--11, 13, 14(Dec.)
        1986 - no. 1/15(Jan.)--6/20(June)

-231-

Box No.

107. RIS--REGIONALNY INFORMATOR SOLIDARNOSCI SLASKO-DABRAWSKIEJ: biuletyn
podporzadkowany RKW NSZZ "S."
1982-   [Katowice]   (monthly)
Holdings: 1982 - no. 2(Feb.), 3(Feb.)
          1983 - no. (Jan.), 5/29, 10/34, [c.June], 12/36(June),
               13/37--17/41, 29/43--22/46, 24/48(Dec.)
          1984 - no. 1/49(Jan.), 2/50, 4/52--6/54 9/57--13-14/
               61-62, 17/65--24/72(Dec.), and "dodatek" to no.
               12/60 and 21/69
          1985 - no. 1/73(Jan.)--3/75, 5/55--24/96(Dec.), and
               "dodatek" to no. 3/75, 7/79, 8/80, 10/82
          1986 - no. 1/97(Jan.)--4/100, 9/105, 11/107(Nov.)
          1987 - no. 4/112(Apr.)--10/118, 12/120(Dec.)
          1988 - no. 2/122(Feb.)--9/129(Sept.), and "Strajk-
               -wydanie nadzwyczajne" (July 21), no. 2(Aug. 23)-
               -4, 7(Aug. 28)
     *Note: some issues nearly illegible.

RIS--SERWIS WIADOMOSCI Z REGIONU SLASKO-DABRAWSKIEGO.
     1984.   [Katowice]   (monthly)
     Holdings: 1984 - no. 1(Feb.)--4(May)

RMS: pismo Ruchu Mlodziezy Solidarnej.
     198?-   Sulechow.   (monthly?)
     Holdings: 1989 - no. 7-8(July-Aug.), 11(Nov.)

ROBMY SWOJE: pismo Z.S.Z. "Huty Warszawa."
     1988?-   Warszawa.   (frequency?)
     Holdings: 1988 - no. 2(Feb. 18), 4(Sept. 12)

ROBOTNIK.
     1977-1981.   Warszawa.   (irregular)
     Holdings: 1977 - no. 1(Sept.)--7(Dec. 15-31)
               1978 - no. 8(Jan. 1-15)--26(Dec. 15)

108.   1979 - no. 27(Jan. 4)--42(Dec. 20), and "Apel"
                    [Apr. 18], and Szczecin edition (Mar.)
               1980 - no. 43-44(Jan. 30)--72(Dec. 22)
               1981 - no. 73(Feb. 7)--80(Dec. 3), and "numer specjalny:
                    Karta Praw Robotniczych--dokument nr. 1"
     *Note: in 1981 subtitled: "pismo wspolpracujace z NSZZ
               "Solidarnosc" regionow: Mazowsze, Malopolska,
               Swietokrzyski, Jelenia Gora, Torun"; no. 75(Apr. 1),
               1981, is a special, satirical edition, dated as
               (Apr. 1), 1984, and published jointly with Solidarnosc z
               Gdanskiem and Pomruk.

Box No.
108. ROBOTNIK. Konin. Redaguje: Porozumienie zakladow pracy NSZZ
"Solidarnosc," HAK, PAK, KWB, FUGO, Sluzby Zdrowia, Polanex Konin,
oraz zaklady pracy Slupcy i Turku.
198?-   Konin.   (frequency?)
Holdings: 1987 - no. 27(Nov. 2)
*Note: see also Solidarni--Konin.

ROBOTNIK: centralne pismo PPS-RD.
1988-1989.   Warszawa.   (irregular)
Holdings: 1989 - no. 140(Feb.)--144(Dec.)
*Note: claims to continue Robotnik: pismo czlonkow
          Miedzyzakladowego Robotniczego Komitetu Solidarnosci;
          Polska Partia Socjalistyczna--Rewolucja Demokratyczna is
          an offshoot of PPS formed on June 26, 1988; also
          subtitled: "centralny organ PPS-RD."

ROBOTNIK: pismo czlonkow Miedzyzakladowego Robotniczego Komitetu
Solidarnosci.
1983-1989.   Warszawa.   (weekly?)
Holdings: 1983 - no. 2(Feb. 28)--5, 7, 8(two editions), 9--20, 22,
                23, 25--30, 32, 34, 35(two editions), 36, 38--40
                (Dec. 28), and several unnumbered and undated
                issues
          1984 - no. 41(Jan. 2)--49, 51--53, 55, 56-57, 59, 61,
                63, 64, 69--73, 75--77(Dec. 9)
          1985 - no. 78(Jan. 20)--90, 93--99(Dec. 29)
          1986 - no. 100Jan. 26)--105, 107, 108, 110--116(Dec. 18)
          1987 - no. 119(Feb. 22)--127, 130, 132-133(Dec.)
          1988 - no. 134--140(Dec.20), and no. 1/8382(Jan.; a
                reprint of London emigre quarterly)
          1989 - no. 10/142(Jan. 22)--12-13/144-145, 15/147, 16,
                18, 20--23(Dec. 24)
*Note: some issues marked: "Wydanie B" or "C"; Praca--Placa-
          -BHP, originally its supplement, treated as a separate
          title; since Nov. 1987 subtitled: "centralne pismo
          P.P.S.," or "od listopada 1987 pismo Centralnej Krajowej
          P.P.S."; in 1989, subtitle changed to: "centralny organ
          P.P.S." probably after a merge with the emigre Robotnik:
          centralny organ P.P.S, (London); subsequently published
          by Wiedza, Warszawa; see also Robotnik: centralne pismo
          PPS-RD; continues in 1990; mutilated issues: no. 32,
          1983, and 63, 1984.

ROBOTNIK: pismo lodzkiej organizacji P.P.S.
1988-1989.   Lodz.   (frequency?)
Holdings: 1988 - no. 1(Nov. 11)
          1989 - no. 5(Mar. 3), 7, 10(Nov. 18)
*Note: continued in 1990.

Box No.
108. ROBOTNIK BIALOSTOCKI: pismo P.P.S. Bialystok.
1990?-   Bialystok.   (frequency?)
Holdings: 1990 - no. (Sept. 17), 9(Oct.)

ROBOTNIK BIS 82.
1982-   [s.l.]   (frequency?)
Holdings: 1982 - no. (Jan. 17)
*Note: see Kaminska, Bibliografia, item no. 931.

ROBOTNIK LEBORKA: pismo Terenowej Komisji Koordynacyjnej NSZZ "Solidarnosc" w Leborku.
1982-83.   Lebork   (frequency?)
Holdings: 1982 - no. 1(Oct. 18), 3(Dec. 17)
          1983 - no. 4(Jan. 10), 6, 8(Mar. 9)

ROBOTNIK MAZOWIECKI: pismo Polskiej Parti Socjalstycznej.
1988-   Plock.   (frequency?)
Holdings: 1988 - no. 1(Jan.), 2, 4(Feb)
          1989 - no. 12/28(Oct.), 13/29(Nov.)

ROBOTNIK POLSKI. Polska Partia Socjalistyczna. Okr. PPS Krakow.
1988?-   Krakow.   (frequency?)
Holdings: 1988 - no. 10(June 28)--12(Aug. 26)

ROBOTNIK POLSKI: organ Konfederacji Polski Niepodleglej, Obszar II.
1985-   Krakow.   (frequency?)
Holdings: 1985 - no. 1--3
          1986 - no. 5-6(Jan.-Feb.), 7(Mar. 3)
*Note: in 1985 without subtitle.

109. ROBOTNIK POLSKI: pismo Robotniczego Ruchu Narodowego. Konfederacja Polski Niepodleglej.
1981-   Warszawa.   (frequency?)
Holdings: 1981 - no. 1(Nov.)

ROBOTNIK POMORZA ZACHODNIEGO.
198?-   Szczecin.   (frequency?)
Holdings: 1985 - no. 97(Dec. 1)
          1986 - no. 100(Jan. 16), 117(Dec. 23)
          1987 - no. 2/119(Jan. 28)--12/130, 15-16/133-134--18
                 (Sept. 18-30),
          1988 - no. (Sept. 15), (Nov. 26), and "dodatek
                 strajkowy" 3(Aug. 31)
          1989 - no. 151(June 29), 152(Sept. 12)

-234-

Box No.
109.
    *Note: since 1988 entitled: <u>Robotnik Pomorza Zachodniego PPS</u>; its supplement: "Praca--Place--BHP," see <u>Praca--Placa--BHP</u>.

<u>ROBOTNIK</u> <u>PPS</u>. Pomorze Zachodnie, see <u>Robotnik Pomorza Zachodniego</u>.

<u>ROBOTNIK</u> <u>SLASKI</u>: pismo Polskiej Partii Socjalistycznej.
    1989-   Wodzislaw Slaski.   (frequency?)
    Holdings: 1989 - no. 1(July)

<u>ROBOTNIK</u> <u>SWIETOKRZYSKI</u>: pismo Polskiej Partii Socjalistycznej.
    1988-   [Kielce]   (frequancy?)
    Holdings: 1988 - no. 1(Dec.)

ROBOTNIK SZCZECINSKI.
    1980-   Szczecin-Gryfino.   (frequency?)
    Holdings: 1980 - no. 1/2(Mar. 31), 2/3, 3/4(Dec. 6)
              1981 - no. 4(Feb. 13)
    *Note: <u>Robotnik</u>, no. (Mar.: the Szczecin edition), 1979 treated as no. 1.

<u>ROBOTNIK</u> <u>WROCLAWSKI</u>: niezalezne pismo Miedzyzakladowej Komisji Koordynacyjnej ZACHOD NSZZ "Solidarnosc," ARCHIMEDES-POLMEL-IASE-PAFAWAG-PILMET.
    1985-   Wroclaw.   (frequency?)
    Holdings: 1985 - no. 1(Jan.-Feb.), 3(May-June)

<u>ROBOTNIK</u> <u>WYBRZEZA</u>: pismo Komitetu Zalozycielskiego Wolnych Zwiazkow Zawodowych Wybrzeza.
    1978-80.   Gdansk.   (frequency?)
    Holdings: 1978 - no. 1(Aug. 1)
              1979 - no. 2(Jan.)--4(June), and "dodatek" to no. 4
              1980 - no. 6(Mar.), 7(May)
    *Note: no. 1, 2 nearly illegible photocopies.

<u>ROBOTNK</u> <u>WYBRZEZA</u>: pismo Polskiej Partii Socjalistycznej.
    1988-   Gdansk.   (frequency?)
    Holdings: 1988 - no. 1(Apr.), 2(June)

<u>ROLA</u>: biuletyn Niezaleznego Samorzadnego Zwiazku Zawodowego Rolnikow Indywidualnych "Solidarnosc."
    1981?-   Warszawa.   (frequency?)
    Holdings: 1981 - no. 4(Mar.), 5(Apr.)

Box No.
109. ROLA KATOLICKA: nieregularny tygodnik diecezjalny.
1987-   Przemysl.   (occasional)
Holdings: 1987 - no. 3(Nov. 30) and "numer okolicznosciowy"
           (June 8),
           1988 - no. 4(Feb. 21), 5, 6, 18(Nov. 18)

ROLNIK NIEZALEZNY: pismo Niezaleznego Zwiazku Zawodowego Rolnikow.
1978?-   Warszawa.   (frequency?)
Holdings: 1979 - no. 4(Mar.)
           1981 - no. 27(Feb.)

ROTA 80: dwutygodnik spoleczno-kulturalny NSZZ Solidarnosc w Toruniu.
1981-   Torun.   (biweekly)
Holdings: 1981 - no. 1--3, and the first (undated) issue of its
           "organ kulturalny" Klimaty.

ROTA FMW: pismo Federacji Mlodziezy Walczacej, IV L[iceum]
    O[golnoksztalcace] Gdynia
1988-   Gdynia.   (frequency?)
Holdings: 1988 - no. (Dec. 12)

ROWNOSC: pismo lewicy spolecznej. Solidarnosc.
1982.   [s.l.]   (frequency?)
Holdings: 1982 - no. 1(May)

ROZMOWY: informator wewnetrzny nauczycieli zrzeszonych w NSZZ
    "Solidarnosc" Region Mazowsze.
1980-   Warszawa.   (frequency?)
Holdings: 1980 - no. 1(Nov. 15), 2-3(Dec. 15)
           1981 - no. 4(Jan. 15)--11(Sept. 15)

ROZTOCZE--SOLIDARNOSC: pismo Tymczasowej Miedzyzakladowej Komisji
    Koordynacyjnej NSZZ "Solidarnosc" w Tomaszowie Lubelskim.
1983-   Tomaszow Lub.   (weekly?)
Holdings: 1984 - no. 7(Feb. 27), 8(Mar. 5)
           1985 - no. 16(May 27)--18(Dec. 20)
           1986 - no. 19(Apr. 13)

ROZWAGA I SOLIDARNOSC. Stocznia Gdanska.
1981-   Gdansk.   (weekly/monthly)
Holdings: 1981 - no. 3(May 7), 4, 10, 14, 16, 17, 22, 24, 25
                 (Oct. 9)
           1982 - no. 1(Sept.)--3(Dec.)
           1983 - no. 7(Jan. 30), 9, 12, 17(Sept.)
           1984 - no. 20(Jan.)--23, 25--28, 31(Nov.)

Box No.
109.
                1985 - no. 33(Jan.)--44(Dec.)
                1986 - no. 45(Jan.)--51, 53--55(Nov.)
                1987 - no. 57(Jan.)--60, 65, 66(Oct.)
                1988 - no. 69(Jan.)--71(Mar.), 1/73(May 4)--11/84, 86
                      (May 23), 1/88(Aug.22), 2/89, 5/92--12/98, 102-
                      -105, 107, 108(Dec. 31), and "wydanie specjalne"
                      no. 5(May 5), 11--[14](May 10)
                1989 - no 109(Jan. 22), 111, 112(Mar. 31)

110.   RROM P-O DROM: pierwsze w Polsce pismo Rromow-Cyganow.
        1990-   Bialystok.   (frequency?)
        Holdings: 1990 - no. 1(Aug.)

    RUCH: nieregularne pismo spoleczno kulturalne.
        1981-   Krakow.   (frequency?)
        Holdings: 1981 - no. 1(June)

    RUCH CHRZESCIJANSKO-DEMOKRATYCZNY: biuletyn informacyjny.
        1989-   Warszawa.   (frequency?)
        Holdings: 1989 - no. 1(July 15), 2(Aug. 15)

    RUCH ZWIAZKOWY: pismo poswiecone odrodzeniu niezaleznego ruchu
        zawodowego w Polsce.
        1978-   [Lodz-Katowice-Gdansk]   (frequency?)
        Holdings: 1978 - no. 4(Dec.)
                    1979 - no. 5(Feb.)
                    1980 - no. "wydanie specjalne" 10(Sept. 1)

    RZADKA WKLADKA, see Gazeta Pionkowska.

    RZECZ KROTOSZYNSKA.
        1990-   Krotoszyn.   (monthly)
        Holdings: 1990 - no. 1(Mar.), 2, 6, 8, 9(Dec.)
                    1991 - no. 1/10(Jan.)--6(June)

    RZECZ SUMIENIA: pismo poswiecone problemom wychowania i oswiaty w
        lacznosci i w porozumieniu z RKW NSZZ "Solidarnosc" Ziemia
        Radomska.
        1987?-   [Radom]   (frequency?)
        Holdings: 1988 - no. 1/4(Jan.)

Box No.
110. RZECZPOSPOLITA: pismo Komitetu Porozumienia na Rzecz Samostanowienia
Narodu.
1979-　　　　　Warszawa.　　　　　　(frequency?)
Holdings: 1979 - no. 1(Feb. 14), 2(May 3)
　　　　　　1980 - no. 5(Jan.-Feb.)--9-10(July-Aug.)

RZECZPOSPOLITA SAMORZADNA. NSZZ "Solidarnosc," Region Bialystok.
1982.　　　　　[Bialystok]　　　　　(monthly)
Holdings: 1982 - no. 1(June)

RZECZPOSPOLITA POLSKA: pismo poswiecone polskiej akcji
niepodleglosciowej w swiecie. Organ prasowy Rzadu RP na
uchodzctwie.
1987-　　　　　Londyn.　　　　　　(frequency?)
Holdings: 1986 - no. 4/379(Apr.)
Note:　　　reprinted in Poland by KPN.

RZECZYCHLOPSKA: tygodnik NSZZ RI Solidarnosc. WKZ Torun.
1981.　　　　　Torun.　　　　　　(weekly)
Holdings: 1981 - no. 1(July 5), 2, 4, 6, 13(Oct. 1)
　　　　　　1990 - no. 26(Feb. 8)--28(Apr. 6)
*Note:　　　originally subtitle: "pismo NSZZ RI Solidarnosc";
　　　　　　revived in 1990.

Box No.
110. S...OSC: miesiecznik czlonkow i sympatykow NSZZ "Solidarnosc."
       1983-   Jastrzebie Zdroj.   (monthly)
       Holdings: 1984 - no.8, 9(Sept.), 11 12(Dec.)
                 1985 - no. 13(Jan.), 15--17, 19-20--25(Dec.), and
                        "wydanie specjalne"
                 1986 - no. 26(Jan.)--28(Mar.)
                 1987 - no. 43(June), 47(Oct.)
                 1988 - no. 50(Jan.), 52, 54, 56(Dec.)
       *Note: originally titled: Osc; other subtitles: "biuletyn
                 informacyjny Jastrzebskiej Delegatury NSZZ
                 "Solidarnosc"; "miesiecznik Delegatury RKW NSZZ
                 "Solidarnosc" w Jastrzebiu Zdroju."

SACROSONG, see Biuletyn Informacyjny. Sacrosong.

SAD KAPTUROWY: pismo F[ederacji]M[lodziezy] W[alczacej] W[armii] i
    M[azur]--Olsztyn.
    1989.   Olsztyn.   (frequency?)
    Holdings: 1989 - no. 1(Apr.)

SAIK, see Studencka Agencja Informacyjna Krakow.

SAMARYTANKA: pismo NSZZ Solidarnosc Sluzby Zdrowia.
    1983-   Wroclaw.   (monthly)
    Holdings: 1984 - no. 9/16(Oct.), 10/17, 11/17(Dec.)
              1985 - no. 1/19(Jan.)--4/22, 7-8/25-26, 27(Dec.)

SAMI O SOBIE: gazetka Komitetu Obywatelskiego. Purda.
    1989-   Purda.   (frequency?)
    Holdings: 1990 - no. (Mar. 1), (Mar. 7)

SAMOCHODZIK: niezalezne pismo Zespolu Szkol Samochodowych Nr. 2, ul.
    Borowska 105.
    1987-   [Wroclaw?]   (frequency?)
    Holdings: 1987 - no. 1(May)

SAMODZIELNOSC: biuletyn informacyjny NSZZ "Solidarnosc" Bielskiego
    Przedsiebiorstwa Bud. Przemyslowego. NSZZ Solidarnosc BPBP.
    1981?-   [Bielsko Biala]   (frequency?)
    Holdings: 1981 - no. 1(May 11), 2, 6, 7, 12(July 15)

Box No.

110. SAMOOBRONA POLSKA: pismo Polskiego Komitetu Obrony Zycia, Rodziny i Narodu.
    1978-   Warszawa.   (irregular)
    Holdings: 1978 - no. 5-6(Nov.-Dec.)
              1979 - no. 1/7(Feb.)
              1980 - no. 12(Sept.: "Wydanie Specjalne--Strajkowe")

111. SAMOORGANIZACJA: pismo organizatorow "Solidarnosci"; pismo Porozumienia Prasowego "Solidarnosci" I.M.M.
    1988-   Olsztyn, Elblag.   (frequency?)
    Holdings: 1988 - no. 1(May 3)
              1989 - no. 2(Jan. 19), 3(Aug. 20)

    SAMORZADNA RZECZPOSPOLITA: dwutygodnik NSZZ Solidarnosc.
    1985-   [s.l.]   (biweekly)
    Holdings: 1985 - no. 1 (Apr. 15)--16(Dec. 16)
              1986 - no. 17(Jan. 20)--35(Dec. 15)
              1987 - no. 1(Jan. 19)--20/55(Dec. 14)
              1988 - no. 1/56--17/72[Dec.]
              1989 - no. 1/73[Jan.]--9/81(May 29)

    SAMORZADNI I SOLIDARNI: biulety Komitetu Obywatelskiego "Solidarnosc" Miasta i Gminy Zukowo.
    1990-   Zukowo.   (frequency?)
    Holdings: 1990 - no. 1

    SAMORZADNOSC: okresowy biuletyn Kola Inicjatyw Spolecznych.
    1981-   Chelm.   (frequency?)
    Holdings: 1981 - no. 1(July 31)

    SAMORZADNOSC: pismo osiedlowego Komitetu Obywatelskiego "S" w Boguchwale.
    1990-   Boguchwala.   (frequency?)
    Holdings: 1990 - no. 1(Mar.)--5(May 27)

    SAMORZADNOSC SLUPSKA: dwutygodnik Slupskiego Komitetu Obywatelskiego.
    1990?-   Slupsk.   (biweekly)
    Holdings: 1990 - no. 3[Apr.]

    SAMORZADNOSC W KOLBUDACH: pismo Komitetu Obywatelskiego "S" w Kolbudach.
    1990-   Kolbudy.   (frequency?)
    Holdings: 1990 - no. 1(Feb. 20)

Box No.
111. SAMORZADNY KRAKOW.
1990.   Krakow.   (occasional?)
Holdings: 1990 - no. (July)

SAMORZADNY PRZEMYSL: biuletyn Przemyskiego Komitetu Obywatelskiego.
1990?-   Przemysl.   (frequency?)
Holdings: 1990 - no. 6(Apr. 30)

SAMOSTANOWIENIE: kwartalnik polityczny.
1985-   Warszawa.   (quarterly)
Holdings: 1985 - no. 1(Winter), 2(Spring)
          1987 - no. "dodatek do nr." 5
          1988 - no. 6--8
          1989 - no. 9(Spring)

SAN: tygodnik poswiecony sprawom spolecznym, kulturalnym i religijnym.
1989-   Rzeszow.   (weekly)
Holdings: 1989 - no. 7(Dec. 10), 8(Dec. 17)

SB: szkolny biuletyn, see Szkolny Biuletyn SB.

SB--STRAJKOWY BIULETYN: pismo niezalezne od wladz panstwowych i
Komitetu Strajkowego. Akademia Medyczna, Warszawa.
1981.   Warszawa.   (occasional)
Holdings: 1981 - no. 2(Feb. 13), 3, 5--7(Feb. 19)
*Note: see also: Komunikat. Biuro Prasowe Komitetu Strajkowego
          Akademii Medycznej w Warszawie.

SBIAM: studencki biuletyn informacyjny Akademii Medycznej w Warszawie.
1980-   Warszawa.   (frequency?)
Holdings: 1980 - no. 1(Mar. 23)

SCIEK: kurier ekologiczny. WiP--Wroclaw.
1987-   Wroclaw.   (frequency?)
Holdings: 1987 - no. 2
*Note: no. 1 has as a title: Tytul Pozniej.

SCIEZKA: pismo prywatne.
1989-   Krakow.   (frequency?)
Holdings: 1989 - no. 6(Apr. 8)--8(May 28)

-241-

Box No.
111.   SCIEZKI: pismo Srodowiskowego Komitetu Koordynacyjnego NSZZ
       "Solidarnosc."
       1979-   Swidnik.   (frequency?)
       Holdings: 1980 - no. 8/10(Nov. 30)

       SEK: pismo niezalezne poswiecone problemowi wsi i gospodarki
       zywnosciowej regionu Dolnego Slaska.
       198?-   Wroclaw.   (frequency?)
       Holdings: 1984 - no. 2(Feb-Apr.)

       SEKTOR: pismo Terenowego Komitetu Oporu "Solidarnosc," reg. Mazowsze.
       1982-   Pruszkow.   (c.biweekly)
       Holdings: 1982 - no. 1(Sept. 20)--11-12(Dec. 20)
                 1983 - no. 14(Jan. 25)--28, 30--45-46(Dec. 25)
                 1984 - no. 47(Jan. 10)--74(Dec. 30)
                 1985 - no. 75(Jan. 10)--92, 94A, 94, 95--106
                        (Dec. 14)
                 1986 - no. 107(Jan. 4)--116, 118--126 (Dec. 19)
                 1987 - no. 127(Jan. 23), 128, 129(Mar. 18)
       *Note: no. 1, 1982 mutilated.

112.   SEMAFOR: pismo NSZZ Solidarnosc Miedzyokregowej Komisji
       Porozumiewawczej Kolejarzy z siedziba we Wroclawiu.
       1981-   Wroclaw.   (frequency?)
       Holdings: 1981 - no. 2(Mar. 10), 9(Sept. 11)

       SENS: biuletyn informacyjny. NSZZ "Solidarnosc"-Region
       Mazowsze-Oddzial w Lomzy.
       1981?-   Lomza.   (frequency?)
       Holdings: 1981 - no. 1(Jan. 20)

       SENS: miesiecznik.
       1991-   Warszawa.   (frequency?)
       Holdings: 1991 - no. "numer specjalny"

       SERVIS "API." Agencja Przekazu Informacji NZS "api."
       1981-   Warszawa.   (frequency?)
       Holdings: 1981 - no. 2(Mar.10-20)

       SERWIS. MKK Swidnica.
       1981.   Swidnica.   (frequency?)
       Holdings: 1981 - no. 1, 2[May 31], 3[early June]

Box No.
112. SERWIS. [Pruszkow-Ursus].
    1982?-   [Pruszkow-Ursus].   (frequency?)
    Holdings: 1982 - no. (Sept. 5), (Sept. 8), (Sept. 19), (Oct. 3), (Oct. 12-13)
    *Note: no. Oct. 12-13, mutilated.

    SERWIS BIEZACY. NSZZ Solidarnosc Oddz. w Siedlcach.
        1981.   Siedlce.   (c.biweekly)
        Holdings: 1981 - no. 2(May 22)--4, 8, 12, 13, 15, 16, 18--20, 22--28, 30, 31, 34--39, 41--43, 48, 49(Nov. 24)
        *Note: no. 26--31 published by MKZ NSZZ Solidarnosc, Region Mazowsze oddz. Siedle; no. 34--43 subtitled: "serwis informacyjny NSZZ 'Solidarnosc'..."

    SERWIS GDANSKIEJ AGENCJI INFORMACYJNEJ "SOLIDARNOSC."
        198?-   Gdansk.   (frequency?)
        Holdings: 1989 - no. 12(Aug.)

    SERWIS INFORMACYJNY. 1 Krajowy Zjazd Delegatow NSZZ "Solidarnosc."
        Biuro Informacji Prasowej KKP NSZZ "Solidarnosc," see BIPS: serwis informacyjny. Biuro Informacji Prasowej KKP NSZZ Solidarnosc.

    SERWIS INFORMACYJNY. Akademicki Ruch Samoobrony.
        1981-   Krakow.   (frequency?)
        Holdings: 1982 - no. 4--6(June 8)--13(Dec. 5)
        *Note: with no. 6 titled: Gazetka Krakowska: serwis informacyjny Akademickiego Ruchu Samoobrony; see Kaminska, Bibliografia, item no. 956.

    SERWIS INFORMACYJNY. Biuro Informacyjne MKZ Wroclaw.
        198?-   Wroclaw.   (biweekly?)
        Holdings: 1981 - no. 6(Feb. 18)--11, 13, 21, 29, 41--43, 50 (May 28)
        *Note: originally titled: Serwis Informacyjny Solidarnosci Dolnoslaskiej; since July 1981 continued as Z Dnia na Dzien.

    SERWIS INFORMACYJNY. [DIiP ZR Czestochowa, NSZZ "Solidarnosc"].
        1981.   Czestochowa.   (c.daily)
        Holdings: 1981 - no. (Aug. 31) 4(Sept. 7), 7--11(Sept. 9-11: wydanie zjazdowe), (Sept. 14), (Sept. 21), (Sept. 26),(Oct. 12), (Oct. 16), (Oct. 18), (Oct. 19), (Oct. 20), [Oct. 26], (Oct. 28), (Nov. 2), (Nov. 5), (Nov. 9), (Nov. 11), (Nov. 13), (Nov. 16), (Nov. 17), (Nov. 19), (Nov. 20),(Nov. 23), (Nov. 24), (Nov. 25),

Box No.
112.	(Nov. 27), (Nov. 30), (Dec. 1), (Dec. 2: two
issues), (Dec. 3: two issues)
*Note: no. Sept. 21 and 26 entitled: <u>Tu</u> <u>mowi</u> <u>Polska</u>: serwis informacyjny DIiP ZR Cz-wa; continues [?]: <u>Serwis</u> <u>Informacyjny</u>. [RKZ NSZZ "Solidarnosc" Czestochowa.

<u>SERWICE INFORMACYJNY</u>. Elblaskie Biuro Informacyjne "Solidarnosci, see <u>Serwis</u> <u>Informacyjny</u> <u>EBIS</u>.

<u>SERWIS INFORMACYJNY</u>. Gdansk.
   1983-	Gdansk.	(frequency?)
   Holdings: 1983 - no. 1(July 15), 2, 5, 6(Oct. 8)

<u>SERWIS INFORMACYJNY</u>. Komisja Zakladowa NSZZ "Solidarnosc" przy UAM w Poznaniu, see <u>Serwis</u> <u>Informacyjny</u> <u>Komisji</u> <u>Zakladowej</u> <u>NSZZ</u> <u>Solidarnosc</u>. Uniwersytet im. A. Mickiewicza.

<u>SERWIS INFORMACYJNY</u>. Komisja Zakladowa NSZZ "Solidarnosc" UJ, see <u>Serwis</u> <u>Informacyjny</u> <u>Komisji</u> <u>Zakladowej</u> <u>NSZZ</u> <u>Solidarnosc</u> <u>UJ</u> and <u>Serwis</u> <u>Informacyjny</u>. NSZZ "Solidarnosc."

[<u>SERWIS INFORMACYJNY</u>]. Komitet Obrony Praw Czlowieka.
   1984-	Wroclaw?	(frequency?)
   Holdings: 1984 - no. [1]

<u>SERWIS INFORMACYJNY</u>. Komitet Strajkowy w Rzeszowie, see <u>Komunikat</u>. Komitet Strajkowy w Rzeszowie.

<u>SERWIS INFORMACYJNY</u>. KZ NSZZ Solidarnosc UAM.
   1989?-	Poznan.	(frequency?)
   Holdings: 1989 - no. 5/80(June 19: "dodatek")

<u>SERWIS INFORMACYJNY</u>. MKZ NSZZ "Solidarnosc" Gdansk.
   1980.	Gdansk.	(c.daily)
   Holdings: 1980 - no. 4(Nov. 27-28), 6, 12, 13, 15--17(Dec. 15)
   *Note: continued [?] by: <u>Serwis</u> <u>Informacyjny</u> <u>Biura</u> <u>Krajowego</u>.

<u>SERWIS INFORMACYJNY</u>. MKZ NSZZ "Solidarnosc" Woj. Jeleniogorskiego.
   1981.	Jelenia Gora.	(irregular)
   Holdings: 1981 - no. 37(Apr. 17)

Box No.
112. SERWIS INFORMACYJNY. MKZ NSZZ "Solidarnosc" w Legnicy, see <u>Z Dnia na Dzien</u>: serwis informacyny MKZ "Solidarnosc" Legnica.

SERWIS INFORMACYJNY. NSZZ RI "Solidarnosc" Bialystok.
   1981.   Bialystok.   (frequency?)
   Holdings: 1981 - no. 2(Aug. 15)

SERWIS INFORMACYJNY. NSZZ "Solidarnosc," Bydgoszcz.
   1980-81.   Bydgoszcz.   (c.daily))
   Holdings: 1981 - no. 6(Feb. 6)--10, 12--14, 16, 17, 20--25, 27, 28, 30, 31, 33--35a, 38--41, 44--45, 48, 49, 51--54, 59, 61, and supplement to no. 10: "Przeglad Prasy Niezaleznej"; and unnumbered supplement on the events of Mar. 31 in Bydgoszcz.
   *Note: no. 10 has two different editions.

SERWIS INFORMACYJNY. NSZZ "Solidarnosc" Malopolska.
   1989?-   Krakow.   (weekly?)
   Holdings: 1989 - no. 38(Aug. 11)
              1990 - no. 11/66(Mar. 25), 13/68, 17/72(May 6)
   *Note: continues: <u>SI--Serwis Informacyjny Regionalnego Komitetu Solidarnosci Malopolska</u>.

SERWIS INFORMACYJNY. NSZZ "Solidarnosc" WSP w Slupsku, see <u>Serwis Informacyjny Slupskich Srodowisk Szkolnych i Tworczych</u>.

SERWIS INFORMACYJNY. NSZZ "Solidarnosc." [Wydala Komisja Zakladowa NSZZ "Solidarnosc" UJ].
   1989?-   Krakow.   (frequency?)
   Holdings: 1990 - no. 7/49(Jan. 26)
   *Note: for 1981, see <u>Serwis Informacyjny Komisji Zakladowej NSZZ Solidarnosc UJ</u>.

SERWIS INFORMCYJNY. Ogolnopolski Komitet Protestacyjny w Siedlcach, see <u>Serwis Informacyjny Ogolnopolskiego Komitetu Protestacyjnego</u>....

SERWIS INFORMACYJNY. Opracowany przez zespol informacyjny NSZZ "Solidarnosc" Regionu Swietokrzyskiego, see <u>Serwis Informacyjny Solidarnosc Regionu Swietokrzyskiego</u>.

SERWIS INFORMACYJNY. Region Slaska-Dabrowski, see <u>Serwis Informacyjny Regionu Slasko-Dabrowskiego</u>.

Box No.
112. SERWIS INFORMACYJNY. [RKZ NSZZ "Solidarnosc" Czestochowa].
        1981.   Czestochowa.   (irregular)
        Holdings: 1981 - no. [Mar. 15] [Mar. 21-22], [Mar. 25-26],
                        [Mar. 28-29: mutilated], (Apr. 16), (Apr. 27: two
                        editions), (Apr. 28), May 20), (May 25), (May 26:
                        two editions), (Aug. 3)
        *Note: contains reprints of wires sent out by Information Press
                Bureau of the KK NSZZ, Gdansk; sometimes entitled:
                Serwis Informacyjny. Podaje Biuro Krajowe Dzialu Prasy
                i Interwencji; or Serwis Informacyjny Biura Informacji
                Prasowej NSZZ Solidarnosc; or Serwis Informacyjny Biura
                Krajowego; perhaps continued by Serwis Informacyjny.
                DIiP ZR Czestochowa, NSZZ "Solidarnosc"; see also Serwis
                Informacyjny Biura Krajowego.

     SERWIS INFORMACYJNY. Sekcja Informacji MKR Rzeszow.
        198?-   Rzeszow.   (frequency?)
        Holdings: 1981 - no. 12(Oct. 13), 15, (Nov. 17), (Nov. 24)

     SERWIS INFORMACYJNY. Solidarnosc Olsztynska.
        198?-   Olsztyn.   (irregular)
        Holdings: 1981 - no. 4[c.Feb. 5], 5(Feb. 12)--10, 13, 16, 18,
                        35(July 21)
        *Note: no. 4[c.Feb. 5] numbered as no. 3; see also Solidarnosc
                Olsztynska: pismo NSZZ "Solidarnosc."

     SERWIS INFORMACYJNY. [Ursus], see Serwis. [Pruszkow-Ursus].

     SERWIS INFORMACYJNY. Warszawa.
        1981-   Warszawa.   (frequency?)
        Holdings: 1981 - no. 3(Dec. 17)

     SERWIS INFORMACYJNY. ZR NSZZ "Solidarnosc" w Rzeszowie.
        1990?-   Rzeszow.   (frequency?)
        Holdings: 1990 - no. 7(Sept. 18), 8(Sept. 25), and "wydanie
                        specjalne"

     SERWIS INFORMACYJNY: dodatek do niezaleznego miesiecznika "Ogniwo."
        198?-   Wroclaw.   (frequency?)
        Holdings: 1985 - no. 2(June)
        *Note: see also Ogniwo: niezalezny miesiecznik spoleczno-
                kulturalny.

Box No.
112. SERWIS INFORMACYJNY: informacje MKZ NSZZ "Solidarnosc" w Kaliszu.
    1981.   Kalisz.   (frequency?)
    Holdings: 1981 - no. 9(Apr. 9)

SERWIS INFORMACYJNY: pismo Konfederacji Polski Niepodleglej. Okreg X, Bialystok.
    1989-   Bialystok.   (frequency?)
    Holdings: 1989 - no. 2(Nov.)
              1990 - no. 7(Feb.)

SERWIS INFORMACYJNY: pismo NSZZ "Solidarnosc" w WDN.
    198?-   [Wroclaw?]   (frequency?)
    Holdings: 1983 - no. 18(Oct. 23)

SERWIS INFORMACYJNY AKADEMICKIEGO RUCHU SAMOOBRONY, see Serwis Informacyjny. Akademicki Ruch Samoobrony.

SERWIS INFORMACYJNY BIULETYNU LEWA, see Lewa!: biuletyn dyskusyjny Uniwersyteckiej Organizacji Partyjnej.

SERWIS INFORMACYJNY BIULETYNU NSZZ SOLIDARNOSC. ZWCH "Chemitex-Elana."
    1981.   Torun.   (c.daily)
    Holdings: 1981 - no. [1](Mar. 26)--4(Apr. 1)
    *Note: see also Biuletyn. NSZZ "Solidarnosc" w ZWCH "Chemitex-Elana," Torun.

SERWIS INFORMACYJNY "BIULETYNU WIELKOPOLSKIEGO." Poznanski Komitet Oporu.
    1982-   Poznan.   (irregular)
    Holdings: 1982 - no. 1(Mar. 31), (Nov. 12)
    *Note: no. 1, 1982: "Serwis Informacyjny nie jest pismem lecz przeznaczony jest dla redakcji pism niezaleznych innych regionow, na zasadzie stalej wymiany informacji"; see also: Biuletyn Wielkopolski.

SERWIS INFORMACYJNY BIURA INFORMACJI PRASOWEJ NSZZ "SOLIDARNOSC" REGIONU CHELMSKIEGO.
    1981.   Chelm.   (frequency?)
    Holdings: 1981 - no. 1(Apr. 16-25), 2(Apr. 23-25), (July 10), (Nov. 18)
    *Note: other titles: Solidarnosc: serwis informacyjny Biura Informacji NSZZ "Solidarnosc"...; and Serwis Informacyjny NSZZ "Solidarnosc" Regionu Chelmskiego.

Box No.
112. SERWIS INFORMACYJNY BIURA INFORMACJI PRASOWEJ "SOLIDARNOSC"
GDANSK. [RKZ NSZZ "Solidarnosc" Czestochowa], see Serwis
Informacyjny. [RKZ NSZZ "Solidarnosc" Czestochowa].

SERWIS INFORMACYJNY BIURA KRAJOWEGO. [Dzial prasowy Biura Krajowego].
   1981.   Gdansk.   (c.daily)
   Holdings: 1981 - no. (Feb. 2), (Feb. 19), (Feb. 25), (Mar. 23),
        (Mar. 26), 31(Mar. 27), 33--35, 50--52(Apr. 7)
   *Note: continues [?]: Serwis Informacyjny. MKZ NSZZ
       "Solidarnosc" Gdansk.

SERWIS INFORMACYJNY DIiP ZR CZ-WA, see Serwis Informacyjny. DIiP ZR
   Czestochowa, NSZZ "Solidarnosc."

SERWIS INFORMACYJNY EBIS. ZR NSZZ "Solidarnosc" Elblaga.
   1981?.   Elblag.   (frequency?)
   Holdings: 1981 - no. 26(Oct. 19), 27(Oct. 19)
   *Note: Ebis: Elblaskie Biuro Informacyjne Solidarnosc.

113. SERWIS INFORMACYJNY KOMISJI ZAKLADOWEJ NSZZ SOLIDARNOSC. Uniwersytet
im. A. Mickiewicza.
   1981.   Poznan.   (irregular)
   Holdings: 1981 - no. 1[Jan.], 3--8, 10--39, 41--56, 61, 62, 64,
       67, 68(Nov. 6),
   *Note: originally entitled: Serwis Informacyjny Komisji
       Zakladowej NSZZ "Solidarnosc" przy UAM w Poznaniu; see
       also its Dodatek Specjalny do Serwisu Informacyjnego
       "Solidarnosc."

SERWIS INFORMACYJNY KOMISJI ZAKLADOWEJ NSZZ SOLIDARNOSC UJ.
   1981-   Krakow.   (irregular)
   Holdings: 1981 - no. 5(Mar. 19), 7--13, 15-16, 19, 21--24(July 13)
   *Note   see also Serwis Informacyjny. NSZZ "Solidarnosc."
       [Wydala Komisja Zakladowa NSZZ "Solidarnosc" UJ].

SERWIS INFORMACYJNY KOMITETU ORGANIZACYJNYEGO NSZZ SOLIDARNOSC. Huta
Malapanew w Ozimku.
   1989?.   Ozimek.   (frequency?)
   Holdings: 1989 - no. 4(July 7), 11(Sept. 28)

SERWIS INFORMACYJNY KRH. [Sekcja Informacji KRH NSZZ "Solidarnosc"
HiL]
   1981?-   [Nowa Huta]   (frequency?)
   Holdings: 1991 - no. (Dec. 4)
   *Note: HiL: Huta im. Lenina.

Box No.
113. SERWIS INFORMACYJNY MALOPOLSKA, see Serwis Informacyjny. NSZZ "Solidarnosc" Malopolska.

SERWIS INFORMACYJNY MAZOWSZA. NSZZ "Solidarnosc" Region Mazowsze.
    1980?-   Warszawa.   (frequency?)
    Holdings: 1981 - no. 319(Aug. 3), and "wydanie specjalne"
           (Aug. 5)
        1982 - no. 2/34(Jan. 4: "wydanie specjalne")

SERWIS INFORMACYJNY "METRUM," see Metrum. NSZZ "Solidarnosc" reg. Mazowsze o/Siedlce.

SERWIS INFORMACYJNY MKR NSZZ "SOLIDARNOSC" REGIONU PODBESKIDZIE.
    1981?-   [s.l.]   (frequency?)
    Holdings: 1981 - no. (June. 11)

SERWIS INFORMACYJNY "MOTOR ODNOWY," see Motor Odnowy: niezalezne pismo NSZZ "Solidarnosc" przy PP "Polmozbyt" w Toruniu.

SERWIS INFORMACYJNY NIEZALEZNEGO ZRZESZENIE STUDENTOW UNIWERSYTETU JAGIELLONSKIEGO.
    1981?-   Krakow.   (frequency?)
    Holdings: 1981 - no. (Mar. 28, 22:00)

SERWIS INFORMACYJNY NSZZ "SOLIDARNOSC" REG. MAZOWSZE.
    1982?-   [s.l.]   (frequency?)
    Holdings: 1982 - no. (Jan. 12)

SERWIS INFORMACYJNY NZS. Politechnika Warszawska.
    198?-   [Warszawa]   (frequency?)
    Holdings: [1988] - no. [May?]
    *Note: issued jointly with Waga no. 5.

SERWIS INFORMACYJNY NZS. SGGW-AR, see NZS: serwis informacyjny.

SERWIS INFORMACYJNY OGOLNOPOLSKIEGO KOMITETU PROTESTACYJNEGO W SIEDLCACH.
    1981.   Siedlce.   (daily?)
    Holdings: 1981 - no. 24(Dec. 3), 25(Dec. 4)
    *Note: published during farmers strike in Dec. 1981; no. 23 never appeared.

Box No.
113. SERWIS INFORMACYJNY PAPSS, see Serwis Informacyjny Podziemnej Agencji Prasowej Studentow i Solidarnosci.

SERWIS INFORMACYJNY PODBESKIDZIA.
1989-   [Bielsko-Biala]   (c.weekly)
Holdings: 1989 - no. 1(Sept. 19)--29(Dec. 28), and "wydanie specjalne dla Sluzby Zdrowia" (Oct. 23)
          1990 - no. 30(Jan. 5)--93(Dec. 20)
*Note: no. 1: "Tytul serwisu jest zapozyczony od podobnej, przedgrudniowej inicjatywy pracownikow Sekcji Informacji Zarzadu Regionu. Do 13. 12. 1981 roku wydali oni ponad 220 numerow SIP-u."

SERWIS INFORMACYJNY PODZIEMNEJ AGENCJI PRASOWEJ STUDENTOW I "SOLIDARNOSCI." PAPSS.
1982?-   [s.l.]   (frequency?)
Holdings: 1982 - no. [June], 2(June 26)

SERWIS INFORMACYJNY PPiON.
1988-   [s.l.]   (frequency?)
Holdings: 1988 - no. 1(Feb. 1)
          1990 - no. 2(June 1)
*Note: PPiON--Porozumienie Partii i Organizaji Niepodleglosciowych: Grupa Polityczna "Samostanowienie"; Organizacja Liberalnych Demokratow "Niepodleglosc"; Organizacja "Wolnosc-Sprawiedliwosc-Niepodleglosc"; Polska Partia Niepodleglosciowa, Ruch Polityczny "Wyzwolenie."

SERWIS INFORMACYJNY REGIONALNEGO KOMITETU "SOLIDARNOSCI" MALOPOLSKA, see SI--Serwis Informacyjny Regionalnego Komitetu Solidarnosci Malopolska.

SERWIS INFORMACYJNY REGIONALNEGO KOMITETU STRAJKOWEGO NSZZ "SOLIDARNOSC" DOLNY SLASK, see Z Dnia na Dzien: serwis informacyjny Regionalnego Komitetu NSZZ Solidarnosc Dolny Slask.

SERWIS INFORMACYJNY REGIONALNEJ KOMISJI WYKONAWCZEJ "TRZECI SZEREG" NSZZ"SOLIDARNOSC" REGION PODBESKIDZIE.
1983-   Bielsko-Biala.   (monthly)
Holdings: 1983 - no. 1(Mar. 4), 2, 4, 6, 7(Aug. 17)
*Note: see also: Solidarnosc Podbeskidzia. Wydaje: Regionalna Komisja Wykonawcza "Trzeci Szereg" NSZZ "Solidarnosc," Region Podbeskidzia.

Box No.
113. <u>SERWIS INFORMACYJNY REGIONU SLASKO-DABROWSKIEGO</u>. NSZZ "Solidarnosc."
    1982?-   [Katowice]   (frequency?)
    Holdings: 1982 - no. (Feb. 23), (May 16), (May 20)
    *Note: no. (May 16), 1982 mutilated.

<u>SERWIS INFORMACYJNY REGIONU SWIETOKRZYSKIEGO NSZZ "SOLDARNOSC" W KIELCACH</u>, see <u>Serwis Informacyjny Solidarnosc Regionu Swietokrzyskiego</u>.

<u>SERWIS INFORMACYJNY "REZONANSU,"</u> see <u>Rezonans: pismo NSZZ "Solidarnosc" Regionu Warminsko-Mazurskiego</u>.

<u>SERWIS INFORMACYJNY RKW "TRZECI SZEREG" NSZZ "SOLIDARNOSC" REGION PODBESKIDZIE</u>, see <u>Serwis Informacyjny Regionalnej Komisji Wykonawczej "Trzeci Szereg" NSZZ"Solidarnosc" Region Podbeskiedzie</u>.

<u>SERWIS INFORMACYJNY RUCHU "WiP."</u>
    1986-   [s.l.]   (weekly?)
    Holdings: 1986 - no. 1(Oct. 20)--6(Nov. 10)
              1987 - no. 22(Feb. 15), 23, 26--29, 40, 41(June 28) and "dodatek ilustrowany" (Mar.)

<u>SERWIS INFORMACYJNY RUCHU "WOLNOSC I POKOJ."</u> Opole.
    198?-   Opole.   (frequency?)
    Holdings: [1988] - no. 4

<u>SERWIS INFORMACYJNY SDS</u>.
    1985-   [Wroclaw?]   (irregular)
    Holdings: 1986 - no. 1/26, 1/27, 2/28, and unnumbered issue
    *Note: SDS: Solidarnosc Dolnego Slaska.

<u>SERWIS INFORMACYJNY SKN</u>, see <u>Serwis Informacyjny Spolecznego Komitetu Nauki</u>.

<u>SERWIS INFORMACYJNY SLUPSKICH SRODOWISK SZKOLNYCH I TWORCZYCH</u>.
    1982-   Slupsk.   (frequency?)
    Holdings: 1982 - no. 1(May 17), 3, 4(June 27)
    *Note: no. 1 titled: <u>Serwis Informacyjny</u>. NSZZ "Solidarnosc" WSP w Slupsku.

Box No.

113. SERWIS INFORMACYJNY SOLIDARNOSC REGIONU SWIETOKRZYSKIEGO.
  1980?-   Kielce.   (frequency?)
  Holdings: 1981 - no. 9(Jan. 29), 10, 19, 88(Sept. 14)
  *Note: originally entitled: Serwis Informacyjny. Opracowany przez zespol informacyjny NSZZ "Solidarnosc" Regionu Swietokrzyskiego; revived in mid-1989, see below.

SERWIS INFORMACYJNY SOLIDARNOSC REGIONU SWIETOKRZYSKIEGO.
  1989-90. [Kielce]   (c.weekly)
  Holdings: 1989 - no. 2--7, 8[Sept. 6)--10, 12--14, 16, 17, 19, 21--23(Dec. 20), and "numer specjalny" (Dec. 13)
      1990 - no. 24(Jan. 3)--27

SERWIS INFORMACYJNY SOLIDARNOSCI DOLNOSLASKIEJ, see Serwis Informacyjny. Biuro Informacyjne MKZ Wroclaw.

SERWIS INFORMACYJNY SOLIDARNOSCI--SIS, see SIS--Serwis Informacyjny Solidarnosci.

SERWIS INFORMACYJNY SPOLECZNEGO KOMITETU NAUKI.
  1985-   [s.l.]   (biweekly?)
  Holdings: 1985 - no. 1(Jan. 20)--8, 10--21(Dec. 29), and "wydanie specjalne" (Nov. 10)
      1986 - no. 22[Jan. ?]--39(Dec. 21)

114.   1987 - no. 40(Jan. 11)--43, 45--58(Dec. 13)
      1988 - no. 59(Jan. 10)--76(Dec. 18)
      1989 - no. 77(Jan. 8)--84(Apr. 30), and "wydanie specjalne" (Jan. 15) and (May)
  *Note: no. 1, 1985 wrongly dated as 1984; no. 1 and 2, 1985, titled: Serwis Informacyjny SKN; no. 1, 1985 mutilated.

SERWIS INFORMACYJNY TYMCZASOWEGO ZARZADU REGIONU WIELKOPOLSKA NSZZ "SOLIDARNOSC," see Poznan: serwis informacyjny Tymczasowego Zarzadu Regionu NSZZ Region Wielkopolska.

SERWIS INFORMACYJNY Z DNIA NA DZIEN, see Z Dnia na Dzien.

SERWIS INFORMACYJNY ZAKONSPIROWANEGO ZARZADU REGIONU WIELKOPOLSKA NSZZ "SOLIDARNOSC," see Poznan: serwis informacyjny Tymczasowego Zarzadu Regionu NSZZ Region Wielkopolska.

Box No.
114. SERWIS NIEZALEZNEJ AGENCJI INFORMACYJNEJ.
    1983?-   Wroclaw.   (frequency?)
    Holdings: 1983 - no. 2(Mar. 28)
    *Note: see also: Biuletyn NAI.

SERWIS OCHRONY SRODOWISKA--S.O.S.: biuletyn Agencji Informacji o
    Dewastacji Srodowiska.
    1988-   [s.l.]   (monthly)
    Holdings: 1989 - no. 5(Jan.), 6(Feb.)

SERWIS PRASOWY BI NSZZ "SOLIDARNOSC."
    1989.   [Lublin]   (frequency?)
    Holdings: 1989 - no. 1(Mar. 13)

SERWIS PRASOWY BIURA KRAJOWEGO.
    1981.   Chelm.   (frequency?)
    Holdings: 1981 - no. (Mar. 30)

SERWIS SOLIDARNOSCI REGIONU BYDGOSKIEGO.
    1989-   Bydgoszcz.   (frequency?)
    Holdings: 1989 - no. 0(Dec. 24)
             1990 - no. 1(Jan. 4), 3(Jan. 22)

SERWIS WYBORCZY RZESZOWSKIEGO KOMITETU OBYWATELSKIEGO "SOLIDARNOSC."
    1989-   Rzeszow.   (frequency?)
    Holdings: 1989 - no. [May 4], [May 5], [May 12], [May 31],
         [June 5], [June 13], and unnumbered and undated
         issue

SERWIS ZJAZDOWY.
    1981.   [Czestochowa]   (daily)
    Holdings: 1981 - 1/12(Sept. 27)--15/26(Oct. 9)

SERWIS ZJAZDOWY. II Krajowy Zjazd Delegatow NSZZ "Solidarnosc."
    Gdansk.
    1990.   Gdansk.   (occasional)
    Holdings: 1990 - no. 4(Apr. 22), 6(Apr. 24)

SI METRUM, see Metrum.

SI--SERWIS INFORMACYJNY REGIONALNEGO KOMITETU SOLIDARNOSCI MALOPOLSKA.
    1982-   Krakow.   (irregular)
    Holdings: 1982 - no. 1(June 14), 37(Dec. 9)
              1983 - no. 46(Feb. 4)--48, 54, 55, 69--72-73, 76, 77,

Box No.
114.
          79(Dec. 17), and supplement to no. 79 entitled: Esik: nieodpowiedzialny dodatek serwisu informacyjnego, no. 1
    1984 - no. 80(Jan. 3), 3/82, 4/83, 8(June 8), 9, 13 (Oct. 10)--17/95(Dec.15-19), and Esik, no. 2(attached to no. 80), 3(att. to no. 3/82), 4(att. to no. 4/83), 11/90, 12, 17/95
    1985 - no. 1/96(Jan. 17-21), 3/98--11/106(Nov. 9-16), and Esik attached to no. 4/99, 8/103
    1986 - no. 12/107(Jan. 10)--15/110, 3/112, 4/113 (Dec. 3)
    1987 - no. 1/114(Jan. 13), 2/115(Mar. 23)
    1988 - no. 1/117(June 30)

*Note: continued by Serwis Informacyjny. NSZZ "Solidarnosc" Malopolska; see also: Przeglad Prasy Zwiazkowej i Niezaleznej Serwisu Informacyjnego RKS Malopolska.

SI SKN, see Serwis Informacyjny Spolecznego Komitetu Nauki.

SIEDEMNASTKA: miesiecznik pod redakcja uczniow XVII LO im. Andrzeja Frycza Modrzewskiego.
    1987-   Warszawa.   (monthly)
    Holdings: 1987 - no. 1(Nov. 23)
              1988 - no. 4(Mar. 15), 5(Apr. 27)

SIERPIEN: biuletyn Solidarnosci.
    1981-   Kedzierzyna-Kozla.   (frequency?)
    Holdings: 1981 - no. 1(June 19)

SIEW. NSZZ Rolnikow Indywiduallnych, "Solidarnosc" Lodz.
    1981-   Lodz.   (biweekly?)
    Holdings: 1981 - no. 1(Apr. 10), 2(Apr. 25)

SILVA RERUM: almanach wydawnictwa "Krag."
    198?-   [Warszawa]   (frequency?)
    Holdings: 1981 - no. 1
              1982 - no. 2

SIS--SERWIS INFORMACYJNY SOLIDARNOSCI.
    1988-   [s.l.]   (weekly)
    Holdings: 1988 - no. 5(Oct.)--15(Dec. 29)

115.   1989 - no. 16(Jan. 6)--27/28, 32, 33(May 5)

Box No.
115. SIS--SLUZBA INFORMACYJNA STUDENTOW: serwis.
    1981-82.   Warszawa.   (c.weekly)
    Holdings: 1981 - no. 1(Dec. 21), 2(Dec. 28)
              1982 - no. 2-3(Jan. 4), 3(Jan. 4)

SKIERNIEWICKI BIULETYN INFORMACYJNY. NSZZ "Solidarnosc" Region
    Mazowsze.
    1990.   Skierniewice.   (frequency?)
    Holdings: [1990] - no. 1

SKORPION: publicystyczno-literackie pismo podziemne.
    1982?-   Gdansk.   (monthly)
    Holdings: 1982 - no. 2(Nov.), 3(Dec-Jan. 1983)

SKRZYDLA: pismo zalogi. Panstwowe Zaklady Lotnicze Warszawa-Okecie.
    1990?-   Warszawa.   (frequency?)
    Holdings: 1990 - no. 3(Feb. 8), 3[!](Feb. 15)
    *Note: contains supplement entitled: Skrzydelka.

SLOWA.
    1987-   Bialystok-Krakow-Warszawa (frequency?)
    Holdings: 1987 - no. 1
              1988 - no. 2-3, 4

SLOWEM PRAWDA I SOLIDARNOSCIA, see SPiS.

SLOWO. Warszawa.
    1982-   Warszawa.   (frequency?)
    Holdings: 1982 - no. 1(Mar. 21)--12, 14, 15(Nov. 25)
              1983 - no. 16(Jan. 17)--18, 20--25(Dec. 31)
              1984 - no. 1/26(Jan. 23)--3/28, 5/30(May 31)
    *Note: originally entitled: Slowo Robotnikow i Mlodej
              Inteligencji.

SLOWO: biuletyn konserwatystow. Warszawa.
    1989-   Warszawa.   (frequency?)
    Holdings: 1989 - no. 1(Dec. 13)
              1990 - no. 2(Jan. 18)

SLOWO: pismo niezalezne.
    1988-   Kalisz.   (frequency?)
    Holdings: 1988 - no. 1(Apr. 24)

Box No.
115.   SLOWO: pismo Okregu Lubelskiego Konfederacji Polski Niepodleglej.
          1980-   Lublin.   (frequency?)
          Holdings: 1981 - no. 3(Jan.), and "dodatek nadzwyczajny" (Feb. 15)

       SLOWO: pismo srodowiska studenckiego, see Slowo NZS.

       SLOWO CHELMA: pismo komitetu obywatelskiego w Chelmie.
          1990-   Chelm.   (monthly)
          Holdings: 1990 - no. 1(Mar.), 3, 4, 10(Nov.)

       SLOWO I CZYN: pismo rolnikow. Wydawnictwo "Chlopi."
          1987?-   [s.l.]   (frequency?)
          Holdings: 1987 - no. 3[Oct. 12],
                    1988 - no. 6-7[Mar. 30], 8[May 16]

       SLOWO NARODOWE. Wydawnictwo "Slowo Narodowe," Warszawa.
          1989-   Warszawa.   (monthly)
          Holdings: 1989 - no. 1(May)--8(Nov.-Dec.)
          *Note: subsequent issues in the Hoover Library Periodical
                    Collection.

116.   SLOWO NIEPODLEGLE: pismo katolickiej mlodziezy niepodleglosciowej.
          1987-   [s.l.]   (frequency?)
          Holdings: 1987 - no. [3-4?](Apr. 18), 6--9(Dec. 18)
                    1988 - no. 8/12(Mar. 18)

       SLOWO NZS: pismo srodowiska studenckiego.
          1988-   Krakow.   (frequency?)
          Holdings: 1988 - no. 1(Jan. 20), 2(Oct. 10), (Dec.-Jan.)
                    1989 - no. 6(Feb.)--8(Apr.)
          *Note: oryginal title: Slowo; also subtitled: pismo
                    Niezaleznego Zrzeszenie Studentow.

       SLOWO PODZIEMNE.
          1982-   Warszawa.   (weekly)
          Holdings: 1982 - no. 8(May 3), 9, 11, 13-14, 15(Sept. 9)
                    1983 - no. 1/19-20(Jan. 17), 23-24, 28, 29, 32-33--54,
                           58(Nov. 21)
                    1984 - no. 65(Jan. 1), 71-72, 73(June 30)

       SLOWO POLSKIE: pismo spoleczne i polityczne.
          1982?-   Warszawa.   (frequency?)
          Holdings: 1982 - no. 10(Dec. 1)

Box No.
116. SLOWO PYSKOWIC: informator Komitetu Obywatelskiego w Pyskowicach.
   1990-   Pyskowice.   (c.monthly)
   Holdings: 1990 - no. 1(Jan. 22)--3(Mar. 8)

SLOWO ROBOTNIKOW I MLODEJ INTELIGENCJI, see Slowo. Warszawa.

SLUPSKA SOLIDARNOSC, see Solidarnosc Slupska.

SMiS: stalowowolski miesiecznik Solidarnosci--gazeta ruchu.
   1988-   Stalowa Wola.   (monthly)
   Holdings: 1988 - no. 3(June), 5, 6(Sept.)
            1989 - no. 12(Feb.)

SMOLUCH: biuletyn informacyjny NSZZ "Solidarnosc" Fabryki Przyrzadow i
   Uchwytow.
   1983-   Bialystok.   (frequency?)
   Holdings: 1988 - no. (Sept.-Nov.)

SMURF. W.S.P. P. S., Kielce.
   1988?-   Kielce.   (frequency?)
   Holdings: [1988?] - no. 1
   *Note: Smurf "ma ambicje stac sie ulubionym w kieleckim
            srodowisku akademickim"; W.S.P.: Wyzsza Szkola
            Pedagogiczna.

SOKOL 1 LO: pismo mlodziezy myslacej.
   1984-   Gorzow Wlkp.   (frequency?)
   Holdings: 1984 - no. 1(Jan. 4)
            1986 - no. 10(Mar. 9)
            1987 - no. 17(Jan. 26), 19(Apr. 29)

SOLIDARIUSZ: miesiecznik spoleczny i polityczny.
   1982?-   [s.l.]   (frequency?)
   Holdings: 1983 - no. 1/6(Jan.)

SOLIDARNE CZUWANIE: biuletyn strajkowy.
   198?-   Lodz.   (frequency?)
   Holdings: 1981 - no. 2(Feb. 17)

SOLIDARNI. Poznan.
   1982?-   Poznan.   (c.weekly)
   Holdings: 1982 - no. 2(Jan. 18)--10, 10-11, 13-14--24, 28, 31--34,
                    36, 38-39--47(Dec. 6), 48/1(Dec. 20), 49/2

Box No.
116.
                    (Dec. 27)
                    1983 - no. 3/50(Jan. 3), 7/54--12/59, 14/61(May 7)
    *Note: with no. 11/58, 1983 published by: "NSZZ Solidarnosc
                  Poznan"; continued [?] by: <u>Solidarnosc--Poznan</u>.

<u>SOLIDARNI</u>: nieregularne pismo Bielskiego Komitetu Oporu Spolecznego.
    1985-1989.   Bielsko-Biala.   (irregular)
    Holdings: 1985 - no. 1(Sept.)--4(Dec.)
              1986 - no. 6(Feb.)--15(Dec.)
              1987 - no. 16(Jan.)--25(Dec. 18)
              1988 - no. 26(Feb. 5)--30, 32--37(Dec. 18)
              1989 - no. 38(Jan. 27)--42(Apr. 30)
    *Note: first two issues subtitled: "przedwyborcza jednodniowka
                Bielskiego Komitetut Oporu Spolecznego"; no. 42(1989)
                the last issue; afterwards, the editors joined
                <u>Solidarnosc Podbeskidzia</u>.

<u>SOLIDARNI</u>: pismo miedzysrodowiskowe czlonkow NSZZ "Solidarnosc."
    1982-   Wroclaw.   (frequency?)
    Holdings: 1982 - no. 6(Dec.)
              1983 - no. 12(May)
    *Note: originally without subtitle.

<u>SOLIDARNI</u>: wiadomosci wojenne.
    1982-   Lodz.   (irregular)
    Holdings: 1982 - no. 6(Jan. 30)--8A, 16, 22, 26, 29, 33--42,
                          43--46, 48, 50, 51(Dec. 4), 51(Dec. 11), 52-53
                          (Dec. 18), and "dodatek sejmowy" (Nov. 11)
              1983 - no. 1/54(Jan. 1)--12/65, 14/67, 15/68(Apr. 9),
                          15/83(Apr. 16), 17/70--30-31/83-84, 35/83--39/92,
                          41/94--54/107(Dec. 31)
              1984 - no. 1/108(Jan. 7)--15/122--34/141(Dec. 15)
              1985 - no. 1/142(Jan. 5)--12/152, 14/155--23/164
                          (Nov. 16)
              1986 - no. 1/166(Jan.), 3/168
              1987 - no. 8/173(Jan. 28)
    *Note: in 1987 subtitle dropped; many nearly illegible
                photocopies.

<u>SOLIDARNI--KONIN</u>: pismo Komisji Zakladowej NSZZ "Solidarnosc FUGO,
    Huty Aluminium KWB "Konin," ZPO "POLANEX," Elektrowni "Patnow,"
    PKS oddzial Konin, Kombinatu Budowlanego
    198?-   Konin.   (frequency?)
    Holdings: 1987 - no. [21?], 22(Oct. 29)
    *Note: see also <u>Robotnik</u>. Konin.

<u>SOLIDARNI KU NIEPODLEGLOSCI</u>, see <u>Biuletyn Opolski</u>.

Box No.

116. <u>SOLIDARNI ZIEMI PAJECZANSKIEJ</u>: pismo Komitetu Obywatelskiego Solidarnosc.
    1989-   Pajeczyno.   (frequency?)
    Holdings: 1989 - no. 2, and one unnumbered and undated issue
    *Note: both issues mutilated.

<u>SOLIDARNOSC</u>. Chemar Kielce.
    1981?-   Kielce.   (frequency?)
    Holdings: 1981 - no. 11(May 30)

<u>SOLIDARNOSC</u>. EMA-ELESTER i OBR ORAM.
    1981?-   [Lodz]   (frequency?)
    Holdings: 1981 - no. 7(Apr. 28), 8, 10--13(Sept. 4)

<u>SOLIDARNOSC</u>. Komisja Koordynacyjna NSZZ. "WSS" Spolem Wroclaw.
    1981?-   Wroclaw.   (occasional?)
    Holdings: 1981 - no. 4(Mar. 5)

<u>SOLIDARNOSC</u>. Komitet Oporu Spolecznego--KOS. NSZZ "Solidarnosc" Regionu Pomorza Zachodniego, see <u>Solidarnosc</u>: wiadomosci, opinie komentarze.

<u>SOLIDARNOSC</u>. Miedzyzakladowy Komitet Zalozycielski Niezaleznego Samorzadnego Zwiazku Zawodowego "Solidarnosc" z siedziba w Legnicy, see <u>Solidarnosc Zaglebia Miedziowego</u>.

<u>SOLIDARNOSC</u>. Niezalezny Samorzadny Zwiazek Zawodowy. Kielce, see <u>Biuletyn Regionu Swietokrzyskiego NSZZ "Solidarnosc."</u>

<u>SOLIDARNOSC</u>. NSZZ "Solidarnosc," Region Mazowsze, Komisja Zakladowa przy Instytucie Chemii Przemyslowej, see <u>Solidarnosc Instytutow Zoliborskich</u>.

<u>SOLIDARNOSC</u>. NSZZ Solidarnosc (Region) Wielkopolska, see <u>Solidarnosc--Poznan</u>.

<u>SOLIDARNOSC</u>. Pismo wydaje Komisja Zakladowa NSZZ "Solidarnosc," Ozarow Maz.
    198?-   Ozarow Mazowiecki   (frequency?)
    Holdings: 1984 - no. 14-15(Dec. 1)

Box No.
117.   SOLIDARNOSC.   Pismo wydaje Komisja Zakladowa NSZZ "Solidarnosc,"
       Warszawa.
       1984?-   Warszawa.   (frequency?)
       Holdings: 1984 - no. 2(Mar. 10), 3(Mar. 22)

       SOLIDARNOSC.   Pismo wydaje N. R. Grupa Oporu Spolecznego im. ks.
       Jerzego.
       198?-   Warszawa.   (frequency?)
       Holdings: 1985 - no. 1/28/83(Mar.)
       *Note: continued [?] by Jawniak: pismo Niezaleznego Ruchu
                 Spolecznego "Solidarnosc" im. Ks. Jerzego Popieluszki.

       SOLIDARNOSC.   Region Mazowsze, Zaklady Transformatorow Radiowych
       T-19.
       198?-   Skierniewice.   (frequency?)
       Holdings: 1981 - no. 27(Sept. 17)

       SOLIDARNOSC.   Region Wielkopolska Poludniowa, see Solidarnosc.   Zarzad
          Regionu Wielkopolska Poludniowa.

       SOLIDARNOSC.   Regionalna Komisja Koordynacyjna Ziemi Lodzkiej.
       1982-84   Lodz.   (frequency?)
       Holdings: 1982 - no. 2(Nov. 28), 3(Dec. 20)
                 1983 - no. 4(Jan. 15)--9, 11, 12, 14--19(Dec. 25)
                 1984 - no. 20(Jan. 15)--27(May 1)
       *Note: no. 2, 1982 subtitled: "biuletyn wojenny"; no. 10 and
                 18, 1983 mutilated; some issues nearly illegible; see
                 also: Solidarnosc: biuletyn informacyjny, Region Ziemi
                 Lodzkiej; komunikat wojenny; Kaminska, Bibliografia,
                 item no. 1023.

       SOLIDARNOSC.   RKK Ziemi Lodzkiej, see Solidarnosc.   Regionalna Komisja
          Koordynacyjna Ziemi Lodzkiej.

       SOLIDARNOSC.   Robotniczy Komitet Obrony WSK PZL Krakow.
       198?-   Krakow.   (frequency?)
       Holdings: 1986 - no. 5

       SOLIDARNOSC.   Solidarnosc Lomza region Mazowsze.
       1981?-   Lomza.   (occasional)
       Holdings: 1981 - no. (June)

Box No.
117.   SOLIDARNOSC.   Wojewodzkie Przedsiebiorstwo Komunikacyjne w Gdansku.
          198?-81.   Gdansk.   (frequency?)
          Holdings: 1981 - no. 8(May 17), 12(July 30)

   SOLIDARNOSC.   Zarzad Regionu Wielkopolska Poludniowa.   Kalisz.
       1980-   Kalisz.   (irregular)
       Holdings: 1980 - no. 1(Oct. 20), 6(Dec. 22)
                 1981 - no. 10(Feb. 9)--15, 18--22--24, 31, 32(Dec. 9),
                        and "wydanie specjalne" (Jan. 19)
       *Note: originally subtitled: "pismo MKZ NSZZ "Solidarnosc" woj.
                 kaliskiego"; no. 22--24 entitled: <u>Solidarnosc</u>. Region
                 Wielkopolska Poludniowa; no. 21 mutilated.

   SOLIDARNOSC.   ZTD "Dekora" Zary.   Dwutygodnik KZ NSZZ "Solidarnosc."
       1981-   Zary.   (biweekly)
       Holdings: 1981 - no. 2(May 1)--4, 6(June 19)

   SOLIDARNOSC: biuletyn gotowosci strajkowej.   Kielce "Iskra."
       1981.   Kielce.   (occasional)
       Holdings: 1981 - no. [1: Mar. 24], 2(9:40am)[Mar. 25],
                        3(3:15pm)[Mar. 25]

   SOLIDARNOSC: biuletyn informacyjny bankowcow.
       1981?   Szczecin.   (frequency?)
       Holdings: 1981 - no. 4

   SOLIDARNOSC: [biuletyn informacyjny. Instytut Chemii Przemyslowej,
       Warszawa, ul. Rydygiera 8], see <u>Solidarnosc Instytutow
       Zoliborskich</u>.

   SOLIDARNOSC: biuletyn informacyjny jednostek zaplecza kolei.
       1981.   Warszawa.   (frequency?)
       Holdings: 1981 - no. 1(June 30), 2(July 15)
       *Note: see also: <u>Solidarnosc CNTK: biuletyn</u>.

   SOLIDARNOSC: biuletyn informacyjny Kolejarzy, see <u>Biuletyn
       Informacyjny Kolejarzy</u>.

   SOLIDARNOSC: biuletyn informacyjny Komisji Zakladowej Niezaleznego
       Samorzadnego Przedsiebiorstwa Budownictwa Przemyslowego "Pulawy."
       198?-   Pulawy.   (irregular)
       Holdings: 1981 - no. 27(June 18), 30-31, 32, (Nov. 17)

Box No.
117. SOLIDARNOSC: biuletyn informacyjny KZ. Elektromontaz-Lodz.
   1981?-   Lodz.   (biweekly?)
   Holdings: 1981 - no. 14, 15(June 15), 16(June 29), 17

SOLIDARNOSC: biuletyn informacyjny KZ NSZZ "Solidarnosc" Slaskiej
   Akademii Medycznej.
   198?-   [Katowice]   (c.monthly)
   Holdings: 1989 - no. 45(May 22)--47(Sept. 1)

SOLIDARNOSC: biuletyn informacyjny. Miedzyszkolny Niezalezny
   Samorzadny Zwiazek Zawodowy "Solidarnosc," see Solidarnosc
   Nauczycieli Chelmskich.

SOLIDARNOSC: biuletyn informacyjny Miedzyzakladowego Komitetu
   Zalozycielskiego Niezaleznego Samorzadnego Zwiazku Zawodowego
   Wojewodztwa Chelmskiego, see Solidarnosci: biuletyn informacyjny
   Regionu Chelmskiego.

SOLIDARNOSC: biuletyn informacyjny MKZ NSZZ "Solidarnosc" Jarocin.
   1980-   Jarocin.   (frequency?)
   Holdings: 1981 - no. 16(Feb. 20)

SOLIDARNOSC: biuletyn informacyjny MKZ NSZZ, Ziemia Radomska,
   Solidarnosc Ziemia Radomska. MKZ Radom.

SOLIDARNOSC: biuletyn informacyjny MKZ "Siemianowice" NSZZ Solidarnosc
   przy KBW "Fabud."
   1981?-   Siemianowice.   (frequency?)
   Holdings: 1981 - no. 18(May 26)

SOLIDARNOSC: biuletyn informacyjny MKZ Ziemi Piotrkowskiej, see
   Solidarnosc: biuletyn informacyjny NSZZ "SOlidarnosc," MKZ Ziemi
   Piotrkowskiej.

SOLIDARNOSC: biuletyn informacyjny. Morska Obsluga Radiowa Statkow.
   1981?-   Gdynia.   (frequency?)
   Holdings: 1981 - no. 10(Apr. 16)

SOLIDARNOSC: biuletyn informacyjny Niezaleznego Samorzadnego Zwiazku
   Zawodowego Regionu Chelmskiego, see Solidarnosc: biuletyn
   informacyjny Regionu Chelmskiego.

Box No.
117. SOLIDARNOSC: biuletyn informacyjny Niezaleznego Zwiazku Zawodowego Solidarnosc. TKZ NSZZ w Z.A. Pulawy, see <u>Biuletyn Informacyjny Niezaleznego Zwiazku Zawodowego Solidarnosci</u>. TKZ NSZZ w Z.A. Pulawy.

SOLIDARNOSC: biuletyn informacyjny Niezaleznych Samorzadnych Zwiazkow Zawodowych. Huta B. Bieruta.
1980- Czestochowa. (frequency?)
Holdings: 1981 - no. 1/8(Jan. 29), 4/11, 5(Mar. 6)

SOLIDARNOSC: biuletyn informacyjny NSZZ Akademii Rolniczej w Lublinie, see <u>Biuletyn Informacyjny</u>. NSZZ Solidarnosc Akademii Rolniczej w Lublinie.

SOLIDARNOSC: biuletyn informacyjny. NSZZ "Solidarnosc." Jasielska Oficyna Wydawnicza, see <u>Solidarnosc: biuletyn Komisji Koordynacyjnej NSZZ "S" Jaslo</u>. Pismo wspolpracuje z RKS Malopolska.

SOLIDARNOSC: biuletyn informacyjny NSZZ "Solidarnosc," MKZ Ziemi Piotrkowskiej.
1981?- [Piotrkow Trybunalski] (biweekly?)
Holdings: 1981 - no. 1(Feb. 1)--5, 7--10(June 15)
*Note: continued [?] by: <u>Solidarnosc Piotrkowska</u>.

SOLIDARNOSC: biuletyn informacyjny NSZZ "Solidarnosc" Politechniki Lubelskiej.
1981. Lublin. (frequency?)
Holdings: 1981 - no. 18(Nov. 4)

SOLIDARNOSC: biuletyn informacyjny. NSZZ "Solidarnosc" w OZOS "Stomil" w Olsztynie.
1980?- Olsztyn. (weekly)
Holdings: 1981 - no. 5/9[Feb. 6], 7/11, 8/12(Feb. 6), and "wydanie specjalne" no. 14/18, 17/21, 18/22, 19/23 [Apr. 10]

SOLIDARNOSC: biuletyn informacyjny portowcow, see <u>Solidarnosc Portowcow: biuletyn informacyjny</u>.

SOLIDARNOSC: biuletyn informacyjny. PPBP.
1990?- [s.l.] (frequency?)
Holdings: 1990 - no. 40(June 13)

-263-

Box No.

117. SOLIDARNOSC: biuletyn informacyjny. Region Czestochowa, see
Solidarnosc: biuletyn regionu Czestochowa.

SOLIDARNOSC: biuletyn informacyjny. Region Plocki, see Solidarnosc
Region Plocki: biuletyn informacyjny.

SOLIDARNOSC: biuletyn informacyjny. Region Slasko-Dabrowski, see
Biuletyn Informacyjny Solidarnosc. Region Slasko-Dabrowski.

SOLIDARNOSC: biuletyn informacyjny, Region Ziemi Lodzkiej; komunikat
wojenny.
1982-85.   Lodz.   (frequency?)
Holdings: 1982 - no. 24(Aug. 27), 45[Nov. 2]
          1983 - no. 54(Mar. 7), 58, 60, 61, 64(July 20)
*Note: no. 45, 1983 wrongly dated as 1982; see also:
          Solidarnosc. Regionalna Komisja Koordynacyjna Ziemi
          Lodzkiej; see Kaminska, Bibliografia, item no. 98.

SOLIDARNOSC: biuletyn informacyjny. Regionalny Komitet Obywatelski.
1989-   Gdansk.   (frequency?)
Holdings: 1989 - no. 17[May 24], 19, 21

SOLIDARNOSC: biuletyn informacyjny Regionu Chelmskiego.
1980-89.   Chelm.   (frequency?)
Holdings: 1980 - no. 1(Dec. 1)
          1981 - no. 2(Jan. 8)--4, 6--14, 18, 22, 24, 25, 28
                 (Nov. 24), and "dodatek do numeru 7" (Feb. 14),
                 and "dodatek nadzwyczajny" (Mar. 14), and
                 "wydanie specjalne" (Jan. 3)
          1989 - no. 23/68(Sept. 3), 25/70, 26/72(Oct. 19)
          1990 - no. 33/77(Feb. 26)
*Note: originally subtitled: "biuletyn informacyjny
          Miedzyzakladowego Komitetu Zalozycielskiego Niezaleznego
          Samorzadnego Zwiazku Zawodowego Wojewodztwa Chelmskiego"
          and "biuletyn informacyjny Niezaleznego Samorzadnego
          Zwiazku Zawodowego Regionu Chelmskiego"; includes
          special editions issued by: Regionalny Komitet Obrony
          Wiezionych za Przekonania.

118. SOLIDARNOSC: biuletyn informacyjny RKW. "S" Ziemii Mieleckiej.
198?-   Mielec.   (frequency?)
Holdings: 1984 - no. 3(Nov. 3)

Box No.
118. <u>SOLIDARNOSC</u>: biuletyn informacyjny. Sekcja Informacji MKZ Krakow.
1980- Krakow. (frequency?)
Holdings: 1980 - no. 5(Nov. 22)

<u>SOLIDARNOSC</u>: biuletyn informacyjny TKK, NSZZ "Solidarnosc," Region
Slasko-Dabrowski, see <u>Biuletyn Informacyjny</u>. NSZZ "Solidarnosc,"
Region Slasko-Dabrowski, Tymczasowa Komisja Koordynacyjna.

<u>SOLIDARNOSC</u>: biuletyn informacyjny Tymczasowej Komisji Zakladowj NSZZ
"Solidarnosc FSC Lublin, see <u>Biuletyn</u> <u>Informacyjny</u> <u>Tymczasowej</u>
<u>Komisji Zakladowej NSZZ "Solidarnosc" FSC Lublin</u>.

<u>SOLIDARNOSC</u>: biuletyn informacyjny wydawany przez KZ NSZZ
"Solidarnosc" w PGR Myslowice.
1981?- Myslowice. (frequency?)
Holdings: 1981 - no. 9(June 1), 10(June)

<u>SOLIDARNOSC</u>: biuletyn informacyjny "Zab."
1982?- Gdansk. (frequency?)
Holdings: 1981 - no. Mar. 10), (Apr. 30), (May 9), (June 28),
(Nov. 2)

<u>SOLIDARNOSC</u>: biuletyn informacyjny. Zwiazek Zawodowy Rolnikow
Indywidualnych Ziemi Gdanskiej.
1981?- Gdansk. (frequency?)
Holdings: 1981 - no. 3(Feb. 21)

<u>SOLIDARNOSC</u>: biuletyn Komisji Koordynacyjnej NSZZ "S" Jaslo. Pismo
wspolpracuje z RKS Malopolska.
198?- Jaslo. (frequency?)
Holdings: 1984 - no. (Jan.-Feb.), (Oct.), (Dec.)
1985 - no. (Jan.), (Feb.)
1986 - no. 2, 3, 5-6, 7
[1988] - no. [?]/48
*Note: originally subtitled: "biuletyn informacyjny. NSZZ
"Solidarnosc," Jasielska Oficyna Wydawnicza; no. 48,
[1988] subtitled: biuletyn informacyjny. NSZZ "S"
Jaslo.

<u>SOLIDARNOSC</u>: biuletyn regionu Czestochowa.
1980-81. Czestochowa. (irregular)
Holdings: 1980 - no. 9-10(Dec. 24-30)
1981 - no. [Jan. 23], [Feb. 4], [Feb 16], 11, 17, 19--24
(June 20), [July 1], (July 24), [July 29],
[Aug. 11], [Aug. 26], [Sept. 7], [Oct. 12],

Box No.
118.   [Nov. 14], and "biuletyn nadzwyczajny" (May), and
                             "wydanie specjalne" (May)
        *Note: also titled: Solidarnosc Czestochowska; Solidarnosc
                  Regionu Czestochowa, and Solidarnosc: biuletyn
                  informacyjny Region Czestochowa; see also: Solidarnosc:
                  biuletyn informacyjny Niezaleznych Samorzadnych Zwiazkow
                  Zawodowych. Huta B. Bieruta.

        SOLIDARNOSC: biuletyn Regionu Elblaskiego. see Solidarnosc: pismo
            spoleczno polityczne.

        SOLIDARNOSC: biuletyn strajkowy, Region Mazowsze, see Biuletyn
            Strajkowy. Solidarnosc Region Mazowsze.

        SOLIDARNOSC: biuletyn Zastepczej Komisji Zakladowej WSK PZL-Swidnik,
            see Biuletyn Strajkowy Regionalnego Komitetu Strajkowego.

        SOLIDARNOSC: dodatek specjalny "Glosu Wlokniarskiego" gazety zalogi
            ZPB im. Juliana Marchlewskiego.
            1980.   [Lodz]   (occasional)
            Holdings: 1980 - no. (Nov. 30)

        SOLIDARNOSC: dwutygodnik Komisji Zakladowej NSZZ Solidarnosc. Polska
            Poczta, Telegraf, Telefon.
            1989-   [Konin]   (frequency?)
            Holdings: 1989 - no. 3(Nov. 9)

        SOLIDARNOSC: dwutygodnik. ZTD "Dekora" Zary. KZ NSZZ "Solidarnosc,"
            see Solidarnosc. ZTD "Dekora" Zary. Dwutygodnik KZ NSZZ
            "Solidarnosc."

        SOLIDARNOSC: gazeta okolicznosciowa.
            1990.   [s.l.]   (occasional)
            Holdings: [1990] - no. one unnumbered and undated issue

        SOLIDARNOSC: gazeta plakatowa Regionu Slasko-Dabrowskiego.
            1990-   [s.l.]   (occasional?)
            Holdings: 1990 - no. 3(May 23), 4(June 22)

        SOLIDARNOSC: glos wolnego taksowkarza, see Glos Wolnego Taksowkarza.

Box No.
118. SOLIDARNOSC: informacja [informacje] NSZZ "Solidarnosc" Politechniki Warszawskiej, see Informacja Solidarnosci Politechniki Warszawskiej.

SOLIDARNOSC: informator. Fabryka Samochodow Malolitrazowych, see FSM Solidarnosc: informator NSZZ Solidarnosc przy Fabryce Samochodow Malolitrazowych.

SOLIDARNOSC: informator. Region Srodkowo-Wschodni, see Informator. Solidarnosc, Region Srodkowo-Wschodni.

SOLIDARNOSC: informator Spec.
 1981- [Warszawa] (frequency?)
 Holdings: 1981 - no. 5(Sept. 17)

SOLIDARNOSC: informator. Ursus-Huta-FSO, see Solidarnosc: wojenny biuletyn informacyjny.

SOLIDARNOSC: informator wewnetrzny organizacji zakladowej SGGW-AR. NSZZ Solidarnosc, region Mazowsze.
 1981. [Warszawa] (frequency?)
 Holdings: 1981 - no. [c.Jan.], [c.June], 10(June), 11, 13(Aug. 31)
 *Note: often: "Numer opracowany przez Zespol d.s. Dydaktyki."

SOLIDARNOSC: jednodniowka Miedzyzakladowej Komisji Koordynacyjnej NSZZ Solidarnosc w Sulechowie.
 1989?- Sulechow. (occasional)
 Holdings: 1989 - no. 2/89(Aug.)

SOLIDARNOSC: komunikat specjalny. Szczecin, see Komunikat Stoczniowej Komisji Robotniczej NSZZ "Solidarnosc."

SOLIDARNOSC: Nauka-Technika-Oswiata, see NTO: informator wewnetrzny dla kol nauki-techniki-oswiaty NSZZ "Solidarnosc," Region Mazowsze.

SOLIDARNOSC: niezalezne pismo Regionu Pomorza Zachodniego. KOS NSZZ "Solidarnosc," see Solidarnosc: wiadomosci, opinie, komentarze. Komitet Oporu Spolecznego--KOS.

Box No.
118.   SOLIDARNOSC: niezalezny informator kopalniany NIK, see
       NIK--Solidarnosc: niezalezny informator kopalniany KWK im.
       "Z.M.P."

       SOLIDARNOSC: organ Zrzeszenia "Labora" Wilenskich Zakladow
          Przemyslowych.
          1989?-   Vilnius.   (frequency?)
          Holdings: 1989 - no. 2
          *Note: in Polish and Lithuanian.

       SOLIDARNOSC: pismo Komisji Miedzyzakladowej NSZZ "Solidarnosc" przy
          Muzeum Okregowym i Wojewodzkim Archiwum Panstwowym w Zamosciu.
          1981.   Zamosc.   (monthly?)
          Holdings: 1981 - no. 1(Apr.), 2(May)

       SOLIDARNOSC: pismo MKS NSZZ "Solidarnosc" z siedziba w Gdansku, see
          Solidarnosc: pismo Regionu Gdanskiego.

       SOLIDARNOSC: pismo MKZ NSZZ "Solidarnosc" w Nysie.
          1981?-   Nysa.   (frequency?)
          Holdings: 1981 - no. 9(Mar. 20), 10, 12, 13, 15(July 7)

       SOLIDARNOSC: pismo MKZ NSZZ "Solidarnosc" woj. kaliskiego, see
          Solidarnosc. Zarzad Regionu Wielkopolska Poludniowa.

       SOLIDARNOSC: pismo NSZZ "Solidarnosc" Sieradz, see Solidarnosc:
          tygodnik regionu "Ziemia Sieradzka."

       SOLIDARNOSC: pismo NSZZ w Koszalinie.
          1980?-   Koszalin.   (frequency?)
          Holdings: 1981 - no. 1/11(Feb. 2)

       SOLIDARNOSC: pismo regionu gdanskiego.
          1980-89.   Gdansk.   (irregular)
          Holdings: 1980 - no. 15(Sept. 24)--29(Dec. 31)
                    1981 - no. 1/30(Jan. 8)--25/55(July 30)
119.   1981 - no. 26/56(Aug. 13)--32/62(Nov. 26)
                    1982 - no. 1/63(Jan. 30)--3/66, 5, 7/70--10/73, 14/77,
                           15/78(Dec. 24)
                    1983 - no. 16/79(Jan. 15)--27/90, 29/92--39/102(Dec. 4)
                    1984 - no. 1/103(Jan. 17)--10/112, 13/115--18/120,
                           21/123, 22/124(Dec. 31)
                    1985 - no. 23-24/125-126(Jan. 14)--26-27/128-129, 3/130-
                           -24-25/151-152(Dec. 9)

-268-

Box No.
119.
      1986 - no. 2/154(Jan. 20)--13-14/166(Dec. 7)
      1987 - no. 1/167(Jan. 29)--14/180, 16/180[!])--20/186
        [Dec. ?]
      1988 - no. 21-22/187-188, 3/189--9-10/195-196, 11/197,
        13/199--24/210, 26-27/211-212--29-30/214-215
        (Dec. 20)
      1989 - no. 1/216--15-16/230-231, 19/232, 18/233, 19/234-
        -23/238(Oct. 18)
      1990 - no. 1/243(Jan. 19), 5/247(Mar. 5)
 *Note: continues <u>Solidarnosc: strajkowy biuletyn informacyjny.
      Stocznia Gdanska</u>--first 14 issues (see no. 15, 1980);
      no. 15, 1980--5/33, 1981 entitled: <u>Biuletyn Informacyjny
      Solidarnosc</u>. Komitet Zalozycielski Niezaleznych
      Samorzadnych Zwiazkow Zawodowych; prior to no. 3/66,
      1983 subtitled: "pismo MKS NSZZ "Solidarnosc" z siedziba
      w Gdansku"; or "pismo NSZZ "Solidarnosc"; no.23/209
      mutilated.

 <u>SOLIDARNOSC</u>: pismo Regionu Warm.-Mazur.
  198?-   [s.l.]   (frequency?)
  Holdings: 1982 - no. [c. early May], [c.mid-May], [June 1],
      [June 8], 9, 10, 15(Nov. 7)
  *Note: originally titled: <u>Solidarnosc Regionu Warm.-
      Mazurskiego</u>; in 1983 subtitled: "pismo NSZZ Solidarnosc
      Regionu Warminsko-Mazurskiego; see Kaminska,
      Bibliografia, item no. 1082; see also <u>Biuletyn
      Informacyjny NSZZ "Solidarnosc."</u> Tymczasowy Zarzad
      Regionu Warminsko-Mazurskiego.

 <u>SOLIDARNOSC</u>: pismo spoleczno polityczne, Elblag.
  1985-   Elblag.   (c.monthly)
  Holdings: 1985 - no. 2(Apr. 27), 4--6-7, 10(Oct. 26?)
      1987 - no. 22(Mar. 10)
      1988 - no. 32(June 27), 33(July 15)
      1989 - no. 2/39(Feb. 25), 3/43, 7/47((Dec. 19)
  *Note: originally subtitled: "biuletyn [NSZZ 'Solidarnosc']
      Regionu Elblaskiego."

<u>SOLIDARNOSC</u>: pismo zwiazkowe NSZZ Rolnikow Indywidualnych, Region
 Srodkowo-Wschodni, see <u>Biuletyn Zwiazkowy</u>. NSZZ RI Solidarnosc
 Rolnikow.

<u>SOLIDARNOSC</u>: serwis informacyjny Biura Informacji NSZZ "Solidarnosc"
 Zarzadu Regionu Chelmskiego, see <u>Serwis Informacyjny Biura
 Informacji Prasowej NSZZ "Solidarnosc" Regionu Chelmskiego</u>.

Box No.
119. SOLIDARNOSC: strajkowy biuletyn informacyjny. MKZ NSZZ "Solidarnosc" region Legnica, see Z Dnia na Dzien: serwis informacyjny MKZ NSZZ "Solidarnosc" Legnica.

SOLIDARNOSC: strajkowy biuletyn informacyjny. Stocznia Gdanska.
 1980.   Gdansk.   (once/twice a day)
 Holdings: 1980 - no. 1(Aug.23)--13(Aug. 31), and "dodatek nadzwyczajny" (Aug. 31, 1980)
 *Note: continued by: Biuletyn Informacyjny Solidarnosc. Komitet Zalozycielski Niezaleznych Zwiazkow Zawodowych, and subsequently by Solidarnosc: pismo regionu gdanskiego.

SOLIDARNOSC: tarnowski informator zwiazkowy.
 1981.   Tarnow.   (irregular)
 Holdings: 1981 - no. 7(June 1), 16--21-22(Sept. 21)

SOLIDARNOSC: tygodnik Mazowsze, see Tygodnik Mazowsze--Solidarnosc.

SOLIDARNOSC: tygodnik regionu "Ziemia Sieradzka."
 1980?-81.   Sieradz.   (weekly)
 Holdings: 1981 - no. 7(Feb. 6), 9, 11--13, 18--22, 25--27, 31--33, 36--39(Oct. 14), and "wydanie specjalne" no. 3, 4(June 1), and "wydanie okolicznosciowe" no. 6(Sept. 20)
 *Note: originally subtitled: "pismo NSZZ "Solidarnosc," Sieradz.

120. SOLIDARNOSC: tygodniowka WPHW Opole.
 1981.   Opole.   (weekly)
 Holdings: 1981 - no. 1(Apr. 13), 2, 4--7, 9--12, 15-16--30(Nov. 9)

SOLIDARNOSC: wiadomosci, opinie komentarze. Komitet Oporu Spolecznego-KOS. NSZZ "Solidarnosc" Regionu Pomorza Zachodniego
 1982?-   Szczecin.   (monthly?)
 Holdings: 1982 - no. 15(Mar. 29)--17, 19, 22, 23, 26--36, [41?], 43, 47--49(Dec. 24), and "numer specjalny" (Dec. 13), and one unnumbered issue
    1983 - no. 50(Jan. 25)--54(May 25), [55?]
    1984 - no. 60(Apr. 4), 61, 64(Aug. 28)
 *Note: originally without subtitle; some issues titled: Solidarnosc Pomorza Zachodniego: pismo Zarzadu Regionu NSZZ "Solidarnosc"; in 1984 titled Solidarnosc KOS; no. 50, 1983, wrongly dated as 1982.

Box No.
120. SOLIDARNOSC: wojenny biuletyn informacyjny. Ursus-Huta-FSO. Wydanie U.
1982?- Warszawa. (frequency?)
Holdings: 1982 - no. 3(Mar. 10), 5, 6/29(Apr. 14)--11/34(June 9)
*Note: originally subtitled: "informator. Ursus-Huta-FSO"; no. 6/29, and 7/30 subtitled: "wojenny biuletyn informacyjny; pismo NSZZ "Solidarnosc": Ursus-Huta-FSO"; for explanation, see: "Od redakcji," no. 6/29

SOLIDARNOSC: zeszyty zwiazkowe, see Zeszyty Zwiazkowe.

SOLIDARNOSC: zielonogorski serwis informacyjny, see Zielonogorski Serwis Informcyjny Solidarnosc.

SOLIDARNOSC '80.
1982?- Zgierz. (frequency?)
Holdings: 1982 - no. [Apr. ?], (May), 14(Aug.),
 1983 - no. 33(July)
 1984 - no. 39(Jan.)
*Note: some issues nearly illegible; except for no. 39, 1984, only photocopies.

SOLIDARNOSC 80: komunikat, see Komunikat. Solidarnosc 80.

SOLIDARNOSC AR. Niezalezny Samorzadny Zwiazek Zawodowy. [Biuletyn informacyjny Komisji Uczelnianej NSZZ "Solidarnosc" Akademii Rolniczej im. Hugona Kollataja w Krakowie].
1981?- Krakow. (frequency?)
Holdings: 1981 - no. 5-6(Mar. 24-Apr.14), 7(Apr. 15-30)

SOLIDARNOSC AR: pismo NSZZ "Solidarnosc" Akademii Rolniczej we Wroclawiu.
1982?- Wroclaw. (frequency?)
Holdings: 1982 - no. [15/29?], 27(Dec. 29)
 1983 - no. [Oct. 30?]
 1984 - no. 63(Mar. 28), 67, 69, 70(Oct.)
 1985 - no. 74(Feb.)

SOLIDARNOSC BIALYSTOK, see Biuletyn Informacyjny. NSZZ Solidarnosc, Region Bialystok.

-271-

Box No.
120. SOLIDARNOSC BOLESLAWIECKA: pismo Zarzadu NSZZ "S" Oddzial Boleslawiec, Region Dolny Slask.
1989?-   Boleslawiec   (frequency?)
Holdings: 1990 - no. 3/20(Feb. 8), 4/20(Feb. 22)

SOLIDARNOSC BUDUJACYCH KOLEJE: pismo Krajowej Sekcji Budownictwa Kolejowego.
1990-   Warszawa.   (monthly)
Holdings: 1990 - no. 2/85(Feb.)
*Note: continues: Solidarnosc Podziemna PBK/PRK.

SOLIDARNOSC CHEMIKOW: biuletyn informacyjny NSZZ Solidarnosc MKK CHEMITEX, POLFARB, SUPERFOSFAT--Wroclaw.
198?-   Wroclaw.   (monthly?)
Holdings: [1984] - no. [Mar.?]
          1985 - no. 5/22(Jan.), 6/26, 9/28[Dec.]
          1986 - no. 10/29(Jan.)--15/34, 18/37, 19/38(Dec.)
          1987 - no. 20/39(Jan.)
          1988 - no. 1/30/49(Jan.), 3/32/51(Mar.)
*Note: originally titled: Solidarnosc CHEMITEX.

SOLIDARNOSC CHLOPSKA: biuletyn informacyjny.
1981?-   Bydgoszcz.   (frequency?)
Holdings: 1981 - no. 2(Feb. 15)

SOLIDARNOSC CHLOPSKA: pismo NSZZ RI "Solidarnosc" w Pile.
1981-   Pila.   (frequency?)
Holdings: 1981 - no. 1(Apr. 25)

SOLIDARNOSC CNTK: biuletyn.
1982-89.   Warszawa.   (biweekly)
Holdings: 1983 - no. 11(Feb. 28)--13, 16, 17, 20--24, 26--32
                 (Dec. 19)
          1984 - no. 33(Jan. 2), 34, 36, 37, 40--44, 46--48,
                 50--55, 57(Dec. 17)
          1985 - no. 58(Jan. 14)--81(Dec. 16)
          1986 - no. 82(Jan. 13), 84, 84a, 86--91, 95--10(Nov. 3)
          1988 - no. 127(Jan. 11), 143--145, 148, 149(Dec. 19)
          1989 - no. 150(Jan. 9), 155--158(May 8; last issue)
*Note: originally titled: Solidarnosc COBiRTK; Centrum Naukowo-Techniczne Kolejnictwa (formerly COBiRTK); see also: Solidarnosc: biuletyn informacyjny jednostek zaplecza kolei.

SOLIDARNOSC COBiRTK: biuletyn, see Solidarnosc CNTK: biuletyn.

Box No.
120. SOLIDARNOSC CZESTOCHOWSKA, see Solidarnosc: biuletyn regionu Czestochowa.

SOLIDARNOSC DABROWSZCZAKOW: pismo czlonkow i sympatykow NSZZ "Solidarnosc" Stoczni Marynarki Wojennej w Gdyni.
1980-   Gdynia.   (frequency?)
Holdings: 1981 - no. 7/50(Mar. 7), 9(Mar. 18), 20, 22/65(June 24)
          1988 - no. 4(June), 5(Aug.)
*Note: in 1981 subtitled: "biuletyn KZ NSZZ "Solidarnosc" przy Stoczni Marynarki Wojennej im. Dabrowszczakow w Gdyni."

SOLIDARNOSC DOLNEGO SLASKA: nieperiodyczna gazeta informacyjna redagowana przez niezalezny zespol SDS.
1984-   Wroclaw?   (irregular)
Holdings: 1984 - no. 1(Sept. 29)--3(Dec. 16)
          1985 - no. 1/4(Feb. 20)--6/9(Nov. 1)
          1986 - no. 7/10(Jan. 13), 8/11, 3/12(Oct. 7)
          1987 - no. 1/13(Feb. 16)

SOLIDARNOSC DOLNOSLASKA: pismo KZ (MKZ) NSZZ "Solidarnosc," see Solidarnosc Dolnoslaska: tygodnik NSZZ "Solidarnosc."

SOLIDARNOSC DOLNOSLASKA: pismo organizacji "Solidarnosc Walczaca."
1986-   Wroclaw.   (biweekly)
Holdings: 1986 - no. 1(Jan. 19-22)--14, 16--24(Dec. 27-Jan. 10)
          1987 - no. 25(Jan. 25-Feb. 7), 26, 28--35, 37--43, 46(Dec. 20-Jan. 3)
          1988 - no. 47(Jan. 4-31)--50(Mar. 7-20), [50A: Mar. 14], 51, 53--59(July 10-23)
          1989 - no. 60(June 18), 61, 63, 68--72
          1990 - no. 75, 77, 78
*Note: in 1989 subtitled: "pismo Solidarnosci Walczacej" oddzial Dolny Slask.

121. SOLIDARNOSC DOLNOSLASKA: tygodnik NSZZ "Solidarnosc."
1980-85.   Wroclaw.   (weekly)
Holdings: 1980 - no. 1(Sept. 29)--14, and "dodatek nadzwyczajny" (Oct. 22), (Oct. 23), (Oct. 24), and "dodatek specjalny" ((Nov. 11), (Nov. 29), and "dodatek zwyczajny" (Oct. 19)
          1981 - no. 1/15(Jan. 9)--27/41, 29/43--32/46, 34/48--44/58--46/60(Nov. 19), and "dodatek specjalny" (Jan. 19), (Feb. 5), (Mar. 23), and "numer specjalny" (Mar. 23), and unnumbered issue (Jan. 30)
          1982 - no. 4/1/67(Jan. 20), 54/67/7(Feb. 11), (Mar. 30), (Apr. 7), (Apr. 27), 15(May 6)

Box No.
121.
                    1983 - no. 8/78(Mar. 17), 10/80(Mar. 30)--13/83, 16/86,
                           18/88, 19/89, 30/100(Oct. 19)
                    1984 - no. 4/113(Feb. 1), 7/116, 8/118(Feb. 27), 30
                           (June 27), 41, 49(Nov. 14)
                    1985 - no. 2/136(Jan. 28)
    *Note: prior to no. 29/43, 1981 subtitled: "pismo MKZ NSZZ
                  "Solidarnosc" z siedziba we Wroclawiu"; in 1982
                  published by RKS Dolny Slask.

SOLIDARNOSC DRUKARZY: wydanie strajkowe.
    1981.   [s.l.]   (occasional)
    Holdings: 1981 - no. [Aug.)

SOLIDARNOSC DZIS I JUTRO: pismo MKK Tychy podporzadkowane RKW Reg.
    Sl.-Dabr. NSZZ "S."
    1985-   Tychy.   (frequency?)
    Holdings: 1985 - no. 9(Mar. 21), 10, 16(Dec. 10)

SOLIDARNOSC DZIS--SUKCES JUTRO: biuletyn N.S.Z.Z. "Solidarnosc"
    Fabryki Lozysk Tocznych.
    1980-81.   Krasnik.   (frequency?)
    Holdings: 1980 - no. 5/5(Dec. 10)
                    1981 - no. 3/10(Jan. 23--5/12(Feb. 5)
    *Note: continued [?] by: Biuletyn Komisji Zakladowej NSZZ
                  Solidarnosc Fabryki Lozysk Tocznych.

SOLIDARNOSC ELWRO: pismo NSZZ Solidarnosc. Elwro--Wroclaw.
    1982-   Wroclaw.   (weekly/biweekly)
    Holdings: 1982 - no. 4(Sept. 12), 5(Sept. 20)
                    1983 - no. 17/47(May 2), 18/48, 20/50, 21/51, 23/54,
                         24/54(June 17)
                  1984 - no. 28/98(July 16), 31/101--32/104, 36/104-
                        -38/106, 40/108, 42/110, 45/113--47/115(Dec. 24)
                  1985 - no. 1/116(Jan. 7)--7/122, 10/125--17/132,
                        24/139--26/142(Dec. 24)
                  1986 - no. 2/144(Jan. 27), 5-6/147-148--19/161(Dec. 15)
                  1987 - no. 1/162(Jan. 12), 2/163, 6/167, 11/172, 12/173,
                        15/176(Nov. 15)
                  1988 - no. 2/180(Feb. 28)--14/192(Oct. 17)
    *Note: see also: Biuletyn Informacyjny. NSZZ Solidarnosc
                  Zakladu Elektroniki im. Kazimierza Michalczyka (przy
                  Zakladach Elektronicznych ELWRO); in 1982-86 many issues
                  nearly illegible.

Box No.
121.   SOLIDARNOSC ENERGETYCZNA.
       1982?-   [Warszawa]   (frequency?)
       Holdings: 1982 - no. 1(Mar.), 2(Apr.)
       *Note: no. 1 titled: Solidarnosc Energetykow, see Kaminska,
                Bibliografia, item no. 1044.

       SOLIDARNOSC ENERGETYKOW: biuletyn informacyjny Sekcji Energetycznej
          Regionu Malopolska.
          1986-   [s.l.]   (frequency?)
          Holdings: 1986 - no. 1(Jan.)

       SOLIDARNOSC FAT: pismo pracownikow Fabryki Automatow Tokarskich.
          198?-   Wroclaw.   (monthly?)
          Holdings: 1982 - no. 16(July 27)
                    1984 - no. 14(Dec.)
                    1985 - no. (Feb.), 16(Mar.)
                    1986 - no. 1/18, 2/18(Mar.)

       SOLIDARNOSC FENIKS: nieregularny tygodnik Miedzyzakladowego Komitetu
          Koordynacyjnego Regionu Pomorza Zachodniego.
          1982-   Szczecin.   (frequency?)
          Holdings: 1982 - no. 1, 2, 4(June 7)--7, 12, 16, 21(Nov. 21)

       SOLIDARNOSC GLOGOWSKA: biuletyn informacyjny MKK NSZZ Solidarnosc w
          Glogowie.
          198?-   Glogow.   (frequency?)
          Holdings: [1985?] - no. 15/86
                    1986 - no. 9/114--13/118
                    1987 - no. 1/118[!], 2/119

       SOLIDARNOSC--GLOS WISLY, see Glos Wisly--Solidarnosc.

       SOLIDARNOSC GORZOWSKA: informator NSZZ "Solidarnosc," Gorzow
          Wielkopolski.
          1980-   Gorzow Wlkpl.   (irregular)
          Holdings: 1980 - no. 13(Nov. 11), 14, 16--18(Dec. 30)
                    1981 - no. 19(Jan. 8)21(Feb. 9)--28, 31, 33, 34, 36, 37,
                           39a (Nov. 11)

       SOLIDARNOSC GROT, see Grot: biuletyn informacyjny KZ NSZZ Solidarnosc.

Box No.
122. SOLIDARNOSC GRZEGORZECKA: pismo zakladow pracy w dzielnicy
Grzegorzki--NSZZ "S" Region Malopolska.
1982-   Krakow.   (biweekly)
Holdings: 1983 - no. 5(Jan. 16-31), 7, 9, 11, 12, 19-20, 25--27
                  (Dec. 16-31)
          1984 - no. 28(Jan. 1-15)--34, 36, 38--42, 44-45--49
                  (Dec. 16-31)
          1985 - no. 1/50(Jan. 1-15)--3/52, 5/54--22/71, 24/73
                  (Dec. 15-31)
          1986 - no. 1/74(Jan. 1-15)--10/83, 13/86, 16/89,
                  18-19/91-92--21/94(Nov. 1-15)
          1987 - no. 1/98(Jan. 1-15), 13/110(Dec. 16-Jan. 15)
*Note: originally entitled: Solidarnosc: pismo zakladow pracy z
          Grzegorzek/Region Malopol.

SOLIDARNOSC GUTM. Tymczasowa Komisja Zakladowa.
1982-   [Warszawa]   (frequency?)
Holdings: 1982 - no. 1(Sept. 2)

SOLIDARNOSC HBB: pismo hutnikow.
1982?-   Czestochowa.   (frequency?)
Holdings: 1983 - no. 2(Jan. 30), 3(Feb. 20)
          1987 - no. 1(Nov.)
          1988 - no. 2(Jan.)
*Note: in 1987-88 without subtitle; no. 1, 1989: "Po
          kilkuletniej przerwie trafia do was ... kolejny biuletyn
          'Solidarnosci Huty.'"

SOLIDARNOSC HUTNIKOW: biuletyn informacyjny Tajnej Komisji Robotniczej
Hutnikow NSZZ Solidarnosc Kombinatu Metalurgicznego Krakow-Nowa
Huta.
1986-   Krakow.   (frequency?)
Holdings: 1986 - no. 1(Aug. 10)---6(Dec. 16)
          1987 - no. 7(Jan. 20)--11, 14-15(Nov. 25)
          1988 - no. 18(May 1)--20, 20a--22, 24--28,
                  30--32(Dec. 20)

SOLIDARNOSC I NIEPODLEGLOSC: pismo grupy politycznej "Niezawislosc."
1983-   Warszawa.   (frequency?)
Holdings: 1983 - no. 1(Nov. 26)
          1989 - no. 1/14(Jan. 27), 3/16(Sept. 30)
*Note: initially subtitled: "pismo zwiazkowe i polityczne."

SOLIDARNOSC INDYWIDUALNEGO RZEMIOSLA, see Solidarnosc Rzemieslnicza.

-276-

Box No.
122. SOLIDARNOSC INSTYTUTOW ZOLIBORSKICH. IChP, BIPROWOD, CHEMOAUTOMATYKA, ETOCHEM, IEPChem. Warszawa, Rydygiera 8.
    1980-   Warszawa.   (biweekly)
    Holdings: 1981 - no. 3/5(Feb. 16)--15/17(Sept. 16)
    *Note: prior to no. 6/8, entitled: Solidarnosc. [Instytut Chemii Przemyslowej].

SOLIDARNOSC INTERNOWANYCH. Dolny Slask.
    1982.   [s.l.]   (frequency?)
    Holdings: 1982 - no. 1(June)
    *Note: motto: "O nich, dla nich, przez nich."

SOLIDARNOSC INTERNOWANYCH. Oboz w Kielcach.
    1982.   Kielce (prison)   (frequency?)
    Holdings: 1982 - no. (July 12)

SOLIDARNOSC JASTRZEBIE: tygodnik Regionu Slasko-Dabrowskiego.
    1981.   Katowice.   (weekly)
    Holdings: 1981 - no. 1(May 5)--3, 5--7, 9--14, 16--21, 23(Oct. 13)
    *Note: originally subtitled: "tygodnik Regionu Slaska i Zaglebia."

SOLIDARNOSC JELENIOGORSKA: dwutygodnik Tymczasowego Zarzadu NSZZ "Solidarnosc" i Rady Wojewodzkiej NSZZ Rolnikow Indywidualnych "Solidarnosc."
    1989-   Jelenia Gora.   (biweekly)
    Holdings: 1989 - no. 5(July 12)--7(Aug. 25)
    *Note: originally subtitled: "informator Tymczasowego Zarzadu Regionu NSZZ "Solidarnosc."

SOLIDARNOSC JELENIOGORSKA: pismo NSZZ Solidarnosc wojewodztwa jeleniogorskiego.
    1981.   Jelenia Gora.   (frequency?)
    Holdings: 1981 - no. [1](Jan. 29), 4--7, 9--11-12(May 14), and "komunikat zjazdowy" (May 4)
    *Note: originally subtitled: "informacje zwiazkowe"; no. 4--7 without subtitle.

SOLIDARNOSC KBM WARSZAWA--POLNOC. Sprawiedliwosc--Godnosc--Braterstwo.
    1981.   Warszawa.   (c.weekly)
    Holdings: 1981 - no. 1/1(Aug. 8), 3/3, 4/4(Sept. 1)

SOLIDARNOSC KLOS, see Klos--Solidarnosc.

Box No.

122.   SOLIDARNOSC KOLEJARZY: biuletyn, Region Mazowsze.
      1982-   Warszawa.   (monthly?)
      Holdings: 1983 - no. 2(Feb.)--4-5, 9--12(Dec.)
                1984 - no. 1/13(Jan.)--9-10/21-22[Nov.?]
                1989 - no. 3-4/14-15(Feb.-Mar.)
      *Note: motto: "Lekliwy jest niewolnikiem" (Seneca).

SOLIDARNOSC KOLEJOWA: biuletyn informacyjny WOKP Lublin.
      1980?-   Lublin.   (frequency?)
      Holdings: 1981 - no. 6(Feb. 18), 7--9(May 4)
      *Note: continued [?] by: Biuletyn Informacyjny Kolejarzy.

123.   SOLIDARNOSC KORTOWSKA.
      1981.   Olsztyn.   (monthly)
      Holdings: 1981 - no. 1(Jan.)--6/7(June-July)
                1989 - no. 11
      *Note: revived in 1989.

SOLIDARNOSC KOS, see Solidarnosc: wiadomosci, opinie, komentarze.

SOLIDARNOSC KROSNIENSKA: biuletyn informacyjny.
      1980?-   Krosno Odrzanskie.   (frequency?)
      Holdings: 1981n - no. 10(Feb. 17), 11, 13, 5(Apr. 14)

SOLIDARNOSC KUJAW I ZIEMI DOBRZYNSKIEJ: pismo NSZZ "Solidarnosc."
      1980-   Wloclawek.   (frequency?)
      Holdings: 1981 - no. 8(Feb. 16)

SOLIDARNOSC LESZCZYNSKA: pismo NSZZ Solidarnosc regionu
    leszczynskiego.
      1980-   Leszno.   (frequency?)
      Holdings: 1981 - no. 7(Feb. 24), 8, 10--12, 16(June 26)
                1986 - no. (Dec. 13)
                1989 - no. 1/35(Nov. 11), 2/36, 4/38(Dec. 30)
                1990 - no. 1/39(Jan. 13), 4/42, 6-7/44-45--13/51
                       (July 13)
      *Note: no. 16 incorrectly dated 1980; other subtitles: "pismo
                MKZ NSZZ Solidarnosc," "pismo Tymczasowego Zarzadu
                Regionu w Lesznie"; no. 4/42 mutilated.

SOLIDARNOSC MALOPOLSKA, see CD. KOS Malych Zakladow Pracy/Solidarnosc
    Malopolska.

Box No.
123. SOLIDARNOSC MIEDZYZAKLADOWA.
    1981.   Warszawa.   (c.weekly)
    Holdings: 1981 - no. 1(Nov 1)--5, 8(Dec. 5)

SOLIDARNOSC MKZ BYTOM: biuletyn informacyjny, see Solidarnosc RMK Bytom.

SOLIDARNOSC MLODYCH: pismo niezaleznych srodowisk mlodziezowych. Gdansk.
    1988?-   Gdansk.   (frequency?)
    Holdings: 1988 - no. 3(Dec.)
              1989 - no. 4(Jan.), 5, 9(Apr.)
    *Note: subtitle added in 1989.

SOLIDARNOSC MLODYCH: pismo niezaleznych srodowisk mlodziezowych. Krakow.
    1989?-   Krakow.   (frequency?)
    Holdings: 1989 - no. 2(June)

SOLIDARNOSC MLODZIEZY: pismo Mlodziezowego Ruchu Oporu "Solidarnosc."
    1985-   Wroclaw.   (frequency?)
    Holdings: 1985 - no. 3(May)
              1986 - no. 3/6(July-Aug.), 4/7
              1987 - no. 1/8(Jan.), 2/9(Feb.)

SOLIDARNOSC MOSTOSTAL: biuletyn informacyjny KZ NSZZ "Solidarnosc" w WPKSiUP "Mostostal.
    1989. Chelm-Pulawy-Kielce-Piotr. Tryb.   (frequency?)
    Holdings: 1989 - no. 2(Mar.)
              1990 - no. 3/8(May)

SOLIDARNOSC MZK.
    1981-   Warszawa.   (frequency?)
    Holdings: 1981 - no. 6(June 8), 8--12(Sept. 21)

SOLIDARNOSC NADODRZA: biuletyn TKZ NSZZ "Solidarnosc" Nadodrza.
    1981-   Szczecin-Police.   (irregular)
    Holdings: 1982 - no. "dodatek specjalny" (Feb. 1)
              1983 - no. 7(Feb. 22) 10(May 12)
              1985 - no. 26(Dec. 10)
              1986 - no. 27, 28(Mar. 8), 38(Mar. 28)
    *Note: various subtitles.

Box No.
123. SOLIDARNOSC NARODU.
1982-   [s.l.]   (frequency?)
Holdings: 1982 - no. 4(Apr. 30), 7--9(Sept. 3)
          1983 - no. 11(Jan. 3)--13-14(Apr. 10)
*Note: often called "the White" to distinguish it from
          Solidarnosc Narodu "the Red."

SOLIDARNOSC NARODU.   Czasopismo sluzy sprawie niepodleglosci.
1982-   [s.l.]   (monthly/quarterly)
Holdings: 1982 - no. 1(Feb. 22)--4, 6, 7, 10, 13--15(Dec. 15-31)
          1983 - no. 1/15(Jna. 1-15)--14/29(Dec. 1-31), and
                 "wydanie nadzwyczajne (June 16)
          1984 - no. 1/30(Jan. 1-31)--3/32, 6-7/35-36--11-12/40/41
                 (Nov.-Dec.)
          1985 - no. 1-2-3/42-43-44(Jan.-Feb.-Mar.)--11-12/52-53
                 (Nov.-Dec.)
          1986 - no. 1-2/54-55(Jan.-Feb.)--5-6/58-59(Autumn-
                 Winter)
          1987 - no. 2/61(II quarter)
*Note: often called "the Red" to distinguish it from
          Solidarnosc Narodu "the White."

SOLIDARNOSC NAUCZYCIELI.
1982?-   Warszawa-Wroclaw, etc.   (frequency?)
Holdings: 1982 - no. [Mar.?]
*Note: continued [?] by: Solidarnosc Nauczycieli i Uczniow.

SOLIDARNOSC NAUCZYCIELI CHELMSKICH: biuletyn informacyjny.
Miedzyszkolny Niezalezny Samorzadny Zwiazek Zawodowy
"Solidarnosc."
1981-   Chelm.   (frequency?)
Holdings: 1981 - no. 2(Feb. 5)

SOLIDARNOSC NAUCZYCIELI I UCZNIOW.
1983-   [s.l.]   (frequency?)
Holdings: 1983 - no. 2(Oct.)
*Note: continues [?]: Solidarnosc Nauczycieli.

SOLIDARNOSC NAUCZYCIELSKA: pismo nauczycieli i wychowcow NSZZ
    Solidarnosc.
1982-   Krakow.   (frequency?)
Holdings: [1982] - no. [3: May-June], 6(Oct.)
          [1983] - no. 9(Jan.-Feb.), 14(Nov.-Dec.)
          1984 - no. 15(Jan.-Feb.)
          1985 - no. 1/20(Jan.-Feb.)
          1986 - no. 1/26(Jan.-Feb.), 6/31 (Nov.-Dec.)
          1987 - no. "numer specjalny" (Nov.)

Box No.
123.
        1988 - no. 1/38(Feb.)--9/46(Dec.)
        1989 - no. 1/48(Jan.)
  *Note: originally without subtitle; no. [3: May-June], 1982 mutilated.

SOLIDARNOSC NAUCZYCIELSKA: pismo pracownikow oswiaty i wychowania. Region Srodkowo-Wschodni NSZZ Solidarnosc.
  1982-   Lublin.   (monthly/bimonthly)
  Holdings: 1982 - no. 5(Oct. 1)--7(Dec. 1), and "dodatek specjalny" (Nov. 11)
          1983 - no. 8(Jan. 1)--19(Dec.)

124.
          1984 - no. 20(Jan.)--31(Dec.)
          1985 - no. 32(Jan.)--43(Dec.), and "dodatek: Przed deszczem chronimy sie pod dach," and "dodatek: Trudne decyzje"
          1986 - no. 44(Jan.)--51(Sept.)
          1987 - no. 54-55(Dec.-Jan.)--64-65(Oct.-Nov.)
          1988 - no. 66-67(Dec.-Jan.)--76(Dec.), and "dodatek" no. 3(Jan.)
          1989 - no. 77(Jan.), 78, 81(Apr.)
          1990 - no. 1/83(Jan.)--10-11/92-93(Oct.-Nov)
          1991 - no. 1/94(Jan.)
  *Note: originally subtitled: "niezalezne pismo pracownikow oswiaty"; no. 23, 1985 mutilated.

SOLIDARNOSC NAUCZYCIELSKA--WOLNY GLOS NAUCZYCIELSKI.
  1982-   Wroclaw.   (monthly)
  Holdings: 1982 - no. 4(June), 8(Dec.)
          1983 - no. 18(Nov.)
          1984 - no. 21(Feb.), 25-26, 28--31(Dec.)
          1985 - no. 32(Jan.)--36, 38--41(Dec.), and "dodatek nadzwyczajny" (Jan.)
          1986 - no. 42-43(Jan.-Feb.), 44, 48--51(Dec.)
          1987 - no. 52(Jan.)--55, 59(Dec.)
          1988 - no. 60(Jan.), 62, 69(Dec.)
          1989 - no. 4/79(Nov. 1), 5/80(Nov. 15)
  *None: in 1989 entitled: Solidarnosc Nauczycielska.

SOLIDARNOSC--NIEOCENZUROWANO, see Biuletyn Informacyjny. NSZZ Solidarnosc, Region Bialystok.

SOLIDARNOSC--NIEZALEZNE SLOWO, see Niezalezne Slowo--Solidarnosc: tygodnik MKZ NSZZ "Solidarnosc" woj. walbrzyskiego.

Box No.
124. SOLIDARNOSC OBYWATELSKA. Wydaje Komitet Obywatelski "Solidarnosc" w
Radomsku, ul. Kosciuszki 7, tel. 22-94.
1989-   Radomsko.   (frequency?)
Holdings: 1990 - no. 2/6(Feb. 23)

SOLIDARNOSC--OD DOLU, see Od Dolu.

SOLIDARNOSC OLSZTYNSKA: pismo NSZZ "Solidarnosc."
1980-81.   Olsztyn.   (frequency?)
Holdings: 1981 - no. 1(Jan. 6) 4(Jan. 29)--7(Mar. 12)
*Note: originally sutitled: "informator MKZ"; see also Serwis
          Informacyjny. Solidarnosc Olsztynska.

SOLIDARNOSC OLSZYNKA: informacje Komitetu obywatelskiego
"Solidarnosci." Warszawski Komitet Obywatelski Praga-Poludnie.
1989-   Warszawa.   (c.monthly)
Holdings: 1989 - no. 1(July)--3(Oct.)
          1990 - no. 12(Apr. 21)
*Note: also subtitled: "biuletyn informacyny dzielnicy."

SOLIDARNOSC OPOLSKA.
1984-   Opole.   (frequency?)
Holdings: 1985 - no. 11(Apr.), 14(Nov.)
          1987 - no. 20-23
          1988 - no. 29(Apr.), 31, 32-33(Sept.-Oct.)
          1989 - no. 34-35(Jan.-Feb.)--38-41(May)

SOLIDARNOSC OPOLSZCZYZNY: informator MKZ NSZZ Opole.
1980?-   Opole.   (frequency?)
Holdings: 1981 - no. (Jan. 20), (Feb. 14), 14--16, 19(June 24)
*Note: no. 14-16 subtitled: "biuletyn informacyjny MKZ NSZZ
          Opole."

SOLIDARNOSC OSTROLECKA: pismo oddzialu ostroleckiego.
1988-   Ostroleka.   (c.monthly)
Holdings: 1981 - no. 1(Mar. 15)--4, 6, 7(Oct. 10)

SOLIDARNOSC OSTROWSKA: biuletyn. NSZZ "Solidarnosc" Mazowsze, Oddzial
Miejski i Komitet Obywatelski w Ostrowi Maz.
1990?-   Ostrow Maz.   (frequency?)
Holdings: 1990 - no. 3(Jan. 29)

Box No.
124.   SOLIDARNOSC PAFAWAG.
    1981?-   Wroclaw.   (frequency?)
    Holdings: 1981 - no. (May 28), and "wydanie specjalne '81" (June)

SOLIDARNOSC PILSKA: pismo NSZZ Solidarnosc w Pile.
    1980-   Pila.   (frequency?)
    Holdings: 1980 - no. 5-6(Dec. 25)
             1981 - no. 3/9(Feb. 5), 5/11, 6/12, 8/14 9/15(May 27)

SOLIDARNOSC PIOTRKOWSKA: pismo Zarzadu Regionu NSZZ Solidarnosc.
    1980?-81   Piotrkow Trybunalski.   (c.monthly)
    Holdings: 1981 - no. 12(Aug. 25)--14(Oct. 15)
    *Note: continues [?]: Solidarnosc: biuletyn informacyjny NSZZ
              "Solidarnosc," MKZ Ziemi Piotrkowskiej.

SOLIDARNOSC PLOCK.
    1982.   Plock.   (occasional?)
    Holdings: [1982] - no. 2[c.Sept.]
    *Note: see also: Solidarnosc Region Plocki: biuletyn
              informacyjny, and Solidarnosc Ziemi Plockiej: pismo
              organizacji regionalnej NSZZ "Soldarnosc."

SOLIDARNOSC PODBESKIDZIA. Wydaje: Regionalna Komisja Wykonawcza
    "Trzeci Szereg" NSZZ "Solidarnosc," Region Podbeskidzia.
    1980-   Bielsko-Biala.   (weekly/biweekly)
    Holdings: 1981 - no. 2-3(Feb. 28), 16(Aug. 17)
             1982 - no. 7(Apr. 20)--15, 17--21(Oct. 24)
             1983 - no. 27(Mar. 1)--45, 47-48--51(Sept. 20), and
                  "dodatek nadzwyczajny do numeru 36," and "wydanie
                  specjalne" [c.Apr.]
             1984 - no. 53(Apr. 3), 54, 56--60(Nov. 25)
             1985 - no. 61(Jan. 27)--68(Dec. 23)
125.   1986 - no. 69(Jan. 22)--82(Dec. 8)
             1987 - no. 83(Jan. 26)--94(Dec. 15)
             1988 - no. 95(Jan. 18)--104(Sept. 7), 104(Sept. 22),
                  106--110(Dec. 19), and "Oswiadczenie..."
                  [Nov. 12]
             1989 - no. 111(Jan. 11)--125(July 31)
    *Note: in 1989 subtitled: "pismo NSZZ "Solidarnosc" Region
              Podbeskidzie"; no. 99 published jointly with Solidarni:
              pismo Bielskiego Komitetu Oporu Spolecznego, no. 30;
              see also: Serwis Informacyjny Regionalnej Komisji
              Wykonawczej "Trzeci Szereg" NSZZ"Solidarnosc" Region
              Podbeskidzie; some issues nearly illegible; no. 13
              (July 2), 1982 mutilated.

Box No.
125. SOLIDARNOSC PODGORZA, LEGU, SKAWINY, WIELICZKI: pismo
Miedzyzakladowego Zespolu Koordynacyjnego.
1983-   [s.l.]   (frequency?)
Holdings: 1983 - no. 1(Mar. 28), 3, 4, 6(Sept. 25)
          1984 - no. 11(Mar. 26)--13, 15--17(Nov. 5)
          1985 - no. 19(Jan.-Feb.), 21, 22(July-Aug.)
*Note: originally without subtitle.

SOLIDARNOSC PODHALA. NSZZ Solidarnosc, MKZ Malopolska, Komisja w
Nowym Targu, Sekcja Informacji.
1980?-   Nowy Targ.   (frequency?)
Holdings: 1981 - no. 6(May 18)--8(June 30)

SOLIDARNOSC PODKARPACKA: informator regionalnej organizacji zwiazkowej
w Krosnie.
1980-   Krosno.   (frequency?)
Holdings: 1980 - no. 6(Dec. 20)
          1981 - no. (Apr. 25)
          [1983] - no. 7
          [1984] - no. 9, 10, 13, 14, 16--19
          [1985] - no. 20--23, [c.Spring], 28(Dec. 13)
          1986 - no. 29(Jan. 22), 30(Mar. 1)
          1987 - no. 45(Aug. 24)
          1989 - no. 55(Feb. 6)
*Note: in 1980 subtitled: "biuletyn informacyjny"; in 1981
          without subtitle.

SOLIDARNOSC PODZIEMNA.
1982-   Warszawa.   (weekly)
Holdings: 1982 - no. 1(Jan. 19), 3--6, 8, 9, 38, 39, 43--55
                (Nov. 10)
          1983 - no. 61(Jan. 17), 65, 68, 74--79, 81--96, 102--104
                (Dec. 28)
          1984 - no. 105(Jan. 2)--110, 112--117, 119--153, 155
                (Dec. 13)
          1985 - no. 158(Jan. 3)--167, 176--178, 180, 183--198,
                203, 209(Dec. 26)
          1986 - no. 210(Jan. 2), 211, 213, 214(Jan. 30)

SOLIDARNOSC PODZIEMNA--CDN, see CDN: regionalne pismo NSZZ
"Solidarnosc" Czestochowa.

SOLIDARNOSC PODZIEMNA PBK/PRK.
1982-90.   Warszawa.   (monthly)
Holdings: 1984 - no. 3/14(Mar.)--5/16, 7/18--11-12/22-23
                (Nov.-Dec.)
          1985 - no. 1/24(Jan.)--11-12/34-35(Nov.-Dec.)

-284-

Box No.
125.
    1986 - no. 1-2/36/37(Jan.-Feb.)--4/39, 6/41, 7-8/42-43,
      10/45, 12/47(Dec.)
    1987 - no. 2/49(Feb.), 3-4/50-51, 9-10/56-57(Sept.-Oct.)
    1988 - no. 1/60(Jan.), 3/62--5/64, 9-10/68-69--12/71
      (Dec.)
    1989 - no. 2/73(Feb.), 5/56, 6/77, 12/83-1/84(Dec-Jan.
      1990), and "dodatek" to no. 5/76
 *Note: "Solidarnosc Podziemna PBK/PRK jest pismem 'S" w
    Przedsiebiorstwach Budownictwa Kolejowego(PBK) i w
    Przedsiebiorstwach Robot Kolejowych (PRK)"; continued
    by: <u>Solidarnosc Budujacych Koleje</u>.

 <u>SOLIDARNOSC POLAMU</u>: biuletyn informacyjny czlonkow NSZZ "Solidarnosc."
  1989-   Pogwizdow Nowy. (weekly)
  Holdings: 1989 - no. 1(June 16)--10(Aug. 28)

 <u>SOLIDARNOSC POLITECHNIKI SLASKIEJ</u>: informator.
  1980-81. Gliwice.   (frequency?)
  Holdings: 1981 - no. 13/25(Feb. 27), 16/28--21/33, 26/38, 27/39,
      29/41, 31/43 34/46, 35/47, 40/52(Sept. 29)
  *Note see A. Kunderak, <u>Bibliografia</u>, no. 281.

 <u>SOLIDARNOSC POMORZA ZACHODNIEGO</u>: pismo Zarzadu Regionu NSZZ
  "Solidarnosc," see <u>Solidarnosc</u>: wiadomosci, opinie komentarze.

126. <u>SOLIDARNOSC PORTOWCOW</u>: biuletyn informacyjny. Komisja Zakladowa NSZZ
  "Solidarnosc" Zarzadu Portu Gdynia.
  1980?-   Gdynia.   (c.daily)
  Holdings: 1981 - no. 101(Jan. 29), 102, 104, 105, 107--140,
      198(Aug. 11), and "serwis informacyjny"
      (Mar. 20 and 23)
  *Note: continues [?]: <u>Biuletyn Informacyjny</u>. KZ NSZZ
    "Solidarnosc" Zarzadu Portu Gdynia; originally published
    by Komitet Zalozycielski Niezaleznego Samorzadnego
    Zwiazku Zawodowego "Solidarnosc" ZPG-a; no. 110 has two
    different editions.

 <u>SOLIDARNOSC--POZNAN</u>. NSZZ "Solidarnosc" Region Wielkopolska.
  1983-   Poznan.   (frequency?)
  Holdings: 1983 - no. [11?](Sept. 19), 14, [15?](Nov. 7), [17?]
      (Nov. 21)
    1984 - no. [18?](Jan. 9), 20--22, 31, 32, [33?]
      (Nov. 29), 35[Dec. ?]
    1985 - no. 1/37(Jan. 4)--3/39, 43, 46--48(Dec. 6))
    1986 - no. 49, 50(Mar. 7), 52, 59, 60-61(Dec. 10)
    1987 - no. 62(Jan. 16)--76(Nov. 23)
    1989 - no. 89(Jan. 9), 90, 94, 95, 97--102, 108,

Box No.
                              114(Dec. 20)
126.   1990 - no. 147(Sept. 7)
         *Note: continues [?]: Solidarni. Poznan; in 1982 first few
                   issues titled: Solidarnosc. NSZZ Solidarnosc (Region)
                   Wielkopolska; in 1985 subtitled: "organ Tymczasowego
                   Zarzadu Regionu Region Wielkopolska-NSZZ "Solidarnosc";
                   in 19886 subtitle dropped; no. [33?](Nov. 29)
                   mutilated; in 1989 published by Tymczasowy Zarzad
                   Regionu Wielkopolska NSZZ "Solidarnosc"; no. [99?], 1989
                   mutilated.

    SOLIDARNOSC PRz: biuletyn Komisji Zakladowej NSZZ "Solidarnosc"
         Politechniki Rzeszowskiej.
         1988?-   Rzeszow.   (frequency?)
         Holdings: 1989- 1/3(Dec. 14)

    SOLIDARNOSC PRZASNYSKA: pismo NSZZ "Solidarnosc" Oddzial Zarzadu
         Regionu Mazowsze w Przasnyszu.
         1981.   Przasnysz.   (frequency?)
         Holdings: 1981 - no. 1(May 3), 2(June 6)

    SOLIDARNOSC PW: pismo OZ NSZZ "Solidarnosc" w Politechnice
         Warszawskiej.
         198?-   Warszawa.   (frequency?)
         Holdings: 1981 - no. (Mar. 1), (Mar. 26), 5(June 12), 8-9(Oct. 30)

    SOLIDARNOSC RADIA I TELEWIZJI.
         1981-   Warszawa.   (frequency?)
         Holdings: 1981 - no. 1-2(Mar.), 6, 7, 11--14, 17--22(Sept. 23)
                   1985 - no. 1/35(Oct.), 2/36(Nov.)
                   1986 - no. 3-4/37-38(Dec.-Jan.), 5-6/39-40--12-13[Nov.]
                   1987 - no. 14-15[Jan.]--20-21[Nov.]
                   1988 - no. 22[Jan.], 23--26[Nov.]
                   1989 - no. 27[Dec.], 29, 30[July]

    SOLIDARNOSC REGION BIALYSTOK, see Biuletyn Informacyjny. NSZZ
         Solidarnosc, Region Bialystok.

    SOLIDARNOSC REGION PLOCKI: biuletyn informacyjny.
         1982-   Plock.   (biweekly?)
         Holdings: 1982 - no. 2(May 16-31)--4(June 15-30
         *Note: see also: Solidarnosc Ziemii Plockiej: pismo organizacji
                   regionalnej NSZZ "Soldarnosc."

-286-

Box No.

SOLIDARNOSC REGIONU CZESTOCHOWA: biuletyn, see Solidarnosc: biuletyn regionu Czestochowa.

126. SOLIDARNOSC REGIONU SWIETOKRZYSKIEGO, see Biuletyn Regionu Swietokrzyskiego NSZZ "Solidarnosc."

SOLIDARNOSC REGIONU WARM.-MAZURSKIEGO, see Solidarnosc: pismo Regionu Warm.-Mazur.

SOLIDARNOSC RMK BYTOM: serwis informacyjny.
    1980-   Bytom.   (frequency?)
    Holdings: 1980 - no. 3(Dec. 3), 4(Dec. 10)
             1981 - no. 1/7(Feb. 18)
    *Note: originally titled: Solidarnosc MKZ Bytom: biuletyn informacyjny.

SOLIDARNOSC ROBOTNICZA: pismo czlonkow NSZZ "Solidarnosc" Wroclaw.
    198?-   Wroclaw.   (frequency?)
    Holdings: 1982 - no. (Oct. 14), (Nov. 14)

127. SOLIDARNOSC ROLNIKOW. Wydanie Dolnoslaskie. Wkladka do SW redagowana przy wspolpracy czlonkow Ogolnopolskiego Komitetu Oporu Rolnikow i Solidarnosci Walczacej.
    1984-   Wroclaw.   (frequency?)
    Holdings: 1984 - no. 2(Nov.)
            1985 - no. 3(Jan.)
            1986 - no. 4(May)

SOLIDARNOSC ROLNIKOW: biuletyn informacyjny NSZZ RI Region Srodkowo-Wschodni, see Biuletyn Zwiazkowy. NSZZ RI Solidarnosc Rolnikow.

SOLIDARNOSC ROLNIKOW: biuletyn zwiazkowy NSZZ RI, see Biuletyn Zwiazkowy. NSZZ RI Solidarnosc Rolnikow.

SOLIDARNOSC ROLNIKOW: pismo Ogolnopolskiego Komitetu Oporu Rolnikow.
    1982-   [s.l.]   (frequency?)
    Holdings: 1982 - no. 4(Dec.)
            1983 - no. 3/7(Mar.)--5/9, 7-8/11-12, 8-9/11-12 (Aug.-Sept.)
            1984 - no. 4-5/16-17(Apr.), 2/18[Apr. 15], 3/19--6/22 [Dec. 15], and "dodatek" [c.Mar.]
            1985 - no. 3/25
            1986 - no. 1/26
    *Note: no. 1/26, 1986 issued jointly with Solidarnosc Trwa.

Box No.
127. SOLIDARNOSC ROLNIKOW INDYWIDUALNYCH.
    1984-   Bydgoszcz.   (frequency?)
    Holdings: 1985 - no. 8(Apr.), 10, 14(June)

SOLIDARNOSC ROZTOCZE, see Roztocze--Solidarnosc.

SOLIDARNOSC RZEMIESLNICZA.
    1981?-   Katowice.   (frequency?)
    Holdings: 1981 - no. 2(Aug. 26), 3(Sept. 8)
    *Note: originally entitled: Solidarnosc Indywidualnego
              Rzemiosla; no. 3 issued jointly with Echo Katowickie.

SOLIDARNOSC RZEMIESLNICZA: biuletyn NSZZ Indywidualnego Rzemiosla.
    1981-   Warszawa.   (irregular)
    Holdings: 1981 - no. 1, 3(May 16), 4(July 15)

SOLIDARNOSC RZESZOWSKA. [Jednodniowka].
    1989.   Rzeszow.   (occasional)
    Holdings: 1989 - no. (July)

SOLIDARNOSC RZESZOWSKA: wewnetrzny biuletyn informacyjny NSZZ
    "Solidarnosc" regionu rzeszoskiego.
    1980-   Rzeszow.   (frequency?)
    Holdings: 1981 - no. 5/16(Feb. 16), 7/18, 8/19, 10/21, 12/23-
                    -15/26, 17/28--26/37, 29/40, 30/41, 42/55,
                    47/58, 48/59, 63/74--66/77, 68/79--71/81(Oct. 22)
    *Note: continues [?]: Solidarnosc Zwiazkowa and Wies
              Rzeszowska, see no. 5/16(Feb. 16); originally subtitled:
              "wewnetrzny biuletyn informacyjny MKZ NSZZ "Solidarnosc"
              w Rzeszowie."

SOLIDARNOSC S: biuletyn informacyjny TKZ "Solidarnosc Stilonowska,"
    see Solidarnosc Stilonowska: biuletyn informacyjny Tymczasowej
    Komisji Zakladowej ZWCH-Stilon w Gorzowie Wlkp.

SOLIDARNOSC SKAWINA: biuletyn informacyjny czlonkow i sympatykow NSZZ
    "Solidarnosc."
    198?-   Skawina.   (frequency?)
    Holdings: 1986 - no. 2-3/7

SOLIDARNOSC SLUPSKA: pismo MKZ NSZZ "Solidarnosc" w Slupsku.
    1980-   Slupsk.   (weekly)
    Holidngs: 1980 - no. 2(Dec. 22)
              1981 - no. 4(Jan. 12)--8, 12, 14, 17(Apr. 27), 5/26

Box No.
127.
                    (Aug. 26), 6/27, 9/30, 11/32, 17/38, 18/39 (Nov. 27)
*Note: also subtitled: "tygodnik NSZZ "Solidarnosc" Regionu Slupskiego"; issues 4--8, 1981 have supplements titled: Solidarnosc Wiejska.

SOLIDARNOSC SLUPSKA--WIADOMOSCI: [biuletyn NSZZ "Solidarnosc" Regionu Slupskiego].
   1981?-   Slupsk.   (frequency?)
   Holdings: 1981 - no. 9(Sept. 10)

SOLIDARNOSC SP: wewnetrzny biuletyn informacyjny dla czlonkow kol NSZZ "Solidarnosc" w zakladach spoldzielczosci pracy--Region Mazowsze.
   198?-   Warszawa.   (weekly)
   Holdings: 1981 - no. 7(Apr. 14), 8, 11--14, 16--20, 22--25, 27--31, 33, 34(Oct. 20)

SOLIDARNOSC SPOJNIA-FSO, see Biuletyn Informacyjny FSO-Spojnia.

SOLIDARNOSC SPOLDZIELCZA: pismo krajowych sekcji spoldzielczosci.
   1990?-   Wroclaw.   (frequency?)
   Holdings: 1990 - no. 3(Sept.)

SOLIDARNOSC SRODKOWEGO NADODRZA.
   1981-   Glogow-Zielona Gora.   (frequency?)
   Holdings: 1981 - no. 0(Jan. 31, 1(Feb. 13)--5(May 8), and "dodatek nadzwyczajny" (Feb. 13), and "wydanie specjalne" (Mar. 25), (Mar. 27)

SOLIDARNOSC STILONOWSKA: biuletyn informacyjny Tymczasowej Komisji Zakladowej ZWCH-Stilon w Gorzowie Wlkp.
   198?-   Gorzow Wlkp.   (frequency?)
   Holdings: 1981 - no. 6(Feb. 9)
          [1982] - no. [c.Apr.]
          1984 - no. (Nov. 15)
          1986 - no. 1(Jan. 18), 2(Feb.), (May 30)
   *Note: ZWCH: Zaklady Wlokien Chemicznych; in 1981 subtitled: "informator NSZZ Solidarnosc w WECH Chemitex Stilon"; in 1982 [?] titled: Solidarnosc S: biuletyn informacyjny TKZ "Solidarnosc Stilonowska."

SOLDARNOSC SWIETOKRZYSKA: biuletyn.
   1990-   Kielce.   (weekly)
   Holdings: 1990 - no. 28/50(Jan. 31)--58, 39/61, 40/62, 42/64, 44/66--46/68, 49/71--57, 69--74(Dec. 17)

Box No.
128.
                    1991 - no. 75(Jan. 7)--93(May 13)
    *Note: continues [?]: <u>CD--Gazeta Wolnych</u>: biuletyn Regionu Swietokrzyskiego. Wydaje Regionalna Komisja Informacji.

<u>SOLIDARNOSC</u> <u>SWIT</u>, see <u>Swit</u>: biuletyn informacyjny TKZ MPK Wroclaw.

<u>SOLIDARNOSC</u> "TAMKA": informator spraw zwiazkowych, see <u>Solidarnosc--Zaklady Graficzne Tamka</u>.

<u>SOLIDARNOSC</u> <u>TARNOBRZESKA</u>: biuletyn informacyjny NSZZ "Solidarnosc" KiZPS "Siarkopol" w Tarnobrzegu.
    1981?-   Tarnobrzeg.   (irregular)
    Holdings: 1981 - no. 13(Feb. 18), 16--18, 20, 28--31, 34--36 (Sept. 3)

<u>SOLIDARNOSC</u> <u>TRANSBUD</u>: pismo ZKK NSZZ "Solidarnosc" Warszawa.
    1981?-   Warszawa.   (weekly?)
    Holdings: 1981 - no. 2(Mar. 6), 3(Mar. 12

<u>SOLIDARNOSC</u> <u>TRWA</u>: biuletyn informacyjny Regionalnej Komisji Wykonawczej NSZZ "Solidarnosc" w Rzeszowie.
    198?-   Rzeszow.   (monthly)
    Holdings: 1982 - no. 1/IV[c.Apr.], 2/IV[c.Apr.], 1/V[May?], and "wydanie specjalne" (May 3), and (June 13)
                1983 - no. 3/3[c.Jan.], 4[Feb. 16], 1/III[Feb. 28], 7/IV[Mar. 22], 8/IV[Apr. 6], 9/42[May 18], 43/10 [June 15], 47/14[Aug. 5]--49/16(Sept)
                1984 - no. 53/1(Jan.)--56/4, 58/7, 63/11(June)
                1986 - no. (Jan.-Feb.), 80(Mar.)--84(June), and "dodatek" no. 1/26[c.Feb.]
                1987 - no. 96(Nov.)
                1988 - no. 103(Sept.), 106(Nov.), and "informacja biezaca" (Oct. 2)
                1989 - no. 108(Jan.-Feb.), 109--114, 116, 118--134, 136, 137(Dec.)
                1990 - no. 138(Jan.), 139-140, 142(Feb.)
    *Note: in 1982-83 numeration out of sequence; prior to no. 81 subtitled: "biuletyn informacyjny MKR Rzeszow"; special edition, c.Feb., 1986 issued jointly with <u>Solidarnosc Rolnikow</u>: pismo Ogolnopolskiego Komitetu Oporu Rolnikow; no. 2/IV, 1982 mutilated.

<u>SOLIDARNOSC</u> <u>UMK</u>: biuletyn informacyjno-publicystyczny.
    1981-   Torun.   (ca. monthly)
    Holdings: 1981 - no. 1(Jan.)--[4](June)

Box No.
128. SOLIDARNOSC UNIWERSYTECKA.
1980?- Katowice. (weekly)
Holdings: 1981 - no. 12(Feb. 6), 13, 18, 20, 21, 24, 25, 27, 28, 28A(June 8)

SOLIDARNOSC UNIWERSYTECKA: biuletyn informacyjny. NSZZ "Solidarnosc" Uniwersytetu Marii Curie-Sklodowskiej w Lublinie.
1981. Lublin. (frequency?)
Holdings: 1981 - no. 22(Mar. 27), 24, 30, 34--41(Oct. 21)

SOLIDARNOSC UNIWERSYTETU WARSZAWSKIEGO.
1981- Warszawa. (frequency?)
Holdigns: 1981 - no. [Feb.]

SOLIDARNOSC W REJONIE SRODKOWO-WSCHODNIM: biuletyn informacyjny Regionalnej Komisji Koordynacyjnej dzialajacej przy Tymczasowym Zarzadzie NSZZ "Solidarnosc," Region Srodkowo-Wschodni.
1982- [s.l.] (frequency?)
Holdings: 1982 - no. [1](June 10)
*Note: see also Biuletyn Informacyjny. NSZZ Solidarnosc, Region Srodkowo-Wschodni and Informator Biuletynu Solidarnosc.

SOLIDARNOSC W Z.A. PULAWY: informacja do uzytku wewnatrzzwiazkowego, see Biuletyn Informacyjny. NSZZ "Solidarnosc" K.Z. Z.A. "Pulawy."

SOLIDARNOSC WALCZACA.
1982. [s.l.] (frequency?)
Holdings: 1982 - no. (Feb. 8-13)

SOLIDARNOSC WALCZACA. Oddzial Krakow.
1990- Krakow. (frequency?)
Holdings: 1990 - no. 1/139(Jan. 16), 2/140(Jan. 30)
*Note: continues: Solidarnosc Zwyciezy; see also Solidarnosc Walczaca: pismo Organizacji Solidarnosc Walczaca--oddzial Krakow.

SOLIDARNOSC WALCZACA. Opole, see Solidarnosc Walczaca: informator Solidarnosc Walczacej, Opole.

SOLIDARNOSC WALCZACA. Warszawa.
1982- Warszawa. (frequency?)
Holdings: 1982 - no. 1, 3, 4(Mar. 25), 8-9(Apr. 29)

Box No.
128. SOLIDARNOSC WALCZACA: biuletyn informacyjny. Pruszkow.
    1984-   Pruszkow.   (frequency?)
    Holdings: 1984 - no. 1(May 31)--5, 10--12(Dec. 4)
               1985 - no. 1/14(Jan. 8)--4/17(Apr. 30)

SOLIDARNOSC WALCZACA: biuletyn Miedzyzakladowego Komitetu "Solidarnosci" Ziemi Lodzkiej.
    198?-   Lodz.   (frequency?)
    Holdings: 1982 - no. 39[c.Oct.], 41[Nov. 17], and "dodatek nadzwyczajny" to no. 39
               1986 - no. 1/56(Jan. 8)--10/65, 13/68, 15/70, 18/73 (Dec. 15)
               1987 - no. 75(Feb. 17)--80, 83, 86, 87, 89-90(Dec. 10)
               1988 - no. 91-92(Feb. 16), 93, 96(June)
               1989 - no. 102(Jan. 15)
    *Note: no. 5/60, 1986 announced: "biuletyn Miedzyzakladowego komitetu 'Solidarnosci Ziemi Lodzkiej nie ma zadnego zwiazku z organizacja 'Solidarnosc Walczaca' we Wroclawiu"; in 1982 subtitled: "biuletyn wojenny Miedzyzakladowego Komitetu NSZZ "Solidarnosc" Ziemi Lodzkiej"; in 1987 some issues without subtitle; with no. 96 subtitled: "niezalezny biuletyn NSZZ "Solidarnosc" Regionu Lodzkiego"; no. 9/64 nearly illegible.

SOLIDARNOSC WALCZACA: dwutygodnik organizacji Solidarnosc Walczaca, oddzial Poznan, see Solidarnosc Walczaca: pismo organizacji Solidarnosc Walczaca, oddzial Poznan.

129. SOLIDARNOSC WALCZACA: gazetka uliczna organizacji Solidarnosc Walczaca.
    198?-   Wroclaw.   (frequency?)
    Holdings: 1988 - no. 4[May 21], 5(June)
               [1989] - no. 12

SOLIDARNOSC WALCZACA: gazetka uliczna--Szczecin.
    1989-   Szczecin.   (monthly?)
    Holdings: 1989 - no. 1(Aug.), 3(Nov.)
               1990 - no. 8(July)

SOLIDARNOSC WALCZACA: informator Solidarnosc Walczacej, Opole.
    1989?-   Opole.   (frequency?)
    Holdings: 1989 - no. 3(Sept.), 4(Nov.)
    *Note: originally without subtitle.

Box No.
129. SOLIDARNOSC WALCZACA: pismo organizacji Solidarnosc Walczaca.
Dwutygodnik, wydanie A.
1982-   Wroclaw.   (biweekly)
Holdings: 1982 - no. 1(June 13), 3--16, 18--20, 29-30(Dec. 19-26),
            and ""wydanie specjalne" (June-Sept.)
        1983 - no. 1/31(Jan. 2)--4/34, 6/36--25/55, 27/57,
            29/59--37/67(Dec. 18-25), and "wydanie specjalne:
            nasza wizytowka, 1983 rok," and (Dec.)
        1984 - no. 1/65(Jan. 1-8)--15/82, 19/86--26/93
            (Dec. 16-23), and "wydanie specjalne--strajkowe"
            (Feb. 6)
        1985 - no. 1/94(Jan. 6-13)--26/119(Dec. 29-31)
        1986 - no. 1/120(Jan. 12-26)--25/144(Dec. 21), and
            "numer specjalny" (Apr.-May), (Nov.), and
            "wydanie specjalne" (Feb.), (Aug.)
        1987 - no. 1/145(Jan. 4-18)--22/166, 25/169(Dec. 25-
            Jan. 10)
        1988 - no. 1/170(Jan. 10-24)--24/193(Nov. 27-Dec. 11)
        1989 - no. 1/196(Jan 8-22)--13/208, 15/210, 18/213,
            20/215--28/223(Dec. 11-31)
130.   1990 - no. 1/224(Jan. 1-14)--4/227, 16--18/234, 22/238,
            27/243, 30-31/246-247--34/250, 40/256(Oct. 1-7)
    *Note: originally subtitled: "pismo Solidarnosci podziemnej,
            Dolny Slask"; no. 13 through 23, 1982 subtitled: "pismo
            Porozumienia Solidarnosc"; in 1989 becomes weekly; in
            1990 subtitle dropped; no. 13/43(Mar. 27), 1983 has two
            different editions; no. 10, 14, 1982 mutilated.

    SOLIDARNOSC WALCZACA: pismo organizacji Solidarnosc Walczaca. Grupa
        Stoczni Gdanskiej.
        1989.   Gdansk.   (frequency?)
        Holdings: 1989 - no. 1(Jan. 8)

    SOLIDARNOSC WALCZACA: pismo organizacji Solidarnosc Walczaca. Grupa
        Zakladowa Stoczni im. Komuny Paryskiej.
        1986?-   Gdansk.   (frequency?)
        Holdings: 1986 - no. 1[Mar. 20], 2, 8--10[Nov. 10]
                1988 - no. 13-14[Feb. 25], 15, 20(Dec. 1-15), and "numer
                    specjalny" (July)
                1989 - no. 22(Jan.), 29, 40--42(Nov.), and "numer
                    specjalny" (Nov. 11)

    SOLIDARNOSC WALCZACA: pismo Organizacji Solidarnosc Walczaca--oddzial
        Krakow.
        1985-   Krakow.   (frequency?)
        Holdings: 1985 - no. 1(May)
        *Note: see also: Solidarnosc Walczaca. Oddzial Krakow, and
                Solidarnosc Zwyciezy.

Box No.

130. <u>SOLIDARNOSC</u> <u>WALCZACA</u>: pismo organizacji Solidarnosc Walczaca--oddzial Lublin, see <u>SW</u> <u>Lublin</u>: pismo organizacji Solidarnosc Walczaca--oddzial Lublin.

<u>SOLIDARNOSC</u> <u>WALCZACA</u>: pismo organizacji Solidarnosc Walczaca, oddzial Poznan.
1983-   Poznan.   (biweekly/weekly)
Holdings: 1983 - no. 1(Sept. 12)--7(Dec. 11)
          1984 - no. 1-2/9-10(Jan. 22), 3/11, 8/16, 9/17, 12/19--19/26(Dec. 12), and "dodatek nadzwyczajny" [Summer?], and no. 2, and 3(Nov. 1)
          1985 - no. 1/28(Jan. 6), 2/29, 5/31--12/39(June 16), 14/40(July 1), 14/41(July 20), 15/42, 16/43, 18/44, 19(Oct. 20)
          1986 - no. 49-50(Apr.)--58(Dec.)
          1987 - no. 59(Jan.), 60, 62--65, 70, 71[Sept. ?]
          1988 - no. 1/80(Jan. 11-24), 5/84, 7/86, 8/87, 22/101, 26/105--29/108(Nov. 14-27)
          1989 - no. 32/111(Dec. 26-Jan. 8), 33/112, 2/113(Jan. 23-Feb. 5), 5/116, 8/119, 11/122--13/124, 32/143 (Aug. 28), 34-35/135-136--36/147, 48-49/159-160 (Dec. 18-31)
          1990 - no. 3/163--13-14/173-174(Mar. 26-Apr. 8)
*Note: in 1985 subtitled: "dwutygodnik organizacji Solidarnosc Walczaca, oddzial Poznan, Kalisz, Konin, Leszno, Pila; in 1986 original subtitle returned; with no. 63 subtitled "dwutygodnik," with no. 5/116 "tygodnik organizacji ..."

<u>SOLIDARNOSC</u> <u>WALCZACA</u>: pismo organizacji Solidarnosc Walczaca, oddzial Torun.
1986-   Torun.   (frequency?)
Holdings: 1986 - no. 1

<u>SOLIDARNOSC</u> <u>WALCZACA</u>: pismo organizacji Solidarnosc Walczaca, oddzial Trojmiasto.
1985?-   Gdansk.   (frequency?)
Holdings: 1985 - no. 2(May)--4, 6, 8(Dec.)
          1986 - no. 9(Jan.), 10, 12--18, 20, 22, 23(Oct. 8)
          1988 - no. (July), 35(Dec.), and "numer specjalny" (Dec. 10)
          1989 - no. 38(Feb. 1), 40, 42, 46, 47, 55, 56, 58, 59 (Dec. 24-26), and "numer specjalny" (May 24-June 7), (Dec. 17)
          1990 - no. 61(Jan. 15), 63, 64(Feb. 5)
*Note: see also: <u>Ziemia</u> <u>Gdanska</u>.

Box No.
130. SOLIDARNOSC WALCZACA: pismo organizacji Solidarnosc Walczaca, oddzial
   Warszawa.
   1990-   Warszawa.   (frequency?)
   Holdings: 1990 - no. 1(Feb.)--3

SOLIDARNOSC WALCZACA: pismo organizacji Solidarnosc Walczaca--Rejon
   Gorzow Wlkp.
   1986?-   Gorzow Wlkp.   (frequency?)
   Holdings: 1986 - no. [Oct. 1]

SOLIDARNOSC WALCZACA: pismo organizacji Solidarnosc Walczaca--Wydanie
   Olsztynskie.
   198?-   Olsztyn.   (c.biweekly)
   Holdings: 1985 - no. 9/102(Apr. 28-May 5), 10/103, 13/106(June
                    23-30)
             1986 - no. 6/125(Mar. 23-Apr. 6)

SOLIDARNOSC WALCZACA: pismo Porozumienia Solidarnosc, see Solidarnosc
   Walczaca: pismo organizacji Solidarnosc Walczaca. Dwutygodnik.

SOLIDARNOSC WALCZACA: pismo Solidarnosci podziemnej, Dolny Slask," see
   Solidarnosc Walczaca: pismo organizacji Solidarnosc Walczaca.
   Dwutygodnik.

SOLIDARNOSC WALCZACA: tygodnik, see Solidarnosc Walczaca: pismo
   organizacji Solidarnosc Walczaca. Dwutygodnik.

SOLIDARNOSC WALCZACA: tygodnik organizacji Solidarnosc Walczaca,
   oddzial Poznan, see Solidarnosc Walczaca: pismo organizacji
   Solidarnosc Walczaca, oddzial Poznan.

SOLIDARNOSC WALCZACA: tygodnik Wieden. Edycja krajowa.
   198?-   Vienna.   (frequency?)
   Holdings: 1983 - no. 24(June 19)

SOLIDARNOSC WALCZACA: ulotka. Dolny Slask.
   1983-86.   Wroclaw.   (irregular)
   Holdings: 1983 - no. 1(Sept.)
             1984 - no. 18(July), 21, 22(Oct.)
             1985 - no. 25(Jan.), 26, 28--31, 34(Sept.)
             1986 - no. 37(Jan.), 38, 40--44(Dec.), and special
                    editions in English and Russian (May) titled:
                    "Fighting Solidarity," and "Boroshchaia
                    Solidarnost'."

Box No.
130.   SOLIDARNOSC WALCZACA: warszawski biuletyn uliczny, see <u>Warszawski Biuletyn Uliczny</u>.

SOLIDARNOSC WETERANOW PRACY I RENCISTOW.
    1981-   Wroclaw.   (frequency?)
    Holdings: 1981 - no. (Apr.)

SOLIDARNOSC WIEJSKA, see <u>Solidarnosc Slupska</u>: pismo MKZ NSZZ "Solidarnosc" w Slupsku.

SOLIDARNOSC WIEJSKA: biuletyn, see <u>Biuletyn Zwiazkowy</u>. NSZZ RI Solidarnosc Rolnikow.

SOLIDARNOSC WIEJSKA: biuletyn informacyjny (Wojewodzkiego Komitetu Zalozycielskiego) Niezaleznego Samorzadnego Zwiazku Zawodowego Rolnikow (woj. chelmskiego i zamojskiego), see <u>Biuletyn Zwiazkowy</u>. NSZZ RI Solidarnosc Rolnikow.

SOLIDARNOSC WIEJSKA: pismo Niezaleznego Samorzadnego Zwiazku Zawodowego Rolnikow Indywidualnych.
    1980-81.   [Warszawa]   (frequency?)
    Holdings: 1980 - no. 1(Dec.)
             1981 - no. 2(Jan.)--9(May)

SOLIDARNOSC WIEJSKA: pismo Podziemnego Krajowego Komitetu "Solidarnosc Wiejska."
    198?-   Warszawa.   (frequency?)
    Holdings: 1982 - no. 4(Dec. 31)
             1983 - no. 5[Feb. 2], 12(Nov. 13)
             1985 - no. 3(July-Aug.), (Sept.)
    *Note: originally without subtitle; September issue, 1985 published by Solidarnosc Walczaca.

SOLIDARNOSC WIEJSKA--POMORZE ZACHODNIE, see <u>Biuletyn Informacyjny Solidarnosc Wiejska--Pomorze Zachodnie</u>.

SOLIDARNOSC WIEJSKA ZIEMII GROJECKIEJ: pismo Niezaleznego Samorzadnego Zwiazku Zawodowego Rolnikow.
    1981?-   Grojec.   (frequency?)
    Holdings: 1981 - no. 3(Mar. 29)

Box No.

130. SOLIDARNOSC WIELKOPOLSKI: pismo NSZZ "Solidarnosc," Zarzad Regionu Wielkopolska, Poznaniu.
    1980-   Poznan.   (irregular)
    Holidngs: 1980 - no. 2(Dec. 3)
              1981 - no. 5(Jan. 18)--10(Sept. 20)
    *Note: originally subtitled: "pismo MKZ NSZZ Solidarnosc w Poznaniu.

SOLIDARNOSC WSK "PZL-SWIDNIK," see Biuletyn Strajkowy Regionalnego Komitetu Strajkowego.

SOLIDARNOSC WYD[anie] WOJENNE, see Biuletyn Informacyjny. NSZZ "Solidarnosc," Region Srodkowo-Wschodni.

131. SOLIDARNOSC Z GDANSKIEM: pismo ruchu zwiazkowego.
    1980-   Lodz.   (weekly?)
    Holdings: 1980 - no. 1(Sept. 22)--14(Dec. 20)
              1981 - no. 15(Jan. 5)--34(Sept. 17)
    *Note: other subtitles: "pismo niezaleznego ruchu zwiazkowego"; "pismo wspolpracujace z niezaleznym ruchem zwiazkowym"; no. 25, numbered as 24, is a satirical issue dated "1 kwiecien 1984" and issued jointly with Robotnik, and Pomruk.

SOLIDARNOSC ZAGLEBIA MIEDZIOWEGO.
    1980-81.   Legnica.   (c.weekly)
    Holdings: 1980 - no. 1[Oct. 1]--12(Dec. 24)
              1981 - no. 13(Jan. 9)--15, 17, 19--23, 25--27, 29, 30, 33, 34, 38, 39[Oct. 16], and "dodatek specjaly do nr. 21," and unnumbered issues (May 1), (May 3)
    *Note: no. 1, 1980 titled: Solidarnosc: pismo Miedzyzakladowego Komitetu Zalozycielskiego Niezaleznego Samorzadnegao Zwiazku Zawodowego--Solidarnosc--z siedziba w Legnicy; no. 2--22, 1980-81 titled: Solidarnosc. Miedzyzakladowy Komitet Zalozycielski Niezaleznego Samorzadnego Zwiazku Zawodowego "Solidarnosc" z siedziba w Legnicy; see also: Z Dnia na Dzien: serwis informacyjny MKZ NSZZ "Solidarnosc Legnica; probably continued by Solidarnosc Zaglebia Miedziowego: biuletyn Stanu Wojny, and Solidarnosc Zaglabia Miedziowego: pismo wojenne MKS NSZZ "Solidarnosc."

SOLIDARNOSC ZAGLEBIA MIEDZIOWEGO: biuletyn Stanu Wojny. MKK NSZZ "Solidarnosc" woj. legnickiego.
    1982-   Legnica.   (frequency?)
    Holdings: 1982 - no. 1(Feb.), 35(Aug. 17), [c.Aug.], 38(Sept. 7)--42, 44, 46(Oct. 28)

Box No.
131.   SOLIDARNOSC ZAGLEBIA MIEDZIOWEGO: pismo wojenne MKS NSZZ
         "Solidarnosc."
         1982-   Legnica.   (frequency?)
         Holdings: 1982 - no. 53/6(May 26), 54/7(June 1-7)

       SOLIDARNOSC--ZAKLADY GRAFICZNE TAMKA: informator spraw zwiazkowych--
         magazyn ciekawych przedrukow.
         1981.   Warszawa.   (frequency?)
         Holdings: 1981 - no. 1(June 9), 14-15(Sept. 24)

       SOLIDARNOSC ZAWKRZENSKA. Wydawca: NSZZ "Solidarnosc" Region Mazowsze,
         Oddzial Mlawa.
         1981.   Mlawa.   (frequency?)
         Holdings: 1981 - no. 1(Mar. 3), 2(Mar. 20)

       SOLIDARNOSC--ZDERZENIA: biuletyn zarzadu regionalnego NSZZ
         "Solidarnosc" Slaska i Zaglebia.
         1981.   Katowice.   (frequency?)
         Holdings: 1981 - no. 1(Apr. 14), 2, 5[July 2]

       SOLIDARNOSC ZIEMI KONINSKIEJ: informator--wydaje MKZ NSZZ
         "Solidarnosc" Konin.
         1980?-   Konin.   (weekly)
         Holdings: 1981 - no. 9(Mar. 16)--17-19(May 25)

       SOLIDARNOSC ZIEMI KRASNOSTAWSKIEJ: biuletyn informacyjny Niezaleznego
         Samorzadnego Zwiazku Zawodowego.
         1989-   Krasnystaw.   (frequency?)
         Holdings: 1989 - no. 1(July 26), 2, 5/10(Oct. 31)

       SOLIDARNOSC ZIEMI KUTNOWSKIEJ: wewnatrzzwiazkowy biuletyn
         informacyjny.
         1980-81.   Kutno.   (frequency?)
         Holdings: 1981 - no. 1(Jan. 10), 8/12(Apr 28), , 12/15, 13/16
                         (July 8)

       SOLIDARNOSC ZIEMI LODZKIEJ.
         1980-81.   Lodz.   (weekly)
         Holdings: 1980 - no. 1(Oct. 11)--5, 9--13(Dec. 26), and "dodatek
                         nadzwyczajny" (Nov. 25)
                   1981 - no. 14(Jan. 2), 2/15(Jan. 8)--29/42, 31/44-
                         -48/61(Dec. 4), and "dodatek nadzwyczajny" no.
                         2/4(Mar. 25), 4/6, 5/7, 7/9--20/22, 22/24, 24/26,
                         25/27(Dec. 8), and "wydanie okolicznosciowe"
                         (Aug. 15-16)

-298-

Box No.

131. *Note: originally subtitled: "biuletyn informacyjny Niezaleznego Samorzadnego Zwiazku Zawodowego "Solidarnosc"; subtitle dropped in 1981.

132. SOLIDARNOSC ZIEMI LODZKIEJ.
    1983-91.   Lodz.   (frequency?)
    Holdings: 1983 - no. 1(July), (Aug.)
              1988 - no. 10(June), 13(Nov.)
              1989 - no. 15(Mar.), (May)
              1990 - no. 0(Feb. 15), 1(Apr.12), 2/63--11/72, 13/74--24-26(Dec. 20-Jan. 3)
              1991 - no. 1./88--12/99(Mar. 28)
    *Note: in 1988-89 subtitled: pismo Zarzadu Regionalnego NSZZ "Solidarnosc" w Lodzi. Edycja II.

SOLIDARNOSC ZIEMI PLOCKIEJ: biuletyn informacyjny MKZ NSZZ "Solidarnosc," Ziemi Plockiej.
    1980-81   Plock.   (frequency?)
    Holdings: 1980 - no. 6(Dec. 8)
              1981 - no. 12(Feb. 10), 14(Mar. 3)
    *Note: also subtitled: "biuletyn informacyjny Zarzadu Regionalnego NSZZ "Solidarnosc" Regionu Plockiego; "Do kwietnia br. ukazalo sie 15 numerow biuletynu odbijanego na powielaczu w ilosci nie przekraczajacej 1 tys. egz.," see Solidarnosc Ziemi Plockiej: tygodnik..., no. 1.

SOLIDARNOSC ZIEMI PLOCKIEJ: pismo organizacji regionalnej NSZZ "Soldarnosc."
    1984-   Plock.   (frequency?)
    Holdings: 1985 - no. 21(Jan.)--28, 30-31, 32(Dec.)
              1986 - no. 32-33(Jan.-Feb.)--35(Apr.)
    *Note: continues: Solidarnosc Ziemi Plockiej: tygodnik organizacji regionalnej NSZZ "Soldarnosc"; see also: Solidarnosc Region Plocki: biuletyn informacyjny, and Solidarnosc Plock.

SOLIDARNOSC ZIEMI PLOCKIEJ: tygodnik organizacji regionalnej NSZZ "Soldarnosc."
    1981.   Plock.   (weekly)
    Holdings: 1981 - no. 1(Apr. 1-15)--3, 5, 6, 8, 9, 10, 17(Oct. 29)
    *Note: continues: Solidarnosc Ziemi Plockiej: biuletyn informacyjny MKZ NSZZ "Solidarnosc" Ziemi Plockiej.

Box No.

132. SOLIDARNOSC ZIEMI PULAWSKIEJ: biuletyn informacyjny Niezaleznego
Samorzadnego Zwiazku Zawodowego. Region Srodkowo-Wschodni.
1980-   Pulawy.   (c.weekly)
Holdings: 1980 - no. 1(Nov. 4), 4--8(Dec. 22)
          1981 - no. 1/9(Jan. 8)--45/53(Aug. 3)

133.   1981 - no. 46/54(Aug. 6)--59/67, 62/70, 63/71(Nov. 20),
                    and "dodatek do nr. 24/57" (Aug. 20), and
                    "dodatek ekstra-ordynaryjny do nr. 50" (July 23),
                    and "Uchwala Prezydium MKZ Ziemi Pulawskiej"
                    (Mar. 9)
                  1982 - no. 22(Dec. 17), 23, 25(Dec. 28)
                  1983 - no. (Oct. 17)
     *Note: originally subtitled: "biuletyn informacyjny
                Miedzyzakladowego Komitetu Zalozycielskiego Niezaleznego
                Samorzadnego Zwiazku Zawodowego"; in 1982 subtitled:
                "wydanie wojenne"; in 1983 subtitle dropped; see also
                Pelzajacy Manipulo.

SOLIDARNOSC ZIEMI PULAWSKIEJ: biuletyn informacyjny Niezaleznego
Samorzadnego Zwiazku Zawodowego. Region Srodkowo-Wschodni.
1989.   Pulawy.   (occasional)
Holdings: 1989 - no. "numer specjalny: Wybory--89" (May 16)

SOLIDARNOSC ZIEMI PULAWSKIEJ: wiadomosci biezace. I Krajowy Zjazd
Delegatow NSZZ "Solidarnosc."
1981.   Pulawy.   (frequency?)
Holdings: 1981 - no. 14(Oct. 2)

SOLIDARNOSC ZIEMI ZAROWSKIEJ.
198?-   [Zary?]   (frequency?)
Holdings: 1989 - no. 4[Sept. 18], 8[Nov. 30]

SOLIDARNOSC ZIEMI ZYWIECKIEJ, see Biuletyn Informacyjny. Biuro
Poselskie OKP, Komitet Obywatelski, Podregion NSZZ "Solidarnosc"
Ziemi Zywieckiej.

SOLIDARNOSC ZIEMIA RADOMSKA.
1980-   Radom.   (frequency?)
Holdings: 1980 - no. 1[Dec. 3], 2[Dec. 30]
          1981 - no. 2(Jan. 5), 3(Jan.), [Apr. 6]
          1982 - no. [Oct. 11], 5[Nov. 9], [c.Dec.]
          1983 - no. [May 14], 11[May 25], 15[Aug. 14], 16
                   [Sept. 6]
     *Note: no. 3 and [Apr. 6], 1981 titled: Solidarnosc: biuletyn
                informacyjny. MKZ NSZZ, Ziemia Radomska; see also:
                Informator. Ziemia Radomska. MKZ NSZZ "Solidarnosc."
                [Radomski Informator Solidarnosci--RIS].

Box No.
133. SOLIDARNOSC--ZIEMIA SANDOMIERSKA: biuletyn Zarzadu Regonu, see <u>Ziemia Sandomierska</u>: biuletyn NSZZ "Solidarnosc," Stalowa Wola.

SOLIDARNOSC ZWIAZKOWA--WIES RZESZOWSKA: biuletyn informacyjny NSZZ "Solidarnosc," NSZZR "Solidarnosc Wiejska," MKZ Rzeszow.
    1980-   Rzeszow.   (frequency?)
    Holdings: 1980 - no. 5 (Nov. 8)
              1981 - no. 2(Jan. 20), 3/14(Jan. 27)
    *Note: in 1980 published only as <u>Solidarnosc Zwiazkowa</u>; no. 3/14, 1981 mutilated; see also <u>Wies Rzeszowska</u>; continued [?] by <u>Solidarnosc Rzeszowska</u>: wewnetrzny biuletyn informacyjny...

SOLIDARNOSC ZWYCIEZY. Porozumienie Prasowe "Solidarnosc Zwyciezy"--Nowa Huta.
    1982-   Krakow.   (frequency?)
    Holdings: 1983 - no. 2(Feb.), 22, 23, 26, 30, 33--35-36, 38, 40--43(Dec. 1)
              1984 - no. 56/50(Mar. 5)--8/53, 9/53, 12/57, 15/60--23/68(Dec. 9)
              1985 - no.2-3/72-72(Feb. 9)--7/76, 9/78--11/80, 13/82--21/90(Dec. 21)
              1986 - no. 1-3/91-93(Jan. 31)--8/98, 10/100, 12/102, 13/103(Sept. 18), and "numer specjalny" (May 1)
              1987 - no. 2/106(Feb. 15), 3/107, 5/109--8/112(Sept. 20)
              1988 - no. 1/116(Jan. 31)
              1989 - no. 2/126(Jan. 30)--5/131, 7/131--9/133, 9/134 (Oct. 16)
    *Note: originally subtitled: "nieregularnik wojenny Kola Oporu Spolecznego, NSZZ "Solidarnosc"; in 1984-85 "serwis Informacyjny Tajnej Komisji Robotniczej Hutnikow KM HiL"; with no. 7/131 subtitled: "organizacja Solidarnosc Walczaca," Oddzial Krakow; in 1990 continued by <u>Solidarnosc Walczaca. Oddzial Krakow</u>; cf. <u>Edycja--B. Solidarnosc Walczaca</u>, Krakow.

SOLIDARNY: biuletyn informacyjny NSZZ "Solidarnosc" przy GZE "Unimor."
    198?-   [Gdansk]   (frequency?)
    Holdings: 1983 - no. 50[Apr. 19], 51, 56, 59, 61[Nov. 11]
              [1984] - no. 74

SOLIDARNY: pismo NSZZ "Solidarnosc" miast Andrychow, Kety, Wadowic.
    1984-   Andrychow, etc.   (frequency?)
    Holdings: [1985] - no. [2], 4, 6--8
              1986 - no. 9--12(Mar. 28)
              [1987?] - no. 20
              [1988] - no. 22
    *Note: some issues nearly illegible.

Box No.
133.   SOLITER: podziemne pismo satyryczne.
           198?-   [s.l.]   (frequency?)
           Holdings: 1983 - no. 3(Feb.)

       SP, see Syndykalista Polski.

       SPECTATOR. Pismo nasze nawiazuje swym tytulem do pierwszej w
           dziejach prasy gazety, ktora wierzyla w zwyciestwo uczciwej
           analizy i rzeczowej argumentacji nad glupstwem, zacietrzewieniem i
           klamstwem.
           1982-   Warszawa.   (quarterly)
           Holdings: 1982 - no. 1(June)--3
                     1983 - no. 4, 5(Summer), 6
134.   1984 - no. 7(Spring)--10(Winter)
                     1986 - no. 12(Winter-Spring)

       SPIS: systematyczny przeglad informacji studenckich [Uniw. Jag.]
           1981-   Krakow.   (irregular)
           Holdings: 1981 - no. 1(Mar. 5), 3(Mar. 14)
           *Note: originally titled Donosiciel.

       SPiS--SLOWEM PRAWDA I SOLIDARNOSCIA: miedzyzakladowe pismo NSZZ
           Solidarnosc Jastrzebie.
           198?-   Jastrzebie.   (frequency?)
           Holdings: 1988 - no. 2(Oct.), 4(Nov.)

       SPOD LAWKI: pismo Federacji Mlodziezy Walczacej.
           1988-   Bydgoszcz.   (frequency?)
           Holdings: 1988 - no. 2(Feb.), 3

       SPOJRZENIA. Duszpasterstwo Akademickie, Gdynia.
           1981-   Gdynia.   (frequency?)
           Holdings: 1981 - no. 1(Mar.)

       SPOJRZENIA PRZEMYSKIE.
           1989?-   Przemysl.   (frequency?)
           Holdings: 1990 - no. 1(Jan.), 2(May)

       SPOJRZENIE NA....   NSZZ "Solidarnosc" Region Mazowsze.
           198?-   Warszawa.   (frequency?)
           Holdings: 1982 - no. 5(Aug.), 10, 13--15(Dec.)
                     1983 - no. 17(Jan.)

-302-

Box No.
134. SPOLECZNY KOMITET BUDOWY POMNIKOW OFIAR GRUDNIA 1970 R. W GDYNI, see
[Informator]. Spoleczny Komitet...

SPOTKANIA: niezalezne pismo mlodych katolikow.
1977-   Lublin-Krakow-Warszawa.   (quarterly)
Holdings: 1977 - no. 1(Oct.)
          1978 - no. 2(Jan.), 3, 5
          1979 - no. 6(Jan.), 8(July)
135.   1979 - no. 9(Oct.)
          1980 - no. 10(Jan.)--14
          1981 - no. 15, 16
136.   1982 - no. 19-20
          1983 - no. 21-22(Spring-Summer)
          1984 - no. 27-28, 29-30
          1987 - no. 32
*Note: no. 5, 9, 12-13, photocopies.

SPRAWA: pismo czlonkow NSZZ "Solidarnosc."
198?-   Warszawa.   (frequency?)
Holdings: 1982 - no. 1(Oct. 20)
          1983 - no. 3-4(Feb. 14), 5, 7--9, 11(Nov. 7)

SPRAWA: pismo Polskiej Partii Niepodleglosciowej.
1987-   Warszawa.   (monthly?)
Holdings: 1987 - no. 1(May), 2(Sept.)
          1988 - no. 7-8(Mar.-Apr.), 10, 13, 14(Dec.)
          1989 - no. 15(Jan.)--18, 20, 23, 26(Dec.)
          1990 - no. 27(Jan.)--31(July)
*Note: originally subtitled: "pismo obszaru [okregu]
          warszawskiego Polskiej Partii Niepodleglosciowej."

SPRAWA POLSKA: pismo chrzescijansko-narodowe.
1990-92?   Warszawa.   (bimonthly)
Holdings: the Hoover Library Periodical Collection.

SPRAWIEDLIWOSC--GODNOSC--BRATERSTWO, see Solidarnosc KBM Warszawa-
-Polnoc.

SPRZECIW.
1982-83.   [s.l.]   (frequency?)
Holdings: 1983 - no. (Jan. 22), (Feb. 20), (Mar. 4), (Mar. 27)

SPRZEZENIE: biulety KZ NSZZ Solidarnosc przy SPHW o/Uslug.
1981-   Warszawa.   (frequency?)
Holdings: 1981 - no. 3(Mar.), 4, 7-8, 10(Aug.)

Box No.

136. SRODOWISKO: miesiecznik Niezaleznego Samorzadnego Zwiazku Zawodowego
"Solidarnosc" przy Uniwersytecie im. Adama Mickiewicza.
    1980-   Poznan.   (monthly)
    Holdings: 1980 - no. 2(Dec.)
              1981 - no. 1/3(Jan.)--6/8(June), and "numer specjalny"

STAMTAD.
    1982-   Krakow.   (frequency?)
    Holdings: 1983 - no. 2/11(Jan. 16: 17 dzien wprowadzenia
              zawieszenia stanu wojennego), 6/15, 16/25
              (July 30), and "wydanie specjalne" (23 dzien
              zawieszenia stanu wojennego)
    *Note: misspelled title in no. 16/25, 1983.

STAN CYWILNY: pismo garnizonu krakowskiego Ruchu "Wolnosc i Pokoj."
    1987?-   Krakow.   (frequency?)
    Holdings: [1988] - no. 3, 5(Oct. 17)

STAN DUCHA: mlodziezowy dodatek literacki "Manifestacji Gliwickiej."
    1982-   [Gliwice]   (frequency?)
    Holdings: 1982 - no. 1(Mar. 17, 3(Sept. 17)

STANCZYK: pismo konserwatystow i liberalow.
    1986-   Krakow-Poznan-Warszawa-Wroclaw. (c.quarterly)
    Holdings: 1986 - no. 1--4

137.
              1987 - no. 6
              1988 - no. 9
              1989 - no. 10, 11
    *Note: subsequent issues in the Hoover Library Periodical
            Collection.

STARA WIARA: biuletyn Federacji Mlodziezy Walczacej. Region Centralny
    Lodz.
    1990?-   Lodz.   (frequency?)
    Holdings: 1990 - no. 2(Feb.)

STASZEK: pismo uczniow szkol ponadpodstawowych.
    1985-   Krakow.   (frequency?)
    Holdings: 1986 - no. 4, 6(Dec. 20)
              1987 - no. 1/13(Sept. 15), 2/14(Oct. 30)
              1988 - no. 4/16(Jan.)--8/20(May 25), 1/21(Sept. 28)

STATMAD, see Stamtad.

Box No.
137. STAWKI. Wydaje Osiedlowy Komitet Obywatelski.
         1990-   Warszawa.   (frequency?)
         Holdings: 1990 - no. 1(Apr.)

      STERNIK: pismo spoleczno-kulturalne. GOK. Sterdyn
         1989?-   Sterdyn.   (frequency?)
         Holdings: 1990 - no. 4(Jan.) 5(Feb.-Mar.)
         *Note: no. 4 mutilated.

      STO JEDEN: pismo mlodziezy Liceum Lelewela i Gorskiego.
         1988-   Warszawa.   (frequency?)
         Holdings: 1988 - no. 1(Dec.)
                   1989 - no. 2(Spring)

      STOP: niezalezne pismo mlodziezy szkolnej.
         1989?-   Warszawa.   (irregular)
         Holdings: 1989 - no. 3
                   1990 - no. 7-8(Mar.-Apr.), 9-10(May-June)
         *Note: originally subtitled: "Nieregularne pismo..."

      STOWARZYSZENIE: pismo Paxowcow.
         1982?-   [Warszawa]   (frequency?)
         Holdings: 1982 - no. 1(Sept. 15), 2(Nov. 30), and "numer
                          specjalny: Pax, grudzien 81-marzec 82, dokumenty"
                          3(Dec. 30)

      STRACHY NA LACHY.
         1980-   [s.l.]   (frequency?)
         Holdings: 1980 - no. 1[Summer]

      STRAJK. Porozumienie Prasowe MRK "S" + CDN i PPS + "Robotnik."
         1988.   Warszawa.   (occasional)
         Holdings: 1988 - no. (Sept. 8)

      STRAJK. Zaklady Naprawcze Taboru Kolejowego, Wroclaw.
         198?-   Wroclaw.   (frequency?)
         Holdings: 1982 - no. 34(Nov. 10)

      STRAJK: biuletyn informacyjny.
         1981.   Lodz.   (frequency?)
         Holdings: 1981 - no. (Jan.-Feb.), 2(Feb.), 3(Feb.), 4(Feb. 18),
                          5(May)

Box No.

137. STRAJK: informator Uczelnianego Komitetu Strajkowego UMCS.
    1981.   Lublin.   (occasional)
    Holdings: 1981 - no. (Dec. 13, 10:00pm)

    STRAJK: jednodniowka w piata rocznice studenckiego strajku I/II '81.
    1986.   Lodz.   (occasional)
    Holdings: 1986 - no. (Feb.)

    STRAJK NA UW. Niezalezne Zrzeszenie Studentow Uniwersytetu
        Warszawskiego.
    1980.   Warszawa.   (occasional)
    Holdings: 1980 - no. (Dec.)

    STRAJKOWA GAZETA NZS PW.
    1989.   Warszawa.   (daily-occasional)
    Holdings: 1989 - no. 1(May 25)--5(May 29)
    *Note: no. 5 mutilated.

    STRAJKOWIEC. Wydaje UKS UW.
    1981.   Warszawa.   (occasional)
    Holdings: 1981 - no. 3(Nov. 26)
    *Note: UKS UW: Uczelniany Komitet Strajkowy Uniwersytetu
             Warszawskiego.

    STRAJKOWY BIULETYN INFORMACYJNY. Miedzyzakladowy Komitet Strajkowy.
        Wolna drukania Stoczni Gdynia.
    1980.   Gdynia.   (occasional)
    Holdings: 1980 - no. [Aug. 21?], (Aug. 22), (Aug. 25), and
             "komunikat" (Aug. 25)

    STRAJKOWY BIULETYN INFORMACYJNY SOLIDARNOSC. Region Czestochowa.
    1981.   Czestochowa.   (daily?)
    Holdings: 1981 - no.16 (March 26)

    STRAJKOWY BIULETYN INFORMACYJNY SOLIDARNOSC. Stocznia Gdanska, see
        Solidarnosc: strajkowy biuletyn informacyjny.

    STRAJKOWY SERWIS INFORMACYJNY UKS UWR. Wroclaw.
    1981-   Wroclaw.   (daily)
    Holdings: 1981 - no. 6(Nov. 23), (Nov. 24), 26(Dec. 9)
    *Note: UKS UW: Uczelniany Komitet Strajkowy Uniwersytetu
             Wroclawskiego.

Box No.

STRAJKUS.
    1981.   Jelenia Gora.   (occasional)
    Holdings: 1981 - no. 3(Jan. 26), 6, 7(Jan. 30)

137. STRUKTURA: pismo miedzyzakladowej struktury "Solidarnosci."
    1983-   [s.l.]   (frequency?)
    Holdings: 1983 - no. 1(Nov. 7), 2(Nov. 20)

STRZECHA: pismo rolnikow gminy Rejowic Fabryczny.
    1989?-   [Chelm]   (frequency?)
    Holdings: 1990 - no. 3(Jan. 10)

STRZELEC: magazyn Federacji Mlodziezy Walczacej. Chojnice.
    1989.   Chojnice.   (frequency?)
    Holdings: [1989] - no. 1

STRZELEC: pismo Konfederacji Polski Niepodleglej.
    1983-   [s.l.]   (quaterly)
    Holdings: 1983 - no. 1-2

STUDENCKA AGENCJA INFORMACYJNA KRAKOW (SAIK): serwis.
    198?-   Krakow.   (frequency?)
    Holdings: 1988 - no. (Nov. 15), (Nov. 30)
              1989 - no. (Jan. 22)

STUDENT: miesiecznik spoleczno-kulturalny, see Wroclawski Student.

STUDIA I MATERIALY. Osrodek Prac Spoleczno-Zawodowych, Krajowa
    Komisja Wykonawcza NSZZ "Solidarnosc," Warszawa.
    1990?-   Warszawa.   (frequency?)
    Holdings: 1990 - no. (Jan.-Mar.)

STYK. NSZ Wydz. Elektrycznego [Politechniki Wroclawskiej].
    1980-   Wroclaw.   (frequency?)
    Holdings: 1980 - no. 4(Dec. 8)

SUKCES JUTRO, see Solidarnosc Dzis--Sukces Jutro.

SULEJOWEK: przeglad wiadomosci lokalnych.
    1990-   Sulejowek.   (monthly?)
    Holdings: 1990 - no. 1(Feb.), 2(Mar.)

Box No.

SUM.
    1982-   Warszawa.   (frequency?)
    Holdings: 1982 - no. 2(June 19)

137.   SUMIENIE. KOWzP Warszawa, see Sumienie: tygodnik Regionalnego Komitetu Obrony Wiezionych za Przekonania, Region Mazowsze.

    SUMIENIE: dwumiesiecznik.
        1988?-   Wroclaw.   (bimonthly)
        Holdings: 1988 - no. 1/3, 2, 4-5(Dec.)
                   1989 - no. 6/8[July]
    *Note: subtitle dropped in 1989.

    SUMIENIE: katolickie pismo studentow.
        1985-   [Wroclaw]   (monthly)
        Holdings: 1985 - no. 1(May)

    SUMIENIE: tygodnik Regionalnego Komitetu Obrony Wiezionych za Przekonania, Region Mazowsze.
        1981-   Warszawa.   (weekly?)
        Holdings: 1981 - no. 1(May)--5(Nov. 2), and "numer okolicznosciowy" 6(Nov.)
                   1982 - no. 9/10 (June 18), 11 (June 28)
    *Note: originally subtitled: "biuletyn Komitetu Obrony Wiezionych..."; in 1982 subtitle dropped.

138.   SVICHADO: chasopis khristians'koi molodi.
        198?-   Liublin.   (frequency?)
        Holdings: 1988 - no. 3(Mar.)
    *Note: published in Ukrainian by Molod' Ukrainskoii Katolits'koi Tserkvi.

    SW LUBLIN: pismo organizacji Solidarnosc Walczaca--oddzial Lublin.
        1983-   Lublin.   (monthly)
        Holdings: 1983 - no. 1/1(Mar. 31)--9/9, 12/12(Nov. 7)
                   1984 - no. 2/17(Jan. 20), 7/22, 8/23(Apr. 7)
                   1985 - no. 1/35(Jan.), 3/34--5/36, 8/39--10/41(Dec.), and "wydanie specjalne" (May)
                   1986 - no. 1/42(Jan.)--6/47(Dec.)
                   1987 - no. 2/49(Feb.)--5/52(June)

    SWIADECTWO: biuletyn studencki. Wydaja czlonkowie Niezaleznego Zrzeszenia Studentow.
        1981-   Lublin.   (frequency?)
        Holdings: 1984 - no. 1(Apr.)

Box No.

SWIADECTWO: dodatek kulturalny do pisma grupy mlodziezowej KPN "Swit Niepodleglosci," see <u>Swit</u> <u>Niepodleglosci</u>.

138. SWIADECTWO: pismo mlodziezy V i VI LO w Poznaniu.
  198?-   Poznan.   (frequency?)
  Holdings: 1989 - no. 9(Apr.)

  SWIADECTWO: pismo spoleczne chrzescijan.
  1987-   Bydgoszcz.   (biweekly/monthly)
  Holdings: 1987 - no. 1(Nov. 29), 2(Dec. 13)
      1988 - no. 1/3(Jan. 23)--5/7, 7/9--12/14(Dec. 27)
      1989 - no. 1/15(Jan. 19), 2/16, 5/19(Apr. 25)

  SWIADOMOSC: organ Polskiego Frontu Narodowego.
  198?-   [s.l.]   (quarterly?)
  Holdings: 1989 - no. (Summer), 4(Autumn)
      1990 - no. 5(Winter)

  SWIAT: magazyn polityczny, spoleczny, kulturalny.
  1989-   Krakow.   (biweekly)
  Holdings: 1989 - no. 1/1(Apr.3)--7/(June 26), 9, 10, 12--15
      (Dec. 12)

  SWIAT PRACY: pismo Miedzyzakladowego Komitetu Koordynacyjnego Ziemi Tarnowskiej wchodzacego w sklad Regionalnego Komitetu Solidarnosci Malopolska.
  198?-   Tarnow.   (frequency?)
  Holdings: 1986 - no. 3(Feb.), (Apr.), (May), (July)
      1988 - no. 19

  SWIERZAWSKI BIULETYN INFORMACYJNY: gazeta Komitetu Obywatelskiego "Solidarnosc."
  1990-   Swierzawa.   (frequency?)
  Holdings: 1990 - no. 3(Mar.), 4(Mar.)

  SWIT. Wydaje: Niezalezny KOS NSZZ "Solidarnosc" Reg. Pomorza Zachodniego.
  1982-   Szczecin.   (monthly?)
  Holdings: 1982 - no. 5(Dec.)
      1983 - no. 1/6(Jan.), 2/7, 5/10, 7/12(Oct.)

Box No.

SWIT: biuletyn informacyjny TKZ MPK Wroclaw. Solidarnosc.
    198?-   Wroclaw.   (monthly?)
    Holdings: 1983 - no. (Jan. 19), 22(mar. 12)
              1984 - no. 6/33(Dec.)
              1985 - no. 2/35(Feb.), 4/37 11/44, 12/45(Dec.)
              1986 - no. 1/46(Jan.)--4/49(June-July)
              1987 - no. 1/53(Jan.-Feb.), 5/57(Sept.-Oct.), 6/57

138.
                      (Nov.-Dec.)
              1988 - no. 1/58(Jan.-Feb.)--3/60(May-June)
    *Note: originally subtitled: "biuletyn informacyjny NSZZ
              "Solidarnosc"--MPK Wroclaw.

SWIT NIEPODLEGLOSCI: pismo grupy afiliowanej przy KPN im. Andrzeja
    Szomanskiego. Obszar I.
    1986?-   Warszawa.   (frequency?)
    Holdings: 1987 - no. 4[c.Nov.]
              1988 - no. 6(Mar.)
              1989 - no. 16
              1990 - no. 22
    *Note: also subtitled: "pismo mlodziezowej organizacji
              niepodleglosciowej afiliowanej przy KPN"; contains a
              supplement titled: Swiadectwo.

SYBIRACY: tygodnik skrzywdzonych przez totalitaryzm.
    1990-   Warszawa.   (weekly)
    Holdings: 1990 - no. 1(Nov.)
              1991 - no. 3(Jan.)--11(Mar. 4)

SYBIRAK: pismo Zwiazku Sybirakow, o/w Bialystok.
    1989-   Bialystok.   (frequency?)
    Holdings: 1989 - no. 1--3
              1990 - no. 1/4
    *Note: see also the Hoover Library Periodical Collection.

SYGNAL. Wydawnictwo Mysli Nieinternowanej.
    1982-   Krakow.   (monthly/bimonthly)
    Holdings: 1982 - no. 11(Mar. 22), 31,, 32(Aug. 15)
              1983 - no. 39(Jan. 20), 47, 49, 50, 52--54, 56, 59--62
                      (Dec.)
              1984 - no. 63(Jan.), 65--72(Dec.)

139.
              1985 - no. 73(Jan.)--83(Dec.)
              1986 - no. 84(Feb.)
    *Note: originally published by "Wydawnictwo KOS"; no. 62-69
              subtitled: "pismo niezalezne"; no. 70-75 subtitle
              dropped; with no. 76 published by "Wydawnictwo Mysli
              Nieinternowanej."

Box No.

SYGNAL: gazeta lokalna Gminnego Komitetu Obywatelskiego.
   1990-   Maciejowice.   (frequency?)
   Holdings: 1990 - no. 1(Jan.)

139.   SYGNAL: niezalezne pismo studenckie.
      1978?-   Krakow.   (frequency?)
      Holdings: 1978 - no. 2, 3, 5(Nov.)
      *Note: nearly illegible photocopies.

SYGNALY: nieregularny biuletyn D. A. "Wezel."
   1980-   Lodz.   (irregular)
   Holdings: 1980 - no. 1(Oct.)

SYGNALY: serwis informacyjny MKZ, Opole.
   1980-   Opole.   (daily)
   Holdings: 1981 - no. 16/48(Mar. 2), 33/62, 52/81, 56/85--60/89,
                   66/94(July 14)
   *Note: originally subtitled: "codzienny serwis informacyjny MKZ
            NSZZ Solidarnosc, Opole"; continued [?] by: Sygnaly
            Wojenne.

SYGNALY WOJENNE.
   1982-   Opole.   (frequency?)
   Holdings: 1982 - no. 6(Jan. 24), 6(Feb. 2), 9, 10, 13, 14
               (Mar. 21), and "numer specjalny" (Feb. 3), and
               "wydanie specjalne internowanych"
            1984 - no. 47(Apr.)
   *Note: some issues subtitled: "serwis [biuletyn] informacyjny
            NSZZ 'Solidarnosc' Region Slask Opolski"; no. 6, Feb. 2,
            1982 has two different editions; continues [?]: Sygnaly:
            serwis informacyjny MKZ, Opole.

SYNDROM: pismo Inicjatywy Klubu Francuskiego KF "Syndrom."
   1988-   Warszawa.   (frequency?)
   Holdings: 1988 - no. 1(Mar. 28)

SYNDYKALISTA POLSKI.
   1984-   [s.l.]   (frequency?)
   Holdings: 1984 - no. 1(Dec.)

SYRENKA: pismo pracownikow MKZ, NSZZ "Solidarnosc."
   1983-   Warszawa.   (frequency?)
   Holdings: 1983 - no. 1(Aug.)

Box No.

SYRENKA SOLIDARNOSC.
    1982-   Warszawa.   (weekly)
    Holdings: 1982 - no. 5(Mar. 15), 7, 9(Apr. 13, [?](Apr. 19),

139.
                12-13, 15, 19, 21, 23(Aug. 16), and one mutilated issue
    *Note: no. (Apr. 19) mutilated; in 1983 continued by: Syrenka.

SYSTEM.
    1983-   [Poznan]   (monthly)
    Holdings: [1983] - no. 1

SZANIEC. Lodz.
    1982?-   Lodz.   (frequency?)
    Holdings: 1982 - no. 3(Nov. 2)

SZANIEC: biuletyn informacyjny Ruchu Mlodziezy Niezaleznej.
    1983-   Gorzow Wlkp.   (biweekly?)
    Holdings: 1983 - no. (Oct. 8)
              1984 - no. 12/24(June 23), 13/25(July 31-Aug. 12), 9/34
                    (Dec. 13), 10/35(Dec. 24)
              1985 - no. 15/40(Mar. 11), 2/50(Sept. 20), 3/51
                    (Oct. 21), 4/52[?Oct. 29]
              1986 - no. 8/56(Jan. 6), 9/56?, 13/61--17/65, 1/67-
                    -3/69, 5/71, 6/72(Nov. 17)
              1987 - no. 12/78(Mar. 9)--16/82, 1/82, 18/84(May 25)
              1988 - no. 97(Feb. 7), 100(Apr. 11)

SZANIEC: biuletyn Narodowej Akcji Niepodleglosciowej.
    1989.   [Krakow?]   (frequency?)
    Holdings: 1989 - no. 1[May?], 3

SZANIEC: pismo mlodziezy Polskiej Partii Niepodleglosciowej, Okreg
    Gdansk.
    198?-   Gdansk.   (frequency?)
    Holdings: 1989 - no. 3(Sept.)

SZANIEC-KOMBATATNT, see Kombatant-Szaniec.

SZANSA: pismo czlonkow NSZZ "Solidarnosc," Region Mazowsze.
    1982-   [s.l.]   (monthly)
    Holdings: 1982 - no. 1(May)--3(July)

SZCZECIN, see Niezalezny Samorzadny Informator.

Box No.

SZEPT: biuletyn informacyjny NSZZ "Solidarnosc" ASPA.
    1983-   Wroclaw.   (c.monthly)
    Holdings: 1984 - no. 16(Feb.), 23, 24(Dec.)
              1985 - no. 1/25(Jan.)--29, 31(June-July)
              1986 - no. 34(Jan.), [38?](June)

139.   SZEPTEM. NSZZ Solidarnosc. Wyd. zwiazkowcy, region slasko-dabrowski.
    1982?-   [s.l.]   (frequency?)
    Holdings: 1982 - no. 4, 11(July 12)

SZEPTEM: biuletyn informacyjny NSZZ "Solidarnosc" Rybnik.
    1981-   Rybnik.   (frequency?)
    Holdings: 1981 - no. 6(May 15), 7

SZEPTUS: czasopismo przedsiebiorstw geodezyjnych Warszawy i
    Wojewodztwa Warszawskiego.
    1982?-   Warszawa.   (frequency?)
    Holdings: 1982 - no. 14, 18(Sept. 6), 19, 27--31(Dec. 20)
              1983 - no. 33(Jan. 17), 36, 37, 41, 43--45, 47--50
              (Aug. 15)

SZERSZEN: niezalezny biuletyn informacyjny.
    1982-   [Rybnik]   (frequency?)
    Holdings: 1983 - no. 24(June 29)
              1985 - no. 38(Jan. 30), 39(Feb. 7)

SZESC LAT W OBRONIE SPOLECZENSTWA--SOLIDARNOSC, see 6 lat w obronie
spoleczenstwa--Solidarnosc.

SZKICE: pismo poswiecone problemom artystycznym i spolecznym.
    1984-   [s.l.]   (frequency?)
    Holdings: 1984 - no. 1
              1985 - no. 1-2
              1986 - no. 3, 4
              1988 - no. 8
              1989 - no. 9

SZKOLA: dwutygodnik uczniowski. Miedzyszkolny Komitet Oporu.
    1985-90.   Wroclaw.   (biweekly/monthly)
    Holdings: 1985 - no. 1(Mar. 28), 3, 6--12(Dec. 16-31)
              1986 - no. 1-2/13-14(Jan. 1-31)--12-13/24-25(June 1-30)
              1986 - no. 1/27(Nov. 15-30), 2/28(Dec. 1-15)
              1987 - no. 3-4/29-30(Jan.), 5-6/31-32, 8/34, 9/35, 37
                  (Sept. 1), and "wydanie specjalne" (Apr. 4)
              1988 - no. 5/42(Jan. 1-31), and "numer specjalny," \

Box No.
                              (Nov. 25)
                    1989 - no. 8/55(Apr.), 10/57, 1/3/61(Dec.)
                    1990 - no. 2/4/62(Jan.)
         *Note: prior to no. 1/27 titled: Szkola Podziemna; monthly
                    since 1988; in 1989 subtitled: "Miesiecznik uczniow
                    Dolnego Slaska"; in 1990 "Miesiecznik uczniowski.
                    Niezalezna Unia Mlodziezy Szkolnej."

139.   SZKOLA PODZIEMNA. Wydaje Miedzyszkolny Komitet Oporu wchodzacy w
         sklad Federacji Mlodziezy Walczacej, see Szkola: dwutygodnik
         uczniowski. Miedzyszkolny Komitet Oporu.

       SZKOLA POLSKA, see Orzel Polski.

140.   SZKOLNY BIULETYN SB: razporazwychodnik mlodz. szkol walbrzyskich.
         1988?-   Walbrzych.   (frequency?)
         Holdings: 1988 - no. 5(Apr. 30), 7(June 17)

       SZLABAN: dodatek ilustrowany.
         19878-   [Warszawa]   (irregular)
         Holdings: 1978 - no. 1
         *Note: probably a supplement to Biuletyn Informacyjny. KSS
                    "KOR."

       SZOSTY SIERPNIA, see 6 Sierpnia.

       SZPARGAL: czasopismo spoleczno-kulturalne.
         1982-   Warszawa.   (frequency?)
         Holdings: 1983 - no. 1/3

       SZPILKI.
         1985-   Warszawa.   (occasional)
         Holdings: 1985 - no. 1/2242(May 1)
         *Note: an underground edition of a legal publication.

       SZTANDAR LUDU: dziennik Polskiej Zjednoczonej Partii Robotniczej.
         1981.   Biala Podlaska, Chelm, etc. (occasional)
         Holdings: 1981 - no. "specjalny serwis informacyjny (Aug. 20)
         *Note: due to printers' strike this official Communist daily
                    published a special edition in form of underground
                    bulletin.

Box No.

SZTUKA. Oficyna Sztuk Pieknych.
    1983.   [s.l.]   (occasional?)
    Holdings: [1983] - no. [c.Feb.]

SZTUMSKA SOLIDARNOSC: pismo spoleczno-kulturalne.
    1988-   Sztum.   (frequency?)
    Holdings: 1990 - no. 2/47(Jan. 21), 2/48(Jan. 31)

Box No.
140. TARNINA.
    1982.   Wroclaw.   (frequency?)
    Holdings: 1982 - no. (July 27)

TEATR. [Wydano nakladem "Tygodnika Wojennego"].
    1982-   Warszawa.   (frequency?)
    Holdings: 1982 - no. [1], 2(Dec. 30)

TECZA: pismo Chrzescijansko-Demokratycznego Stronnictwa Pracy w
    Pasleku.
    1990?-   Paslek.   (frequency?)
    Holdings: 1990 - no. 3(Apr.)

TEDY: niezalezne pismo spoleczno-literackie.
    1983-   Krakow.   (frequency?)
    Holdings: 1983 - no. 1, 4, 5
    *Note: originally subtitled: "krakowskie niezalezne..."

TEMATY: pismo spoleczno-kulturalne. Oficyna Slaska.
    1980?-   Wroclaw.   (frequency?)
    Holdings: 1980 - no. 2

TERMIT: biuletyn NSZZ "Solidarnosc" Warynskiego.
    1982-   [Warszawa]   (c.monthly)
    Holdings: 1982 - no. 1(July 13), 3(Sept. 3)
              1983 - no. (Jan.-Feb.), 9(Mar.), 11, 13(July)
              1984 - no. 17(Jan.)--[24](Dec.)
              1985 - no. 25(Apr.), 26(Sept.)

TERMIT: pismo NSZZ "Solidarnosc" WPKM w Szczecinie.
    198?-   Szczecin.   (irregular)
    Holdings: 1987 - no. 25(Nov. 6)
              1988 - no. 31(May 30)--34, 36(Dec. 24)
              1989 - no. 37(Jan. 9)--46, 54, 56, 58--60, 62(Dec. 11)
              1990 - no. 65(Jan. 31), 66, 68--70(May 9)

TETNO DWA: pismo NZS Akademii Medycznej w Lublinie.
    1988-   Lublin.   (frequency?)
    Holdings: 1988 - no. 1/4(Dec. 11)
              1989 - no. 2/5(Jan. 17)
    *Note: continues: Tetno; no. 2/5, 1989 wrongly dated as 1988.

TIS, see Torunski Informator Solidarnosci.

Box No.
140. <u>TO</u>: tygodnik obywatelski. Legnica, Lublin, Glogow.
   1990-   Legnica, etc.   (weekly)
   Holdings: 1990 - no. 7(June 6)

<u>TO</u> <u>I</u> <u>OWO</u>: biuletyn informacyjny Bytomskiej Delegatury RKW NSZZ "Solidarnosci," Region Slasko-Dabrowski.
   198?-   Bytom.   (frequency?)
   Holdings: 1984 - no. 4(Jan.), 5(Feb.)
             1985 - no. 1/11(Jan.)--4/14, 6-7/19-20, 8-9/21-22(Aug.-Sept.), and "wydanie specjalne" (May)

<u>TO</u> <u>I</u> <u>OWO</u>: pismo Ruchu Mlodziezy Niezaleznej.
   198?-   Lublin.   (frequency?)
   Holdings: 1988 - no. 11(June)

<u>TORUNSKI</u> <u>INFORMATOR</u> <u>SOLIDARNOSCI</u>: pismo RKW "Solidarnosc" Regionu Torunskiego.
   1982-   Torun.   (weekly/biweekly)
   Holdings: 1982 - no. 4(Jan. 26))--37, 39, 41(Dec. 21)
             1983 - no. 42(Jan. 2)--52, 54--58, 60, 62--69, 71, 72, 74, [76](Dec. 28)
             1984 - no. 1/77(Jan. 4)--6/82, 8/85--15/92, 17/94--39/117, 41/119(Dec. 18)
             1985 - no. 1/120(Jan. 1)--12/131, 14/133, 15/134, 17/136--22/141, 25/146--34/15, [35/155?](Dec. 14)
             1986 - no. 1/158(Jan. 2)--7/164, 9/165--12/168(May 19), and "magazyn" 1(Feb. 15)
             1987 - no. 1/176(Jan.)--5/180, 19/194, 20/195, 24/199 (Dec. 8), and "dodatek specjalny" (Feb. 10), (Nov.)
             1988 - no. 2/202(Feb. 5), 3/203, 9/209--11/211, 13/213, 15/215, 17/217(Dec.12)
141.   1989 - no. 2/219(Jan. 23)--20/237, 23/240--29/246, 31/248, 32/249(Dec. 18)
             1990 - no. 36/253(Jan. 29)--45/262(Apr. 1), 1/266 (Apr. 30), 2/267, 11/276, 12/277(July 16)
   *Note: until Dec. 1984 subtitled: "pismo NSZZ Solidarnosc Regionu Torunskiego"; with no. 9/209, 1988 subtitled: "pismo RKK NSZZ 'Solidarnosc'..."; in 1990: "biuletyn [informacyjny] ZR NSZZ "Solidarnosc"; in 1986 sometimes titled: <u>TIS</u>; no. 10, 1982 has two different versions; some issues nearly illegible.

<u>TOWARZYSTWO</u> <u>KURSOW</u> <u>NAUKOWYCH</u>, see its <u>Kronika</u>; its <u>Zeszyty</u> are treated as monographs.

Box No.
141. **TRANSPORTOWIEC**: biuletyn informacyjny Sekcji Pracownikow Transportu wchodzacej w sklad Miedzyzakladowej Komisji Koordynacyjnej NSZZ "Solidarnosc"--Region Slasko-Dabrowski.
    1983?-   [s.l.]   (frequency?)
    Holdings: 1983 - no. 2(Sept.)

TRASY-BIS: miedzyzakladowy biuletyn zwiazkowy P.K.M.
    1990-   [s.l.]   (frequency?)
    Holdings: 1990 - no. 1(Feb. 15), 2(Mar. 5)

TRWAMY: gazeta strajkowa.
    1980?-   Rzeszow.   (frequency?)
    Holdings: 1981 - no. 1(Jan. 27)--25, 29(Apr. 1)
                1985 - no. 2/32, 3/33, and a special edition "W czwarta rocznice podpisania porozumien Ustrzycko-Rzeszowskich: Tym ktorzy nas zywia i bronia"
    *Note: in 1985 subtitled: "pismo RKW NSZZ Solidarnosc."

TRZECIA RZECZPOSPOLITA: organ Konfederacji Polski Niepodleglej.
    1983-   [s.l.]   (frequency?)
    Holdings: 1983 - no. 1(Apr.)

TRZEZWOSC--ABSTYNENCJA: niezalezny kwartalnik przeciwalkoholowy.
    1979-   [s.l.]   (quarterly)
    Holdigns: 1979 - no. 1

TU I TERAZ. Komitet Zalozycielski NZS, Uniwersytet Warszawski.
    1980-   Warszawa.   (frequency?)
    Holdings: 1980 - no. (Oct. 1)

TU MOWI CZESTOCHOWA. [Zespol Wydawnictw Zwiazkowych NSZZ "Solidarnosc" w Czestochowie].
    1981?-   Czestochowa.   (frequency?)
    Holdings: 1981 - no. (Sept. 26)

TU MOWI POLSKA, see *Serwis Informacyjny*. DIiP ZR Czestochowa, NSZZ "Solidarnosc."

TU TERAZ: pismo oswiaty niezaleznej.
    1982-   Warszawa.   (monthly)
    Holdings: 1982 - no. (Feb.15-28), 5(June 13), 1/7(Sept. 15), 9(Nov. 15)
                1983 - no. 10-11(Jan. 15)--22(Dec. 15)
                1984 - no. 23-24(Jan. 15)--26, 28--32(Dec. 15)

Box No.
141.
　　　　　　　　1985 - no. 33(Jan. 15)--42(Dec.)
　　　　　　　　1986 - no. 43(Jan.)--52(Dec.)
　　　　　　　　1987 - no. 53(Jan.), 54, 56, 58, 60--62(Dec.)
　　　　　　　　1988 - no. 63(Jan.)--72(Dec.)
　　　　　　　　1989 - no. 73(Jan.)--78(June)
　　*Note:　　originally titled: okupacyjne pismo nauczycieli."

TUBA: nieregularne pismo Niezaleznego Zrzeszenia Studentow Akademii Sztuk Pieknych w Warszawie.
　　1989-　　　　Warszawa.　　　　(frequency?)
　　Holdings: 1989 - no. 1

TUMULT: niezalezne pismo spoleczno-kulturalne.
　　1988-　　　　Krakow.　　　　(irregular)
　　Holdings: 1988 - no. 1(May), 2(Nov.-Dec.)
　　　　　　　1989 - no. 3(Jan.-Feb.)--6[c.Dec.]

142. TYDZIEN: magazyn informacyjny wielkopolski poludniowej.
　　1990-　　　　[Ostrow Wlkp.]　　　　(frequency?)
　　Holdings: 1990 - no. 1(May 30)

TYDZIEN GORZOWSKI: gazeta obywatelska.
　　1990-　　　　[Gorzow Wlkp.]　　　　(weekly)
　　Holdings: 1990 - no. 7(May 16), 8, 11(June 13)

TYGODNIK AKADEMICKI: pismo Niezaleznego Zrzeszenia Studentow.
　　198?-　　　　[s.l.]　　　　(frequency?)
　　Holdings: 1982 - no. 1, 2(Feb. 4), 4-5

TYGODNIK BIALOSTOCKI: pismo czlonkow i sympatykow "Solidarnosci."
　　1989-　　　　Bialystok.　　　　(weekly)
　　Holdings: the Hoover Library Periodical Collection.

TYGODNIK BIPS, see BIPS: tygodnik Biura Informacji Prasowej KKP NSZZ Solidarnosc.

TYGODNIK CDN, see CDN: glos Wolnego Robotnika.

TYGODNIK INACZEJ: czasopismo zwiazkowe ruchu Solidarnosc.
　　1981?-　　　　Krakow.　　　　(frequency?)
　　Holdings: 1981 - no. 8-9(Sept.)--12(Oct. 6)

Box No.
142. TYGODNIK KATOWICKI "NSZZ SOLIDARNOSC" REGIONU SLASKO-DABROWSKIEGO.
    1981.   Katowice.   (weekly)
    Holdings: 1981 - no. 2(Sept. 13), 5(Oct. 4)

TYGODNIK KEPINSKI: niezalezne pismo spoleczno-kulturalne regionu kepinskiego.
    1990?-   Kepno.   (c.biweekly)
    Holdings: 1990 - no. 3(Jan. 29), 4, 8--16(July 26)

TYGODNIK MAZOWSZE--SOLIDARNOSC.
    1982-89.   Warszawa.   (weekly)
    Holdings: 1982 - no. 2(Feb. 11)--37(Dec. 16)
                1983 - no. 38(Jan. 6)--72(Dec. 15)
                1984 - no. 73(Jan. 5)--110(Dec. 13)
                1985 - no. 111(Jan. 3)--151(Dec. 12)

143.   1986 - no. 152(Jan. 3)--192(Dec. 17), and special editions (May 1), (June 28), and "dodatek ilustrowany" 2(June)
                1987 - no. 193(Jan. 7)--232(Dec. 16)
                1988 - no. 233(Jan. 6)--258, 260--275(Dec. 14)
                1989 - no. 276(Jan. 4)--290(Apr. 12)
    *Note: no. 1 never published; no. 290 the final issue; no. 22, 1982 a police forgery (falszywka); some issues nearly illegible.

TYGODNIK POLITYCZNY CENTRUM, see Centrum: tygodnik polityczny.

TYGODNIK SADECKI: pismo niezalezne.
    1990?-   Nowy Sacz.   (weekly)
    Holdings: 1990 - no. 6(Mar. 10), 12(May 22-June 4)

TYGODNIK SOLIDARNOSC.
    1981.   Warszawa.   (weekly)
    Holdings: 1981 - no. 1(Apr. 3)--14(July 3)
144.   no. 15(July 10)--37(Dec. 11)
    *Note: second set in the Hoover Library Periodical Collection; revived in 1989, holdings in the Hoover Library Periodical Collection.

TYGODNIK UNIWERSYTECKI.
    1989-91.   Warszawa.   (weekly)
    Holdings: the Hoover Library Periodical Collection.

Box No.

144. TYGODNIK WOJENNY. NSZZ Solidarnosc.
    1981-85.   Warszawa.   (weekly)
    Holdings: 1982 - no. 1(Jan. 7)--46(Dec. 23)
                1983 - no. 48--74(Dec. 23)
                1984 - no. 75(Jan. 14)--100(Dec. 19), and "wydanie specjalne: memorial Stefana Bratkowskiego" (Oct. 14)
                1985 - no. 101(Jan. 17)--105(Mar. 24)
    *Note: no. 105 the final issue; many photocopies.

145. TYGODNIK WOLNY ROBOTNIK.
    1982?-   Warszawa.   (frequency?)
    Holdings: 1982 - no. 2-3(Dec. 12)
                1983 - no. 4-5(Jan. 8)

TYGODNIK WYBORCZY. Solidarnosc.
    1989-   Elblag-Gdansk-Koszalin-Slupsk. (frequency?)
    Holdings: 1989 - no. 1(June 4)

TYGODNIK WYBORCZY SOLIDARNOSC. Opolski Komitet Obywatelski.
    1989.   Opole.   (frequency?)
    Holdings: 1989 - no. 1--3(June 2), and a special election issue

TYGODNIK ZYRARDOWSKI SAMORZADNOSC.
    1990?-   Zyrardow.   (frequency?)
    Holdings: 1990 - no. 3, 4

TYLEM DO URNY: biuletyn wyborczy RKW Reg. Slasko-Dabrowskiego.
    1985?-   [s.l.]   (occasional?)
    Holdings: 1985 - no. 1(Sept. 18), 2(Oct. 1)

TYMCZASEM.
    1982?-   Krakow.   (biweekly)
    Holdings: 1983 - no. 3(Jan.), 9, 10, 15(Nov.)
                1984 - no. 18(Mar. 4)

TYTUL POZNIEJ, see Sciek.

Box No.
145. **U NAS**: pismo Komitetu Obywatelskiego. Piastow.
    1989-   Piastow.   (frequency?)
    Holdings: 1990 - no. 2/4(Jan. 28)

U NAS: pismo Komitetu Obywatelskiego "Solidarnosc" w Bogatyni.
    1989-   Bogatynia.   (frequency?)
    Holdings: 1990 - no. 1/3(Jan.)

U NAS: pismo NSZZ "Solidarnosc," Polar, Wroclaw.
    1982-   Wroclaw.   (c.weekly)
    Holdings: 1982 - no. 1(May 25)--3, 5, 11, 13(Dec. 10)
              1983 - no. 16(Jan. 24), 17-18, 21--27, 29, 31, 38, 39
                    (Nov. 28)
              1984 - no. 43(Jan. 25), 45, 62[Dec. 18?]
              1985 - no. 63(Jan. 16-31), 64--66, 70--84-85(Dec. 20)
              1986 - no. 86(Jan.)--88, 93(Aug.)
              1987 - no. 98(Jan.)

U PROGU.
    1976-   [s.l.]   (monthly)
    Holdings: 1976 - no. 2(Nov.), 3(Dec)
              1977 - no. 4(Jan.), 5, 7, 8, 10--12(Nov.)

UCZELNIANY KOMITET STRAJKOWY, see **Strajkowiec**. Wydaje UKS UW.

UCZEN POLSKI: niezalezne pismo mlodziezy szkolnej. Wydawn. Mloda Polska.
    1979-   Warszawa.   (monthly)
    Holdings: 1979 - no. 1(June)--4(Sept.)
              1980 - no. 7(Jan.-Feb.), 9--12(May-June)
              1981 - no. 17-18(July-Aug.), 19(Sept.)
              1983 - no. 1-2/34-35(Sept.), 5/38, 6/39(Nov. 21)
              1984 - no. 2/41(Feb.)
    *Note: in 1983 subtitled: "pismo niezaleznej organizacji mlodziezowej"; in 1984 without subtitle.

UFO--R. Uczniowski Front Odmowy--Radom.
    1987-   Radom.   (frequency?)
    Holdings: 1987 - no. 1

UGOR: niezalezne pismo studentow Akademii Rolniczej w Poznaniu.
    1987-   Poznan.   (frequency?)
    Holdings: 1987 - no. 1(Jan.), 2(Mar.)

Box No.
145. UKOS-II: nieregularnik Bydgoskiej Niezaleznej Oficyny Wydawniczej
UKOS-II.
1984?-   Bydgoszcz.   (irregular)
Holdings: 1985 - no. 2/14(Feb. 25), 4/16(Apr. 19)

UKOSEM: pismo Miedzyszkolnego Uczniowskiego Komitetu Odnowy
Spolecznej.
1981-   Wroclaw.   (frequency?)
Holdings: 1981 - no. 1(Feb. 5), 4(Mar. 27)

UKS STRAJKOWIEC, see Strajkowiec. Wydaje UKS UW.

ULOTKA. Studenci Pomorskiej Akademii Medycznej w Szczecinie.
1980-   Szczecin.   (occasional)
Holdings: 1980 - no. 4(Nov. 13)

ULOTKA SWIETOKRZYSKA: niezalezny miesiecznik regionalny NSZZ
Solidarnosc.
1987?-   Skarzysko-Kamienna. (monthly)
Holdings: 1988 - no. 7(May), 9(Aug.)

ULTIMATUM: kwartalnik spoleczny. Rzeszow.
1988-   Rzeszow.   (quarterly)
1988 - no. 1[Sept. 30]
1989 - no. 2

UNIA.
1983-85?   [Warszawa]   (monthly?)
Holdings: 1983 - no. (Nov.)
          [1984] - no. 3, 5
          [1985] - no. 6--14
*Note: no. 7 mutilated.

UNIA. Lodz.
1988-   Lodz.   (frequency?)
Holdings: 1988 - no. 1 (Oct. 16)

UNIA DEMOKRATYCZNA: biuletyn informacyjny. Wydaje Biuro Krajowe Unii
Demokratycznej.
199?-   Warszawa.   (biweekly)
Holdings: 1991 - no. 12(Dec. 15)

Box No.

UNIVERSITAS. NSZZ "Solidarnosc" UJ.
    1981-   Krakow.   (monthly)
    Holdings: 1981 - no. 3(Mar.), 4(Apr. 7)
146.
                no. 5(May 7), 6(June)

146. UNIVERSITAS: pismo pracowikow Uniwersytetu Jagiellonskiego. NSZZ
    "Solidarnosc" UJ.
    1991.   Krakow.   (frequency?)
    Holdings: 1991 - no. 1(Jan.-Feb.)

UNIWERSYTET LUDOWY, see its Komunikat.

URSUS SOLIDARNOSC, see Biuletyn Informacyjny Tymczasowej Komisji
    Zakladowej NSZZ "Solidarnosc" Zakladow Mechanicznych "Gorzow" w
    Gorzowie Wlkp.

USKOK: biuletyn informacyjny Tajnej Komisji Zakladowej NSZZ
    "Solidarnosc" ZG "Lubin."
    1988?-   Lubin.   (frequency?)
    Holdings: 1988 - no. 2(Feb.)--5, 7-8[Aug.]

UWOLNIC FRASYNIUKA: biuletyn informacyjny. Wydaje NZS.
    1986-   Wroclaw.   (frequency?)
    Holdings: 1986 - no. 1(July 3)

Box No.
146. VACAT: miesiecznik spoleczno-polityczny.
    1982-   [Warszawa]   (monthly/quarterly)
    Holdings: 1982 - no. 1(Dec.)
              1983 - no. 2(Jan.)--11-12(Nov.-Dec.)
              1984 - no. 13(Jan.)--23(Dec.)
147.   1985 - no. 24(Jan.)--36(Dec.)
              1986 - no. 37(Jan.)--41[Sept.]
              1987 - no. 42, 43-44
              1989 - no. 46(Mar.)
    *Note: no. 46 subtitled "pismo spoleczno-polityczne."

VADE MECUM: pismo Grupy Niepodleglosciowej.
    198?-   Wroclaw-Krakow.   (monthly)
    Holdings: 1989 - no. 6(Apr.)--8,, 10, 12(Nov.)
              1990 - no. 16(Mar.)
    *Note: originally subtitled: "niezalezne pismo ludzi o roznych
              pogladach politycznych."

VERBUM: niezalezne pismo V L.O.
    1985-   [Wroclaw]   (frequency?)
    Holdings: 1986 - no. 4(Mar. 27)

VERBUM: pismo Mazowieckiej Konfederacji "Solidarnosc."
    1983-   Warszawa.   (monthly?)
    Holdings: 1983 - no. 1--3
              1984 - no. 4-5
              1984 - no. 7

148. VETO. KOS--Solidarnosc.
    1982-   [Poznan]   (irregular)
    Holdings: [1982] - no. 6, 7
              [1985] - no. 15
    *Note: motto: "Nawet gdybys zostal sam twoje veto ma tym
              wieksze znaczenie."

VETO. Krakow.
    1982?-   Krakow.   (monthly)
    Holdings: 1982 - no. 4(Mar.)--13(Nov.)

VETO. NSZZ Solidarnosc Mazowsze.
    1982-   [Warszawa]   (weekly)
    Holdings: 1982 - no. 1(Mar. 13)--3(Apr. 3-4)

Box No.
148.   VETO. NZS UL.
           1981?-   Lodz.   (frequency?)
           Holdings: 1981 - no. (Apr. 14) and "wydanie strajkowe" no. 9
                     (Nov. 24)
           *Note: UL: Uniwersytet Lodzki.

       VICTORIA. Niezalezne struktury KPN, Torun.
           1987-   Torun.   (frequency?)
           Holdings: 1987 - no. 1(Nov.)

       VICTORIA: biuletyn informacyjny. FSC-Lublin.
           1988-   Lublin.   (frequency?)
           Holdings: 1988 - no. 2(May 9), 7(Oct. 18)

       VICTORIA: informacyjno-publicystyczne pismo zwiazkowcow.
           1982-   Warszawa.   (frequency?)
           Holdings: 1982 - no. 4(July 29), 12, 14, 15(Oct. 18), and "wydanie
                     specjalne (Aug. 14-31)
                     1983 - no. 1/21(Feb. 25)--5/25, 7/27, 8/28(Aug. 15-31)
           *Note: in 1983 subtitled: "pismo informacyjno-publicystyczne.

       VICTORIA: pismo ELWRO, FADROMA, FAT, HUTMEN, i inni. Wydaje
           Miedzyzakladowa Komisja Koordynacyjna NSZZ Solidarnosc
           Grabiszynek.
           1983-   Wroclaw.   (biweekly)
           Holdings: 1984 - no. 20(Dec. 17)
                     1985 - no. 21(Jan. 14), 22--35, 38--45(Dec. 24)
                     1986 - no. 46(Jan. 10)--66(Dec. 21)
                     1987 - no. 67(Jan. 4)--70, 72--74, 81, 83, 86, 87
                     (Nov. 22)
                     1988 - no. 90(Jan. 10)--107(Oct. 16)

       VICTORIADA: agitpismo Lubelskiej Autonomicznej Grupy Anarchistow.
           198?-   [Lublin]   (frequency?)
           Holdings: 1989 - no. 17(Aug.)

       VILLA NOVA: pismo Komitetu Obywatelskiego Wilanow.
           1990-   Wilanow.   (monthly?)
           Holdings: 1990 - no. 1(Jan.), 2(Feb.)

       VOICE OF PRZEMYSL, THE: organ Redaktora Naczelnego.
           198?-   Przemysl.   (frequency?)
           Holdings: 1989 - no. 7(Oct. 23)

Box No.
148. <u>VOLTA</u>: dwumiesiecznik NZS KUL.
     1988-   Lublin.   (frequency?)
     Holdings: 1988 - no. 1(June)
               1989 - no. 2(Feb. 1)
     *Note: in 1988 without subtitle.

Box No.
148.   W 4 OCZY. Ukazuje sie przed X Zjazdem PZPR.
         1986-   [s.l.]   (occasional)
         Holdings: 1986 - no. 1(Mar.), 2(Apr.)

       W BREW: pismo Ruchu "Wolnosc i Pokoj" i przyjaciol Krolika.
         1987-   Wroclaw.   (frequency?)
         Holdings: 1987 - no. 1, 3

       W DRODZE: pismo NSZZ Solidarnosc.
         1982-   Bydgoszcz.   (frequency?)
         Holdings: 1982 - no. 1(Dec. 13), 2(Dec. 30)
                   1983 - no. 2/4(Jan. 30)--6/8, 8/10, 10/13--15/17, 18/20
                          (Oct. 13)
                   1984 - no. 1/21(Jan. 9)

       W KREGU INSTRUKTORSKIM.
         1983?-   Warszawa.   (frequency?)
         Holdings: 1983 - no. 3(Mar. 9)

       W OKOPACH. NSZZ "Solidarnosc."
         1982-   Warszawa.   (weekly/monthly)
         Holdings: 1982 - no. BL3(Feb. 21), B5--B8, B10--18, B20--B25, B28-
                          -B37, B43(Nov. 26), and "dodatek" to no. 11, 26,
                          30
149.   1983 - no. B 50(Feb. 18), B53, B 58, B59, B63, B64, B66,
                          B67(Nov. 18), and "dodatek" to no. 57
                   1984 - no. B69(Jan. 1)--B71, B73, B75, B77--B81(Dec. 17)
                   1985 - no. B82(Feb. 15)--B86(Nov. 1)
                   1986 - no. B87(Apr. 10)
                   1987 - no. B90(Feb. 18)--B92(June 20)
                   1988 - no. B94(May 20)
         *Note: published in Instytut Badan Jadrowych, Swierk; see
                  Biuletyn Solidarnosc IBJ, no. 1/26(Apr. 21, 1990)

       W POPRZEK: miedzyzakladowy biuletyn zwiazkowy.
         1989?-   Warszawa.   (frequency?)
         Holdings: [1989] - no. 20
                   1990 - no. 1/21(Jan.-Feb.)
         *Note: no. 20 subtitled: "biuletyn Warszawskiego Porozumienia
                  Zwiazkow Zawodowych."

       W SLESINIE: lokalna gazeta wyborcza. Wydaje Miejski Komitet
         Obywatelski.
         1990-   Slesin.   (biweekly)

-328-

Box No.
149.　　　　Holdings: 1990 - no. 1(Apr. 8)--5(June), 1/6(Dec.)
　　　　　　*Note:　　no. 1/6 subtitled: "informator spoleczno-kulturalny Miasta i Gminy"

WAGA: warszawska gazeta akademicka.
　　1987-　　　　Warszawa.　　　　(frequency?)
　　Holdings: 1987 - no. 1(Dec.)
　　　　　　　1988 - no. 4(Apr.), 5, 7-8(Nov.-Dec.), and unnumbered issue, and "serwis informacyjny, dodatek do nr. 5"
　　　　　　　1989 - no. 9(Jan.)
　　*Note:　　unnumbered issue, 1988: published jointly with Serwis Informacyjny NZS Politechnika Warszawska

WALKA: pismo Lubelskiego Okregowego Komitetu Robotniczego Polskiej Partii Socjalistycznej.
　　1989?-　　　　Lublin.　　　　(frequency?)
　　Holdings: 1989 - no. 3[May 22]--5-6

WALKA: pismo polityczno-spoleczne Solidarnosci Walczacej.
　　1984-　　　　Wroclaw.　　　　(bimonthly)
　　Holdings: 1984 - no. 1(Sept.-Oct.)
　　　　　　　1985 - no. 2(Mar.-Apr.), no. 3(June-July)
　　　　　　　1986 - no. 4(Aug.-Oct.), 5(Autumn)
　　　　　　　1987 - no. 6
　　*Note:　　no. 1, 3 photocopies.

WALKA: pismo Polskiej Partii Niepodleglosciowej Oddzialu Lubelsko-Zamojskiego.
　　198?-　　　　Lublin-Zamosc.　　　　(frequency?)
　　Holdings: 1988 - no. 4(May)

WALKA KLAS: organ Rewolucyjnej Ligi Robotniczej Polski[ej] sekcji Czwartej Miedzynarodowki.
　　1981?-　　　　[s.l.]　　　　(frequency?)
　　Holdings: 1981 - no. 24(May 10)

WARIANTY. Wydaja Autonomiczne Zwiazki Zawodowe.
　　1984-　　　　[s.l.]　　　　(c.monthly)
　　Holdings: 1984 - no. 1(Nov. 30), 2(Dec. 23)
　　　　　　　1985 - no. 3(Jan. 31), 4, 6, 7--13(Dec. 16)
　　　　　　　1986 - no. 14(Jan. 16)--16, 18--22(Nov.)
　　　　　　　1987 - no. 24(Jan.)
　　　　　　　1988 - no. 34(Mar.-Apr.)

Box No.
149. WARMINSKI INFORMATOR NIEPODLEGLOSCIOWY: pismo Polskiej Partii
Niepodleglosciowej.
1989?-   [Olsztyn]   (frequency?)
Holdings: 1989 - no. [Nov. ?]
          1990 - no 5(May)

WARSZAWIANKA. Solidarnosc.
1982-   Warszawa.   (frequency?)
Holdings: 1982 - no. 2(Mar. 8), 8--11, 14, 15(Oct. 6)
          1983 - no. 30(July 22), 37, 38, 41(Dec. 15)
          1984 - no. 45(Mar. 19), 48(May 2), [?](Dec. 12), and
                 "dodatek W" (Mar. 19)

WARSZAWIANKA: pismo warszawskiej organizacji Polskiej Partii
Socjalistycznej.
1988-   Warszawa.   (c.monthly)
Holdings: 1988 - no. 2(Sept.), 3(Dec.)
          1989 - no. 4(Jan.), 6--12, "12 and 1/2," 14, 15-16
                 (Dec-Jan.)

WARSZAWSKI BIULETYN ULICZNY. Solidarnosc Walczaca.
1988?-   Warszawa.   (occasional)
Holdings: 1989 - no. 5

WARSZAWSKIE ZESZYTY HISTORYCZNE.
1988?-   Warszawa.   (frequency?)
Holdings: 1988 - no. 2
          1989 - no. 3

WAWEL: miesiecznik Wydawnictwa Wawel.
1985-   Krakow.   (monthly)
Holdings: 1985 - no. 2 (Mar.-Apr.)
*Note: began in Jan. 1985 with issue no. 0.

WBREW: pismo Ruchu "Wolnosc i Pokoj" i przyjaciol Krolika, see W Brew.

WEGIELKI WALBRZYSKIE: pismo czlonkow i sympatykow NSZZ "Solidarnosc."
1988-   Walbrzych.   (frequency?)
Holdings: 1988 - no. 1(June 23), 4(Oct. 11)
          1989 - no. 16[Nov. 10)
*Note: in 1989 subtitled: "pismo organizacji Solidarnosc
          Walczaca."

-330-

Box No.
149. WEJHEROWSKIE WIDNOKREGI: lokalne pismo Pomorskiego Towarzystwa
       Samorzadowego "Solidarni."
       1990?-   Wejherowo.   (c.biweekly)
       Holdings: 1990 - no. 13(Mar. 5), 14, 19--21, 23, 24(July 22), and
                       "numer specjalny podwojny"

WEKTORY: pismo PTE Klubu Wektory.
       1981.   Warszawa.   (frequency?)
       Holdings: 1981 - no. 1(Aug.)
       *Note: photocopy.

150. WESOLY STRAJKOWICZ: jednodniowka Krajowej Komisji Koordynacyjnej
       Pracownikow Poligrafii NSZZ "Solidarnosc."
       1981.   [Szczecin?]   (occasional)
       Holdings: 1981 - no. [Aug.]

WESTZEITUNG, see Gazeta Zachodnia/Westzeitung.

WEZEL: niezalezne pismo mlodych robotnikow.
       1981-   Gdansk.   (frequency?)
       Holdings: 1981 - no. 1(Jan. 20)

WEZELEK.
       1982-   Warszawa.   (frequency?)
       Holdings: 1982 - no. 1(May 26), 3, 6(Dec. 3)
                 1983 - no. 7(Jan. 15), 9, 10, 12(Oct. 25)
                 1984 - no. 15(June 10), 16(July 26)
       *Note: no. 7, 1983 wrongly dated as 1982.

WEZWANIE: niezalezne pismo literackie.
       1982-   Warszawa.   (quarterly)
       Holdings: 1982 - no. 1(Spring)--4(Aug.-Nov.)
                 1983 - no. 5(Dec.-Apr.), 6(May-Sept.)
                 1984 - no. 7(June)
                 1985 - no. 8(Mar.), 9(Jun.)
                 1986 - no. 11(Sept.)
                 1987 - no. 12(Mar.)
151.   1988 - no. 13(Jan.), 14(Oct.)
                 1989 - no. 15[June]
       *Note: no. 2-3, 6, nearly illegible photocopies.

WIADOMOSCI. Miejski Osrodek Koordynacyjno Informacyjny NSZZ
       Solidarnosc w Piekarach Slaskich.
       1981-   Piekary Slaskie.   (frequency?)
       Holdings: 1981 - no. 1(May 22)

-331-

Box No.
151. WIADOMOSCI. NSZZ "Solidarnosc" Stoczni Polnocnej.
　　　　1982-　　　　　Gdansk.　　　　　　　　(frequency?)
　　　　Holdings: 1983 - no. 4/48/72(June)
　　　　　　　　　1987 - no. 3/18/72(Aug.)
　　　　*Note:　　identification of the first item based on "Spis
　　　　　　　　　wydawnictw," Kultura, no. 1-2(1985), p. 96.

WIADOMOSCI: pismo Komitetu Obywatelskiego "Solidarnosc." Krynica.
　　　　1990-　　　　　Krynica.　　　　　　　　(frequency?)
　　　　Holdings: 1990 - no. 1(Jan.)

WIADOMOSCI: pismo NSZZ Solidarnosc, R. Slask Opolski.
　　　　1988?-　　　　　Opole.　　　　　　　　(frequency?)
　　　　Holdings: 1988 - no. 3(Feb.), 4(Feb.)

WIADOMOSCI: tygodnik NSZZ "Solidarnosc" Region Mazowsze.
　　　　1981-　　　　　Warszawa.　　　　　　　(weekly)
　　　　Holdings: 1981 - no. 2(Dec. 18)--5, 7(Dec. 30)
　　　　　　　　　1982 - no. 8(Jan. 3)--13, 15--34, 36--39, 47--50(Dec. 1)
　　　　　　　　　1983 - no.52/2(Jan. 13), 53, 55--58, 60--63, 65--70, 76,
　　　　　　　　　　　　77, 83, 84, 86, 88--91-92(Dec. 18)
　　　　　　　　　1984 - no. 93(Jan. 1), 94, 96--129(Dec. 16)
　　　　　　　　　1985 - no. 130(Jan. 6)--173-174(Dec. 15-22)
　　　　　　　　　1986 - no. 175(Jan. 1)--219-220(Dec. 14-21)
　　　　　　　　　1987 - no. 221(Jan. 4)--244, 246--264(Dec. 20)
　　　　　　　　　1988 - no. 265(Jan. 10)--309-310(Dec. 18-25)
　　　　　　　　　1989 - no. 311-312(Jan. 8)--351(Dec. 17)
　　　　　　　　　1990 - no. 1/352(Jan. 7)--11/362(Mar. 25)
　　　　*Note:　　originally subtitled: "biuletyn informacyjny NSZZ
　　　　　　　　　'Solidarnosc' Reg. Mazowsze"; in 1982 without subtitle;
　　　　　　　　　no. 5(Dec. 23) has two different editions.

152. WIADOMOSCI BIELSKIE. Komitet Obywatelski "Solidarnosc" Ziemi
　　　　Bielskiej.
　　　　1990-　　　　　[Bielsk Podlaski]　　　　(frequency?)
　　　　Holdings: 1990 - no. 1(Feb. 5)

WIADOMOSCI BIEZACE. Zarzad Regionalny NSZZ "Solidarnosc" Bialystok.
　　　　1981.　　　　　Bialystok.　　　　　　(three times a day/daily)
　　　　Holdings: 1981 - no. 1(Apr. 9), 49(Aug. 6)--51, 54--56, 59--66,
　　　　　　　　　　　　68--81, 87, 94--96, 99--101, 103, 122, 131-
　　　　　　　　　　　　-133(Sept. 25)
　　　　*Note:　　no. 73 mutilated.

Box No.
152. <u>WIADOMOSCI BIEZACE</u>: pismo organizacji Solidarnosc Walczaca.
    1982?-   Wroclaw.   (biweekly)
    Holdings: 1982 - no. 29((Apr. 10), 30, 37, 39, 40, 43, 51, 54, 63,
                    65, 66,(Dec. 17-31)
             1983 - no. 67(Jan. 1-13), 70--73, 75--78(June 16-30)
             1984 - no. 102(Jan. 15-28), 103, 106, 107, 108--111,
                    114--116, 119--124(Dec. 16-Jan. 1)
             1985 - no. 125(Jan. 5-19)--128, 130, 131, 133--138, 142-
                    -152(Dec. 16-29)
             1986 - no. 153(Dec. 30, 1985-Jan. 12)--156, 158--164,
                    166, 169--174, 176, 177(Dec. 16-31)
             1987 - no. 178(Jan. 1-15)--188, 191--197, 199--201, 203
                    (Nov. 13-26)
             1988 - no. 204(Dec. 27, 1987-Jan. 9)--209, 211--222,
                    224--227(Nov. 14-26)
             1989 - no. 233[Jan.? 5-18], 236, 237, 238(Apr. 16-29)
    *Note: in 1984-86 titled: <u>Wiadomosci Biezace Ku Niepodleglosci</u>;
                originally subtitled: "tygodnik czlonkow NSZZ
                'Solidarnosc'"; later: "pismo szeregowych czlonkow
                Solidarnosci"; with no. 179, 1987 current subtitle.

<u>WIADOMOSCI BIEZACE KU NIEPODLEGLOSCI</u>,   see <u>Wiadomosci Biezace</u>.

<u>WIADOMOSCI BISKUPIECKIE</u>.
    1990-   Biskupiec.   (frequency?)
    Holdings: 1990 - no. 1(May 25)

<u>WIADOMOSCI BOCHENSKIE</u>: kwartalnik spoleczno-kulturalny Stowarzyszenia
    Bochniakow i Milosnikow Ziemi Bochenskiej.
    1988?-   Bochnia.   (quarterly)
    Holdings: 1989 - no. 4/6(Dec.)
             1990 - no. 1(May)

<u>WIADOMOSCI CHELMINSKIE</u>: biuletyn Komitetu Obywatelskiego w Chelmnie.
    1990-   Chelm.   (biweekly?)
    Holdings: 1990 - no. (Apr. 15), (Apr. 29), (May 18)

<u>WIADOMOSCI CZESTOCHOWSKIE</u>: biuletyn informacyjny Czestochowskiego
    Komitetu Obywatelskiego.
    1990-   Czestochowa.   (frequency?)
    Holdings: 1990 - no. 1[Feb. 14]--3, 5, 8[May 31]

<u>WIADOMOSCI DNIA</u>. MKZ [or ZR] Wielkopolska.
    1981.   Poznan.   (daily)
    Holdings: 1981 - no. (Feb. 23), (Feb. 24), (Feb. 26), (Apr. 2),
                    (Apr. 3), (Apr. 4-6), (Apr. 7), (Apr. 8),

Box No.
152.
        (Apr. 9), (Apr. 10), (Apr. 14), (Apr. 15),
        (Apr. 16), (Apr. 17), 43(Apr. 23), 45(Apr.22)-
        -50, 52, 54--69, 77, 78, 86, 101(July 17),
        (Aug. 19), (Nov. 4), (Nov. 13), (Nov. 14),
        (Nov. 16), (Nov. 26), and "dodatek" to no. 66,
        and "Wielkanoc '81," and "wydanie
        nadzwyczajne"(June 28), and "wydanie zjazdowe"
        (Apr. 15), (June 5)

WIADOMOSCI DNIA. Osrodek Badan Spolecznych NSZZ "Solidarnosc" Region
 Mazowsze.
  1980-81.   Warszawa.   (ca. daily)
  Holdings: 1981 - no. 3(Jan. 8), 14, 15, 18--182(Sept. 4)

153.
       no. 184(Sept. 7)--210, 212--221, 223--253
       (Dec. 11)
  *Note: under Martial Law continued by: Wiadomosci: tygodnik
      NSZZ "Solidarnosc" Region Mazowsze.

WIADOMOSCI DNIA: pismo zarzadu NSZZ "Solidarnosc" w Gorzowie
 Wielkopolskim.
  198?-   Gorzow Wlkpl.   (daily?)
  Holdings: 1981 - no. (June 2), (June 8)

WIADOMOSCI DNIA STRAJKOWEGO.
  1981.   [s.l.]   (frequency?)
  Holdings: 1981 - no. 25(Dec. 6)

WIADOMOSCI GMINNE: biuletyn informacyjny Komitetu Obywatelskiego
 "Solidarnosc" w Czechowicach-Dziedzicach.
  1990-   Czechowice-Dziedzice. (frequency?)
  Holdings: 1990 - no. 1(Feb.), 4(July)

WIADOMOSCI HISTORYCZNE, see Zakazane Wiadomosci Historyczne.

WIADOMOSCI I KOMENTARZE WIK, see WIK--Wiadomosci i Komentarze.

WIADOMOSCI KATOWICKIE.
  1981.   Katowice.   (daily)
  Holdings: 1981 - no. 11(Apr. 23), 33, 38, 39, 63, 64, 90, 92--98,
      100--109, 112--117, 119, 120, 125, 132--134, 136-
      -138, 140, 141, 161--168(Nov. 20), and "Do
      spoleczenstwa," and "Solidarnosc z patronka
      gornikow"
  *Note: no. 11(Apr. 23) wrongly dated as 1980.

Box No.
153. <u>WIADOMOSCI KOMISJI ZAKLADOWEJ NSZZ SOLIDARNOSC PRZY STOCZNI POLNOCNEJ IM. BOHATEROW WESTERPLATTE</u>.
    1980-81.   Gdansk.   (frequency?)
    Holdings: 1980 - no. 12(Nov. 18), 21(Dec. 16)
              1981 - no. 15/40(Mar. 30), 21/46, 35/60, 36/61--38/63, 40/65, 42/67, 43/69, 46/71(Nov. 27), and unnumbered and undated issue [Dec.?]
    *Note: oginally titled: <u>Wiadomosci Komitetu Zalozycielskiego NSZZ "Solidarnosc...."</u>

<u>WIADOMOSCI KRAKOWSKIE</u>: pismo ruchu "Solidarnosc."
    1980-81   Krakow.   (irregular)
    Holdings: 1980 - no. 1(Oct. 24)--5-6(Dec. 16)
              1981 - no. 8(Jan. 30), 10--24(July 12)

<u>WIADOMOSCI LEZAJSKIE</u>: biuletyn informacyjny Komitetu Obywatelskiego "Ziemi Lezajskiej."
    1989-   Lezajsk.   (frequency?)
    Holdings: 1989 - no. 1(Dec.)

<u>WIADOMOSCI MIROWA</u>.
    1991-   [Warszawa]   (weekly)
    Holdings: 1991 - no. 1(Feb. 3)--3, 5(Mar. 4)

<u>WIADOMOSCI NAKIELSKIE</u>: pismo Komitetu Obywatelskiego.
    1990?-   Naklo.   (frequency?)
    Holdings: 1990 - no. 3(Apr. 19)

<u>WIADOMOSCI NOWOSADECKIE</u>. Wydaje MKS Nowy Sacz.
    198?-   Nowy Sacz.   (frequency?)
    Holdings: 1984 - no. 23(Dec.)
              1985 - no. (Jan.), 26(Jan.-Feb.), 28, 29, 31, 32--34(Apr.-May)
    *Note: some issues nearly illegible.

<u>WIADOMOSCI NZS</u>.
    1981?-   [s.l.]   (frequency?)
    Holdings: 1981 - no. 3(Mar. 23)

<u>WIADOMOSCI OBYWATELSKIE</u>. Komitet Obywatelski przy poslach i senatorach "Solidarnosci." Gmina Zabierzow.
    1989?-   Zabierzow.   (frequency?)
    Holdings: 1990 - no. 3(Jan. 21)

Box No.
153. WIADOMOSCI PLOTOWSKIE: biuletyn informacyjny Obywatelskiego Komitetu
Porozumiewawczego w Plotach.
1990-   Ploty.   (frequency?)
Holdings: 1990 - no. 1(Apr. 14)

WIADOMOSCI PODLASKIE. Wydaje NSZZ Solidarnosc i NSZZ RI Solidarnosc
woj. siedleckiego.
198?-   Siedlce.   (c.monthly)
Holdings: 1982 - no. 1(Jan. 2), 16--20, 22--25, 27--31,
                 [36:June 2?], 37, 40(July 8)
         1983 - no. 52(Jan. 8), 53-54, 68, 71--73, 76(Sept. 4)
         1984 - no. 79(Feb.), 80, 83-84 86--89(Dec.)
         1985 - no. 92(Mar.)--96(June-Sept)
         1986 - no. 98
*Note: various subtitles; originally c.biweekly.

WIADOMOSCI POGOTOWIA STRAJKOWEGO. Biuro Informacuji MKS NSZZ
Solidarnosci, Katowice.
1981?-   Katowice.   (frequency?)
Holdings: 1981 - no. 11(Mar. 28), 12(Mar. 28)

WIADOMOSCI PRZ I TBK, see Wiadomosci TaBaKi.

WIADOMOSCI REGIONALNE. Solidarnosc. Stalowa Wola-Tarnobrzeg-
Sandomierz-Nisko-Janow Lubelski-Staszow-Opatow-Nowa
Deba-Polaniec-Ozarow-Gorzyce-Rudnik.
1989-   Stalowa Wola.   (frequency?)
Holdings: 1989 - no. 1(Aug. 4), 4--6, 9, 11, 12(Nov. 16)

WIADOMOSCI RUCHU POKOJU. Wydaje Ogolnopolska Koalicja Pokoju.
1990-   Warszawa.   (frequency?)
Holdings: 1990 - no. 6(Sept.)

WIADOMOSCI SIERAKOWICKIE: biuletyn informacyjny Komitetu
Obywatelskiego.
1989-   Sierakowice.   (frequency?)
Holdings: 1989 - no. 2("Gwiazdka")
          1990 - no. 1/3("Zapusty")

WIADOMOSCI SOLIDARNOSC [Ciechanowiec], see Nasza Solidarnosc.
Ciechanowiec.

Box No.
154. WIADOMOSCI SOLIDARNOSCI: biuletyn informacyjny RKW NSZZ "S" Dolny
Slask.
1989-   Wroclaw.   (frequency?)
Holdings: 1989 - no. 1(July 27)--3, 5--8, 16, 19, 20, 23, 24,
            26--28, 31, 33(Dec.7)

WIADOMOSCI TaBaKi.
1982?-   [Warszawa?]   (frequency?)
Holdings: [1983?] - no. 14--17, 20
*Note: no. 14 titled: Wiadomosci PRZ i TBK. WIADOMOSCI TaBaKi.

WIADOMOSCI TARNOGORSKIE. NSZZ "Solidarnosc"--Podregion Tarnowskie
Gory.
1981?-   Tarnowskie Gory.   (frequency?)
Holdings: 1981 - no. 4(Sept. 17)--6(Sept. 28)

WIADOMOSCI TARNOWSKIE: pismo NSZZ "Solidarnosc."
1979-   Tarnow.   (frequency?)
Holdings: 1979 - no. 1
          1980 - no. 2(Apr. 5), 5(Oct. 27)
          1981 - no. 2/6(Apr.), 8--12-13(Nov. 2), and "wydanie
            specjalne" (Apr. 5)
*Note: originally without subtitle.

WIADOMOSCI TYGODNIA: biuletyn informacyjny Tymczasowych Komisji
Zakladowych NSZZ "Solidarnosc" Regionu Wielkopolska Poludniowa
(wojewodztwo kaliskie).
1989-   Kalisz.   (weekly)
Holdings: 1989 - no. 8(May 10)

WIADOMOSCI WEGORZEWSKIE: nieregularne pismo Komitetu Obywatelskiego
"Solidarnosc" w Wegorzewie.
1990?-   Wegorzewo.   (irregular)
Holdings: 1990 - no. "dodatek nadzwyczajny" (Mar. 13)

WIADOMOSCI "WOLNYCH ZWIAZKOW": pismo NSZZ "Solidarnosc."
1988-   Bydgoszcz.   (frequency?)
Holdings: 1988 - no. 2(Oct. 6), 10, 11(Dec. 22)
          1989 - no. 1/13(Jan. 5), 6/18, 8/20, 10/22, 11/23,
            13/25, 15/27, 18/30, 25/37--27/39, 29/44,
            31/43--33/45, 36/48(July 19)
*Note: various subtitles.

Box No.

WIADOMOSCI WRZESINSKIE: tygodnik mieszkancow ziemi wrzesinskiej.
    1990-   Wrzesnia.   (frequency?)
    Holdings: 1990 - no. 20(Aug. 31), 24, 25(Oct. 5)

154.   WIADOMOSCI WYDMINSKIE: pismo mieszkancow gminy.
    1989?-   Wydminy.   (c.monthly)
    Holdings: 1990 - no. 3(Jan.), 5(Feb.), 12--14, 17(Dec.), and "wydanie specjalne"
               1991 - no. 18(Jan.), 2/19, 5/22(Mar.)
    *Note: originally subtitled: "gazeta lokalna. Komitet Obywatelski "Solidarnosc."

WIADOMOSCI ZAMBROWSKIE: dwutygodnik regionalny.
    1990-   Zambrow.   (biweekly)
    Holdings: 1990 - no. 1, 2(Dec. 7), 3(Dec. 21)
               1991 - no. 4(Jan. 1-15)

WIADOMOSCI ZJAZDOWE. Region Warminsko-Mazurski "Solidarnosci."
    1981.   [s.l.]   (daily?)
    Holdings: 1981 - no. 1(Sept. 26), 2(Sept. 26)

WIADOMOSCI ZWIAZKOWE. NSZZ "Solidarnosc" FSC Starachowice.
    1980-81.   Starachowice.   (weekly?)
    Holdings: 1981 - no. 3/8(Feb. 17), (Mar. 5), (Mar. 13), (Mar. 28), (Apr. 27), (May 12), (June 1), (June 10)

WIARUS: organ kombatantow NSZZ "Solidarnosc."
    1981-   Gdansk.   (frequency?)
    Holdings: 1981 - no. 4(June-July)

WIATR OD MORZA: miesiecznik. "Solidarnosc," Sekcja Wychowania i Oswiaty.
    1980-   Gdansk.   (monthly)
    Holdings: 1988 - no. 5(Jan.), 6, 10-11, 14 16(Dec.)
               1989 - no. 17(Jan.), 18, 21, 22(May)
    *Note: no. 1--4 published before Dec. 13, 1981; no. 4 same as Monit no. 23.

WIATR OD MORZA: pismo Federacji Mlodziezy Walczacej.
    1987-   Gdansk.   (frequency?)
    Holdings: 1987 - no. (Mar.)
               1988 - no. 10-11
    *Note: continues: BISZ: biuletyn informacyjny szkol zawodowych; no. 10-11 without subtitle, published by "Ruch Spoleczenstwa Zaangazowanego."

Box No.

WICHRZYCIEL. Wroclaw.
    1988-   Wroclaw.   (frequency?)
    Holdings: 1988 - no. 1(June)

154. WICI: pismo Solidarnosci Walczacej, Szczecin.
    198?-   Szczecin.   (frequency?)
    Holdings: 1989 - no. 2(Jan.), 12(Sept.)
                1990 - no. 17(Feb.)--19(Apr.)

WIDELEC: miesiecznik satyryczny.
    1985-   Wroclaw.   (monthly?)
    Holdings: 1985 - no. 1(Apr. 1)

WIDZEWSKIE POROZUMIENIE OBYWATELSKIE, see WPO-Widzewskie Porozumienie
    Obywatelskie: biuletyn informacyjny.

WIELKA GRA: mlodziezowe pismo oswiaty niezaleznej.
    1987-   Warszawa.   (frequency?)
    Holdings: 1987 - no. 1(Jan.), 2, 5-7(Dec.)
                1988 - no. 8(Feb.)--10, 12, 13(Nov.)
                1989 - no. 14(Feb.), 17(Oct.)

WIELKA WIES: biuletyn Komitetu Obywatelskiego.
    1989-   [Krakow]   (frequency?)
    Holdings: 1989 - no. 4(Dec. 28)

WIELKOPOLSKI INFORMATOR EKOLOGICZNY.
    1987-   Poznan.   (frequency?)
    Holdings: 1987 - no. 1(Mar.), 3, 4(Sept.)

WIERNOSC PAMIECI KSIEDZA JERZEGO POPIELUSZKO.
    1986-   Suchowola-Dabrowa Bialostocka. (frequency?)
    Holdings: 1986 - no. 1(Apr. 13), 2(Sept. 14)

WIERSZ ZA GROSZ. Klub Mysli Literackiej "Wprost."
    1981-   Gdansk.   (frequency?)
    Holdings: no. 1(Apr. 15)

WIES RZESZOWSKA: pismo NSZZ Rolnikow Indywidualnych, "Solidarnosc"--
    Rzeszow.
    1980-   Rzeszow.   (frequency?)
    Holdings: 1980 - no. 6(Dec.)

Box No.

                1981 - no. 1/12(Jan. 10)--4/15, 11/13--24/26(Oct. 8)
    *Note: originally published together with <u>Solidarnosc Zwiazkowa</u>.

154.   <u>WIES SOLIDARNA</u>: pismo NSZZ Rolnikow Indywidualnych, Region Srodkowo-Wschodni.
       198?-   Lublin.   (frequency?)
       Holdings: 1983 - no. 8(Oct.)
                  1984 - no. 10(Feb.), 12, 13(Nov.)
                  1985 - no. 14(Jan.), 15(Feb.)

<u>WIESCI</u>. Agencja Ludowa Solidarnosc.
    1988-   Rzeszow.   (frequency?)
    Holdings: 1988 - no. (Oct.), (Dec.)
             1989 - no. (Feb.-Mar.), 9(Sept.)
    *Note: with no. 9, 1989 subtitled: "pismo ludowe."

<u>WIESCI</u>: pismo Komitetu Obywatelskiego w Krasiczynie.
    1989-90.   Krasiczyn.   (irregular)
    Holdings: 1989 - no. 1(Dec. 7)
             1990 - no. 2(Jan. 14)--6(May 13)
    *Note: originally subtitled: "nieregularne pismo gminy Krasiczyn"; no. 6 titled: <u>Wiesci Krasiczynskie</u>.

<u>WIESCI GMINNE</u>. Dabrowa, Chelm.
    1990-   Dabrowa-Chelm.   (frequency?)
    Holdings: 1990 - no. 1(Mar. 22), 2(Apr. 7)

<u>WIESCI GMINNE</u>. Wydawca: Gminny Komitet Obywatelski "Solidarnosci" w Dabiu.
    1990.   Dabie.   (frequency?)
    Holdings: 1990 - no. 1(Jan. 10)

<u>WIESCI KRASICZYNSKIE</u>, see <u>Wiesci</u>: pismo Komitetu Obywatelskiego w Krasiczynie.

<u>WIESCI OBOZOWE</u>: wydawnictwo poswiecone sytuacji w krajach komunistycznych.
    198?-   Bydgoszcz.   (frequency?)
    Holdings: 1984 - no. 6(May 22)

<u>WIESCI SZKOLNE</u>.
    1981-   [Warszawa]   (frequency?)
    Holdings: 1982 - no. 6(Mar.)

Box No.
154. WIESCI Z CHARTOWA: biuletyn Komitetow Obywatelskich Osiedli Gornego
    Tarasu Rataj-Chartowa.
    1990?-   [Poznan]   (frequency?)
    Holdings: 1990 - no. 4(Mar. 19)

WIESCI Z GOLUCHOWA: pismo Komitetu Obywatelskiego w Goluchowie.
    1990?-   Goluchow.   (frequency?)
    Holdings: 1990 - no. 4(May 20), 11

WIESZCZ: miesiecznik literacko-historyczny Miedzyszkolnego Komitetu
    Oporu wchodzacego w sklad Federacji Mlodziezy Walczacej.
    1986-   Wroclaw.   (monthly)
    Holdings: 1986 - no. 1(Feb.), 3, 4-5(May-June)

WIK--WIADOMOSCI I KOMENTARZE. NSZZ Solidarnosc Region Srodkowo-
    Wschodni.
    1982-   [s.l.]   (frequency?)
    Holdings: 1982 - no. 1(May 13), 2

WIOSNA: pismo NSZZ Solidarnosc przy ZWLE im. R. Luksemburg w W-wie.
    1983-   Warszawa.   (monthly?)
    Holdings: 1983 - no. 1(Feb.), 2, 4, 5(June)
    *Note: originally subtitled: "biuletyn informacyjny TKZ NSZZ
             "Solidarnosc" przy ZWLE."

WiP: pismo Ruchu Wolnosc i Pokoj.
    1986-   Wroclaw.   (frequency?)
    Holdings: 1986 - no. 1--3
              1987 - no. 6--9

WIP WEST BULLETIN.
    1988-   [s.l.]   (irregular)
    Holdings: 1990 - no. 2(Winter)

WIPEK: pismo kilku uczestnikow Ruchu Wolnosc i Pokoj z Wroclawia.
    198?-   Wroclaw.   (frequency?)
    Holdings: 1988 - no. 15(Nov. 5)
              1989 - no. 2

WIRAZ: pismo Szkolnego Komitetu Oporu Spolecznego.
    1982-   [Poznan?]   (frequncy?)
    Holdings: 1982 - no. 4[June]

Box No.
155. <u>WIS--WOLNI I SOLIDARNI</u>: pismo organizacji "Solidarnosc Walczaca"-
-Oddzial Katowice.
1982-   Katowce.   (frequency?)
Holdings: 1984 - no. 11(Mar.)--16(Nov.)
          1985 - no. 17[Jan.]--23[Dec.]
          1986 - no. 24[Jan.]--26[Sept.]
          1990 - no. 35(Mar. 3: Alfred Gruba, "Kim pan jest panie
                 prezydencie")

<u>WISKOZIAK</u>. Wydawnictwo NSZZ "Solidarnosc" pracownikow Chemitax--
Celwiskoza--Jel. Gora.
198?-   Jelenia Gora.   (frequency?)
Holdings: [1984] - no. [Dec.?]

<u>WLASCIWY TOR</u>: biuletyn informacyjny NSZZ "Solidarnosc" kolejarzy
Pomorskiego OKP.
1981-   [Szczecin]   (frequency?)
Holdings: 1981 - no. 12(May 22)--14, 17, 25, 26(Sept. 28)

<u>WODNIK</u>. Solidarnosc MPWiK.
1982-   [Warszawa]   (monthly?)
Holdings: 1982 - no. 2(Oct. 29), 3(Nov. 29)

<u>WOJENNIAK</u>: niezalezny biuletyn zwiazkowy Solidarnosc, Lublin.
1982-   Lublin.   (frequency?)
Holdings: 1982 - no. 3(May 23), 4, 7, 8, 11--14(Oct. 2)

<u>WOJENNY BIULETYN INFORMACYJNY</u>. Ursus-Huta-FSC, see <u>Solidarnosc:
wojenny biuletyn informacyjny</u>.

<u>WOJENNY SERWIS INFORMACYJNY P.G.</u>
1982-   [s.l.]   (frequency?)
Holdings: 1982 - no. (Oct. 7)
*Note: see also: <u>Magazyn Informacyjny "Solidarnosc" P.G.</u>.

<u>WOKOL NAS</u>. Komitet Oporu Spolecznego.
1986-   Gliwice.   (frequency?)
Holdings: 1987 - no. 2/8 (Apr.), 5/11(Oct.)
          1988 - no. 1/13(Feb.), 4/16, 5/17(Dec.)
*Note: originally titled: <u>Wokol Nas Solidarnosc</u>.

Box No.
155. WOKOL NAUKI. Redaguje Warszawski Spoleczny Komitet Nauki.
    1986-   Warszawa.   (monthly)
    Holdings: 1986 - no. 1(Feb.)--8, 10, 11(Dec.)
               1987 - no. 13(Feb.)--17, 19, 20(Nov.-Dec.)
               1988 - no. 21(Jan.)--24(Apr.)

    WOKOL OKRAGLEGO STOLU. Biuro Informacji NSZZ Solidarnosc.
    1989?-   Lublin.   (frequency?)
    Holdings: 1989 - no. 3(Mar. 13)

    WOLA: pismo Miedzyzakladowego Komitetu Koordynacyjnego.
    1982-   Warszawa.   (weekly)
    Holdings: 1982 - no. 1(Jan. 21), 2, 4--21, 24-25, 27--42(Dec. 16),
                      and "dodatek nadzwyczajny" (Oct. 22)
               1983 - no. 1/43(Jan. 10)--6/48, 8/50--11/53, 14/56-
                      -41/83(Dec. 19), and "numer specjalny" (June 16)
               1984 - no. 1/84(Jan. 9)--6/89, 8/91--43/126(Dec. 17)
               1985 - no. 1/127(Jan. 7)--40/166(Dec. 16), and "wydanie
                      specjalne" 21/147A
               1986 - no. 1/167(Jan. 6)--25/191, 27/193--40/206
                      (Dec. 15), and "numer specjalny: Solidarni z
                      Afganistanem" (May 1), and "numer specjalny:
                      Uwolnic Zbyszka Bujaka," (June) published in
                      three editions: MZK, Warynski and ZWAR, and
                      special edition in French (May 1)
               1987 - no. 2/208(Jan. 12)--18/224, 20/226, 24/230-
                      -31/237(Dec.14)
               1988 - no. 1/238(Jan. 11)--9/246, 11/248--24/261,
                      26/263, 27/264(Dec. 19)
               1989 - no. 1/265(Jan. 9)--31/295(Sept. 11)
    *Note: originally titled: Wola Solidarnosc; prior to no. 8/174
               without subtitle; with no. 15/279 subtitled: "pismo
               'Solidarnosci' regionu Mazowsze"; no. 31/295 announced
               as the closing issue; revived in March 1990 as a legal
               newspaper and with a new subtitle, see Wola tygodnik
               Komitetu Obywatelskiego; monographic "Wola: zeszyty"
               listed by author or title.

156. WOLA: tygodnik Komitetu Obywatelskiego.
    1990.   Warszawa.   (weekly)
    Holdings: 1990 - no. 0(Mar. 2), 1/297(Mar. 9), 4/300, 5/301,
                      16/312, 17/313, 19/315--23/319, 25/321, 26/322,
                      28/324, 29/325, 31/327, 33/329, 36/332, 41/337
                      (Dec. 22)
    *Note: continues: Wola: pismo Miedzyzakladowego Komitetu
               Koordynacyjnego.

Box No.
156. WOLA ZWIAZKOWIEC: pismo Miedzyzakladowego Komitetu Koordynacyjnego.
Redaguje zespol "Wola."
1982-   Warszawa.   (frequency?)
Holdings: 1982 - no. 1(Mar. 13), 2(Mar. 25)

WOLNA DROGA: biuletyn informacyjny OKP Sl. DOKP w Katowicach.
1981?-   Katowice.   (frequency?)
Holdings: 1981 - no. 8(May 1)--11(June 11)

WOLNA KULTURA: niezalezne pismo spoleczno-kulturalne.
1983-   [Wroclaw?]   (frequency?)
Holdings: 1982 - no. 4(Apr. 4), 5(Apr. 23)
         1984 - no. 32(Dec. 10)

WOLNA MYSL: almanach krakowski. Redakcja dziala w porozumieniu z
Regionalna Komisja Wykonawcza NSZZ "Solidarnosc."
198?-   Krakow.   (frequency?)
Holdings: 1982 - no. 5(May), [June 5], 8-9, 10[Dec. 28]
         1983 - no. 11[Mar. 15]
*Note: motto: "Pomnazajmy mysli tak, zeby nie starczylo
          straznikow do ich pilnowania" (S.J. Lec)

WOLNA MYSL: pismo spoleczno-polityczne srodowiska wyzszych uczelni
Wybrzeza.
1983-   Gdansk-Sopot-Gdynia.   (c. quarterly)
Holdings: 1983 - no. 1(May 3), 2, 4(Dec.)
         1984 - no. 5(Jan.)--7(Oct.)
         1986 - no. 15(May)--18(Nov.)
         1987 - no. 19(Mar.)
         1988 - no. 1/20(Feb.)--3/22(Sept.)
         1989 - no. 4/24(Feb.)
*Note: with no. 18 subtitled: "pismo spoleczno-polityczne
          srodowisk akademickich"; with no. 3/22: "pismo spoleczno
          -polityczne czlonkow i sympatykow NSZZ Solidarnosc
          uczelni Wybrzeza Gdanskiego."

WOLNA POLSKA: pismo Grupy Mlodych, Solidarnosc Walczaca.
1983-   Wroclaw.   (frequency?)
Holdings: 1983 - no. [3?]
         1985 - no. 6/32, 7/33(Apr. 1-15), 9/35, 10/36(May 16-31)
         1986 - no. 2/43(Feb.), 3/44, 6/47, 8/49, 10/51, 11/52
            (Nov. 16-30)
         1987 - no. 1/54(Jan. 1-15)--5/57(May 1-15)
         1988 - no. 68(Apr. 1), 74(Nov. 1-14), and two unnumbered
            and undated issues
*Note: in 1986-87 subtitled: "pismo Rady Mlodziezowego Ruchu
          Oporu 'Solidarnosci Walczacej.'"

Box No.
156. <u>WOLNA POLSKA</u>: poznanski biuletyn spoleczno-polityczny.
  1981- Poznan. (frequency?)
  Holdings: 1981 - no. 1(Jan.-Feb.)

<u>WOLNA SOLIDARNOSC</u>: nieregularny biuletyn zwiazkowy.
  1982- Lodz. (frequency?)
  Holdings: 1982 - no. (139 dzien wojny), (146 d.w.), (161 d.w.),
    (167 d.w.), (174 d.w.), (179 d.w.), (180 d.w.),
    (187 d.w.), (200 d.w.), (202 d.w.), (212 d.w.),
    (296 d.w.), (303 d.w.) (319 d.w.), (336 d.w.),
    (345 d.w.), (353 d.w.)
    1983 - no. (Jan. 10), (Jan. 20), (Feb. 1), (Feb. 24),
    (Mar. 16), (Apr. 22), (May 17), (May 25),
    (Aug. 2), (Aug. 23), (Oct. 30), and one
    unnumbered and undated issue
    1984 - no. (Feb. 6), (Mar. 7), [c. early May], (May 30),
    3(June 21), (July 2), [c. July], 9(Sept. 14),
    and unnumbered and undated issue
  *Note: in 1984 some issues without subtitle; no. 3(June 21),
    1984 titled: <u>Wolna</u> <u>Solidarnosc--Rezyduum</u>: nieregularny
    biuletyn podziemia Ziemi Lodzkiej; no. 9(Sept. 14)
    titled: <u>Rezyduum</u>. Solidarnosc.

<u>WOLNA TRYBUNA</u>: pismo Miedzyzakladowego Porozumienia Solidarnosci Unia.
  198?- Warszawa. (frequency?)
  Holdings: 1983 - no. 1(Apr. 8)--11, 13(Dec. 12)
    1984 - no. 14(Jan. 25), 15, 17--19, 21, 22, 24--32
    (Dec. 10)
    1985 - no. 33(Jan. 20)--39(July 15), and "dodatek
    nadzwyczajny" to no. 37.
  *Note: no. 30, 1984 has two different editions.

<u>WOLNE SLOWO</u>.
  197?- Kalisz-Wroclaw-Zdunska W. (frequency?)
  Holdings: 1980 - no. 16(Feb.)

<u>WOLNE SLOWO</u>: gazeta tczewska NSZZ "Solidarnosc."
  1987?- Tczew. (frequency?)
  Holdings: 1988 - no. 2/37(Feb. 10), 4/82, 5/83(June 12)
  *Note: originally subtitled: "biuletyn informacyjny NSZZ
    "Solidarnosc" Ziemi Tczewskiej.

<u>WOLNE SLOWO</u>: pismo NSZZ "Solidarnosc" w Toruniu.
  1980-81. Torun. (monthly)
  Holdings: [1980] - no. 5
    1981 - no. 6-7(Feb. 15), 8(Mar. 23), 8-10(Apr.-May)

Box No.
156.   WOLNE SLOWO: tygodnik NSZZ "Solidarnosc" Regionu Torunskiego.
           1989.   Torun.   (weekly)
           Holdings: 1989 - no. 2/135(May 22)--8/141, 10/143--13/146, 15/148,
                            17/150(Oct. 16)
                     1990 - no. 17(Apr. 6)
           *Note: continues: Wolne Slowo--Serwis Informacyjny; in 1990
                     subtitled: "tygodnik pomorski."

       WOLNE SLOWO--SERWIS INFORMACYJNY: pismo NSZZ "Solidarnosc" Regionu
           Torunskiego.
           1981.   Torun.   (c.daily)
           Holdings: 1981 - no. 1(Mar. 17)--23(Apr. 9)
157.   no. 24(Apr. 13)--79, 81--83, 85--111, 115, 129
                            (Nov. 30)
           *Note: various subtitles; revived in 1989 as Wolne Slowo:
                     tygodnik...

       WOLNE ZWIAZKI: pismo Niezaleznego Samorzadnego Zwiazku Zawodowego
           "Solidarnosc."
           1980-81.   Bydgoszcz.   (c.biweekly)
           Holdings: 1980 - no. 1(Oct. 7)--6-7(Dec. 20)
                     1981 - no. 1/8(Jan. 17), 2(Jan. 23), 3(Jan. 27), 4
                            (Jan. 30), 2/9(Feb. 7)--6/13, 8/15--14/21,
                            16/23(Oct. 16), and its "Serwis Zjazdowy" (day 5
                            and 6)
           *Note: no. 2(Jan. 23)--4(Jan. 30) titled: Wolne Zwiazki-
                     -Serwis Informacyjny: pismo Niezaleznego...; revived
                     under the same title in 1988.

       WOLNE ZWIAZKI: pismo NSZZ "Solidarnosc."
           1988-90.   Bydgoszcz.   (irregular)
           Holdngs: 1988 - no. 1/26(Mar. 19), 2/27, 4/29--6/31(Dec. 31)
                     1989 - no. 1/32(Jan. 22)--8/139(Dec. 31)
                     1990 - no. 1/40(Feb. 1), 4/43--7/46, 9/48, 11/50, 12/51,
                            16/55(Oct. 19), and "dodatek specjalny" no.
                            16/55(Oct. 21)

       WOLNE ZWIAZKI--SERWIS INFORMACYJNY, see Wolne zwiazki: pismo
           Niezaleznego Samorzadnego Zwiazku Zawodowego "Solidarnosc."

       WOLNOSC. Organizacja Solidarnosc Walczaca.
           1988-   Lodz.   (biweekly)
           Holdings: 1988 - no. 1(Nov. 15-30)
                     1989 - no. 4-5(Jan.), 7--10(Apr. 1-15)
           *Note: originally subtitled: "pismo organizacji Solidarnosc
                     Walczaca.

Box No.

157. <u>WOLNOSC</u>: biuletyn informacyjny. KZ NSZZ "Solidarnosc": KWK
"Jastrzebie" i KWK "Krupinski."
198?-   Jastrzebie.   (weekly)
Holdings: 1988 - no. 6(Nov. 3), 7, 9, 12[Dec.]
          1989 - no. 21(Mar. 14)
*Note: in 1989 subtitled: "pismo "Solidarnosc" KWK
          "Jastrzebie," KWK "Krupinski."

158. <u>WOLNOSC</u>: biuletyn informacyjny Regionalnego Komitetu Obrony Wiezionych
za Przekonania.
1981.   Katowice.   (frequency?)
Holdings: 1981 - no. 1(Feb.), 2(Mar. 15)
*Note: no. 2 reprinted in Stockholm.

<u>WOLNOSC</u>: miesiecznik polityczno-spoleczny. Niezalezny Dom Wydawniczy.
1984-   [s.l.]   (monthly)
Holdings: 1984 - no. 1(Oct.), 2(Nov.)

<u>WOLNOSC</u>: pismo organizacji Solidarnosc Walczaca, see <u>Wolnosc</u>.
Organizacja Solidarnosc Walczaca.

<u>WOLNOSC I POKOJ</u>: pismo ruchu Wolnosc i Pokoj.
1987?-   Krakow.   (frequency?)
Holdings: 1987 - no. 2(June)

<u>WOLNOSCI BLYSZCZY ZORZA</u>: bezplatny nieregularnik. IX LO im. Juliusza
Slowackiego, III LO im. Adama Mickiewicza. Wroclaw.
198?-   Wroclaw.   (frequency?)
Holdings: 1989 - no. 3(June 1-Sept. 31)

<u>WOLNY CZYN</u>: pismo KPN Obszaru V.
1985-   Katowice.   (c.bimonthly)
Holdings: 1985 - no. 2(Nov.-Dec.)
          1986 - no. 5(June-Aug.), 6(Sept.-Oct.)
          1987 - no. 9(Apr.-Aug.)
          1988 - no. 12(Jan.-Mar.), 13(Apr.-June)
          1989 - no. 14(Jan.)

<u>WOLNY GLOS</u>: biuletyn informacyjny fabrycznych komisji zakladowych NSZZ
"Solidarnosc" LZNS, MPK, Agromet.
1983-   Lublin.   (irregular)
Holdings: 1983 - no. 1(Apr. 1?), 2(June 20)

Box No.
158. WOLNY GLOS: pismo TKZ NSZZ "Solidarnosc" przy Zakladzie Budowy Kopaln w Lubinie.
198?- Lubin. (irregular)
Holdings: 1985 - no. 11-12/36(Nov.-Dec.)
[1986?] - no. 1-8/37(Jan-Aug.?)

WOLNY GLOS NAUCZYCIELSKI, see Solidarnosc Nauczycielska.

WOLNY GLOS URSUSA.
1982- Warszawa. (c.biweekly)
Holdings: 1983 - no. 3(Mar. 16)--5, 7-8--10, 12--18, 22, 23, 27, 30, 32--46(Dec. 24), and Gawron: zupelnie niezalezny dodatek satyryczny do Wolnego Glosu Ursusa, no. [1: Apr. 6-10], and 2[June 15]
1984 - no. 49((Mar. 8), 52, 54, 57--62(Dec. 24), and "dodatek do nr. 48"
1985 - no. 63(Jan. 15), 64, (Mar. 5), 68(May 1)--71, 73, 75, 76, 80, 81[Dec. 18?]
1986 - no. 82(Jan. 16)--88, 90, 91, 95, 97(Dec. 24)
1987 - no. 101(Apr. 16), 103, 106--108(Oct. 8), and "Karta swiateczna i filozofia,"
1988 - no. 111(Jan. 31),112, 116--118, 120, 123--125 (Dec. 24)
1989 - no. 126(Jan. 10), 127, 130(Apr. 11)
1990 - no. 147(June 3)
*Note: no. 61 printed on the reverse side of the poster which contains the text of the decree introducing Martial Law on Dec. 13, 1981.

WOLNY GRYF. Zespol Szkol Poligraficznych.
1988- Warszawa. (frequency?)
Holdings: 1988 - no. 1(Mar.)

WOLNY MAZUR.
198?- Szczytno. (monthly)
Holdings: 1985 - no. 4(Jan.)--8(May), 11, 12-13, 14-15(Sept.-Oct.)

WOLNY POLAK: pismo ruchu chrzescijansko-spolecznego.
1980- [s.l.] (frequency?)
Holdings: 1980 - no. 2(Nov.)
1981 - no. 4

WOLNY ROBOTNIK: biuletyn informacyjny. Miedzyzakladowa Komisja Regionalna NSZZ "Solidarnosc" Ziemia Radomska.
1983?- Radom. (monthly)
Holdings: 1983 - no. 08[Aug.], (Sept.), (Oct.), (Nov.)

Box No.
158.
        1984 - no. (Oct.), (Nov.)
        1985 - no. 3/20--5/22 8/25, 12/36(Dec.)
        1986 - no. 11/49(Nov.), 12/50(Dec.), and "wydanie specjalne" (Dec.)
        1987 - no. 1/51(Jan.)--3/53(Mar.)
        1988 - no. 1/64(Jan.)--6/69, 8/72--11/75(Oct.), and 1/74(Oct.)--3/76(Dec.)
        1989 - no. 1/77(Jan.), 4/80(Mar.), and "wydanie specjalne" no. 7/83(June 10)
   *Note: various subtitles; in 1982: "radomskie pismo NSZZ Solidarnosc"; in 1983: "pismo czlonkow NSZZ Solidarnosc"; in 1984: "pismo TKM NSZZ 'S'--Ziemia Radomska"; in 1985: "miesiecznik Tymczasowej Komisji Miedzyzakladowej NSZZ "Solidarnosc" Ziemia Radomska; in 1986-88: "miesiecznik. Regionalna Komisja Wykonawcza NSZZ 'Solidarnosc' Ziemia Radomska"; "new edition" and new subtitle with no. 1/74, 1988.

<u>WOLNY ROBOTNIK</u>: pismo ZRP-PRO Rejonu Slasko-Dabrowskiego.
    1982?-   [s.l.]   (c.monthly)
    Holdings: 1983 - no. 8(May), 9(June)
              1984 - no. 20(July)--22(Sept.)
    *Note: originally subtitled: "pismo Polskiego Ruchu Oporu Rejonu Slasko-Dabrowskiego."

<u>WOLNY STRZELEC</u>. Wolnosc, Solidarnosc, Niepodleglosc.
    1987-   [Warszawa]   (irregular)
    Holdings: 1987 - no. 1(Jan. 15), 2(Mar. 26), 3

<u>WOLNY STRZELEC</u>: pismo niezaleznej grupy samoobrony spolecznej.
    1984-   Plock.   (frequency?)
    Holdings: 1984 - no. 13(Nov.)

<u>WOLNY UCZEN</u>: nieregularnik Konfederacji Mlodziezy Polskiej wydawany przy wspolpracy z Federacja Mlodziezy Walczacej.
    1989.   [s.l.]   (irregular)
    Holdings: 1989 - no. 1(Jan.)

<u>WOLNY ZWIAZEK</u>.
    1982?-   Nysa.   (frequency?)
    Holdings: [1982] - no. 4
              1984 - no. 2/41(Apr. 19)

<u>WOLNY ZWIAZEK</u>: magazyn czlonkow NSZZ "Solidarnosc."
    1982?-   Wroclaw.   (frequency?)
    Holdings: 1982 - no. 6a(Sept.), 8(Nov.)

Box No.
158. WOLNY ZWIAZKOWIEC: biuletyn informacyjny Komisji Zakladowej NSZZ
　　　　Solidarnosc Huta Katowice.
　　　　1980-89.　　　　Dabrowa Gornicza.　　　(c.biweekly)
　　　　Holdings: 1980 - no. 1(Sept. 15)--27, 29--32-33(Dec. 24)
　　　　　　　　　1981 - no. 1/34(Jan. 3)--32-33/65-66(Oct. 14)
　　　　　　　　　1982 - no. "wydanie konspiracyjne: Odtrutka na Ersatz
　　　　　　　　　　　　　Socjalizmu" (Jan. 10)
　　　　　　　　　1985 - no. (June 23), 2(Aug. 25), 3(Oct. 6)
　　　　　　　　　1987 - no. M-C(Dec.)
　　　　　　　　　1988 - no. 9(Sept.), 12(Dec.)
　　　　　　　　　1989 - no. 10(Sept.)
　　　*Note:　　originally subtitled: "organ Niezaleznych Samorzadnych
　　　　　　　　Zwiazkow Zawodowych"; later: "biuletyn informacyjny NSZZ
　　　　　　　　"Solidarnosc"; in 1985: "pismo TKZ Huta Katowiece"; in
　　　　　　　　1988 the main subtitle reappeared again.

　　　　WPO-WIDZEWSKIE POROZUMIENIE OBYWATELSKIE: biuletyn informacyjny
　　　　　　Widzewskiego Porozumienia Obywatelskiego.
　　　　　　1990?-　　　　[Widzewo]　　　　　　(frequency?)
　　　　　　Holdings: 1990 - no. 2(Feb. 16)

159.　　WPROST: biuletyn publicystyczny Zarzadu Regionalnego NSZZ
　　　　　　"Solidarnosc" w Katowicach.
　　　　　　1981-　　　　Katowice.　　　　　　(frequency?)
　　　　　　Holdings: 1981 - no. 1(Feb. 22)--3, 5(Mar. 22)

　　　　WPROST: biuletyn zwiazkowy. Region Srodkowo-Wschodni NSZZ
　　　　　　Solidarnosc.
　　　　　　1980-81.　　　Lublin.　　　　　　(weekly)
　　　　　　Holdings: 1981 - no. 44(Sept. 6), 45, 51--55(Nov. 14)

　　　　WPROST: pismo mlodych.
　　　　　　1986-　　　　Warszawa.　　　　　(frequency?)
　　　　　　Holdings: 1986 - no. 1(Mar.), 2

　　　　WROCLAWSKI SERWIS INFORMACYJNY RUCHU SPOLECZNEGO "SOLIDARNOSC."
　　　　　　198?-　　　　Wroclaw.　　　　　　(frequency?)
　　　　　　Holdings: [1988] - no. 14[Jan.]

　　　　WROCLAWSKI STUDENT: miesiecznik spoleczno-kulturalny.
　　　　　　1987-　　　　Wroclaw.　　　　　　(monthly)
　　　　　　Holdings: 1987 - no. 1(May)--4(Nov.)
　　　　　　　　　　　1988 - no. 5(Nov.)
　　　　　　　　　　　1989 - no. 7(Feb.) 8(Mar.-Apr.)

Box No.
159. WRONIE ZWIERCIADLO.
    1982-   [s.l.]   (frequency?)
    Holdings: 1982 - no. 1(July)

WRYJ: [miesiecznik przy Wszechnicy Zwiazkowej MKR "Solidarnosc" w
    Rzeszowie].
    1981?-   Rzeszow.   (monthly?)
    Holdings: 1981 - no. 3(July)--6, 8(Dec.)

WSN--IDEE, PROGRAM, DOKUMENTY.
    1980?-   [s.l.]   (irregular)
    Holdings: 1984 - no. 1(Feb. 23), 2(Mar.)
              1985 - no. 4(Feb.)--6(May)

WSN--NASZ KOMENTARZ.
    1983-84.   [Warszawa]   (frequency?)
    Holdings: 1984 - no. 3(Jan.)
    *Note: see Kaminska, Bibliografia, item no. 685.

WSPOLNE ROZMOWY. Wydane staraniem Osrodka Pracy Politycznej "Sigma,"
    na Uniwersytecie Warszawskim.
    198?-   Warszawa.   (frequency?)
    Holdings: 1980 - no. "zeszyt torunski" (Nov.)

WSPOLNOTA: tygodni samorzadu terytorialnego.
    1990-   Warszawa.   (weekly)
    Holdings: 1990 - no. 4(Apr. 7), 13, 14, 21. 36, 37(Nov. 24)

WSPOLNY DOM: Rodzina--Narod--Kosciol, niezalezny kwartalnik
    wydawnictwa im. Blogoslawionego Maksymiliana Marii Kolbego.
    1980?-   Warszawa-Krakow-Gdansk-Szczecin. (quarterly)
    Holdings: 1980 - no. 2(July-Aug.)

WUJEK. Mlodziezowy Komitet Oporu Spolecznego przy kwk "Wujek."
    1984?-   Katowice-Brynow.   (frequency?)
    Holdings: 1984 - no. (Jan.), (Sept.), (Nov. 12)

WYBOR: dwutygodnik.
    1990-   Warszawa.   (biweekly)
    Holdings: 1990 - no. 1(June 10)--3-4(July-Aug.)

-351-

Box No.
159. **WYBOR**: [pismo o sprawach kultury. Redaguje zespol].
    1984-   [Wroclaw?]   (biweekly/monthly)
    Holdings: 1984 - no. 1[Dec. 20]
               1985 - no. 2[Jan. 31]--14[Dec. 20]
               1986 - no. 15[Jan. 31]
               1988 - no. 17[Mar. 12]--19[Apr. 28]
    *Note: until no. 15 issued by Niezalezna Oficyna Wydawnicza "Nowa"; with no. 17 published by Agencja Informacyjna Solidarnosci Walczacej.

WYBOR: pismo przyjaciol Solidarnosci.
    1988?-   Gliwice.   (frequency?)
    Holdings: 1989 - no. 6-7(Apr.-June)

WYBORY. Komitet Obywatelski "Solidarnosc" Szczaniec.
    1990-   Szczaniec.   (frequency?)
    Holdings: 1990 - no. 1(May 20)

WYDARZENIA: miedzyszkolny serwis informacyjny.
    1987?-   Warszawa.   (frequency?)
    Holdings: 1988 - no. 7(Jan. 26), 8(Mar.)
               1989 - no. 15(Sept. 22)
               1990 - no. 28(Feb. 23)
    *Note: no. 7 subtitled: "pismo informacyjne mlodziezy szkol Warszawy"; with no. 15: "miedzyszkolny serwis informacyjny."

WYPISY "ISKIERKI," see **Iskierka**: wypisy "Iskierki."

WYROSTEK: pisemko mlodziezy szkolnej.
    1983-   Wroclaw.   (bimonthly/monthly)
    Holdings: 1983 - no. 1(Apr. 1), 3, 5, 8(Sept. 15)
               1984 - no. 19(Mar. 15), 21, 29(Oct. 15)
               1985 - no. 34(Jan. 1)--41, 44--50[Dec. 15?]
               1986 - no. 52(Apr. 1)--58, 62(Dec 15)
               1987 - no. 70(May 1)

WYTRWALI.
    198?-   Pruszkow.   (weekly/biweekly)
    Holdings: 1982 - no. 35(July 15), 36, 38, 39(Aug. 11)
               1983 - no. 69(Jun 2), 71--73, 81, 82, 91--94, 96, 98 (Dec. 25)
               1984 - no. 100(Jan. 7), 103--107, 110(June 15), 110 (June 30)

Box No.
159.   1985 - no. 117(Feb. 25), 121, 122, 124(Dec. 15, and
                                    "wydanie specjalne" (Dec. 21)
                            1986 - no. 125(Jan. 15)

   WYTRWALOSC: pismo Ruchu Oporu Solidarnosci Reg. Mazowsze.
      1982-   Warszawa.   (irregular)
      Holdings: 1982 - no. 1(Jan. 22), 2-3, [5?](Feb. 8), (Feb. 13), 9,
                       16-17(Sept.)
                1983 - no. 18(Jan.)
      *Note: some issues nearly illegible.

   WYTRWAMY: regionalny biuletyn NSZZ Solidarnosc, Czestochowa.
      1985-   Czestochowa.   (c.monthly)
      Holdings: 1985 - no. 7(Nov.)
                1988 - no. 18(Jan.)--20, 22(May)

   WYWROTOWIEC: nieregularne pismo Miedzyuczelnianego Komitetu Obrony
      Wiezniow Politycznych.
      1981-   Lublin.   (irregular)
      Holdings: 1981 - no. 1?, 2(June)

160. WYZWOLENIE: miesiecznik polityczny; Niepodleglosc, Demokracja,
      Spoleczenstwo.
      1984-   Warszawa.   (irregular/monthly)
      Holdings: 1984 - no. 1(Jan.)--10-11-12(Dec.), and "numer
                       specjalny"
                1985 - no. 1, 2, 3
                1986 - no. 1/10(Jan.-Feb.), 2/17, 3/18
                1987 - no. 1/19, 2/20
                1988 - no. 1/22--3/24
                1989 - no. 1/25, 26(June)
      *Note: originally subtitled "niezalezny miesiecznik
                polityczny"; no. 1/10, 1986 photocopy.

   WYZWOLENIE: pismo mlodych katolikow.
      1980-   Krakow.   (monthly?)
      Holdings: 1981 - no. 2(Jan.), 3(Feb.-Mar.)

   WYZWOLENIE: pismo Niezaleznego Zrzeszenia Studentow Regionu Slasko-
      Dabrowskiego.
      1982?-   [s.l.]   (frequency?)
      Holdings: 1982 - no. 2(Mar.), 3(May. 5)

Box No.
160. <u>WYZWOLENIE</u>: pismo robotnikow, czlonkow NSZZ "Solidarnosc."
 198?-   [s.l.]   (monthly?)
 Holdings: 1984 - no. 3(Dec.)
           1985 - no. 4(Jan.), 5(Feb.)

Box No.
160. X: niezalezne pismo X Liceum Ogolnoksztalcacego.
1987-   [Wroclaw?]   (irregular)
Holdings: 1987 - no. 1(Apr. 27)

Z DNIA NA DZIEN: serwis informacyjny MKZ NSZZ "Solidarnosc Legnica.
1981.   Legnica.   (frequency?)
Holdings: 1981 - no. 2(Feb. 4), [4, Mar. 6?], 5(Mar. 14), 6, 8,
9, [12?](Mar. 24), 21, 22, 24, 34, 38, 39, 43
[c.May 20]
*Note: no. 2 and 4, titled: Solidarnosc: serwis informacyjny.
MKZ NSZZ "Solidarnosc" region Legnica; no. 5--24 titled:
Serwis Informacyjny. MKZ (or MKS) NSZZ "Solidarnosc" w
Legnicy; see also: Solidarnosc Zaglebia Miedziowego.

Z DNIA NA DZIEN: serwis informacyjny Regionalnego Komitetu NSZZ
Solidarnosc Dolny Slask.
1981-90.   Wroclaw, etc.   (weekly/biweekly)
Holdings: 1981 - no. 1/73(July 23), 3/75--5/77, 14/86, 16/88,
17/89, 19/91, 20/92, 22/94--25/97, 27/99, 30/102,
31/103, 33/105--44/116, 46/118--55/127, 57/129,
60/132--64/136, 68/140(Nov. 27),
(Dec. 14-15), (Dec. 15-17), 81/153(Dec. 18-20)
1982 - no. 88/160(Jan. 3-4), 90/162(Jan. 8-9), 4/163
(Jan. 10-11), 11/170, 17/176, 19/179 21/180,
25/184, 38/186, 42/190, 44/192, 51/199, 52/200,
55/203--59/207, 62/210, 68/216, 78/226--80/228,
83/231, (Aug. 20-22), 85/233, 90/238--93/241,
97/246, 98/247,100/250, 101/251, 105/254(Nov.
4-7), and "wydanie specjalne" (Oct.)
1983 - no. 3/262(Jan. 20-27)--5/264, 7/266--16/275,
18/277--22/281, 24/283, 25/284--31/290, 33/292-
-41/300, 43/302(Dec. 16-31)
161.   1984 - no. 1/303(Jan. 1-15)--7/309, 10/312--13/315,
15/317, 17/319--19/321, 21/323--43/344(Dec.
16-Jan. 5), and "dodatek nadzwyczajny" (June 25),
and "numer specjalny" (Mar. 31), and "wydanie
specjalne" (Apr.)
1985 - no. 1/345(Jan. 6-12)--26/370, 28/372--45/389
(Dec. 15-31)
1986 - no. 1/390(Jan. 1-11)--35/424 (Dec. 8-21),
and "dodatek publicystyczny" no. 1(Nov.), and
"wydanie specjalne" (May. 9)
1987 - no. 1/425(Jan. 5-11)--3/427, 5/429--11/435,
13/437--15/439,16/441, 17/442, 19/444, 20/445,
24/449, 25/450--29/454 (Nov. 8-25)

Box No.
161.
  1988 - no. 1/457(Dec. 19, 1987-Jan. 6)--14/470, 16/472--22/478(Oct. 19-Nov. 2), and "numer specjalny" (Jan-Feb.)
  1989 - no. 5/487(Feb. 27)--9/491, 11/493, 18/500, 23/505--25/507, 27/509, 29/511, 31/513 (Nov. 16-30), and "dodatek specjalny" to no. 20/502
  1990 - no. 34/516(Dec. 28-Jan. 11)--36/518(Jan. 25-Feb. 8), 8/523(Mar. 15)
*Note: continues: <u>Serwis Informacyjny</u>. Biuro Informacyjne MKZ Wroclaw; in 1981 subtitled: "serwis informacyjny NSZZ "Solidarnosci"; its "wydanie strajkowe" in early 1982 titled: <u>Serwis Informacyjny Regionalnego Komitetu Strajkowego NSZZ "Solidarnosc" Dolny Slask</u>; no. 34/362, 1983 mutilated; some issues nearly illegible.

<u>Z DOLU</u>: miesiecznik publicystyczny "Solidarnosci" Rzeszowszczyzny.
 1980?- Rzeszow. (monthly)
 Holdings: 1981 - no. 1/3(July), 2, 3(Aug.)
 *Note: originally bimonthly.

<u>Z PODZIEMIA</u>: pismo Regionalnego Komitetu Strajkowego NSZZ "Solidarnosc," Region Pomorze Zachodnie.
 1982- Szczecin. (c.monthly)
 Holdings: 1982 - no. 1(Apr. 15), 3, 5, 6, 9, 11--14(Oct. 2)
    1983 - no. 16(Jan. 14)--18, 4/19, 5/20, 7/22--9/24, 11/26--14/29(Nov. 11)
    1984 - no. 2/32(Jan. 22), 4/34--8/38, 10/40(Dec. 21)
    1985 - no. 3/43(Mar. 25)
 *Note: some issues nearly illegible.

<u>Z RAK DO RAK</u>. NSZZ "Solidarnosc" Region Dolny Slask.
 1982?- Dzierzoniow, Bielawa, etc. (frequency?)
 Holdings: 1983 - no. 15/7(June 26-July 9), 15/8(July 18-25), 15/8[!](July 25-31)

<u>Z RAK DO RAK</u>: pismo NSZZ "Solidarnosc" Uniwersytetu Wroclawskiego.
 1983- Wroclaw. (frequency?)
 Holdings: 1983 - no. 2[c.Apr.]
    [1984] - no. 5--7
    1985 - no. 8[Apr.?]--11(Oct.), 11(Nov.)
    1987 - no. 14(Sept. 25)--17("Boze Narodzenie")
    1988 - no. 18(Jan.-Feb.)--24(Dec.)
 *Note: no. 6, 1984 has two different editions.

Box No.
161. Z ZAKRZEWA: pismo Komitetu Obywatelskiego mieszkancow Zakrzewa i Drozysk.
    1990?-   Zakrzewo.   (frequency?)
    Holdings: 1990 - no. 7(Mar. 4)

ZA-ZIELONA ALTERNATYWA, see Zielona Alternatywa.

ZA MUREM: biuletyn informacyjny Zakladowego Komitetu Obrony Wiezionych za Przekonania przy Kole nr. 215 NSZZ "Solidarnosc" regionu Mazowsze.
    1981?-   Warszawa.   (frequency?)
    Holdings: 1981 - no. 15(June 12)

ZAB: biuletyn informacyjny, see Solidarnosc: biuletyn informacyjny "Zab."

ZACISZE, see Miasteczko Zacisze: pismo Komitetu Obywatelskiego.

ZACZEK: pismo NZS WSP, Czestochowa.
    1988-   Czestochowa.   (frequency?)
    Holdings: 1989 - no. 5(Apr.)

ZADLO. Organizacja Studentow Monarchistycznych.
    1989-   [s.l.]   (frequency?)
    Holdings: 1989 - no. 1

ZADLO ROBOLA. Robole calego, socjalistycznego obozu koncentracyjnego Solidaryzujcie sie. Czasopismo wychodzi pod czujnym odkiem S.B.
    1982?-   [s.l.]   (frequency?)
    Holdings: 1982 - no. 7[May 13]--10, 12[Oct. 31]

ZAGLEBIE MIEDZIOWE: pismo czlonkow NSZZ "Solidarnosc."
    1982-   Lubin.   (biweekly/monthly)
    Holdings: 1982 - no. 19(Apr. 27), 22(May 18), (June 15), 28 (June 29), 29, 31(July 20)
              1984 - no. [76?](Feb. 16-29)
              1985 - no. 3/101Feb. 1-15), 11/109, 12/110, 13/111, 17/115, 18/116, 20/118, 21/119(Dec. 1-31)
              1986 - no. 1/120(Jan.)--9/128, 11-12/130-131(Nov.-Dec.), and special issue "Oswiadczenie Przewodniczacego NSZZ "Solidarnosc" [Oct. 3]
              1987 - no. 11-13/131-132(Jan.)--15-17/135-136(May-June)

Box No.
161.   1988 - no. 142/1(Jan.)--145/4, 148/7(July-Aug.)
         *Note: originally subtitled: "biuletyn informacyjny stanu
                    wojny, NSZZ "Solidarnosc, Glogow, Lubin, Polkowice."

ZAGROZENIE: biuletyn ekologiczny.
    1986-   Wroclaw.   (irregular)
    Holdings: 1986 - no. 1(May 9)--4(Nov. 24)

ZAK: pismo Niezaleznego Zrzeszenia Studentow. AM, AR, KUL, UMCS, PL.
    1987-   Lublin.   (frequency?)
    Holdings: 1987 - no. 1(Mar.), 2(May), 4(Nov.), and "wydanie
                      okolicznosciowe" (June 9)
              1988 - no. 10-11(Nov.)--14, 15(Dec. 11), and "komunikat:
                      wydanie specjalne" (May), and unnumbered issue
                      (May)
              1989 - no. 16(Jan. 8), 19--21-22(May 7)

ZAKAZANE WIADOMOSCI HISTORYCZNE: miesiecznik niezalezny. Wydaje
    Agencja Wydawnicza Solidarnosci Walczacej.
    1984-   Wroclaw.   (monthly)
    Holdings: 1985 - no. 4[Jan.]

ZALEZNOSC: organ zaleznego niesamorzadnego rozwiazku "Utylitarnosc."
    1981.   [s.l.]   (occasional)
    Holdings: [1981] - no. godz. 1:00

ZAMECHOWIEC: biuletyn informacyjny NSZZ "Solidarnosc" Zakladow
    Mechanicznych w Elblagu.
    1988-   Elblag.   (c.monthly)
    Holdings: 1988 - no. 1(Sept. 12)--4(Nov. 15)

ZAMEK. Wydawnictwo Oleandry.
    1987-   [s.l.]   (frequency?)
    Holdings: 1987 - no. 1(Sept.)
              1988 - no. 2(Feb.)
              1989 - no. 3(Feb.)

ZAMOJSKI BIULETYN INFORMACYJNY. Miedzyzakladowy Komitet Obywatelski
    Niezaleznego Samorzadnego Zwiazku Zawodowego "Solidarnosc" w
    Zamosciu.
    1980-   Zamosc.   (frequency?)
    Holdings: 1981 - no. 5/8(Feb. 16)

Box No.

161. ZAMOJSZCZAK: miesiecznik mlodziezy II. Liceum Ogolnoksztalcacego im.
J. Zamoyskiego.
    1980-81.   Zamosc.   (monthly)
    Holdings: 1980 - no. 1(Dec.)
             1981 - no. 2-3(Jan.-Feb.)

    ZAPIS: proza, poezja, eseje, kronika. Niezalezna Oficyna Wydawnicza.
        1977-   [Warszawa]   (frequency?)
        Holdings: 1978 - no. 5(Jan.)

162.   1978 - no. 6(Apr.), 7(July)
163.   no. 7(July, Nowa edition), 8(Oct.)
            1979 - no. 9(Jan.)--11(July)
164.   no. 12(Oct.)
            1980 - no. 13(Jan.)
165.   1980 - no. 14(Apr.)--16(Oct.)
166.   1980 - no. 16(Oct., Nowa edition)
            1981 - no. 18(Apr.)
        *Note: some issues in both, original and Nowa editions.

    ZAR: pismo Solidarnosci Zyrardowa.
        198?-   Zyrardow.   (frequency?)
        Holdings: 1983 - no. 1(Aug. 28), 2

    ZAWISZAK: biuletyn Druzyn Kregu Instruktorow Harcerskich "Zawisza" im.
        Andrzeja Malkowskiego.
        1980-   Lublin.   (frequency?)
        Holdings: 1980 - no. 1(Dec. 1), 2(Dec. 15)
              1981 - no. 3(Jan. 15)--6-7(Mar. 8), and a supplement to
              no. 12: "Niezalezny Ruch Harcerski"

    ZAWISZAK: niezalezne pismo Druzyn Zawiszackich L.O. im. A.J.
        Czartoryskiego w Pulawach.
        1980-   Pulawy.   (frequency?)
        Holdings: 1981 - no. 2(Jan.)

    ZDERZENIA, see Solidarnosc--Zderzenia.

    ZENCY: biuletyn informacyjny. NSZZ RI "Solidarnosc" wsi warminsko-
        mazurskiej, Olsztyn.
        198?-   Olsztyn.   (frequency?)
        Holdings: 1989 - no. 15a(Jan. 25), and "Materialy informacyjne"
              (May 29)

Box No.
166. ZERO: niezalezne pismo mlodych.
    1985-   Wroclaw.   (bimonthly)
    Holdings: 1985 - no. 1(Apr.-May)--3-4(Autumn)
                 1986 - no. 5(Winter-Spring)

ZESTAW. [Uniw. Gdanski].
    1986?-   Gdansk.   (frequency?)
    Holdings: 1986 - no. 2(Mar. 8), 3, 12(Nov. 23)
                 1987 - no. 19(Dec.)

ZESZYT.
    1982-   [Warszawa?]   (monthly?)
    Holdings: 1982 - no. 1(May)

ZESZYT POEZJI ROBOTNICZEJ. Unia.
    1982?   [s.l.]   (frequency?)
    Holdings: [1983?] - no. 4(Piotr Szary)

ZESZYT POTULICKI.
    1982-83.   Potulice (prison) (biweekly)
    Holdings: 1982 - no. 2(Dec. 19),
                 1983 - no. 3(Jan. 2), 4(Jan. 16)
    *Note: no. 2 mutilated; except for no. 4 all issues are photocopies.

ZESZYT TEMATOW POLSKICH.
    1984-   Katowice.   (frequency?)
    Holdings: 1984 - no. 2(May)

ZESZYT ZWIAZKOWY: materialy informacyjne Zarzadu Regionu Slasko-Dabrowskiego NSZZ "Solidarnosc."
    1990?-   Katowice.   (c.monthly)
    Holdings: 1990 - no. 2(Apr.), 4: "Glowne kierunki pracowniczej reformy gornoslaskiej gospodarki"; 6, 8: "Zalozenia programu przeciwdzialania bezrobociu ludzi mlodych"; 9: Ryszard Kuszleyko, "Problemy uzdrowienia polskiej gospodarki"; 10(Sept.): Janusz Piotrowski, "Zagadnienia finansowo-ekonomiczne przedsiebiorstw"
    *Note: no. 2 and 6 titled: Zeszyty Zwiazkowe; no. 4 without subtitle.

Box No.
166. ZESZYTY HISTORYCZNE. Instytut Historyczny im. Romana Dmowskiego.
   Wydawnictwo "Slowo Narodowe."
   1990-   Warszawa.   (quarterly)
   Holdings: 1990 - no. 1(Oct.-Dec.: "Dokumenty Narodowych Sil
                    Zbrojnych)

ZESZYTY KLUBU MYSLI PATRIOTYCZNEJ "JAGIELLONIA." NZS UJ.
   1981-   Krakow.   (frequency?)
   Holdings: 1981 - no. 2

ZESZYTY NIEZALEZNEJ MYSLI LEKARSKIEJ. Spoleczna Komisja Zdrowia.
   1984-   [Warszawa]   (c.monthly)
   Holdings: 1984 - no. 1(Mar.), 2(Dec.)
             1985 - no. 3(Mar.)--6(Dec.)
             1986 - no. 7(Mar.), 8(Aug.)
             1988 - no. 15(May)
             1989 - no. 20(Apr.)
167.   1989 - no. 21(July) and unnumbered issue: Adina
                    Blady-Szwajgier, "Wspomnienia lekarki"
             1990 - no. 24(Jan.)

ZESZYTY PROBLEMOWE OSRODKA BADAN SPOLECZNYCH. NSZZ "Solidarnosc"
   Region Srodkowo-Wschodni.
   1981.   Lublin.   (series)
   Holdigns: 1981 - no. 1: "Z prac Osrodka Badan Spolecznych"

ZESZYTY WOLNYCH ZWIAZKOW ZAWODOWYCH. [Wydawca: Solidarnosc Walczaca;
   Oddzial Trojmiasto]
   1989-   Trojmiasto.   (frequency?)
   Holdings: 1989 - no. 1(Aug.)

ZESZYTY ZWIAZKOWE.
   1983-   Krakow.   (series)
   Holdings: 1983 - no. 1(Jan.)
             1984 - no. 4: "Wybory w Polsce 1939-1984";
                    5: "'Wybory 84' w Malopolsce"
             1986 - no. 7: "'Wybory' 1985 w Malopolsce"
             1987 - no. 9: "Stanowisko NSZZ 'Solidarnosc' w sprawie
                    sytuacji i kierunkow przebudowy gospodarki
                    polskiej"
   *Note: originally published by: Niezalezna Biblioteka
              Krakowska; later by: MKS Krakow, and by: RKS Malopolska,
              Krakow.

ZESZYTY ZWIAZKOWE, see also Zeszyt Zwiazkowy.

Box No.
167. ZEW: pismo Klubow Politycznych Oleandry.
         1987-   Lodz.   (quarterly)
         Holdings: 1987 - no. 1(May 12), 2[Aug.]
                   1988 - no. 5--7
                   1989 - no. 9
         *Note: originally without subtitle; no. 9 subtitled: "pismo
                   Klubow Politycznych Oleandry i Spolecznego Instytutu J.
                   Pilsudskiego."

      ZEZ: pismo studentow UW, biuletyn informacyjny.
         1980?-   Warszawa.   (frequency?)
         Holdings: 1980 - no. 5-6-7

      ZEZ: pismo szeregowych czlonkow NSZZ "Solidarnosc."
         198?-   Wroclaw.   (monthly?)
         Holdings: 1985 - no. 1/10(Jan.), 2/11, 4-5/13-14(May)
                   1986 - no. 1(Jan.-Feb.)

      ZGODA: pismo Komisji Zakladowej NSZZ "Solidarnosc" Zakladow Metalowych
         Ziemia Radomska, tych ktorzy "Zawsze Gotowi Ozywiac Demokratyczne
         Aspiracje."
         1987-   Radom.   (frequency?)
         Holdings: 1987 - no. 1(Jan.)

      ZIARNO: przeglad mysli niepodporzadkowanej.
         1982-   [s.l.]   (frequency?)
         Holdings: 1982 - no. 1(Summer)
                   1983 - no. 2(Spring)

      ZIELONA ALTERNATYWA. [Klub Parlamentarny "Unia Demokratyczna"].
         1991-   Warszawa.   (frequency?)
         Holdings: 1991 - no. 1(Apr.)

      ZIELONE BRYGADY: pismo obroncow srodowiska.
         1989?-   Krakow.   (frequency?)
         Holdings: 1990 - no. 3/9(Mar.)

      ZIELONE LUSTRO: biuletyn Okregu Srodkowo-Wschodniego Polskiego Klubu
         Ekologicznego.
         1989-   Lublin.   (frequency?)
         Holdings: 1989 - no. 2(Dec.)

Box No.
167. ZIELONOGORSKI SERWIS INFORMACYJNY SOLIDARNOSC.
    1981?-   Zielona Gora.   (occasional?)
    Holdings: [1981] - no. 1[c.Oct.: "wydanie specjalne"]

ZIEMIA GARWOLINSKA: biuletyn NSZZ RI "Solidarnosc" Okregu
    Garwolinskiego.
    1990-   Mietne.   (c.monthly)
    Holdings: 1990 - no. 2(Mar. 11)--7((July 29)

ZIEMIA GDANSKA: pismo organizacji Solidarnosc Walczaca, oddzial
    Gdansk.
    198?-   Gdansk.   (frequency?)
    Holdings: 1984 - no. 4(Feb.), 7(Aug.), and special edition
                (Aug. 31)
            1985 - no. 10(Jan.)
    *Note: see also: Solidarnosc Walczaca: pismo organizacji
              Solidarnosc Walczaca, oddzial Trojmiasto.

ZIEMIA KLODZKA: pismo mieszkancow regiomu. Wydawca: Komitety
    Obywatelskie Ziemi Klodzkiej.
    1989-   Nowa Ruda.   (c.bimonthly)
    Holdings: 1989 - no. (Dec.)
            1990 - no. 2/5(Feb.-Mar.), 5/8(Apr.-May)

ZIEMIA MIECHOWSKA. [Wydawca: Miechowski Komitet Obywatelski].
    1990?-   Miechow.   (frequency?)
    Holdings: 1990 - no. 7

ZIEMIA MIELECKA: pismo T.K.R. N.S.Z.Z. "Solidarnosc."
    1985?-   [s.l.]   (frequency?)
    Holdings: 1986 - no. 2/6, 2/7

ZIEMIA PELPLINSKA: biuletyn Komitetu Obywatelskiego miasta i gminy
    Pelplin.
    1990?-   Pelplin.   (frequency?)
    Holdings: 1990 - no. 3, 4

ZIEMIA PUCKA: pismo Komitetu Obywatelskiego.
    1990?-   Puck.   (frequency?)
    Holdings: 1990 - no. (Feb. 10)

ZIEMIA RYPINSKA: biuletyn Komitetu Obywatelskiego.
    1989-   Rypin.   (frequency?)
    Holdings: 1990 - no. 3(Dec. 21)

Box No.
167. ZIEMIA SANDOMIERSKA: biuletyn Komisji Zakladowej Oswiaty i Wychowania NSZZ "Solidarnosc" w Sandomirzu.
    1981?   Sandomierz.   (frequency?)
    Holdings: 1981 - no. 2(Feb. 23), 4, 6--8(Aug. 6)
    *Note: other subtitles: "biuletyn informacyjny Komisji Zakladowej NSZZ 'Solidarnosc' Oswiaty i Wychowania w Sandomierzu"; "biuletyn publicystyczno-informacyjny Komisji Zakladowej NSZZ 'Solidarnosc'..."; and "biuletyn NSZZ Oswiaty i Wychowania."

ZIEMIA SANDOMIERSKA: biuletyn NSZZ "Solidarnosc," Stalowa Wola.
    1981.   Stalowa Wola.   (weekly)
    Holdings: 1981 - no. 5(Mar. 12)--8(Apr. 8), 14(May 21), 20, 23, 26, 30, 31, 33(Nov. 27)
    *Note: originally titled: Biuletyn Informacyjny Solidarnosc. MKZ-Stalowa Wola; with no. 14 (May 21) titled: Solidarnosc--Ziemia Sandomierska; other subtitles: "biuletyn Zarzadu Regionu w Stalowej Woli"; "tygodnik NSZZ "Solidarnosc."

ZIEMIA SANDOMIERSKA: pismo Sandomierskiego Komitetu Obywatelskiego.
    1989-   Sandomierz.   (frequency?)
    Holdings: 1989 - no. 3=4(Sept.-Oct.), 5(Nov.)

ZIEMIA SANOCKA: czasopismo obywatelskie.
    1990-   Sanok.   (frequency?)
    Holdings: 1990 - no. 1

ZIEMIA SOCHACZEWSKA.
    1990-   Sochaczew.   (weekly)
    Holdings: 1990 - no. 1(Nov. 18)

ZIEMIA STARGARDZKA: pismo OKP i Podregionu NSZZ Solidarnosc.
    1990?-   [Stargard?]   (frequency?)
    Holdings: [1990] - no. 5

ZIEMIA TOMASZEWSKA: tygodnik TTR.
    1990-   Tomaszow.   (weekly)
    Holdings: 1990 - no. 6(Apr. 26), 7(May 10)
    *Note: TTR: Tomaszowskie Towarzystwo Kulturalne.

ZIEMIA ZABKOWICKA.
    1990-   Zabkowice.   (frequency?)
    Holdings: 1990 - no. 2(Apr. 13)

Box No.

167. ZIMA WASZA...WIOSNA NASZA...: biuletyn informacyjny TKK, see <u>Biuletyn Informacyjny</u>. NSZZ "Solidarnosc," Region Slasko-Dabrowski, Tymczasowa Komisja Koordynacyjna.

<u>ZLOTOKOS</u>. Komitet Obywatelski "Solidarnosc" w Zlotoryi.
  1989-   Zlotoryja.   (frequency?)
  Holdings: 1989 - no. 1(Dec. 13), 2(Dec. 24)
            1990 - no. 3(Feb.)

<u>ZMD</u>: serwis informacyjny. Zwiazek Mlodziezy Demokratycznej, Uniwersytet Warszawski.
  1981-   Warszawa.   (frequency?)
  Holdings: 1981 - no. (Nov. 30)

<u>ZMIANA</u>: pismo Solidarnosci Mlodych Stoczny Polnocnej.
  1988-   [Gdansk]   (frequency?)
  Holdings: 1988 - no. 1

<u>ZNAK SIERPNIA</u>: pismo Kujaw i Ziemi Dobrzynskiej.
  1981-   Wloclawek.   (irregular)
  Holdings: 1981 - no. 2/22(June 19)

<u>ZOLNIERZ SOLIDARNY</u>: pismo dla zolnierzy zawodowych LWP. Wydawca: "Solidarnosc Walczaca" i Liberalno-Demokratyczna Partia Niepodleglosc.
  198?-   [s.l.]   (frequency?)
  Holdings: 1989 - no. [1], 2(Nov.)
            1990 - no. 2/4

<u>ZOLNIERZ WOLNOSCI</u>: pismo NZS UWr i NZS PWr.
  1988-   Wroclaw.   (frequency?)
  Holdings: 1988 - no. 3(Oct. 26)

168. <u>ZOMORZADNOSC</u>. NSZZ "Solidarnosc," Kolo Oporu Spolecznego 241, Region Malopolska.
  1982-   Krakow.   (c.biweekly)
  Holdings: 1982 - no. 10(May 8)--12, 20, 28, 29, 36(Nov. 20), and one unnumbered and undated issue
            1983 - no. 42(Jan. 15), 43, 46--53, 55, 58, 59, 63--74 (Dec. 31)
            1984 - no. 76(Jan. 30)--86, 87--89, 90, 92--94(Dec. 27)
            1985 - no. 95(Jan. 5)--109, 111, 112, 114--116, 118 (Dec. 21)
            1986 - no. 119(Jan. 15)--123, 125, 126, 133, 135 (Nov. 28)

Box No.
168.
                  1987 - no. 142(Mar. 31, 145, 146, 149, 151, 153, 154 (Dec. 28)
                  1988 - no. 160(May 9), 162, 163(Nov. 11)
                  1989 - no. 167(Feb. 16)--169(Apr. 14)
     *Note: no. 90 and 93 issued by: "Kolo Oporu Spolecznego 242"; no. 100 has no subtitle.

<u>ZONA</u>: nieregularny periodyk krajow obozu sowieckiego.
    1988-   [s.l.]   (irregular)
    Holdings: 1988 - no. 1

<u>ZRAB</u>: miesiecznik czlonkow i sympatykow NSZZ "Solidarnosc" terenu Zaglebia Dabrowskiego.
    198?-   [Dabrowa Gornicza]   (frequency?)
    Holdings: 1988 - no. 12

<u>ZSYP</u>, see <u>Czadzik</u>.

<u>ZUSTRICHI</u>: kwartalnik ukrainski.
    199?-   Warszawa.   (quarterly)
    Holdings: 1988 - no. 1-6/7-12
              1990 - no. 1, 1-2, 3-4

<u>ZWIAZEK</u>.
    1985?-   [Warszawa-Ursus]   (c.biweekly)
    Holdings: 1985 - no. 1(Oct. 30)--5(Dec. 17)
              1986 - no. 6(Jan. 14)--17(June 24)
              1987 - no. 18(Sept. 28)

<u>ZWIAZEK</u>: radomski informator "Solidarnosc."
    1989-   Radom.   (frequency?)
    Holdings: 1989 - no. 3(Dec. 16)

<u>ZWIAZEK</u> <u>MLODZIEZY</u> <u>DEMOKRATYCZNEJ</u>, see <u>ZMD</u>.

<u>ZWIAZKOWE</u> <u>ABC</u>: biuletyn Zarzadu Regionu Podbeskidzia NSZZ "Solidarnosc" w Bielsku-Bialej.
    1990-   Bielsko-Biala.   (monthly)
    Holdings: 1990 - no. 1(July)--4(Nov.)

Box No.
168. ZWIAZKOWY WETERAN PRACY: organ Ogolnokrajowego Niezaleznego
Samorzadnego Zwiazku Zawodowego Weteranow Pracy i Inwalidow w
Polsce "Weterani."
1980?-   Warszawa-Wroclaw.   (frequency?)
Holdings: 1980 - no. (Nov. 3)

ZWROT: pismo spoleczno-kulturalne.
   1980-   Warszawa.   (monthly?)
   Holdings: 1980 - no. 1(Dec. 14)
             1981 - no. 2(Jan. 27)--4(Apr. 12)
   *Note: no. 3 wrongly dated.

ZWYCIEZYMY.
   1982-   Elblag.   (frequency?)
   Holdings: 1982 - no. 1(Apr. 13)--4(June 3), (July 4), 5(July 10)-
             -8, 10--15(Dec. 9)
             1983 - no. 16(Jan. 19)--18(Apr. 20)

ZYWIA I BRONIA: pismo centralne Ogolnopolskiego Komitetu Oporu
   Rolnikow.
   1983-   [s.l.]   (frequency?)
   Holdings: 1983 - no. 1, 2
             1984 - no. 3(Mar.)--7(June 16-30)
             1985 - no. 2, 3
             1986 - no. 1

ZYWIA I BRONIA: pismo chlopskie NSZZ "Solidarnosc."
   1983-   [Bydgoszcz]   (frequency?)
   Holdings: 1984 - no. 3(May), 8(Oct.), and unnumbered issue
             commemorating first anniversary of Pope John Paul
             II's visit to Poland (June 16-23)

ZYWIA I BRONIA: pismo NSZZ RI "Solidarnosc."
   1981?-   Lodz.   (frequency?)
   Holdings: 1981 - no. 7

ZZA KRAT BIALOLEKI.
   1982.   Bialoleka (prison)   (occasional)
   Holdings: 1982 - no. (Apr.)

Box No.
168. The Polish Uncensored Press: Holdings of the Hoover Institution, 1977-1982

Joseph D. Dwyer, Maciej Siekierski. Polish Uncensored Serials, 1976-1985: Holdings at the Hoover Institution. October, 1985

Maciej Siekierski and Christopher Lazarski, Guide to the Polish Independent Publications, 1976-1990, in the Hoover Institution Archives. 1995.

PART II: MONOGRAPHS AND PAMPHLETS

Box No.	Contents

169. I Krajowy Zjazd Delegatow NSZZ "Solidarnosc." Na podstawie teleksowych serwisow informacyjnych BIPS nr. 1(255)-30(284) opracowali: Ryszard Grabowski, Krzysztof Leszczynski, Bogdan Olszewski, Andrzej Zarebski. Gdansk: BIPS Serwis Informacyjny KKP NSZZ Solidarnosc," 1981.
    63p.

5 minut: spoleczny pomiar frekwencji wyborczej w woj. siedleckim. Siedlce: Wydawnictwo Metrum, 1985.
    19p.

11 listopada: spiewniczek piesni patriotycznej. Radom: NSZZ "Solidarnosc" BHiL, 1981.
    11p.

11 listopada: spiewniczek piesni patriotycznej. [s.l.] [s.n.] 1979.
    4 leaves

13 miesiecy i 13 dni "Gazety Krakowskiej" 1980-1981. [s.l.] Mysl, 1986.
    77p.

17 luty 81 NZS--13 grudzien 81 RONZS. Krakow: Wydawnictwo Ruchu Oporu Niezaleznego Zrzeszenia Studentow, 1985.
    28p.

18 dni Sierpnia: Solidarnosc. Warszawa: Omnia, 1990.
    105p.

1956: w dwadziescia lat pozniej z mysla o przyszlosci. Wznowienie z okazji 25-ej rocznicy Pazdziernika. Warszawa: Oficyna Polska, 1981.
    26p. (Reprint of 1978 Aneks edition, London)

1970 grudzien. Gdansk: Wydawnictwo Mloda Polska, 1980.
    19p. (First edition)

1970 grudzien. Gdansk: Zeszyty Informacyjne Bips, 1980.
    [22]p.

1984: kalendarz entuzjastow. Warszawa: Oficyna Wydawnicza "P.S." [1983].
    214p.

Box No.
169. A mury runa, runa, runa... Pamietniki internowanych. Opracowanie i
wybor M. Zymowicz. Warszawa: Wydawnictwo Cdn, 1983.
49p.

A. Z.
Pomiedzy "Odnowa" a niepodlegloscia: ruch "Solidarnosc" wczoraj
i jutro. [Opole] [s.n.] [1983].
40p.

ABRAMSKI, J., R. Zywiecki.
Katyn. [Warszawa: Spoleczny Instytut Pamieci Narodowej im.
Jozefa Pilsudskiego, 1977].
32p.

ACHMATOWA, Anna.
Requiem. Siedlce: Metrum, 1987.
15p.

ACHMATOWICZ, Aleksander.
Jak doszlo do zmiany w programie nauczania historii w szkole.
Warszawa: Instytut Zwiazkow Zawodowych, 1981.
83p. (Oswiata i Kultura)

ACTON, Lord [John Emerich Edward Dalberg-Acton, 1834-1902].
Teoria narodowosci. Warszawa: Wiara i Wolnosc, 1985.
40p.

ADAMCZYK, Rudolf, ks.
Czysciec. Wydanie I krajowe. [s.l.] Biblioteka Spotkan [s.a.].
53p. (Reprint of 1985 Editions Spotkania edition,
Paris)

AGRESJA na Czechoslowacje, sierpien 1968. Wybor dokumentow i
publicystyki. Przeklad i opracowanie Michal Dobiecki.
Warszawa: Wydawnictwo Krag, 1981.
2vols.

AGREST, Leon.
Drugi brzeg Oki. Warszawa: Neutrino, 1988.
vol. 2 and 3.

ALBERT, Andrzej.
Najnowsza historia Polski. Czesc II: 1939-1945. Warszawa:
Wydawnictwo Krag, 1983.
146p.

ALBERT, Andrzej.
Wschodnie granice Polski. Warszawa: Wydawnictwo, 1984.
53p.

Box No.
169. AMERYKANSKI raport. [s.l.] Gornoslaska Oficyna Wydawnicza [s.a.].
54p. (Trans. of a report prepared on Poland by the Polish-American Congress in 1987)

AMSTERDAMSKI, Stefan.
Zycie naukowe a monopol wladzy (causus Lysenko). Warszawa: Nowa 2, 1981.
41p. (Towarzystwo Kursow Naukowych. Wyklady)

ANALIZA stanu obecnego i perspektyw rozwoju sytuacji politycznej w Polsce. Warszawa: Consilium Pro Patria, 1984.
105p. (<u>Zeszyty Edukacji Narodowej</u>)

ANATOMIA morderstwa ks. Jerzego Popieluszko. Warszawa: Hutnicy 82, 1985.
23p.

ANDERMAN, Janusz.
Brak tchu. [s.l.] Biblioteka Literacka Wydawnictwa Mysl [s.a.].
133p. (Reprint of 1983 <u>Puls</u> edition, London)

ANDERMAN, Janusz.
Brak tchu: opowiadania. Warszawa: Rytm, 1986.
58p.

ANDERS, Wladyslaw.
Bez ostatniego rozdzialu: wspomnienia z lat 1939-1946. [s.l.] [s.n.] [s.a.].
99p. (Reprint of 1973 4th SPK edition, Belgium)

170. ANDRZEJEWSKI, Miroslaw.
Zbiorek. Siedlce: Wydawnictwo Metrum, 1986.
52p.

ANEKS: kwartalnik polityczny. Czesc druga - wybor z numerow 11/1976-20/1979. [s.l.] Niezalezna Oficyna Wydawnicza [s.a.].
93p. (Underground reprint)

ANEKS: kwartalnik polityczny 19/1978. Przedruk. Krakow: Wydawnictwo "Alfa," 1981.
46p. (Underground reprint)

ANEKS: kwartalnik polityczny 33/1984. Warszawa: Wydawnictwo Krag, 1984.
160p. (Underground reprint)

ANTY-FRELEK, Anty-Kowalski.
Burza 1939. Warszawa: Biblioteka Historyczna i Literacka, 1981.
120p.

Box No.
170.   ANTYPOLSKIE sprzysiezenie: z pamietnika generala Zygmunta Berlinga.
       [s.l.] [s.n.] [s.a.].
              [8]p.

       ANTYSEMITYZM? Krakow: Unia Nowoczesnego Humanizmu [s.a.].
              84p. [by: "Goj - Bolko Mieszkiewicz"]

       APEL katynski. Lomianki: Towarzystwo Katynskie, 1989.
              10p.

       ARGUMENTY do dialogu polsko-bialoruskiego. Warszawa: Wydawnictwo
          Przedswit, 1986.
              186p. (Vol.1)

       ARON, Raymond.
          Widz i uczestnik. [s.l.] Oficyna Literacka, 1984.
              203p. (Reprint of Polonia Book Fund Ltd. edition,
              London)

       ARTYKULY usuniete przez cenzure ze Znaku nr. 367 z czerwca 1985 roku.
          [s.l.] Respublika, 1988.
              63p.

       ARZAK, Mikolaj [Julij Daniel].
          Mowi Moskwa. Warszawa: Wydawnictwo Cdn, 1984.
              39p.

       ASH, Timothy Garton.
          Polska rewolucja: Solidarnosc. [s.l.] Most, 1987.
              224p. (Reprint of 1987 Polonia Book Fund edition,
              London)

       AUGUSTYNSKI, Zygmunt.
          Miesiace Walki, 1945-1946: Ze wspomnien redaktora "Gazety
          Ludowej." [s.l.] [Wydawnictwo] Glos, 1988.
              184.

       AWTORCHANOW, Abdurachman.
          Zagadka smierci Stalina: spisek Berii. Przelozyl Adam Mazur.
          Warszawa: Niezalezna Oficyna Wydawnicza, 1981.
              127p.

       AWTARCHANOW, Abdurachman.
          Zakulisowa historia paktu "Ribbentrop-Molotow." [s.l.] [s.n.]
          [s.a.].
              pp.[310]-322 (Reprint of Polish transl. from
              <u>Kontinent</u>)

-372-

Box No.
170. BABINSKI, Stanislaw.
Drogowskaz ideowo-polityczny Kazimierza Sosnkowskiego.
Warszawa: Wydawnictwo Niepodleglosc, 1989.
36p. (Biblioteka Mysli Panstwowej)

BADEN-POWELL, Lord.
Wskazowki dla skautmistrzow. Warszawa: Biblioteka Pisma
"Bratnie Slowo," 1981.
96p.

BAGINSKI, Kazimierz.
"Proces szesnastu" w Moskwie. Warszawa: Wydawnictwo Grup
Politycznych, 1985.
144p. (TUR; Series: Dokumenty; reprint from
Zeszyty Historyczne, no. 4, Paris, together
with Wanda Ladniewska-Blankenheimowa's "Z dwu
ostatnich lat Boya (Lwow 1939-1941)")

BARANCZAK, Stanislaw.
Atlantyda i inne wiersze z lat 1981-1985. Wroclaw: Inicjatywa
Wydawnicza Aspekt, 1987.
56p.

BARANCZAK, Stanislaw.
Przywracanie porzadku. Warszawa: Wydawnictwo Cdn, 1983.
[7]p.

BARANCZAK, Stanislaw.
Wiersze prawie zebrane. Warszawa: Nakladem Niezaleznej Oficyny
Wydawniczej, 1981.
124p.

BARCZ, Krzysztof.
Kryzys mieszkaniowy. Warszawa: Biblioteka Glosu, 1980.
18 p.

BARTCZAK, Stanislaw.
Aktualne tematy. Warszawa: Unia Nowoczesnego Humanizmu [s.a.].
57p. (Photocopy)

BARTNICKI, Z[dzislaw].
Kryzys. [s.l.] Ksiegarnia Nasza [s.a.].
39p. (Reprint from Kultura no. 11/434, 1983)

BARTOSZEWSKI, Wladyslaw.
Polskie panstwo podziemne: zarys problemu. Wroclaw: Oficyna
Wydawnicza Solidarnosc MKZ Wroclaw, 1981.
25p.

Box No.
170.   BARTOSZEWSKI, Wladyslaw.
   Polskie panstwo podziemne, 1939-1945. Warszawa: Niezalezna Oficyna Wydawnicza, 1980.
      35p. (TKN, Wyklady)

   BARTOSZEWSKI, Wladyslaw.
   Polskie panstwo podziemne 1939-1945: zarys problemu. Wydanie nowe. Poznan: Oficyna Wydawnicza Niezaleznego Zrzeszenia Studentow Politechniki Poznanskiej, 1980.
      18p. (Niezalezne Zrzeszenie Studentow Politechniki Poznanskiej; Rok akademicki 1980/81 sem. I. Wyklady)

   BATS'KAUSHCHYNA. [Bialystok] [s.n.] [1984].
      [5]l. (Belarusian Cyrillic imprint)

   BAZANOW, B., George Urban.
   Smierc Lenina. Walka o wladze. [s.l.] Polska Oficyna Wydawnicza Powiew, 1984.
      21p. (Instytut Europy Wschodniej, series: sovietology, no. 2; trans. of George R. Urban, "A Conversation with Boris Bazhanov. Stalin Closely Observed," Survey, vol. 25/3 Summer 1980)

   BEKSIAK, Janusz et all.
   Zarys programu stabilizacyjnego i zmian systemowych. Warszawa: Wydawnictwo "Solidarnosc" Region Mazowsze, 1990.
      110p.

   BERDIAEV, M.N., see Bierdiajew, and Drogowskazy.

   BERLIN, Isaiah, see Raymond Aron, Trojglos o wolnosci.

   BERLIN 1953: powstanie niemieckich robotnikow. [s.l.] Niezalezna inicjatywa wydawnicza Errata, 1985.
      24p.

   BERLIN 1953. Wybor, tlumaczenie i wstep Emil Ast. Warszawa: Niezalezna Oficyna Wydawnicza, 1988.
      41p. (Biblioteka kwartalnika politycznego Krytyka)

   BERLING, Zygmunt, Gen., see Antypolskie sprzysiezenie.

171.   BESANCON, Alain.
   Anatomia widma: ekonomia polityczna realnego socjalizmu. Przelozyl Waclaw Doron. Warszawa: Wydawnictwo Krag, 1984.
      54p.

Box No.
171. BESANCON, Alain.
Drugie milczenie Kosciola. Tlum. Julia Jurys. Warszawa: Wydawnictwo Cdn, 1983.
13p.

BESANCON, Alain.
Krotki kurs sowietologii na uzytek wladz cywilnych, wojskowych i koscielnych. Warszawa: Wydawnictwo Cdn, 1984.
58p.

BESANCON, Alain.
Krotki traktat sowietologiczny na uzytek wladz cywilnych, wojskowych i religijnych. Przedmowa Raymond Aron. Tlumaczenie "P.P." Krakow: Krakowskie Towarzystwo Wydawnicze, 1986.
121p.

BESANCON, Alain.
O komunizmie, Kosciele i liberalizmie. Rozmowe przeprowadzil Wojciech Karpinski. Przemysl: Wydawnictwo Cdn, 1984.
54p.

BEZPRAWIE wladzy. Opole: NSZZ RI "Solidarnosc," 1981.
68p. (Do uzytku wewnetrznego. Biuletyn opracowal Ryszard Hladko)

BIALA ksiega ZLP. Warszawa: CDiA, 1983.
21p. (Zeszyty Centrum Dokumentacji i Analiz, no. 2)

BIALE plamy. I. Materialy ze spotkania w dniu 28.XI.1987r. II. Dokumenty. Warszawa: Konwersatorium Historii Kultury - Kosciol swietej Trojcy, 1988.
115p.

BIALORUSKI drugi obieg: katalog wystawy. Biblioteka Uniwersytetu Lodzkiego, pazdziernik 1990. Lodz: Towarzystwo "Pomost," 1990.
[4]p.

BIDZINSKI, Henryk.
Epidemia w Sopocie. Warszawa: Niezalezna Oficyna Wydawnicza, 1988.
74p.

BIEN, Adam.
Bog jest wyzej, dom jest dalej. Warszawa: Przedswit, 1986.
200p.

BIENEK, Horst.
Cela. [Warszawa] Niezalezna Oficyna Wydawnicza [s.a.].
66p.

Box No.
171.   BIENIASZ, Stanislaw.
            Ostry dyzur. [s.l.] Respublica, 1988.
                    122p. (Reprint of 1984 Polska Fundacja Kulturalna
                        edition, London)

       BIENKOWSKI, Wladyslaw.
            Polskiego dramatu ciag dalszy. [s.l.] Feniks, 1984.
                33p.

       BIERDIAJEW, Mikolaj [Berdiaev, Nikolai A. (1874-1948)].
            Marksizm i religia. Poznan: Wyd. Glosy, 1984.
                38p.

       BIERDIAJEW, Mikolaj [Berdiaev, Nikolai A. (1874-1948)].
            Nowe Sredniowiecze. Poznan: Wyd. Glosy, 1984 [1986].
                80p.

       BIERDIAJEW, Mikolaj [Berdiaev, Nikolai A. (1874-48)].
            Rosyjska idea. Warszawa: In Plus, 1987.
                    175p. (Biblioteka "Aletheia," vol. 1)

       BIERMAN, John.
            Saga o Raoulu Wallenbergu. Przelozyla Maria Lyszewska.
            Warszawa: Niezalezna Oficyna Wydawnicza, 1987.
                    71p. (Biblioteka Kwartalnika Politycznego Krytyka)

       BIESIEDOWSKIJ, G. Z.
            Pamietniki dyplomaty sowieckiego. Przeklad autoryzowany
            Aleksego Leszka Lasinskiego. Katowice: Polski Instytut
            Wydawniczy [s.a.].
                    201, xiip. (Reprint of an earlier edition)

       BIULETYN Informacyjny 1944-1987: po 43 latach. Warszawa:
            Wydawnictwo Polskie, 1987.
                60p. (Biblioteka Drogi)

       BLACHNICKI, Franciszek.
            Nowe swiatlo nadziei. [Warszawa: Wydawnictwo Spoleczne Kos,
            1983?].
                    28p. ("Dodatek oswiatowy do Kosa; przedruk z wydania
                        specjalnego Serwisu Informacyjnego NSZZ
                        Solidarnosc")

       BOBKOWSKI, Andrzej.
            Szkice piorkiem: Francja 1940-1944. Czesc pierwsza. Warszawa:
            Wydawnictwo Pomost, 1988.
                302p.

       BOBKOWSKI, Andrzej.
            Szkice piorkiem: Francja 1940-1944. Czesc druga. Warszawa:
            Wydawnictwo Pomost, 1988.
                440p.

Box No.
171. BOBLEWSKI, Andrzej.
Emigracyjny rzad Rzeczpospolitej 1939-45. Siedlce: Wydawnictwo Metrum, 1985.
16p.

BOCHENSKI, Jozef Maria.
Katastrofa pacyfizmu. Lublin-Slask-Warszawa: Antyk, 1989.
43p. (Biblioteka Konserwatysty)

BOGACZYK, Wojciech.
Problematyka religijna w prasie wychodzacej poza zasiegiem cenzury w latach 1976-1980. Lublin: Lubelskie Wydawnictwo NZS, 1989.
102p.

BOJ Warszawy: 1.VIII - 2.X.1944. Warszawa: Oficyna Wydawnicza Signum, 1981.
19p. (Reprint of July 1945 edition)

BOR-KOMOROWSKI, Tadeusz, Gen.
Trzy wyklady o A.K. Warszawa: Oficyna Wydanicza "Signum," 1981.
31p. (Reprint from *Zeszyty Historyczne*, no. 49/1979)

BOR-KOMOROWSKI, Tadeusz, Gen.
Armia podziemna. Krakow: Biblioteka Promienistych, 1983.
67p. (Reprint from 1979 emigre edition)

BORUTA, Jedrzej.
Lekcja Aleksandra Solzenicyna. Krakow: Wydawnictwo Mysli Nieinternowanej, 1983.
21p.

BRANDYS, Marian.
Malpeczka. [s.l.] Slowo [s.a.].
19p.

BRANDYS, Marian.
Twardy czlowiek. Krakow: Biblioteka Obserwatora Wojennego, 1984.
16p.

BRANDYS, Marian.
Twardy czlowiek. [s.l.] Oficyna We [s.a.].
20p.

BRANDYS, Marian.
Z dwoch stron drzwi. Warszawa: Niezalezna Oficyna Wydawnicza, 1982.
53p.

Box No.
171. BRATKOWSKI, Stefan.
    Co zrobic, kiedy nic sie nie da zrobic? Rzecz o samorzadach pracowniczych. Tekst wydany bez wiedzy i zgody autora. Warszawa: [Oficyna We] 1983.
        117p.

   BRATKOWSKI, Stefan.
    List do Sekretarza Generalnego KPZR. [Warszawa] Oficyna Wydawnicza "Rytm" [1986].
        34p.

   BRATKOWSKI, Stefan.
    List otwarty do moich wspoltowarzyszy - co wybieramy! [Warszawa] [s.n.] [1981].
        [2]p. (Photocopy)

172. BRATKOWSKI, Stefan.
    Memorial w kwestii prawa i porzadku, czyli o mozliwosciach uzdrowienia gospodarki polskiej. (Wydanie specjalne <u>Tygodnik Wojenny</u>, 14-X-84).
        15p.

   BRATKOWSKI, Stefan.
    Nasi "ojcowie-zalozyciele." Warszawa: Wydawnictwo Komitetu Kultury Niezaleznej, 1985.
        17p.

   BRATKOWSKI, Stefan.
    Trzy teatry. Warszawa: Rytm, 1986.
        127p. (1987 on cover)

   BRAUN, Andrzej.
    Przemowienia do pisarzy i o pisarzach. [s.l.] Niezalezna Oficyna Wydawnicza [s.a.].
        25p.

   BREGMAN, Aleksander.
    Dzieje pustego fotela: konferencja w San Francisco i sprawa polska. [Warszawa] Wydawnictwo Zblizenia [1981].
        123p.

   BREGMAN, Aleksander.
    Najlepszy sojusznik Hitlera: studium o wspolpracy niemiecko-sowieckiej 1939-1941. [s.l.] Wydawnictwo im. Konstytucji 3 Maja [s.a.].
        160p. (Underground reprint of emigre edition)

   BRODA, Jaroslaw.
    Poezja niebezpieczna. [Wroclaw] [s.n.] [197?].
        34p. (Biblioteka "Agory," vol. 3)

Box No.
172. BRODSKI, Josif.
Mniej niz ktos. Wybral i przelozyl Michal Klobukowski z tomu "Less than one." Warszawa: Wydawnictwo Cdn, 1989.
119p.

BRODSKI, Josif.
Wiersze i poematy. Wybral, przelozyl i wstepem opatrzyl Stanislaw Baranczak. [s.l.] Niezalezna Oficyna Wydawnicza [s.a.].
126p.

BRONSKI, M.
Rosyjska podroz de Custine'a. [s.l.] Niezalezna Oficyna Wydawnicza, 1981.
pp. 40-62. (Reprint of <u>Kultura</u>, no. 3/1976, Paris)

BRZEZINSKI, Zbigniew.
Jednosc czy konflikty. [s.l.] Nowa [s.a.].
104p. (vol. 2)

BRZEZINSKI, Zbigniew.
Mysl i dzialanie w polityce miedzynarodowej. Warszawa: Wydawnictwo Pomost, 1989.
69p.

BRZEZINSKI, Zbigniew.
Polityka radziecka: od przyszlosci do przeszlosci? [s.l.] Wydawnictwo Most [s.a.].
27p. (Reprint from <u>Aneks</u>)

BRZOZA, Jan.
Polski rok 1919. Warszawa: Przedswit, 1987.
274p.

BUCZEK, Roman.
Na przelomie dziejow: Polskie Stronnictwo Ludowe w latach 1945-1947. [s.l.] Profil [s.a.].
427p. (Reprint of 1983 Century Publishing edition, Toronto)

BUCZKOWSKI, Piotr.
O potrzebie krytycznej teorii socjalizmu. Poznan: Poznanskie Broszury Spoleczne, 1980.
14p. (vol. 3)

BUDOWAC gotowosc: program Regionalnej Komisji Wykonawczej NSZZ "Solidarnosc" w Toruniu. Torun: Regionalna Komisja Wykonawcza NSZZ "Solidarnosc," 1985.
7p.

Box No.
172. BUDREWICZ, Leszek.
          Jak minal dzien. Wroclaw: [s.n.], 1979.
              33p. (Biblioteka "Agory," vol. 15)

     BUDREWICZ, Leszek.
          Pierwsza i druga wojna swiatow. Warszawa: Niezalezna Oficyna
          Wydawnicza, 1983.
              71p.

     BUDZISZ, Marek.
          Droga do kapitalizmu. Gdansk: Gdanskie Towarzystwo Polityczne
          "Mloda Polska," 1989.
              9p.

     BUGAJSKI, Ryszard.
          Przyznaje sie do winy. Warszawa: Niezalezna Oficyna Wydawnicza,
          1984.
              155p. (Seria Wpolczesna. Komitet Kultury
                  Niezaleznej)

     BUKOWINSKI, Wladyslaw, ks.
          Wspomnienia z Kazachstanu. Lublin: Biblioteka "Spotkan," 1979.
              57p.

     BUKOWSKI, Wladimir [Bukovskii, Vladimir].
          Pacyfisci kontra pokoj. Warszawa: Rytm [s.a.].
              34p. (Reprint of Spotkania edition)

     BUKOWSKI, Wladimir [Bukovskii, Vladimir].
          Pacyfisci kontra pokoj. [s.l.] Ziuk [s.a.].
              47p. (Reprint of 1983 Spotkania edition, Paris)

     BUKOWSKI, Waldemar [!] [Bukovskii, Vladimir].
          Pacyfisci przeciwko pokojowi: nowy list do narodow zachodnich.
          Szczecin: Wydawnictwo Vademecum, 1981.
              23p.

     BULHAKOW, Michal.
          Purpurowa wyspa. Powiesc tow. Jules'a Verne. Z francuskiego
          na ezopowy przelozyl Michal A. Bulhakow. Warszawa: Avia,
          1988.
              29p.

     BULKHAKOV, S.N., see Drogowskazy

     BULLOCK, Alan, Olliver Stallybrass.
          Slownik terminow politycznych. Wybor. Wstep Waclaw Wyrwa;
          tlumaczenie Al-Ata. Warszawa: Wydawnictwo Spoleczne Kos,
          1989.
              76p. (Zeszyty Edukacji Narodowej; selection from
                  The Fontana Dictionary of Modern Thought)

Box No.
172. BULWIEC, Chryzostom.
Moja podroz do Ciemnogrodu. Konstantemu Ildefonsowi Galczynskiemu dedykuje Autor. [s.l.] [Kooperatywa Wydawnicza "Wyzwolenie] [s.a.].
32p.

BUREK, Tomas.
Jaka historia literatury jest nam dzisiaj potrzebna? Warszawa: Niezalezna Oficyna Wydawnicza, 1979.
115p. (<u>Zeszyty Towarzystwa Kursow Naukowych</u>)

BUREK, Tomasz.
Zapomniana literatura polskiego Pazdziernika. [Warszawa] Wola [s.a.].
19p. (<u>Wola Solidarnosc</u>, vol. 5)

BUST-BARTELS, Axel.
Powstanie berlinskie 17 czerwca 1953: likwidacja ruchu samorzadowego i etatyzacja przemyslu. Warszawa: Wydawnictwo "Krag," 1981.
26p.

BYC zwyciezonym i nie ulec to zwyciestwo. Warszawa: Wydawnictwo Glos, 1983.
36p. (Photo album)

BYDGOSKI marzec - prowokacja nieukarana... [Bydgoszcz: Pismo Niezaleznego Samorzadnego Zwiazku Zawodowego "Solidarnosc," 1981].
10p.

BYLEM wiezniem Moczara. Wydanie drugie. [Radom] Oficyna Radomska, 1981.
23p.

Box No.
173. C., Kazimierz.
Pierwsze godziny, dni, miesiace po wpadce. Lublin: Biblioteczka SW, 1986.
15p. (Biblioteczka "SW Lublin," vol. 2)

CARRERE D'ENCAUSSE, Helene.
Spekane imperium. Warszawa: Wydawnictwo Glos, 1985.
[215]p. (Translation from: L'Empire eclate, Flammarion, 1978)

CASTORIADIS, Cornelius.
W obliczu wojny. Przelozyla Maria Li. [s.l.] Mysl [s.a.].
190p. (Reprint of Aneks edition)

CENY. [s.l.] Wydawnictwo Spoleczne Kos [s.a.].
17p. (Maly Zeszyt Edukacji Narodowe)

CHARLTON, Michael.
Czarny orzel i ptaszki. Kryzys Imperium Sowieckiego - od Jalty do Solidarnosci. Przelozyl Ryszard Wilski. Warszawa: Wydawnictwo Cdn, 1989.
131p.

CHERUBIN, Dariusz.
Ludnosc Polska w wiezieniach i obozach radzieckich w latach 1939-1941. Warszawa: Oficyna Wydawnicza Rytm, 1989.
132p. (Biblioteka Wschodnia)

CHRUSZCZOW, N. [Khrushchev, Nikita]
O kulcie jednostki i jego nastepstwach: nieopublikowane materialy doreczone delegatom na XX Zjazd KPZR "do uzytku wewnatrz-partyjnego." Warszawa: Wydawnictwa Rady Uczelnianej SZSP Uniwersytetu Warszawskiego [1981].
85p.

CHUDY, Wojciech.
Filozofie wieczyste w czas przelomu: gdanskie wyklady z filozofii klasycznej w roku 1981. Lublin-Warszawa-Krakow: Biblioteka Spotkan, 1986.
171p.

CIESIELCZYK, Malgorzata.
Z historii czerwonej dyktatury 1917-1953. [Poznan] Wydawnictwo O.N-a, 1989.
72p. (Biblioteka Glosu Poznanskich Liberalow)

CIESIELCZYK, Marek.
KGB. Warszawa: Wydawnictwo Niepodleglosc, 1989.
130p.

Box No.
173. CIESIOLKIEWICZ, Zdzislaw.
Inwazja upiorow: 1944-1970. (Obszerne fragmenty). Wydanie drugie, uzupelnione - str. 133a. Wydanie I ukazalo sie w 1979 r. Warszawa [s.n.] 1980.
223p. (Photocopy)

CIESZEWSKI, Jacek, see Uzyto broni.

CIOLKOSZOWA, Lidia.
Publicystyka. Warszawa: Wydawnictwo Szansa, 1985.
134p. (Biblioteka Mysli Politycznej)

CIOLKOSZOWIE, Adam i Lidia.
Niepodleglosc i socjalizm, 1835-1945: audycje radiowe. Warszawa : Wydawnictwo CDN, 1984.
70p.

CISLO, Maciej.
Z domu normalnych. Warszawa: Niezalezna Oficyna Wydawnicza, 1985.
20p.

CO czytac: propozycje dla kol samoksztalceniowych. Warszawa: Kos, 1984.
59p. (Zeszyty Edukacji Narodowej)

CO na dzisiaj? Programy Polski walczacej (1939-   ). Warszawa: Niezalezna Oficyna Wydawnicza, 1985.
34p.

CYWILIZACJA lacinska. Cywilizacja chrzescijanska. (Opracowano na podstawie dziel Feliksa Konecznego). Warszawa: Unia Nowoczesnego Humanizmu [s.a.].
52p.

CYWILIZACJA wiezienna: wypisy literackie. Czesc 1: Swiadectwa rosyjskie. Wybor i opracowanie Marek Burski. Warszawa: Niezalezna Oficyna Wydawnicza [s.a.].
44p.

CYWINSKI, Bohdan.
Doswiadczanie Europy. Warszawa: Glos, 1985.
26p.

CYWINSKI, Bohdan.
Doswiadczenie polskie. Warszawa: Oficyna Wydawnicza "Pokolenie," 1985.
54p.

Box No.

      CYWINSKI, Bohdan.
          Doswiadczenie polskie. Warszawa: [Rytm/Oficyna Wydawnicza
          "Pokolenie"] 1986.
              40p.

      CYWINSKI, Bohdan.
          Doswiadczenie polskie. [s.l.] [s.n.] 1987.
              115p.

173. CYWINSKI, Bohdan.
          Edukacja niepokornych, see Propozycje programowe dla kol
          samoksztalceniowych.

      CYWINSKI, Bohdan.
          Rodowody niepokornych. Warszawa: Wydawnictwo Krag, 1984.
              349p.

      CYWINSKI, Bohdan.
          Z dziejow Kosciola Katolickiego w Polsce niepodleglej.
          Warszawa: Niezalezna Oficyna Wydawnicza, 1980.
              30p. (TKN Wyklady)

      CYWINSKI, Bohdan.
          Zatruta humanistyka: ideologiczne deformacje w nauczaniu
          szkolnym w PRL. [Warszawa] Biblioteka Glosu [s.a.].
              18p.

      CZABANSKI, Krzysztof.
          A B C. Warszawa: Przedswit, 1985.
              87p.

      CZABANSKI, Krzysztof.
          Marzec '81, Bydgoszcz: dokumenty, komentarze, relacje.
          Warszawa: Wydawnictwo "Most," 1987.
              120p. (Archiwum Solidarnosci, vol. 12. Series:
                Opracowania i Relacje)

      CZAPSKA-JORDAN, Wanda.
          W. R. N.: PPS pod okupacja niemiecka, 1939-1945. Warszawa:
          Niezalezna Oficyna Wydawnicza, 1981.
              37p. (Biblioteka Robotnicza)

      CZAPSKI, Jozef.
          Boh wieliel. Wroclaw: Wydanictwo Swit, 1981.
              16p.

      CZAS proby, see Komitet Helsinski w Polsce

      CZAS skonczyc z prowizorium. [s.l.] Wydawnictwo Krajowe Kon, 1989.
              21p. (Eureka, vol. 11)

Box No.

CZEGO nie ma w podrecznikach. Krakow: Wydawnictwo "Krzyza Nowohuckiego," 1980.
47p.

CZEGO nie ma w podrecznikach...Historia. Siedlce: Wydawnictwo Metrum, 1985.
37p.

174. CZERWIEC 1976: dokumenty. Warszawa: Wydawnictwa NZS Politechnika Warszawska [s.a.].
64p. (Biblioteczka Bialych Plam)

CZERWIEC 1976: komentarz. Warszawa: Wydawnictwa NZS Politechnika Warszawska [s.a.].
48p. (Biblioteczka Bialych Plam)

CZERWINSKA, Roza.
W szczesciu byliby to ludzie dobrzy...[Tom przygotowala do druku redakcja "Obozu"] [s.l.] Spoldzielnia Wydawnicza Profil, 1987.
92p.

CZERWONE plamy historii. Warszawa: Ruch Reform Narodowo-Spolecznych, 1981.
26p.

CZUMA, Lukasz.
Dwa znaczenia praworzadnosci. Kodeks karny a trzy kategorie obywateli w PRL. Lublin: Wydawnictwo Wywrotowca, 1981.
[13]p.

CZUMA, Lukasz.
Zmiany gospodarcze w Polsce XX wieku: historia gospodarcza nie tylko dla ekonomistow. Warszawa: Wyd. Niezlomni, 1990.
62p.

CZY opozycja istnieje? [s.l.] Unia Demokratow, 1989.
22p. (Supplement to *Baza*, no.68/1989)

Box No.
174. DABSKI, Jan.
Pokoj Ryski: wspomnienia, pertraktacje, tajne uklady z Joffem, listy. Z 15 ilustracjami i 1 mapa. [s.l.] Suplement [1981].
224p. (Reprint of 1931 Warsaw edition)

DANILEWICZ-ZIELINSKA, Maria.
Literatura wolnego slowa, 1939-1986. [Warszawa] Wydawnictwo Spoleczne Kos - Oswiata Niezalezna, 1987.
88p. (Zeszyty Edukacji Narodowej: Historia-Literatura)

DARSKI, Jozef.
O desinformacji komunistycznej. Warszawa: Wydawnictwo Niepodleglosc, 1989.
59p.

DEKLARACJA ideowa Ruchu Mlodej Polski. Gdansk: Wyd. Mloda Polska, 1980.
19p.

DEKLARACJA Ruchu Wolnych Demokratow w sprawie 60-tej rocznicy odzyskania niepodleglosci przez Polske. [Lodz] Wydawnictwo Idea, 1978.
6p.

DELTA.
Wojna pozycyjna. [Warszawa] Biblioteka Tygodnika Wojennego [s.a.].
59p.

DEMBINSKI, Ludwik.
Prawo i wladza. [s.l.] Niezalezna Oficyna Wydawnicza, 1980.
35p. (Reprint from Aneks, no 20/1979)

DEMIDOW, Zbigniew.
Prokuratura PRL w sluzbie mafii. Wroclaw: Polski Fundusz Praworzadnosci, 1989.
336p.

DEMOKRACJA. Warszawa: Kos [s.a.].
15p. (Maly ZEN. Dodatek do dwutygodnika Kos)

DEMOKRACJA w panstwie, gospodarce i zyciu zwiazkowym. Lublin: NSZZ Solidarnosc region srodkowo-wschodni, 1981.
48p. (Osrodek Badan Spolecznych, NSZZ "Solidarnosc" Region Srodkowo-Wschodni, Zeszyty Problemowe, no. 2)

DEMOKRACJA wewnatrz zwiazkowa. Warszawa: Instytut Wydawniczy Zwiazkow Zawodowych, 1981.
28p. (Do uzytku wewnetrznego. Series: Oswiata i Kultura)

Box No.
174. DJILAS, Milovan.
Nowa klasa. Przelozyl Aleksander Lisowski. Wydanie II.
Warszawa: Oficyna Liberalow, 1981.
230p.

DJILAS, see also Dzilas.

DMOWSKI, Roman.
Kosciol, narod i panstwo. Chicago: Instytut Romana Dmowskiego, 1985.
37p. (Underground reprint)

DMOWSKI, Roman.
Kosciol, narod i panstwo. [s.l.] Unia Nowoczesnego Humanizmu [s.a.].
32p. (Underground reprint of emigre edition)

DMOWSKI, Roman.
Mysli nowoczesnego Polaka. Gdansk: Wydawnictwo Mloda Polska, 1981.
83p.

...DO Ciebie, Panie bije ten glos...spiewnik wroclawskiego srodowiska akademickiego na powitanie Papieza...Aby nie zostalo zmarnowane dziedzictwo wolnosci i prawdy...fragmenty wypowiedzi Ojca Swietego Jana Pawla II. Wriclaw: [s.n.] 21-VI-1983.
28p.

DO ujarzmionych narodow Europy Srodkowej: poslanie. [s.l.] [s.n.] [1987].
12p. (Polski Komitet Niepodleglosciowy)

DOBRACZYNSKI, Jan.
Literatura bolszewicka. [s.l.] Awers [s.a.].
24p.

DOKUMENTACJA w sprawie bojowek SZSP: fragmenty raportu madryckiego o przestrzeganiu praw czlowieka i obywatela w Polsce. Opracowala Komisja Helsinska w Polsce. Szczecin: Akademicka Agencja Wydawnicza, 1981.
30p.

DOKUMENTACJA w sprawie TKN: oswiadczenia, relacje, zeznania (1979-1981). Wroclaw: "Universitas," 1981.
36p.

DOKUMENTY: porozumienie gdanskie, porozumienia rolnikow, lodzkie porozumienia studentow, statut NSZZ "Solidarnosc." Gdansk: Zeszyty Informacyjne Bips, 1981.
71p.

Box No.

DOKUMENTY: stosunki sowiecko-niemieckie 1939-1940. [s.l.]
Wydawnictwo im. J. Lojka [s.a.].
20p.

DOKUMENTY bezprawia. Komitet Samoobrony Spolecznej "KOR." Warszawa:
Niezalezna Oficyna Wydawnicza, 1978.
26p. (pp. 13-14 missing)

174. DOKUMENTY Krajowej Komisji Porozumiewawczej NSZZ "Solidarnosc" za
okres 19.XI.1980-1.II.1981. Warszawa: Instytut Wydawniczy
Zwiazkow Zawodowych, 1981.
67p.

DOKUMENTY KKP 19.XI.1980-1.II.1981. Gdansk: Sekretariat Krajowej
Komisji Porozumiewawczej, 1981.
42p.

DOKUMENTY NSZZ "Solidarnosc": stanowisko NSZZ "Solidarnosc" w sprawie
sytuacji i kierunkow przebudowy gospodarki polskiej. Warszawa:
Rytm, 1987.
16p.

DORN, Ludwik.
Krotki zarys historii wyborow do rad narodowych. Warszawa:
Wydawnictwo Glos, 1984.
40p.

DOROSZ, Krzysztof.
Faust wspolczesny, czyli de pacto hominis politici cum
diabolo... [s.l.] [Niw] [s.a.].
21p.

DRAWICZ, Andrzej.
A/Kos, czyli szkola podlosci. Warszawa [Oficyna Wydawnicza
Pokolenie] 1987.
32p. (Proby. Biblioteka Kultury Niezaleznej, no. 7)

DRAWICZ, Andrzej.
Inna Rosja. Warszawa: Niezalezna Oficyna Wydawnicza, 1980.
36p. (TKN Wyklady)

DRAWICZ, Andrzej.
Pocalunek na mrozie. [s.l.] [s.n.] [s.a.].
174p. (Reprint of 1989 Polonia Book Fund edition,
London)

DRAWICZ, Andrzej.
Pytania o Rosje. Warszawa: Wydawnictwo Krag, 1981.
85p.

Box No.

DRAWICZ, Andrzej.
    Wolna literatura rosyjska. Warszawa: Kos/"Akces," 1986.
        34p. (<u>Zeszyty Edukacji Narodowej</u>: Literatura)

DRAZKIEWICZ, Jerzy.
    Doswiadczenia a szanse samorzadu pracowniczego w PRL: czym byl a czym moze byc samorzad pracowniczy. [Warszawa] NSZZ "Solidarnosc" Region Mazowsze, Wszechnica Robotnicza "Solidarnosci," 1981.
        6p. (Material roboczy przygotowany przez Oddzial Warszawski Polskiego Towarzystwa Socjologicznego. Zasady Dzialania Zwiazkowego w Zakladzie Pracy)

174.

DREWNOWSKI, Jan.
    Proces Centralnego Urzedu Planowania w 1948 roku. Relacja o poczatkach Stalinizmu w Polsce. Warszawa: Wydawnictwo Krag, 1982.
        15p.

DROGOWSKAZY. Zbior rozpraw o inteligencji rosyjskiej. Warszawa: Przedswit, 1986.
        135p. (Biblioteka Krytyczna. Essays of Berdiaev, Bulkhakov, Izgoev, Kistiakovskii, Struve and Frank)

DROZDEK, Michal.
    Istota sporu: Centrum kontra ROAD. Warszawa: Wydawnictwo Zwiazku "Mlodzi Chrzescijanscy Demokraci," 1990.
        27p.

DRYGALSKI, Jerzy, Jacek Kwasniewski.
    (Nie)realny socjalizm. Warszawa: Piechur, 1988.
        238p.

175. DRZEWIECKI, Miroslaw, ks.
    Rozmyslanie drzewa figowego. Legnica: Duszpasterstwo Ludzi Pracy, 1988.
        16p. (<u>Zeszyt Literacki</u>)

DUMKI pra autanomiju. Bielastok [s.n.] 1981.
        21p. (Belarusian Latin imprint; Bnv 1981/6)

DURRENMATT, Friedrich.
    Upadek. [Przelozyl z orginalu Stanislaw Andrzej Owsianko]. Warszawa: Bhl, 1981.
        55p. (Reprint from 1976 Konfrontacion AG edition, Zurich)

DUSZAK, Marek.
    Czekajac na wyrok. Elblag: Wydawnictwo Solidarnosc, 1989.
        64p.

Box No.

DYMARSKI, Lech.
Notatki z lektur. Warszawa: Niezalezna Oficyna Wydawnicza [s.a.].
29p.

DYMARSKI, Lech.
Wiersze sprzed i po. [s.l.] Mysl, 1984.
24p. (Biblioteka literacka Wydawnictwa Mysl)

175. DZIEJE Kosciola rzymsko-katolickiego w Czechach i na Morawach: 1948-1978. Warszawa: Wydawnictwo Glos, 1984.
50p.

DZIEJE Kosciola rzymskokatolickiego w Czechach i na Morawach: 1948-1978. Warszawa: Wydawnictwo Mysia 5, 1984.
50p.

DZIESIEC miesiecy stanu wojennego. Czesc 1. [s.l.] Biblioteka Malopolska [s.a.].
70p.

DZIESIEC miesiecy stanu wojennego. Czesc 2. [s.l.] [s.n.] [s.a.].
135p.

DZIEWANOWSKI, Kazimierz.
O kulawym diable i jego kulawym dziele. [Warszawa] Komitet Kultury Niezaleznej [s.a.].
17p.

DZILAS o Gorbaczowie. Rozmowa George'a Urbana z Milovanem Dzilasem. Przelozyla Pola Merykanska. Warszawa: Wydawnictwo Cdn, 1989.
68p.

DZILAS, see also Djilas.

Box No.
175. EHRLICH, Stanislaw.
O polityczno-prawnych uwarunkowaniach procesow spoleczno-gospodarczych. Warszawa: Officyna Liberalow, 1980.
16p.

EPILOG wilenskiej AK. [s.l.] [s.n.] 1981.
32p. (Series: Dokumenty Mowia)

ESDEN-TEMPSKI, Stanislaw.
Organy Rosji pracuja noca. Warszawa: Warszawska Niezalezna Oficyna Poetow i Malarzy [Wydawnictwo Przedswit], 1984.
15p.

EUROKOMUNIZM. S. Carillo, G. Herling-Grudzinski, K. S. Karol, H. Kissinger, B. Kreisky, L. Kolakowski, A. Michnik, L. Moczulski. [s.l.] Niezalezna Oficyna Wydawnicza [s.a.].
47p.

EUROKOMUNIZM: wybor tekstow. [s.l.] Studencka Oficyna Wydawnicza Sowa [s.a.].
31p.

Box No.
175. FAJERANT, Jerzy.
Co powiedza nasze dzieci? Relacja o strajku w kopalni "Ziemowit" (15-24 grudnia 1981 r.). Warszawa: Wydanictwo Most, 1986.
100p. (Archiwum Solidarnosci, vol. 15; series: Polska Stanu Wojennego)

FALECKI, Jan.
Tak bylo: wspominki z lat okupacji. Wroclaw: Agencja Informacyjna Solidarnosci Walczacej, 1986.
67p.

FALKIEWICZ, Andrzej.
Jeden i liczba mnoga: o materializmie historycznym i metafizyce unitarnej Leszka Nowaka. Wroclaw: Wydawnictwo Kret, 1989.
227p.

FALLACI, Oriana.
Dwa wywiady. [s.l.] Samodzielna Oficyna Literacka, 1982.
47p.

FELDMAN, Wilhelm.
O Rosyi (wrazenia z wycieczki). Krakow: Spolka Nakladowa "Ksiazka," [s.a.].
51p. (Reprint of pre-WW II edition)

FICOWSKI, Jerzy.
Gryps. Warszawa: Niezalezna Oficyna Wydawnicza, 1979.
61p.

FILIPOWICZ, Kornel.
Powiedz to slowo. Krakow: Krakowski Komitet Kultury Niezaleznej 1985.
40p.

FINLANDYZAJA. Krakow [s.n.] [s.a.].
59p.

FISZTEJN, Jefim.
Al Capone - Soviet Style. Warszawa: Wydawnictwo "Czas," 1985.
15p. (Reprint from Svedectvi, no. 72/1984, Munich)

FOP: wyniki badan. Warszawa: Wydawnictwo Mysia 5, 1984.
16p.

FRANK, S.L., see Drogowskazy.

FRASYNIUK, Wladyslaw.
List otwarty do czlonkow i sympatykow NSZZ "Solidarnosc." [Wroclaw: RKS NSZZ "Solidarnosc" Region Dolny Slask, 1985].
7p. (Photocopy)

Box No.
175. FRIEDMAN, Milton, Roza Friedman.
Wolni wobec wyboru. [Part] I. Krakow: Inicjatywa Wydawnicza, 1984.
74p. (Biblioteka Trzynastki)

FRIEDMAN, Milton, Roza Friedman.
Wolni wobec wyboru. [Part] III. Krakow: Inicjatywa Wydawnicza, 1984.
40p. (Biblioteka Trzynastki)

FRIEDMAN, Milton, Roza Friedman.
Wolni wobec wyboru. [s.l.] Rytm [s.a.].
32p. (Reprint from Biblioteka Trzynastki)

FRIEDMAN, Milton, Roza Friedman.
Wolnosc ekonomiczna - wolnosc polityczna. [Warszawa] Rytm [s.a.].
19p.

FUCHS, Jurgen.
Protokoly przesluchan. Przelozyla Magdalena Gorka. Warszawa: Niezalezna Oficyna Wydawnicza, 1985.
66p.

FULLER. J. F. C.
Bitwa pod Warszawa, 1920. Przelozyl Andrzej Zadora. [s.l.] Niezalezna Spoldzielnia Wydawnicza 1. [s.a.].
38p. (Transl. from The Decisive Battles of the Western World and Their Influence upon History, London, 1957)

Box No.
175.   GACPARSKI, Arkadiusz.
           Rysunek satyryczny. Szczecin: Oficyna Akademicka NZS, 1990.
               [no pagination]

       GADEJA, Jan.
           Za ile i jak zyjemy: sytuacja materialna Polakow. Krakow: Bez
           Ciec, 1985.
               37p. (Niezalezne Biuro Badania Opinii Spolecznej
                   NSZZ "Solidarnosc")

       GALICJANIN.
           Komunisci na Wegrzech: 1945-1956. Krakow: Wydawnictwo Mysli
           Nieinternowanej, 1985.
               30p.

       GANCEWICZ, Wladyslaw.
           Czlowiek nr. 102078. [Warszawa] Przedswit, 1984.
               141p.

       GARLINSKI, Jozef.
           Polskie panstwo podziemne: 1939-1945. [s.l.] Errata, 1987.
               42p. (Reprint from Zeszyty Historyczne, Paris,
                   1974)

       GDANSK sierpien '80: fotografie Stanislawa Markowskiego i Witolda
           Gorki. Galeria Fotografii "Od Nowa." Poznan: NSZZ
           "Solidarnosc" MKZ Wielkopolska, 1981.
               [14]p.

       GDY wodz odchodzil w wiecznosc... Album pamiatkowe uroczystosci
           pogrzebowych Jozefa Pilsudskiego w Warszawie i Krakowie.
               30p. (Reprint of Spolka Wydawnicza Kurjer S. A.
                   edition)

       GDZIE jestesmy? Kleska czy nowy etap walki. Warszawa, Wydawnictwo
           Krag, 1982.
               58p.

       GDZIE twoj brat Abel? Krakow: Biblioteka Miesiecznika Malopolskiego,
           1985.
               11p.

       GERSHENZON, M.O., see Drogowskazy.

       GIDWITZ, Betsy.
           Wystapienia robotnicze w ZSRR. Warszawa: Oswiata Niezalezna,
           1983.
               34p. (Zeszyty Edukacji Narodowej. Raport z Obozu)

Box No.

175. GIELZYNSKI, Wojciech.
Ani Wschod ani Zachod. Warszawa: Oficyna Wydawnicza Rytm, 1989.
233p.

GIELZYNSKI, Wojciech.
Budowanie Niepodleglej. [s.l.] Przedswit, 1985.
200p. (Series: Idee)

GIEREK & Jaroszewicz zeznaja. Warszawa: Bis, 1990.
101p.

176. GLABINSKI, Stanislaw.
Wspomnienia polityczne. Warszawa: Unia Nowoczesnego Humanizmu [s.a.].
68p.(Zeszyty Historyczne, no. 2)

GLADKOWSKI, Romuald.
Non serviam. Toronto: Wydawnictwo 966, 1987.
71, viii p. (Underground reprint)

GLODOWKA w kosciele sw. Krzysztofa w Podkowie Lesnej. [s.l.] [s.n.] [1980].
42p.

GLOGOWSKI, Karol.
Ruch Obrony Praw Czlowieka i Obywatela w Polsce wobec ratyfikacji Miedzynarodowych Paktow Praw Czlowieka. [s.l.] Wydawnictwo Polskie, 1977.
12p.

GLOS zwyciezonych: dokumenty, [pamietniki], prasa z Powstania Listopadowego. Andrzej Jasinski, Daniel Wojnicz, Michal Korwin, Blazej Olbromski. Warszawa: Wydawnictwo Glos, 1980.
58p.

GLOSY zza muru. Zeszyt III: Wiersze i piosenki z osrodkow odosobnienia dla internowanych ilustrowane grafika z obozow /grudzien '81 - listopad '82/. Warszawa: Wydawnictwo, 1984.
100p.

GLOWACKI, Andrzej.
Szczecin '70. [Warszawa] Biblioteka Tygodnika Wojennego [198?].
[8]p. (Reprint from Zapiski Historyczne, no. 4/1981)

GLOWACKI, Janusz.
Moc truchleje. Warszawa: Wydawnictwo Krag, 1981.
60p. (Biblioteka Pulsu, no. 6)

Box No.
176. GLUZA, Zbigniew.
Osmy Dzien. Warszawa: Wydawnictwo Krag, 1982.
133p.

GNIAZDO WRONie: szopka. [s.l.] Wojenna Oficyna Wydawnicza [1982?].
13p.

GOLOMSZTOK, Igor.
Jezyk artystyczny w warunkach totalitarnych. [s.l.]
Wydawnictwo Vademecum [s.a.].
41p.

GOLOMSZTOK, Igor.
Jezyk artystyczny w warunkach totalitarnych. Warszawa: Nowa,
1980.
47p. (Reprint of 1979 Polonia Book Fund Ltd.
edition, London)

GOMBROWICZ, Witold.
Dziennik, 1953. [s.l.] Klin [s.a.].
72p. (Reprint of Instytut Literacki edition, Paris)

GOMBROWICZ, Witold.
Operetka. Krakow: Wydawnictwo Kos, 1981.
63p. (Reprint of 1966 Instytut Literacki edition,
Paris)

GOMBROWICZ, Witold.
Opowiadania. Warszawa: NZS, 1981.
33p. (Reprint of 1972 Instytut Literacki edition,
Paris)

GOMBROWICZ, Witold.
Przeciw poetom. [s.l.] Klin [s.a.].
21p. (Reprint of Instytut Literacki edition, Paris)

GOMBROWICZ, Witold.
Wspomnienia polskie. [Warszawa] Niezalezna Oficyna Wydawnicza
[1979].
168p. (Reprint of 1977 Instytut Literacki edition,
Paris)

GOMULKA i inni: dokumenty z archiwum KC, 1948-1982. Wstep,
wprowadzenia i przypisy Jakub Andrzejewski. Warszawa:
Wydawnictwo Krag, 1986.
264p.

GORAZD, Andrzej, see Wieslaw Samecki, Czego mozna oczekiwac od
ekonomii.

Box No.
176. GORECKI, Jan.
W nasze 4-lecie. Warszawa: Unia, 1985.
19p.

GOSPODARKA. [Warszawa] Osrodek Badan Spolecznych: 1981.
52p. (Zeszyty Obs, no. 3)

GOSPODARKA komunizmu wojennego. Powstanie kronsztadzkie. [s.l.]
Miedzyzakladowa Struktura "Solidarnosci," 1986.
21p. (Zeszyty Historii z dziejow najnowszych)

GOSPODARKA po sierpniu 1980, czyli: co proponuje P. Jozef Pinkowski?
Warszawa: Officyna Liberalow, 1981.
15p.

GOSZTONY, Peter I.
Pal Maleter: rewolucyjny general. Warszawa: Miedzyzakladowa
Struktura "Solidarnosci," 1985.
20p.

GRANICE imperium nowego typu. Warszawa [s.n.] 1985.
11p. (Translation from Encounter; photocopy)

GREN, Jerzy.
Zbrodnie nieujawnione: sprawa Wilhelma Laubnera. Warszawa:
Wydawnictwo Polskie, 1979.
20p.

GROSFELD, Leon.
Polska a stosunki niemiecko-sowieckie w okresie miedzywojennym.
Warszawa: Niezalezna Oficyna Wydawnicza, 1988.
43p. (Biblioteka Krytyki)

GROSS, Jan T.
Wybory. [s.l.] [s.n.] [s.a.].
31p. (Reprint from Aneks 45/1987; "Z historii
najnowszej")

GROT, Andrzej.
Leszek Moczulski: zycie i idea. [s.l.] KPN, 1984.
32p.

GROTOWICZ, Wiktor, Stanislaw Oles.
Czy Polakow stac na optymizm? (Rozmowy ze Zdzislawem
Najderem). Wroclaw, Kret, 1989.
103p. (Reprint from Poglad, West Berlin, 1988)

GRUDZIEN 1970. [s.l.] Wydawnictwo Glos, 1980.
56p.

Box No.
176.   GRUDZIEN 1970--Relacje--Czesc I. Gdansk: Osrodek Prac Spoleczno-
          Zawodowych MKZ NSZZ "Solidarnosc," 1981.
                    39p. (Opis, no 1, Seria Historyczna)

       GRUDZIEN 70. Wydanie specjalne. Przedruk z Nr. 7 Biuletynu NZS UJ
          za zgoda redakcji. [s.l.] [s.n.] [1981?].
                    52p.

       GRUDZIEN 1970: wybor dokumentow Gdansk - Gdynia - Elblag. Do uzytku
          wewnatrzzwiazkowego. Wydawnictwo "Gdanski Sierpien." [Wroclaw]
          [Wydawnictwo MKZ Wroclaw] [1981].
                    64p. (Wroclaw reprint of the Gdansk edition)

       GRUDZIEN 1981: relacje. Warszawa: Wydawnictwo Krag, 1982.
                    84p. (Part I)

       GRUDZIEN - sierpien: piosenki i wiersze Wybrzeza. [s.l.] BL, 1980.
                    64p.

       GRYNBERG, Henryk.
          Wiersze wybrane z lat 1964-1983. Warszawa: Rekontra, 1985.
                    107p.

       GRYPS z Kwidzynia. Warszawa: Cdn, 1982.
                    10p.

       GRZYBOWSKI, Waclaw.
          Bylem swiadkiem. [s.l.] ZZ 1984.
                    pp. 89-110. (Reprint of emigre edition)

       GRZYMALA-SIEDLECKI, Adam.
          Cud Wisly. Lublin: Wydawnictwo Mloda Polska, 1981.
                    13p. (Biblioteczka Szkolna, no. 1; "Przedruk:
                    Nakladem Biura Propagandy Wewnetrznej, Warszawa
                    20.10.1920")

       GUZY, Piotr.
          Krotki zywot bohatera pozytywnego (powiesc). Krakow:
          Krakowskie Towarzystwo Wydawnicze, 1986.
                    158p. (Reprint of 1982 Instytut Literacki edition,
                    Paris)

       GUZY, Piotr.
          Stan wyjatkowy. Przedruk z: Instytut Literacki, Paryz, 1968.
          [s.l.] Wydawnictwo Enklawa [s.a.].
                    143p. (Reprint of 1968 Instytut Literacki edition,
                    Paris)

Box No.
177. HALL, Aleksander.
Dziedzictwo Narodowej Demokracji. Warszawa [s.n.] 1984.
[17]p.

HARASIUK, Tomasz.
Semantyka zbrodni. Warszawa: Officyna Liberalow, 1981.
36p.

HARTMAN, Jan.
Nowy eksperyment samorzadowy: samorzad pracowniczy w gospodarce socjalizmu realnego. [s.l.] Wszechnica Zwiazkowa [s.a.].
14p.

HAUKE LIGOWSKI, A., O.
Katolicy w ZSRR: relacje z podrozy. [s.l.] [s.n.] [c.1978/79].
18p.

HAVEL, Vaclav.
Eseje polityczne: List do Husaka;Rozmowa z Ledererem; Sila bezsilnych; Kundera o Havlu. Przelozyl Pawel Heartman. Warszawa : Wydawnictwo Krag, 1984.
85p.

HAVEL, Vaclav.
Kuszenie: sztuka w dziesieciu obrazach; [and] Largo desolato: sztuka w siedmiu obrazach. Przelozyl Andrzej S. Jagodzinski. Warszawa: Niezalezna Oficyna Wydawnicza, 1987.
57p., and 47p.

HAVEL, Vaclav.
Sila bezsilnych. Warszawa: Spoldzielnia Wydawnicza Stop, 1985.
pp. 2-46. (Zeszyty Edukacji Narodowej; series: Dyskusje; published together with: Jan Walc, "Slabosc wszechmocnych")

HAWLIK, Johannes.
Dzialalnosc publiczna w gminie. Przelozyl i opracowal Andrzej Mochon. Kielce, Swietokrzyski Komitet Obywatelski, 1990.
54p. (Offentlichkeitsarbeit in der Gemeinde, 1st ed. Vienna, 1980,)

HAYEK, Friedrich A.
Liberalizm. Krakow: Krakowskie Towarzystwo Wydawnicze, 1985.
43p. (Reprint from Arka, no. 6)

HELLER, Michal, Aleksander Niekricz.
Utopia u wladzy: historia Zwiazku Sowieckiego od roku 1917 do naszych czasow. Czesc druga: 1939-1953. Przelozyl Tomasz Grochowski. Warszawa: Wydawnictwo Cdn, 1986.
170p.

Box No.

    HERBERT, Zbigniew.
        Arkusz. Warszawa: Wydawnictwo Krag, 1984.
            25p.

    HERBERT, Zbigniew.
        Wiersze. Warszawa: Wydawnictwo, 1984.
            57p.

177. HERBST, Lothar.
        Listy z podrozy. [s.l.] Inicjatywa Wydawnicza Aspekt, 1987.
            31p. (Photocopy)

    HERBST, Lothar.
        Polska wiezienna: dziennik liryczny pisany od 16 lutego do 6
        czerwca 1982 r. w Strzelcach Opolskich, Nysie, we Wroclawiu.
        [Wroclaw] Adsum [s.a.].
            64p.

    HERBST, Lothar.
        Wyznania Krystianowi. [s.l.] Swit, 1981.
            25p.

    HERLING-GRUDZINSKI, Gustaw.
        Dziennik pisany noca: 1983-1984. Warszawa: Wydawnictwo Cdn,
        1987.
            176p. (Reprint of 1984 Instytut Literacki edition,
            Paris)

    HERLING-GRUDZINSKI, Gustaw, Adam Michnik.
        Eurokomunizm: dwa glosy. Warszawa: Spoldzielnia Wydawnicza
        STOP, 1985.
            19p. (Reprint from <u>Kultura</u>, no. 10/64 and 4/77,
            Paris)

    HERLING-GRUDZINSKI, Gustaw.
        Inny swiat: zapiski sowieckie. [Lodz: Lodzkie Wydawnictwo
        Historyczne, 1981].
            240p. (Reprint of 1965 Instytut Literacki edition,
            Paris)

    HEYDEL, Adam.
        Etatyzm po polsku. Warszawa: Officyna Liberalow, 1981.
            48p.

    HIENIJUS, Larysa.
        Dzieviac viersau. Bielastok: Bnv, 1987.
            12p. (Belarusian Latin imprint; Bnv 1987/9)

    HISTORIA Polski. Michal Tymowski, Jan Kieniewicz, Jerzy Holzer.
        [Wydanie I krajowe.] [s.l.] Biblioteka Spotkan [s.a.].
            369p. (Reprint of 1986 Editions Spotkania edition,
            Paris)

Box No.

HLASKO, Marek.
Podpalacze ryzu (The rice burners). Krakow: Wydawnictwo Abc, 1981.
220p.

177. HOLZER, Jerzy (Waclaw Panski).
Agonia PPS: socjalisci polscy w sojuszu z PPR, 1944-1948. Warszawa: Niezalezna Oficyna Wydawnicza, 1981.
23p. (Biblioteka Robotnicza i Towarzystwo Kursow Naukowych)

HOLZER, Jerzy (Waclaw Panski).
P.P.S. w latach 1944 - 1948. Warszawa: Oficyna Wydawnicza "Pokolenie," 1985.
21p.

HOLZER, Jerzy.
"Solidarnosc" 1980-1981: geneza i historia. Warszawa: Wydawnictwo Krag, 1984.
244p.

HOLZER, Jerzy.
"Solidarnosc" 1980-1981: geneza i historia. Przedruk Instytut Literacki. Warszawa: Rytm, 1986.
2 parts. (Reprint of Instytut Literacki edition, Paris)

HRABAL, Bohumil.
Przerwy w zabudowie. Przelozyl Pawel Heartman. Warszawa: Niezalezna Oficyna Wydawnicza, 1988.
114p. (Translation of Proluky, Sixty-Eight Publishers, Corp.: Toronto, 1986)

HRABAL, Bohumil.
Zbyt glosna samotnosc. Warszawa: Niezalezna Oficyna Wydawnicza, 1978.
74p.

HRYCIAK, Jewhen.
Krotka notatka ze wspomnien. Warszawa: Wydawnictwo Niepodleglosc, 1989.
46p.

HUMOR Polakow. Gdansk-Krakow: RKW "Regiony," 1984.
14p.

HUNTINGTON, Samuel P.
Przyszlosc demokracji. [s.l.] Wydawnictwo Mysl [s.a.].
24p. (Reprint from Aneks, no. 37)

Box No.
177. I milosc i przymierze: Janowi Pawlowi II chlopi polscy. Lublin, czerwiec, 1987.
[12]l. ("Reprint teki ofiarowanej Janowi Pawlowi II w Lublinie 9 czerwca 1987")

IDA pancry na Wujek: wiersze zebrane. Krakow [s. n.] 1982.
Zeszyt I (Jan. 15), II (Jan. 30), IV (Feb. 20), V (March 12), VI (March 17)

IGRASZKI z wrona. Krakow: Biblioteka "Obserwatora Wojennego," 1983.
[22]l.

ILE smierci...XVII LO. Warszawa: Spolka Wydawnicza "X," 1984.
134p.

ILLG, Jerzy (ed.).
Divertimento Sztokholmskie: Rozmowy z Josifem Brodskim. Warszawa: Oficyna Wydawnicza "Pokolenie," 1988.
86p.

INFORMATOR. [s.l.] Archiwum Wschodnie [s.a.].
15p.

INFORMATOR Biura Prasowo-Informacyjnego NSZZ "Solidarnosc" Region Mazowsze. Przygotowaly: Beata Cieplowska-Kowalczyk, Malgorzata Kincbok, Magdalena Winiarczyk. Warszawa: Biuro Prasowo-Informacyjne NSZZ "Solidarnosc," [s.a.].
25p. (Telephone and other short information about the Mazowsze Region and central offices of the Solidarity Union)

INFORMATOR kulturalny. [Warszawa] Komisja Kultury NSZZ "Solidarnosc" Region Mazowsze [1981].
15p.

INNY Gorbaczow. Warszawa: Wydawnictwo Niepodleglosc, 1989.
50p.

INSTRUKCJA dla skarbnika komisji zakladowej. Warszawa: Wydawnictwo "Solidarnosc" Region Mazowsze, 1990.
28p.

ISAKIEWICZ, Lech, see Waclaw Szczepanski, *Tydzien z Iwanowem*.

IWANIUK, Waclaw.
Kartagina i inne wiersze; wybor Autora. [s.l.] Wolna Spolka Wydawnicza Komitywa Gdzies w Polsce, 1987.
35p.

Box No.
    IZDEBSKI, Hubert.
        Spolki - Czym sa, a czym powinny byc. Warszawa: Wydawnictwo "Solidarnosc" Region Mazowsze, 1990
            18p.

IZGOEV, A.S., see <u>Drogowskazy.</u>

Box No.
178. J., W.
> Polska w Europie. Wroclaw: Kooperatywa Wydawnicza "Wyzwolenie," 1981.
>> 21p.

J., Wojtek.
> Fala. [s.l.] Biblioteka A Capelli [s.a.].
>> 19p.

JACHNIAK, Wladyslaw.
> Oskarzam... (Historia zlotego FON-u i losy Polakow w 40-leciu PRL). Krakow: Biblioteka Obserwatora Wojennego [1987].
>> 84p.

JACOB.
> Krajobraz po bitwie. [s.l.] A Appella [s.a.].
>> 6p.

JAGLA, Michal.
> Stanislaw Mikolajczyk. Poznan, Towarzystwo im. Stanislawa Mikolajczyka w Poznaniu, 1989.
>> 19p.

JAGODZINSKI, Andrzej.
> Banici: rozmowy z czeskimi pisarzami emigracyjnymi. [s.l.] Oficyna Literacka, 1988.
>> 458p.

JAK zalozyc zwiazek zawodowy. [Warszawa] Wydawnictwo Glos [s.a.].
> 7p.

JAKUBOWICZ, Szymon.
> Bitwa o samorzad, 1980-1981. Wydanie drugie uzupelnione. Warszawa: In Plus, 1989.
>> 203p. (Reprint from 1988 Aneks edition, London)

JAKUNIN, Gleb O.
> O aktualnym stanie Rosyjskiego Kosciola Prawoslawnego i perspektywach religijnego odrodzenia Rosji. Lublin, Warszawa, Krakow: Wydawnictwo Spotkania, 1981.
>> 47p. (Biblioteka Spotkan, no. 8)

JALOWIECKI, Antoni [Jerzy Lojek].
> Kalendarz historyczny. Warszawa: Nakladem Wydawnictwa Glos, 1986.
>> [c. 374]l. (Photocopy?)

JALTA po latach. [s.l.] [s.n.] [s.a.].
> 35p. (Reprint from Biblioteka: pismo Akademickiego Ruchu Oporu we Wroclawiu, no. 6)

Box No.
178. JAN Pawel II swojemu narodowi. [s.l.] [s.n.] [s.a.].
48p.

JANCZAK, Hieronim.
Reforma gospodarcza w PRL: trzecie podejscie. Warszawa: Wydawnictwo Cdn, 1986.
60p.

JANKOWSKA, Janina.
Bez mikrofonu. Warszawa: Niezalezna Oficyna Wydawnicza, 1986.
45p.

JANOWICZ, Jaroslaw.
Zmiany bialoruskich nazw miejscowych Bialostocczyzny w dwudziestowiecznej polskiej konwencji ich zapisu. [s.l.] [s.n.] [s.a.].
24p.

JARMULICZ, Wiktor.
O przedmiocie i metodzie ekonomii politycznej. Warszawa - Wroclaw: Wers/Solidarnosc Walczaca, 1986.
27p.

JAROTA, Maria.
Rozpad. [s.l.] Oficyna Wydawnicza "Numer Drugi" [s.a.].
92p.

JARYMA, Wladyslaw.
Cios za cios. [Krakow] Biblioteka Miesiecznika Malopolskiego, 1984.
17p.

JASIENICA, Pawel.
Pamietnik. [s.l.] Miedzyzakladowa Struktura Solidarnosci [s.a.].
76p.

JASIENICA, Pawel.
Rozwazania o wojnie domowej. Warszawa: Niezalezna Oficyna Wydawnicza, 1978.
61p.

JASTRUN, Tomasz.
Zycie Anny Walentynowicz. Warszawa: Niezalezna Oficyna Wydawnicza, 1985.
61p.

JASUDOWICZ, Tadeusz.
W obronie dostepu do morza (na tle sporu polsko-niemieckiego o prawonomiedzynarodowy status wod Zatoki Pomorskiej). Warszawa: Wydawnictwo Polskie, 1989.
116p.

Box No.
178. JAWORSKI, Wit.
Sto kwiatow (?). Krakow: Kos, 1981.
70p.

JEDLICKI, Jerzy.
Forma i tresc "umowy spolecznej." Warszawa: Niezalezna Oficyna Wydawnicza, 1980.
27p. (TKN, Wyklady)

JEDLICKI, Witold.
"Chamy" i "Zydy." Warszawa: Wydawnictwo Krag, 1981.
26p.

JEDLICKI, Witold.
Klub Krzywego Kola. Warszawa: Wydawnictwo G. O. "Solidarni," 1989.
168p. (Sprzed Sierpniowej Perspektywy, no. 2)

JEDLICKI, Witold.
Kulisy wydarzen pazdziernika 1956. Krakow: Biblioteka Promienistych, 1986.
46p.

JEDRZEJEWICZ, Waclaw.
Jozef Pilsudski, 1867-1935, zyciorys. [s.l.] Mysl, 1985.
303p. (Reprint of 1982 PFK edition, London)

JEDRZEJEWICZ, Waclaw.
Listopad 1918 (fragment). Warszawa: Wydawnictwo Krag, 1981.
6p.

179. ...JEDYNA ich wina byl wiek poborowy: spiewnik dla zolnierzy i rekrutow. Warszawa: Adsum, 1985.
38p.

JEGLOWIECKI, Stanislaw.
Narod - "Solidarnosc" - komunizm: raport z badan opinii spolecznej pracujacych mieszkancow Krakowa. Krakow: Biblioteka Obserwatora Wojennego, 1984.
103p. (Centrum Badania Opinii Spolecznej NSZZ "Solidarnosc." Raport 1)

JELENSKI, K. A.
Zbiegi okolicznosci: o przeczytanym i przezytym przez 30 lat. Krakow: Wydawnictwo Kos, 1981.
2vols.

JEROFIEJEW, Wieniedikt.
Moskwa-Pietuszki: poemat. Tlumaczyli z rosyjskiego Nina Karsov i Szymon Szechter. Slowo wstepne napisal i przypisy opracowal Nikita Stavisky. [s.l.] Wydawnictwo Recto, 1990.
137p. (Reprint of 1986 Kontra edition, London)

Box No.
179.   JERZEWSKI, Leopold [Jerzy Lojek].
        Agresja 17 wrzesnia 1939: studium aspektow politycznych.
        Warszawa: Glos, 1979.
            150p. (Biblioteka Glosu; this item is shelved in
                Library stacks: DK4415 J48)

       JERZEWSKI, Leopold [Jerzy Lojek].
        Dzieje sprawy Katynia. Warszawa: Biblioteka Glosu, 1980.
            31p. (page 1 missing)

       JERZEWSKI, Leopold [Jerzy Lojek].
        Dzieje sprawy Katynia. Wroclaw: Oficyna Wydawnicza
        "Solidarnosci", 1981.
            40p., illus.

       JERZEWSKI, Leopold, see Wilhelm Orlik-Ruckeman, Kampania wrzesniowa.

       JERZEWSKI, Leopold, see Spojrzenie z drugiej strony

       JESKE-CHOINSKI, Teodor.
        Po czerwonym zwiestwie. Warszawa: Officyna Liberalow, 1989.
            56p.

       JEZYK propagandy. Warszawa [s.n.] 1979.
            21p. (Zeszyty TKN)

       JEZYK totalitarny: wybor tekstow. [s.l.] NZS [s.a.].
            48p.

       JOCHIMEK, Jerzy.
        Za kregiem. Warszawa: Wydawnictwo Przedswit, 1987.
            291p.

       JODKO, Lukasz [Jerzy Lojek].
        Orientacja rosyjska w polskiej walce niepodleglosciowej.
        [Lublin: Wydawnictwo Antyk, 1985].
            65p.

       JOZEF Pilsudski. Warszawa: Kuria Meropolitalna Warszawska, Wydzial
        Duszpasterstwa, 1985.
            79p. (Zeszyty Studium Nauki Spolecznej Kosciola)

       JOZEF Pilsudski w poezji. Warszawa: Biblioteka Pamieci
        J. Pilsudskiego, 1983.
            46p.

       JUNTA juje! Obrazki z tzw. "stanu wojennego." Gdansk: Wydanicza
        Inicjatywa Podziemna, 1983.
            [12]p.

Box No.
JUR.
System gospodarczy realnego socjalizmu. Warszawa: Biblioteka WSN, 1984.
29p.

Box No.
179. KACZMARSKI, Jacek.
    Zbroja. [s.l.] Wytrwalosc, 1982.
        11p.

KACZUROWSKI, Igor.
    Tragiczne losy pisarzy ukrainskich w Zwiazku Radzieckim. Z okazji setnej rocznicy dekretu emskiego. Warszawa: Wydawnictwo "Los," 1984.
        17p. (Reprint from <u>Kontinent</u>, no. 6/1976)

KALENDARIUM stosunkow sowiecko-niemieckich w latach 1939-1941 wg. ksiazki Aleksandra Bregmana "Najlepszy sojusznik Hitlera," opracowal Andrzej Piastowski. Krakow: Wydawnictwo Mysli Nieinternowanej, 1985.
        20p.

KALENDARZ konspiratora 1986. Zespol autorski Off. [s.l.] [s.n.] [1985].
        143p.

KALINOWSKI, Witold.
    Pytania podstawowe proba odpowiedzi. [Warszawa] Komitet Obywatelski-Mokotow, 1989.
        15p.

KALUBOVICH, Auhen.
    "Aitsy" BSSR i ikhny lios. [Warsaw: Nurt, 1988].
        80p. (Belarussian Cyrillic imprint; also titled in English: <u>"Fathers" of the B.S.S.R. and their Fate</u>; English summary by V. Kipel, pp. 78-79)

KALUBOVICH, Auhen.
    Akt 25-ha sakavika i adradzhen'ne natsyianal'nai belaruskai kul'tury. Belastok: Vydavetstva imia U. Ihnatouskaha, 1988.
        15p. (Belarussian Cyrillic imprint)

KAMINSKI, Aleksander, Antoni Wasilewski.
    Jozef Grzesiak "Czarny." Lublin: Biblioteka Spotkan, 1980.
        58p.

KAMINSKI, Aleksander.
    Jozef Grzesiak "Czarny." Aleksander Kaminski, Antoni Wasilewski. [s.l.] Biblioteczka Literacka i Historyczna [s.a.].
        80p. (Reprint from Biblioteka Spotkan edition)

KAMINSKI, Aleksander.
    O harcerstwie: teksty zapomniane. Wybor i opracowanie Janusz Bialy. Warszawa: Niezalezne Wydawnictwo Harcerskie, 1984.
        100p.

Box No.
179. KAMINSKI, Aleksander.
O harcerstwie (teksty zapomniane 1956-1978). Wybor i opracowanie Janusz Janowski. Warszawa: Wydawnictwo Spoleczne Kos, 1988.
112p. (Zeszyty Edukacji Narodowej)

KAMP, Hans Dieter.
Kosciol unicki po 1944. [s.l.] Los, 1986.
42p. (Seria sowietologiczna Instytutu Europy Wschodniej, no. 1)

KARPINSKI, Jakub.
Mowa do ludu. Lublin: Wydawnictwo Vademecum, 1985.
79p. (Reprint of Puls Publications edition, London, 1984)

KARPINSKI, Jakub.
Portrety lat: Polska w odcinkach, 1944-1988. Warszawa: Wydawnictwo Pomost, 1989.
286p. (Reprint of 1989 Polonia Book Fund edition, London)

KARPINSKI, Marek.
Zapis na cenzure. Warszawa: Wydawnictwo "Mazowsze," 1981.
25p.

KARPINSKI, Wojciech.
Droga do wolnosci. [s.l.] Melina Wydawnicza, 1985.
16p. (Reprint from Chusteczka imperatora, London: Polonia Book Fund)

KARPINSKI, Wojciech.
Wojciech Karpinski rozmawia z Alain'em Basancon. [s.l.] Kanon, 1984.
24p. (Reprint)

KARPINSKI, Wojciech.
Szkice o wolnosci. Drugie wydanie krajowe za Wydawnictwem "Kos," Krakow 1981. Wroclaw: Oficyna Wydawnicza Solidarnosc, 1981.
95p. (Biblioteka Mysli Demokratycznej)

KARSKI, JAN.
Wielkie mocarstwa a Polska (od Wrzesnia do Jalty). [Warszawa] Wydawnictwo Spoleczne Kos/Oswiata Niezalezna, 1987.
115p. (Zeszyty Edukacji Narodowej: Historia; translation of chps. XXIII-XXXIX of 1985 Univ. Press of America edition)

Box No.
179. KARSOV, Nina, Szymon Szechter.
Nie kocha sie pomnikow. Warszawa: Wydawnictwo Klubow Mysli Robotniczej Baza, 1987.
312p.

KARTA 84. Gdansk: NSZZ Solidarnosc Stoczni Gdanskiej, 1984.
15p. (Photocopy)

KARTA 84. [s.l.] Wydawnictwo Abc [1984].
23p.

KARTA praw robotniczych. Warszawa: Wydawnictwo Im. Olofa Palme, 1986.
13p. (Series: Dokumenty; supplement to Robotnik, no. 35/1979)

KARTA praw robotniczych: Dokument no. 1. [s.l.] [s.n.] [c.1979].
3p. (Supplement to Robotnik, [no. 35/1979])

KASMAN, Leon.
Konflikt z Moczarem. Opracowala Teresa Toranska. [s.l.] Wydawnictwo Mysl, 1986.
27p. (Reprint from Aneks, no. 39)

KATALOG Uchawal Prezydium i Zarzadu organizacji regionalnej NSZZ "Solidarnosc" w Plocku." Plock [s.n.] 1981.
[4]l.

KAWAL polski. Wybor i opracowanie M. Radecka. Warszawa: Wydawnictwo Cdn, 1983.
33p.

KAWALEC, Stefan.
Demokratyczna opozycja w Polsce: wydarzenia czerwcowe i rok dzialalnosci Komitetu Obrony Robotnikow. Warszawa: Glos, 1979.
35p. (Biblioteka Glosu, no. 2)

KAWALEC, Stefan.
Demokratyczna opozycja w Polsce: wydarzenia czerwcowe i rok dzialalnosci Komitetu Obrony Robotnikow. Wydanie II. Warszawa: Wydawnictwo Glos, 1980.
35p.

180. KAZANIA wojenne. Warszawa: Wydawnictwo Cdn, 1983.
48p.

KAZANO zapomniec. Siedlce: [s.n.] 1981.
16p.

KAZMIERCZAK, Cezary.
Z notatnika psychopaty. Siedlce: Wydawnictwo Metrum, 1987.
56p.

Box No.
180.   KELLES, Andrzej.
           Wegry 1956. Warszawa: Nowa, 1981.
               53p. (Towarzystwo Kursow Naukowych)

       KELSEN, Hans, 1881-1973.
           O istocie i wartosci demokracji. [s.l.] Wers [s.a.].
               83p.

       KELUS, Jan Krzysztof.
           Piosenki ze starej kasety, 1968-1977. Warszawa: Wydawnictwo
           Cdn, 1982.
               46p.

       KELUS, Jan Krzysztof.
           "Z nieskonczona wciaz piosenka...," 1980-1982. Warszawa:
           Wydawnictwo Cdn, 1982.
               62p.

       KERSTEN, Krystyna.
           Historia polityczna Polski 1944-1956. Warszawa: Wydawnictwo
           Krag, 1982.
               107p.

       KERSTEN, Krystyna.
           Historia polityczna Polski 1944-1956. I zeszyt. Warszawa:
           Rytm [s.a.].
               57p.

       KERSTEN, Krystyna.
           Historia polityczna Polski 1944-1956. II zeszyt. Warszawa:
           Rytm [s.a.].
               64p.

       KERSTEN, Krystyna.
           Narodziny systemu wladzy: Polska 1943-1948. Warszawa:
           Wydawnictwo Krag, 1985.
               358p.

       KERSTEN, Krystyna.
           Narodziny systemu wladzy: Polska 1943-1948. Warszawa:
           Wydawnictwo Pomost, 1988.
               393p.

       KERSTEN, Krystyna.
           Polska 1944 - czerwiec 1956. Zarys wydarzen politycznych.
           Czesc I. Warszawa: NSZZ "Solidarnosc," Ogolnopolski Zespol
           Historyczny Oswiaty, 1981.
               71p. (Zeszyty Historyczne, no. 3)

Box No.
180. KIEDYNK, Piotr.
    Jan Pawel II wobec wydarzen w Polsce 1980-1983. Warszawa: Wydawnictwo przeora Augustyna Kordeckiego, 1983.
        13p.

KIERSNOWSKI, Maciej.
    Dyktatura rozsadku. Warszawa: Oficyna Wydawnicza Pokolenie, 1985.
        14p.

KIJOWSKI, Andrzej.
    Ethos spoleczny literatury polskiej. Literatura i hodowla. Rozterki Polakow. Warszawa: Wydawnictwo Komitetu Kultury Niezaleznej, 1985.
        27p. (Proby. Biblioteka Kultury Niezaleznej)

KIJOWSKI, Andrzej.
    Niedrukowane. Wydanie drugie, rozszerzone i dopelnione. Warszawa: Niezalezna Oficyna Wydawnicza, 1978.
        78p.

KIS, Danilo.
    Grobowiec dla Borysa Dawidowicza: siedem rozdzialow jednej wspolnej historii. Z jezyka serbskochorwackiego przelozyl Kazimierz Zorawski. Warszawa: Niezalezna Oficyna Wydawnicza, 1989.
        88p.

KISIELEWSKI, Stefan.
    Bez cenzury. Warszawa: Wydawnictwo Cdn, 1983.
        173p.

KISIELEWSKI, Stefan.
    Bezsilnosc publicystyki? Warszawa: Wszechnica Spoleczno-Polityczna, 1983.
        138p. (Biblioteka Solidarnosci Narodu)

KISIELEWSKI, Stefan.
    Bezsilnosc publicystyki. O nadwislanskim poplataniu (felietony zdjete przez cenzure). [Warszawa] Niezalezna Oficyna Wydawnicza, [s.a.].
        27p.

KISIELEWSKI, Stefan.
    Na czym polega socjalizm? Warszawa: Wydawnictwo im. Konstutucji 3 Maja, 1979.
        54p. (Reprint of 1977 Odnowa Ltd. edition, London)

KISIELEWSKI, Stefan [Tomasz Stalinski].
    Romans zimowy. Warszawa: Niezalezna Oficyna Wydawnicza, 1982.
        114p.

Box No.
180. KISIELEWSKI, Stefan.
Stosunki panstwo - Kosciol w PRL. Warszawa: Wydawnictwo Glos, 1980.
28p.

KISIELEWSKI, Stefan.
Stosunki Kosciol - panstwo w PRL. Krakow: Wydawnictwo "Krzyza Nowohuckiego," 1981.
23p.

KISIELEWSKI, Stefan.
Wedlug alfabetu. Warszawa: Brama, 1989.
57p.

KISIELEWSKI, Stefan.
Wedlug alfabetu. Warszawa: Wola, 1988.
78p.

KISIELEWSKI, Stefan.
Wolanie na puszczy. Zbior publicystyki wydanej poza zasiegiem cenzury w latach 1976-1981. [Warszawa] Niezalezna Oficyna Wydawnicza, 1987.
2vols.

KISTIAKOVSKII, B.A., see Drogowskazy.

KLAMSTWO polityczne. Stalowa Wola: Studium Spoleczne Duszpasterstwa Ludzi Pracy, 1988.
62p. (Zeszyt no. 1; articles by J. Tischner and A. Lenkewicz)

KLOCHOWICZ, Kazimierz.
Cztery niedotrzymane pakty. [s.l.] Errata [s.a.].
183p. (Underground reprint of emigre edition)

KNAPP, Stefan.
Kwadratowe slonce. Przelozyla Maria Tarczynska. [s.l.] Wydawnictwo Wyzwolenie, 1987.
102p.

KOBIETA polska lat osiemdziesiatych. Pod redakcja Andrzeja Bujwida. Warszawa: Niezalezna Oficyna Wydawnicza, 1988.
214p. ("Ksiazka wydana z subwencji Spolecznej Komisji Zdrowia")

181. KOCHANY Ksieze Jurku... Listy do Ksiedza Jerzego Popieluszki. Warszawa: Niezalezna oficyna Wydawnicza, 1985.
108p.

KOCURZYCKI, Janusz.
Koty, psy, ludzie - polityka. Warszawa: Wyd. N'99, 1985.
12p. (Typescript)

Box No.
181. KOGELFRANZ, Siegfried.
Jak podzielono Europe. [s.l.] Spoldzielnia Wydawnicza Profil [s.a.].
66p.

KOLAKOWSKA, Tamara.
Psychiatria sowiecka i dysydenci: na marginesie ksiazki S. Blocha i P. Reddaway'a "Polityczne szpitale w Rosji." [s.l.] [s.n.] [s.a.].
11p. (Reprint from Aneks, no. 19/1978)

KOLAKOWSKI, Leszek.
Czy diabel moze byc zbawiony i 27 innych kazan. [s.l.] Wszechnica Spoleczno-Polityczna, 1983.
333p. (Reprint of 1983 London edition)

KOLAKOWSKI, Leszek.
Eseje. Warszawa, 1981.
101p. (Contains: Spisek pieknoduchow; Kaplan i blazen; Etyka bez kodeksu; Jezus Chrystus prorok i reformator)

KOLAKOWSKI, Leszek.
Kto z was chcialby rozweselic pechowego nosorozca. [s.l.] Oficyna Literacka, 1986.
14p.

KOLAKOWSKI, Leszek.
Obecnosc mitu. Krakow: Wydanictwo Abc, 1981.
131p. (Reprint of 1972 Instytut Literacki edition, Paris)

KOLAKOWSKI, Leszek.
Palka i teoria. Krakow: Biblioteka Promienistych, 1984.
12p.

KOLAKOWSKI, Leszek.
Pochwala niekonsekwencji. Pisma rozproszone z lat 1955-1968. Warszawa: Niezalezna Oficyna Wydawnicza, 1989.
3vols.

KOLAKOWSKI, Leszek.
Religia. Warszawa: Oficyna Wydawnicza "Pokolenie," 1986.
119p. (Translation of 1982 Fontana Paperbacks edition)

KOLAKOWSKI, Leszek.
Rewolucja jako piekna choroba. [s.l.] [NZS] [s.a.].
22p.

Box No.
181. KOLAKOWSKI, Leszek.
Trzy bajki o identycznosci. [s.l.] Wolni i Solidarni, 1986.
10p. (Reprint from *Zapis*, no. 8/1978)

KOMAR, Michal.
Zmeczenie. [Warszawa?] Wszechnica Spoleczno-Polityczna, 1985.
275p.

KOMIEGA, Marcin.
Przepowiednie pojutrznia. Wydanie II przejrzane. Warszawa: Wydawnictwo Glos, 1985.
35p.

KOMITET Helsinski w Polsce.
Akty terroru i przemocy. Warszawa: Niezalezna Oficyna Wydanicza, 1985.
77p.

KOMITET Helsinski w Polsce.
Czas proby: o adwokatach, obroncach ludzi i wartosci. [Warszawa: Wydawnictwo Spoleczne Kos, 1984?]
61p. (Komitet Helsinski w Polsce, no. 5)

KOMITET Helsinski w Polsce.
Naruszenia praw czlowieka i podstawowych wolnosci w PRL w latach 1983-1986. Raport na spotkanie wiedenskie przedstawicieli panstw uczestniczacych w KBWE. [Warszawa] Wydawnictwo Spoleczne Kos [1986].
60p.

KOMITET Helsinski w Polsce.
Naruszenia praw czlowieka i podstawowych wolnosci w PRL w okresie od 1 listopada 1986 do 30 kwietnia 1987. II Raport na Konferencje Wiedenska KBWE. [s.l.] [s.n.] 1987.

KOMITET Helsinski w Polsce.
Prawa czlowieka i obywatela w PRL. Raport 2. Warszawa: Wydawnictwo Cdn, 1984.
108p.

KOMITET Helsinski w Polsce.
Prawa czlowieka i obywatela w PRL /styczen - wrzesien 1984/. Raport 3. Warszawa: Niezalezna Oficyna Wydawnicza, 1985.
95p.

KOMITET Helsinski w Polsce.
Proces MRK"S"-u (Miedzyzakladowego Robotniczego Komitetu "Solidarnosci"). Warszawa: Niezalezna Oficyna Wydawnicza, 1985.
123p. (Archiwum Solidarnosci)

Box No.
181. KOMITET Prognozowania Perspektywicznego Rozwoju Kraju "Polska 2000." Sprawozdanie dla Prezydium Polskiej Akademii Nauk o realizacji zamierzenia badawczo-prognostycznego "Spoleczenstwo polskie na przelomie XX i XXI wieku." Warszawa, wrzesien 1984 r. [s.l.] Wydala Agencja Informacyjna Solidarnosci Walczacej [s.a.].
17p.

KOMITET Samoobrony Spolecznej "KOR." Krakow: Inicjatywa Wydawnicza, 1984.
101p. (Reprint of <u>Kontakt</u>, no. 5, Paris, 1983. Interviews with S. Blumsztajn, M. Chojecki, A. Kowalska, K. Pomian and A. Smolar)

KONARSKI, Stefan.
Marksizm jest nagi. Warszawa: Wydawnictwo Krag, 1981.
89p.

KONECZNY, Feliks.
Cywilizacja bizantyjska. Rozdzialy XIII-XVII. Warszawa: Unia Nowoczesnego Humanizmu [1989?]
pp. 336-404. (Reprint of emigre edition)

KONECZNY, Feliks.
Cywilizacja zydowska. Tom III: Walka o byt - ekspansja. Londyn: Nakladem Komitetu Wydawniczego, 1974.
418p. (Underground reprint, Warszawa, c. 1990)

KONFEDERACJA Polski Niepodleglej.
Akt; Deklaracja; Tymczasowy Statut. [s.l.] [s.n.] [1979].
6p.

KONFEDERACJA Polski Niepodleglej.
Deklaracja ideowa; Statut; Program. Warszawa: Wydawnictwo Polskie, 1990.
82p.

182. KONFERENCJA jaltanska w polskiej perspektywie. Warszawa: Rytm, 1986.
99p. (<u>Zeszyty Edukacji Narodowej</u>. Historia)

KONGRES Kultury Polskiej. [s.l.] [s.n.] [s.a.].
105p.

KONSPIRA, see Maciej Lopinski.

KONSPIRACJA i walki zbrojne na wilenszczyznie 1939-1945 i epilog.
Opracowal: Janusz Bohdanowicz "Czortek." Gdansk [s.n.] 1990.
24p.

KONTAKT: wybor. Warszawa: Przedswit, 1986.
101p. (Reprint from <u>Kontakt</u>, no. 33-43, Paris)

Box No.
182.   KONTAKT '87: wybor artykulow z numerow 1-2-3. [s.l.] Respublika, 1987.
159p.

KONTAKT '87: wybor artykulow z numberow 4, 5, 6. [s.l.] Respublika, 1988
158p.

KONWERSATORIUM Doswiadczenie i Przyszlosc.
Polska wobec stanu wojennego. Raport czwarty marzec 1982. [s.l.] [s.n.] [1982].
68p.

[KONWERSATORIUM] Doswiadczenie i przyszlosc.
[Raport o stanie Rzeczypospolitej...]. Warszawa: Komitet Redakcyjny Konwersatorium "Doswiadczenie i Przyszlosc," [19 May] 1979.
200p. (Photocopy)

KONWERSATORIUM Doswiadczenie i Przyszlosc.
Spoleczenstwo wobec kryzysu. Raport trzeci. Warszawa: NSZZ Solidarnosc Region Mazowsze/Instytut Wydawniczy Zwiazkow Zawodowych, 1981.
71p.

KONWERSATORIUM "Doswiadczenie i Przyszlosc." Raport trzeci.
Spoleczenstwo wobec kryzysu. [Warszawa: Biuletyn Informacyjny NSZZ Solidarnosc w Instytucie Badan Jadrowych, 1981].
26p. (Photocopy)

KONWERSATORIUM Doswiadczenie i Przyszlosc. Zespol uslugowy.
Raport o stanie Rzeczypospolitej i drogach wiodacych do jej naprawy. [Warszawa] Nowa [Sep. 1979].
74p. (Includes "Poslowie" by Edward Lipinski)

KOPACSI, Sandor.
Wegry 1956: trzynascie dni nadzieji. Warszawa: Niezalezna Oficyna Wydawnicza "Nowa" [1980].
53p. (<u>Biuletyn Informacyjny</u>: Przeglad Prasy Zagranicznej, numer specjalny)

KOPERNIK, Malgorzata, Waldemar Krzystek.
Czas kary: scenariusz filmu dyplomowego. Wroclaw: Inicjatywa Wydawnicza Aspekt, 1984.
44p.

KOPOWKA, Edward.
Memento mori. Wydanie II, uzupelnione. Siedlce: Wydawnictwo im. Grzegorza Przemyka, 1986.
[14]l.

-418-

Box No.
182. KOR. Opracowano na podstawie wydanej przez NOW-a ksiazki Jana Jozefa Lipskiego KOR. [s.l.] Wydawnictwo Mysl [s.a.].
79p.

KORAB-ZEBRYK, Roman.
Epilog: Wilenszczyzna 1944. Warszawa: Biblioteka Literacka i Historyczna, 1981.
95p.

KORAB-ZEBRYK, Roman.
Operacja wilenska 1944: epilog. [s.l.] Wydawnictwo MN [s.a.].
45p.

KORWIN-MIKKE, Janusz.
Do dolu nogami! Projekt radykalnej reformy spoleczno-gospodarczej. Warszawa: Officyna Liberalow, 1981.
14p. (Reprint of Glos no. 3/1981, Warsaw)

KORWIN-MIKKE, Janusz.
Historia i zmiana. Warszawa, 1982.
118p. ("Na prawach rekopisu"; photocopy)

KORWIN-MIKKE, Janusz.
List otwarty do Stefana Bratkowskiego. Warszawa: Oficyna Liberalow, 1983.
7p.

KORWIN-MIKKE, Janusz.
Prosta droga. Warszawa: Officyna Liberalow, 1980.
4p.

KORWIN-MIKKE, Janusz.
Ubezpieczenia. Wydanie IV. [s.l.] Biblioteka Liberalow, 1985.
18p. (Series: Z ekonomia na Ty)

KORUND, Gustaw.
Noc grudniowa: opowiesc wigilijna w pieciu aktach z prologiem, introdukcja i zakonczeniem - rzecz napisana w drugiej polowie grudnia 1981 roku i w styczniu 1982 roku. Warszawa: Nowa, 1983.
57p.

KORYBUTOWICZ, Zygmunt.
1970 grudzien. Warszawa: Slowo, 1984.
141p. (Reprint of 1983 Instytut Literacki edition, Paris)

KORZENIEWSKI, Bohdan.
Ksiazki i ludzie. Warszawa: Niezalezna Oficyna Wydawnicza, 1989.
121p.

Box No.
182. KORZENIEWSKI, Tadeusz.
W Polsce: powiesc. Warszawa: Niezalezna Oficyna Wydawnicza [1981?]
67p.

183. KOSCIOL na Litwie. Poznan: Wyd. Glosy, 1985.
22p. (Reprint of articles by Marine Sapietis, *Spotkania* no. 7-8/1979, and Bohdan Bociurkiw, *Spotkania* no. 3-4/1978)

KOSCIUSZKOWCY. Opracowal Wiktor Kulerski. Warszawa: Niezalezne Wydawnictwo Harcerskie, 1984.
17p. (*Zeszyty Edukacji Narodowej*. Historia)

KOSSAK, Zofia.
Pozoga: wspomnienia z Wolynia, 1917-1919. Przedmowa prof. St. Estreichera. Warszawa: Wydawnictwo Glos, 1988.
2vols.

KOT, Jan.
Kamienny potok. Szkice. [Warszawa] Niezalezna Oficyna Wydawnicza 1981.
141p.

KOTULCZYK, Benedykt.
Wojsko w pazdzierniku w 1956. Warszawa: Wydawnictwo Glos, 1983.
8p.

KOWALCZUK, Andrzej, Michal Fedorowicz.
Przeksztalcenia wlasnosciowe przedsiebiorstw panstwowych. Przypadek "Dory." Przypadek "Omigu." Warszawa: Wydawnictwo NSZZ "Solidarnosc" Region Mazowsze, 1990.
66p. (Osrodek Badan Zwiazkowych, no. 8)

KOWALIK, Tadeusz.
O mozliwosci przejscia od komunizmu do socjalizmu. [s.l.] [s.n.] [s.a.].
14p.

KOWALIK, Tadeusz.
Spory o ustroj spoleczno-gospodarczy Polski 1944-48. Warszawa: Niezalezna Oficyna Wydawnicza, 1980.
98p. (*Zeszyty Towarzystwa Kursow Naukowych*)

KOWALSKA, Anka.
Racja stanu: wiersze z lat 1974-1984. Warszawa: Warszawska Niezalezna Oficyna Poetow i Malarzy, 1985.
26p.

Box No.
183. KOWALSKI, Jan.
   Metody i praktyki bezpieki w pierwszym dziesiecioleciu PRL.
   Lodz: Bl, 1985.
      44p. (Reprint from Puls, no. 22/23)

KOWALSKI, Piotr.
   Porozumienie. [Krakow] Biblioteka Miesiecznika Malopolskiego
   [1984].
      7p. (no. 1/1984)

KOWALSKI, Tadeusz, Waclaw Majewski, Magdalena Nowakowa, see
   Dziesiec miesiecy stanu wojennego. Czesc 2.

KOWALSKI, Tadeusz, Waclaw Majewski, Magdalena Nowakowa, Irmina
   Piekarska i Artur Sokolowski, see Piec miesiecy (zawieszonego
   stanu wojennego) w Malopolsce.

KOWALSKI, Wiktor.
   Dziennik z obozow dla internowania. Wroclaw: Inicjatywa
   Wydawnicza Aspekt, 1983.
      56p.

KOZAKIEWICZ, Jerzy.
   Po wojnie...program dla Polski Podziemnej. [Warszawa] Rytm
   [s.a.].
      12p.

KOZIEJ, Emil.
   Pamietniki. Gorny Slask: Glos Slasko-Dabrowski, 1985.
      17p. (Reprint from: Od Kijowa do Berlina, Warszawa:
         Tow. Wydawn. Rubikon, 1933)

KRAJEWSKI, Andrzej.
   Cicerone: Polska 1982-1985 w oczach korespondentow zachodnich.
   Warszawa: Wydawnictwo Most, 1987.
      259p.

KRAJEWSKI, Andrzej.
   Region USA. Warszawa: Prawy Margines, 1988.
      115p.

KRAJEWSKI, JAN.
   Biale karty w sprawach Polsko-Zydowskich na przelomie XIX/XX
   wieku do 1939. Warszawa: Polskie Wydawnictwo "Ojczyzna," 1989.
      57p.

KRAJOWA Komisja Porozumiewawcza NSZZ "Solidarnosc": posiedzenie w
   dniach 2-3 wrzesnia 1981 r. Warszawa: Wydawnictwo Pomost,
   1988.
      207p. (Archiwum "Solidarnosci," vol. 17, series:
         Dokumenty)

Box No.
183. KRAJOWIEC, Jan.
Wojna w Zwiazku Literatow Polskich. Warszawa: Zespol do Spraw Kultury NSZZ "Solidarnosc," 1984.
47p.

KRANC, Remigiusz, Ojciec.
Widzialem pieklo. Siedlce: Wydawnictwo Metrum, 1984.
37p.

KRASIN, Wiktor.
Sad. Tlumaczyl P. S. Warszawa: Wydawnictwo Krag, 1984.
52p. (Translation of: Sud, New York: Chalidze Publications, 1983)

KRASNIEWSKA, Wiktoria.
Po wyzwoleniu...(1944-1956). Paryz: Instytut Literacki, 1985. [Wydanie I krajowe, poprawione przez Autorke]. Warszawa: Oficyna Wydawnicza Pokolenie, 1986].
268p. (Reprint of the Instytut Literacki edition)

KRASOWSKI, Edmund.
RWPG: czarna dziura polskiej gospodarki. Elblag [s.n.] 1990.
24p.

KRESOWIAK, Jan.
Leopolis semper fidelis: Lwow zawsze wierny. Krakow: Biblioteka Promienistych, 1985.
40p.

KROCKOW, Christian, Graf von.
Czas kobiet: wspomnienia z Pomorza 1944-1947, wedlug relacji Libussy Fritz-Krockow. Przelozyla Iwona Burszta-Kubiak. Warszawa: Wydawnictwo Cdn, 1990.
160p.

KROL, Krzysztof.
Program dla Gorbaczowa i inne programy. Warszawa: Wydawnictwo Polskie, 1988.
45p. (Biblioteka Drogi)

KROL, Marcin, Jacek Kurczewski.
Po sierpniu 1980 r. Warszawa: Nowa 2, 1981.
36p. (Towarzystwo Kursow Naukowych)

KROL, Marcin.
Slownik demokracji. [s.l.] Wszechnica Spoleczno-Polityczna, 1983.
79p.

Box No.
183. KROL, Marcin.
Style politycznego myslenia: wokol "Buntu Mlodych" i "Polityki." Warszawa: Nowa [s.a.].
117p. (Reprint from Libella)

KRONIKA Kosciola Katolickiego na Litwie. Warszawa: Wydawnictwo Grup Politycznych, 1985.
64p. (Translation of Chronicle of the Catholic Church in Lithuania, no. 59)

KRYZYS gospodarki polskiej. Przyczynek do analizy. Warszawa: Instytut Wydawniczy Zwiazkow Zawodowych, 1981.
53p.

KRYZYS w Polsce: analiza ekonomiczna. [Warszawa] Wydawnictwo Spoleczne Kos [s.a.].
25p. (Zeszyty Edukacji Narodowej. Ekonomia)

KRYZYS w ZSRR. Warszawa: Wydawnictwo Slowo, 1983.
35p. (Reprint of two articles from U.S News and World Report, and one from Aneks)

KRZECZUNOWICZ, Kornel.
Szarza pod Komarowem. [s.l.] Unia [s.a.].
40p.

KRZEMINSKI, Ireneusz.
Sociologia a doswiadczenia spoleczne Polakow. Warszawa: Biblioteka Kultury Niezaleznej, 1987.
9p. (Proby. Biblioteka Kultury Niezaleznej, vol. 10)

KSIADZ Jerzy. [s.l.] Mysl, 1985.
68p., illus.

KSIEGOWOSC ZWIAZKOWA. Lodz: Solidarnosc Ziemii Lodzkiej, 1990.
13p. (Osrodek Szkolenia Zwiazkowego, Zeszyty, no. 2)

KSS "KOR": what's what, who's who. Warszawa: Wydawnictwo Cdn, 1982.
[18]p.

KTO tu wpuscil dziennikarzy. Pracownia Reportazu - Lodz. Wedlug pomyslu Marka Millera. [Warszawa] Niezalezna Oficyna wydawnicza [s.a.].
185p.

KU niepodleglosci 11 listopada - 1980. [s.l.] [s.n.] [1980].
11p.

KU pokrzepieniu serc! Olsztyn [s.n.] 1986.
8p.

Box No.
183. KUCHARZEWSKI, Jan.
Terrorysci. Warszawa: Wydawnictwo Krag, 1983.
2vols. (Reprint of the 1931 edition of Od bialego caratu do czerwonego, vol. 5)

KUCZYNSKI, Jozef Ks.
Miedzy Parafia a lagrem. Warszawa: Oficyna Wydawnicza Rytm, 1989.
92p. (Reprint from Spotkania edition, Paris)

184. KUCZYNSKI, Waldemar.
Oboz. Warszawa: Wydawnictwo Cdn, 1982.
57p.

KUCZYNSKI, Waldemar.
Po wielkim skoku. Warszawa: Niezalezna Oficyna Wydawnicza, [1979?]
95p. (Photocopy; several missing pages)

KUCZYNSKI, Waldemar.
Solidarni i niepokonani. [s.l.] [s.n.] [s.a.].
14p. (Reprint from Aneks, no. 29-30/1983)

KUKIEL, Marian.
General Sikorski: zolnierz i maz stanu Polski walczacej. [s.l.] Niezalezna Oficyna Wydawnicza [1981].
280p. (Underground reprint of emigre edition)

KULERSKI, Wiktor.
Walka z pijackim obyczajem. Warszawa: Wydawnictwo Spoleczne Kos, 1984.
15p. (Maly Zen)

KULTURA: wybor z rocznika 1978. [Warszawa] Niezalezna Oficyna Wydawnicza [1979].
112p.

KULTURA: wybor z rocznika 1983. Warszawa: Wydawnictwo Cdn, 1985.
202p.

KULTURA: wybor z rocznikow 1979-80. [Warszawa] Niezalezna Oficyna wydawnicza [1981].
138p.

KUPCZYNSKI, Roman.
Pogrom na Ukrainie: 1972-1980. Warszawa: Wis, 1986.
36p. (Biblioteka Dialogu)

KURON, Jacek.
Krajobraz po bitwie. [Warszawa] [Nakladem Tygodnika Mazowsze] [1987].
8p.

Box No.
184. KURON, Jacek.
Polityka i odpowiedzialnosc. Lublin: Wydawnictwo Niezalezne Cis, 1986.
221p.

KURON, Jacek.
Zdobyc milczaca wiekszosc. Warszawa: Rytm, 1988.
24p.

KURON, Jacek.
Zlo, ktore czynie. Warszawa: Niezalezna Oficyna Wydawnicza, 1984.
153p. (Biblioteka Kwartalnika Politycznego Krytyka)

KUROWSKI, Stefan.
Doktrynalne uwarunkowania obecnego kryzysu gospodarczego PRL (Referat wygloszony na konferencji Polskiego Towarzystwa Socjologicznego nt. "Socjologiczne i ekonomiczne problemy gospodarki planowej" w dniu 12.V.1979 w Sali Lustrzanej w Palacu Staszica w Warszawie). Warszawa [s. n.] 1979.
[7]l.

KUROWSKI, Stefan.
Obszary zainteresowan i przeslanki wyboru. Warszawa: Osrodek Badan Spolecznych [1981].
pp.3-23. (Published together with Stefan Kawalec, Warunki realizacji porozumien)

KUROWSKI, Stefan (et al.).
Reforma czego? Warszawa: Oficyna Liberalow, 1987.
86p.

KUROWSKI, Stefan.
Struktura spoleczna a rewolucja naukowo-informatyczna (teoria kratyzmu). Doktrynalne uwarunkowania kryzysu gospodarczego w P.R.L. Warszawa: Wydawnictwo im. Konstytucji 3 Maja, 1981.
56p. (Biblioteka kwartalnika Aspekt, no. 3)

KUROWSKI, Stefan.
Wstep do programu i zalozenia ideowe. Propozycje dla NSZZ "Solidarnosc." [Warszawa] Osrodek Badan Spolecznych NSZZ "Solidarnosc" - Region Mazowsze [1981].
8p.

KUSMIEREK, Jozef.
Consensus tak, ale... Warszawa: Wydawnictwo Przedswit, 1986.
46p.

KUSMIEREK, Jozef.
Credo. [s.l.] Przedswit, 1983.
69p.

Box No.
184.   KUSMIEREK, Jozef.
         Jak rzadzi sie gmina. Warszawa: Pokolenie, 1987.
              81p. (Seria Reporterow Oko)

       KUSMIEREK, Jozef.
         Jak rzadzi sie gmina. [s.l.] [s.n.] [s.a.].
              21p. (Abbreviated version)

       KUSMIEREK, Jozef.
         Libanizacja Polski. Warszawa: Rytm, 1987.
              23p.

       KUSMIEREK, Jozef.
         List do wicepremiera Mieczyslawa Rakowskiego, oboz
         internowanych w Darlowku, listopad 1982 r. [s.l.] [s.n.]
         [s.a.].
              23p.

       KUSMIEREK, Jozef.
         Nie ma sprawy wazniejszej. Warszawa: Rytm, 1988.
              88p.

       KUSMIEREK, Jozef.
         O czym wiedzialem. Warszawa: Wydawnictwo Mloda Polska, 1979.
              29p. (Reprint from Krytyka, no. 3)

       KUSMIEREK, Jozef.
         Polska a Zachod czyli oczekiwanie pomocy. Warszawa:
         Przedswit, 1983.
              91p.

       KUZIO, Taras.
         Zamieszki narodowosciowe w Kazachstanie. Warszawa: Niezalezna
         Agencja Wydawnicza "Solidarnosci Walczacej," 1989.
              16p.

       KWASNIEWSKA, Wieslawa.
         Grudzien 1970 w Gdyni. Warszawa: Wydawnictwo Pokolenie, 1986.
              101p. (Archiwum Solidarnosci, vol. 11; series:
                  Relacje i Opracowania)

       KWASNIEWSKI, Antoni, Waclaw Wyrwa.
         Jakiej polityki Polacy potrzebuja. [s.l.] Wydawnictwo
         Spoleczne Kos [s.a.].
              36p. (Zeszyty Edukacje Narodowej. Dyskusje)

       KWASNIEWSKI, Jacek, see Jerzy Drygalski.

Box No.
184. KWIECINSKI, Zbigniew.
Dylematy, inicjatywy, przebudowy: nad przeslankami odrodzenia edukacji w Polsce. Wroclaw: Inicjatywa Wydawnicza Aspekt, 1985.
88p.

Box No.
184. LABEDZ, Krzysztof.
Opozycja polityczna w Polsce 1980-1983. [Warszawa] Zrzeszenie Studentow Polskich, Rada Naczelna, Wydzial Propagandy, 1989.
182p. (Biblioteka Bis; series: Informator Polityczny)

LAMENTOWICZ, Wojciech.
Jak rzadzic po Sierpniu. [Warszawa] [Mlodziezowa Agencja Wydawnicza Druk: Zaklad Malej Poligrafii] [1981].
132p. (Wspolne Rozmowy. Osrodek Pracy Politycznej "Sigma" SZSP UW; "Do uzytku wewnatrz-organizacyjnego")

185. LAMMICH, Siegfried.
Proces przeciwko zabojcom ks. Jerzego Popieluszki: relacja obserwatora i dokumenty. [s.l.] Polonia, 1987.
103p. (Reprint)

LANGE, Oskar.
Jak pojmuje socjalizm? Wroclaw: Vist, 1985.
7p.

LAPA, Zenon.
Misza cudotworca. [s.l.] Wydawnictwo Wyzwolenie, 1989.
21p.

LAPINSKI, Zdzislaw.
Miedzy polityka a metafizyka: o poezji Czeslawa Milosza. Lublin: Wydawnictwo Vademecum, 1985.
38p. (Reprint of 1980 Nowa edition)

LAPINSKI, Zdzislaw.
Miedzy polityka a metafizyka (o poezji Czeslawa Milosza). Warszawa: Niezalezna Oficyna Wydawnicza "Nowa," 1980.
43p. (Towarzystwo Kursow Naukowych. Wyklady)

LATYNSKI, Marek.
Nie pasc na kolana: szkice o opozycji lat czterdziestych. Warszawa: Piechur, 1987.
636p. (Underground reprint of emigre edition)

LATYNSKI, Marek.
Wariacje na temat Jaruzelskiego. Warszawa: Niezalezna Oficyna Wydawnicza, 1987.
50p.

LAWRYNENKO, Jurij.
Literatura sytuacji pogranicznych. Warszawa: Wydawnictwo Krag, 1981.
16p. (Reprint of <u>Kultura</u>, no. 3/1959, Paris)

Box No.
185. LE CARRE, John.
Ze smiertelnego zimna: powiesc. Przelozyl z angielskiego Antoni Banasiak. Warszawa: Rekontra, 1986.
129p.

LECHICKI, Krzysztof, see Leopold.

LEDERER, JIRI.
Czeskie rozmowy. Warszawa: Wydawnictwo Przedswit, 1987.
180p.

LEGUTKO, Ryszard.
Dylematy kapitalizmu. Krakow [s.n.] 1985.
313p.

LENDVAI, Paul.
Antysemityzm bez Zydow. Cz. I: Komunizm a Zydzi. [s.l.] Los, 1987.
84p.

LENKIEWICZ, Antoni.
Jozef Pilsudski: zycie, czyny, mysli. Wroclaw: Agencja Solidarnosci Walczcej, 1985.
144p. (Hardbound)

LENKIEWICZ, Antoni.
Kalendarz Polski niepodleglej 1989. [s.l.] [s.n.] [s.a.].
24p.

LENKIEWICZ, Antoni.
Kawalerowie Polski niepodleglej. Wiezieni i zamordowani w PRL. Noty i szkice biograficzne od A do Z. Wroclaw: Agencja Wydawnicza Solidarnosci Walczacej, 1989.
52p.

LENKIEWICZ, Antoni, see Klamstwo polityczne.

LEOPOLD, Czeslaw, Krzysztof Lechicki.
Wiezniowie polityczni w Polsce 1945-1956. [s.l.] Respublica, 1986.
72p. (Reprint of 1981 Wydawnictwo Mloda Polska edition, Gdansk)

LEOPOLD, Kazimierz.
Przywodcy Polski Podziemnej przed sadem moskiewskim. Warszawa: Oficyna Wydawnicza "Pokolenie," 1989.
109p. illustr.

LEOPOLIS: dzieje i kultura Lwowa. Warszawa: Oficyna Wydawnicza Pokolenie, 1988.
91p.

Box No.
185. LEOPOLITA.
Moim zdaniem. Las rzeczy politycznych. Warszawa: Wydawnictwo Wola, 1987.
142p.

LEPIEJ, sprawniej, demokratycznie. Propozycje dla Komisji Zakladowych NSZZ "Solidarnosc." [Warszawa] Wydawnictwo NSZZ "Solidarnosc" Region Mazowsze [1990].
11p.

LEPKOWSKI, Tadeusz.
Mysli o historii Polski i Polakow. Warszawa: Wydawnictwo Cdn, 1983.
70p.

LERSKI, Jerzy.
Emisariusz Jur. Warszawa: Oficyna Wydawnicza Interim sp. z o.o., 1989.
254p.

LESKI, Krzysztof.
Cos: rzecz o okraglym stole. Warszawa: In plus, 1989.
22p.

LEWALD, Jozef.
Armia Krajowa: najpowszechniejsza i najliczniejsza tajna organizacja w dziejach Polski. Warszawa: Rytm, 1986
24p. (Seria Opracowan Samoksztalceniowych WSN)

LEWEK, Antoni, ks.
Nowe sanktuarium Polakow - U grobu ks. Jerzego Popieluszki: fakty, wydarzenia, perspektywy. Warszawa [s. n.] 1986.
18p.

LEWEK, Antoni, ks.
Ojciec sw. Jan Pawel II u grobu ks. Jerzego Popieluszki, 14 czerwca 1987. [s.l.] [s.n.] [s.a.].
6p.

LIBERALIZM dzisiaj, eseje warszawskie. Warszawa: Nowa 2, 1981.
80p. (Zeszyty Towarzystwa Kursow Naukowych)

LIDA, P.
Polscy, Litwini, Bialorusini. [Warszawa] Biblioteka Glosu, 1980.
134p. (Reprint of *Kultura* no. 1-2/1980)

LIDA, Z., A. Wilno.
Katyn 1940. [s.l.] [s.n.] [s.a.].
131p.

Box No.

185. LIPINSKI, Edward.
Odpowiedz na przemowienie Generala Wojciecha Jaruzelskiego. Warszawa: Niezalezna Oficyna Wydawnicza, 1983.
[11]p.

LIPSKI, Jan Jozef.
Antysemityzm ONR "Falangi." [s.l.] Wydawnictwo Mysl, 1985.
96p.

LIPSKI, Jan Jozef.
Dwie ojczyzny - dwa patriotyzmy. Warszawa: Wydawnictwo Stop, 1984.
27p. (Reprint from Kultura, Paris)

LIPSKI, Jan Jozef.
Dwie ojczyzny - dwa patriotyzmy: uwagi o megalomanii narodowej i ksenofobii Polakow. Warszawa: Wydawnictwo Cdn, 1982.
36p.

LIPSKI, Jan Jozef.
Dwie ojczyzny - dwa patriotyzmy: uwagi o megalomanii narodowej i ksenofobii Polakow. Wroclaw: Wydawnictwo Swit, 1981.
28p.

LIPSKI, Jan Jozef.
Dwie ojczyzny dwa patriotyzmy (uwagi o megalomanii narodowej i ksenofobii Polakow). Gorny Slask: Glos Slasko-dabrowski, 1984.
28p.

LIST I. M. Goldberga do J. Urbana. [s.l.] [s.n.] [s.a.].
12p.

LISTOWSKI, Cezary.
Strzepy. Warszawa: Warszawska Niezalezna Oficyna Poetow i Malarzy, 1984.
88p.

LITYNSKI, Jan.
Kluby "Robotnika" - dlaczego winny powstawac. [s.l.] [s.n.] [s.a.].
4p. (Photocopy)

186. LITYNSKI, Jan.
Solidarnosc: problemy, znaki zapytania, proby odpowiedzi. Warszawa: Przedswit, 1984.
19p.

LITYNSKI, Jan.
Solidarnosc: znaki zapytania, proby odpowiedzi. Warszawa: Slowo, 1985.
31p. (Biblioteka Tygodnika Mazowsze)

Box No.

LITWINOW, Pawel.
Narodziny ruchu obrony praw czlowieka w ZSRR. [s.l.] "Brzask" UOW [1984?]
35p. (Translation of O dvizhenii za prava cheloveka v SSSR)

186. LOJEK, Jerzy.
Agresja 17 wrzesnia. Warszawa: Wydawnictwo Wolnego Pisma Most, 1988.
71. (Selection from Agresja 17 wrzesnia 1989 published under assumed name--Leopold Jerzewski)

LOJEK, Jerzy [Leopold Jerzewski].
Dzieje sprawy Katynia. [s.l.] MN [s.a.].
83p.

LOJEK, Jerzy.
Orientacja rosyjska w polskiej walce niepodleglosciowej. Wroclaw: Ruch Spoleczny Solidarnosc/Kret, 1987.
30p.

LOJEK, Jerzy, see also Leopold Jerzewski and Lukasz Jodko.

LOPIENSKA, Barbara N., Ewa Szymanska.
Stare numery. [s.l.] Miedzyzakladowa Struktura "Solidarnosci" [s.a.].
127p.

LOPINSKI, Maciej.
Konspira: rzecz o podziemnej "Solidarnosci." Maciej Lopinski, Marcin Moskit, Mariusz Wilk. Gdansk: Oficyna Ksztalt, 1985.
200p. (Reprint of 1984 Editions Spotkania edition, Paris)

LOPINSKI, Maciej.
Konspira: rzecz o podziemnej "Solidarnosci." Maciej Lopinski, Marcin Moskit, Mariusz Wilk. Krakow: Wydawnictwo Libertas, 1985.
2 parts (pp. 5-95, 99-193)

LUBIENSKI, Tomasz.
Pisane przedwczoraj. [Krakow] Oficyna Literacka, 1983.
44p. (Photocopy)

LUBIN, J.
Historia dla szkol: falsze - mity - polemiki. Krakow [s.n.] 1986.
56p.

Box No.

　　　LUKASIEWICZ, Piotr.
　　　　　Pogloska i dowcip polityczny w PRL. Proba analizy
　　　　　socjologicznej. **Warszawa:** In Plus, 1987.
　　　　　　　55p.

186. LUTTWAK, Edward N.
　　　　　Strategia sowieckiego imperializmu. [s.l.] Wydawnictwo Kurs,
　　　　　1988.
　　　　　　　83p. (Translated by M. Miszalski from a French
　　　　　　　edition)

　　　LWOWCZYK, Jacek.
　　　　　Polski Lwow. Warszawa: Unia Nowoczesnego Humanizmu [s.a.].
　　　　　　　63p. (Zeszyty Historyczne, no. 4)

Box No.
186. MACIEJEWSKI, Jaroslaw (prof. dr hab.), Zofia Trojanowicz (doc. dr hab.).
Poznanski Czerwiec 1956. Warszawa: NZ, PW, 1981.
27p. (Reprint of MKZ Wielkopolska edition)

MACKIEWICZ, Jozef.
Bunt rojstow. Warszawa: Warszawska Oficyna Wydawnicza Gryf, 1990.
215p.

MACKIEWICZ, Jozef.
Kompleks niemiecki. [s.l.] Los, 1985.
17p. (Photocopy)

MACKIEWICZ, Jozef.
"Mowi Rozglosnia Polska Radia Wolna Europa..." [Lublin] Oficyna im. Jozefa Mackiewicza, 1988.
15p. (Reprint of 1969 Munich edition)

MACKIEWICZ, Jozef.
Zbrodnia w dolinie rzeki Drawy. Lublin: Biblioteka Informatora Regionu Srodkowo-Wschdniego NSZZ "Solidarnosc," 1986.
48p.

MACKIEWICZ, Stanislaw (Cat).
O jedenastej - powiada aktor - sztuka jest skonczona: polityka Jozefa Becka. Warszawa: Pokolenie, 1986.
172p. (Reprint of 1942 M. I. Kolin (Publishers) LTD, editon, London)

MADEJ, Bogdan.
Polska w orbicie Zwiazku Radzieckiego. Lublin: Biblioteka "Spotkan" [1978?]
115p.

MADER, Wit.
Walka "Solidarnosci" o spoleczny ksztalt oswiaty w Polsce. Warszawa: Wydawnictwo Spoleczne KOS/Oswiata Niezalezna, 1987.
110p. (Zeszyty Edukacji Narodowej. Dokumenty)

MADONNY polskie. J.B.R. Warszawa: Wydawnictwo Slowo, 1982.
6p.

MAJ, Bronislaw.
Album rodzinny. [Krakow] Oficyna Literacka, 1986.
40p.

MAKSIMOV, Grigorij Pietrovicz.
Moje poglady spoleczne. Warszawa: Sigma, 1981.
22p. (Series: Archiwum Lewicy. Translation of G.P. Maximoff, My Social Credo, 1973)

Box No.
186. MALACZEWSKI, Eugeniusz.
    Kon na wzgorzu. [s.l.] Biblioteka Literacka, 1980.
        26p.

MALACZEWSKI, Eugeniusz.
    Kon na wzgorzu: opowiadania. Warszawa: Pokolenie, 1986.
        91p.

MALANOWSKI, Andrzej.
    O zasadzie wolnosci zwiazkowej w aktualnym stanie prawnym;
    Konwencja nr. 87 MOP. Warszawa: Wydawnictwo Cdn, 1983.
        24p.

MALEWSKI, Jerzy.
    Jedynie prawda jest ciekawa: szkice do portretow. [s.l.]
    Oficyna Wydawnicza "Pokolenie" [s.a.].
        94p.

MALEWSKI, Jerzy.
    Widzialem wolnosc w Warszawie. Warszawa: Wydawnictwo
    Przedswit, 1984.
        61p.

MALIA, Martin.
    Lekcja rewolucji rosyjskiej. Przelozyl Wladyslaw Doron.
    [s.l.] Wszechnica Spoleczno-Polityczna, 1986.
        234p. (Translation of Comprendre la revolution
            russe, Paris: Editions du Seuil, 1980)

MALKIEWICZOWA, Jadwiga.
    Wspomnienia wiezienne. Lublin - Slask - Warszawa: Wydawnictwo
    Antyk, 1987.
        67p. (Biblioteka "Antyk")

MALKOWSKI, Stanislaw, ks.
    Homilie - Wielki Post; Rozwazanie Mszy Swietej (Minsk
    Bialoruski, luty, 1940). Warszawa: 1983.
        14p. (Bilioteka Slowa Podziemnego, no. 6)

MALKOWSKI, Stanislaw, ks.
    Stac przy prawdzie. Warszawa: Wydawnictwo im. Ks. Sylwestra
    Zycha, 1989.
        22p.

MALKOWSKI, Stanislaw, ks.
    Wiernosc--Ofiarnosc--Solidarnosc. [s.l.] Wydawnictwo im. Ks.
    Sylwestra Zycha, 1989.
        14p.

MALY konspirator. Warszawa: Wydawnictwo Cdn, 1983.
        29p.

Box No.
186. MALY konspirator: poradnik dla doroslych i mlodzierzy (do uzytku wewnatrzorganizacyjnego). [s.l.] [s.n.] [s.a.].
24p.

MALY poradnik drukarski. Warszawa: Wydawnictwo Glos, 1980.
7p.

MANDELSZTAM, Nadiezda.
Moj testament. Warszawa: Wydawnictwo Krag, 1981.
18p. (Reprint from Aneks, no. 6/1974)

MANDELSZTAM, Osip.
Pozne wiersze. Wybor, przeklad i opracowanie Stanislaw Baranczak. Warszawa: Niezalezna Oficyna Wydawnicza, 1979.
79p. (Reprint of 1977 London edition; "Oswiadczenie" preceeds title page)

MANDELSZTAM, Osip.
Pozne wiersze. Wybor, przeklad i opracowanie Stanislaw Baranczak. [s.l.] Wydawnictwo Enklawa [s.a.].
79p. (Reprint of 1977 Poets and Painters Press editon, London)

MANIPULACJA i obrona przed manipulacja. Sesja na Uniwersytecie Warszawskim 1981. [s.l.] Adsum [s.a.].
85p.

MARCHENKO, Georgij.
KIM jestem. Wroclaw, Oficyna Wydawnicza im Grzegorza Przemyka, 1984.
8p. (Biblioteczka Wyrostka)

MARCZEWSKI, Jan.
Ustroj gospodarczy Polski wyzwolonej. [s.l.] Wydawnictwo Polskie, 1988.
30p. (Zeszyty Mysli Politycznej KPN. Series B: Ustroj Trzeciej Rzeczpospolitej, no. 2)

MAREK, Krystyna.
Jalta po latach. [s.l.] Wydawnictwo Glos [1984].
15p. (Reprint from 1982 Kultura edition, Paryz)

MARKOWSKI, Stanislaw.
A mury runa, runa, runa... Zapis fotograficzny z lat 1980-1989. Krakow: Zwiazek Artystow Fotografikow NSZZ Solidarnosc Region Malopolska, 1989.
[8]p., illustr.

MARKOWSKI, Wojciech Tomasz.
W petli reform. Warszawa: Krag, 1981.
47p.

Box No.

186. MARKOWSKI, Zbigniew.
Od realizmu do zwatpienia: piec szkicow z najnowszej historii Czechoslowacji. [s.l.] [s.n.] [s.a.].
74p. (Biblioteka Abc)

MARKSIZM i szatanizm. Warszawa: Unia Nowoczesnego Humanizmu, 1981.
43p.

187. MARZEC 1968. Warszawa: Nowa 2, 1981.
64p. (Towarzystwo Kursow Naukowych. Zeszyty Naukowe. Seria Kolokwia)

MARZEC 1968: Dokumenty. Odezwy i ulotki. [Part] I. [s.l.] NZSP PW [s.a.].
62p. (Reprint from Instytut Literacki edition, Paris)

MARZEC 1968: Relacje z wydarzen, procesy. [Part] III. [s.l.] NZS PW [s.a.].
63p. (Reprint from Instytut Literacki edition, Paris)

MARZEC 1968: Sesja na Uniwersytecie Warszawskim 1981. [s.l.] Nowa [s.a.].
66p. (Zeszyty Edukacji Narodowej. Dokumenty)

MARZEC 1968: Sesja na Uniwersytecie Warszawskim 1981 r. Zeszyt 1. Warszawa: Studencka Oficyna Wydawnicza, 1981.
48p.

MARZEC 1968: Sesja w Uniwersytecie Warszawskim 1981 r. Zeszyt 2. Warszawa: Studencka Oficyna Wydawnicza, 1981.
56p.

MARZEC 1968: W Poszukiwaniu programu odnowy. Satyra studencka. [Part] II. [s.l.] NZS PW [s.a.].
63p. (Reprint from Instytut Literacki edition, Paris)

MATERA, Marek.
Monarchowie i pretendenci. Tablice Genealogiczne. Warszawa: Wydawnictwo Pro Fide Rege et Lege, 1990.
24p. (Biblioteczna Monarchisty)

MATERIALY do historii PRL. I: Bialostocczyzna w konspiracji i walce, 1939-1944. II: Akcja "Burza" w Okregu Bialostockim AK. Warszawa [s.n.] [s.a.].
59p. (Zeszyty Historyczne, no. 8)

Box No.
187.   MATERIALY do historii PRL. Okres bledow i wypaczen. Warszawa [s.n.]
       [s.a.].
              125p. (Reprint from Zeszyty Historyczne, no. 9,
              Paris)

       MATERIALY do historii PRL. Ujarzmienie ekonomiczne. Warszawa [s.n.]
       [s.a.].
              27p. (Reprint from Zeszyty Historyczne, no. 11,
              Paris)

       MATERIALY na pierwsze walne zebranie delegatow. Czesc pierwsza.
              Warszawa: NSZZ Solidarnosc Region Mazowsze, 1981.
              19p.

       MATERIALY na pierwsze walne zebranie delegatow. Czesc druga.
              Warszawa: NSZZ Solidarnosc Region Mazowsze, 1981.
              35p.

       MATERIALY na pierwsze walne zebranie delegatow. Czesc trzecia.
              Warszawa: NSZZ Solidarnosc Region Mazowsze, 1981.
              42p.

       MATERIALY na pierwsze walne zebranie delegatow. Czesc czwarta.
              Warszawa: NSZZ Solidarnosc Region Mazowsze, 1981.
              35p.

       MATERIALY na pierwsze walne zebranie delegatow, see also NSZZ
              "Solidarnosc." Region Mazowsze. Pierwsze walne zebranie
              delegatow.

       MATERIALY pomocnicze. do lekcji wychowawczych: zeszyt 2. [s.l.]
              [s.n.] [s.a.]
              8p.

       MATERIALY programowe w sprawie nowego systemu pomocy socjalnej dla
              studentow. [Warszawa] Krajowa Komisja Koordynacyjna
              Niezaleznego Zrzeszenia Studentow [1981].
              38p.

       MATERIALY z I Krajowego Zjazdu Delegatow Niezaleznego Zrzeszenia
              Studentow, Krakow, 3-6 kwietnia, 1981 roku. Opracowali Anna
              Galicka i Jan-Maria Rokita. Krakow: NZS UJ, 1981.
              88p.

       MATLACHOWSKI, Jan.
              Kulisy genezy Powstania Warszawskiego. Wroclaw: NZS U. Wr.,
              1981.
                     103p. (Reprint of 1978 London edition)

Box No.
187. MATYS, Artur.
Plan pracowniczej wlasnosci akcji (Akcjonariat pracowniczy).
Gdansk: Oficyna Wydawnicza Gdanskiego Towarzystwa Politycznego
"Mloda Polska," 1989.
8p. (Zeszyty Problemowe)

MAYER, Hans.
NRD - odwilz ktorej nie bylo. [Warszawa] Nowa [1981].
35p. (Translation from Frankfurter Hefte, no.
12/1976)

MAYER, Marek.
Kilkanascie wierszy. Rysunki Junosza. Warszawa: Warszawska
Niezalezna Oficyna Poetow i Malarzy, 1984.
20p.

MAZOWIECKI, Tadeusz.
Internowanie. Warszawa: Wydawnictwo Krag, 1982.
33p. (1st. edition)

MAZOWIECKI, Tadeusz.
Internowanie. [s.l.] Biblioteka Wolnego Glosu Ursusa [s.a.].
69p. (Reprint of the 1983 Aneks second edition)

MAZOWIECKI, Tadeusz.
Powrot do najprostszych pytan. [s.l.] Oficyna Literacka, 1986.
135p.

MEMORIAL w sprawie reformy struktury i funkcji uczelni medycznych w
PRL opracowany przez: zespoly postulatowe NSZZ "Solidarnosc"...
Gdansk [s.n.] 1980.
29p.

MIARA odpowiedzialnosci... [Wydano z inicjatywy Kola Naukowego
Studentow Historii UJ., Sekcja Historii Najnowszej].
[64]p. (Reprint from Kontinent, no. 1975-1977)

MICEWSKI, Andrzej.
Kardynal Wyszynski, prymas i maz stanu. Paris: Editions du
Dialogue, 1982.
2vols. (Underground reprint)

MICEWSKI, Andrzej.
Wspolrzadzic czy nie klamac? Pax i Znak w Polsce 1945-1976.
Warszawa: Wydawnictwo Zblizenia, 1981.
269p. (Series: historia i terazniejszosc, vol. 2;
reprint of 1978 Libella edition, Paris)

MICHALCZYK, W.
Tezy o Marksie: skrypt dla szkol srednich i wyzszych. Wroclaw
[s.n.] 1982.
11p.

Box No.
187. MICHNIK, Adam.
Czego chcemy i co mozemy: "Solidarnosc" i historia. Warszawa: Wydawnictwo Komitetu Kultury Niezaleznej, 1985.
17p. (Reprint from Zeszyty Literackie, no. 4)

MICHNIK, Adam.
List do gen. Kiszczaka. Warszawa: Wydawnictwo Cdn, 1983.
9p.

MICHNIK, Adam.
Niezlomny z Londynu i inne eseje (Lektury wiezienne). Warszawa: Wydawnictwo Now-a, 1984.
181p. (Biblioteka Kwartalnika Politycznego Krytyka)

MICHNIK, Adam.
Polskie pytania. [s.l.] Wszechnica Spoleczno-Polityczna, 1988.
286p. (Reprint from 1987 Zeszyty Literackie edition, Paris)

MICHNIK, Adam.
Rozmowa w cytadeli. Warszawa [s.n.] 1983.
63p. (Reprint from Krytyka, no. 13-14)

MICHNIK, Adam.
Szkice. Krakow: Wydawnictwo Kos, 1981.
169p.

MICHNIK, Adam.
Takie czasy... Rzecz o kompromisie. Warszawa: Niezalezna Oficyna Wydawnicza, 1986.
102p.

MICHNIK, Adam.
Ugoda. Praca organiczna. Mysl zaprzeczna. Warszawa: Niezalezna Oficyna Wydawnicza, 1983.
213p.

MICHNIK, Adam.
Z dziejow honoru w Polsce: wypisy wiezienne. Warszawa: Niezalezna Oficyna Wydawnicza, 1985.
191p. (Biblioteka kwartalnika politycznego Krytyka)

188. MIEDZY Polska naszych pragnien, a Polska naszych mozliwosci: szkic do programu. [s.l.] Biblioteka "Polityki Polskiej," 1983.
23p.

MIEJSCA pamieci narodowej zwiazane z bitwa warszawska w sierpniu 1920 r.: przewodnik poprzedzony zarysem dzialan wojennych na przedmosciu warszawskim. Opracowal M. S. [s.l.] Biblioteka Historyczna [1980].
19p.

Box No.

188. MIELESZKO, Konrad.
>   Solidarnosc z Papiezem. Warszawa: Wydawnictwo Cdn, 1985.
>> [14]l.

MIELNICKI, Zenon.
> W polskich oczach. Przedruk z miesiecznika "Kultura," Paryz nr. 5/1981. Wydanie II. Krakow: Wydawnictwo Kos, 1981.
>> 41p. (Reprint from Kultura, no. 5/1981)

MIHAJLOV, Mihajlo.
> Martwy dom Dostojewskiego i Solzenicyna (Przyczynki do fenomenologii niewolnictwa). Przedruk z: "Kultury" nr. 9/215 - Paryz 1965. [s.l.] Niezalezna Spoldzielnia Wydawnicza 1. [s.a.].
>> 33p. (Reprint from Kultura, no. 9/1965)

MIKES, George.
> Powstanie wegierskie. Warszawa: Oficyna Wydawnicza Pokolenie, 1986.
>> 110p. (Translation of 1957 English edition)

MIKOLAJEK w szkole PRL. Tekst Milosz Kowalski. Rysunki Maslaw. Warszawa: Rytm, 1986.
>> 53p. (Series: Przygody Mikolajka)

MILOSZ, Czeslaw.
> Czlowiek wsrod skorpionow: studium o Stanislawie Brzozowskim. Pierwsze wydanie krajowe. Przedruk z: Instytut Literacki, Paryz, 1962. Warszawa: Wydawnictwo Glos, 1981.
>> 125p. (Reprint of Institut Literacki edition, Paris)

MILOSZ, Czeslaw.
> Gdzie wschodzi slonce i kedy zapada. Gdansk: Mloda Polska, 1980.
>> 19p.

MILOSZ, Czeslaw.
> Gdzie wschodzi slonce i kedy zapada. Paryz: Instytut Literacki, 1974.
>> 88p. (Underground reprint of Instytut Literacki edition, Paris)

MILOSZ, Czeslaw.
> Gdzie wschodzi slonce i kedy zapada. [s.l.] Niezalezna Oficyna Wydawnicza [s.a.].
>> [50]p. (Reprint of Instytut Literacki edition, Paris)

MILOSZ, Czeslaw.
> Miasto bez imienia. Warszawa: Oficyna Wydawnicza Signum, 1981.
>> 51p.

Box No.
188. MILOSZ, Czeslaw.
Miasto bez imienia. [s.l.] Signum, 1980.
51p.

MILOSZ, Czeslaw.
Piesn nad piesniami. [Wroclaw] [s.n.] [1981].
61p.

MILOSZ, Czeslaw.
Przemowienie w Sztokholmie 8.12.1980. Lublin: Wydawnictwo Lotnia, 1981.
13p.

MILOSZ, Czeslaw.
Swiadectwo poezji: szesc wykladow o dotkliwosciach naszego wieku. [s.l.] Oficyna Literacka, 1985.
91p. (Reprint of the 1983 Paris edition)

MILOSZ, Czeslaw.
Traktat poetycki. Traktat moralny. [s.l.] Niezalezna Oficyna Wydawnicza [s.a.].
51p.

MILOSZ, Czeslaw.
Wiersze. [s.l.] Oficyna Poetow [s.a.].
108p.

MILOSZ, Czeslaw.
Zdobycie wladzy. [s.l.] [Biblioteka NZS przedruk za KOS-em] [s.a.].
159p. (Reprint of 1980 Kos edition, Krakow)

MILOSZ, Czeslaw.
Zdobycie wladzy. [s.l.] Nowa [1981].
159p. (Reprint of 1955 Instytut Literacki edition, Paris)

MILOSZ, Czeslaw.
Ziemia Ulro. Przedmowa ks. Jozefa Sadzika. Paryz: Instytut Literacki, 1980.
221p. (Underground reprint of Institut Literacki edition, Paris)

MILOSZ w kraju: echa Nobla. Zeszyt 1. Opracowanie: Elzbieta Hudon, Jacek Zakowski. Wspolpraca: Katrzyna Szermanska. Redaktor wydania: Andrzej Dorniak. Gdansk-Warszawa: Bips, 1981.
82p.

Box No.
188. MINKIEWICZ, Wladyslaw.
   Wspomnienia 1939-1954. Warszawa: Niezalezna Oficyna Wydawnicza & Oficyna Wydawnicza "Pokolenie," 1988.
   128p. (Reprint from Zeszyty Historyczne, no. 80-81/1987, Instytut Literacki, Paris)

MISZALSKI, Marian.
   Miniatury i opowiadania. [s.l.] Wydawnictwo "Kurs," 1986.
   90p.

MISZALSKI, Marian.
   Wysokie progi. [s.l.] Wydawnictwo "Kurs," 1984.
   58p.

MLYNAR, Zdenek.
   Mroz od wschodu. Przelozyl Pawel Heartman. Warszawa: Niezalezna Oficyna Wydawnicza, 1981.
   183p.

MOCZULSKI, Leszek, R. Szeremietiew.
   Historia zmiecie te wladze.
   22p. (Ostatnie slowo przed sadem Warszawwskiego Okregu Wojskowego)

MOCZULSKI, Leszek.
   Krajobraz przed bitwa. [s.l.] [Gazeta Polska] [1988?]
   16p.

MOCZULSKI, Leszek.
   Nie przyznaje sie do winy. Warszawa: Oficyna Wydawnicza Pokolenie, 1987.
   32p.

MOCZULSKI, Leszek.
   Niezlomosc i polityka. [s.l.] Wydawnictwo Polskie, 1986.
   48p. (Biblioteka Drogi)

MOCZULSKI, Leszek.
   Plan stabilizacji gospodarki. [s.l.] [KPN, 1981].
   32p. (On cover: "Nr.2-81")

MOCZULSKI, Leszek.
   Rewolucja bez rewolucji. [s.l.] [Droga] [1979].
   45p. (Reprint of Droga, June/1979)

MOCZULSKI, Leszek.
   Sni mi sie Wielka Polska. Slowo ostatnie w I procesie KPN. [s.l.] Wydawnictwo Polskie, 1987.
   38p. (Biblioteka Drogi)

Box No.
188. MOCZULSKI, Leszek.
Trzecia Rzeczpospolita. [s.l.] Wydawnictwo Polskie KPN [1990].
90p. (Autographed copy)

MOCZULSKI, Leszek.
Trzecia Rzeczpospolita: zarys ustroju politycznego. [s.l.] Wydawnictwo Polskie, Zaklady Graficzne Okregu "Wolnosc" KPN [s.a.].
39p.

MOCZULSKI, Leszek.
U progu niepodleglosci. Rewolucja bez rewolucji ciag dalszy. Warszawa: Wydawnictwo Polskie, 1990.
72p.

MODZELEWSKI, Karol.
Miedzy umowa a wojna. Warszawa: Niezalezna Oficyna Wydawnicza, 1989.
140p. (Archiwum Solidarnosci, vol. 32; Series: Dokumenty)

MOKRY, Wlodzimierz.
Polacy - Ukraincy: dzis - wczoraj - jutro. Warszawa: Wis, 1986.
36p. (Biblioteka Dialogu)

MOSZKOWICZ, Michal.
Nekrolog. Warszawa: Wydawnictwo Przedswit, 1989.
70p.

189. MROZEK, Slawomir.
Donosy. Warszawa: Oficyna Wydawnicza Pokolenie, 1985.
[no pagination]

MROZEK, Slawomir.
Opowiadania. Lublin [s.n.] 1985.
22p.

MROZEK, Slawomir.
Wybor opowiadan, 1982-1985. Krakow: Biblioteka Promienistych, 1985.
50p. (Reprint from Kultura and Puls; pp. 11-18, 35-42 missing)

[MUCKERMANN, Fr.].
Wspomnienia ks. Muckermanna z bolszewickiej niewoli. [s.l.] Miedzyzakladowa Struktura "Solidarnosci" [s.a.].
48p.

Box No.
189. MULLER, Jean-Marie.
Strategia politycznego dzialania bez stosowania przemocy.
Warszawa: Wydawnictwo Krag, 1984.
133p. (Translation of <u>Strategie de l'acion non-violente</u>, Editions du Seuil, 1981)

MY i wy - Mi es ti. Warszawa: Warszawska Niezalezna Oficyna Poetow i Malarzy, 1986.
62p. (In Polish and in Hungarian)

MYSLI o naszej Europie. [s.l.] Spoldzielnia Wydawnicza Profil, 1988.
78p (Biblioteka Obozu)

Box No.
189.   NA krawedzi wojny. [s.l.] Wydawnictwo Slowo, [s.a.].
                23p. (Zeszyty Edukacji Narodowej. Series: Historia)

NA lasce NKWD. [Part] II: W lagrach. Bialystok: Bialostockie
    Wydawnictwo Prasowe RSW "Prasa-Ksiazka-Ruch" [1989].
            31p. (Supplement to weekly Kontakty, Lomza)

NA zaproszenie Lecha Walesy: narada przedstawicieli srodowisk
    niezaleznych. [Warszawa] Wydawnictwo Mysl [1988].
            74p.

NABOKOV, Vladimir.
    Rosyjska literatura, cenzorzy, czytelnicy. Krakow: Biblioteka
    Promienistych, 1987.
            [28]p. (Translation of "Russian Writers, Censors,
                and Readers," a 1958 Cornell University
                lecture)

NABOKOV, Vladimir.
    Skosnie w lewo. Przelozyl Maciej Slomczynski. Warszawa:
    Wydawnictwo Cdn, 1990.
            168p.

NABOKOV, Vladimir.
    Tamte brzegi. Przelozyla Eugenia Siemaszkiewicz. Fragmenty z
    angielskiego przelozyla Anna Kolyszko. [s.l.] Oficyna
    Literacka, 1988.
            270p. (Translation of Drugie berega)

NABOKOV, Vladimir.
    Unicestwienie tyranow. [Warszawa] Niezalezna Oficyna
    Wydawnicza "Odnowa" [s.a.].
            24p.

NADBYSTRZYCKI, Jakub.
    Listy ze strajku. [Warszawa] Warszawska Niezalezna Oficyna
    Poetow i Malarzy, Wydawnictwo Przedswit, 1983.
            15p.

NAGRABIECKI, Jan "Wandal."
    Idac na haslo: zapiski partyzanta. Warszawa: Oficyna
    Wydawnicza "Pokolenie," 1989.
            152p.

NAJWAZNIEJSZE proroctwa i przepowiednie na czasy przyszle zebrane
    razem przez St. de Valois. Sklad Glowny M. Caplin & Co. Press
    Ltd., 15 Dunheved Road North, Thornton Heath, Surrey.
            29p. (Underground reprint)

Box No.
189. NAPASC sowiecka i okupacja polskich ziem wschodnich (wrzesien 1939). Praca zbiorowa pod auspicjami Polskiego Towarzystwa Naukowego na Obczyznie. Warszawa: Miedzyzakladowa Struktura "Solidarnosci," 1985.
107p. (Reprint of the 1985 PFK edition, London)

NARBUTT, Jerzy.
Sol ziemi. [s.l.] Biblioteka Literacka, 1980.
19p.

NAROD dziekuje ci generale! Wydanie I. Konsorcjum Wydawnicze Polskiego Zrzeszenia Patriotycznego Targowica, 1982.
31p.

NARUSZEWICZ, Natalia.
Zarys historii PRL: Geneza PRL VII 1944-VII 1945. Warszawa: Wydawnictwo Polskie, 1981.
63p. (Zeszyt, no. 1-2)

NARUSZEWICZ, Natalia.
Zarys historii PRL, zeszyt 2: narodziny PRL, lipiec 1944 - lipiec 1945. Wydanie III. Warszawa : Wydawnictwo Polskie, 1979.
48p.

NASZAN, Jan Dobrogost.
Doswiadczenie bez przyszlosci. Warszawa, 1981.
183p.

NAWROCKI, Grzegorz.
Konfesjonal i TT (z archiwum UB). [s.l.] Studencka Oficyna Wydawnicza [s.a.].
22p.

NAZYWAC rzeczy po imieniu: Wybor niezaleznej publicystyki czeskiej i slowackiej. Warszawa: Wydawnictwo Cdn, 1987.
176p.

NEMO, Juliusz.
Smierc "Ognia." Warszawa: Wydawnictwo Cdn, 1984.
36p.

NIEBO nowe i ziemia nowa? Wystawa. Scenariusz Martek Rostworowski. Spotkania ze sztuka. Parafia Milosierdzia Bozego, Zytnia 3/9, Warszawa. Warszawa [s.n.] 1985.
14p.

NIECIKOWSKI, Jerzy.
Reguly gry. Warszawa: Wydawnictwo Most, 1987.
101p.

Box No.
>NIEDUSZYCKI, Mieczyslaw.
>>Kapitalizm, socjalizm i trzecia droga. Warszawa: Archikonfraternia Literacka, 1986.
>>>171p. (Zeszyt specjalny)

189. NIEDUSZYCKI, Mieczyslaw.
>>Odzyskanie niepodleglosci przez Polske. [s.l.] [s.n.] [s.a.].
>>>15p.

>NIEDUSZYNSKI, Mieczyslaw.
>>Rozwazania o gospodarce. Lodz: Biblioteka Bl, 1985.
>>>45p.

>NIEDUSZYNSKI, Mieczyslaw.
>>Zalamanie gospodarki polskiej i kierunki odnowy. Warszawa: Wydawnictwo Glos, 1984.
>>>12p.

>NIEKRICZ, Aleksander.
>>Punkt zwrotny w historii Europy. Z rosyjskiego przelozyl Tomasz Grochowski. [s.l.] Mysl, 1984.
>>>5p.

>NIEKRICZ, Aleksander.
>>Punkt zwrotny w historii Europy. Z rosyjskiego przelozyl Tomasz Grochowski. [s.l.] U.O.W. Brzask [s.a.].
>>>82p. (Translation of portions of chps. 7 and 8 of v. 2 of _Utopiia u vlasti_, London: Overseas Publications Interchange Ltd., 1982)

>NIELADNIE, nieladnie Panie Surdykowski po prostu obrzydliwie. [s.l.] Oficyna im. Jozefa Mackiewicza, 1988.
>>99p.

>"NIEPODLEGLOSC" styczen 1982 - sierpien 1983, no.1 - no. 20. Wybor artykulow programowych. [s.l.] [s.n.] [s.a.].
>>112p.

>NIEWYKORZYSTANA szansa. Doswiadczenia pazdziernika 1956, 1970, 1980. [s.l.] [s.n.] [s.a.].
>>21p.

>NIEZALEZNA Encyklopedia Powszechna A-Z. Warszawa: Slowo; Prawy Margines, Wydawnictwo Organizacji Solidarnosc Walczaca, 1986-1988.
>>2vols. (Zeszyty Edukacji Narodowej)

>NIEZALEZNY kalendarz kieszonkowy na 1988 rok. Wroclaw: Ogniwo, 1988.
>>[no pagination]

Box No.

        NOCNE rozmowy z Josefem Smrkowskim. [Warszawa]: Nowa, [1981].
            26p. (Reprint from *Aneks*, no. 11/1976)

        NOCNE rozmowy z Josefem Smrkowskim. Warszawa: Wydawnictwo
        Organizacji "Solidarnosc Walczaca" (Antyk), 1985.
            21p. (Reprint from Nowa edition, May 1981)

189.   "NORMALIZACJA" po czesku. [s.l.] Biblioteka Tygodnika Wojennego
        [s.a.].
            23p.

190.   NOWAK, Jan [Zdzislaw Jezioranski].
        Polska z oddali: Wojna w eterze - wspomnienia. Tom II,
        1956-1976. [s.l.] Wszechnica Spoleczno-Polityczna, 1988.
            402p. (Reprint of 1988 Odnowa edition, London)

        NOWAK, Jan [Zdzislaw Jezioranski].
        Wojna w eterze: Wspomnienia. Tom I, 1948-1956. [s.l.]
        Przedswit, 1986.
            300p.

        NOWAK, Jerzy Robert.
        Wegry. Trudne lata 1949-1956. Warszawa: Osrodek Pracy
        Politycznej "Sigma" SZSP UW, 1981.
            92p.

        NOWAK, Leszek.
        Anty-Rakowski, czyli o tym, co wygwizdali wicepremierowi
        robotnicy. Wydanie II. Warszawa: Wydawnictwo "Unia," 1983.
            40p.

        NOWAK, Leszek.
        Fundamentalny blad Marksa, czyli o koniecznosci socjalizmu.
        Poznan [s.n.] 1981.
            30p. (Biblioteka NZS A.R., no. 2)

        NOWAK, Leszek.
        Glos klasy ludowej: polska droga do socjalizmu. Poznan [s.n.]
        1980.
            18p. (Poznanskie Broszury Spoleczne, no. 1)

        NOWAK, Leszek.
        Licza sie tylko masy. Warszawa: Unia, 1984.
            36p.

        NOWAK, Leszek.
        Mity socjalizmu. Czesc I: Mit odnowy. [s.l.] Studencka
        Agencja Wydawnicza Saw [s.a.].
            47p.

Box No.

NOWAK, Leszek.
  Mity socjalizmu. Czesc II: Mity wiarygodnosci. [s.l.]
  Inicjatywa Wydawnicza Aspekt, 1983.
    37p.

NOWAK, Leszek.
  Polska droga do socjalizmu. [s.l.] Didero, 1981.
    15p.

190. NOWAK, Leszek.
  Trzy wyklady z nie-marksistowskiego materializmu historycznego.
  Krakow: Wydawnictwo Po Prostu Bis, 1981.
    50p. (Contains: part 1: Fundamentalny blad Marksa
    czyli o o koniecznosci socjalizmu; part 2:
    Dogmaty Lenina, czyli o koniecznosci socjalizmu
    w Rosji)

NOWAK, Leszek.
  Wladza: proba teorii idealizacyjnej. Warszawa: In Plus, 1988.
    195p.

NOWAK, Leszek.
  Wyklady: bledy Lenina, czyli o koniecznosci socjalizmu w Rosji.
  Cz. III. Katowice: Biblioteka Nieobecnych, 1983.
    15p.

NOWAKOWSKI, Marek.
  "Osiem dni w ojczyznie." Krakow [s.n.] 1985.
    28p.

NOWAKOWSKI, Marek.
  Raport o stanie wojennym. [Warszawa] Niezalezna Oficyna
  Wydawnicza [1982].
    59p.

NOWAKOWSKI, Marek.
  Raport o stanie wojennym II. [s.l.] Oficyna Pokatnych Edytorow
  Niezaleznych, 1983.
    92p. (Reprint from Instytut Literacki edition)

NOWAKOWSKI, Marek.
  Raport o stanie wojennym, ciag dalszy. [Warszawa] Niezalezna
  Oficyna Wydawnicza [1983].
    70p.

NOWAKOWSKI, Marek.
  Z cyklu: "Zapiski na goraco." Warszawa: Wydawnictwo Grup
  Politycznych, 1986.
    23p. (Reprint from Tygodnik Mazowsze)

Box No.

NOWAKOWSKI, Marek.
    Zakon kawalerow mazowieckich. Warszawa: Wydawnictwo Krag, 1982.
        63p.

NOWICKI, Stanislaw.
    Pol wieku czyscca. Warszawa: Wydawnictwo Przedswit, 1986.
        194p.

NOWAKOWSKI, Tadeusz.
    Syn zadzumionych. Warszawa: Niezalezny Instytut Wydawniczy, 1981.
        85p.

190. NOWICZ, Andrzej.
    Stosunki Kosciol-panstwo w Polsce 1944-56 (Szkic zagadnienia). Poznan: Wyd. Glosy, 1984.
        66p.

NOWICZ, Andrzej.
    Zbawca czy tyran? (Wokol legendy Jozefa Pilsudskiego). Poznan: Wyd. Glosy, 1985.
        62p.

NOWOMOWA. [s.l.] [Wydawnictwo Spoleczne Kos] [s.a.].
        83p. (Zeszyty Edukacji Narodowej; series: Dokumenty)

NOWOSIELSKI, Antoni.
    Powstanie Warszawskie: proba uporzadkowania problemow genezy i oceny ogolnej. Warszawa: Wydawnictwo Krag, 1981.
        61p.

NSZZ "Solidarnosc."
    Statut. [s.l.] [s.n.] [s.a.].

NSZZ "Solidarnosc," see Krajowa Komisja Porozumiewawcza NSZZ "Solidarnosc."

NSZZ "Solidarnosc." Region Mazowsze.
    Pierwsze walne zebranie delegatow: porzadek obrad, regulamin obrad, regulamin wyboru wladz, uchwala nr. 1, sklad Zarzadu MKZ. Warszawa [NSZZ "Solidarnosc"] 1981.
        19p. (Photocopy)

NSZZ "Solidarnosc." Region Mazowsze.
    Pierwsze walne zebranie delegatow, see also <u>Materialy na pierwsze walne zebranie delegatow</u>.

Box No.

NSZZ "Solidarnosc." Region Mazowsze.
Sprawozdanie z pierwszego walnego zebrania delegatow.
Materialy, czesc I. Warszawa: NSZZ Solidarnosc, Region
Mazowsze, 1981.
63p.

NSZZ "Solidarnosc." Region Mazowsze.
Sprawozdanie z pierwszego walnego zebrania delegatow.
Materialy, czesc II. Warszawa: NSZZ Solidarnosc, Region
Mazowsze, 1981.
34p.

NSZZ "Solidarnosc." Region Srodkowo-Wschodni.
Protokol porozumienia w sprawie zwiazkow zawodowych rolnikow
indywidualnych. Rzeszow-Ustrzyki Dolne, 18-20 lutego 1981.
Warszawa: Instytut Wydawniczy Zwiazkow Zawodowych, 1981.
31p.

190. NURSKI, Bogdan.
Zginal za Polske bez komunistow: zarys biografii Jozefa Kurasia
- "Ognia." Warszawa: Wydawnictwo Cdn, 1987.
42p.

NYCZEK, Tadeusz.
Emigranci. Krakow: Oficyna Literacka, 1988.
245p.

NYCZEK, Tadeusz.
Powiedz tylko slowo: szkic o poezji "Pokolenia 68." Warszawa:
Przedswit, 1985.
233p.

Box No.
190. O czym myslec nie lubimy, czyli o niektorych dylematach zasady narodowej. Warszawa: Nowa, 1980.
37p. (Towarzystwo Kursow Naukowych, Zeszyty Naukowe. Series: Kolokwia)

O "Kulturze": wspomnienia i opinie. [s.l.] Wydawnictwo Pomost, 1988.
162p. (Reprint from 1987 Puls edition)

OBLICZA Rosji. Lublin: Fundusz Inicjatyw Spolecznych, 1987.
63p.

OBYWATEL a Sluzba Bezpieczenstwa. Warszawa: Niezalezna Oficyna Wydawnicza, 1980.
23p.

OBYWATEL a Sluzba Bezpieczenstwa. [s.l.] Biblioteka Glosu [s.a.].
20p.

OCHRONA zdrowia. Warszawa: Osrodek Badan Spolecznych NSZZ "Solidarnosc," 1981.
87p. (Zeszyty Obs, no. 5)

191. OD Pazdziernika 1956 do Grudnia 1970. Czesc I: Wokol Pazdziernika, Zeszyt 1. Warszawa [Libertas] 1984.
89, iii p. (Zeszyty Edukacji Narodowej, Materialy z Dziejow Polski 1945-1980)

OD Pazdziernika 1956 do Grudnia 1970. Czesc I: Wokol Pazdziernika, Zeszyt 2. Warszawa: Oficyna Wydawnicza "Pokolenie," 1985.
pp.[90]-176, vii. (Zeszyty Edukacji Narodowej, Materialy z Dziejow Polski 1945-1980)

OD Pazdziernika 1956 do Grudnia 1970. Czesc I: Wokol Pazdziernika, Zeszyt 3. Warszawa: Wydawnictwo Spoleczne Kos, 1984.
301, xii p. (Zeszyty Edukacji Narodowej, Materialy z Dziejow Polski 1945-1980)

OD Pazdziernika 1956 do grudnia 1970. Czesc III: Nowe wstrzasy. Zeszyt 1. Rok 1968. Warszawa: [Wydawnictwo Spoleczne Kos] 1987.
84, iv p. (Zeszyty Edukacji Narodowej, Materialy z Dziejow Polski 1945-1980)

OD Pazdziernika 1956 do grudnia 1970. Czesc III: Nowe wstrzasy. Zeszyt 2. Grudzien 1970. Warszawa: [Wydawnictwo Spoleczne Kos] 1985.
pp. 85-138. (Zeszyty Edukacji Narodowej, Materialy z Dziejow Polski 1945-1980)

ODNOWA od nowa czyli kot chce odnawiac. [s.l.] [s.n.] [s.a.].
12p.

Box No.
191. OLORIN, Jozef.
U progu 40-lecia. Krakow: Biblioteka Obserwatora Wojennego, 1984.
36p.

ONIEGOW, Aleksander [Janusz Szpotanski].
Caryca i zwierciadlo. [s.l.] Osrodek Badawczo Rozwojowy Instytutu Wolnej Poligrafii im. Gutienbiergowa [s.a.].
12p. (Reprint from Kultura, Paris)

OPOZYCJA - polityka - panstwo. Warszawa: Slowo, 1985.
50p. (Written by Grupa Publicystow Politycznych)

OPOZYCJA w PRL. Warszawa: Reporter, 1989.
31p. (Photocopy)

OR-Ot [Artur OPPMAN].
Abecadlo wolnych dzieci. 24 obrazki. Warszawa: Wydawnictwo Abc, 1984.
[16]l. (Reprint of 1926 Ksiegarnia Gustawa Szylinga edition)

ORLIK-Ruckemann, Wilhelm, Gen.
Kampania wrzesniowa na Polesiu i Wolyniu 17.IX.1939-1.X.1939. Opracowal Leopold Jerzewski. Gdynia: Solidarnosc Walczaca "Oddzial Trojmiasto," 1989.
19p. (Reprint of 1985 Wydawnictwo Glos edition)

ORLOS, Kazimierz.
Przechowalnia. Warszawa: Przedswit, 1985.
76p.

ORLOS, Kazimierz.
Pustynia Gobi. [Warszawa] Niezalezna Oficyna Wydawnicza, 1983.
167p.

ORWELL, George.
1984: powiesc. Tlumaczyl z angielskiego Juliusz Mieroszewski. Paryz: Instytut Literacki, 1953.
254p. (Underground reprint)

ORWELL, George.
Eseje. [s.l.] Wydawnictwo "Odnowa" [s.a.].
47p. (Reprint from Aneks, no. 6)

ORWELL, George.
Folwark zwierzecy. Przelozyla Teresa Jelenska. Ilustrowal Jan Lebenstein. [s.l.] Oficyna Literacka, 1985.
48p., col. plates (Translation of Animal Farm)

Box No.
191. OSEKA, Andrzej.
　　　　Kryzys sztuki i nadzieja. Warszawa: Wydawnictwo Komitetu
　　　　Kultury Niezaleznej, 1985.
　　　　　　20p. (Proby, Biblioteka Kultury Niezaleznej)

OSEMKA: Polesie 81 cz. II. Katowice: IX Szczep Slaskich Orlat, 8
　　　Katowicka Druzyna Harcerzy im. Gen. J. Bema, 1981.
　　　　[48]p.

OSKARZONA Solidarnosc. Warszawa: Wydawnictwo Mysia 5, 1984.
　　　88p.

OSTATNIE miesiace Zwiazku Polskich Artystow Plastykow: wstep,
　　　kalendarium, dokumenty, refleksje. Warszawa: oficyna Sztuk
　　　Pieknych, 1983.
　　　　102p.

OSTATNIE slowa... Tadeusz Jandziszak, Leszek Moczulski, Tadeusz
　　　Stanski, Romuald Szeremietiew: proces K.P.N. 23.09-05.10 1982.
　　　Warszawa: Oficyna Wydawnicza "Pokolenie," 1985.
　　　　33p.

OSTATNIE slowo... Leszka Moczulskiego i Romualda Szeremietiewa
　　　wygloszone w Okregowym Sadzie Wojskowym w Warszawie. Wroclaw,
　　　Katowice, Krakow: Oficyna polityczno-literacka Przedswit, 1983.
　　　　30p.

OSTROWSKA, Bronislawa.
　　　Bohaterski Mis: czyli przygody pluszowego niedzwiadka na
　　　wojnie. Dla dzieci od lat 10 do 100. [s.l.] Wydawnictwo
　　　"Kurs" [1984].
　　　　143p.

OSTROWSKI, Stanislaw.
　　　W obronie polskosci Ziemi Lwowskiej: dnie pohanbienia,
　　　1939-1941, wspomnienia. Warszawa: Pokolenie, 1986.
　　　　84p. (Biblioteka Lwowska, vol. 1)

OSWIADCZENIE i platforma programowa Polskich Socjalistow 1979.
　　　[Warszawa] Wydawnictwo "Wolnosc" [1979].
　　　　5p. (Includes also "Komunikat")

OSWIATA niezalezna. [Warszawa] Wydawnictwo Spoleczne KOS [s.a.].
　　　11p. (Zeszyty Edukacji Narodowej)

OTO Ameryka: polityka i spoleczenstwo. Warszawa: Wydawnictwo Most,
　　　1988.
　　　　200p. (Reprint from 1987 New York edition)

Box No.
192.   PAMPOLAK, Wincenty.
         Wojenne lata.   Wroclaw: Inicjatywa Wydawanicza "Aspekt," 1988.
                 44p.

       PANCER, Andrzej.
         Nowelizacja przepisow o zasadach tworzenia zakladowych systemow
         wynagradzania.   [s.l.] Osrodek Badan Zwiazkowych [1990].
                 8p. (Reprint from Sluzba Pracownicza, no. 9/90)

       PANKOW, Wlodzimierz.
         Polskie lato 1980: kryzys systemu wladzy (przyczyny, przejawy,
         perspektywy).   [s.l.] [s.n.] [s.a.].
                 59p. (Photocopy)

       PANSKI, Waclaw [Jerzy Holzer].
         P.P.S. w latach 1944-48.   Warszawa: Niezalezna Oficyna
         Wydawnicza, 1981.
                 19p. (Historia Najnowsza.   Biblioteka Robotnicza;
                       reprint from Krytyka, no. 4)

       PAPRZYCKI, Leszek.
         Ulica Kochanowskiego, 28-29 czerwca 1956: fotografie i relacja.
         Poznan: NSZZ "Solidarnosc," Biuro prasowe MKZ-Wielkopolska,
         1981.
                 48p.

       PAWLAK, A[ntoni], M[arian] Terlecki.
         Kazdy z was jest Walesa.   [s.l.] Przedswit, 1984.
                 82p.

       PAZDZIERNIK 1956. Nie wykorzystana szansa. Warszawa: Niezalezny
         Instytut Wydawniczy, 1981.
                 11p.

       PEMPEL, Stanislaw.
         Pod znakiem lwa i syreny. Warszawa: Rytm, 1989.
                 210p. (Biblioteka Historyczna "Ocalic od
                        zapomnienia")

       PERKAL, Jakub.
         Historia polityczna Polski: 1944-1948.   Warszawa: Wydawnictwo
         Grup Politycznych Tur, 1985.
                 50p.

       PERKAL, Jakub A.
         Zycie polityczne w Polsce: 1944-1948.   Warszawa: Niezalezna
         Oficyna Wydawnicza Nowa, 1983.
                 31p.

Box No.
192. PIASECKI, Sergiusz.
Zapiski oficera Armii Czerwonej. Z ilustracjami wykonanymi w studio art. grafika Wladyslawa Szomanskiego. Londyn: Wydawnictwo "Ksiazka dla Wszyskich" Gryf Publications Ltd., 1957
202p. (Underground reprint)

PIASTOWSKI, Andrzej.
Kalendarium katynskie. Krakow: Wydawnictwo Mysli Nieinternowanej, 1985.
20p.

PIEC miesiecy "zawieszonego stanu wojennego" w Malopolsce. Krakow: 1983.
197p.

PIESIEWICZ, Piotr.
Mysl ideowo-polityczna Jedrzeja Giertycha. Warszawa: Polskie Wydawnictwo Katolickie "Ojczyzna" [1986?]
83p.

PIESNI polskie T. 4, zeszyt 2. [s.l.] Ksiaznica Mlodziezowa [1981].
18p.

PILKA, Stanislaw.
Jak i dlaczego wywolac wojne. [s.l.] [s.n.] [s.a.].
15p.

PILNIAK, Borys.
Smierc Komandarma: opowiesc niezgaszonego ksiezyca. [Warszawa] Nowa, 1981.
32p. (Reprint from Po Prostu, no. 45/1956)

PILSUDSKI, Jozef.
Bibula. [Warszawa] Niezalezna Oficyna Wydawnicza [1978].
63p.

PILSUDSKI, Jozef.
Pisma wybrane. Warszawa: Wydawnictwo Polskie, 1987.
468p. (Biblioteka Drogi; reprint of 1943 London edition; introduction by Andrzej Szomanski)

PIOSENKI Armii Krajowej. [s.l.] Wydawnictwo im. Gen. Nila-Fieldorfa [s.a.].
[16]p.

PIOSENKI Karela Kryla. Warszawa: Niezalezna Oficyna Wydawnicza, 1986.
29p.

PIOSENKI stanu wojennego. Zeszyt nr. 1. [s.l.] Unia [s.a.].
22p.

Box No.
192.   PIPES, Richard.
           Rosja carow. Tlumaczyl z angielskiego Jaroslaw Bratkiewicz.
           Przeklad przejrzal, poprawil i uzupelnil Pawel Piotr
           Wieczorkiewicz. Warszawa: Wydawnictwo Krag, 1990.
               327p.

       PISMO da siabry. Bielastok: Bnv, 1987.
               24p. (Belarusian Latin imprint; Bnv 1987/10)

       PITKA, S.
           Sowietyzacja Ludowego Wojska Polskiego. Gdansk: Wydawnictwo
           Solidarnosci Walczacej, 1986.
               14p.

       PIUS XI, Pope.
           Divini Redemptoris..(czesc I i II): encyklika Ojca Swietego
           Piusa XI. Warszawa: Wydawnictwo "Wiara i Wolnosc," 1981.
               22p.

       PIUS XI, Pope.
           Encyklika Papieza Piusa XI "O bezboznym komunizmie." Krakow:
           Krakowskie Towarzystwo Wydawnicze, 1984.
               62p.

       PLOTKA a monopol informacji. Warszawa: Nowa 2, 1981.
               75p. (Zeszyty Towarzystwa Kursow Naukowych, series:
                   Kolokwia)

       PO Czarnobylu przed... Warszawa: In Plus, 1986.
               39p. (Edited by Redakcja Serwisu Informacyjnego SKN
                   and Zeszytow Niezaleznej Mysli Lekarskiej)

       PODHORETZ, Norman.
           Krwawe skrzyzowanie. Przelozyla Blanka Kuczborska. Slowo
           wstepne Daniel Grinberg. Warszawa: Niezalezna Oficyna
           Wydawnicza, 1989.
               79p. (Biblioteka Kwartalnika Politycznego "Krytyka")

       PODLASKI, Kazimierz [Bogdan Skaradzinski].
           Bialorusini, Litwini, Ukraincy: nasi wrogowie, czy bracia.
           Wroclaw: Ruch Spoleczny Solidarnosc/KRET, 1987.
               82p. (Przedruk w wydawnictwa Przedswit)

       PODLASKI, Marcin.
           Jozef Pilsudski, 1867-1935. [s.l.] Wydawnictwo Narodowe
           imienia Adama Doboszynskiego [s.a.].
               30p.

       PODSTAWA filozoficzna - kreacjonizm. Warszawa: Unia Nowoczesnego
               Humanizmu, 1981.
               20p.

Box No.
192. PODSTAWY legalnosci Polskiej Partii Socjalistycznej. Warszawa: Wyd. "Wiedza," 1988.
14p.

POEZJA legionowa. Tomik III. Opracowali R. Kulak, G. Malachowski. Kielce: Drukarnia Zwiazkowa CK, 1981.
8p.

POGODNY, Andrzej.
Juz mam wszystko: 1981-1984. Warszawa: Wydawanictwo Cdn, 1984.
40p.

POLACY i Ukraincy. Trudny dialog. Wroclaw: Kret, 1987.
100p. (Reprint of the Polish edition of Suchasnist', no. 1-2/1985)

POLACY wobec niewoli. Warszawa: Studium Kultury Chrzescijanskiej, Kosciol Swietej Trojcy w Warszawie, 1986.
96p.

POLACY znad Wilii, Niemna, Narwi i Bugu w lagrach radzieckich w latach 1944-1947. Warszawa: Unia Nowoczesnego Humanizmu [s.a.].
37p. (Zeszyty Historyczne, no. 3, Relacja uczestnikow z Bialegostoku)

POLAK, Jan.
Zbrodnicze plemie (z kart historii mowia fakty). Wroclaw - Warszawa: Unia Nowoczesnego Humanizmu [s.a.].
56p.

193. POLESKI, Maciej [Czeslaw Bielecki].
Piec spotkan. Warszawa [s.n.] 1986.
15p. (Note on cover: "W rocznice aresztowania i polrocze glodowki Autora)

POLESKI, Maciej [Czeslaw Bielecki].
Pomysly polityczne. Warszawa: Oficyna Copyright, 1984.
12p.

POLESKI, Maciej [Czeslaw Bielecki].
Program i organizacja. Warszawa: Oficyna Copyright, 1983.
20p.

POLESKI, Maciej [Czeslaw Bielecki].
Wolnosc w obozie. Warszawa: Wydawnictwo, 1984.
70p.

POLINSKI, Edward.
Poki zyjemy. Warszawa: Czas Przyszly, 1986.
75p.

Box No.
193. POLITYCZNI: wiezniowie polityczni w Polsce lat 1981-1986. Warszawa: Przedswit, 1986.
196p. (Zespol "Karty")

POLKOWSKI, Jan.
Oddychaj gleboko. [Wydanie II, rozszerzone] Rysunki Zbylut Grzywacz. Krakow: Wydawnictwo ABC, 1981.
62p.

POLSKA 1985: spojrzenie na gospodarke. Warszawa: Wydawnictwo Organizacji Solidardnosc Walczaca - PM Prawy Margines, 1986.
71p.

POLSKA i miedzymorze. Wokol drog dzialania i programu przyszlosci. Wroclaw: Wydawnictwo Kret, 1986.
26p. (Ruch Spoleczny Solidarnosc Kret)

POLSKA lat osiemdziesiatych. Stan srodowiska przyrodniczego. Warszawa: Wydawnictwo Przedswit, 1984.
48p. (Zeszyty Edukacji Narodowej: Stan Srodowiska Przyrodniczego.)

POLSKA Wspolnota Narodowa-Polskie Stronnictwo Narodowe. Zalozenia ideowe. Program ustrojowy. Narodowe zasady moralne. Statut. Warszawa: Polska Wspolnota Narodowa-Polskie Stronnictwo Narodowe, 1990.
72p.

POLSKIE lato 1980 (w karykaturze). Londyn: Polonia Book Fund. Ltd., 1980.
40p. (Underground reprint)

POLSKIE Porozumienie Niepodleglosciowe, see PPN.

POLSKIE Stronnictwo Ludowe w latach 1945-1946: dokumenty do dziejow niezaleznego ruchu ludowego w Polsce. Przygotowal do druku Wladyslaw Bartoszewski. Warszawa: Wydawnictwo Glos, 1981.
132p.

POMIAN, Krzysztof.
Robotnicy i sekretarze. Gdansk-Warszawa: Biblioteka Robotnika, 1979.
[14]p.

POPIEL, Jacek.
Tajne nauczanie w Zolkwi w latach 1942-1944. Zabrze [s.n.] 1984.
30p.

POPIELUSZKO, Jerzy, Ks.
Cena milosci ojczyzny. [s.l.] [s.n.] 1984.
77p.

Box No.
193. POPIELUSZKO, Jerzy, Ks.
Homilie. Warszawa: Slowo, 1985.
150p.

POPIELUSZKO, Jerzy, Ks.
Slowa do narodu. [s.l.] [s.n.] [s.a.].
48p.

POPIELUSZKO, Jerzy, Ks.
Zapiski 1980-1984. Paris: Editions Spotkania, 1985.
57p. ("Wydanie krajowe 1985, Dokumenty - Zeszyt 3, pismo Praworzadnosc")

POPPER, Karl Rajmund.
Nedza historycyzmu, z dodatkiem fragmentow Autobiografii.
Slowo wstepne Stanislaw Zerski. Warszawa: Krag, 1984.
103p. (Translation of Popper's The Poverty of Historicism, and selections from The Unended Quest: An Intellectual Autobiography. London, 1980; Biblioteka Kwartalnika Politycznego "Krytyka")

POROZUMIENIE Centrum: dokumenty i programy. Warszawa: Komisja Fabryczna NSZZ "Solidarnosc" Zakladow "Ursus," 1990.
40p.

POROZUMIENIE rolnikow z Rzeszowa i Ustrzyk Dolnych. [Rzeszow] [s.n.] 1981.
30p. ("Do uzytku wewnatrzzwiazkowego")

PORTES, Richard.
Polski kryzys: alternatywy polityki gospodarczej Zachodu.
[Warszawa] Osrodek Badan Spolecznych NSZZ Solidarnosc Regionu Mazowsze [1980?]
80p. (Zeszyt Obs, no. 7)

PORTRET Moskwy, czyli odpowiedz na pytania: Co iest Moskwa? i w iakim dzis znaduie sie stanie? Jakie krzywdy Moskwa poczynila Polszcze? I Dla czego Polska z Moskwa poszla do rozwodu?
przez F. M. w Warszawie 1790 w Drukarni Nowej J. K. Mci Piotra Zawadzkiego.
32p. (Reprint of Franciszek Jaxa Makulski pamphlet)

POSIEDZENIE Krajowej Komisji Porozumiewawczej NSZZ "Solidarnosc" 23-24 marca 1981 r. Warszawa: Niezalezna Oficyna Wydawnicza, 1986.
129p. (Archiwum "Solidarnosci." Series: Dokumenty)

POWSTANIE Warszawskie. Warszawa: Kuria Metropolitalna Warszawska, 1984.
32p. (Zeszyty Studium Nauki Spolecznej Kosciola)

Box No.
193.   POWSTANIE Warszawskie. Wydanie 2. Krakow: Wydawnictwo Rota, 1985.
28p. (Reprint of first, Kuria Metropolitalna Warszawska edition, 1984)

POZARSKI, Pawel.
Afganistan. [s.l.] Rytm [s.a.].
28p.

POZARSKI, Pawel.
Bajka o Krolewnie Sniezce i 10 mln krasnolodkow. Warszawa: Rytm, 1985.
25p.

POZARSKI, Pawel.
O zlym krolu Wojcieszku i dzielnym rybaku Leszku. Warszawa: Rytm, 1985.
25p. (Cover title: "Bajka")

POZEGNANIE z bronia: czyli--kto oslabia wojsko. Gdansk [s.n.] [s.a.].
4p.

POZNAN 28.6.1956. [s.l.] [s.n.] [s.a.].
[14]p.

POZNANSKI Czerwiec 1956, see Jaroslaw Maciejewski.

PPN [Polskie Porozumienie Niepodleglosciowe].
Niepodleglosc na codzien. Warszawa: PW, 1981.
51p.

PPN.
Opracowania zespolow problemowych. [Warszawa] Niezalezna Oficyna Wydawnicza, 1978.
72p.

PPN.
Polityka niepodleglosciowa: wybor tekstow. Warszawa: Wydawnictwo Cdn, 1983.
98p.

PPN.
Program. [s.l.] [s.n.] [s.a.].
18p. (Undergrounds reprint; originally published in <u>Tydzien Polski</u>, London, 1976)

PRAGA 1968 - Polska 1980. Wywiad Georgea Urbana z Manuelem Azcarate [and] Leszek Nowak, Glos klasy ludowej: polska droga do socjalizmu. [s.l.] Alternatywy [s.a.].
33p.

Box No.
193. PRAKTYK.
Metropolita Andrzej Szeptycki. [s.l.] Wydawnictwo Ruch Spoleczny Solidarnosc [s.a.].
8p.

PRAVASLAUNAJA Carkva u Bielastockim Krai i belaruskaja mova u joj: rozdumy. Bielastok [s.n.] 1981.
13p. (In Belarusian Latin script)

PRAVDA. [s.l.] Niezalezna Oficyna Wydawnicza, 1981.
47p. (Selected translations from Pravda, August-November, 1939)

PRAWA czlowieka i obywatela w PRL. Warszawa: Wydawnictwo Spoleczne Kos, 1984.
29p. (Zeszyty Edukacji Narodowej)

PRAWDA i wspolnota droga do wyzwolenia narodu. Lublin: Biblioteka Informatora Regionu Srodkowo-Wschodniego NSZZ Solidarnosc, 1985.
72p.

PRAWO dla kazdego. Zeszyt 2. [s.l.] Unia [s.a.].
4p.

P[rawica]-L[iberalizm]-K[onserwatyzm] Warszawa: Officyna Liberalow, 1979.
14p. (Zeszyt 4)

PROCES: wokol przedmowy A. Szczypiorskiego do "Rozmow z Katem." [s.l.] Wydawnictwo Archiwum [s.a.].
16p. (Series: Przemilczana przeszlosc, no. 4)

PROCES Janusza Palubickiego. Warszawa : Wydawnictwo Glos, 1984.
36p.

PROCES MRK"S"-u, see Komitet Helsinski w Polsce

PROCES Palubickiego. Warszawa: Nowa, 1985.
157p. (Cover title; Series: Archiwum "Solidarnosci." Polska Stanu Wojennego)

PROCES Radia Solidarnosc 24 stycznia - 17 lutego 1983. Warszawa: Niezalezna Oficyna Wydawnicza, 1983.
83p.

PROCES szesnastu w dokumentach. Krakow: Bez Ciec, 1985.
58p. (Series: Rok 1945, no. III)

Box No.

PROCES w Gdansku: materialy z procesu przeciwko Wladyslawowi Frasyniukowi, Bogdanowi Lisowi i Adamowi Michnikowi trwajacego od 23.V.1985 roku do 14.V.1985 roku. Gdansk: Fundusz Wydawniczy "Naszego Czasu," 1985.
111p.

194. PROGRAM dzialania Oddzialu Regionu Srodkowo-wschodniego "Ziemia Pulawska" (Program uchwalony przez I Walny Zjazd Delegato NSZZ "Solidarnosc" Ziemia Pulawwska odbywajacy sie w dniach 30.V-13.V.1981 Pulawach). [Pulawy] NSZZ "Solidarnosc" [1981].
15p.

PROGRAM [Komitetu Oporu Spolecznego]. Warszawa: Kos, Cdn, 1982.
9p.

PROGRAM Liberalno-Demokratycznej Parii "Niepodleglosc." Warszawa: Belikon, 1990.
27p.

PROGRAM Liberalno-Demokratycznej Partii "Niepodleglosc." [s.l.] LDP Niepodleglosc [s.a.].
[4]l.

PROGRAM liberalow. Warszawa: Officyna Liberalow, 1983.
29p. (2nd edition)

PROGRAM NSZZ "Solidarnosc" uchwalony przez I Krajowy Zjazd Delegatow. [Warszawa] Nakladem NSZZ "Solidarnosc" Uniwersytetu Warszawskiego [1981].
40p.

PROGRAM polityczny i spoleczno-gospodarczy Polskiego Stronnictwa Ludowego (w ujeciu tezowym). Warszawa: Polskie Stronnictwo Ludowe, 1990.
37p.

PROGRAM Zwiazku. Warszawa: NSZZ Solidarnosc w Instytucie Badan Jadrowych, 1981.
49p. (Biblioteka Biuletynu Informacyjnego, vol. 9)

PROJEKT tez do ustawy o szkolnictwie wyzszym. Warszawa: Miedzyuczelniany Zespol d.s. Ustawy o Szkolnictwie Wyzszym NSZZ "Solidarnosc" regionu Mazowsze, 1981.
40p.

PROPOZYCJE programowe dla kol samoksztalceniowych. Krakow, Lublin, Warszawa: Wydawnictwo Spotkania, 1982.
56p. (<u>Zeszyty Edukacji Narodowej</u>, no. 1; includes Bogdan Cywinski, "Edukacja Niepokornych")

Box No.

PROPOZYCJE programowe dla kol samoksztalceniowych. [s.l.] [s.n.] [s.a.].
    36p.

PROROK, Leszek.
    Smutne pol rycerzy zywych: wspomnienia. Warszawa: Niezalezna Oficyna Wydawnicza, 1989.
    121p.

194. PROTOKOL porozumienia zawartego przez Komisje Rzadowa i Miedzyzakladowy Komitet Strajkowy w Stoczni Gdanskiej. [s.l.] Nowa, 1980.
    14p.

PROTOKOLY medrcow Syjonu, czyli wyklady medrca syjonskiego wtajemniczonego w plany podboju swiata przez Zydow. Opracowal Boleslaw Rudzki. [s.l.] [s.n.] [s.a.].
    96p. (Reprint of 1930's edition)

PRUSZYNSKI, Ksawery.
    W czerwonej Hiszpanii. Warszawa: Niezalezna Oficyna Wydawnicza, 1985.
    217p.

PRUSZYNSKI, Ksawery.
    Wybor pism: 1940-1945. Warszawa: Oficyna Wydawnicza Rytm, 1989.
    213p.

PRZECIW dziesieciu milionom. [Warszawa] Przedswit, 1983.
    34p.

PRZEMILCZANA przeszlosc: Wykreslone strofy. [Zeszyt] 2. [s.l.] Wydawnictwo Archiwum [s.a.].
    17p.

PRZEMIENNIK czestotliwosci: z RWE na co dzien. Zrob to sam. Warszawa: Wydawnictwo Slowo, 1984.
    7p.

PRZEMOWIENIA oskarzycieli posilkowych, mec. Wende, Piesiewicza Grabinskiego, Olszewskiego, w procesie torunskim, oraz ich repliki na przemowienia prokuratora i obroncow. [s.l.] [s.n.] [s.a.].
    34p.

PRZEMYK, Grzegorz.
    Syn a moze sen. Warszawa: Wydawnictwo Glos, 1983.
    46p.

Box No.

PRZEMYK, Grzegorz.
Syn a moze sen. Warszawa: Warszawska Niezalezna Oficyna Poetow i Malarzy, 1986.
55p.

PRZEMYK, Grzegorz.
Wiersze. [s.l.] [s.n.] [s.a.].
[16]p.

PRZEPRASZAM, czy tu bija? Warszawa: Oficyna Copyright, 1983.
41p.

194. PRZEPYCHANKA. Warszawa: Niezalezna Oficyna Wydawnicza, 1989.
78p (Archiwum Solidarnosci, vol. 28, series: Relacje i Opracowania)

PRZESTANCIE stale nas przepraszac...Wiersze, sierpien 1980.
Warszawa: Wydawnictwo im. Konstytucji 3 Maja, 1980.
24p.

PRZESTANCIE stale nas przepraszac... Wiersze, sierpien 1980 r.
[s.l.] [s.n.] [s.a.].
21p.

PRZEWODNIK po cmentarzu obroncow Lwowa. Opracowal Jerzy Wereszyca.
Warszawa: Oficyna Wydawnicza "Pokolenie," 1989.
184p.

PRZEWODNIK zwiazkowy obywatelski samorzadowy Regionu Slasko-Dabrowskiego. Katowice: Oficyna Slaska, 1990.
81p.

PRZYSTAWA, Jerzy.
Dlaczego razem: artykul wyslany do "Tygodnika Solidarnosc."
Wroclaw: Grupa Zakladowa Solidarnosci Walczacej MPK [1989].
5p.

PRZYSTAWA, Jerzy, Stanislaw Tomkiewicz.
Smak chleba i smak wolnosci. Zalozenia programowe i organizacyjne Stronnictwa Ludowego. Klocko: Bez pardonu, 1989.
17p, 5p. (Two essays)

PSZENICKI, Maksymilian.
Proces PPRK-5. Warszawa: Wydawnictwo "Mysl," 1990.
26p.

PUCIATA, Pawel Mateusz, harcmistrz.
Wedrowcy: pogawedka z druzynowym o pracy starszych chlopcow.
Warszawa: Biblioteczka Bratniego Slowa, 1981.
59p.

Box No.
   PUZAK, Kazimierz.
      Wspomnienia: 1939-1945. Warszawa: Wydawnictwo "Krag," 1981.
         114p.

Box No.
194. RADLOWSKI, Wieslaw.
Akcjonariat pracowniczy. Bielsko-Biala: Wydawnictwo "Solidarnosc Podbeskidzia," 1990.
34p.

RADOMSKI czerwiec '76. Radom: NSZZ "Solidarnosc" region Ziemia Radomska, 1981.
[7]l.

RADOMSKI czerwiec '76 - Solidarnosc. Radom: MKZ NSZZ "Solidarnosc" Ziemia Radomska, 1981.
[8]l.

RADOMSKI, Ursyn.
Czerwiec 1976. Protest i propaganda. Warszawa: "10," 1984.
45p.

RADWAN, Marian, ks.
Ile kosciolow brakuje w miastach: urbanizacja a siec parafialna, Polska 1980. Lublin: Wydawnictwo Spotkania, 1981.
30p. (Biblioteka Spotkan, no. 9)

RADZIWILL, Anna.
Ideologia wychowawcza w Polsce w latach 1948 - 1956 (proba modelu). Warszawa: Nowa 2, 1981.
64p. (Zeszyty Towarzystwa Kursow Naukowych)

RAINA, Peter.
Sprawa zabojstwa Bohdana Piaseckiego. Londyn: Oficyna Poetow i Malarzy, 1988.
88p. (Underground reprint)

RAJSKI, Marian.
"Pierestrojka": mity rzeczywistosc a Polska reforma. Elblag: Biblioteka "Biuletynu Elblaskiego," 1988.
48p. (Includes also Rajski's other essays)

RAJSKI, Marian.
Wystapienie delegata na Miejskiej Konferencji Partyjnej w Gdyni w dniu 16 maja 1981 roku. [s.l.] [s.n.] [s.a.].
16p.

RAKOWSKI, M[ieczyslaw], doc. dr hab.
Obecny kryzys i jego przezwyciezenie. [s.l.] [s.n.] [1980].
9p.

RAPORT "Amnesty International" 1984 - Europa Srodkowo-Wschodnia. Warszawa: Spolka Wydawnicza Amnestia, 1985.
31p.

Box No.

RAPORT madrycki o przestrzeganiu praw czlowieka i obywatela w Polsce.
Komisja Helsinska w Polsce. Warszawa: Wydawnictwo im.
Konstytucji 3-Maja, 1980.
265p. (Komisja Helsinska w Polsce. Dokument no. 1)

194. RAPORT o stanie srodowiska w zaglebiu miedziowym. Wroclaw,
Wydawnictwo Vist, 1985.
18p.

RAPORT o stanie technicznym transportu kolejowego: synteza (wg. stanu
na 31.3.1986). [s.l.] Rytm, 1986.
39p.

RAPORTY katynskie ambasadora O'Malley'a. Krakow: Wydawnictwo "Krzyza
Nowohuckiego," 1981.
18p. (2nd edition)

RASCHKE, Pawel.
Chleb albo socjalizm!? [s.l.] Oficyna Wydawnicza Rytm [s.a.].
33p. (Reprint from Verbum)

RECENZJA z Moskwy: o polskich podrecznikach historii. Warszawa:
Wydawnictwo Glos, 1980.
20p.

REDUKCJE zatrudnienia. [s.l.] Wydawnictwo NSZZ "Solidarnosc"
[1990].
16p.

REFORMA i demokracja. [s.l.] [s.n.] [1988].
5p.

REFORMY gospodarcze w europejskich krajach socjalistycznych.
Warszawa: Wydawnictwo Spoleczne KOS [s.a.].
31p. (Zeszyty Edukacji Narodowej. Ekonomia)

REIFF, Ryszard.
Okragly stol. Warszawa: Wydawnictwo Grup Politycznych Wola,
1989.
183p.

REIFF, Ryszard.
Panstwo ogolnonarodowe. [Warszawa] Wola [1988].
28p.

REIFF, Ryszard.
Wybor jutra. Warszawa: Wydawnictwo Grup Politycznych Wola,
1988.
66p.

Box No.
195.   REJESTRACJA Niezaleznego Zrzeszenia Studentow. Dokumenty.
            [Warszawa] Studencka Oficyna Wydawnicza, 1981.
                29p.

        REJTAN, Lech.
            Pax sovietica. Warszawa: Unia, 1985.
                43p.

195.   REJTAN, Lech.
            Pax sovietica. [s.l.] Niezalezne Wydawnictwo Kopaln Slaskich
            [s.a.].
                29p.

        RELACJA Ojca Jakunina, see O. Gleb Jakunin.

        REVEL, Jean-Francois.
            Czy demokracje zdolaja przetrwac? Lublin: Agencja Informacyjna
            Solidarnosci Walczacej, 1985.
                23p. (Transl. of one chapter of Revel's How
                    Democracies Perish)

        REWOLUCJA kulturalna w IBJ. Warszawa: Wydawnictwo "W Okopach," 1983.
                34p.

        RISTIC, Marko.
            Polonez: na motywach wrzesnia 1939, we wrzesniu 1953. Krakow:
            Wydawnictwo Kos, 1981.
                38p.

        RODEL, P.
            Nie jedziemy do Moskwy. Warszawa: Wydawnictwo Cdn, 1982.
                54p.

        ROK 1945, see individual titles in series.

        ROKICKI, Jan.
            Hiszpanskie Komisje Robotnicze. Warszawa: Wydawnictwo Wega,
            1984.
                26p.

        ROMAN, Pawel.
            Uproszczona ocena sytuacji ekonomicznej przedsiebiorstwa
            zagrozonego redukcja zatrudnienia. [Warszawa] Wydawnictwo NSZZ
            "Solidarnosc" Region Mazowsze, 1990.
                9p.

        ROMANSKI, Adolf.
            Jak zachowac wladze w PRL? Polemiki, Leslaw Maleszka, Janusz
            Korwin-Mikke. Warszawa: Officyna Liberalow, 1981.
                63p.

Box No.

ROMASZEWSKI, Zbigniew.
    Jak Polak z Polakiem: rozdrozy ciag dalszy. Warszawa [s.l.] 1987.
        37p.

ROMASZEWSKI, Zbigniew.
    Minimalizm radykalny. Propozycje programowe dla NSZZ "Solidarnosc." [s.l.] [s.n.] [s.a.].
        17p.

195. ROMASZEWSKI, Zbigniew.
    Rozdroza Solidarnosci. [s.l.] Wydawnictwo Wola [1986].
        24p.

ROMASZEWSKI, Zbigniew.
    Sierpien 1980-Grudzien 1981-co dalej? [Warszawa] Biblioteka Tygodnika Wojennego [s.a.].
        30p.

ROSTWOROWSKI, Tomasz, Ojciec.
    Zaraz po wojnie. [s.l.] Biblioteka Spotkan [1982].
        iii, 49p.

ROSTWOROWSKI, Tomasz, Ojciec.
    Zaraz po wojnie: wspomnienia duszpasterza. Warszawa: Rytm, 1988.
        240p. (Reprint of Spotkania edition, Paris)

ROZEK, Janusz.
    Powstanie Komitetu Samoobrony Chlopskiej Ziemi Lubelskiej. [s.l.] Wydawnictwo Konstytucji 3 Maja [s.a.].
        14p. (Biblioteka Ruchu Chlopskiej Samoobrony Spolecznej, vol. 1)

ROZMOWA z Mieczyslawem Tarnowskim. Wroclaw: Inicjatywa Wydawnicza Aspekt, [Feb.] 1986.
        15p. (Reprint from <u>Obecnosc</u>, no. 12)

RUCH demokratyczny w Polsce. [s.l.] Sowa, 1981.
        42p. (Reprint of <u>Glosy</u> <u>stamtad</u> <u>ZSSR</u> <u>i</u> <u>PRL,</u> <u>dokumenty,</u> Paris: Instytut Literacki, 1970)

RUCH "Wolnosc i Pokoj. Freedom & Peace Movement." Warszawa [Kos] 1987.
        39p.

RUDNICKI, Adolf.
    Sto lat temu umarl Dostojewski. Warszawa: Przedswit, 1984.
        89p.

Box No.

RUSSELL, Bertrand, 1872-1970.
Trzy eseje. Opracowal Piotr Winter. Warszawa: Niezalezna Oficyna Wydawnicza, 1981.
56p. (Zeszyty Towarzystwa Kursow Naukowych; series: Idee under editorship of Jerzy Jedlicki)

RYDZ-SMIGLY, Edward.
"Walczyc bedziemy nawet bez sojusznikow." [s.l.] [s.n.] [s.a.].
74p.

195. RYMKIEWICZ, Jaroslaw Marek.
Rozmowy polskie latem roku 1983. Warszawa: Niezalezna Oficyna Wydawnicza, 1984.
102p.

RYMKIEWICZ, Jaroslaw Marek.
Ulica Mandelsztama i inne wiersze z lat 1979-1983. Krakow [s.n.] 1983.
23p.

RYMKIEWICZ, Jaroslaw Marek.
Zmut. Warszawa: Niezalezna Oficyna Wydawnicza, 1987.
231p.

RYSZARD, Janusz.
Po expose premiera. Warszawa: Oficyna Liberalow, 1980.
15p. (Wolnosc, Rownosc, Sprawiedliwosc; cover title: Gospodarka po sierpniu 1980, czyli: Co proponuje p. Jozef Pinkowski?")

RYSZARD, Janusz.
Ubezpieczenia. Wydanie III. Warszawa: Oficyna Liberalow, 1980.
12p. (Alternatywy. Wolnosc-Rownosc-Sprawiedliwosc, no. 1)

RZEPECKI, Jan.
1945. Dokumenty, wspomnienia. Warszawa: Wydawnictwo In Corpore, 1983.
27p.

Box No.
195. S., Anna Maria.
Najprostrze techniki wspolczesnej manipulacji: na przykladzie srodkow masowego przekazu PRL. Krakow: Rota, 1985.
14p.

SADECKI, Jerzy.
Nowa Huta: ziarna gniewu i ziarna nadziei. Warszawa: Wydawnictwo Most, 1989.
187p. (Archiwum "Solidarnosci," vol. 34; series: Polska Stanu Wojennego)

SADOWSKA, Barbara.
Slodko byc dzieckiem Boga. Warszawa: Warszawska Niezalezna Oficyna Poetow i Malarzy, 1984.
30p.

SADOWSKA, Barbara.
Wiersze ostatnie. Warszawa: Warszawska Niezalezna oficyna Poetow i Malarzy, 1986.
27p.

SADOWSKI, Andrzej.
Komunizm i faszyzm. Warszawa: Unia, 1985.
85p.

SADOWSKI, Andrzej.
Komunizm i faszyzm: wspolny rodowod, wspolne zasady. Wroclaw [s.n.] 1984.
59p.

SADOWSKI, Andrzej.
Socjalizm a komunizm: slownik wyrazow obcych. Wroclaw [s.n.] 1983.
15p.

SADOWSKI, Andrzej.
Wolne wybory: analizy, propozycje. Wroclaw: Wydawnictwo Vist, 1985.
95p.

SADUNAITE, Nijole.
Promien w ciemnosciach. [s.l.] Wydawnictwo Lithuania [1986?].
51p.

SAKOWSKI, Konrad.
Sekrety Czeka NKWD i KGB - Dzierzynski, Mienzynski, Jagoda, Jezow, Beria, Szelepin. Bialystok: Bialostockie Wydawnictwo Prasowe RSW "Prasa-Ksiazka-Ruch" [1990].
14p. (Supplement to monthly *Kontrasty*, Bialystok)

Box No.
195. SALIJ, Jacek, O.P.
Problem odmowy sluzby wojskowej na Soborze Watykanskim II. Warszawa: Wydawnictwo Dezerter, 1987.
9p. (Ruch "Wolnosc i Pokoj")

SAMECKI, Wieslaw, Antoni Gorazd.
Czego mozna oczekiwac od ekonomii. Warszawa: Instytut Wydawniczy Zwiazkow Zawodowych, 1981.
35p. (Biblioteczka Wszechnicy NSZZ "Solidarnosc")

SCHAPIRO, Leonard.
Totalitaryzm. Warszawa: Rytm, 1987.
50p. (Zeszyty Edukacji Narodowej)

SEIFERT, Jaroslav.
Tylko tyle. Krakow: Biblioteka Miesiecznika Malopolskiego, 1984.
24p.

SEJMIK w sprawie naprawy polskiej szkoly. Lublin: Solidarnosc Nauczycielska, 1990.
46p.

SEMINARIUM pokojowe w Warszawie 7-9/V/1987: dokumenty. Warszawa: Dezerter, 1987.
39p. (Ruch "Wolnosc i Pokoj")

SEMPER Fidelis: wiersze o Lwowie. Zebral Jerzy Wereszyca. Warszawa: Oficyna Wydawnicza "Pokolenie," 1985.
50p.

SERGE, Victor.
Losy pewnej rewolucji: ZSRR 1917-36. Warszawa: Ruch Mlodej Lewicy, 1990.
44p. (Reprint of 1936 Polish edition)

SHARP, Gene.
Walka bez uzycia przemocy. Gdansk [s.n.] 1984.
31p. (Translation of fragments of the first chapter of The Politics of Nonviolent Action)

SHARP, Gene.
Walka bez uzyca przemocy. Warszawa: Adsum, 1985.
19p. (Reprint from Aneks, no. 34)

SIEKIERA, motyka, smok wawelski...dokumenty: anonimowa poezja stanu wojennego. Lodz: Nakladem "Solidarnosci Walczacej" i "Naszego Glosu", 1982.
79p.

Box No.

SIEMASZKIEWICZ, Eugenia.
    Plotka epoki. Warszawa: Wydawnictwo Krag, 1988.
        93p.

SIERPIEN: wydanie specjalne jednodniowki w rocznice sierpnia 80.
    Opole [s.n.] 1989.
        8p.

195. SIMECKA, Milan.
    Przywrocenie porzadku. Warszawa: Wydawnictwo Krag, 1982.
        88p. (Translation of <u>Obnoveni</u> <u>poradku</u>: <u>prispevek</u> k <u>typologii</u> <u>realneho</u> <u>socialismu</u>)

SIPOWICZ, Kamil.
    Tajemnicze dzieje pierwiastkow, czyli poemat kopalno-roslinno-zwierzecy. Warszawa: Warszawska Niezalezna Oficyna Poetow i Malarzy, 1983.
        22p.

SIWEK, Anna.
    Uniwersytet Warszawski w marcu. Warszawa: Wydawnictwo Grup Oporu "Solidarni," 1989.
        80p.

SKAD spadlismy, dokad pelzniemy: zarys logiki systemu gospodarczego PRL. Praca zbiorowa. Wydanie II rozszerzone. [s.l.] Wydawnictwo Mysl, 1985.
        52p.

SKALSKI, Ernest.
    Interesy Polakow. Konspekt. [s.l.] Wydawnictwo Most, 1986.
        31p. (Biblioteka Kwartalnika Most)

SKALUBA, Tadeusz.
    IV rozbior Polski. Krakow: Biblioteka Obserwatora Wojennego, 1984.
        54p.

SKALUBA, Tadeusz.
    IV rozbior Polski. Warszawa [G.O.S. Solidarnosc im. Ks. Jerzego Popieluszki] 1987.
        49p.

SKALUBA, Tadeusz.
    IV rozbior Polski. Warszawa: Unia Nowoczesnego Humanizmu, 1981.
        74p.

196. SKARSKI, Wojciech.
    Refleksje nad rzadami Gomulki. Warszawa: Kos, 1984.
        39p. (Zeszyty Edukacji Narodowej, series: Najnowsze Dzieje Polski)

Box No.

SKOLIMOWSKI, Henryk.
Polski marksizm. [s.l.] Niezalezna Spoldzielnia Wydawnicza [s.a.].
80p. (Translation from English; reprint from 1969 Odnowa edition, London)

196. SKRZYNECKI, Piotr.
Dzialalnosc zjednoczeniowa generala Kazimierza Sosnokowskiego w latach 1952-1956. Warszawa: Wydawnictwo "Niepodleglosc," 1989.
73p. (Biblioteka Mysli Panstwowej)

SKRZYNECKI, Piotr.
Wysiedlenie ludnosci ukrainskiej z Polski w latach 1944-1946. Warszawa: Wydawnictwo Mysl Panstwowa, Wydawnictwo Niepodleglosc, 1988.
31p.

SKWARCZYNSKI, Adam.
Historia posluszna woli ludzkiej. Katowice [s.n.] 1986.
14p.

SLAWOJ SKLADKOWSKI, Felicjan.
Prace i czynnosci Rzadu Polskiego we wrzesniu 1939r. [s.l.] [s.n.] [s.a.].
74p. (Reprint from Kultura)

SLEPOTA. Wybor M. Radecka. Warszawa: Wydawnictwo Cdn, 1982.
24p.

SLONIMSKI, Antoni.
Moja podroz do Rosji. Warszawa: Vade-mecum, 1981.
98p. ("W 64-ta Rocznice Rewolucji Pazdziernikowej"; reprint of 1932 "Roj" edition, Warsaw)

SLONSKI, Edward.
Jak to na wojence... Warszawa: Oficyna Wydawnicza "Signum," 1981.
71p.

SLOWA oskarzenia i obrony na procesie w sprawie o uprowadzenie i zabojstwo ks. Jerzego Popieluszki. Torun [s.n.] 1985.
56p.

SLOWA oskarzenia i obrony na procesie w sprawie o uprowadzenie i zabojstwo ks. J. Popieluszki. Warszawa : Kuria Metropolitalna Warszawska, Wydzial Duszpasterstwa, 1985.
56p.

SLOWNIK historii zakazanej. Zeszyt 1. Krakow: Wydawnictwo Libertas, 1984.
78p.

Box No.

SLOWNIK polityczny. Pod redakcja Wojciecha Wasiutynskiego.
Warszawa: Wydawnictwo "Jestem Polakiem," 1989.
207p. (Reprint of 1980 New York edition)

SLOWNIK polityczny pod redakcja Wojciecha Wasiutynskiego. Warszawa:
Unia Nowoczesnego Humanizmu [s.a.].
207p. (Reprint of 1980 New York edition)

SMAGA, Jozef.
Era Gorbaczowa? Warszawa: Wydawnictwo Cdn, 1989.
51p.

196. SMOT. Wywiad (Wolny Ogolnozawodowy Zwiazek Ludzi Pracy). [s.l.]
NWCH, 1981.
30p.

SNOPEK, Kazimierz.
Zmienianie nazwisk. Warszawa: Sklad Glowny w Domu ksiazki
Polskiej, 1935.
99p. (Reprint, c. 1990)

SOBOLEWSKI, Marek.
O granicach reformowalnosci systemu komunistycznego. [s.l.]
Biblioteka Krakowska/Dokumenty i Analizy [s.a.].
94p. (Praca ... prezentowana przez niezalezne pismo
spoleczno-polityczne Dokumenty i fakty zostala
wydana jako I tom Biblioteki Krakowskiej)

SOBOLEWSKI, Tadeusz.
Stare gzechy /dziennik dziennikarza 1982-83/. Warszawa: Wola,
1988.
94p.

SOLIDARNOSC: o ruchu robotniczym w Rosji i w Polsce. Warszawa:
Brzask UOW, 1985.
76p. (Translation of parts of Solidarnost'. O
rabochem dvizhenii v Pol'she i o rabochem
dvizhenii v Rossii. Frankfurt: Posev, 1982)

SOLIDARNOSC - 500 pierwszych dni. [s.l.] Zespol "4R" [1982].
16p.

SOLIDARNOSC w stanie wojennym. Warszawa: CDiA, 1983.
[14]p. (Zeszyty Centrum Dokumentacji i Analiz,
no. 1)

SOLIDARNOSC w stanie wojennym. Warszawa: Wydawnictwo Nie/Wydawnictwo
Glos, 1982.
55p.

Box No.

SOLIDARNOSC Who's Who, What's What: leksykon zwiazkowy. Gdansk: Bips Zeszyty Informacyjne, 1981.
[no pagination; photocopy]

SOLIDARNOSC z wolnoscia. Opracowano na podstawie ksiazki o tym samym tytule, wydanej przez Cato Institute. Przetlumaczyla Ewa Rurarz. [s.l.] [s.n.] [s.a.].
135p.

SOLONIEWICZ, Iwan.
Rosja w obozie koncentracyjnym. Z upowaznienia autora przelozyl Stanislaw Debicki. Warszawa: Wydawnictwo Cdn, 1987.
2vols.

196. SOLSKI, Wiktor.
Jaki mamy wybor? [Katowice?] Biblioteczka Risa, 1985.
6p.

SOLTYSIK, Kazimierz [1895-1938].
Narod w Kosciele. Wydanie I. Warszawa [s.n.] 1987.
21p. (Reprint from Prosto z Mostu, no. 114-117, 1937)

SOLZENICYN, Aleksander.
Jeden dzien Iwana Denisowicza. Przedruk z tygodnika "Polityka" bez wiedzy i zgody tlumaczy. [Warszawa] Niezalezna Spoldzielnia Wydawnicza 1/Nowa [s.a.].
65p.

SOLZENICYN, Aleksander.
Lbem o mur. [Warszawa] Nowa [1980?].
53p. (Biuletyn Informacyjny, Przeglad Prasy Zagranicznej, numer specjalny)

SOLZENICYN, Aleksander.
List do przywodcow Zwiazku Radzieckiego. [s.l.] NZS [s.a.].
45p.

SOLZENICYN, Aleksander, Andriej Sacharow.
Polemika wokol "Listu do przywodcow Zwiazku Radzieckiego" Solzenicyna 1973-1974. [Warszawa] Niezalezna Oficyna Wydawnicza [1981].
60p.

SOLZENICYN, Aleksander.
Wolny kraj. Wroclaw [s.n.] 1981.
20p.

197. SORMAN, Guy.
Panstwo minimum. Warszawa: Wydawnictwo Kurs, 1987.
62p. (Translation of Etat minimum)

Box No.

SORMAN, Guy.
Prawdziwi mysliciele naszej epoki. [Warszawa] Wydawnictwo Kurs, 1990.
153p.

SORMAN, Guy.
Rozwiazanie liberalne. [s.l.] Wydawnictwo Kurs, 1985.
154p.

SOWIETYZACJA Ludowego Wojska Polskiego, see S. Pitka.

197. SOWINSKI, Ludwik.
Tolerancja a odpowiedzialnosc. Warszawa: Wydawnictwo Spoleczne Kos [s.a.].
34p. (Zeszyty Edukacji Narodowej, Filozofia)

SPADEK Jalty: wybor artykulow. Warszawa [s.n.] 1983.
24p.

SPIEWNIK: pielgrzymka ludzi pracy. [s.l.] Spoleczny Fundusz Pomocy Pracowniczej [s.a.].
[8]l.

SPIEWNIK ekstremisty. Warszawa: Wydawnictwo Wytrwalosc, 1983.
[12]l.

SPIEWNIK patriotyczny. Wydanie poprawione i uzupelnione. Warszawa [s.n.] 1982.
[15]l.

SPIEWNIK uliczny i domowy. Zeszyt 1. Warszawa: Niezalezna Oficyna Wydawnicza, 1977.
28p. (Photocopy)

SPIEWNIK warchola. Warszawa: Niezalezna Oficyna Wydawnicza, 1979.
73p. (Photocopy)

SPIEWNIK z wojny polsko-jaruzelskiej. [Warszawa: Kos, 1982-1984].
part IV-VII.

SPIS, Michal.
Trzeba glosno mowic, czyli o Jozefie Mackiewiczu piorem antykomunisty. [s.l.] Oficyna Jozefa Mackiewicza, 1989.
27p. (Reprint from _Arka_, no. 11, Krakow, 1985)

SPISANE beda czyny i rozmowy. [Krakow] Krakowskie Towarzystwo Wydawnicze [s.a.].
93p. (Interview with Wladyslaw Bienkowski, Edward Lipinski, Stefan Stanewski, Edward Osobka-Morawski, Jacek Kuron, Mieczyslaw Gil, Miroslaw Chojecki and others)

Box No.

SPOD stolu: z Krzysztofem Wyszkowskim, wspolzalozycielem WZZ, uczestnikiem strajkow w stoczni gdanskiej w 1980 i 1988 r., rozmawia Krzysztof Czabanski. [Warszawa] Wydawnictwo Ciag Dalszy [1989].
16p. (Reprint from Kultura, Paris, July/August 1989)

SPOJRZENIE z drugiej strony: relacja z Gdanska, 1970. Opracowal Leopold Jerzewski. Warszawa: Wydawnictwo Glos, 1981.
20p.

197. SPOJRZENIE z drugiej strony: relacja z Gdanska 1970. Opracowal Leopold Jerzewski. [s.l.] Wydawnictwo "V," 1984.
33p. (Reprint of 1982 Wydawnictwo Glos edition, New York)

SPOLECZENSTWO polskie na przelomie XX i XXI wieku: raport koncowy pod redakcja prof. Julusza Gorynskiego i prof. Wladyslawa Markiewicza. Polska 2000. PAN - Komitet Prognozowania Perspektywicznego Rozwoju Kraju. Warszawa - Wroclaw: Wers, 1985.
123p.

SPOLECZENSTWO wobec przemocy: raport z badan. Warszawa: Wydawnictwo Cdn, 1982.
30p.

SPRAWA Grzegorza Przemyka. Warszawa: Przedswit, 1988.
48p.

SPRAWA kapitana Hodysza. Gdansk: Oficyna Ksztalt, 1988.
33p.

SPRAWA ks. Tadeusza Zaleskiego-Isakowicza z Mistrzejowic. [s.l.] [s.n.] [s.a.].
8p.

SPRAWA ks. Tadeusza Zaleskiego z Mistrzejowic. Krakow: Biblioteka Obserwatora Wojennego, 1985.
48p.

SPRAWA Mariana Terleckiego. [s.l.] [s.n.] 1986.
[8]p.

SPRAWA Marka Adamkiewicza. [s.l.] Czas przyszly [s.a.].
6p.

SPRAWOZDANIE cenzora WL. Lublin: Przeglad Wiadomosci Agencyjnych/ Biblioteka Informatora Regionu Srodkowo-wschodniego NSZZ "Solidarnosc," 1986.
95p. (Series: Dokumenty)

Box No.

SPRAWOZDANIE z akcji "3 x 5" w wojewodztwie stolecznym warszawskim 1984. Warszawa: Niezalezna Oficyna Wydawnicza Now-a, 1984.
32p.

SROKA, Tadeusz, ks.
Dziennik izraelski, czyli religijny wymiar ludzkiego losu. [s.l.] Wydawnictwo "Spotkania," 1985.
58p. (Biblioteka Spotkan)

197. STALINSKI, Tomasz (Stefan Kisielewski)
Cienie w pieczarze. Szczecin: Wydawnictweo Errata, 1987.
363p. (Reprint of 1971 Instytut Literacki edition, Paris)

STALINSKI, Tomasz (Stefan Kisielewski).
Ludzie w akwarium: powiesc. [s.l.] Suplement, 1981.
147p. (Reprint of 1976 Instytut Literacki edition, Paris)

STANISZKIS, Jadwiga.
Ontologia socjalizmu. Warszawa: Wydawnictwo in Plus, 1989.
180p. (Biblioteka Kwartalnika Politycznego Krytyka)

STANISZKIS, Jadwiga, and Tomasz Stankiewicz.
"Solidarnosc" wobec aktualnych zagrozen. Warszawa: Wszechnica Robotnicza "Solidarnosci," Region Mazowsze, 1981.
31p. (Biblioteka Wszechnicy)

STANISZKIS, Jadwiga.
"Solidarnosc" wobec aktualnych zagrozen. Streszczenie odczytu dr. hab. J. Staniszkis wygloszonego w Zakladach im. Rozy Luksemburg dn. 8 czerwca 1981r. [Warszawa] Wszechnica Robotnicza "Solidarnosc" reg. Mazowsze [1981].
4p.

STANISZKIS, Jadwiga.
Stabilizacja bez uprawomocnienia: dwa eseje. Warszawa - Wroclaw: Wers, 1987.
34p.

STANKIEWICZ, Tomasz, see Jadwiga Staniszkis.

STANOWSKI, Adam.
Uniwersytet ludowy i mlode pokolenie chlopow. Lublin: Wydawnictwo Wiejskie/NSZZ RI Solidarnosc, 1981.
12p. (Wydawnictwo wiejskie-Wszechnica Zwiazkowa. Seria Historyczna, zeszyt no. 1)

STATUT. Uchwala programowa z aneksem. Dokumenty zjazdu. I Krajowy Zjazd Delegatow NSZZ "Solidarnosc." Gdansk: Zeszyty Informacyjne Bips, 1981.
151p.

Box No.

STATUT Konfederacji Polski Niepodleglej i wybrane uchwaly II
Krajowego Kongresu KPN - grudzien 1984. [s.l.] Zakl. Graf.
Okregu "Wolnosc" KPN, 1985.
22p.

197. STATUT Niezaleznego Samorzadnego Zwiazku Zawodowego "Solidarnosc."
[Warszawa] Wydawnictwo NSZZ "Solidarnosc" Region Mazowsze
[s.a.].
23p.

STATUT NSZZ Rolnikow Indywidualnych Solidarnosc zarejestrowany w
Sadzie Wojewodzkim w Warszawie dnia 1981 r. [Warszawa: Wydano
nakladem "Rola," 1981].
13p.

STEFANSKI, Stanislaw.
"Solidarnosc" na Dolnym Slasku. Warszawa: Spoldzielnia
Wydawnicza Profil, 1986.
280p. (Archiwum Solidarnosci, vol. 8; Series:
Relacje i Opracowania)

STEINSBERGEROWA, Aniela.
Proces KSS KOR - refleksje i analogie. Warszawa: Wydawnictwo
Cdn, 1983.
53p.

STEINSBERGEROWA, Aniela.
Widziane z lawy obronczej. Gdynia: Komisja Zakladowa NSZZ
"Solidarnosc" przy Wyzszej Szkole Morskiej [1981].
65p.

STEINSBERGEROWA, Aniela.
Widziane z lawy obronczej. [s.l.] [s.n.] [s.a.].
88p. (Underground reprint of 1977 Instytut Literacki
edition, Paris)

STEMPOWSKI, Jerzy (Pawel Hostowiec).
Eseje dla Kasandry. Krakow: Wydawnictwo Abc, 1981.
310p. (Reprint of 1961 Instytut Literacki edition,
Paris)

198. STER, Marek.
Trzecia rewolucja: Piotrogrod - Kronsztad, luty - marzec 1921.
Opracowal W. [!] Ster. Warszawa: Wydawnictwo Krag, 1981.
66p. (Series: Sasiedzi)

STERLING, Claire.
Czas mordercow: kulisy zamachu na Papieza. Przelozyla Anna
Podgorska. Warszawa: Wydawnictwo Glos, 1985.
188p.

-482-

Box No.

STOPPARD, Tom.
Lekcja muzyki. Faul taktyczny. Przelozyla Elzbieta Jasinska. Warszawa: Niezalezna Oficyna Wydawnicza, 1989.
70p.

198. STOSUNKI sowiecki-niemieckie pazdziernik 1939 - czerwiec 1941. Dokumenty niemieckiego ministerstwa spraw zagranicznych. [s.l] Niezalezna Oficyna Wydawnicza [s.a.].
151p.

STRUVE, P.B., see Drogowskazy.

STRYJKOWSKI, Julian.
Wielki strach. Warszawa: Niezalezna Inicjatywa Wydawnicza, 1984.
150p. (First published by Zapis, Warszawa, 1980)

STRZEMBOSZ, Tomasz.
Kilka refleksji o Armii Krajowej. [Warszawa] Kuria Metropolitalna Warszawska, 1986.
34p. (Zeszyty Studium Nauki Spolecznej Kosciola)

STRZEMBOSZ, Tomasz.
Refleksje o Polsce i podziemiu (1939-1945). [s.l.] Biblioteka Spotkan, 1987.
89p.

SUCHOROWSKA, Danuta.
Wielka edukacja: wspomnienia wiezniow politycznych PRL w latach 1945-1956. Krakow: Biblioteka Obserwatora Wojennego, 1985.
2vols. (Reprint from Kontakt, no. 5/13/1983)

SUCHOROWSKA, Danuta.
Wielka edukacja (wspomnienia wiezniow politycznych PRL w latach 1945-1956). [s.l.] Pik [s.a.].
347p.

SULIK, Boleslaw.
Robotnicy. Warszawa: Biblioteka Robotnika, 1978.
15p. [Photocopy]

SULKA, Kazimierz.
Dostalem rozkaz zabicia ksiedza... Krakow: Komisja Interwencji i Praworzadnosci NSZZ "Solidarnosc"/Malopolski Komitet Walki o Praworzadnosc, [July] 1989.
24p.

SURDYKOWSKI, Jerzy.
Nie bez konca (memorial dla wladz PRL). Warszawa: Wydawnictwo Most, 1987.
15p.

Box No.
      SWIADEK Historii.
          Judeopolonia. Warszawa: Unia Nowoczesnego Humanizmu [1989?].
              56p. (<u>Zeszyty Historyczne</u>, no. 22)

198.   SWIADOMOSC spoleczna Polakow. Warszawa: Wydawnictwo Akces/
          Wydawnictwo Kos, 1986.
              41p. (Zeszyty Edukacji Narodowej; Socjologia)

      SWIADOMOSC spoleczna Polakow. [s.l.] Spoldzielnia Wydawnicza Profil
          [s.a.].
              42p.

      SYLWETKI aresztowanych przywodcow zwiazkowych. [s.l.] Ag. Inf. SW,
          May 1984.
              8p.

      SYSTEM represji w Polsce 1947-1955. Warszawa: Wydawnictwo Spoleczne
          Kos/Oswiata Niezalezna, 1987.
              192p. (Zeszyty Edukacji Narodowej. Historia -
              Dokumenty)

      SYTUACJA zwiazkow zawodowych w PRL. [s.l.] Wydawnictwo Spoleczne
          Kos, 1983.
              26p. (Komitet Helsinski w Polsce, Zeszyt, no. 1)

      SZALAMOW, Warlam.
          Opowiadania kolymskie. Wstep Michal Heller. [s.l.] Oficyna
          Wydawnicza Rytm [s.a.].
              59p.

      SZARUGA, Leszek.
          Przez zacisniete zeby. Warszawa: Warszaska Niezalezna Oficyna
          Poetow i Malarzy, [s.a.].
              47p.

      SZARUGA, Leszek.
          Szkola polska. [Wydanie I] [s.l.] Przedswit, 1984.
              71p.

      SZARY, Karol.
          PPS: Polska Partia Socjalistyczna 1892-1982. Warszawa:
          Wydawnictwo Krag, 1983.
              65p.

      SZCZEPANSKI, J. J.
          Kadencja. Krakow: Oficyna Literacka, 1986.
              328p. (Photocopy)

Box No.

    SZCZEPANSKI, Jan.
        Pozapolityczne wyznaczniki przyszlosci narodu. [Wroclaw]
        Oficyna NZS UWr [1981?].
            pp. 5-32. (Published together with Mikolaj Sawulak,
            Polskie zmartwienia)

198. SZCZEPANSKI, Waclaw, Lech Isakiewicz.
        Tydzien z Iwanowem. Strach, towarzysz dziennikarza. [s.l.]
        Niezalezne Wydawnictwo Chlopskie, 1981.
            14p.

    SZCZYGIEL, Marek.
        Konstytucja 3 maja. Rzeszow: MKZ NSZZ "Solidarnosc" [1981].
            16p.

    SZCZYPIORSKI, Andrzej.
        O Kazimierzu Moczarskim. (Tekst przedmowy do niemieckiego
        wydania ksiazki Rozmowy z Katem). Warszawa: Wydawnictwo
        "Grot," 1981.
            13p.

    SZCZYPIORSKI, Andrzej.
        Z notatnika stanu rzeczy. Warszawa: Niezalezna Oficyna
        Wydawnicza, 1987.
            126p.

    SZCZYPIORSKI, Andrzej, see Proces: wokol przedmowy.

199. SZECHTER, Szymon.
        Czas zatrzymany do wyjasnienia. Warszawa: Wydawnictwo Baza,
        1988.
            223p.

    SZEGEDI, Peter.
        Opozycja wegierska 1980. Warszawa: Niezalezna Oficyna
        Wydawnicza, 1981.
            32p.

    SZEJNERT, Malgorzata.
        Slawa i infamia: rozmowa z prof. Bohdanem Korzeniewskim.
        Warszawa: Wydawnictwo Pokolenie, 1988.
            127p. (Seria Reporterow Oko)

    SZEJNERT, Malgorzata, Tomasz Zalewski.
        Szczecin: grudzien-sierpien-grudzien. Warszawa: Niezalezna
        Oficyna Wydawnicza, 1984.
            337p.

    SZEREMIETIEV, Romuald.
        Polityka jest sztuka mozliwosci. Warszawa: Wydawnictwo
        Przedswit, 1989.
            2vols.

Box No.

SZEREMIETIEW, Romuald.
W obcym interesie: zarys historii KPP. Warszawa: Oficyna
Wydawnicza "Pokolenie," 1985.
25p.

199. SZOPKA '87. [s.l.] [s.n.] [s.a.].
20p.

SZPITAL w tajdze: wspomnienia obozowego lekarza... [s.l.] [s.n.]
[s.a.].
pp. 112-130. (Reprint from emigre publication)

SZPOTANSKI, Janusz.
Szmaciak w mundurze. Cz. 1: wojna pcimska. Warszawa:
Niezalezna Oficyna Wydawnicza, 1983.
44p.

SZPOTANSKI, Janusz.
Utwory wybrane. Warszawa: Niezalezna Oficyna Wydawnicza, 1979.
118p.

SZUMANSKA, Ewa.
Piec lat. Warszawa: Niezalezna Oficyna Wydawnicza, 1989.
98p.

SZUTNIK, Narcyz.
"Solidarnosc" w regionie torunskim: 13 XII 1981 - 31 VII 1984.
Torun: Wydawnictwo Wolne Slowo, 1988.
183p. (<u>Archiwum Solidarnosci</u> tom 13; Series: Polska
Stanu Wojennego)

SZYMANEK, Antoni.
Kleski wojenne. [Warszawa] Warszawska Niezalezna Oficyna
Poetow i Malarzy, Wydawnictwo Przedswit, 1983.
16p.

Box No.
199.   TAJNA Armia Polska - Konfederacja Zbrojna: 1939-1941. [s.l.]
Biblioteka Historyczna, 1980.
31p.

TAJNE protokoly Najwyzszej Izby Kontroli. [s.l.] Tygodnik Wojenny [s.a.].
14p. (Series: Teksty, vol.1)

TAJNY referat Rakowskiego. [s.l.] Wydawnictwo Mysl [s.a.].
35p.

TALBOT, Strobe.
Komunizm. [s.l.] Scigana, 1983.
31p. (Reprint from *Time*, Jan. 4, 1982)

TARKOWSKI, Jacek.
Podstawowe zalozenia systemu samorzadu w Jugoslawii. [Warszawa] NSZZ "Solidarnosc" Region Mazowsze, Wszechnica Robotnicza "Solidarnosci," 1981.
7p. (Material roboczy przygotowany przez Oddzial Warszawski Polskiego Towarzystwa Socjologicznego. Zasady Dzialania Zwiazkowego w Zakladzie Pracy)

TARNAWA, Andrzej.
Proces trwa. Warszawa: Przedswit, 1986.
94p.

TARNIEWSKI, Marek.
Cele polityczne. Warszawa: Oficyna Wydawnicza Pokolenie, 1985.
21p. (Zeszyty Edukacji Narodowej)

TARNIEWSKI, Marek.
Cele polityczne: demokracja. [s.l.] Mysl, 1986.
28p. (Reprint of 1983 Odnowa edition)

TARNIEWSKI, Marek.
Dzialanie i przyszlosc. [Wroclaw] Oficyna NZS UWr [1981].
22p.

TARNIEWSKI, Marek.
Krotkie spiecie. [Wyd. II]. Warszawa: Wydawnictwo Krag, 1981.
55p. (Originally published by Instytut Literacki, Paris, 1977)

TARNIEWSKI, Marek.
Nowy ustroj i ewolucja. Warszawa: Biblioteka Glosu, 1979.
50p.

Box No.
199.   TARNIEWSKI, Marek.
           Pochodzenie systemu. Warszawa: Niezalezna Oficyna Wydawnicza,
           1981.
                   16p. (Reprint of 1977 Nowa edition)

       TARNIEWSKI, Marek.
           Porcja wolnosci (pazdziernik 1956). [s.l.] Alternatywy [1981].
                   141p. (Reprint of 1979 Instytut Literacki edition,
                   Paris)

       TARNIEWSKI, Marek.
           Slownik polityczny. Warszawa: Biblioteka Tur, 1984.
                   35p. (Reprint of Wydawnictwo Glos edition)

       TARNIEWSKI, Marek.
           Slownik polityczny. Warszawa: Unia, 1985.
                   48p.

       TARNIEWSKI, Marek.
           Slownik polityczny. Warszawa: Wydawnictwo Glos, 1982.
                   23p.

       TAYLOR, J.
           Wiezienia. PRL 1980 r. Warszaw: NZS [s.a.].
                   14p. (A speech at the National Conference of Lawers
                   in Poznan, January 1, 1981)

       TEKSTY cywilne przez Leopolite. Warszawa: Wydawnictwo "In Corpore,"
           1983.
                   84p.

       TEMKIN, Matylda.
           W sowieckim lagrze. Wspomnienia komunistki. Warszawa:
           Niezalezna Oficyna Wydawnicza, 1989.
                   132p.

       TEMU miastu. Gdansk: Wydawnictwo "Kontaktow," 1985.
                   23p.

       TERAKOWSKA, Dorota.
           Guma do zucia. Warszawa: Niezalezna Oficyna Wydawnicza Nowa,
           1986.
                   61p.

       TERLECKI, Marian.
           Cztery pierwsze dni. Gorny Slask: Glos Slasko-Dabrowski, 1985.
                   21p.

       TERLECKI, Marian.
           Poszukiwany. [s.l.] Wydawnictwo Przedswit [s.a.].
                   79p.

Box No.
199. TISCHNER, Jozef, ks., see **Klamstwo** **polityczne**.

TOBIE Wilno: antologia poetycka. Bialystok: Wojewodzki Dom Kultury, 1989.
  122p.

TOKARCZUK, Ignacy, ks. biskup.
  Wytrwac i zwyciezyc. Krakow, Lublin, Warszawa: Biblioteka Spotkan, 1987.
  265p.

200. TOMASZ Masaryk. Wybral i opracowal Pawel Bodnar. Warszawa: Niezalezna Oficyna Wydawnicza, 1980 [1979 cover].
  100p. (Zeszyty Towarzystwa Kursow Naukowych.
   Series: Idee pod redakcja Jerzego Jedlickiego)

TOMASZEWSKI, Boleslaw, Jerzy Wegierski.
  Zarys historii Lwowskiego Obszaru ZWZ-AK. [Wydanie II] Warszawa: Pokolenie, 1987.
  38p. (Biblioteka Lwowska, vol. II)

TOMASZEWSKI, Longin.
  Kronika Wilenska 1939-1941. Warszawa: Wydawnictwo Przedswit, 1989.
  199p.

TOMKIEWICZ, Stanislaw, see Jerzy Przystawa, **Smak** **chleba**.

TORANSKA, Teresa.
  Oni. [s.l.] Wydawnictwo Mysl [s.a.].
  365p. (Reprint of 1985 Aneks edition)

TORUNCZYK, Barbara.
  Narodowa Demokracja. Antologia mysli politycznej 1985-1905. [s.l.] Niezalezna Oficyna Wydawnicza, 1981.
  226p.

TRESNAK, Vlastimil.
  To, co najistotniejsze o panu Moritzu ("Happy Weekend"). Przelozyl Pawel Heartman. Warszawa: Niezalezna Oficyna Wydawnicza, 1989.
  111p.

TROJANOWICZ, Zofia, see Jaroslaw Maciejewski.

TRZNADEL, Jacek.
  Hanba domowa. Rozmowy z pisarzami. Warszawa, Niezalezna Oficyna Wydawnicza, 1986.
  226p.

Box No.
200. TRZYMALSKI, Szczesny.
Krotka historia Zwiazku Radzieckiego. Krakow: Wydawnictwo Mysli Nieinternowanej, 1984.
173p.

TULISZKA, Edmund.
O wypadkach Poznanskiego Czerwca 1956 r. Poznan: Biuro Prasoe MKZ Wielkopolska, 1981.
7p.

TURKUC, Waclaw.
Lopatologiczny slownik nowomowy. [s.l.] Tajne Wydawnictwo Oswiatowe [1983]
16p. (TWO zeszyt 4)

TURKUC, Waclaw.
Lopatologiczny slownik nowomowy. Wydanie II poprawione i rozszerzone. [s.l.] Swiadectwa i Two [s.a.].
84p.

TUROWSKI "Ziuk," Jozef.
Zarys dzialan bojowych 27 Wolynskiej Dywizji AK. Warszawa: In corpore, 1983.
25p.

TUSKI, Kazimierz.
Kryzys - jak w nim zyc? [s.l.] Niezalezne Biuro Badania Opinii Spolecznej NSZZ "Solidarnosc" [1986].
46p.

TUSKI, Kazimierz.
Kto popiera Solidarnosc? Krakow: Bez Ciec, 1985.
43p. (Niezalezne Biuro Badania Opinii Spolecznej NSZZ Solidarnosc)

TWARDOWSKI, Jan.
Na osiolku. Krakow: Literacka Oficyna Sitowa, 1987.
37p.

Box No.
200. U-10: malowanka dla niegrzecznych dzieci. Krakow: Wyd. "Hutnik" [s.a.].
12p. (Biblioteka Obserwatora Wojennego)

U progu niepodleglosci. Warszawa: Kuria Metropolitalna Warszawska, Wydzial Duszpasterstwa, 1985.
73p. (Nasze Dziedzictwo. Wyklady Studium Kultury Chrzescijanskiej. Zeszyt 4)

U zrodel Solidarnosci czerwiec - pazdziernik 1980. Warszawa: CDiA 5, 1981.
88p. (Centrum Dokumentacji i Analiz - NSZZ Solidarnosc, vol.15)

UKRAINCY w Polsce wobec Solidarnosci. Warszawa: Wydawnictwo Glos, 1985.
63p. (Series: Maraton, no. 20)

UNGER, Leopold.
A jezeli rzeczywiscie to byli Rosjanie? Wybor publicystyki politycznej z paryskiej "Kultury." [s.l.] Cdn, 1987.
229p.

UNGER, Leopold.
Moj anty-raport o stanie wojennym. Warszawa: 6 (?), 1983.
14p. (Reprint from Kultura, no. 6/429)

UNGER, Leopold.
UNESCO. Lot nr. 007. Gdansk [s.n.] 1984.
[12]l. (Reprint from Paris Kultura, no. Apr. 1984 and Dec. 1984)

UNIA Mlodziezy Demokratycznej.
Statut; deklaracja. [Warszawa] [ZPW "Epoka"] [1989].
[14]p.

UNIA Polityki Realnej: dokumenty. [s.l.] [s.n.] [1989].
16p.

UNIONIZM. Warszawa: Unia Nowoczesnego Humanizmu, 1981.
33p.

UNIVERSALNAJA deklaracyja pravou calavieka. [Bialystok] [s.n.] 1981.
18p. (Belarusian Latin imprint; B.N.V. 1981/3)

UNIWERSYTET i wladza: 1981-1983. [s.l.] Solidarnosc CDiA [s.a.].
23p. (Zeszyt Centrum Dokumentacji i Analiz NSZZ "Solidarnosc" no. 3)

UNUTRANAE adchuvanie movy: zanatouki da spravy belaruskaha pravapisu. Belastok [s.n.] 1981.
6p. (Belarusian Cyrillic imprint)

Box No.
200.   URBAN, George R., see B. Bazanov.

URBANALIA. Krakow: Wydawnictwo Mysli Nieinternowanej, 1985.
[4]l.

URSUS - czerwiec 1976. Warszawa: ZF NSZZ "Solidarnosc" w ZM Ursus, 1981.
40p. (BI nr. 10 wydanie specjalne)

UWAGA - wrog! "Swiadkowie Jehowy." Warszawa: Narodowe Odrodzenie Polski [s.a.].
31p.

UZYTO broni. Relacja gornikow kopalni "Wujek." Zebral i opracowal Jacek Cieszewski. Krakow: Biblioteka Obserwatora Wojennego, 1988.
132p.

Box No.
200. VADEMECUM zatrzymanego podczas demonstracji. Przesluchiwany tez
czlowiek. Socjalistyczna praworzadnosc. [s.l.] Kos, 1983.
30p. (Komitet Helsinski w Polsce, no. 2)

VAN VOREN, Robert.
Psychiatria polityczna. [s.l.] Zeszyty Edukacji Narodowej
[s.a.].
52p.

VENI, vidi, dixi. Populus vincent! - Przybylem, ujrzalem, rzeklem,
lud zwyciezy: Jan Pawel II w Polsce. [s.l.] Libertas [1983].
16p.

VONNEGUT, Kurt, Jr.
Matka noc. Przelozyl Lech Jeczmyk. Warszawa: Niezalezna
Oficyna Wydawnicza, 1984.
98p. (Translation of Mother Night)

Box No.
201. W 37 rocznice wybuchu Powstania Warszawskiego. Ze wspomnien Jana Nowaka. Siedlce: Ruch Mlodej Polski [1983].
6p.

W dwadziescia lat pozniej z mysla o przyszlosci. Wroclaw: Komisja Zakladowa NSZZ "Solidarnosc" przy Wroclawskim Wydawnictwie Prasowym, 1981.
22p. (Zeszyt 2 Ka-Zet Wydawnictwo Zwiazkowe)

W stanie. Warszawa: Wydawnictwo Przedswit [1984].
86p.

WALC, Jan. Slabosc wszechmocnych, see Vaclav Havel, Sila bezsilnych.

WALC, Jan.
Wybieranie. Warszawa: Oficyna Wydawnicza "Pokolenie," 1989.
269p. (Biblioteka Kwartalnika Politycznego Krytyka)

WALESA, Lech.
Droga nadziei. Warszawa: Rytm, 1988.
2vols.

WALICKI, Andrzej.
Tradycje polskiego patriotyzmu. Wroclaw: Ruch Spoleczny Solidarnosc/Kret, 1987.
44p. (Reprint from Aneks, no. 40)

WALKA o serca i umysly: wywiad z przewodniczacym Solidarnosci Walczacej Kornelem Morawieckim. Wroclaw: Agencja Wydawnicza Solidarnosci Walczacej, 1986.
23p. (Reprint from Libertas, no. 7/1986)

WANKOWICZ, Melchior.
Dzieje rodziny Korzeniewskich. Gdansk: Wydawnictwo Fakt, 1981.
32p. (Reprint of the second edition of the original publication, 1944)

WANKOWICZ, Melchior.
Dziele rodziny Korzeniowskich. Krakow: Promienisci, 1985.
65p.

WANKOWICZ, Melchior.
Dzieje rodziny Korzeniewskich. [s.l.] Wydawnictwo Mloda Polska, 1981.
49p.

WANKOWICZ, Melchior.
Kazn Mikolaja II oraz czlokow rodziny Romanowych. Gdansk: Oficyna Wydawnicza "Graf," 1990.
49p.

Box No.

WARDECKI, Piotr Eugeniusz.
    Historia P.S.L.: 1945-1949. Warszawa: Oficyna Wydawnicza "Pokoleniem," 1985.
        90p.

201. WARSZAWA czasow wojny (1939-1945). [Warszawa] Kuria Metropolitalna Warszawska, Wydzial Duszpasterstwa, 1986.
        77p. (Wyklady Studium Kultury Chrzescijanskiej, zeszyt no. 6; series: Nasze Dziedzictwo; essays of Roman Abraham, Zygmunt Beczkiewicz, Tomasz Strzembosz and Irena Maciejewska, and a homily of Stefan cardinal Wyszynski)

WARSZAWSKI, Dawid.
    Przerwa na myslenie. [s.l.] Biblioteka Miesiecznika Maloposkiego [s.a.].
        109p.

WARSZAWSKIE 3 X 5, see <u>Sprawozdanie z akcji "3 x 5."</u>

WASILEWSKI, Leon.
    Jozef Pilsudski jakim go znalem. Krakow: Wydano nakladem Nos, 1981.
        221p. (Reprint of 1935 Warsaw edition)

WATOWA, Paulina (Ola).
    Paszportyzacja. [s.l.] Sowa, 1981.
        23p. (Reprint from <u>Zeszyty Historyczne</u>, no. 21)

WCZORAJ, dzis i jutro Rosji Radzieckiej: opracowanie zespolowe. Wroclaw: Inicjatywa Wydawnicza Aspekt, 1984.
        56p.

WEBER, Max.
    Polityka jako zawod i powolanie. Przelozyli Piotr Egel i Michal Wander. Wybral, opracowal i wstepem opatrzyl Marek Debski. Warszawa: Niezalezna Oficyna Wydawnicza, 1987.
        140p.

WEGIEL kamienny: raport Krajowej Komisji Koordynacyjnej Gornictwa NSZZ "Solidarnosc." [s.l.] [s.n.] 1985.
        6p. (Biblioteczka RISa)

WEGIERSKI, Ludwik.
    Wiwisekcja systemu - rzecz o Aleksandrze Solzenicynie. Lodz: Two, 1984.
        17p. (Tajne Wydawnictwo Oswiatowe, zeszyt no. 6)

WEIL, Simone.
    Rozwazania o przyczynach wolnosci i ucisku spolecznego. Lublin: Biblioteka "Spotkan," 1979.
        54p.

Box No.

WERNER, Andrzej. Polskie, arcypolskie... Warszawa: Niezalezna Oficyna Wydawnicza, 1987.
174p.

201. WIDMO komunizmu. Warszawa: Maraton, 1985.
42p. (Editor: J. Darski.)

WIELHORSKI, Wladyslaw.
Trzy pytania i trzy odpowiedzi: prawda o deportacjach Polakow pod panowaniem sowieckim. Krakow [s.n.] 1986.
36p. (Reprint of 1964 London edition of Egzekutywa Zjdnoczenia Narodowego)

WIERNI Bogu i Polsce drohobyczanie. [s.l.] [s.n.] 1989.
42p.

WIERNICKI, Edgar.
Slowo o zolnierzu, ktory nie zabijal. Warszawa: Ruch "Wolnosc i Pokoj," 1987.
17p.

WIERSZE: 45 rocznica bitwy o Wilno. Gdansk, 1989
[10]l.

WIERZBICKI, Piotr.
Biale, czerwone i zlote. Warszawa: Wydawnictwo Glos, 1981.
30p.

WIERZBICKI, Piotr.
Bitwa o Walese. Warszawa: Wydawnictwo Tygodnika Solidarnosc, 1990.
63p.

WIERZBICKI, Piotr.
Cyrk. [s.l.] Niezalezna Oficyna Wydawnicza, 1979.
152p.

WIERZBICKI, Piotr.
Gnidzi Parnas. [s.l.] Niezalezna Oficyna Wydawnicza [s.a.].
43p. (Biblioteka Pulsu, vol. 2)

WIERZBICKI, Piotr.
Mysli staroswieckiego Polaka. Wydanie pierwsze. Warszawa: Nakladem Wydawnictwa Glos, 1985.
94p.

WIERZBICKI, Piotr.
Pulapka na ludzi. [s.l.] Biblioteka Literacka Wydawnictwa Mysl [s.a.].
185p.

Box No.

WIERZBICKI, Piotr.
    Struktura klamstwa. Warszawa: Wydawnictwo Glos, 1986.
        165p.

202. WIERZBICKI, Piotr.
    Szary czlowiek. Warszawa: Oficyna Wydawnicza Pokolenie, 1986.
        43p.

WIERZBICKI, Piotr.
    Wybor studiow gnidologicznych. Krakow, Wydawnictwo Kos, 1981.
        37p.

WIEZNIOWIE polityczni w Polsce w latach 1945-1956. Gdansk: Wydawnictwo Mloda Polska, 1981.
        44p. (Zeszyty Historyczne Ruchu Mlodej Polski, no. 1)

WILDSTEIN, Bronislaw.
    Jakiej prawicy Polacy nie potrzebuja. [s.l.] Oficyna im. Jozefa Mackiewicza, 1987.
        23p. (Reprint from Orientacja na Prawo no. 1, June 1986)

WILENCZYK, Jacek.
    Pierwsza nowoczesna organizacja niepodleglosciowa. [s.l.] Rytm [s.a.].
        19p. (Seria Opracowan Samoksztalceniowych WSN, SOS no. 2)

WILENCZYK, Jacek.
    PPS - partia wolnosci. [s.l.] WSN [s.a.].
        39p. (Seria Opracowan Samoksztalceniowych WSN, SOS no. 1)

WILNO. Lodz [s.n.] 1985.
        17p.

WIRPSZA, Witold.
    Faeton. Warszawa: Wydawnictwo Spoleczne Kos, 1988.
        148p.

WIRPSZA, Witold.
    Polaku, kim jestes? [Warszawa] Niezalezna Oficyna Wydawnicza [1978].
        125p. (First published in German, Switzerland, 1971)

WIRSKI, Stefan.
    Polityka ZSSR wobec ziem polskich 1939-1941. [s.l.] Los, 1985.
        34p. (Seria zrodlowa Instytutu Europy Wschodniej, zeszyt no. 4)

Box No.

WITAMY w komunistycznej szkole! [Wroclaw: Miedzyszkolny Komitet Oporu, 1986].
    4p.

202 WLADIMOW, Georgij.
Niech sie Pan nie przejmuje, Maestro: opowiadanie dla Heinricha Bolla. Przelozyl Olgierd Kalisz. Warszawa: Niezalezna Oficyna Wydawnicza, 1985.
    [46]p. (Translation of: Ne obrashchaitie vnimaniia, Maestro)

WLOSZCZOWA: 03-16.12.1984. Kielce: Diec. Biuro Prasowe [1985].
    32p.

WODECKI, Wieslaw.
Moskwa, Plac Czerwony, 28 maja, godz. 19.30. Wroclaw: Oficyna Niepokornych, 1987.
    38p.

WODECKI, Wieslaw.
Nowo-twor: szkice o Rosji. Wroclaw: Oficyna Niepokornych, 1989.
    224p.

WOJCIK, Stanislaw.
Sfalszowane wybory. Warszawa: Niezalezna Oficyna Wydawnicza, 1981.
    28p. (Historia najnowsza; series: Biblioteka Robotnicza; reprint from Zeszyty Historyczne, no. 43, Paris)

WOJCIK, Stanislaw.
"Wybory" 1947. [Lodz: Biblioteka Veto] 1981.
    32p. (Reprint from Zeszyty Historyczne, no 43/1978)

WOJCIK, Zbigniew.
Rola Jozefa Pilsudskiego w odzyskaniu niepodleglosci Polski. Wydanie drugie. Warszawa: Miedzyzakladowa Struktura "Solidarnosci," 1986.
    39p.

WOJCIK, Zbigniew.
Rola Jozefa Pilsudskiego w odzyskaniu niepodleglosci Polski. Warszawa: NSZZ "Solidarnosc," Ogolnopolski Zespol Historyczny Oswiaty [1981].
    40p. (Zeszyty Historyczne, no. 1)

WOJNA w Afganistanie. Wybor i przeklad Barbara Dabrowska, Piotr Zaus. Warszawa: Wydawnictwo Cdn, 1985.
    113p. (Biblioteka Obozu)

Box No.
WOJNA z narodem widziana od srodka: rozmowa z bylym plk. dypl.
Ryszardem J. Kuklinskim przeprowadzona w piata rocznice
wprowadzenia w Polsce stanu wojennego. Warszawa: Wydawnictwo
Most, 1987.
63p. (Reprint from Kultura, no. 4/1987)

202 WOKOL rewolucji rosyjskiej. Warszawa: Niezalezna Oficyna Wydawnicza,
1980.
44p.

WOLICKI, Krzysztof.
Nie obrodzilo latos, panie Zygulski. Warszawa: Wydanictwo
Komitetu Kultury Niezaleznej, 1986.
21p. (Biblioteka Kultury Niezaleznej - Proby)

WOLICKI, Krzysztof (Zey).
Przeciw lamentowi i realizmowi na kacu. Warszawa: Wydawnictwo
Krag, 1989.
131p. (Bibliotek Kwartalnika Politycznego Krytyka)

WOLKOW, Wladimir.
Montaz. Przelozyl z francuskiego Adam Zalewski. Warszawa:
Cdn, 1990.
266p.

WOLNI i solidarni.
Ktoredy pojsc: wywiad z Kornelem Morawieckim. [s.l.]
Niezalezna Agencja Informacyjna, 1983.
4p.

WOLNOSC dla wiezniow politycznych. [Lublin] Lubelskie Srodowisko
Ruchu Obrony Praw Czlowieka i Obywatela [1981].
[6]p.

WOLNOSC i niepodleglosc: dokumenty programowe Konfederacji Polski
Niepodleglej (1 wrzesien 1979 - 22 styczen 1980). Warszawa:
Wydawnictwo Polskie, 1980.
7p.

WOLNY, Franciszek.
Prawda o klasztorze Siostr Karmelitanek w Oswiecimiu. Oswiecim
[s.n.] 1989.
20p.

WOLSKI, Witold.
KOR: ludzie, dzialania, idee. [s.l.] Spolka Wydawnicza Norma
[1983].
90p.

Box No.

WOLYNSKI, Olgierd.
    Glos z Gulagu. Rozmowa z Ewa Berberyusz. Warszawa: Wydawnictwo Pomost, 1989.
        68p. (Reprint ofo 1988 Wydawnictwo Puls edition, London)

202. WOLYNSKI, Waclaw.
    Wspomnienia karpatczyka. Krakow: Wydawnictwo Mysli Nieinternowanej, 1986.
        61p

WOROSZYLSKI, Wiktor.
    Dziennik internowania: grudzien 1981 - luty 1982, Bialoleka, Jaworze. [s.l.] [s.n.] [s.a.].
        18p. (Reprint from Biblioteka Tygodnika Wojennego)

WOROSZYLSKI, Wiktor.
    Dziennik wegierski. Warszawa: Nowa, 1981.
        51p.

WOROSZYLSKI, Wiktor.
    Dziennik wegierski 1956 wraz z glossami 1976, 1981, 1986. Pamieci Michala Kolcowa, Lidii Widajewicz, Gracji Kerenyi. Warszawa: Wydawnictwo S, 1986.
        43p.

WOROSZYLSKI, Wiktor.
    Na kurczacym sie skrawku i inne zapiski z kwartalnym opoznieniem 1971-1980. [Warszawa] Oficyna Literacka, 1984.
        283p.

WOSLENSKI, Michail.
    Nomenklatura: uprzywilejowani w ZSRR. Warszawa-Wroclaw: Wydawnictwo "Vist," 1986.
        209p.

WSPOMIENIA sybirakow. Warszawa: Wydawnictwo Pomost, 1989.
        159p. (vol. 1; Zwiazek Sybirakow, Zarzad Glowny, Komisja Historyczna; for next volumes, see Library stacks: HV9712.5.W776))

WUJEK. Kompleks slaski. Krakow: Wydawnictwo Libertas, 1984.
        39p.

WYBORY: kto na nich zarabia i ile? [s.l.] Rytm [1985].
        8p.

WYDAWNICTWA Instytutu Literackiego. Instytut Literacki Paryz 1945-1989. [s.l.] [s.n.] [s.a.].
        39p. (Underground reprint of Instytut Literacki publication)

Box No.
203. WYKAZ tytulow polskiej prasy podziemnej ukazujacej sie w latach
1982-1985. Opracowala redakcja "Tygodnika Mazowsze" - grudzien
1985. [Warszawa: 1985].
[16]l. (Photocopy)

WYRWA, Waclaw, see Antoni Kwasniewski.

203. WYSZOMIRSKI, Michal.
Wszystko po drodze. Warszawa: Warszawska Niezalezna Oficyna
Poetow i Malarzy/Wydawnictwo Przedswit [s.a.].
52p.

WYSZYNSKI, Stefan dr.
Kultura bolszewizmu a inteligencja polska. Warszawa:
Wydawnictwo Cdn, 1982.
35p. (Originally published: Wloclawek: Drukarnia
Diecezjalna, 1938)

WYSZYNSKI, Stefan Kardynal, Prymas Polski.
Zapiski wiezienne. Paris: Editions du Dialogue, 1982.
254p. (Underground reprint)

WYSZYNSKI, S., kard.
Zapiski wiezienne. [s.l.] Dialogue/Znaki Czasu [s.a.].
67p. (Reprint of 1982 Paris edition)

Wywiad z czlonkiem R.O.M.O. 12.V.1983 /pseud. RAD/. [s.l.] Centralna
Drukarnia "S" Regionu Slasko-Dabrowskiego, 1983.
22p.

WZZ a Solidarnosc. [s.l.] Fakt, 1981.
19p.

XYZ
Judeopolonia. Nieznane karty historii. Krakow, 1981.
220p.

Box No.
203.   Z historii wydarzen wegierskich: materialy i dokumenty. [Warszawa]
            Niezalezna Oficyna Wydawnicza [1981].
                    97p. (Biblioteka Robotnicza. Historia Najnowsza)

Z.Z.Z.
        Syndykat zbrodni: kartki z dziejow UB i SB w czterdziestoleciu
        PRL. [s.l.] Wydawnictwo Spotkania, 1986.
            16p.

ZACHOD porwany: eseje i polemiki. Milan Kundera, Adam Zagajewski,
        Janos Kis, Francois Bondy, Georges Nivat, Leszek Szaruga.
        Wroclaw: Wydawnictwo Oswiatowe BiS, 1984.
            60p.

ZAGAJEWSKI, Adam.
        Petit. Warszawa: Wydawnictwo "Slowo," 1983.
            16p.

ZAGORSKI, Jerzy.
        Nie mruzmy powiek. Warszawa: Warszawska Niezalezna Oficyna
        Poetow i Malarzy/Wydawnictwo Przedswit, 1985.
            38p.

ZAGRORZENIA wspolczesne. Warszawa: Wydawnictwo Most, 1988.
                256p. (Reprint of Konfrontacje, no. 5/1987, New
                    York)

ZAKAZANE piosenki. Wybor i opracowanie M. Radecka. Warszawa:
        Wydawnictwo Cdn, 1982.
            32p.

ZAKOWSKI, Jacek.
        Anatomia smaku, czyli o losach "Tygodnika Powszechnego"
        1953-1956. Lublin: Biblioteka Informatora Regionu Srodkowo-
        Wschodniego NSZZ Solidarnosc, 1986.
            68p.

ZALEWSKI, Maciej.
        Przed granica. Warszawa: Grupy Polityczne Wola, 1987.
            128p.

ZALESKI-ISAKOWICZ, Tadeusz.
        Wspomnienia. Wydanie I. Krakow: Wydawnictwo Rota, 1985.
            24p.

ZAMKNIECIE. Z zycia wyjeci. [s.l.] Wydawnictwo Slowo [s.a.].
            45p.

ZAPISKI janczarow. Wstepem porzedzil Bernard Andreus. Warszawa:
        Acta, 1987.
                56p. (Reprint of 1945 Rome edition)

Box No.
203.   ZAPOMNISZ...? Krakow: Biblioteka Obserwatora Wojennego, 1984.
            2 parts.

       ZAPRASZAMY do ZOOmo. Warszawa: Mlodziezowa Spoldzielnia Wydawnicza,
            1983.
                 [8]l.

       ZARYS programu stabilizacyjnego i zmian systemowych, see Janusz
            Beksiak.

       ZASADY ideowe i program Solidarnosci Walczacej (projekt). [s.l.]
            Agencja Wydawnicza Solidarnosci Walczacej, 1987.
                 23p. (and another edition, 17p.)

       ZATAJONY dokument: raport Komisji KC KPCz o procesach politycznych
            i rehabilitacjach w Czechoslowacji w latach 1949-1968.
            Warszawa: Wydawnictwo Krag, 1985.
                 173p. (Biblioteka Kwartalnika Politycznego Krytyka)

       ZAWADZKA-WETZ, Alicja.
            Refleksje pewnego zycia. [s.l.] [s.n.] [s.a.].
                       (Reprint from 1967 Instytut Literacki edition,
                       Paris)

       ZBRODNIE - okres stalinowski. Czesc III-ciag dalszy. Wojskowe sady
            rejonowe. [Gdansk] ["Przeglad Gdanski"] [s.a.].
                 7p.

       ZENCZYKOWSKI, Tadeusz.
            Dramatyczny rok 1945: szkic historyczny. Warszawa:
            Wydawnictwo Glos, 1981.
                 226p.

       ZEROMSKI, Stefan.
            Na probostwie w Wyszkowie. [Warszawa] Niezalezna Oficyna
            Wydawnicza [1978].
                 20p.

       ZEROMSKI, Stefan.
            Na probostwie w Wyszkowie. Warszawa: Wydawnictwo IKZD, 1983.
                 12p.

       ZEROMSKI, Stefan.
            Na probostwie w Wyszkowie. Wroclaw: Wydawnictwo Swit, 1981.
                 15p.

       ZESZYTY Historyczne 55. Przedruk. Warszawa: Wydanictwo Krag, 1981.
                 239p. (Reprint of Zeszyty Historyczne, no. 55)

       ZIELINSKI, Janusz.
            Polskie reformy gospodarcze. Warszawa: Wydawnictwo Krag, 1981.
                 129p.

Box No.
204.   ZIEMBINSKI, Wojciech.
         Z kalendarza Polaka...   Lublin: Wydawnictwo Wiejskie NSZZ RI
         Solidarnosc, 1981.
              [15]l.

       ZIEMKOWSKI, Aleksander.
         Czerwiec 1956. Proba chronologicznej rekonstrukcji wydarzen.
         [s.l.] Unia [s.a.].
              27p.

       ZIENTARA, Benedykt.
         Despotyzm i tradycje demokratyczne w dawnej historii Rosji.
         Krakow: Biblioteka Obserwatora Wojennego, 1985.
              31p.

       ZIMAND, Roman.
         Orwell i o nim. Warszawa: Przedswit, 1985.
              72p.

       ZINOWIEW, Aleksander.
         Opozycja w ustroju komunistycznym. [s.l.] Wydawnictwo Punkt,
         1981.
              16p. (Reprint from Paris Kultura)

       ZINOWIEW, Aleksander.
         Postepy sowietyzacji. Warszawa: Rytm [s.a.].
              30p.

       ZINOWIEW, Aleksander.
         Postepy sowietyzacji: wybor z tomu "My i Zachod." Warszawa
         [s.n.] 1983.
              25p.

       ZINOWIEW, Aleksander.
         Swietlana przyszlosc. Warszawa: Zeszyty Edukacji Narodowej,
         1984.
              41p.

       ZIUK, Jozef.
         Widziane z podziemia. Wroclaw: Biblioteka "Ogniwa," 1984.
              44p. (Photocopy)

       ZLATKES, Gwido.
         Piosenka o zdradzie i inne wiersze. Warszawa: Niezalezna
         Oficyna Wydawnicza, 1987.
              38p.

       ZNAMIEROWSKI, Alfred.
         Zaciskanie piesci. Rzecz o "Solidarnosci Walczacej." Gdynia:
         Petit, 1989.
              185p.

Box No.

204. ZNICZ, Wladyslaw.
   Dokad idziesz Polsko? Warszawa: Unia Nowoczesnego Humanizmu:
   1981/1982.
   74p.

ZNICZ, Wladyslaw.
   Totalitaryzm, demokracje, unionizm. Warszawa: Unia
   Nowoczesnego Humanizmu, 1981.
   38p.

ZNICZ, Wladyslaw.
   Unionizm nadzieja swiata (mysli i refleksje). Warszawa: Unia
   Nowoczesnego Humanizmu [s.a.].
   128p.

ZOCHOWSKI, Stanislaw.
   O Narodowych Silach Zbrojnych. [s.l.] Wydawnictwo Agencji
   Informacyjnej Solidarnosci Walczacej [s.a.].
   241p. (Reprint of 1983 London edition)

ZOLTANIECKI, Ryszard.
   Wypedzeni. Warszawa: Przedswit/Warszawska Niezalezna Oficyna
   Poetow i Malarzy, 1988.
   38p.

ZUKOWSKI, Tadeusz.
   Epoka lodowcowa. Warszawa: Warszawska Niezalezna Oficyna
   Poetow i Malarzy, [s.a.].
   38p.

ZUZANNA, Katarzyna.
   Czterech z "Andaluzji." Warszawa: Niezalezna Oficyna
   Wydawnicza, 1985.
   93p. (Archiwum Solidarnosci)

ZWOLNIENIE grupowe i inne. Lodz: Solidarnosc Ziemii Lodzkiej, 1990.
   13p. (Osrodek Szkolenia Zwiazkowego, _Zeszyty_, no. 6)

ZWOZNIAK, Zdzislaw.
   Jak sie rodzila Solidarnosc Region Slasko-Dabrowski 1980-81.
   Warszawa: Wydawnictwo Pomost, 1990.
   271p. (Archiwum "Solidarnosci," vol. 35; series:
   Relacje i Opracowania)

ZWYCIEZYLES - zwyciezaj. [s.l.] Adsum [1985].
   78p.

ZYCH, J. [Jan. Nowak-Jezioranski].
   Rosja wobec Powstania Warszawskiego. Krakow: Biblioteka
   Promienistych, 1986.
   45p. (Reprint of _Contemporary Life and Culture Ltd._,
   1947)

Box No.
204. ZYCINSKI, Jozef.
Listy do Nikodema i inne przypowiesci. Wroclaw: Oficyna
Wydawnicza Constans, 1985.
62p.

WITHDRAWN